Raul Zelik

Die kolumbianischen Paramilitärs

„Regieren ohne Staat?" oder
terroristische Formen der Inneren Sicherheit

WESTFÄLISCHES DAMPFBOOT

Gefördert durch die Hans-Böckler-Stiftung

Bibliografische Information der Deutschen Bibliothek
Die Deutsche Bibliothek verzeichnet diese Publikation in der Deutschen
Nationalbibliografie; detaillierte bibliografische Daten sind im Internet über
http://dnb.ddb.de abrufbar.
Zugl.: Berlin, Otto-Suhr-Institut, Diss., 2008

1. Auflage Münster 2009
© 2009 Verlag Westfälisches Dampfboot
Alle Rechte vorbehalten
Umschlag: Lütke Fahle Seifert AGD, Münster
Druck: Rosch-Buch Druckerei GmbH, Scheßlitz
Gedruckt auf säurefreiem, alterungsbeständigem Papier
ISBN 978-3-89691-766-9

Inhalt

Abkürzungen   9

1. Einleitung   11

2. Angewandte Untersuchungsmethoden   19

3. Geschichtlicher Überblick   23
   3.1. Kurze Geschichte des kolumbianischen Konflikts   23
   3.2. Kurze Charakterisierung des kolumbianischen Paramilitarismus   35
       3.2.1. Begriffsdefinition   35
       3.2.2. Kurze Geschichte der kolumbianischen Paramilitärs   37

4. „Alte" und „neue" Kriege – ein Überblick über Formen und Konzepte der Kriegführung   41
   4.1. Der Kabinett- und Staatenkrieg nach Clausewitz   42
   4.2. Der Partisanenkrieg bei Carl Schmitt   45
   4.3. Der „neue Krieg" bei Sebastian Haffner   50
   4.4. Aufstandsbekämpfungsmodelle: „Moderner Krieg" und „Kriegführung geringer Intensität"   52
   4.5. Kriege geringer Intensität bei Martin Van Creveld   56
   4.6. Der *Fourth Generation War* (4GW)   58
   4.7. „Neue" und „alte" Kriege nach Mary Kaldor   61
   4.8. Die „neuen Kriege" bei Herfried Münkler   64
   4.9. Die „neue Konfliktgeografie" von Michael Klare   69
   4.10. „Imperialer Ausnahmezustand" bei Hardt/Negri   71
   4.11. Aktuelle militärstrategische Debatten in den USA   73
   4.12. Zusammenfassung   79

5. Paramilitarismus und Staat   83

5.1. Grundlagen des Paramilitarismus:
Militärstrategische Neuorientierung ab 1960   84

5.2. Die Entstehung der Paramilitärs:
Das Dekret 3398 von 1965 und die *Triple A*-Todesschwadronen   89

5.3. Die Gründung von MAS (*Muerte a Secuestradores*)
und *Autodefensas* (1981-85)   91

5.4. Die Ausbreitung des Paramilitarismus (1986-1989)   95

5.5. Die Etablierung des Paramilitarismus als „dritter Kriegsakteur"
(1990-98)   103

5.6. Höhepunkt und Demobilisierung der AUC (1999-2006)   122

5.7. Paramilitärische Nachfolgegruppen der AUC   139

5.8. Zusammenfassung   142

6. Exkurs: Der Staatsbegriff   144

6.1. Staatsdefinition und Staatenwerdung   144

6.2. Der Staat als „Verdichtung von Kräfteverhältnissen"   153

6.3. Der kolumbianische Staat vor dem Hintergrund
staatstheoretischer Konzepte   158

6.4. Die „Fragmentierungsthese" von Mauricio Romero (2005)   163

6.5. Zusammenfassung: Die paramilitärische Transformation
des Staates in Kolumbien   170

7. Gesellschaft, Leben, Gewalt   176

7.1. Angst-Regime   176

7.1.1. Das Kalkül der Massaker   176

7.1.2. Abgeriegelte Gebiete – ein Kriegsgebiet im Süden des
Departements Bolívar   182

7.1.3. Paramilitärische Kontrolle in Urabá   188

7.2. Sozialstrukturen und Subjektivität in der
paramilitarisierten Gesellschaft   193

8. Die Ökonomie des Paramilitarismus — 200

8.1. Grundlagen: Die ökonomische Struktur Kolumbiens seit 1980 — 201

8.2. „Gegen-Landreform": Paramilitärs als Privattruppen der Großgrundbesitzer — 205

8.3. Der Paramilitarismus als Faktor im Verhältnis Kapital und Arbeit — 210

8.3.1. Die Politik des kolumbianischen Staates gegenüber der Gewerkschaftsbewegung — 211

8.3.2. Paramilitärische Gewalt im Kampf gegen die Gewerkschaften — 214

8.4. Der Paramilitarismus und die weltmarktorientierte Erschließung peripherer Regionen — 224

8.5. Der *Narcoparamilitarismo*: Die Rolle der AUC im Drogenhandel — 231

9. Paramilitarismus – eine Strategie „imperialer Gouvernementalität"? — 255

9.1. Die „Nationale Sicherheitsdoktrin" der USA und Dynamiken asymmetrischer Kriege — 257

9.2. Drogenfinanzierung irregulärer Kriege – Einige Fallbeispiele — 261

9.2.1. Das Verhältnis der USA zu Mafia und Drogenhandel in Südeuropa und Südostasien (1945-75) — 261

9.2.2. Die Iran-Contra-Affäre der 1980er Jahre — 272

9.3. Die Irregularisierung der Kriegführung: Folter, Todesschwadronen, Parallelarmeen — 280

9.4. Die US-Politik gegenüber den Paramilitärs in Kolumbien — 293

9.5. Ausgelagerte Intervention: Private Militärfirmen in Kolumbien — 312

10. Schlussfolgerungen — 316

Quellen — 329

Literatur — 335

Journalistische Publikationen (Online-Ausgaben) — 352

Abkürzungen

ACCU: Autodefensas Campesinas de Córdoba y Urabá (ab 2003 demobilisierter Paramilitärverband in Nordwestkolumbien)

ACDEGAM: Asociación Campesina de Ganaderos del Magdalena Medio (paramilitärischer Viehzüchterverband der 1980er Jahre)

AUC: Autodefensas Unidas de Colombia (ab 2003 demobilisierte kolumbianische Paramilitärorganisation)

BCB : Bloque Central Bolívar (ab 2003 demobilisierter Paramilitärverband im Departement Bolívar)

CIA: Central Intelligence Agency (US-Geheimdienst)

CINEP: Centro de Investigación y Educación Popular (jesuitennahes Sozialforschungsinstitut, Bogotá)

CONVIVIR: 1994 legalisierte Wachschutzkooperativen

CREDHOS: Corporación Regional para la Defensa de los Derechos Humanos (regionales Menschenrechtskomitee, Barrancabermeja)

CUT: Central Unitaria de Trabajadores (Gewerkschaftsdachverband)

DAS: Departamento Administrativo de Seguridad (kolumbianische Geheimpolizei)

DEA: Drug Enforcement Agency (US-Anti-Drogenbehörde)

DIA: Defense Intelligence Agency (US-Militärgeheimdienst)

ELN: Ejército de Liberación Nacional (guevaristische Guerilla)

EPL: Ejército Popular de Liberación (1991 demobilisierte maoistische Guerilla)

FARC-EP: Fuerzas Armadas Revolucionarias de Colombia-Ejército del Pueblo (sowjetmarxistische Guerilla)

FADEGAN: Federación Antioqueña de Ganaderos (Viehzüchterverband des Dep. Antioquia)

FEDEAGROMISBOL: Federación Agrominera del Sur de Bolívar (Kleinbauern- und Goldsucherverband im Süden des Dep. Bolívar)

FEDEGAN: Federación de Ganaderos (kolumbianischer Viehzüchterverband)

FUNPAZCOR: Fundación para la Paz en Córdoba (paramilitärische Stiftung im Dep. Córdoba)

GANACOR: Federación Ganadera de Córdoba (Viehzüchterverband des Dep. Córdoba)

IMI: Israel Military Industries (staatliches israelisches Militärunternehmen)

IUF: International Union of Food, Agricultural, Hotel, Restaurant, Catering, Tobacco and Allied Workers' Associations (Internationaler Verband der Nahrungs- und Genussmittelgewerkschaften)

MAS: Muerte a Secuestradores (1981 gegründete paramilitärische Privatarmee der kolumbianischen Drogenmafia)

SINTRAINAGRO: Sindicato Nacional de Trabajadores de la Industria Agropecuaria (Gewerkschaft der Bananenarbeiter)

SINTRAMIENERGETICA: Sindicato Nacional de Trabajadores de la Industria Minera y Energética (Bergbaugewerkschaft)

UNHCR: United Nations High Commissioner for Refugees (Flüchtlingskommissariat der Vereinten Nationen)

UNIBAN: Unión de Bananeros de Urabá (Vermarktungsverband der Bananenunternehmer in Urabá)

USO: Unión Sindical Obrera (Gewerkschaft der Erdölarbeiter)

1. Einleitung

Staats- und rechtsfreien Räumen gilt in den letzten Jahren die besondere Aufmerksamkeit der Politik. Nicht zuletzt im Zusammenhang mit neuen globalen Sicherheitsparadigmen wird seit 1990 verstärkt die Frage aufgeworfen, wie sich in Ländern des Südens trotz Staatsschwäche oder sogar -abwesenheit Sicherheit herstellen lässt.

In Deutschland scheint diese Debatte mittlerweile eine besonders zentrale Rolle einzunehmen. So genannte *Failing States* – Länder wie Somalia, Afghanistan, Kongo etc. – sind Zielobjekte der deutschen Außenpolitik und Einsatzgebiete der Bundeswehr geworden. Im gleichen Maß, wie die militärischen Auslandseinsätze an Zahl zunehmen, scheint man im politischen Berlin jedoch auch darüber zu rätseln, wie überhaupt 'ordnend' eingegriffen werden kann. Die Erfahrungen der Europäischen Union und der NATO beim *State Building* auf dem Balkan und in Afghanistan sind ernüchternd. In Zentralasien ist durch die Intervention keines der ursprünglich formulierten Probleme gelöst worden.

Vor diesem Hintergrund wird auch grundsätzlich hinterfragt, was Regieren in „Räumen beschränkter Staatlichkeit" (Risse/Lehmkuhl 2006) eigentlich bedeutet, also wie sich ohne Staat regelnd eingreifen lässt. An der FU Berlin wurde zu dem Themenkomplex ein ganzer Sonderforschungsbereich ins Leben gerufen, der sich konkrete Politikberatung zum Ziel gesetzt hat. Unter dem Sammelbegriff 'Governance' erörtert man dort weiche Spielarten der Machtausübung, informelle Politikformen und Regierungshandlungen nicht-staatlicher Akteure in solchen Gebieten, in denen Staaten nicht existent oder nur beschränkt handlungsfähig sind (vgl. ebda, Schuppert 2008, Beisheim/Fuhr 2008, Ladwig et al. 2007, siehe auch: http://www. sfb-governance.de).

Im Zusammenhang von Staatskrise, Gewalt und informeller Politik taucht auch immer wieder der Fall Kolumbien auf. Das Bürgerkriegsland scheint ein schillerndes Beispiel für ein zerfallenes Gewaltmonopol zu sein. Seit 60 Jahren tobt dort ein in erster Linie gegen die Zivilbevölkerung gerichteter Krieg im Inneren. Nach UNHCR-Angaben zählt Kolumbien nach dem Sudan die meisten Binnenflüchtlinge weltweit. Die Kriegsverbrechen in dem südamerikanischen Land waren in den letzten Jahren von besonderer Grausamkeit geprägt: Bauern wurden mit Motorsägen massakriert oder öffentlich zu Tode gefoltert. Die Konfliktlinien zwischen Armee, Aufständischen, Paramilitärs, Drogenhandel und Militärfirmen scheinen unübersichtlich.

Finanziert wird der Krieg wesentlich aus Einnahmen der illegalen Schattenökonomie. Die wirtschaftlichen Kreisläufe von Drogenhandel und Schutzgelderpressung sind eng mit dem Konflikt verzahnt.

Insofern scheint Kolumbien ein Paradebeispiel für jene *Failing-State*-Situation zu sein, über die im Wissenschaftsbetrieb heute so viel gesprochen wird. Mit der vorliegenden Arbeit soll jedoch nachgewiesen werden, dass sich der Zusammenhang von Staatskrise, illegaler Ökonomie, entregelter Gewalt und informellen Regierungstechniken hier radikal anders darstellt als in den Staatszerfalls-Debatten unterstellt. Es ist nämlich keineswegs so, wie auch in der Länderkunde (aufgrund von oft erschreckend oberflächlichen Untersuchungen) häufig behauptet wird (vgl. etwa: Jäger/Daun et al. 2007), dass der Staatszerfall in Kolumbien Folge eines ökonomisch motivierten Bandenkriegs ist, der wiederum zur Enthegung von Gewalt und zu Gräueltaten gegen die Bevölkerung führte. Gerade die extremsten Gewaltanwendungen (Massaker, Folter, Massenvertreibungen) sind in Kolumbien das Ergebnis einer Aufweichung des Gewaltmonopols, die von Teilen des Staates selbst vorangetrieben wurde. Der Aufbau nicht-staatlicher, aber staatsnaher Milizen war eine Strategie zum Umgang mit politischen Konfliktsituationen. Etwas zynisch könnte man das als 'Gewalt-Governance' bezeichnen: nicht-staatliche Akteure sorgen mit extremen, im eigentlichen Sinne terroristischen Mitteln für Regierbarkeit und *regieren* selbst. Die 'sicherheitspolitisch' motivierten Debatten um die Staatskrisen des Südens werden hier auf den Kopf gestellt. Die vermeintlichen Garanten von Sicherheit – Staatlichkeit, Integration in den Weltmarkt, enge Beziehungen zu den USA und der EU – waren in Kolumbien grundlegende Faktoren bei der Verschärfung und Entregelung der Gewalt.

Dieser Zusammenhang bleibt in der akademischen und politischen Debatte weitgehend ausgeblendet. Überhaupt ist über das südamerikanische Land trotz einiger Publikationen wenig bekannt. Die Medienstereotypen Drogenhandel und Entführungen beherrschen das Bild. In der internationalen Berichterstattung machte Kolumbien 2008 Schlagzeilen – die Wahrnehmung blieb jedoch selektiv: Im Wesentlichen wurden Erfolge des rechten Präsidenten Álvaro Uribe vermeldet. So gelang den Militärs eine tödliche Aktion gegen die Nr. 2 der FARC Raúl Reyes, die – weil auf ecuadorianischem Staatsgebiet durchgeführt – zum Abbruch der diplomatischen Beziehungen seitens Ecuador führte. Nur wenige Wochen später verstarb der Kommandant der FARC-Guerilla Pedro Marín alias Manuel Marulanda, der fast 60 Jahre lang im Untergrund gelebt hatte, während einer Armeeoffensive. Es folgten die Desertion einer hochrangigen Rebellenkommandantin und schließlich im Juli 2008 die spektakuläre, ebenfalls auf Desertionen in den Reihen der Guerilla zurückzuführende Befreiung der ehemaligen Präsidentschaftskandidatin Ingrid Betancourt.

Die Berichterstattung der internationalen Medien legt den Schluss nahe, dass mit diesen Militärschlägen die seit Jahrzehnten anhaltende Krise Kolumbiens teilweise überwunden ist. Die von Präsident Uribe verfolgte Politik der „Demokratischen Sicherheit" habe gefruchtet, so der Medientenor, die Großstädte seien sicherer geworden, die Entführungen spürbar zurückgegangen. Urlauber könnten die Überlandstraßen wieder benutzen, seitdem die Guerillaorganisationen FARC und ELN in abgelegene Waldgebiete zurückgedrängt seien. Für Kapitalanleger, die Kolumbien schon lange als Geheimtipp bezeichnen, stelle das Land sowieso einen der interessantesten Standorte Lateinamerikas dar. Und sogar in der Menschenrechtspolitik habe es Fortschritte gegeben: Uribe habe die rechten AUC-Paramilitärs aufgelöst, die in ihrer Geschichte Tausende von Massakern verübten und für den weitaus größten Teil der Menschenrechtsverletzungen verantwortlich waren.

Die vorliegende Arbeit zeigt, dass bei dieser Darstellung wesentliche Probleme unterschlagen werden: Sicherheit ist in Kolumbien nach wie vor ein prekäres und exklusives Gut. Während sich die Mittel- und Oberschicht in modernisierten Innenstädten und mehr oder weniger unauffällig gesicherten Wohnvierteln bewegen, hält die Gewalt in den Armenvierteln unvermindert an. Die rechten AUC-Paramilitärs sind demobilisiert, doch eine neue Generation von Todesschwadronen geht unter Namen wie *Águilas Negras* (Schwarze Adler) oder *AUC-Nueva Generación* wie gehabt gegen Gewerkschafter, Menschenrechtsorganisationen und soziale Bewegungen vor. Und nicht zuletzt kann von Sicherheit im unfassenden – also auch sozialen – Sinn keine Rede sein. Nach wie vor leben nach UN-Angaben 45 Prozent der Kolumbianer in Armut (El Tiempo 5.9.2008), die Einkommensverteilung ist ungerechter denn je.

Der wichtigste Einwand gegen die kolumbianischen Verhältnisse muss jedoch lauten, dass der paramilitärische Terror maßgeblich zum Erfolg der offiziellen „Sicherheitspolitik" und zur Durchsetzung des weltmarktorientierten Entwicklungsmodells beigetragen hat. Auch wenn Präsident Uribe die Führer der paramilitärischen *Autodefensas Unidas de Colombia* (AUC) 2006 verhaften und 2008 wegen Drogenhandels in die USA ausliefern ließ, ist der Kern des paramilitärischen Projektes unangetastet. Die AUC haben eine autoritäre Transformation ganzer Regionen eingeleitet und jene Stabilisierung ermöglicht, die sich Uribe und seine Unterstützer in Washington heute als Erfolg auf die Fahnen schreiben. Sie haben neue soziale, ökonomische, alltagskulturelle und politische Strukturen geschaffen.

Dieses – komplexe und durchaus widersprüchliche – Zusammenwirken von staatlichen und nicht-staatlichen Akteuren, von offizieller Politik und illegalem Terror, von US-Militärhilfe und einer aus dem Drogenhandel gespeisten politischen Gewalt wird kaum reflektiert. Es ist bemerkenswert, dass obwohl die Sicherheits- und Terrorismusforschung zu den großen aufstrebenden Forschungszweigen gehört, Untersuchungen des kolumbianischen Paramilitarismus in diesem Zusammenhang nicht zu finden sind. Dabei trifft der Begriff 'Terrorismus' auf den Paramilitarismus eindeutiger zu als auf viele andere Phänomene: Selten lässt sich so eindeutig vom

13

politisch kalkulierten Einsatz des Schreckens und von einer *gegen die Zivilbevölkerung gerichteten Gewalt* reden wie bei den kolumbianischen Paramilitärs.

Bemerkenswert ist weiterhin, dass eine – auf der Hand liegende – soziale Klassifizierung des Paramilitarismus unterbleibt. Die AUC wurden in den vergangenen Jahren als 'irreguläre Kriegsakteure', 'rechte Milizen', manchmal auch als 'Warlords' bezeichnet, die den undurchsichtigen Bürgerkrieg Kolumbiens mit ihren erbarmungslosen Taten verschärften. Nirgends wurde jedoch thematisiert, dass die Opfer der Paramilitärs – mit Ausnahme einiger mittelständischer Linker – allesamt aus den Reihen der Unterschicht stammten. Paramilitärische Massaker wurden stets an Kleinbauern und Bewohnern von Armenvierteln verübt, nie trafen sie Wohngegenden der Mittel- oder Oberschicht. Unterscheiden so genannte Sicherheitsexperten heute recht präzise zwischen religiösem, ethnischem, nationalistischem und sozialrevolutionär motiviertem Terrorismus, so unterschlagen sie den Charakter des kolumbianischen Paramilitarismus (und ähnlicher Phänomene in anderen Staaten Lateinamerikas). Hier liegt eine Form des „Klassenterrorismus" vor, mit dem die Interessen führender ökonomischer Gruppen geschützt werden. Dass diese banale Erkenntnis unerwähnt bleibt, verweist darauf, wie exklusiv das Problem der Unsicherheit heute diskutiert wird.

Mit der vorliegenden Arbeit werden in diesem Sinne zwei Ziele verfolgt: i) Zum einen ist sie als Beitrag für eine deutschsprachige Kolumbien-Debatte gedacht. Auf der Grundlage einer umfangreichen langjährigen Feld- und Quellenforschung soll eine alternative Interpretation des kolumbianischen Bürgerkriegs ermöglicht werden. ii) Zum anderen ist die Arbeit aber auch als Falluntersuchung im Zusammenhang so genannter *Neuer Kriege* und *Failing States* zu sehen.

Die oben erwähnte Debatte über das „Regieren ohne Staat" und „Governance in Räumen begrenzter Staatlichkeit" (Risse/Lehmkuhl 2006) ist in Deutschland eng mit den Thesen des Berliner Politikwissenschaftlers Herfried Münkler (2002a und b, 2005, vgl. Kap. 4.8.) verbunden. Münkler trug ab 2002 zur Popularisierung des Begriffs 'Neue Kriege' bei, als er, an geo- und sicherheitspolitische Debatten in den USA und Israel anknüpfend, die These formulierte, der Staatszerfall in Ländern der Peripherie führe zu einer Rückkehr vorbürgerlicher Kriegsformen. Die Kriege der neuen Welt(un-)ordnung würden in erster Linie von nicht-staatlichen Akteuren ausgetragen und seien daher von einer „Enthegung der Gewalt" gekennzeichnet. Die Entwicklung der modernen Staatlichkeit nach 1648 habe die Kriegsgewalt nämlich historisch gebändigt. Staaten hätten Kriegskonventionen geschaffen und die Gewalt politischer Rationalität unterworfen. In den nichtstaatlich ausgefochtenen Konflikten des Südens werde diese Zähmung des Krieges untergraben. Münkler ist daher der Ansicht, die Staaten Nordamerikas und Westeuropas müssten sich ihrer geopolitischen Verantwortung stellen und dem sich abzeichnenden globalen

Ordnungsverlust durch eine (positive) Neuinterpretation imperialer Politik entgegen wirken.

Eine derartige Verknüpfung von Militärdoktrin, Staatstheorie und geopolitischem Anspruch hatte bereits die Clinton-Regierung Mitte der 1990er Jahre unternommen. Mit der Schaffung einer über die internationale Staatenstabilität wachenden *State Failure Task Force* (2000) institutionalisierte Washington diese diskursive Verknüpfung und setzte sie zur Begründung imperialer Geopolitik ein. Dies wäre Münkler und anderen Protagonisten der Staatszerfallsdebatte nicht unbedingt vorzuwerfen, wäre die Entstaatlichung der Kriege inhaltlich richtig beschrieben. Zumindest was Lateinamerika angeht, sind hier jedoch größte Zweifel anzumelden.

Die Beobachtungen, die man seit 1980 in den Bürgerkriegsstaaten Kolumbien, Nicaragua, El Salvador, Guatemala und Peru anstellen konnte, widersprechen Münklers Thesen in entscheidenden Fragen diametral. Dass Kriegsgewalt staatlich gehegt werde, scheint in Anbetracht der von den Armeen der Region systematisch begangenen Menschenrechtsverbrechen als fast schon zynische Behauptung. Die von Münkler dem „internationalen Terrorismus" zugeschriebene Strategie, durch Gewalt weniger *physische* als *psychische* Wirkung zu erzielen (Münkler 2002: 177), ist hier zwar bekannt – allerdings nicht als Merkmal des religiösen Fundamentalismus, sondern als Mittel einer (von den USA propagierten) Aufstandsbekämpfung. Und schließlich hat die Entstaatlichung des Krieges, wie bereits postuliert und im Verlauf der Arbeit ausführlich dargelegt, nichts mit einem staatlichen Zerfallsprozess zu tun.

Dass sich die vorliegende Arbeit als Falluntersuchung zu den Neuen Kriegen auf den Paramilitarismus in Kolumbien konzentriert (und nicht den Konflikt als ganzes behandelt), ist vor allem darin begründet, dass die paramilitärischen Gruppen der von Münkler vorgeschlagenen Definition „neuer" Kriegsakteure (vgl. Kapitel 4.8.) am ehesten entsprechen. Es handelt sich um nicht-staatliche, nicht auf die Erringung der Staatsmacht hinarbeitende Akteure, für die der bewaffnete Konflikt in erster Linie eine Einnahmequelle darstellt. Der rasante Zerfall ihrer Strukturen seit 2002 beweist weiterhin, dass die politische Programmatik der Paramilitärs nie mehr als ein oberflächlicher Legitimationsdiskurs war. In diesem Sinne kann man diese Gruppen (wie in Kapitel 8 ausführlich erörtert wird) als Gewalt- und Kriegsunternehmer bezeichnen – eine Figur, die dem viel zitierten *Warlord* am ehesten entspricht.[1]

---

1   In dieser Hinsicht unterscheidet sich der Paramilitarismus nach wie vor deutlich von dem anderen wichtigen nicht-staatlichen Kriegsakteur – der Guerilla. Die Erringung der Staatsmacht und andere politische Ziele sind nach wie vor strategische Grundlage des Handelns der Guerilla. Auch wenn die FARC enge Beziehungen zum Drogenhandel unterhalten, ist ihre Strategie nicht ökonomisch motiviert. Noch klarer ist die Sachlage bei der ELN-Guerilla, die dem Drogenhandel stets ablehnend gegenüber stand.

Der lange Forschungszeitraum – fast fünf Jahre – mindert die Aktualität der vorliegenden Arbeit natürlich in einem Punkt: Die paramilitärischen *Autodefensas Unidas de Colombia* (AUC), auf die im Text ausführlich eingegangen wird, sind mittlerweile Geschichte. Andererseits hätte die Untersuchung kaum früher abgeschlossen werden können. Viele Details zu Strukturen und Funktionsweisen der AUC wurden erst nach Auflösung der Organisation bekannt, als Paramilitär-Kommandanten anfingen, vor der Justiz Aussagen zu machen.

Aktuell ist die vorliegende Arbeit nun nicht in erster Linie deshalb, weil nach wie vor paramilitärische Gruppen in Kolumbien aktiv sind und gegen soziale Bewegungen eingesetzt werden. Von politischem Interesse ist die Untersuchung hoffentlich vor allem deshalb, weil sie allgemeine Fragen zur Entwicklung der Kriegführung und zur Verknüpfung von Staat, Ökonomie, Herrschaft und extremer Gewalt aufwirft.

Anfang der 1920er Jahre diskutierten der autoritäre Staatstheoretiker Carl Schmitt (1979 und 1989) und der linke Kulturkritiker Walter Benjamin (1965) – von diametral entgegensetzten Standpunkten aus – eine gemeinsame Frage: inwiefern Ausnahme und Norm, das heißt die Willkür des Ausnahmezustands und die Normalität der (Rechts-) Ordnung, miteinander verknüpft sind. Meine Arbeitsthese zu Kolumbien würde in Anschluss daran lauten, dass i) die illegale Ausnahmegewalt der Paramilitärs mit der Durchsetzung staatlicher Souveränität eng verknüpft ist und ii) der extreme Gewaltzustand in dem südamerikanischen Land den Charakter einer globalen Ordnung in verschärfter Form sichtbar werden lässt. Der Krieg in Kolumbien ist keine autochthone „Tragödie". Es liegt hier nicht einfach ein Ordnungs- und Zivilisationsverlust vor, obwohl der Krieg selbstverständlich auch autonomen Dynamiken folgt. Beim kolumbianischen Paramilitarismus, wie er in den vergangenen 25 Jahren vor allem von der ländlichen Bevölkerung erlitten wurde, handelt es sich vielmehr um eine – überaus effiziente – Form herrschaftlicher Gewalt. Der Paramilitarismus hat dazu beigetragen, staatliche Ordnung mit „informellen" Mitteln zu stärken. Er hat die Durchsetzung umstrittener Entwicklungsvorhaben und Wirtschaftsstrategien erleichtert. Und man kann an ihm beobachten, dass Angst und Verzweiflung als Instrumente zur Herstellung von Regierungsfähigkeit, sozusagen als destruktive *gouvernementale* Techniken – gleichermaßen im Sinne von und im Widerspruch zu Foucault (2004)[2] – zu diskutieren sind.

Darüber hinaus ist Kolumbien schließlich als ein Laboratorium des Krieges zu erörtern. Seit der Unabhängigkeitserklärung 1810, ja möglicherweise sogar schon seit der spanischen Eroberung im 16. Jahrhundert wurden im Land immer wieder

---

2   Foucault (2004a und b) hat herausgearbeitet, dass sich Macht nicht in erster Linie als Verbot oder Repression äußert, sondern produktiv Subjektivität formt. Angst und Verzweiflung sind Mittel der Untersagung – sie blockieren Handlungen. Gleichzeitig spielen sie aber eine Schlüsselrolle bei der Formung 'regierbarer' Subjekte.

irreguläre, asymmetrische Kriege ausgefochten, also solche Konflikte, wie sie in westlichen Militärakademien heute ausführlich debattiert werden. Biopolitische, psychologische und mediale Konzepte, denen in jüngeren militärstrategischen Debatten große Bedeutung beigemessen wird, werden in Kolumbien seit den frühen 1960er Jahren systematisch angewandt. Und auch jene Privatisierung des Krieges, die im Zusammenhang mit der Besatzung des Irak so scharf kritisiert worden ist (Maass 2005, Uesseler 2006, Klein 2007, Scahill 2008), reicht in Kolumbien weit zurück. Ausländische Private Militärfirmen (PMF) beeinflussen seit den 1980er Jahren den Krieg und spielen seit der Entwicklung des US-Militärhilfeprogramms *Plan Colombia* 1998 eine zentrale Rolle. Dabei kann das Land, seit es drittgrößter Empfänger von US-Militärhilfe weltweit und wichtigstes Einsatzgebiet der US-Streitkräfte in der westlichen Hemisphäre ist, als Erprobungsfeld US-amerikanischer Militärkonzepte gelten.

Struktur der Arbeit

Vor diesem Hintergrund ist der vorliegende Text also immer wieder von der Bemühung geprägt, über Kolumbien hinausreichende Fragen aufzuwerfen. Auf die Einführung in die Geschichte des kolumbianischen Konflikts (Kapitel 3.1.) und zur Charakterisierung des Paramilitarismus (Kapitel 3.2.) folgt in Kapitel 4 eine ausführliche Zusammenfassung militärstrategischer Konzepte, die die Entwicklung „alter" und „neuer", „regulärer" und „irregulärer", „symmetrischer" und „asymmeterischer" Kriegführung begreifbar machen soll. Dieser theoretische Einschub ist als Folie gedacht, auf der sich das kolumbianische Fallbeispiel lesen lässt.

Kapitel 5 beschäftigt sich dann wieder konkret mit dem Verhältnis zwischen kolumbianischem Staat und Paramilitärs. Es wird nachgezeichnet, ob und warum paramilitärische Gruppen als informelle staatliche Instrumente gedient haben. Da bei dieser Darstellung Widersprüche im Staat sichtbar werden, schließt sich in Kapitel 6 erneut ein theoretischer Exkurs an. In diesem Einschub werden Genese und Charakter von Staatlichkeit allgemein und dann konkreter des Staates in Kolumbien skizziert.

Im Kapitel 7 wird erörtert, welchen Charakter die extremen Gewalthandlungen des Paramilitarismus besitzen und welche Form von Gesellschaftlichkeit sie hervorbringen. Dabei wird diskutiert, inwiefern der Paramilitarismus sich ins Bewusstsein der Menschen einschreibt und regierbare Subjekte formt. In diesem Zusammenhang zeichnet sich – wie bereits angedeutet – eine destruktiv-produktive Seite der Repression ab. Macht präsentiert sich hier auf der einen Seite als radikales Verbot, bringt gleichzeitig aber auch aktiv Subjektivität und Formen der Selbstanleitung bei den Betroffenen hervor.

Unter Punkt 8 werden die ökonomischen Strukturen des Paramilitarismus diskutiert. Es wird skizziert, wie die Paramilitärs als Privatarmeen in fremden Dienste agieren und doch gleichzeitig selbst eine Art ursprüngliche Akkumulation betreiben. In diesem Zusammenhang wird auch gezeigt, wie die Paramilitärs als Gewaltunternehmertum im und auf den Drogenhandel wirken.

Kapitel 9 schließlich untersucht die wieder über Kolumbien hinausreichende Frage, inwieweit der Paramilitarismus als 'imperiales' Militärkonzept zu verstehen ist. Dass die Führungsmacht USA den Aufbau legaler paramilitärischer Gruppen in Lateinamerika und anderen Konfliktstaaten der Dritten Welt ab 1960 propagierte, ist unumstritten. Genauer diskutiert werden muss hingegen die Frage, welche Haltung Washington zu den extremen Gewalttaten des kolumbianischen Paramilitarismus eingenommen hat. In diesem Abschnitt wird dargelegt, dass einzelne US-Behörden offensichtlich Konzepte informeller, illegaler und teilweise terroristischer Kriegführung befürwortet haben.

Danksagung

Diese Arbeit wäre nicht möglich gewesen ohne die Recherchen kritischer Menschenrechtsaktivisten und Journalisten in Kolumbien, die bei ihrer Dokumentations- und Untersuchungsarbeit häufig ihr Leben riskieren. Besonders die Feldaufenthalte, wie sie mir von Aktivisten von Kleinbauernbewegungen, Gewerkschaften und Menschenrechtsgruppen ermöglicht wurden, haben mir einen anderen Blick auf die kolumbianische Realität eröffnet. Namentlich erwähnen möchte in diesem Zusammenhang den Kleinbauernführer Alirio Martínez, mit dem ich 2003 eine internationale Gewerkschaftsdelegation organisierte und der im August 2004 von Militärs erschossen wurde. Ich habe Alirio Martínez als einen jener Kolumbianer kennen gelernt, die sich mit großem Mut und ohne jeden persönlichen Vorteil für soziale Veränderungen in ihrem Land einsetzen. Leute wie er sind der Grund dafür, dass man Kolumbien nicht als völlig hoffnungslosen Fall betrachtet.

Mein Dank in Deutschland gilt Klaus Meschkat, Elmar Altvater und vor allem meinem Betreuer Bodo Zeuner, die mir bei den Arbeiten an diesem Projekt mit Rat, Hinweisen und Kritik zur Seite standen. Und schließlich meinen Vater sowie der gewerkschaftlichen Hans-Böckler-Stiftung, die mich während der Promotion finanziell großzügig unterstützten.

2. Angewandte Untersuchungsmethoden

Da sich die Ergebnisse dieser Arbeit in wichtigen Punkt nicht mit der allgemeinen Lehrmeinung zum kolumbianischen Krieg decken, soll zunächst knapp skizziert werden, mit welchen Forschungsmethoden die Arbeit zustande kam.

Dieser Arbeit liegen im Wesentlichen vier Untersuchungsansätze zugrunde: a) *teilnehmende Beobachtung* (vgl. Lüders 2000), b) *Literatur-* und *Dokumentenrecherche*, c) *Betroffenen-* und *Experteninterviews* (vgl. Hopf 2000, Hermanns 2000) und d) *Diskursanalyse* (vgl. Parker 2000). Das verwendete Material stammt zum Teil aus Feldaufenthalten vor dem eigentlichen Forschungszeitraum 2003-2008.

Meine erste Begegnung mit Kolumbien datiert aus dem Jahr 1985. Im Anschluss daran war ich regelmäßig – 1988, 1990, 1992, 1995, 1996, 2000, 2002, 2003 und 2005 – zu längeren und kürzeren Aufenthalten in kolumbianischen Konfliktgebieten. Bei diesen Reisen habe ich mich an der Seite von Menschenrechtsgruppen, Kleinbauernorganisationen und Gewerkschaften bewegt, also von jenen Gruppen, die von paramilitärischer Gewalt besonders stark betroffen sind. Diese Feldaufenthalte waren zunächst nicht wissenschaftlich motiviert. Einige Male war ich als Unterstützer bedrohter Aktivisten unterwegs, die meisten Reisen habe ich zudem als freier Autor publizistisch verwertet.

Dieser untypische Zugang muss der wissenschaftlichen Qualität dieser Arbeit nicht abträglich sein. Die Integration in soziale und politische Netzwerke eröffnete nämlich den Zugang zu Kriegs- und Konfliktregionen, die einem gewöhnlich versperrt bleiben. So konnte ich unter anderem in Armenvierteln der heftig umkämpften Erdölarbeiterstadt Barrancabermeja, in paramilitärisch kontrollierten Gebieten im zentralkolumbianischen Magdalena Medio und in der Hauptstadt Bogotá, in Einflussgebieten von Guerilla und Guerillamilizen im nordkolumbianischen Departement Bolívar oder in der Millionenstadt Medellín sowie im ostkolumbianischen Departement Arauca recherchieren, das 2002-2006 Schwerpunkt einer großen Militäroffensive im Rahmen des *Plan Colombia* war (vgl. Amnesty 2004) und in Kolumbien lange als *no go area* galt.

Zudem ging es bei den Feldaufenthalten, auch wenn diese nicht wissenschaftlich motiviert waren, selbstverständlich immer um Erkenntnisgewinn. Von besonderem Interesse waren dabei immer wieder folgende Fragen: Wie stellt sich die spezifische Entfaltung des Krieges in kleinbäuerlichen Regionen und Armenvierteln dar? Auf welche Weise operieren die verschiedenen Kriegsakteure und inwiefern unterscheidet sich ihr Verhalten voneinander? Welche Bündnisse sind zu beobachten und welche ökonomischen oder militär-strategischen Interessen liegen diesen zugrunde? Welche Sozialmodelle werden von den Kriegsakteuren durchgesetzt? Wie reagieren soziale Geflechte in Anbetracht von Repression und Gewalt? Und natürlich: Wie kann sich die Zivilbevölkerung gegen Vertreibungs- und Zerschlagungsprozesse zur Wehr setzen?

Durch diese spezifische Form *teilnehmender Beobachtung,* die eine Parteinahme impliziert, habe ich Vertrauensbeziehungen zu Betroffenen aufbauen können. Dies hat sich für eine Untersuchung in Konfliktgebieten als unverzichtbar erwiesen. In Anbetracht herrschender Macht- und Gewaltverhältnisse sind die Bewohner dieser Regionen nämlich gezwungen, eigene Haltungen ständig zu kodieren, zu verbergen oder sogar regelrecht zu verdrängen. Zwischen der Beschreibung der Realität und einer zu beobachtenden Faktenlage klaffen oft Abgründe. Sprechstrategien, die in diesen Gewaltsituationen entwickelt werden, erschließen sich daher oft erst nach längeren Feldaufenthalten.

Da diese teilnehmenden Aufenthalte zunächst nicht wissenschaftlich angelegt waren und daher auch nicht systematisch protokolliert wurden, habe ich auf ethnografische Darstellungen verzichtet. Die Felderfahrungen dienen vielmehr als Hintergrund, anhand dessen ich Literatur und Dokumente überprüft habe.

Was die *Betroffenen-* und *Experteninterviews* angeht, die ich zum Teil auch publizistisch verwertet habe (vgl. z. B. Zelik 2005b), wird in dieser Arbeit nicht streng zwischen bestimmten Kategorien des Interviews unterschieden. Ich unterstelle, dass Betroffene in gewalttätigen Konflikten über Expertenwissen verfügen und ihre Erfahrungen dabei durchaus einzuordnen und analytisch zu reflektieren wissen. Wie die Interviews geführt wurden – narrativ, erfragend oder aktivierend –, war demzufolge ausschließlich kontextabhängig. Persönliche Gewalterlebnisse wurden nahe liegender Weise eher im Rahmen narrativer Erzählungen, Faktenwissen überwiegend in konventionellen Frage-Antwort-Situationen vermittelt. Da der Arbeit Hunderte von Interviews und Gesprächen zugrunde liegen, habe ich darauf verzichtet, sie gesondert in den Anhang aufzunehmen. Eine Reihe analytischer Interviews sind an anderer Stelle veröffentlicht (vgl. Zelik 2000 a, b und c, 2002b).

Hinsichtlich der *Literaturanalyse* ist zu erwähnen, dass sich Menschenrechtsdokumentationen und journalistische Recherchen – was Fakten, zum Teil aber auch Analysen angeht – für das Untersuchungsthema oft als aufschlussreicher erwiesen haben, als Arbeiten des akademischen Betriebs. Es ist auffällig, dass selbst bei renommierten wissenschaftlichen Autoren (wie etwa Romero (2003)) oft beträchtliche sachliche Lücken zu finden sind. Die umfassenden Dokumentationen von Menschenrechtsorganisationen (vgl. Colombia Nunca Mas 2001, Noche y Niebla 2003 und 2004, Human Rights Watch 1996, 2000 und 2001, Amnesty International 2004) haben sich in dieser Hinsicht als sehr wertvoll erwiesen.

Ähnliches ist auch über journalistische Quellen zu sagen, die in dieser Arbeit ausführlich zitiert werden. Dies mag in Anbetracht dessen, dass die kolumbianische Medienlandschaft hochkonzentriert ist, einigermaßen überraschen. Tatsächlich können Fernsehen und Hörfunk in Kolumbien in mancher Hinsicht als gleichgeschaltet bezeichnet werden. Die Manipulation von Nachrichten darf dabei aber nicht als einfache Zensur- oder Propagandamaßnahme verstanden werden. Zu beobachten ist vielmehr ein komplexer Prozess in den Nachrichtenketten, bei dem Morddrohungen gegen kritische Journalisten, ökonomische Abhängigkeitsverhältnisse der Redaktionen, die Monopolisierung von Nachrichten aus Konfliktregionen durch die Armee und gezielte Desinformationspraktiken der Kriegsakteure ineinander greifen.

Dieser Hinweis gilt auch für die Zeitungslandschaft. De facto befinden sich alle großen Blätter Kolumbiens in den Händen jener ökonomischen Gruppen, die auch die politische Macht im Land beanspruchen. Bestes Beispiel für diese mediale, ökonomische und politische Machtkonzentration ist die Familie Santos, die bereits 1934-38 den Staatschef stellte und in der Regierung Uribe mit dem Vizepräsidenten Francisco Santos und dem Verteidigungsminister Juan Manuel Santos gleich doppelt vertreten ist. Die politische Macht der Santos ist wesentlich darin begründet, dass sie die wichtigste landesweite Tageszeitung *El Tiempo* besitzen, die über eine Kapitalbeteiligung mit dem spanischen Medienkonsortium *Planeta* verbunden ist. Auf diese Weise hat *El Tiempo* nicht nur ein faktisches Pressemonopol in Kolumbien inne, sondern beeinflusst – über die Unternehmensallianz mit *Planeta* – auch die Berichterstattung europäischer Zeitungen zu Kolumbien.

Trotz dieser engen Verschränkungen mit Wirtschaft und Politik waren die Blätter *El Tiempo, Semana* und *El Espectador* (letztere erscheinen im „Spiegel" bzw. „Zeit"-Format) für die vorliegende Untersuchung eine unverzichtbare Quelle. Trotz der genannten Medienkonzentration ist die kolumbianische Presse in mancher Hinsicht nämlich auch bemerkenswert plural. Besonders die Wochenzeitschrift *Semana* hat in den vergangenen Jahren zahlreiche Skandale im Umfeld der Regierung aufgedeckt und zum Politikum gemacht. Dabei ist die Linie des Blattes widersprüchlich: Mit ihrer Berichterstattung trug *Semana* zunächst maßgeblich dazu bei, den Paramilitär-Chef Carlos Castaño Ende der 1990er Jahre in eine populäre politische Figur zu verwandeln. Ab 2002 hingegen lieferte das Wochenmagazin wichtige Hintergrundrecherchen zu Strukturen und kriminellen Aktivitäten der Paramilitärs, die zur politischen Selbstdarstellung der AUC in scharfem Widerspruch standen.

Vor diesem Hintergrund muss die Medienlandschaft Kolumbiens – ganz im Sinne Bourdieus (1998) – als Feld verstanden werden, auf dem ökonomische, politische und militärische Macht zwar wirkt, das aber nicht vollständig durch diese Mächte determiniert wird. Kritische Initiativen von Journalisten, aber auch der Wunsch, zum Mainstream zu gehören (oder diesem zuvorzukommen), spielen auch in der kolumbianischen Medienlandschaft eine zentrale Rolle.

Bei der Verwendung der Zeitungsquellen war deshalb stets die kriminalistisch anmutende Frage *Cui Bono* zu berücksichtigen: Wer hat ein Interesse an der Veröffentlichung dieser Information und wäre in der Lage, ein solches Interesse gegenüber den Redaktionen auch geltend zu machen? Da die Enthüllungen von *Semana, El Espectador* und *El Tiempo* zum Paramilitarismus für die politischen Machtgruppen, darunter auch Miteigentümer der Zeitungen, unangenehm waren, messe ich den diesbezüglichen Veröffentlichungen große Glaubwürdigkeit bei. Der manipulative Einsatz von Nachrichten würde hier – anders als bei der Berichterstattung über die Guerilla – keinen Sinn ergeben.

Zudem muss man die Bedeutung der kritischen Berichterstattung in den genannten Medien relativieren. Bei der Lektüre dieser Arbeit kann der Eindruck entstehen, die kolumbianische Presse habe sich in den vergangenen Jahren um eine rückhaltlose Aufklärung paramilitärischer Strukturen verdient gemacht. Tatsächlich jedoch sind die in diesem Text zitierten Recherchen über Jahre hinweg veröffentlicht, so gut wie nie in einen Zusammenhang gebracht und in den Blättern regelrecht versteckt worden. Die Praxis der Redaktionsleitungen, hart recherchierte, kritische Berichte neben einer zweifelhaften Hofberichterstattung zu platzieren, stellt am Ende *jede* Information in Frage. Man kann also festhalten, dass Aufklärung und Desinformation in den kolumbianischen Medien – und nicht nur dort – in einem schwierigen, oft verwirrenden Verhältnis stehen.

Vor diesem Hintergrund wurden Zeitungsquellen stets mit eigenen Feldkenntnissen, wissenschaftlichen Publikationen und Berichten aus erster Hand abgeglichen und auf ihre Plausibilität überprüft. Insgesamt wurden im Zusammenhang dieser Arbeit fünf Jahre lang die kolumbianischen Zeitungen *Semana, El Tiempo* und *El Espectador* täglich, die US-amerikanischen Zeitungen *Los Angeles Times, El Nuevo Herald* (spanischsprachige Edition des *Miami Herald)* und die ebenfalls in Florida erscheinende *St. Petersburg Times* in unregelmäßigen Abständen ausgewertet und relevante Nachrichten archiviert. Aus diesen Einzelberichten habe ich schließlich ein kritisches, quellentreues Gesamtbild zusammenzusetzen versucht. Zitiert werden in der Arbeit immer die Online-Ausgaben der Zeitungen, die im Fall der kolumbianischen Blätter aber meist mit den Printberichten identisch sind. In den Fällen, in denen gedruckte Ausgaben als Quelle herangezogen wurden, ist dies ausdrücklich vermerkt.

Diskursanalytisch bin ich vorgegangen, wenn es darum ging, längere Texte und Berichte als Erzählungen zu verstehen. Besonders gilt das für die Selbstdarstellung der Paramilitärs (siehe Kapitel 5.5.) und für Darstellungen von Betroffenen aus Kriegsregionen. Hier standen Aussagen nie einfach für sich, sondern es musste gefragt werden, wie die jeweiligen Sprechakte zustande kamen. Diskursanalyse bedeutete dabei nicht, eine 'Wahrheit hinter dem Text' ausfindig zu machen. Vielmehr galt es, Sprechhaltungen als Teil des gesellschaftlichen Konflikts zu interpretieren (vgl. Kapitel 7.1.2 und 7.1.3).

3. Geschichtlicher Überblick

3.1. Kurze Geschichte des kolumbianischen Konflikts

Kolumbiens Geschichte ist – wie die keines anderen lateinamerikanischen Landes – von Bürgerkriegen und bewaffneten Konflikten geprägt. Schon bald nach dem Ende des Unabhängigkeitskrieges 1819 kam es zu bewaffneten Auseinandersetzungen innerhalb der kreolischen Oberschicht, die sich auch im 20. Jahrhundert unvermindert fortsetzten. Bei den Kriegen, die zwischen den beiden staatstragenden Parteien – Konservativen und Liberalen – ausgetragen wurden, ging es vordergründig um die föderale bzw. zentralistische Verfasstheit des Staates, die Nähe zur Kirche sowie parteipolitische Machtexklusionen. Gespeist wurden die Konflikte aber vor allem von bäuerlichen Sozialrevolten und Landkonflikten.

Obwohl bereits der „Krieg der Tausend Tage" (1899-1902) diese sozialen Dimensionen der Konfrontation manifest werden ließ und sich in den 1920er Jahren eigenständige kleinbäuerliche, indigene und gewerkschaftliche Bewegungen – wie der brutal niedergeschlagene Bananenarbeiterstreik auf den Plantagen der United Fruit Company (vgl. Archila Neira 2007) – formierten, fanden die sozialen Widersprüche lange keine politische Artikulation. Es gelang den staatstragenden, im Prinzip identische ökonomische Interessen vertretenden Parteien auch weiterhin, die sozialen Konflikte zu kanalisieren. Dementsprechend standen sich im Bürgerkrieg 1948-53 erneut Liberale und Konservative als Kriegsparteien gegenüber. Dieser Waffengang, der in Kolumbien nur als *la violencia* (die Gewalt) bezeichnet wird und 200.000 Menschenleben forderte, brach aus, nachdem auf den linkspopulistischen Präsidentschaftskandidaten Jorge Eliecer Gaitán ein Mordanschlag verübt worden war. Gaitán, der sich als Sozialreformer um die Präsidentschaftskandidatur der Liberalen Partei beworben hatte, wurde von den politischen Machtgruppen, offensichtlich auch in seiner eigenen Partei, als Gefahr betrachtet. Inwiefern das Attentat auch die Unterstützung Washingtons besaß, ist bis heute umstritten.

Krieg als politische Umgangsform

Nach der Ermordung Gaitáns kam es zunächst in den Städten, dann auch auf dem Land zu spontanen Volkserhebungen (vgl. Alape 1983). Die erboste Menge stürmte den Sitz der wichtigsten Tageszeitung *El Tiempo,* in der Erdölarbeiterstadt Barrancabermeja riefen Gewerkschafter die Kommune aus. Die Unruhen weiteten sich zu einem Flächenbrand aus, bei dem sich schließlich die einfache Anhängerschaft von Liberaler und Konservativer Partei als erbitterte Kriegsgegner gegenüber standen. „Konservative" Dörfer überfielen „liberale" Ortschaften und umgekehrt. Die Gewaltakte setzten große Fluchtbewegungen und eine erste massive Abwanderungsbewegung in die Städte in Gang. Erst mit der Machtergreifung von General Gustavo Rojas Pinilla 1953, einem der wenigen Militärputsche in der Geschichte Kolumbiens, wurde dem Parteienkrieg ein Ende gesetzt.

Historiker haben immer wieder vertreten, dass die Gewalttätigkeit der liberalkonservativen Konkurrenz ein spezifisches politisches System in Kolumbien hervorgebracht haben. Pécaut beschreibt Kolumbien in einem Standardwerk (1987) in diesem Sinne als gewaltgeformtes Ordnungssystem. Hervorgehoben wird eine Fragmentierung der Eliten und eine schwache Anbindung der Machtgruppen an den Staat (vgl. Mauceri 2001: 58). Weiterhin wird in Anschluss an Pécaut über eine spezifisch-kolumbianische „Gewaltkultur" debattiert, die die Herausbildung stabiler staatlicher Institutionen blockiert habe (vgl. etwa Kurtenbach 1991 und 2005a).

Richtig an diesen Thesen ist, dass der Krieg in Kolumbien als politische Umgangsform durchgesetzt blieb. Die Ermordung demobilisierter Guerilleros nach der *violencia* 1953 bekräftigte den exklusiven Charakter des politischen Systems erneut. Auch die von Liberalen und Konservativen 1958 ausgehandelte *Frente Nacional* diente weniger als Modell des demokratischen Ausgleichs als zur machtpolitischen Exklusion. Die staatstragenden Parteien vereinbarten die wechselnde Besetzung des Präsidentenamtes und eine paritätische Aufteilung von Ministerposten. Gegenüber Ansprüchen von außen wurde der neue Machtkonsens hingegen weiterhin mit allen Mitteln verteidigt.

Vor dem Hintergrund, dass eine politische Partizipation nicht möglich schien und die Rückkehr in den zivilen Alltag häufig mit dem Leben bezahlt werden musste, widersetzten sich ehemalige Guerillagruppen in einigen Regionen ihrer Entwaffnung. Diese versprengten bewaffneten Zirkel wurden von den Staatsparteien schnell als Bedrohung wahrgenommen. Bereits 1959, also ein halbes Jahrzehnt vor der Gründung der ersten marxistischen Guerillas, berieten US-Militärs die kolumbianische Armee im Einsatz gegen bewaffnete Bauerngruppen (Rempe 1995), die eine Agrarreform forderten und zu diesem Zeitpunkt keine offensiven Aktionen durchführten. Nach der kubanischen Revolution weiteten die US-Militärs ihre präventive Guerillabekämpfung aus und entsandten 1962 eine Sondermission nach Kolumbien. Die Gründung der sowjetmarxistisch orientierten FARC, die zwei Jahre später aus einem Zusammenschluss von Kleinbauernmilizen entstanden, erfolgte erst, nachdem die Armee eine große, US-unterstützte Militäroperation zur Zerschlagung so genannter „unabhängiger Republiken", also autonomer ländlicher Gemeinden, eingeleitet hatte – ein Angriff, der, so Pécaut (2008: 28), aus der Logik des Kalten Krieges erfolgte.

Entstehen marxistischer Guerillas

Mit dieser Eskalation trat der kolumbianische Konflikt in eine neue Phase, in der die Dominanz der beiden großen staatstragenden Parteien teilweise überwunden wurde. Die neue Generation der Aufständischen trat mit explizit sozialpolitischen Forderungen an. Dabei kam es zu bemerkenswerten Kontinuitäten. Der spätere Kommandant der FARC-Guerilla Manuel Marulanda etwa schloss sich als Anhänger der Liberalen Partei 1949 einer Bauernselbstverteidigung an, blieb nach dem Bürgerkriegsende 1953 im Untergrund und gehörte schließlich zu den Gründern der kommunistischen *Fuerzas Armadas Revolucionarias de Colombia*. Marulanda lebte fast 60 Jahre lang, bis zu seinem Tod im März 2008, in der Illegalität.

Neben den FARC, die bis Mitte der 1980er Jahre überwiegend defensiv agierten und in erster Linie die politische Stärkung der Kommunistischen Partei verfolgten, entstand ebenfalls 1964 das an Kuba orientierte und in der Folgezeit befreiungstheologisch beeinflusste *Ejército de Liberación Nacional*, das im nordostkolumbianischen Departement Santander einen Guerilla-Fokus etablierte. Insgesamt wurden in den 1960er und 1970er Jahre etwa ein Dutzend Guerillas gegründet – viele von ihnen Abspaltungen der FARC. Dabei wurde der heute so umstrittenen Guerilla von den konkurrierenden Gruppen vorgeworfen, *zu große* Verhandlungsbereitschaft zu zeigen, *zu defensiv* zu agieren und sich *zu wenig* für eine revolutionäre Machtübernahme einzusetzen.

Die Existenz dieser zahlreichen, oft nur regional agierenden Guerillagruppen stellte die oligarchische Machtarchitektur jedoch kaum in Frage. Obwohl die staatstragenden Parteien diskreditiert waren, die klientelistischen Praktiken die demokratische Verfassung zur Farce werden ließen und die Regierungen in Anbetracht extrem niedriger Wahlbeteiligungen (von regelmäßig unter 50 Prozent) nur geringe Legitimität beanspruchen konnten, blieben die Guerillas isoliert. Insofern handelte es sich beim kolumbianischen Krieg – um einen Begriff der US-Militärs zu parafrasieren – um einen Konflikt *sehr* geringer Intensität.

Ein Bedrohungsszenario ergab sich erst um 1980, als drei Faktoren zusammenwirkten: 1) Ein unabhängig von den Gewerkschaftsbürokratien organisierter Generalstreik 1977 und das Erstarken von Landlosen- und Stadtteilbewegungen im ganzen Land verwiesen auf die wachsende Unzufriedenheit in der Bevölkerung, die sich zunehmend in sozialen Basisbewegungen organisierte. Trotz heftiger Repression durch die Regierung des Rechtsliberalen César Turbay Ayala, dem Einsatz erster Todesschwadronen und der Verhängung eines Ausnahmezustands im Rahmen des *Estatuto de Seguridad Nacional,* konnte die Dynamik dieser Bewegungen bis Mitte der 1980er Jahre nicht gebrochen werden.

2) Besonders die linkspopulistische, in den städtischen Mittelschichten verankerte M-19-Guerilla führte ab 1980 eine Reihe spektakulärer und populärer Aktionen in den Ballungszentren durch. Unter anderem kam es zu einer wochenlang andauernden Besetzung der Dominikanischen Botschaft in Bogotá und zum Verteilen von Milchpaketen in Armenvierteln, was die Relevanz der Guerilla enorm steigerte. 3) Als Bedrohung für das politische System musste diese Entwicklung auch vor dem Hintergrund wahrgenommen werden, dass die sandinistische Revolution in Nicaragua und die Volksaufstände in El Salvador und Teilen Guatemalas im gleichen Zeitraum bewiesen, dass revolutionäre Umstürze in Lateinamerika weiterhin möglich waren.

Nachdem sich die Repressionspolitik von Präsident Turbay Ayala (1978-82) als ineffizient erwiesen hatte, setzte sich in der Oberschicht eine alternative Strategie durch. Mit Belisario Betancur gewann 1982 ein Politiker die Wahlen, der dem linken Flügel der Konservativen zugerechnet wurde. Der Sozialkonservative Betancur erließ eine politische Amnestie, nahm Friedensverhandlungen mit den damals wichtigsten Guerillagruppen FARC, M-19 und EPL (einer maoistischen Gruppe, die in den Landarbeitergewerkschaften Nordkolumbiens beträchtlichen Einfluss besaß) auf und engagierte sich – gegen Washingtons erklärten Willen – im Rahmen der Contadora-Gruppe als unabhängiger Vermittler im Konflikt zwischen sandinistischer Regierung und bürgerlicher Opposition in Nicaragua.

Friedensprozess und „schmutziger Krieg"

Die Friedenspolitik Betancurs (1982-86) schien der Linken erstmals echte politische Spielräume zu eröffnen. Die Dezentralisierung des politischen Systems – die bis dahin von Bogotá ernannten Bürgermeister wurden 1988 erstmals in Kommunalwahlen bestimmt – garantierte eine reale Teilhabe der Linken in den Regionen. In diesem Zusammenhang entstanden im Umfeld der Guerillagruppen legale politische Organisationen. Ins zivile Leben zurückgekehrte FARC-Mitglieder, die KP Kolumbiens und sozialdemokratische Gruppen schlossen sich zur Linkspartei *Unión Patriótica* zusammen. Im Umfeld der maoistischen EPL entstand die Wahlkoalition *Frente Popular.* Radikale Christen, Trotzkisten und Anhänger der ELN-Guerilla, die den Waffenstillstand mit der Regierung Betancur ablehnte, gründeten die politische Bewegung *A Luchar,* die zum Kampf gegen die Institutionen aufrief, sich aber ebenfalls legal registrieren ließ.

Die neuen Parteien und Bewegungen blieben landesweit bei unter 10 Prozent der Stimmen. In den Regionen stellten sie jedoch Hunderte von Bürgermeistern und

Gemeinderäten. Diese – nun sichtbar gewordenen – Repräsentanten der Linken verwandelten sich in das Angriffsziel eines neuen, nicht erklärten Krieges. Parallel zur Aufnahme von Friedensverhandlungen durch Präsident Betancur begannen die Militärführung und Teile des Establishments, darunter auch Mitglieder der Regierung, mit dem Aufbau irregulärer paramilitärischer Gruppen, die dank eines Gesetzes aus den 1960er Jahren einen legalen Status beanspruchen konnten. Diese Verbände, die sich unter dem Schutz der Armee rasant ausbreiteten, zerschlugen die politische und soziale Linke in den Folgejahren systematisch. Allein die Linkspartei *Unión Patriótica* verlor zwischen 1985 und 1993 3500 Mitglieder sowie ihre beiden Präsidentschaftskandidaten – ein Umstand, über den die OAS-Menschenrechtskommission in einem Urteil festhielt, dass „diese Situation viele Kennzeichen des Phänomens Genozid" aufweise (Comisión Interamericana 1997). Tatsächlich haben Opferorganisationen für den so genannten „schmutzigen Krieg" den Begriff des „politischen Genozids" vorgeschlagen, weil mit dem Krieg die physische Auslöschung der politischen und sozialen Linken in Kolumbien verfolgt worden sei. Betroffen waren dabei nicht nur die UP und andere Linksparteien, sondern auch Menschenrechtsverbände, Gewerkschaften und Kleinbauernorganisationen.

Einher ging diese Schwächung der politischen Opposition mit einer Stärkung der Guerillaorganisationen FARC, ELN und EPL, die die Zahl ihrer Fronten in den 1980er Jahren mehr als verdoppeln konnten. Pécaut (2008) erklärt dies unter anderem mit den Schutzgeldeinnahmen der Organisationen in der Erdölindustrie (ELN), dem Bananenanbau (EPL) und im Kokahandel (FARC).

„Drogenkrieg", politische Modernisierung und Verfassungsreform

Parallel hierzu entwickelte sich Anfang der 1980er Jahre eine weitere Konfliktlinie: Das Erstarken des Kokainhandels führte zu gewalttätigen Auseinandersetzungen zwischen konkurrierenden Kartellen und zu einer Konfrontation des Drogenhandels mit Teilen des Justiz- und Staatsapparates (die aufschlussreichsten Darstellungen zu Drogenhandel und Drogenkrieg finden sich bei: Sauloy/Le Bonniec 1994, Krauthausen 1997 a und b).

Vor allem die Gruppe um den legendären Medelliner Capo Pablo Escobar (vgl. Salazar 2001, Bowden 2001) hatte den Staat immer wieder auf spektakuläre Weise zu einer nachlässigen Haltung gegenüber dem Drogenphänomen zu bewegen versucht. Escobar kandidierte bei Kongresswahlen, gebärdete sich als großzügiger Patron der Armenviertel und finanzierte umfangreiche Bauprojekte in Medellín. Zeigten diese Bemühungen nicht den gewünschten Erfolg, griff das „Medellín-Kartell"[1] auf Gewalt

---

1 Die Beschreibung als „Kartell" ist eine Erfindung der US-Justiz. Sowohl Sauloy/Le Bonniec (1994) als auch Krauthausen (1997 a und b) verweisen darauf, dass unter dem

zurück. So ließ der Drogen-Capo 1984 den Justizminister Lara Bonilla[2] und 1986 den Chefredakteur der liberalen Tageszeitung *El Espectador* ermorden. Die Aggressivität, mit der sich das Medellín-Kartell gegen Strafverfolgung abzusichern suchte, belastete die Beziehungen zur Staatsmacht, die in anderer Hinsicht eng waren. Die Drogenmafia pflegte nämlich nicht nur finanzielle Beziehungen zum Establishment, mehrere Capos kooperierten mit Staatsorganen auch bei der Oppositionsbekämpfung und führten politische Auftragsmorde gegen Linke durch.

Die Situation eskalierte 1989, als Pablo Escobar den aussichtsreichsten Präsidentschaftskandidaten der Liberalen Partei Luis Antonio Galán umbringen ließ, weil sich dieser mit einem ausgesprochenen Anti-Mafia-Wahlkampf profilierte.[3] Der Mord setzte eine Gewaltspirale in Gang: Die Regierung bedrohte die Führer des Medellín-Kartells immer massiver mit einer Auslieferung in die USA, die Gruppe um Pablo Escobar antwortete mit Bombenanschlägen in den großen Städten und zahlte Prämien für ermordete Polizisten.

Pablo Escobar wurde zum Staatsfeind Nr. 1 erklärt, konnte aufgrund eines großen Unterstützernetzwerks aber nicht gefasst werden. Tatsächlich war ihm ein beträchtlicher Teil der politischen Klasse Medellíns, der regionalen Kirchenhierarchie und der staatlichen Gewaltorgane ökonomisch verpflichtet. Darüber hinaus hatte sich Escobar in den Armenviertel mit einer Art 'Drogenpopulismus' eine solide soziale Basis geschaffen. Die Finanzierung von Sportplätzen und Sozialleistungen – Escobars Heimatgemeinde Envigado war die einzige Stadt Kolumbiens, in der an

---

Begriff ganz unterschiedliche Gruppen zusammengefasst wurden, die zwar Handelsbeziehungen miteinander unterhielten, aber i) nicht als Kartell fungierten, ii) nicht alle in Medellín angesiedelt waren und iii) keine einheitliche Strategie verfolgten. Auch politisch spiegelte sich das wieder: Der im Departement Boyacá agierende Drogenhändler Gonzalo Rodríguez Gacha galt als strammer Antikommunist und kooperierte mit der Armee bei der Oppositionsbekämpfung. Pablo Escobar hingegen, dem gewisse Sympathien für die nationalistische Linke nachgesagt wurden, forderte die Oberschicht immer wieder heraus (vgl. auch Salazar 2001). Da der Begriff 'Kartell' im Alltagsdiskurs mittlerweile durchgesetzt ist, wird er in dieser Arbeit als Synonym für organisierte Drogenhandels- und Gewaltstrukturen verwendet.

2   Im März 1984 hatte die Drogenfahndung auf Weisung des Justizministers im südkolumbianischen Caquetá das größte damals bekannte Drogenlabor ausgehoben, das unter dem Namen Tranquilandia bekannt wurde (vgl. Salazar 2001: 122-126). Die US-Zeitung *El Nuevo Herald* stellte Ende 2007 eine Verbindung zwischen dem heutigen Präsidenten Álvaro Uribe und dem Kokainlabor her. 1984 wurde im Labor ein Helikopter beschlagnahmt, der dem Vater des heutigen Präsidenten Álvaro Uribe gehört haben soll (El Nuevo Herald 9.12.2007). Tatsächlich wurde Präsident Álvaro Uribe, in den 1980er Jahren noch ein junger Politiker, in einem Bericht des US-Geheimdienstes DIA 1991 als enger Vertrauter des Medellín-Kartells bezeichnet (DIA 1991: 10f).

3   Pikanterweise wurde der Anschlag mit Waffen verübt, die von israelischen Söldnern an die kolumbianischen Paramilitärs geliefert worden waren (vgl. Kapitel 9.4.).

Bedürftige Sozialhilfe bezahlt wurde – ließ den Drogenbaron als eine Art Robin Hood erscheinen.

Vor diesem Hintergrund sah sich der kolumbianische Staat schließlich gezwungen, ein Abkommen auszuhandeln. Escobar stellte sich 1991 der Justiz und durfte die ausgehandelte Haftstrafe in einem von ihm selbst gebauten Gefängnis absitzen. In der Haft jedoch verlor Escobar seine Funktion als Protektor des Drogenhandels[4]. Als mehrere Drogenhändler ihm die Schutzgeldzahlungen verweigerten und sich Gerüchte über eine bevorstehende – eigentlich illegale – Auslieferung an die USA verdichteten, brach der Konflikt erneut aus. Escobar ermordete ehemalige Komplizen, floh aus der Haft und versuchte seine Organisation neu zu strukturieren (Krauthausen 1997a: 161-196). Diesmal jedoch wurde der Drogen-Capo gestoppt. An der Jagd auf Escobar beteiligten sich nicht nur die USA mit gewaltigen Ressourcen (Bowden 2001), sondern auch das konkurrierende Cali-Kartell und Abtrünnige aus der eigenen Organisation. Die so genannten PEPEs, eine von der Polizei protegierte Todesschwadron, 'dünnten' Escobars Umfeld aus, indem sie Hunderte von Anhängern des Drogen-Capos ermordeten (vgl. Kapitel 5.5.).

Auf diese Weise zerfiel das traditionelle Medellín-Kartell. Pablo Escobar wurde am 2. Dezember 1993 von einer Polizeieinheit aufgespürt und erschossen.

Guerilla-Demobilisierungen und Modernisierung des Staates

Parallel zum so genannten Drogenkrieg verschärfte sich auch die Konfrontation zwischen Guerillas und Regierung wieder. Als Reaktion auf den „schmutzigen Krieg" gegen die Linksparteien kündigten die Guerillagruppen zwischen 1985 und 89 ihren Waffenstillstand mit der Regierung auf und gründeten mit der *Guerillakoordination Simón Bolívar* erstmals einen landesweiten Zusammenschluss. Die Krise der realsozialistischen Staaten nahm dem Einigungsprozess der Aufständischen allerdings schnell den Wind aus den Segeln. Obwohl die Regierung von Virgilio Barco (1986-90) die Repression gegen die sozialen Bewegungen verschärfte, in der Wirtschaftspolitik eine dramatische Rechtswende einläutete und die neoliberale Doktrin in Kolumbien durchsetzte, strebten die meisten Guerillaorganisationen – die in den städtischen Mittelschichten verankerte M-19, eine Mehrheitsfraktion des maoistischen EPL, die Indígenen-Miliz Quintín Lame und die *Strömung der sozialistischen Erneuerung,* eine Minderheitsfraktion des ELN – ab 1989 die Demobilisierung an.

---

4 Escobar operierte zumindest ab Ende der 1980er Jahre offensichtlich eher als eine Art Gewaltunternehmer und Schutzgelderpresser, der über das Drogengeschäft wachte, die Einhaltung von Vereinbarungen gewährleistete und Prozente kassierte (vgl. Krauthausen 1997a:184-190, Bloque Metro 2002)

Diese schwere Krise der traditionellen Linken zog eine dringend benötigte Modernisierung des politschen Systems nach sich. Dabei war es vor allem die demobilisierte M-19-Guerilla, die 1991 die Verabschiedung einer neuen Verfassung auf den Weg brachte und damit eine Relegitimation des politischen Systems ermöglichte. Die M-19-Guerilla kam in den Genuss einer Amnestie und konnte an den Wahlen zur Verfassunggebenden Versammlung im Dezember 1990 teilnehmen, bei denen sie auf Anhieb stärkste Fraktion wurde. Doch ein – im Bereich des Möglichen liegender – Sieg der M-19 bei den Präsidentschaftswahlen wurde mit Gewalt verhindert. Der populäre M-19-Führer Carlos Pizarro wurde im Wahlkampf 1990 von einem Auftragskiller ermordet.[5] Die demobilisierte Guerilla konnte in der Folgezeit zwar durchsetzen, dass Bürgerpartizipation und Minderheitenrechte in der neuen Verfassung breiten Raum einnahmen. In sozialen und ökonomischen Fragen stärkte die Konstitution allerdings neoliberale Positionen. Zudem konnte die M-19 sich nicht als Reformpartei etablieren. Sie zerfiel innerhalb weniger Monate und beeinflusste das politische Panorama nicht weiter.

Vor dem Hintergrund, dass soziale Reformen ausblieben und die paramilitärische Gewalt unvermindert anhielt, sahen sich die beiden ältesten Guerillagruppen FARC und ELN in ihrer Position bekräftigt, dass die kolumbianische Oberschicht an einer politischen Lösung des Konflikts nicht interessiert sei. Vor allem die FARC orientierten sich daraufhin radikal um. Hatten die FARC im Rahmen einer „Kombination aller Kampfformen" (vgl. Pizarro 1991) der politischen und gewerkschaftlichen Arbeit bis dahin große Bedeutung beigemessen, setzten sie sich nun eine militärische Machtübernahme zum Ziel. Um ihr militärisches Wachstum zu finanzieren, griffen sie verstärkt auf Entführungen und die Besteuerung des Drogenhandels zurück. Dadurch begannen die FARC zwar rasch zu wachsen, die politische Vermittelbarkeit der Guerillaaktionen ging jedoch im gleichen Maß zurück. Der Zusammenhang liegt auf der Hand: Bei der selektiven Entführung millionenschwerer Unternehmer oder gar verhasster Großgrundbesitzer konnte die Guerilla auf Sympathien der Zivilbevölkerung zählen. Die Verschleppung von mittelständischen Unternehmern, Händlern oder Rechtsanwälten provozierte hingegen nur noch allgemeines Unverständnis, das von der Regierung und den Medien gezielt gegen die Guerilla eingesetzt wurde. Zwar ist die Entführungspraxis der Guerilla letztlich weniger blutig als die gegen die arme Landbevölkerung gerichtete Gewaltpolitik von Paramilitärs und Armee, doch

---

5   Somit wurden alle drei Kandidaten umgebracht, die nicht aus dem traditionellen Parteienspektrum stammten. Der liberale Mafiakritiker Luis Carlos Galán wurde im August 1989 im Auftrag der Drogenmafia getötet, der sozialistische Kandidat Bernardo Jaramillo und der Linkspopulist Carlos Pizarro wurden im März bzw. April 1990 im Auftrag der politischen Rechten von jugendlichen Killern erschossen.

aufgrund der ausführlichen Berichterstattung in kolumbianischen und internationalen Medien provozierte das Vorgehen der Guerilla deutlich mehr Empörung.

Zudem hatte auch die Besteuerung des Drogenhandels durch die Guerilla dramatische Folgen: Um sich solide Einnahmequellen zu sichern, trugen die FARC in den meisten Regionen gezielt zur Ausbreitung des Kokaanbaus bei. Der florierende Drogenhandel korrumpierte jedoch nicht nur die ländlichen Sozialstrukturen, sondern auch die FARC selbst, die mancherorts zu einem illegalen Wirtschaftsunternehmen degenerierten. Darüber hinaus zog die Drogenpolitik der FARC einen neuerlichen Bruch mit der zweiten großen Rebellenorganisation, dem ELN, nach sich. Auch das ELN finanzierte sich zwar durch Entführungen und Erpressungen, verteidigte jedoch die Ansicht, dass die politische Moral der Rebellen zumindest in Grundzügen erkennbar bleiben müsse. Vor diesem Hintergrund bemühte sich das ELN, den Kokaanbau in ihren Einflussgebieten zu unterbinden, was zu heftigen, auch bewaffneten Zusammenstößen mit den FARC führte.

Politische Krise, Friedensprozess und Plan Colombia

Die politische Krise der linken Guerillas kam zunächst jedoch nicht zum Tragen, weil auch das Establishment mit internen Zerwürfnissen zu schaffen hatte. Unter Präsident César Gaviria (1990-94), der später auf Empfehlung Washingtons Vorsitzender der Organisation Amerikanischer Staaten (OAS) werden sollte, gelang zwar eine Modernisierung des politischen Systems, eine Zerschlagung des Kartells von Pablo Escobar und ein Ende des „Drogenkriegs". Doch die korrumpierende Wirkung, die miteinander konkurrierende Drogenhandelsringe auf Politik, Justiz und Gesellschaft ausübten, hielt an.

Unter Gavirias Nachfolger, seinem liberalen Parteifreund Ernesto Samper Pizano (1994-98), war der kolumbianische Staat fast vier Jahre lang international isoliert. Unmittelbar nach den Wahlen wurde bekannt, dass der Präsident im Wahlkampf Spenden des Cali-Kartells angenommen hatte, das sich auf diese Weise politischen Einfluss sichern wollte. Das gegen die Regierung eingeleitete Justizverfahren, der so genannte *Proceso 8000,* zog Ermittlungen gegen ein Drittel der Kongressabgeordneten und die meisten Regierungsmitglieder nach sich. In diesem Zusammenhang kam es zur konspirativen Vorbereitung eines Putsches und zu heftigen Fraktionskämpfen innerhalb der politischen Machtgruppen. Gegen Samper wurde ein Impeachment-Verfahren eingeleitet, die USA erklärten den Präsidenten zur *persona non grata.*

In dieser Krisenkonstellation konnten die FARC mit ihrer Militärstrategie zunächst spektakuläre Erfolge erzielen. Zwischen 1996 und 2000 gelang es der Guerilla mehrfach, große Eliteverbände der Armee aufzureiben und mittelgroße Ortschaften zu besetzen. Diese militärischen Siege lösten in Washington größte Besorgnis aus – immerhin gilt seit der kubanischen Revolution die Regel, dass der Zerfall von

Abb: Verlauf des bewaffneten und sozialen Konflikts im Überblick

Zeitraum	Regierung	Bewaffneter und sozialer Konflikt
1946-50	Ospina Pérez (konservativ)	Regionale Konflikte Ermordung von Jorge E. Gaitán Liberal-konservativer Bürgerkrieg (Violencia)
1950-53	Laureano Gómez (Ultrarechte)	Liberal-konservativer Bürgerkrieg (Violencia)
1953-57	Militärdiktatur von Rojas Pinilla	Beendigung des Krieges Fortbestand einzelner Guerillagruppen
1958-74	Regierungen der nationalen Einheit (Frente Nacional)	Gründung der sowjetmarxistischen FARC, des guevaristischen ELN, des maoistischen EPL und der linkspopulistischen M-19
1974-78	Alfonso López Michelsen (liberal)	Krise der Guerillas Generalstreik 1977, Erstarken neuer sozialer Bewegungen
1978-82	Julio César Turbay Ayala (autoritäre Rechte)	Faktischer Ausnahmezustand (Estatuto de Seguridad Nacional) Spektakuläre Aktionen der M-19-Stadtguerilla Erste rechte Todesschwadronen
1982-86	Belisario Betancur (sozialkonservativ)	Politische Amnestie und Friedensverhandlungen Aufbau der Wahlkoalition Unión Patriótica (UP) durch FARC und legale linke Parteien Erste paramilitärische Gruppen Beginn des „schmutzigen Krieges" gegen Linke und soziale Bewegungen
1986-90	Virgilio Barco (liberal)	Ermordung von drei linken Präsidentschaftskandidaten Faktische Zerschlagung der UP Erneuter Ausbruch des Guerillakriegs Beginn der neoliberalen Öffnungspolitik Demobilisierung der M-19-Guerilla
1990-94	César Gaviria (technokratisch liberal)	Ausweitung der neoliberalen Reformen Scheitern neuer Friedensverhandlungen Demobilisierung weiterer Guerillagruppen und Verfassungsreform Ausbreitung paramilitärischer Einheiten
1994-98	Ernesto Samper (liberal)	Skandal wegen der Mafiaverbindungen Sampers (Proceso 8000) und Legitimationskrise der Regierung Spektakuläre Erfolge der FARC im Kampf gegen Regierungstruppen Gründung des Paramilitär-Verbandes AUC

1998-2002	Andrés Pastrana (konservativ)	Friedensverhandlungen zwischen FARC und Regierung US- Militärhilfeprogramm Plan Colombia Höhepunkt des paramilitärischen Krieges Abbruch der Friedensgespräche zwischen Regierung und Guerilla
2002-06	Álvaro Uribe Vélez (autoritäre Rechte)	Modernisierung und Aufrüstung von Armee und Geheimdiensten Politik der „Demokratischen Sicherheit" Friedensverhandlungen der Regierung mit den Paramilitärs Strategische Sicherheitsallianz mit den USA
2006-?	Álvaro Uribe Vélez (autoritäre Rechte)	„Parapolitik"-Skandal der Uribe-Regierung Spektakuläre Erfolge im Kampf gegen die FARC Auslieferung paramilitärischer Belastungszeugen in die USA Ausbau der US-Militärpräsenz

Eliteeinheiten kriegsentscheidend wirkt. In diesem Zusammenhang wurde Kolumbien noch unter US-Präsident Bill Clinton zu einem Hauptreiseziel Washingtoner Militär- und Sicherheitsdiplomatie. Resultat dieser Anstrengungen war schließlich 1999 die Verabschiedung des *Plan Colombia*, des größten US-Militärhilfeprogramms in der Geschichte Lateinamerikas, das Kolumbien schlagartig zum drittgrößten Empfänger von US-Waffenhilfe machte.

Offiziell als Drogenbekämpfungsprogramm deklariert, konzentrierte sich der *Plan Colombia* von Anfang an auf eine Modernisierung der Militärgeheimdienste, den Aufbau neuer Anti-Guerilla-Einheiten und die Stärkung der Luftwaffe (Vargas 1999, Córdoba et al. 2000, Daza 2000, Navarro 2001). International legitimiert wurde dieses Vorhaben durch die Politik des neuen Präsidenten Andrés Pastrana (1998-2002), der Friedensgespräche mit den FARC aufnahm und den Rebellen ein Gebiet von der Größe der Schweiz überließ. Dass diese Gespräche nach drei Jahren scheiterten, war dabei nicht allzu verwunderlich. Die FARC hatten die Zone vor allem zum Ausbau ihrer militärischen Macht genutzt, die Regierung Pastrana weigerte sich, Sozial- und Wirtschaftsreformen – also den historischen Kern des Konflikts – auf die Verhandlungsagenda zu setzen. Zudem verübten die paramilitärischen Gruppen, die seit 1997 als *Vereinigte Selbstverteidigungsgruppen Kolumbiens* (AUC) auftraten, von der Armee protegiert so viele Morde wie noch nie in der Geschichte Kolumbiens. Zwischen 1999 und 2001 verübten sie bis zu 1000 Massaker[6] und zahllose selektive

---

6   Als „Massaker" wird in Kolumbien, je nach Definition, der Mord an mindestens drei bzw. fünf Personen am gleichen Ort bezeichnet.

Morde. Allein in der Gewerkschaftsbastion Barrancabermeja wurden im gleichen Zeitraum 1000 von insgesamt 250.000 Bewohnern der Stadt ermordet.

Dass die Regierung Pastrana im Friedensprozess mit der ELN – mit der ebenfalls verhandelt wurde – offenen Wortbruch beging, die Paramilitärs weiterhin gewähren ließ und jenseits ihrer Friedensrhetorik eine umfassende Militarisierung des Staates vorantrieb, wurde von der kolumbianischen und internationalen Öffentlichkeit kaum zur Kenntnis gekommen. Als Pastrana 2002 abtrat, schien es, als habe die kolumbianische Regierung alle Möglichkeiten einer friedlichen Lösung ausgeschöpft. Folgerichtig gewann die autoritäre Rechte um den ehemaligen Gouverneur von Antioqua Alvaro Uribe Vélez die Wahl.

Neuformierung unter Uribe

Grundlage von Uribes Wahl war eine Neuformierung der kolumbianischen Parteien-landschaft. Uribe, der sich als Senator und Gouverneur des Departements Antioquia bereits in den frühen 1990er Jahren einen Ruf als rechter Hardliner erworben und die Ausbreitung legaler paramilitärischer Gruppen, der so genannten CONVIVIR-Milizen, gefördert hatte, stammte ursprünglich aus der Liberalen Partei. In Anbetracht der anhaltenden Krise des politischen Systems hatte er jedoch schließlich auf eine Neugruppierung der Parteienlandschaft hingearbeitet. Tatsächlich gelang es ihm, die Mehrheitsfraktionen der beiden staatstragenden Parteien im Wahlkampf 2002 auf seine Seite zu ziehen. Uribe gelang dabei das Kunststück, die klientelisti-schen Machtstrukturen des traditionellen Parteiensystems zu wahren, sich rhetorisch jedoch von den diskreditierten Alt-Parteien scharf abzugrenzen und den Eindruck einer neuen Politik-Ära zu vermitteln.

Uribe, der einen schnellen militärischen Sieg über die Guerilla versprach, brach un-mittelbar nach seinem Amtsantritt alle Kontakte zu den Rebellenorganisationen ab. Im Rahmen seiner Politik der „Demokratischen Sicherheit" wurden die Vollmachten von Polizei und Armee großzügig erweitert. Die Verhängung regionaler Ausnahme-zustände *(Zonas de Rehabilitación)* ermöglichte die vorübergehende Verhaftung von mehreren Tausend Menschen, die meisten von ihnen Aktivisten von Gewerkschaften und sozialen Bewegungen (vgl. Amnesty International 2004). Während Uribe die legale Linke harter Repression aussetzte und der Guerilla kompromisslos gegen-übertrat, nahm er gleichzeitig Verhandlungen mit dem Paramilitär-Dachverband AUC auf. Diese Kontakte schienen zunächst auf eine Legalisierung der Gruppen hinauszulaufen (Haugaard 2008), die den rechten Präsidenten im Wahlkampf aktiv unterstützt hatten. Erst auf massiven internationalen Druck hin und als führende Paramilitärs aus Angst vor Strafverfolgung mit belastenden Aussagen über ihre Verbündeten in Politik und Wirtschaft drohten, ging Präsident Uribe 2006 auf Distanz zu den AUC (vgl. Kapitel 5.6.). Er erklärte den Friedensprozess, der von kolumbianischen Menschenrechtsorganisationen als „zweistimmiger Monolog" kritisiert worden war, für beendet und ließ die wichtigsten AUC-Führer wegen Drogenhandels an die USA ausliefern.

Auch wenn der versprochene schnelle Sieg über die FARC zunächst ausblieb und die Regierung von diversen Skandalen erschüttert wurde, gelang dem von Medienkonzernen, dem politischen Establishment und nicht zuletzt den USA unterstützten Präsidenten 2006 die Wiederwahl. Uribe gewann mit fast 30 Prozent Vorsprung vor den Kandidaten der neu formierten Mitte-Linkskoalition *Polo Democrático Alternativo* und der Liberalen Partei. Allerdings wurde nach der Wahl bekannt, dass die Parlamentsmehrheit, mit der das verfassungsmäßige Verbot einer zweiten Amtszeit gekippt worden war, von Regierungsmitgliedern durch Schmiergeldzahlungen erkauft worden war (vgl. El Espectador 29.4.2008). Vor diesem Hintergrund erklärte der Oberste Gerichtshof Uribes Wahl Mitte 2008 für ungültig[7], worauf der Präsident – in einer Art technischem Staatsstreich – die Durchführung eines Referendums ankündigte.

Trotz der militärischen Erfolge über die FARC-Guerilla und hoher Popularitätswerte der Regierung blieb die Präsidentschaft Uribes somit dauerhaft umstritten.

3.2. Kurze Charakterisierung des kolumbianischen Paramilitarismus

3.2.1. Begriffsdefinition

Die unmittelbare Bedeutung von „paramilitärisch" ist *militärähnlich* oder *halbmilitärisch*. Im politischen Diskurs wird der Begriff jedoch bedeutungsaufgeladener verwendet. Die offene Online-Enzyklopädie Wikipedia (http://de.wikipedia.org/wiki/ Paramilitärs, 8.7.2008) ordnet dem Begriff drei Phänomene zu: 1) Militärähnlich strukturierte, aber ohne schwere Bewaffnung ausgestattete staatliche Strukturen (wie z.B. Grenzschutzeinheiten und Nationalgarden), 2) militärähnliche Formationen politischer Parteien (wie die nationalsozialistische SA während der Weimarer Republik) und 3) illegale, staatsnah agierende Verbände, die mit Duldung oder Unterstützung von Regierungen agieren.

Diese Definition bleibt an einigen Stellen unscharf: Auch die großen kommunistischen Partisanenverbände des 2. Weltkriegs waren militärähnlich organisiert und an Parteien angebunden. Trotzdem scheint die Bezeichnung „paramilitärisch" hier eher irritierend. Offensichtlich impliziert der Begriff eine Verbindung zum Staat oder zu herrschenden Machtgruppen. Eindeutiger ist daher die Definition, die Wikiepdia für *Paramilitärs* vorschlägt (ebda.). Darunter werden ausschließlich die unter 3) genann-

---

7   Der Gerichtshof zog die Entscheidung wenige Wochen später – wohl nicht zuletzt wegen des politischen Drucks – wieder zurück.

ten Gruppen verstanden, also Verbände, die sich polizeiliche Kompetenzen anmaßen und dabei auf verdeckte Unterstützung aus dem Staatsapparat zählen können.

In der politischen und wissenschaftlichen Debatte Kolumbiens scheint der Begriff zunächst klar umrissen. Als Paramilitärs werden jene Gruppen und Verbände bezeichnet, die sich den Kampf gegen die Guerilla auf die Fahnen geschrieben haben und deren Gewalt sich in erster Linie gegen die politische Linke, die – vermeintliche oder tatsächliche – Basis der Guerilla und soziale Bewegungen richtet. Dabei ergibt sich ein komplexes Verhältnis von staatlicher Anbindung und Autonomie. Ljodal (2002: 297) hält fest: „Als paramilitärisch wird jedwede irreguläre bewaffnete Gruppe oder Organisation verstanden, die außerhalb des Staates steht, diesen aber nicht bekämpft, ein privates Recht auf Verteidigung eines Status Quo in Anspruch nimmt und gleichzeitig ein Minimum an Autonomie und Unabhängigkeit gegenüber dem Staat wahrt."

Da diese Eigenschaft Verbindungen zur Regularität und somit auch illegale Aktivitäten von Teilen der Staatsmacht nahe legt, ist die Verwendung der Kategorie Paramilitärs in der kolumbianischen Öffentlichkeit immer umstritten gewesen. Die Militärführung hat die Bezeichnung abgelehnt[8] und je nach Kontext den Begriff „Selbstverteidigungsgruppen" oder „terroristische Banden" verwendet (vgl. Cruz Rodríguez 2007). Diese alternativen Begriffe sind allerdings unpräziser: „Selbstverteidigungsgruppe" stellt in Anbetracht der paramilitärischen Gewalt einen offensichtlichen Euphemismus dar. „Terrorismus" ist ein unscharf definierter politischer Kampfbegriff, der Differenzierungen eher erschwert. Zudem lässt sich – wie diese Arbeit belegt – im kolumbianischen Fall sehr wohl ein Zusammenhang von Staatsmacht und bewaffneten rechten Gruppen nachweisen. Nicht zuletzt deshalb ist der Begriff der Paramilitärs in der akademischen Debatte in Kolumbien allgemein akzeptiert (vgl. Cubides 2001: 130).

Diese Arbeit macht hoffentlich deutlich, dass sich das Verhältnis zwischen Staatsmacht und paramilitärischen Verbänden komplex gestaltet. Letztere können nicht einfach als verdeckte Einrichtungen der Armee verstanden werden. Der Begriff Paramilitärs umfasst im kolumbianischen Fall vielmehr mehrere, sich in der Praxis überschneidende Erscheinungen: a) den bezahlten Auftragsmord *(sicariato),* der häufig aus dem Milieu der Bandenkriminalität stammt, b) Privatarmeen von Viehzüchtern, Drogenhändlern und anderen Kapitalbesitzern, c) legale, von der Armee ausgerüstete Wach- und Milizstrukturen der Zivilbevölkerung und d) die auch als politischer Akteur auftretenden Paramilitär-Organisationen (wie die AUC) (ebda).

Franco (2002) schlägt vor diesem Hintergrund eine Unterscheidung zwischen dem Phänomen eines staatsnahen Paramilitarismus und eines von Unternehmen

---

8   Auf der Grundlage mehrerer Interviews mit regionalen Militär- und Polizeikommandanten im März 2002 in Barrancabermeja, sowie im Februar 2005 in Arauca. Vgl. auch die Stellungnahmen des Militärkommandos in kolumbianischen Medien.

finanzierten Söldnertums vor, die sich – wie Franco selbst darlegt – in der Realität allerdings nicht aufrecht erhalten lässt. Die Differenzierung ist dennoch insofern sinnvoll, als sie (ähnlich wie Cubides' Beschreibung vier miteinander verbundener Erscheinungen) auf unterschiedliche Wurzeln des Phänomens verweist.

3.2.2. Kurze Geschichte der kolumbianischen Paramilitärs

Es ist umstritten, ob die so genannten *Pájaros-* oder *Chulavitas*-Banden, die während der *Violencia* (1948-53) im Dienst der konservativen Partei wüteten, als Paramilitärs bezeichnet werden können. Gaitán (2004), Tochter des 1948 ermordeten linkspopulistischen Präsidentschaftskandidaten Jorge Eliecer Gaitán und langjährige Leiterin eines gleichnamigen Dokumentationszentrums, hat diese These immer wieder verteidigt. Ihrer Ansicht nach wurden die „konservativen" Banden gezielt als Parallelstruktur aufgebaut, um eine unkontrollierte Regierungsgewalt zu schaffen. Ähnlich argumentiert auch der italienische Journalist Piccoli (2004), der von einer bis heute anhaltenden Kontinuität des *Pájaro*-Systems spricht, sowie der sozialdemokratische kolumbianische Abgeordnete Gustavo Petro (2003), der schreibt: „Die zunächst städtische, dann ländliche Volkserhebung nach der Ermordung Gaitáns zwang die Oligarchie dazu, die Praxis des selektiven Auftragsmordes durch eine Vorgehensweise zu ersetzen, die dem Paramilitarismus von heute stark ähnelt: die so genannten „Pájaros". Dabei handelte es sich um rurale Banden, die von der Polizei geschützt und unterstützt wurden und Dörfer niederbrannten, Massaker verübten und jene Landbevölkerung vertrieben, die in Opposition zur Regierung stand oder einfach einer anderen Partei als den regierenden Konservativen angehörte."

Gegen eine Gleichsetzung ist allerdings einzuwenden, dass sich die Violencia mit ihrer Parteienpolarisierung deutlich von den Konflikten späterer Jahrzehnte unterschied. Die Violencia war Ausdruck einer Fragmentierung von Staat und Machtgruppen. Zwar spielten soziale Widersprüche und Aneignungsbewegungen (von oben und unten) auch in der Violencia eine entscheidende Rolle. Doch im Vordergrund stand die Frage, welche der beiden staatstragenden Parteien die Regierung kontrolliert.

Demzufolge war der Staat während der Violencia sehr viel weniger als Akteur auszumachen als im Zeitraum nach 1958, als die *Frente Nacional* auf drohende Aufstandsbewegungen mit einer Vereinheitlichung der Staatsmacht reagierte. Unterstellt man, dass der Begriff Paramilitärs auf ein Verhältnis informeller Verbände zum Staat verweist, dann können die parteigebundenen Banden der Violencia wahrscheinlich nicht darunter gefasst werden.

Eine umfassende historische Klärung der Frage wäre wünschenswert, kann in dieser Arbeit jedoch nicht geleistet werden, da die Violencia mit ihren vielfältigen Gewaltbeziehungen ein eigenes, kaum zu übersehendes Forschungsfeld darstellt.

Vor diesem Hintergrund gehe ich im Text von vier Phasen des Paramilitarismus in Kolumbien aus:

A) Die Triple-A-Todesschwadronen

Ende der 1970er Jahre werden von der Geheimorganisation *Triple A* („Drei A's": *Acción Americana Anticomunista*) eine Reihe terroristischer Aktionen verübt. Mutmaßliche Guerillasympathisanten werden entführt und „verschwinden" spurlos, auf alternative Zeitungen werden Bombenattentate verübt, politische Aktivisten erhalten Morddrohungen. Auftreten und Aktionen der Triple A erinnern dabei auffällig an gleichnamige Gruppen in Argentinien und Spanien.

Spätere Ermittlungen der Justiz zeigen, dass sich die Gruppen im Wesentlichen aus den Reihen von Armee und Polizei rekrutierten und als verdeckte Parallelstrukturen zu betrachten sind (vgl. Kapitel 5.2.).

B) Die paramilitärischen Gruppen der 1980er Jahre

In den frühen 1980er Jahren entstehen parallel zu den Friedensverhandlungen zwischen der Regierung Betancur und mehreren Guerillaorganisationen verschiedenartige Strukturen zur Oppositions- und Guerillabekämpfung, die sich bis Ende des Jahrzehnts rasant ausbreiten. In Medellín und Cali gründen Drogen-Capos die Gruppe MAS (*Muerte a Secuestradores*), mit denen sich die Mafia vor Entführungen seitens der Guerilla schützen will. Im zentralkolumbianischen Mittleren Magdalena schließen sich Händler und Viehzüchter zu so genannten Selbstverteidigungsgruppen *(Autodefensas)* zusammen, die nicht nur die Guerilla, sondern vor allem auch die politische und gewerkschaftliche Linke in der Region angreifen. In anderen Landesteilen zwingt die Armee die Zivilbevölkerung zum Aufbau von milizähnlichen Verbänden, die die Militärs in der Rebellenbekämpfung unterstützen sollen. Unabhängig von ihrem unterschiedlichen Ursprung entfalten alle diese Gruppen große Dynamik.

Bis 1987 agieren diese Paramilitärs in erster Linie als Todesschwadronen: Sie verüben selektive Morde oder lassen politische Gegner „verschwinden". Ab 1988 kommt es hingegen immer häufiger zu Massakern an der Zivilbevölkerung und zur territorialen Kontrolle von Regionen. So töten Paramilitärs im März desselben Jahres 20 Gewerkschaftsmitglieder auf zwei Bananenplantagen in Urabá sowie im November weitere 40 Personen bei einem Überfall auf die Minenarbeiterstadt Segovia (alles Dep. Antioquia).

Die paramilitärischen Gruppen treten in dieser Phase uneinheitlich auf. Sie agieren unter mehreren Dutzend verschiedenen Namen und verfügen über kein gemeinsames politisches Sprachrohr. Die Grenzen zwischen Auftragsmord, zivilmilitärischen Organisationen der Bevölkerung und Privatarmeen sind in dieser Phase bereits fließend (vgl. Kapitel 5.3. und 5.4.).

C) Die ACCU und AUC

1989 kommt es aus unterschiedlichen Gründen (vgl. Kapitel 5.4. und 5.5.) zu einer Krise und Transformation des Paramilitarismus. Ab 1990 bemühen sich die Paramilitärs zunehmend um ein politisches Profil gegenüber der Öffentlichkeit. Aus diesem Umstrukturierungsprozess gehen 1994 die ACCU (die *Autodefensas Campesinas de Córdoba y Urabá),* und 1997 die AUC, die landesweit operierenden *Autodefensas Unidas de Colombia* hervor. Beide Organisationen werden maßgeblich von den Castaño-Brüdern Fidel, Carlos und José Vicente aufgebaut, die bis 1994, 2004 bzw. 2007 eine Schlüsselrolle im Paramilitarismus spielen.

Die AUC charakterisieren sich dadurch, dass sie sich um eine Wahrnehmung als eigenständiger Kriegsakteur neben Staat und Guerilla bemühen und sich mit Hilfe einer Medienabteilung auch politisch-programmatisch darzustellen versuchen. Die AUC sind für die brutalsten Kriegsverbrechen des Paramilitarismus verantwortlich, so etwa für die Massaker 1997 in Mapiripán (Meta), 1998 Barrancabermeja (Santander), 1999 in Gabarra (Norte de Santander) und 2000 in El Salado (Sucre). 2002 treten die AUC in Friedensverhandlungen mit der Uribe-Regierung und werden in den Folgejahren demobilisiert.

Wie in Kapitel 5.5. und 5.6. ausführlich dargelegt unterhalten die AUC komplexe Verbindungen zum Staatsapparat. Die ab 1994 vom Staat geförderten, legalen CONVIVIR-Sicherheitsmilizen sind vielerorts direkt in die AUC eingegliedert (Comisión Colombiana de Juristas 2008a). Die Parteien der Regierungskoalition von Präsident Uribe und die AUC schließen in zahlreichen Regionen formale, inoffizielle Allianzen. Zudem agieren die AUC weiterhin als informelles Instrument der Militärs. Gleichzeitig jedoch handelt es sich bei den AUC um Gruppen, die in Regionen eine eigenständige politische, ökonomische und soziale Kontrolle errichten. Die AUC gehören zu den wichtigsten Drogenhandelsorganisationen und entfalten darüber eine enorme Eigendynamik. Sie binden die Bevölkerung in den Einflussgebieten in Klientelbeziehungen an sich und durchdringen staatliche Einrichtungen. Duncán (2006) beschreibt die AUC daher auch als „Kriegsherren".

Die AUC treten unter anderem mit folgenden Blöcken in Erscheinung:

- *Autodefensas Campesinas de Córdoba y Urabá* (Dep. Córdoba und Antioquia)
- *Bloque Bananero* (Urabá/Dep. Antioquia)
- *Bloque Cacique Nutibara* (Dep. Antioquia)
- *Bloque Capital* (Bogotá)
- *Bloque Calima* (Dep. Valle del Cauca)
- *Bloque Catatumbo* (Dep. Norte de Santander)
- *Bloque Centauros* (Dep. Arauca und Casanare)
- *Bloque Central Bolívar* (Dep. Bolívar, Antioquia und Putumayo)
- *Bloque Elmer Cárdenas* (Dep. Antioquia)

- *Bloque Héroes de Granada* (Dep. Antioquia)
- *Bloque Héroes de los Montes de María* (Dep. Bolívar und Sucre)
- *Bloque Metro* (Medellín)
- *Bloque Norte* (Karibikküste)
- *Bloque Nutibara* (Dep. Antioquia)
- *Bloque Resistencia Tayrona* (Karibikküste)

D) Die Nachfolgegruppen

Trotz der Demobilisierung der AUC bestehen auch nach 2006 weiter paramilitärische Gruppen. Die AUC-Nachfolgeorganisationen, die 2008 erneut mehrere Hundert Morde begingen, werden von der kolumbianischen Regierung als *bandas emergentes* (aufstrebende Banden) bezeichnet und dem Drogenhandel zugeordnet. Tatsächlich widmen sich die paramilitärischen Gruppen, die vor allem unter dem Namen *Águilas Negras* (Schwarze Adler) firmieren, in Bogotá der Kontrolle der informellen und illegalen Ökonomie (vgl. Semana 7.8.2008). Nichtsdestotrotz sind die von *Águilas Negras* und anderen Gruppen verübten Morde nach wie vor politisch selektiv. So kommt es nach Großdemonstrationen von oppositionellen Menschenrechtsgruppen im März 2008 zu einer Reihe von zielgerichteten Morden an Organisatoren der Proteste. Die paramilitärischen Nachfolgegruppen besitzen im Unterschied zu den AUC bislang kein eigenes politisches Profil, stellen mit ihren mehreren Tausend Mitgliedern jedoch ein jederzeit mobilisierbares Gewaltpotenzial dar (vgl. Kapitel 5.7.). Es spricht Einiges dafür, dass auch die Nachfolgegruppen von den staatlichen Gewaltapparaten unterstützt oder zumindest gezielt gedeckt werden.

4. „Alte" und „neue" Kriege – ein Überblick über Formen und Konzepte der Kriegführung

Mit dem Ende des Blockkonflikts 1989/90 schien sich die Logik militärischer Konflikte in der Welt grundlegend zu verändern. Die geordnete, symmetrische Konfrontation zwischen sich strukturell ähnlichen Militärblöcken oder Staaten wurde von *asymmetrischen*, oft unüberschaubar erscheinenden Konflikten in einzelnen Staaten oder Regionen abgelöst. Vor diesem Hintergrund war bald von „alten" und „neuen" Kriegen die Rede. Kurz geschaltet wurde diese Diskussion mit einer Staatszerfallsdebatte. Die Kriegsgewalt, die in einem zivilisatorischen Kraftakt im 17. Jahrhundert staatlich gehegt worden sei, werde – so die Kernthese der Debatte – in den nichtstaatlichen Kriegen der Gegenwart 'entregelt' und dadurch unkontrollierbar. In zahlreichen Ländern der Peripherie sei das staatliche Gewaltmonopol ernsthaft gefährdet oder bereits völlig zersetzt.

Dieses Bedrohungsszenario wurde in den 1990er Jahren unter US-Präsident Bill Clinton zur Säule einer neuen geo- und militärpolitischen Doktrin. Die Regierung in Washington richtete damals eine so genannte *State Failure Task Force* ein, die anhand verschiedener und sehr zweifelhafter Koeffizienten – Bevölkerungsdichte, Abwesenheit von Bürgerkriegen, Revolten und ethnisch motivierten Massenmorden, niedrige Kindersterblichkeit sowie Offenheit der ökonomischen Strukturen gegenüber dem Weltmarkt (sic!) – die Stabilität von Staaten zu ermitteln versuchte (State Failure Task Force 2000). Diese Daten wurden als Grundlage für Interventionsentscheidungen der US-Regierung herangezogen.

Nach dem 11. September 2001, als der „internationale Terrorismus" zum zentralen Paradigma wurde, kam es zu einer Modifikation dieses sicherheitspolitischen Diskurses. Dabei wurde jedoch an die Entstaatlichungsdebatte angeknüpft. Der „internationale Terrorismus" gedeihe in nicht-staatlichen Räumen, gefährde die globale Sicherheitsordnung von außen und mache asymmetrische Kriegsstrategien notwendig.

Vor diesem Hintergrund stellt sich also zunächst die Frage, was einen „regulären Krieg" und was „asymmetrische Konflikte" eigentlich auszeichnet bzw. wie sich Kriegsparadigmen in der Vergangenheit entwickelt haben und welche sich augenblicklich durchzusetzen scheinen.

4.1. Der Kabinett- und Staatenkrieg nach Clausewitz

Als Grundlage konventioneller Militärdoktrin gilt gemeinhin Clausewitz' „Vom Kriege" (1978). Der preußische Offizier beschreibt den Krieg darin als Mittel politischer Rationalität. Staaten würden dann zu militärischer Gewalt greifen, wenn sich politische oder imperiale Ziele auf andere Weise nicht durchsetzen ließen. Umgekehrt ende der Krieg, wenn der Kraftaufwand dem angestrebten Ziel nicht mehr angemessen sei (ebda: 25). Und auch wenn er erfolgreich verlaufe, werde er nicht endlos geführt, sondern nur bis zu dem Punkt, da der Wille des Gegners niedergeworfen sei.

Clausewitz zieht daraus die berühmte Schlussfolgerung, dass es sich beim Krieg um eine Fortführung der Politik mit anderen Mitteln handele.[1] Man könnte in diesem Sinne von einer 'Ökonomisierung des Krieges' sprechen. Analog zu der Herausbildung eines bürgerlichen Justiz- und Strafsystems, das sparsamer mit Kräften und Mitteln haushaltete (Foucault 1977), etablierte sich auch in der Militärtheorie so etwas wie ein rationalisierter Einsatz der Gewalt. Diese Versachlichung wird von Clausewitz-Anhängern bis heute als Hegung des Krieges verstanden. Die Unterwerfung unter staatliche Kalküle habe dem Militärischen Grenzen gesetzt und die Gewalt gebändigt – ein Argument, das im Zusammenhang mit der Debatte über „gescheiterte Staaten" zentrale Bedeutung erlangt.

Genau diese Interpretation gehört jedoch zu den umstrittensten Punkten bei Clausewitz. Tatsächlich lässt sich der Zusammenhang auch umgekehrt skizzieren: Wenn Kriege nicht mehr um des Überlebens willen, sondern zur Durchsetzung machtpolitischer Ziele geführt werden und Feudalherrscher, die vom Kriegsgeschehen unberührt bleiben, über den Einsatz von Gewalt entscheiden, kommt es zu

---

1   Foucault (1986b) schlägt eine alternative Lesart des Clausewitz-Diktums vor, die sich von gängigen Interpretationen radikal unterscheidet. In „Vom Licht des Krieges zur Geburt der Geschichte" behauptet Foucault, Clausewitz habe einen im 18. Jahrhundert bereits etablierten Grundsatz, wonach die Politik der mit anderen Mitteln fortgesetzte Krieg sei, eigentlich nur umformuliert (ebda: 8). Mit der Konzentration des Krieges in den Händen einer staatlichen Zentralmacht und der Verlagerung des Krieges an die Außengrenzen, wie sie im 17. Jahrhundert im Zuge der Verstaatlichung des Militärischen stattfanden, sei die Etablierung eines Kriegsdiskurses im Inneren einhergegangen. Bis dahin hätten historisch-politische Diskurse die Gesellschaft, obwohl es durchaus so etwas wie einen Alltagskrieg im Inneren gegeben habe, als harmonische Pyramide beschrieben, in der der Souverän den Gesamtkörper repräsentierte. Der neu entstehende Diskurs hingegen skizzierte das Bild eines ständigen Kampfs zweier sozialer „Rassen". Machtbeziehungen wurden in Begriffen der Kriegskunst interpretiert. Diese neue Wahrnehmung, die die Ausformung von Herrschaftseinrichtungen prägte und später u.a. in der Geburt des Rassismus mündete, sei – und das ist für Foucault das Bemerkenswerte in diesem Zusammenhang – keineswegs in erster Linie „von oben" geschaffen worden, sondern zunächst aus den subversiven, biblisch inspirierten Diskursen der Revolte erwachsen.

einem besonders sorglosen Umgang mit dem Terror des Krieges. Die so genannten „Kabinettkriege" des Absolutismus erscheinen vor diesem Hintergrund als besonders zynische Kriege der Nichtigkeiten.[2] Die Instrumentalisierung von Krieg als Mittel impliziert zwar seinen rationalen Einsatz, gleichzeitig aber steckt in dieser Versachlichung eine Ent-Hegung, weil die Schwelle des Kriegführens gesenkt wird.

Entscheidend für einen erfolgreichen Krieg, so Clausewitz weiter, sei eine „Trinität" von Regierung, Heer und Volk.[3] Clausewitz argumentiert hier mit „Volkscharakteren", die durch die militärischen und politischen Führer gezügelt werden. Die „Kühnheit" trete im Krieg hinter „Geist, Verstand und Einsicht" (Clausewitz 1978: 86) zurück. Um so höher man innerhalb der staatlichen und militärischen Ordnung stehe, desto wichtiger werde die rationale Hegung des kriegerischen Impulses. Historisch variiere die Bedeutung des Volks in der kriegerischen Trinität dabei enorm: „Das Volk also, welches bei den Tatarenzügen alles im Kriege ist, bei den alten Republiken und im Mittelalter, wenn man den Begriff desselben gehörig auf den eigentlichen Staatsbürger beschränkt, sehr viel gewesen war, ward bei diesem Zustand des 18. Jahrhunderts unmittelbar nichts." (ebda: 209)

Durch das Entstehen einer europäischen Staatenordnung kommt es zu einer grundlegenden Transformation der Kriegsgewalt: Stehende Armeen dienen als Instrumente der Regierenden, die Militärkörper trennen sich von der Gesellschaft. Der Krieg wird, so Clausewitz, zu einem „bloßen Geschäft der Regierungen" (ebda). Während des Ancien Régimes habe dies durchaus positive Effekte für die Bevölkerung gehabt. „Der Krieg wurde (...) nicht bloß seinen Mitteln, sondern auch seinem Ziele nach immer mehr auf das Heer selbst beschränkt. Das Heer mit seinen Festungen und einigen eingerichteten Stellungen machte einen Staat im Staate aus, innerhalb dessen sich das kriegerische Element langsam verzehrte. Ganz Europa freute sich dieser Richtung und hielt sie für eine notwendige Folge des fortschreitenden Geistes" (ebda.)

Schon Clausewitz ist jedoch der Ansicht, dass diese Tendenz umkehrbar bleibt. Tatsächlich zogen die französische Revolution eine militärische Mobilisierung der Bevölkerung im Rahmen der allgemeinen Wehrpflicht und die napoleonischen Feldzüge den Widerstand im besetzten Europa nach sich, der in Spanien zum Parti-

---

2 Clausewitz erörtert im übrigen beide Auffassungen: die instrumentelle Auffassung, wonach der Krieg als Mittel dient, und die existenzielle, wie sie, so Clausewitz, unter anderem in den anti-napoleonischen Befreiungskriegen zum Ausdruck kam.

3 Das Modell weist auffällige Parallelen zum platonischen Schichtenmodell auf, das Mensch und Gesellschaft in drei Teile gliedert: Vernunft, Mut und Begierde. Das Volk ist Träger der Begierde, die Armee verkörpert die Tapferkeit, die führende Gruppe den Verstand. Diese hierarchische Dreieinigkeit fand im 18. Jahrhundert mit der Wiederentdeckung der antiken Philosophie auch in der Literatur, zum Beispiel bei Friedrich Schiller, Verbreitung.

sanenkrieg, in anderen Länder zur Volksbewaffnung führte. Auf diese Weise stellte sich eine neue Absolutheit des Krieges her. „Seit Bonaparte (...) hat der Krieg, in dem er zuerst auf der einen, dann auch auf der anderen Seite wieder Sache des ganzen Volkes wurde, eine ganz andere Natur angenommen, oder vielmehr, er hat sich seiner wahren Natur, seiner absoluten Vollkommenheit sehr genähert ... Die Energie der Kriegführung war durch den Umfang der Mittel und das weite Feld möglichen Erfolges sowie durch die starke Anregung der Gemüter ungemein erhöht worden, das Ziel des kriegerischen Aktes war die Niederwerfung des Gegners; nur dann erst, wenn er ohnmächtig zu Boden lag, glaubte man innehalten und sich über die gegenseitigen Zwecke verständigen zu können. So war also das kriegerische Element, von allen konventionellen Schranken befreit, mit seiner ganzen natürlichen Kraft losgebrochen." (ebda.: 210)

Tatsächlich zeigt der weitere Verlauf im 19. und frühen 20. Jahrhundert, dass – anders als Münkler (vgl. Kapitel 4.8.) unterstellt – der moderne Staat den Krieg keineswegs beschränkte, sondern sogar mit dessen Totalisierung einherging. Die Mobilisierung ganzer Gesellschaften und die Entwicklung kapitalintensiver Militärindustrien waren nur dank moderner Staatlichkeit möglich. Zwar ist nicht zu leugnen, dass im Rahmen europäischer Staatenordnung Regeln der Kriegsführung vereinbart wurden. So wurde zwischen Zivilbevölkerung und Soldaten unterschieden, und Kriegskonventionen schützten gefangen genommene Kombattanten. Gleichzeitig wurde diese „Regularität" aber regelmäßig durchbrochen: Napoleons Truppen bekämpften die spanische Guerilla mit irregulären Mitteln, bei bewaffneten Aufständen in den Kolonien oder bei Sozialrevolten in Europa galten sowieso keine Konventionen. So erklärte der deutsche Befehlshaber Lothar von Trotha während des Herero-Aufstands 1904 im heutigen Namibia Zivilisten ausdrücklich zum militärischen Ziel: „Innerhalb der deutschen Grenze wird jeder Herero mit oder ohne Gewehr, mit oder ohne Vieh erschossen, ich nehme keine Weiber oder Kinder mehr auf, treibe sie zu ihrem Volke zurück oder lasse auf sie schießen." (zit. nach Kundrus 2004: 31).

Spätestens mit dem Ersten Weltkrieg zeigte sich schließlich, dass sich Kriegsregularität durch staatlich garantierte Ressourcenmobilisierung quasi von selbst „ent-regelt". Der Weltkrieg wurde zwar symmetrisch und zwischenstaatlich geführt, mit dem Einsatz immer effizienterer Vernichtungsmittel verwandelten sich die Kriegskonventionen jedoch in eine Farce. Diese Totalisierung des Krieges wurde von Nazi-Deutschland einige Jahre später zum politischen Projekt erhoben.[4] Das

---

4   Ritter von Schramm, konservativer Herausgeber der hier zitierten Clausewitz-Edition (1978) versucht, die Ent-Regelung der Gewalt mit einer unzureichenden Clausewitz-Interpretation durch das deutsche Oberkommando im Ersten Weltkrieg zu erklären. Der Generalstab habe die klassischen Maximen nur selektiv wahrgenommen. Die zen-

deutsche Kolonisierungsprojekt und die „Endlösung der Judenfrage" machte die Zivilbevölkerung Osteuropas zum Ziel systematischer Angriffe.

4.2. Der Partisanenkrieg bei Carl Schmitt

Doch nicht nur die Totalisierung des Krieges stellte den traditionellen regulären Krieg in Frage. Verdrängt wurde diese Form der Kriegführung auch durch die sozialrevolutionären Bewegungen des 20. Jahrhunderts. Mit der russischen Revolution 1917 und der Ausbreitung von Aufstandsbewegungen ergaben sich neue, polarisierte Konfliktkonstellationen. Der irreguläre Angriff 'weißer' Truppen gegen die Sowjetunion und der Partisanenwiderstand während des Zweiten Weltkriegs verwiesen auf die wachsende Bedeutung nichtstaatlicher Kriegführung. Nach 1945 wurden zwischenstaatliche Kriege aufgrund des ständig steigenden Vernichtungspotenzials der Waffen immer gefährlicher und damit auch seltener. Bewaffnete Aufstände und Bürgerkriege nahmen hingegen an Zahl zu. Dabei beeinflusste Clausewitz, der Theoretiker des regulären Krieges, auch den kommunistischen Guerilla- und Partisanenkrieg nachhaltig[5]. Die Aufständischen griffen zwar auf irreguläre Taktiken zurück: Kleine, mobile und verdeckt agierende Verbände tauchten in der Zivilbevölkerung unter und vermieden die direkte Konfrontation mit dem überlegenen Gegner – eine Vorgehensweise, die seit jeher charakteristisch für den Widerstand gegen Besatzungsarmeen ist. Doch in einer anderen Frage blieb Clausewitz zentral: Für die Partisanen galt das Primat der Politik in besonderer Weise. Die Partisanenaktionen waren Bestandteil einer politischen Strategie und blieben dieser untergeordnet. Jede Kampfhandlung hatte einen politischen Zweck zu erfüllen.

Zudem verblieben die kommunistischen Aufständischen im Gravitationsbereich des Staates. Ihre Irregularität war ein Übergangsstadium auf dem Weg zur Erringung der Staatsmacht. Je weiter sie bei diesem Vorhaben voranschritten, desto mehr

---

tralen Motive – Überlegenheit der Defensive, Primat der Politik, zweckgebundener Einsatz der Mittel – hätten kaum eine Rolle gespielt. Vor allem Ludendorff, der die mangelnde militärische Mobilmachung der Bevölkerung als Hauptursache für die Niederlage ausmachte, habe sich für ein Konzept des totalen Kriegs, also der völligen Mobilmachung der Gesellschaft ausgesprochen, wie er später von den (durch Ludendorff unterstützten) Nationalsozialisten ja auch aufgegriffen wurde. Tatsächlich scheint im Nationalsozialismus das Verhältnis von Politik und Krieg umgekehrt worden zu sein: Das Militärische wurde lange vor Kriegsbeginn zum Kern gesellschaftlicher Organisation, wurde also nicht politisch gehegt, sondern im Gegenteil als politisches Projekt totalisiert.

5   Zum Leidwesen konservativer Clausewitz-Anhänger: Von Schramm bezeichnet Lenin empört als „Clausewitz-Ausbeuter" (1978: 255), und auch Carl Schmitts „Theorie des Partisanen" (1963) erzählt von einer marxistischen Usurpation preußischer Militärlehre.

glichen sie sich regulären Verbänden an. Das war auch militärisch notwendig, denn eine Guerilla kann nur siegen, wenn sie von einer Strategie der Nadelstiche zu großen, koordinierten Operationen des Bewegungskrieges überzugehen, also wichtige Verbände der Gegenseite zu schlagen vermag. So gesehen muss man also von einem Konzept *vorübergehender Irregularität* sprechen[6].

Carl Schmitt, der sich in den 1960er Jahren ausführlich mit der Partisanenkriegführung auseinandersetzte[7], hält die Ausbreitung der Guerillataktik dennoch für einen grundlegenden Bruch. In seiner „Theorie des Partisanen" (1963) behauptet er: „Der klassische, im 18./19. Jahrhundert fixierte Begriff des Politischen war auf den Staat des europäischen Völkerrechts gegründet und hatte den Krieg des klassischen Völkerrechts zum völkerrechtlich gehegten, reinen Staaten-Krieg gemacht. Seit dem 20. Jahrhundert wird dieser Staaten-Krieg mit seinen Hegungen beseitigt und durch den revolutionären Parteien-Krieg ersetzt." (ebda: 53) Die zwischenstaatlichen Kriege (und vor allem die Kabinettkriege des 18. Jahrhunderts) seien, so Schmitt, deswegen begrenzt geführt worden, weil zwischen 'Gleichen' gekämpft wurde. Der Kommunismus hingegen habe neue Dimensionen der Feindschaft etabliert. „Nur der revolutionäre Krieg ist für Lenin wahrer Krieg, weil er aus absoluter Feindschaft entspringt." (ebda: 56) Während es sich beim nach „anerkannten Regeln verlaufende(n) gehegte(n) Krieg des klassischen europäischen Völkerrechts" um „nicht viel mehr als ein Duell zwischen satisfaktionsfähigen Kavalieren" handele, kennt „der Krieg der absoluten Feindschaft keine Hegung" (ebda).

---

6 Die sowjetischen Vorstellungen unterschieden sich in dieser Hinsicht im übrigen stark von denen Mao Tse-Tungs und Ernesto Guevaras. Für die KPdSU war der Partisanenkampf selbst in Ausnahmesituationen wie der deutschen Besatzung ab 1941 nicht mehr als ein Hilfsmittel. Hingegen betrachteten die Guerillaführer Chinas und Kubas den irregulären Krieg als ein effizientes Instrument zur Erringung der Staatsmacht. In der westlichen Geschichtsschreibung werden die Partisanenkriege häufig als „Stellvertreterkriege" zwischen den beiden großen weltpolitischen Lagern interpretiert. Dabei wird allerdings unterschlagen, dass sich Moskau der Guerillastrategie fast überall widersetzte. Mao traf seine Entscheidung für den Partisanenkrieg gegen Anweisungen aus der UdSSR, nach dem 2. Weltkrieg ordnete Stalin die Demobilisierung der mächtigen italienischen Partisanen an, und die lateinamerikanischen Guerillagruppen der 1960er und 1970er Jahren wurden von den sowjetmarxistischen Parteien gar als „kleinbürgerliche Abenteurer" bezeichnet.

7 Es fällt auf, dass für die in Lateinamerika geführten antisubversiven Kriege Schmittsche Argumentationsfiguren wie „absolute Feindschaft" und „Gegen-Terror" eine große Rolle spielen. Dies mag daran liegen, dass Schmitts Antikommunismus – trotz des von den Alliierten 1945 gegen Schmitt ausgesprochenen Lehrverbots – die Militärtheorie des westlichen Lagers auf untergründige Weise beeinflusste. Vorstellbar ist aber auch, dass seine Argumentation deshalb mit Rhetorik und Praxis vieler Regierungen übereinstimmte, weil Schmitt auf radikale Weise die Perspektive der Staatsmacht verteidigte.

Das Argument ist insofern plausibel, als es das bereits von Clausewitz beobachtete Phänomen zu erklären vermag, wonach die französische Revolution bestimmte Hegungen des Krieges wieder aufhob. Die Neugeburt des Volkskrieges[8] – erst auf französischer Seite durch die Einführung der allgemeinen Wehrpflicht, dann durch den Widerstand in den napoleonisch besetzten Ländern – stand im Zusammenhang mit der revolutionären Ermächtigung der Bürger gegen den Adel und wurde von einer politischen Feindschaft getragen, wie sie zwischen den dynastischen Monarchien Europas nicht vorhanden war. Die Hegung des Krieges wäre in diesem Sinne in erster Linie nicht das Ergebnis der europäischen Staatenordnung nach 1648 – wie Münkler und Andere behaupten –, sondern von Konfliktkonstellationen. Wo es keine absolute Feindschaft gibt, kommt es auch nicht zum absoluten Krieg.[9]

Schmitt, der im „Begriff des Politischen" (1933) die Feindschaft zum Grundprinzip allen politischen Denkens und den Krieg zu einer zwangsläufigen politischen Umgangsform machte, sieht die Barbarisierung des Krieges als logische Konsequenz dieser 'Politisierung durch Feindschaft'. „Im klassischen Kriegsrecht des bisherigen europäischen Völkerrechts ist für den Partisan im modernen Sinne kein Platz. Er ist entweder – wie im Kabinettkrieg des 18. Jahrhunderts – eine Art leichter, besonders beweglicher, aber regulärer Truppe, oder er steht als ein besonders abscheulicher Verbrecher einfach außerhalb des Rechts und ist hors de loi. Solange im Kriege noch etwas von der Vorstellung eines Duells mit offenen Waffen und Ritterlichkeit enthalten war, konnte das auch nicht anders sein." (Schmitt 1963: 17) Der Partisan stellt sich „außerhalb dieser Hegung. (...Er) hat sich von der konventionellen Feindschaft des gezähmten und gehegten Krieges abgewandt und in den Bereich einer anderen, der wirklichen Feindschaft begeben, die sich durch Terror und Gegen-Terror bis zur Vernichtung steigert." (ebda)

Schmitt unterscheidet in diesem Zusammenhang zwischen dem ursprünglichen Partisanen (oder „Waldgänger", wie er bei Ernst Jünger heißt), der „tellurisch" an seine Heimat gebunden ist und daher defensiven Charakter besitze[10], und dem re-

---

8 'Neugeburt' deshalb, weil auch andere Kriege, in denen die gesamte Bevölkerung mobilisiert war (z.B. die Tartarenzüge), als Volkskriege bezeichnet werden können.

9 Allerdings kann dieser Hinweis den 'absolut' geführten Ersten Weltkrieg nicht erklären, in dem sich die politischen Herrschaftsformen zwischen den Kriegsparteien nur gering unterschieden und v.a. nicht in die entsprechenden Lager – Republiken gegen Monarchien – zerfielen. Dessen Intensität hat wohl eher mit einer spezifischen Verbindung von kapitalistischer Krise, einem sich global konstituierenden Raum, staatlicher Mobilisierungsfähigkeit ganzer Gesellschaften, revolutionärer Bedrohung und industrieller Produktivkraft zu tun.

10 Die tellurische Bindung werde durch die Entwicklung moderner Waffen-, Verkehrs- und Nachrichtentechniken aufgehoben. Sie nehme in dem Maße ab, wie sie sich die Abhängigkeit des Partisanen vom Nachschub durch „interessierte Dritte" vergrößere (Schmitt 1963: 77). Diese Dritten, d.h. reguläre Staaten, sind kein neues Phänomen

volutionären, kosmpolitischen Aufständischen des 20. Jahrhunderts, der aggressiv agiere. Seine politische Feindschaft und seine Irregularität zwängen die staatliche Armee zum „Gegen-Terror".

Hier ist das Argumentationsprinzip formuliert, das in der traditionellen Aufstandsbekämpfung und in jüngerer Zeit erneut in den Debatten über asymmetrische Konflikte eine Schlüsselrolle einnimmt. Es wird unterstellt, dass sich die Entgrenzung der Gewalt aus der Irregularisierung des Krieges durch die Aufständischen ergibt. Der Terror von Besatzungsmächten wird hingegen als Reaktion verstanden. Diese These – die von Militärs gleichermaßen im französischen Algerien-Krieg, während der US-Intervention in den 1970er Jahren in Indochina und heute im *War on Terror* herangezogen worden ist – will Schmitt selbst für die deutsche Besatzung der Sowjetunion geltend machen. Dabei ist der Fall hier besonders eindeutig: Die Brutalität der Wehrmacht hatte weniger mit der Partisanenbekämpfung als mit Plänen der NS-Führung zu tun, einem „Volk ohne Raum" Siedlungsgebiete im Osten zu eröffnen. Die systematische Unterversorgung der Bevölkerung ist in diesem Sinne als biopolitische Kriegführung zu interpretieren, mit der die Entvölkerung ganzer Gebiete vorangetrieben werden sollte.[11]

Man kann bei Schmitt also eine bemerkenswerte Umdrehung von Gewaltverhältnissen konstatieren, die die Wahrnehmung asymmetrischer Konflikte bis heute maßgeblich prägt (vgl. Trinquier 1963, Van Creveld 1998, Münkler 2002a). Zu dieser Umdrehung kommt es, weil sich Schmitt und wichtige Autoren nach ihm die Herrschaftsperspektive uneingeschränkt zueigen machen. Sie gehen mit Hobbes davon aus, dass der Souverän den natürlichen Kriegszustand unterbindet. Der Staat ist dementsprechend das Gegenteil von Bürgerkrieg. Im „Leviathan" (1982) behauptet Schmitt: Dort, wo es Krieg im Inneren gebe, existiert kein Staat. Im Umkehrschluss bedeutet das: Weil der Souverän derjenige ist, der die Ordnung erfolgreich etabliert und Recht mit Ordnung deckungsgleich ist, repräsentiert die Staatsmacht – auch als Besatzungsmacht – Regularität. Der „tellurische", an seinen Boden gebundene Waldgänger kann innerhalb eines völkischen Konzepts immerhin noch eine gewisse Legitimität beanspruchen. Sobald sich Widerstand jedoch von der Kategorie „Volk" löst, verwandelt er sich in ordungszersetzende Gewalt.

Schmitt geht weiterhin davon aus, dass der kommunistische Partisan gezielt staatliche Repression auslösen will. Die Guerilla Indochinas beispielsweise habe

---

– schon die antinapoleonische Guerilla in Spanien wurde von England versorgt. Die kommunistische Bewegung, repräsentiert durch die Sowjetunion und China, habe, so Schmitt, den Partisanenkrieg aber in einen Stellvertreterkampf der Systeme verwandelt.

11 Vgl. Gerlach, Christian: *„Krieg, Ernährung, Völkermord"* und *„Kalkulierte Morde. Die deutsche Wirtschafts- und Vernichtungspolitik in Weißrussland 1941-44"* (Hamburg 1998 und 2000).

die Franzosen mit Anschlägen „zum Gegenterror gegen die einheimische Bevölkerung" gezwungen, um dadurch den Hass gegen die Franzosen zu schüren (Schmitt 1963: 75). Die Spirale von Terror und Gegenterror werde in Gang gesetzt, um eine politische Mobilisierung der Bevölkerung auszulösen. Mit jeder Aktion der Partisanenbekämpfung, so Schmitt, verstärke die Staatsmacht die Feindschaft der Bevölkerung. In diesem Zusammenhang entblödet sich Schmitt nicht, Uniformträger als „Geiseln" der Partisanen (ebda: 76) zu bezeichnen. Das Ergebnis dieser irregulären Vorgehensweise sei schließlich „die Zertrümmerung der Sozialstrukturen". Angst, Unsicherheit und allgemeines Misstrauen griffen um sich, wobei „wenige Terroristen genügen, um große Massen unter Druck zu setzen." (ebda)

Die Argumentation ist wahrlich bemerkenswert: Nicht die Besatzungstruppen zerstören soziale Geflechte, um eine rebellische Bevölkerung einzuschüchtern, sondern umgekehrt setzen die Rebellen den Terror ein, um Gegenterror zu provozieren und die Bevölkerung gegen die Staatsmacht aufzuwiegeln. Die Entregelung staatlicher Kriegführung (in Form von Folter, Zwangsumsiedlungen oder Vertreibung) erscheint auf diese Weise als unvermeidbar, Repression wird zur Verteidigungsmaßnahme.

Trotz dieser Einwände ist Schmitts Partisanenschrift für die Diskussion des kolumbianischen Paramilitarismus von einigem Interesse. So verweist Schmitt auf ein Militärkonzept, das von kolumbianischen Paramilitärs Jahrzehnte später offensiv vertreten wurde: der Anti-Guerilla-Guerilla[12]. „In dem Teufelskreis von Terror und Gegenterror ist die Bekämpfung des Partisanen oft nur ein Spiegelbild des Partisanenkampfes selbst, und immer von neuem bewährt sich die Richtigkeit des alten Satzes, der meistens als ein Befehl Napoleons an den General Lefèvre vom 12. September 1813 zitiert wird: mit Partisanen muss man als Partisan kämpfen." (ebda: 20)

Bemerkenswert ist weiterhin auch die von Schmitt ins Spiel gebrachte Figur des Korsaren. Während es sich bei den Partisanen um politisch hochmotivierte, an ein Land und dessen Bevölkerung gebundene Truppen handele, bewege sich der Korsar frei von einem Territorium, bewahre jedoch ähnlich wie der Partisan (und im Unterschied zum Piraten) eine „Beziehung zur Regularität" (ebda: 73). Bei seiner Jagd auf Handelsschiffe macht der Korsar nämlich vom Freibrief einer Regierung Gebrauch, die auf diese Weise die Versorgungswege einer konkurrierenden Seemacht schwächen wolle.

Schmitt macht hier deutlich, dass die Grenze zwischen Regularität und Banditentum fließend verläuft. Der Korsar agiert als eine Art Gewaltunternehmer: Er erhält eine Lizenz, eine *Franchise,* um straflos Verbrechen zu begehen, die im Interesse

---

12 Der kolumbianische Paramilitär-Kommandant Carlos Castaño (Aranguren 2001) bezog sich explizit auf diese These, als er seine Truppen als erste „Aufstandsbekämpfungs-Guerilla" bezeichnete.

eines Imperiums sind. Dabei handelt es sich historisch um ein keineswegs marginales Phänomen: Bis zum Pariser Frieden von 1856 war der Korsar als juristische Figur des europäischen Völkerrechts anerkannt. Der lateinamerikanische Sozialwissenschaftler Enrique Dussel (2003) behauptet gar, der Aufstieg des britischen Imperiums sei Francis Drakes Raubzügen in der Karibik geschuldet. Insofern stellt sich die Frage, ob die Kooptation von Kriminellen nicht allgemein als wichtiges Instrument zur irregulären Durchsetzung von Souveränität diskutiert werden muss.

4.3. Der „neue Krieg" bei Sebastian Haffner

Ganz anders diskutiert wird die Beziehung zwischen Irregularität und Staatlichkeit bei Haffner (1966), der die Partisanenkriege in China und Kuba[13] bereits Mitte der 1960er Jahre als „neue Kriege" bezeichnet. Für Haffner stellt die Wahl unkonventioneller Kriegsmittel kein Eskalationskalkül dar, sondern ist eine nahe liegende Antwort auf asymmetrische Machtkonstellationen. Eine Partisanengruppe, die sich weder auf politische Institutionen noch auf ökonomische Macht stützen kann, muss irregulär agieren, um überleben zu können. Das Neue an der Guerilla-Kriegführung lasse sich an folgenden Punkten ausmachen (ebda: 15-22):

---

13 Die Partisanenkriege entfalteten sich in den beiden Ländern völlig unterschiedlich. In China zog sich der Krieg über Jahrzehnte hin: Die KP Chinas war durch die Massaker an der städtischen Arbeiterbewegung Shanghais und Nangkings 1927 aus den Städten vertrieben worden und beschloss daraufhin, bäuerliche Gegenrepubliken aufzubauen, die grundlegende soziale Umwälzungen, beispielsweise eine Landreform, vorwegnahmen. Als auch die kommunistische Republik von Kiangsi 1934 angegriffen wurde, verweigerten sich die Partisanenverbände einer Entscheidungsschlacht und evakuierten stattdessen die Bevölkerung aus der Region. In diesem als „Großer Marsch" bekannt gewordenen Exodus verwandelte sich die bäuerliche Basis in aufständische Bevölkerung, die noch 15 weitere Jahre der Kuomintang und den japanischen Besatzern trotzte.
     Der kubanische Guerillakrieg war, verglichen hiermit, ein simples Unterfangen. Er zeichnete sich zwar auch durch eine politische Mobilisierung aus, doch der Organisationsprozess im Krieg war kürzer und wohl auch weniger tiefgreifend. Dementsprechend setzt Guevaras Fokustheorie im wesentlichen auf insurrektionalistische Dynamiken in der Gesellschaft.
     In Kolumbien kamen beide Konzepte zur Anwendung. Das 1964 gegründete ELN orientierte sich am guevaristischen Aufstandsmodell, das 1967 aus einer Spaltung der KP hervorgegangene EPL verteidigte die chinesische Strategie des „verlängerten Volkskriegs". Schon bald jedoch begannen sich die militärstrategischen Konzepte miteinander zu vermischen. Die Strategie der FARC entspricht heute am ehesten den asiatischen Konzepten, während sich die ELN einer gramscianischen Position angenähert hat, wonach nicht eine militärische Machtübernahme, sondern eine Stärkung der politischen und sozialen Opposition Hauptziel der Guerilla-Aktivitäten sein muss.

Die reguläre Kriegslehre sei durch fünf Grundsätze charakterisiert gewesen: 1) Die Disziplin der Armeen fußt auf Zwang und nicht auf Überzeugung oder persönlichem Interesse. 2) Zwischen kämpfender Truppe und Zivilbevölkerung existiert eine klare Trennlinie. 3) Der Krieg soll möglichst im Feindesland ausgetragen werden, um das eigene Land nicht zu verwüsten[14]. 4) Der Krieg darf nicht zum Dauerzustand werden, weil sonst sein Zweck seinen Preis nicht mehr aufwiegt. 5) Der Krieg darf nicht bis zum letzten eskaliert werden.

Haffner ist nun der Ansicht, dass bereits die konventionellen zwischenstaatlichen Kriege des 20. Jahrhunderts diese Prinzipien unterliefen. Demokratie und Technik hätten der Clausewitzschen Kriegführung ein Ende bereitet, weil das beschränkte Duellieren, wie es für die absolutistischen Kabinettkriege charakteristisch war, von der Bevölkerung nicht mehr getragen werde und in Zeiten der Massenvernichtungsmittel wohl auch nicht mehr möglich sei[15]. Dieser Bruch sei durch die Guerilla-Kriegführung noch vertieft worden. Im Partisanenkampf komme nämlich 1) der politischen Überzeugung (oder zumindest Agitation) größte Bedeutung zu, 2) sei das Verhältnis zwischen Zivilbevölkerung und kämpfender Truppe eng und tendiere zur Verschmelzung beider Gruppen. 3) müsse die Guerilla im eigenen Land operieren, weil sie im Feindesland keine Unterstützung besitze, und 4) wirke sich auch die Kriegsdauer anders aus als von Clausewitz postuliert. Die Vermeidung von Entscheidungen und eine lange Dauer des Kriegs könne einer militärisch unterlegenen Guerilla durchaus zum Vorteil gereichen – eine Erfahrung, die Mao zum Ausgangspunkt seines „verlängerten Volkskrieges" machte.[16]

Haffner kommt vor diesem Hintergrund zu dem Ergebnis, dass der klassische Staatenkrieg, von dessen Ende in den vergangenen Jahren erneut die Rede war, historisch überholt sei. Im Gegensatz zur aktuellen Debatte glaubt Haffner jedoch nicht, dass sich diese Irregularisierung politik- oder demokratiegefährdend auswirke. Im Gegenteil: Die „Totalguerilla" (ist) (...) mit all ihren spezifischen Schrecknissen, die eigentlich demokratische Form des Krieges, ein blutiges 'plebiscite de tous les

---

14 Hier liegt Haffner wahrscheinlich falsch. Die These steht in offenem Widerspruch zu Clausewitz, der formuliert hatte, die Verteidigung im eigenen Land sei (dank besserer Versorgungswege und der Motivation der Kämpfenden) immer erfolgversprechender als der Krieg im Ausland.

15 Münkler (1990: 20) spricht in Anlehnung an Carl Schmitt davon, dass im „Zeitalter der Atomwaffen wirkliche Feindschaft unmöglich (ist), weil absolute Feindschaft unbedingt gefordert ist."

16 Bisweilen wird daraus fälschlicherweise die Annahme abgeleitet, die Verlängerung des Krieges sei stets im Interesse der Guerilla. Der Fall Kolumbien beweist das Gegenteil: Dort scheint eher der Staat von der Verlängerung des Krieges zu profitieren. Die Guerilla büßt mit der Kriegsdauer ihre politische Glaubwürdigkeit ein. Gleichzeitig erweist sich der Krieg für das Establishment als ökonomisch einträgliches Geschäft und erlaubt die politische Mobilmachung der Bevölkerung.

jours' – während die Kriegsform, die auch westliche Demokratien immer noch als einzige kennen und beherrschen, in ihrer Grundkonzeption und inneren Logik aristokratisch-absolutistisch, also für Demokratien im Grunde systemwidrig ist. Und wiederum: Weil sie so demokratisch ist, unterläuft die Totalguerilla die moderne Kriegstechnik. Man kann einen Volkswiderstand, bei dem Soldat und Zivilist, Freund und Feind nicht mehr zu unterscheiden sind, nicht mit Flächenbombardements zerschlagen; man facht ihn damit eher an." (Haffner 1966: 22)

4.4. Aufstandsbekämpfungsmodelle: „Moderner Krieg" und „Kriegführung geringer Intensität"

In der jüngeren Debatte über asymmetrische und neue Kriege auffallend wenig reflektiert wird die Tatsache, dass westliche Militärführungen schon frühzeitig auf die Herausforderung durch Partisanenbewegungen reagierten. Großbritannien konnte auf lange Erfahrungen der Aufstandsbekämpfung in Asien und Irland zurückblicken, französische Militärs entwickelten in Indochina und Algerien die so genannte „französische Doktrin". Darunter verstanden wurde eine radikale Anomisierung des staatlichen Krieges. Eine bedeutende Rolle bei der Entwicklung der französischen Doktrin spielte der Offizier Roger Trinquier, der in den 1950er Jahren zunächst in Indochina zum Einsatz gekommen war und sich dort darum bemüht hatte, die Bekämpfung des Vietminh verbündeten paramilitärischen Truppen aus der Region zu übertragen. 'Irregulär' war auch das Konzept, das französische Militärs kurze Zeit später im Algerienkrieg anwandten und das Trinquier (1963) in seiner Schrift „La Guerre Moderne" als neue Militärdoktrin verteidigte.[17] Trinquier verteidigt darin die Anwendung komplett irregulärer Methoden bei der Partisanenbekämpfung. Die Aufständischen würden die Bevölkerung mit Terroraktionen zur Unterstützung zwingen und zudem unsichtbar agieren. Eine reguläre staatliche Armee könne solche Konflikte nur gewinnen, wenn sie mit Gegenterror antworte. Besondere Bedeutung

---

17 Trinquier war 1957 an den Kämpfen um Algier beteiligt, die im brillanten Film „Die Schlacht um Algier" des italienischen Regisseurs Gille Pontecorvo verarbeitet wurden. Der Kampf um die algerische Hauptstadt zeichnete sich zu diesem Zeitpunkt durch blutige Bombenattentate der Befreiungsbewegung FLN und eine ungeheure Brutalität der französischen Truppen aus. Trinquier (1963) rechtfertigt dieses Vorgehen in *La Guerre Moderne* damit, dass sich aufstandsbekämpfende Armeen nur durch Folter Informationen verschaffen könnten. Die Thesen, die die Hauptperson in Pontecorvos Film über die Guerilla-Bekämpfung darlegt, sind fast wörtlich aus Trinquiers Handbuch übernommen. Trotzdem kann Trinquier nicht einfach als Vorlage der Filmfigur gelten. In Pontecorvos Film ist der französische Partisanenbekämpfer ein ehemaliges Mitglied der Résistance, der den algerischen Widerstand punktuell nachvollziehen zu können scheint. Trinquier hingegen war als Offizier des mit Nazi-Deutschland kollaborierenden Vichy-Regimes während des 2. Weltkriegs in China.

besitze dabei die Folter. Trinquier rechtfertigt ihre Anwendung durch Spezialisten, erstens weil sich der Partisan selbst außerhalb des konventionellen Kriegsrecht stelle und zweitens weil nur die Folter es erlaube, die verdeckte Struktur des Gegners zu durchleuchten. Um einen irregulären Krieg gewinnen zu können, müsse man die feindliche Armee kennen. Da sich die Partisanenstruktur unsichtbar mache, müsse sie mit Hilfe der Folter ans Licht gebracht werden. Im Rahmen der französischen Doktrin kam es schließlich nicht nur zu systematischen Misshandlungen von algerischen Gefangenen, sondern auch zur Zwangsorganisation der Bevölkerung in zivilmilitärischen Gruppen, zu Bombenanschlägen durch französische Geheimdiensteinheiten, zu massenhaften Zwangsumsiedlungen der Landbevölkerung und zur Einrichtung von großen Internierungscamps.

In den USA stand die Herausbildung irregulärer Militärstrategien im Zusammenhang mit Konzepten der so genannten Nationalen Sicherheit und später der *Low-Intensity-Warfare,* der Kriegführung geringer Intensität. Schumacher (2007) verweist darauf, dass sich Grundzüge der umstrittenen Aufstands- und Terrorismusbekämpfung durch die USA bereits im philippinischen Krieg 1899 bis 1913 nachweisen lassen. Schon in diesem Kolonialkrieg operierten die US-Truppen völlig irregulär und richteten ihre Militärgewalt in Anbetracht eines unsichtbaren Feindes gegen die Zivilbevölkerung.

Ein zweiter wichtiger Faktor in dieser Entwicklung war die antikommunistische Mobilmachung ab 1945, die eine autoritäre Umwälzung in den USA selbst nach sich zog. So wurde die Freund-Feind-Unterscheidung während der McCarthy-Ära zum beherrschenden Paradigma der US-Innenpolitik. Dieser nach innen gerichtete Ausnahmezustand prägte auch die Militärdoktrin der USA im Ausland. Klare zufolge (1988: 11) kam es nach 1960 zu einer Neuorientierung der US-Militärs. Unter den Generälen habe sich die Überzeugung durchgesetzt, dass neben der Abschreckung durch Massenvernichtungswaffen im Rahmen des Kalten Krieges auch eine Strategie für kleinere Konflikte entwickelt werden müsse. Die USA sollten befähigt werden, schnell und flexibel in Konflikte einzugreifen, ohne damit einen großen Krieg zu provozieren. Präsident Kennedy machte sich diese Einschätzung unter dem Eindruck der kubanischen Revolution zueigen und ließ Verteidigungsminister McNamara unmittelbar nach seinem Amtsantritt 1961 Strategien zur Bekämpfung von Guerillas in Lateinamerika und Südostasien entwerfen. „Als Ergebnis wurde die US-Armee angewiesen, ihre Abteilung für Spezialeinheiten auszubauen und das Training von Kontraguerilla-Aktivitäten zu intensivieren. Institutionen übergreifende Kommissionen wurden gebildet, um die politischen, wirtschaftlichen und psychologischen Operationen von Innen-, Verteidigungsministerium, CIA und USIA zu koordinieren." (ebda).

Diese Wende hatte radikalen Charakter. Auf der Grundlage der französischen und britischen Erfahrungen (in Indochina, Malaya und Algerien) begann das US-Militär soziale und politische Dimensionen von Konflikten verstärkt wahrzunehmen. Politik,

Sozialarbeit, Propaganda, Geheimoperationen und Militäreinsatz wurden zu einer integralen Form des (bio-) politischen Krieges verschmolzen. Um den sozialrevolutionären Versprechen der lateinamerikanischen Linken etwas entgegenzusetzen, kündigte Washington 1961 das panamerikanische Entwicklungsprojekt „Allianz für den Fortschritt" an, das Wirtschaftshilfe und Aufstandsbekämpfung miteinander verband und auf eine Stärkung bürgerlicher Milieus abzielte. Auf den politischen Kern des Partisanenkrieges reagierend, bemühten sich nun auch die mit den USA verbündeten Militärs in der Dritten Welt darum, den Krieg als politisches Unterfangen zu begreifen. Psychologische Operationen – ein bewusst unscharf gehaltener Begriff, unter dem verschiedenste Methoden zur Beeinflussung der öffentlichen Meinung (von Propagandakampagnen bis hin zu terroristischen Under-Cover-Operationen) gefasst werden – verwandelten sich in ein zentrales Kriegsmittel. Zudem forcierte man, während gleichzeitig christsoziale und sozialdemokratische Projekte als 'weiche' Formen des Antikommunismus finanziert wurden[18], eine autoritäre Umstrukturierung der Gesellschaft, durch die die Kontrollinstanzen des Staates gestärkt wurden. Die Nationale Sicherheitsdoktrin sorgte – verdeckt als schleichender Prozess wie in Kolumbien oder offen als Putsch wie in Chile und Südkorea – für eine Ermächtigung der Exekutive und eine autoritäre Kräfteverschiebung. Ein zentraler Aspekt dieses sicherheitspolitischen Umbaus bestand in der Gründung paramilitärischer Strukturen, die in den Bürgerkriegsstaaten der Dritten Welt sowohl die Gestalt von Spitzel- und Dorfschützersystemen als auch von geheimen, teilautonom operierenden Todesschwadronen annahm (vgl. Giraldo 1996). Es ist bemerkenswert, dass diese Strukturen sich in so unterschiedlichen Ländern wie Vietnam, El Salvador, Guatemala, den Philippinen und der Türkei ganz ähnlich entwickelten und die innenpolitische Situation der betroffenen Länder lange über das Bürgerkriegsende hinaus prägten.[19] Aber auch in Westeuropa kamen derartige Konzepte zur Anwendung. Wie in Kapitel 9.3. ausführlicher dargelegt, begann die US-Armeeführung unmittelbar nach dem Zweiten Weltkrieg mit dem Aufbau geheimer Parallelstrukturen zur Abwehr revolutionärer Bewegungen (Ganser 2005).

Klare ist der Ansicht, dass der erste Konflikt, in dem US-Militärs schließlich ihr Konzept einer integrierten politisch-militärischen Aufstandsbekämpfung im großen Stil anwandten, der Vietnam-Krieg gewesen sei – und zwar noch unter Kennedys Führung. „Kennedys Obsession für die Guerillakriegführung führte zur

---

18 In Europa wurden Ende der Vierziger Jahre sogar antisowjetische Marxisten mit Geheimdienstmitteln gefördert.

19 Der EU-Bericht 2004 über die Fortschritte der Türkei auf dem Weg zum Beitritt (Kommission der Europäischen Gemeinschaft 2004) etwa bezeichnet das Dorfschützersystem noch heute als eines der Haupthindernisse für eine Normalisierung der Menschenrechtssituation in der Türkei.

Durchsetzung der Counterinsurgency-Doktrin, die die USA unaufhaltsam in den Dschungel Indochinas führte. (...) Während seines letzten Amtsjahres bewilligte Präsident Kennedy die Aufstockung von Special-Force-Ausbildern, den Einsatz der US-Luftwaffe und die Aufnahme eines breit angelegten Programms so genannter 'Zivilaktionen', um auf diese Weise die zunehmenden Guerillaaktivitäten der Nationalen Befreiungsfront (FNL) in Südvietnam zu stoppen." (Klare 1988: 12)

Das Debakel in Indochina bremste diese militärstrategische Neuorientierung nur kurzfristig. Noch unter US-Präsident Jimmy Carter (1977-81) forderten rechte Think Tanks eine Weiterentwicklung der eingeschlagenen Linie. Aus dieser Debatte ging schließlich das Konzept der *Low-Intensity-Warfare,* der Kriegführung geringer Intensität hervor. 'Geringe Intensität' bezieht sich dabei nicht auf die Konsequenzen für die Zivilbevölkerung, sondern auf die Beteiligung von US-Truppen. Dem Konzept zugrunde lag die These, dass der Vietnam-Krieg in den USA verloren worden sei.[20] Kriege in der Dritten Welt, so die Meinung der Militärs, müssten sehr viel stärker als politische Konflikte in den USA selbst wahrgenommen werden. Die Tatsache, dass die Unterstützung für den Vietnam-Krieg weggebrochen war, wurde wiederum auf die hohe Zahl US-amerikanischer Opfer zurückgeführt. Die Schlussfolgerung unter Präsident Reagan lautete daher, zum einen den medialen und propagandistischen Kampf um „die Herzen und Köpfe zu Hause" zu intensivieren, zum anderen direkte Kriegsbeteiligungen von US-Truppen so weit wie möglich zu vermeiden. Eine solche Vorgehensweise wurde, weil sie eine nationalistische Mobilisierung gegen die USA erschwert, auch für die Situation in Konfliktstaaten als vorteilhaft erachtet. Sarkesian, ein zum Umfeld Reagans gehörender General, analysierte: „,Sichtbare' Interventionen ausländischer Mächte führen mit einiger Wahrscheinlichkeit zur Verbreitung nationalistischer Leidenschaft und schaffen damit die Voraussetzungen für das Entstehen eines 'Volkskrieges'. Ein 'flüssiges', bewegliches Schlachtfeld, das sich konventionellen Betrachtungen entzieht und mit politisch-sozialen Strukturen des politischen Systems verwoben ist, bereitet der Interventionsmacht Probleme und verhindert möglicherweise einen Erfolg im Sinne von 'Eroberung' oder 'Sieg' (...) In diesem Kontext sind die politisch-psychologischen Dimensionen militärischer Operationen wichtiger als taktische Überlegungen (Sarkesian/Scully 1981: 4) Sarkesian plädierte vor diesem Hintergrund für den verstärkten Aufbau mobiler, politisch geschulter Eingreiftruppen. „Ranger-Bataillone und Special-Forces-Einheiten der Armee müssen möglicherweise restrukturiert werden, um über eine kombinierte leichte Infanteriekraft zu verfügen, die in einem Krieg geringer Intensität einsetzbar ist (...) Außerdem müssen Doktrin und Ausbildungsprogramme so angepasst werden,

---

20 Die Parallelen zur deutschen Dolchstoßlegende nach 1918 sind auffallend. Damals versuchten wilhelminische Militärs die Opposition im Inneren für die verheerende Niederlage im Weltkrieg verantwortlich zu machen.

dass der politisch-soziale Charakter von Gebieten in der Dritten Welt und seine Auswirkungen auf den komplexen Zusammenhang von Low-Intensity-Konflikten verstanden werden." (ebda:11f) Die Politik verdeckter Interventionen wurde damit gerechtfertigt, dass die Sowjetunion die Konflikte in der Dritten Welt aggressiv anheize. So behauptete Sarkasian: „Das, was wir als 'Kriegführung geringer Intensität' bezeichnen, ist, unter verschiedenen Bezeichnungen, eines der Hauptexportprodukte der Sowjetunion." (ebda: 194)

Diese für das Selbstverständnis der Kalten Krieger so zentrale These lässt sich, wie bereits dargelegt, kaum halten. Sogar im von Sarkesian selbst herausgegebenen Sammelband weist ein anderer Autor (ebda: 154) darauf hin, dass die UdSSR in den Konflikten in der Dritten Welt aufgrund strategischer Nachteile lange Zeit zurückhaltend agiert habe. Das deckt sich mit der Beobachtung, dass den Partisanen in China, Italien, Kuba und allen lateinamerikanischen Staaten (mit Ausnahme Kolumbiens und später auch El Salvadors) von Moskau mit Misstrauen begegnet wurde. Im antijapanischen Krieg in China ging Moskau sogar so weit, die bürgerliche Rechte von Tschiang Kai-shek anstellen von Maos Partisanen zu unterstützen (Schrupp 1990: 111). Insofern ist die Annahme der US-Militärs, wonach man es mit einer von Moskau koordinierten Subversionsstrategie zu tun hatte, als Ausdruck einer allgemeinen – für eine Selbstvergewisserung allerdings wichtigen – Paranoia zu sehen. Die Ausbreitung von Partisanenbewegungen war das Ergebnis kolonialer und postkolonialer Konstellationen in den betroffenen Ländern selbst und stand im Großen und Ganzen eher im Widerspruch zu Moskaus Politik ab 1930.

4.5. Kriege geringer Intensität bei Martin Van Creveld

Der israelische Militärhistoriker Martin van Creveld (1997, 1998 und 2003) macht die Konflikte geringer Intensität knapp zehn Jahre nach Sarkesian als neuen, dominanten Typus der Kriegführung aus. Van Creveld, der die Debatte um so genannte neue Kriege Anfang der 1990er Jahre maßgeblich mit auslöste, geht davon aus, dass die Existenz von Atomwaffen während des Blockkonflikts eine direkte Konfrontation zwischen NATO und Warschauer Pakt verhindert habe. Gleichzeitig seien konventionelle Kriege zwischen Staaten politisch kaum noch zu rechtfertigen gewesen, da das Völkerrecht territoriale Eroberungen untersagt. In diesem Zusammenhang, so Van Creveld, hätten irreguläre *Low Intensity Wars* an Bedeutung gewonnen. Charakteristisch für sie sei, dass sie in „weniger entwickelten" Weltregionen und asymmetrisch geführt würden. Bei ihnen stünden sich nicht strukturell ähnliche Armeekörper, sondern staatliche Truppen auf der einen und Guerillas, Terroristen und bewaffnete Zivilisten auf der anderen Seite gegenüber.

Die Ausbreitung derartiger Konflikte in der Welt belege, dass die Clausewitzschen Prinzipien die Realität nicht beschreiben. Van Creveld formuliert fünf Einwände gegen die klassische Kriegslehre: 1) Clausewitz habe die Irrationalität des Krieges verkannt und 2) die Bedeutung politischer Kriegsziele (auf Kosten moralischer oder religiöser Motive) überschätzt. 3) Clausewitz biete keine Erklärungen für irregulär verlaufende Krieg, 4) er ignoriere, dass die Regelung und Beschränkung des Krieges notwendige Voraussetzung für das Kriegführen an sich sei, und 5) beschäftige sich ausschließlich mit Kriegen, in denen eine Trinität aus Regierung, Militär und Volk zu beobachten ist (Van Creveld 1997).[21]

Tatsächlich jedoch, so van Crevelds Gegenthese, würden die meisten Kriege nicht geführt, um der anderen Seite kalkuliert den eigenen Willen aufzuzwingen. Vielmehr stünden existenzielle, moralische und psychologische Motive im Mittelpunkt. Der Bevölkerung besetzter Länder etwa gehe es nicht um eine Fortführung der Politik mit anderen Mitteln, sondern ums Überleben. Und für den einzelnen Kämpfer schließlich sei der Krieg gar eine Erfahrung, die Intensität und Lust impliziere. Van Creveld (1998: 331) behauptet – reichlich anthropologisch: „Während der Nutzen des Krieges als Mittel zur Verwirklichung praktischer Ziele durchaus in Frage gestellt werden kann, stand seine Fähigkeit zu unterhalten, zu inspirieren und zu fesseln, nie in Zweifel. Krieg ist ganz offensichtlich Leben. Der Krieg allein erlaubt und verlangt den Einsatz aller Fähigkeiten des Menschen, von den höchsten bis zu den niedrigsten."[22]

Vor diesem Hintergrund formuliert van Creveld die – später von Münkler aufgegriffene – These, dass die bewaffneten Konflikte der Zukunft jenen der Vergangenheit ähneln. Er glaubt, die Rückkehr eines vorstaatlichen Paradigmas erkennen zu können, wie es bis ins 17. Jahrhundert vorherrschend war. „Künftig werden keine Streitkräfte Krieg führen, sondern Gruppierungen, die wir heute Terroristen, Guerillas, Banden und Räuber nennen" (ebda: 288). Wie bei den Kriegszügen vor 1648 werde die Grenze zwischen Kombattanten und Zivilisten verwischt.

Bemerkenswerterweise besäßen die Aufständischen in Konflikten geringer Intensität einen politisch-moralischen Vorteil. Partisanenbekämpfung impliziere immer auch Kollateralschäden, die wiederum die Empörung der betroffenen Zivilbevölkerung nach sich zögen. Darüber hinaus sympathisiere die Öffentlichkeit tendenziell mit dem Schwächeren. Die Armeen des Westens müssten, so Creveld, auf diese Herausforderung mit neuen Anstrengungen reagieren. Obwohl van Creveld noch

---

21 Van Creveld beschränkt seine Einwände dabei nicht auf das 20. Jahrhundert. Die Clausewitzschen Prinzipien könnten auch historisch nur einen Teil der Kriegsrealität erklären. Partisanen-Widerstand gegen Besatzungen habe immer schon in Widerspruch zu Clausewitz gestanden.

22 Den populärwissenschaftlichen Tiefpunkt erreicht Van Creveld mit der Bemerkung (1998: 322): „So abscheulich die Tatsache auch sein mag, der wahre Grund, weshalb wir Kriege führen, ist, dass Männer gern kämpfen und dass Frauen Männer gefallen, die bereit sind, für ihre Sache zu kämpfen."

in „The Rise and Decline of the State" (1999) den Untergang staatlicher Ordnung an die Wand malte, plädiert er seit dem 11. September 2001 für die Errichtung eines globalen, sich auf starke Führungsstaaten stützenden Sicherheitsregimes. Wie viele andere Theoretiker der *Low Intensity Warfare* bemüht auch van Creveld jenes Bedrohungsszenario, bei dem der Partisan-Terrorist mit seiner angeblich hyperflexiblen, supermodernen Kriegführung den ordentlichen Militärs stets überlegen ist und deswegen extreme Anstrengungen unternommen werden müssen. So spricht sich van Creveld (2003) für die umfassende kontrolltechnologische Erfassung der Gesellschaft, den Ausbau der Geheimdienste, die Einrichtung immer neuer Anti-Terror-Einheiten, die Stärkung von Institutionen wie das US-amerikanische *Departement of Home Security* und die Verschmelzung von Polizeieinsatz und Krieg aus – ein Programm, dass letztlich auf die Etablierung eines globalen Ausnahmezustands, also auf die Regularisierung einer irregulär agierenden Staatlichkeit hinausläuft.

4.6. Der „*Fourth Generation War*" (4GW)

An van Creveld anknüpfend verbreitete sich in militärstrategischen Debatten in den USA in den 1990er Jahren der Begriff des *Fourth Generation War* (4GW) – ein Konzept, das besonders von Hammes[23] (1994) entwickelt, aber erst nach Verkündung des *War on Terror* im September 2001 öffentlich breit wahrgenommen wurde.

Hammes unterscheidet vier „Kriegsgenerationen" (nach: Fourth Generation Seminar 2007: 32f):

1. Der Krieg der *ersten Generation* habe den Zeitabschnitt vom Westfälischen Frieden bis mindestens zum Amerikanischen Bürgerkrieg beherrscht und sei durch den massierten Einsatz von Soldaten, ausgeprägte Militärhierarchien, die Bedeutung von Schlachtfeldordnungen und eine Trennung des staatlichen Armeekörpers von der Gesellschaft bestimmt gewesen. Die Entwicklung moderner Schusswaffen und die damit zusammenhängende Zunahme der Beweglichkeit auf dem Schlachtfeld habe diese Taktik obsolet gemacht. Bemerkenswerterweise übe diese – eigentlich überholte – Form des Kriegs auf die staatlichen Armeeapparate bis heute entscheidenden Einfluss aus.
2. Eine *zweite Generation* des Krieges sei von der französischen Armee im Ersten Weltkrieg entwickelt worden. Die Franzosen hätten versucht dem Schlachtfeld durch den Einsatz massierter Artillerie von außen und zentral koordiniert eine

---

23 Thomas X. Hammes' erster Aufsatz über den „Krieg vierter Generation" erschien bereits 1989 in der Zeitschrift *US Marine Corps Gazette*. Ende 2006 gehörte Hammes, mittlerweile a. D., zu den Generälen, die den Verteidigungsminister Donald Rumsfeld wegen seiner Versäumnisse im Irak-Krieg zum Rücktritt aufforderten.

Ordnung aufzuzwingen. Dabei sei das Motto „Die Artillerie erobert, die Infanterie besetzt" verfolgt worden. Charakteristisch für diese Kriegführung sei gewesen, dass die militärische Ordnungskultur weiterhin eine zentrale Rolle spielte. Es habe festgelegte Methodologien und Schullösungen für alle militärischen Probleme gegeben. Gehorsam sei höher als Eigeninitiative bewertet worden – ja, Eigeninitiative sei sogar als gefährlich wahrgenommen worden, weil sie die Synchronisation zwischen den Truppenteilen störte.

3. Eine *dritte Kriegsgeneration* sei von der Manöver-Kriegführung bestimmt gewesen, wie sie die deutsche Armee im Ersten Weltkrieg entwickelte und im Zweiten verfeinerte. Die Kernidee dieser Kriegführung bestand darin, dass man nicht länger versuchte, der wachsenden Unordnung auf dem Schlachtfeld eine Ordnung aufzuzwingen. Stattdessen galt es, „sich der Unordnung anzupassen und sie für sich zu nutzen. Der Krieg der dritten Generation beruhte weniger auf Feuerkraft als auf Geschwindigkeit und Tempo. Er zielte darauf ab, den Feind schneller, als er sich darauf einstellen konnte, mit unerwarteten und gefährlichen Situationen zu konfrontieren, um ihn so mental und physisch auseinander zu nehmen." (ebda: 32) Da Beweglichkeit in der Dritten Kriegsgeneration von zentraler Bedeutung ist, seien bei der militärischen Ausbildung nicht Methoden oder Prozesse, sondern die Fähigkeit zur militärischen Bewertung geschult worden. Nicht Gehorsam, sondern Selbstdisziplin sei Grundlage dieser Art von Kriegführung gewesen.

4. Als Hammes schließlich eine *vierte Kriegsgeneration* (auf Englisch abgekürzt 4GW) ins Gespräch bringt, fasst er darunter verschiedene Phänomene zusammen. Er bezieht sich einerseits auf die Entwicklung des Hochtechnologie- und Informationskrieges, wie er sich in der Operation „Desert Storm", also dem ersten US-Feldzug gegen das Saddam-Regime, manifestierte, der aber auch Formen von Netzsabotage gegen die USA („Cyberwar") annehmen könne. Andererseits betont Hammes – ganz ähnlich wie van Creveld – die Tendenz der Entstaatlichung von Konflikten. In den Kriegen der vierten Generation seien zwar auch Nationalstaaten weiterhin präsent, doch darüber hinaus spielten neue Akteure eine zentrale Rolle: Staatenbünde wie NATO, UNO und EU, Nichtregierungsorganisationen und schließlich auch Banden, Drogenhändler und Terroristen. Kennzeichnend für diese Kriegführung neuen Typs sei, dass sie alle Bereiche menschlicher Aktivität erfassten. Information, Meinungsbildung, Propaganda und Psychologie würden somit kriegsentscheidend. Hammes ist der Ansicht, dass die Grundlage dieser Kriegführung bereits von Mao gelegt wurde, der ähnlich wie Clausewitz den Krieg vor allem als politisches Unterfangen begriff. Während Kriege dritter Generation militärisch gewonnen wurden, rücke nun also die Politik in den Mittelpunkt. Es gehe darum, den Willen des Gegners zu zersetzen. Maos „verlängerter Volkskrieg" impliziere genau dies: eine allmähliche, zwei Jahrzehnte lang andauernde Verschiebung politischer Kräfteverhältnisse.

Hammes behauptet, dass diese Strategie von kommunistischen Bewegungen nach Mao weiterentwickelt worden sei. Die Anti-Kriegs-Proteste in den USA seien als Bestandteil der vietnamesischen Netzwerkarbeit zu sehen, die darauf abzielte, Amerikas Willen zu brechen. Die Tet-Offensive 1968 sei Ausdruck dieser Strategie gewesen. Aus militärischer Sicht ein Desaster für den Vietcong diente die Offensive dazu, die öffentliche Meinung in den USA zu erschüttern. Auch die Sandinisten in Nicaragua hätten auf diese Weise Krieg geführt. So sei Somoza nicht militärisch geschlagen, sondern politisch verdrängt worden, als es den Sandinisten gelang, die bürgerliche Opposition einzubinden und das Somoza-Regime zu paralysieren. Gleichzeitig hätten die Sandinisten erfolgreich die US-Innenpolitik manipuliert und mit Hilfe der Befreiungstheologie das Somoza-Regime moralisch zu delegitimieren verstanden. Und auch die palästinensische Intifada sieht Hammes als eine Kriegführung „der vierten Generation". Die Intifada sei gezielt als Medien-Krieg inszeniert worden. Mit Hilfe von Fernsehbildern, auf denen unbewaffnete palästinensische Jugendliche Steine auf israelische Panzer warfen, hätten sich die Palästinenser als Opfer inszenieren und die israelische Öffentlichkeit beeinflussen können.

Die Beispiele zeigten, so Hammes weiter, dass Kriege immer stärker auf medialem und psychologischem Terrain ausgefochten werden – und zwar in Massenmedien, im Internet und in informellen Netzwerken. Die US-Streitkräfte müssten darauf mit einer integrierten Kriegführung antworten. Es sei nicht mehr länger ausreichend, dass sich Militärs, Geheimdienste, Polizei und politische Stellen koordinierten. Die verschiedenen Organe müssten vielmehr eine strukturelle Einheit bilden.

In einem nach Beginn des Dritten Irak-Krieges veröffentlichten Aufsatz verweist Hammes (2005) außerdem auf die Bedeutung der Flexibilität in diesen Kriegen. Im Unterschied zu den klassischen Staatenkriegen würden die Akteure des *Fourth Generation War* schnell und unerwartet die Seite wechseln. Man müsse daher lernen, den Gegner nicht mehr als stehenden, von einem Generalstab geführten Armeekörper, sondern als sich selbst auf der Grundlage von *trial and error* organisierendes Netzwerk zu betrachten. Hammes (ebda: 7) kommt zu der Schlussfolgerung: „Die Gegner der vierten Generation sind nicht unbesiegbar. Sie können geschlagen werden, allerdings nur mit Hilfe von kohärent, geduldig entwickelten Aktionen, die alle staatlichen Einrichtungen und Elemente des privaten Sektors umfassen. Ihre Kriegführung umfasst die Bereiche Diplomatie, Verteidigung, Nachrichtendienst, Gesetzgebung und wirtschaftliche sowie soziale Entwicklung. Die amerikanischen Anstrengungen müssen eher netzwerkartig organisiert werden als in Form traditioneller, vertikaler Bundesbürokratien."

Hammes' Konzept des *Fourth Generation War* traf unter US-Militärs allerdings auch auf Widerspruch. Echevarria (2005) wendet ein, dass es sich bei der Diskussion über die 4GW um eine Modedebatte handele, der es an Genauigkeit mangele. Dass Kriege politisch gewonnen werden müssen, sei keine neue Erkenntnis und könne kaum als Definitionsmerkmal neuer Kriege gelten. Auch das Vorgehen der USA in Europa während und nach dem Zweiten Weltkrieg habe sich dadurch ausgezeichnet, dass man eine integrale politische, praktische und militärische Strategie verfolgte, die sich mit den Wiederaufbauprogrammen in Europa auch konkret materialisierte. Außerdem seien die historischen Bezüge der Debatte falsch, so Echevarria. Es sei unrichtig, den Westfälischen Frieden als Geburtsstunde der europäischen Staatenordnung darzustellen. Tatsächlich handele es sich bei dem Vertrag in erster Linie um eine Verfassung 'nach innen', mit deren Hilfe die Machtbeziehungen im Deutschen Reich austariert wurden. Und auch Hammes' Verweise auf die Partisanenkriegführung seien problematisch. Viele der von Mao erörterten Fragen seien ursprünglich vom antiken chinesischen Militärtheoretiker Sun Tzu (um 500 v.u.Z.) aufgeworfen worden.

4.7. „Neue" und „alte" Kriege nach Mary Kaldor

Auch für Kaldor (dies./Vashee 1997, dies. 2000), die sich besonders mit dem jugoslawischen Bürgerkrieg der 1990er Jahre intensiv beschäftigte, sind die Konflikte nach dem Ende des Blockkonflikts davon bestimmt, dass sie aus politischen Ordnungssystemen herausfallen und fließende Übergänge zu Bandengewalt und krimineller Ökonomie aufweisen. „Der Begriff 'Krieg' dient dazu, den politischen Charakter dieser neuen Gewaltform hervorzuheben, auch wenn die neuen Kriege (…) gerade durch das Verschwimmen der Grenzen zwischen Krieg (üblicherweise als politisch motivierte Gewalt zwischen Staaten oder organisierten politischen Gruppen definiert), organisiertem Verbrechen (privat motivierte, normalerweise auf finanziellen Gewinn abzielende Gewalttaten privat organisierter Gruppen) und massiven Menschenrechtsverletzungen (von Staaten oder politisch organisierten Gruppen gegen Individuen begangene Gewalttaten) geprägt sind." (ebda: 8)

Die Begriffe 'Krieg geringer Intensität' und 'Privatisierung des Krieges' würden, so Kaldor, das Phänomen nicht befriedigend beschreiben. Unter Kriegen geringer Intensität würden gewöhnlich revolutionäre Guerillakriege verstanden, der Verweis auf das Auftauchen privater Kriegsakteure sei unzureichend, weil die neuen Kriege nicht einfach privatisiert seien, sondern spezifische Verbindungen von staatlicher und nichtstaatlicher Gewalt aufwiesen.

Weiterhin ist Kaldor der Ansicht, dass die neuen Kriege mit dem Attribut 'postmodern' belegt werden können, gleichzeitig aber auch moderne und vormoderne Züge aufweisen, und spricht von einer widersprüchlichen „Verdichtung wechselseitiger Verflechtungen". Der zu beobachtende Prozess führe „gleichermaßen zu Integration wie Fragmentierung, zunehmender Gleichartigkeit wie Verschiedenartigkeit, Globalisierung wie Lokalisierung". (ebda: 11)

Zusammengefasst geht Kaldor von folgenden Merkmalen neuer Kriege aus:

– Das staatliche Gewaltmonopol wird von zwei Seiten untergraben – „von oben" und „von unten". Die Entwicklung von oben ist bereits durch die Transnationalisierung des Militärs und die Blockbildung nach dem Zweiten Weltkrieg ausgelöst worden. Durch die Einbindung in militärische Lager wurde „die Fähigkeit von Staaten, einseitig gegen andere Staaten gewaltsam vorzugehen, (...) erheblich eingeschränkt". (ebda: 12f) Von unten wird das staatliche Gewaltmonopol durch Privatisierung zersetzt. In den neuen Kriegen, so Kaldor weiter, manifestiert sich nun ein Prozess, der die Entwicklung moderner Staatenbildung praktisch umkehrt. Während die Herausbildung der europäischen Staatsapparate auf engste mit dem Krieg verbunden war, weil erst die systematische Steuererhebung, die Errichtung einer Verwaltungsbürokratie und eines stehenden Heeres es den dynastischen Monarchien Europas ermöglichte, weiter Kriege zu führen, werden „die neuen Kriege nun (...) in Situationen ausgetragen, in denen die Staatseinnahmen im Gefolge wirtschaftlichen Niedergangs und sich ausbreitender Kriminalität, Korruption und Ineffizienz versiegen, in denen die Gewalt im Zuge des um sich greifenden Verbrechens und der Bildung paramilitärischer Gruppen zunehmend privatisiert wird und in denen somit die politische Legitimität schwindet." (ebda: 13f) Damit wird eine Abwärtsspirale in Gang gesetzt: Dem Staat gelingt es nicht mehr, sein Territorium zu kontrollieren. Das Gewaltmonopol erodiert, die Einnahmen nehmen ab und der Staat wird gezwungen, seine Ausgaben erneut zu reduzieren – was die „Kontrollkapazitäten weiter schwächt und einen Nährboden für die Fragmentierung des Militärs bereitet." (ebda: 147) Neu auftauchende Gewaltakteure sorgen nun für relative Sicherheit und erheben Schutzgelder. Diese organisierte Gewalt, die an die Stelle des Staatenkriegs tritt, nennt Kaldor „weitreichender, allgegenwärtiger, vielleicht aber nicht ganz so maßlos." (ebda: 14)[24]

– Ähnlich wie Münkler (vgl. Kap.4.8.) setzt auch Kaldor das Erstarken privater Gewaltakteure in Verbindung mit gescheiterter Staatlichkeit (ebda: 146). Die neuen Kriegsakteure seien jedoch nicht einfach als marodierende, archaische Banden zu sehen – zumal hochmoderne transnationale Militärunternehmen eine zentrale Rolle in diesem Privatisierungsprozess spielen. Kaldor schlägt vielmehr vor, die neuen Gewaltakteure mit modernen Begriffen zu beschreiben. „Was wie eine Armee aussieht, ist in Wirklichkeit ein Zusammenschluss aus abtrünnigen Einheiten der regulären Streitkräfte, örtlichen Milizen oder Selbstverteidigungseinheiten, kriminellen Banden, Gruppen von Fanatikern und dem übliche Gefolge, und diese Koalition hat sich auf Partnerschaften, gemeinsame

---

24 Dies stellt einen wichtigen Widerspruch zu Münkler dar, der die neuen Kriege wie erwähnt als enthegte Gewaltausbrüche beschreibt.

Projekte, Arbeits- und Beuteteilungen verständigt. Das von Robert Reich als Kennzeichen der neuen globalen Unternehmensstruktur gebrauchte Bild des 'Spinnennetzes' (...) lässt sich wahrscheinlich auch auf die neue Kriegführung anwenden." (ebda: 152f)

– Im Mittelpunkt der neuen Kriege stehen, so Kaldor, nicht länger geopolitische oder ideologische Motive, sondern eine „Politik der Identität" (ebda: 121-138). Der rückwärtsgewandte Bezug auf angeblich existierende, partikulare Identitäten sei dabei dem Verlust zukunftsorientierter Projekte geschuldet. Allerdings handele es sich auch bei der Renaissance des Identitären um einen modernen Prozess: Die Wiederentdeckung der Identität wird oft von Diaspora-Communities vorangetrieben, die in den Industrie- und Erdölstaaten Migrationserfahrungen gesammelt haben und – nicht zuletzt als Ausdruck ihrer Frustrations- und Ausschlusserfahrungen – nationale oder religiöse Identitäten neu erfinden. Medien- und Informationstechnologien würden bei der Verbreitung dieser Identitätsmodelle eine entscheidende Rolle spielen (ebda: 16f). Die neuen Kriege sind somit als Globalisierungsphänomene und nicht einfach als das Ergebnis missglückter Entwicklung zu betrachten.[25] Kaldor beschreibt Globalisierung als einen Transformationsprozess, in dem bis dahin bestehende räumliche Distanzen und kulturelle Differenzen von neuen Widersprüchen, Gegensätzen und Distanzen abgelöst und überlagert werden (ebda:112-121).

– Militärstrategisch zeichneten sich die neuen Kriege durch eine eigentümliche Verbindung von Guerillakrieg und Anti-Guerillakampf aus. Auch die neuen Kriegakteure versuchten eine politische Kontrolle der Bevölkerung herzustellen, doch „während die Strategie der Guerilla, wenigstens in den theoretischen Konzepten von Mao Zedong und Che Guevara, darauf abzielte, die 'Herzen und Köpfe' der Bevölkerung zu gewinnen, bedient sich die neue Kriegführung der Destabilisierungstechniken der Anti-Guerillakämpfer, die 'Furcht und Hass' säen wollen." (ebda: 18) Um abweichende Identitäten (v. a. in ethnisch motivierten Konflikten) zu beseitigen, kommt es zu systematischen Massenvertreibungen und verschiedensten Einschüchterungstechniken, darunter Massenmord und Zwangsumsiedlungen.

– Die neuen Kriege würden sich durch die Existenz einer – global eingebundenen – Kriegsökonomie charakterisieren, die „nahezu das genaue Gegenteil der Kriegswirtschaften der zwei Weltkriege (ist). Diese waren zentralisiert, allumfassend, autark. Die neuen Kriegswirtschaften sind dezentralisiert." (ebda: 19) In den von neuen Kriegen erschütterten Ländern liegt die Güterproduktion in der Regel am Boden, die Arbeitslosigkeit ist hoch, die Wirtschaft ist von Ressourcen aus dem Ausland abhängig. In diesem Umfeld finanzieren sich die Kampfeinheiten

---

25 Auch das markiert eine wichtige Differenz zu Münklers Interpretation des *State Failure*.

durch Plünderungen, die Besteuerung von Hilfsorganisationen, Zuwendungen der Diaspora oder durch den Handel mit Rohstoffen wie Diamanten oder Öl. Auf diese Weise entsteht ein ökonomischer Kreislauf, bei dem sich die Kriegslogik in die Funktionsweise der Wirtschaft einschreibt.

– Charakteristisch für die neuen Kriege sei schließlich auch, dass in ihnen die für die Moderne typischen Unterscheidungen zwischen öffentlicher und privater Sphäre, Innen und Außen, Ökonomie und Politik, Zivilem und Militärischem aufgehoben werden. Diese Unterscheidungen seien Merkmale der Staatenordnung nach 1648 gewesen: „An die Stelle eines mehr oder weniger ununterbrochenen Gewaltzustands trat der Krieg als genau begrenztes Ereignis, als Anomalie in einem Prozess, der sich als kontinuierliches Voranschreiten zu einer Zivilgesellschaft darstellte – (...) im Sinne alltäglicher Sicherheit, friedlicher Verhältnisse im Innern, der Achtung von Recht und Justiz." (ebda: 35f) Diese Unterscheidungen dürften jedoch – und an dieser Stelle unterscheidet sich Kaldor erneut wesentlich von Münkler – nicht einfach als Hegungen des Kriegs interpretiert werden. Die Abtrennung des militärischen Apparats von der Zivilbevölkerung sei gleichzeitig mit einer Totalisierung des Kriegs einhergegangen. Die Mobilisierung aller Bürger (im Rahmen der allgemeinen Wehrpflicht) und die Entwicklung immer zerstörerischer Waffen waren Ergebnisse eines staatlichen Ausdifferenzierungsprozesses, der den Militärkörper rationalisierte. Selbst die Kodifizierung des Kriegsrechts und die Etablierung internationaler Konventionen will Kaldor nicht als Zivilisierung des Militärischen verstanden wissen. Die Konventionen stellten vielmehr „ein Instrument dar, um den Begriff vom Krieg als rationalem Mittel der Politik unter Bedingungen zu bewahren, unter denen die Eigenlogik des Krieges, seine Neigung zum Äußersten in Verbindung mit wachsenden technischen Möglichkeiten in immer neue Dimensionen der Zerstörung" führen konnte (ebda: 41f).

Auch wenn die „neuen" Kriege also von allgemeinen Gewaltausbrüchen bestimmt sind, geht Kaldor nicht von einer Barbarisierung oder einem Rückfall in die Vormoderne aus. Kennzeichnend für die neuen Kriege sei vielmehr, dass in ihnen hybride Formen von Staatlichkeit und krimineller Gewalt, von neo-identitären Konzepten und globalisierten Strukturen koexistieren.

4.8. Die „neuen Kriege" bei Herfried Münkler

Obwohl Münklers (2002a) Beschreibung der Neuen Kriege deutlich undifferenzierter ausfällt und später veröffentlicht wurde, wurde sie im deutschsprachigen Raum sehr viel stärker rezipiert als die Arbeiten Kaldors. Das hat mit Sicherheit auch damit zu tun, dass Münklers Thesen – auf fragwürdige Weise – politisch operabel sind.

Münkler scheint zunächst ähnlich wie Kaldor zu argumentieren: „Die Staaten haben als die faktischen Monopolisten des Krieges abgedankt, und an ihre Stelle treten immer häufiger parastaatliche, teilweise sogar private Akteure – von lokalen Warlords und Guerillagruppen über weltweit operierende Söldnerfirmen bis zu internationalen Terrornetzwerken –, für die der Krieg zu einem dauerhaften Betätigungsfeld geworden ist." (Münkler 2002a: 7) Wie auch Kaldor, hält Münkler fest, dass a) sich die Ökonomie der Kriege gewandelt hat, weil sich autosuffiziente Wirtschaftskreisläufe herausbilden, in denen der Krieg den bewaffneten Akteuren das Überleben sichert; b) politisch und sozialrevolutionär motivierte Konflikte von ethnischen oder religiösen Mustern überlagert bzw. abgelöst worden sind und c) sich Kriege immer häufiger mit anderen Gewaltformen und Kriminalität verbinden.

Münkler spricht in diesem Zusammenhang von drei zentralen Merkmalen der neuen Kriege: 1) der „*Entstaatlichung* beziehungsweise Privatisierung kriegerischer Gewalt" (ebda: 10), 2) der „*Asymmetrisierung*", also dem „Umstand, dass in der Regel nicht gleichartige Gegner miteinander kämpfen", Fronten verschwinden und kaum noch große Schlachten ausgefochten werden (ebda: 11), und 3) einer „sukzessive(n) Verselbständigung oder *Autonomisierung* vordem militärisch eingebundener Gewaltformen" (ebda). Münkler hält alle drei Phänomene für den Ausdruck staatlichen Zerfalls. Die neuen Kriege entfalteten sich nämlich fast ausnahmslos „an den Rändern und Bruchstellen der einstigen Imperien" (ebda: 13), wo Modernisierungs- und Staatsbildungsprozesse gescheitert seien. Im Mittelpunkt von Münklers Interesse stehen dabei – in ähnlich hervorgehobener Weise wie bei Carl Schmitt – herrschaftliche Ordnungssysteme. Dort, wo wie in Westeuropa und Nordamerika eine stabile Staatsbildung stattgefunden habe, so Münkler, sei der Krieg verdrängt worden.[26] Wo dies hingegen nicht der Fall war, hätten sich bewaffnete Konflikte endemisch ausgebreitet. Das Scheitern der Staatsbildungsprozesse im Süden könne, so Münkler weiter, nicht mit postkolonialen Strukturen, internationalen Tauschbeziehungen oder neuen ökonomischen Ausschließungsmechanismen im Rahmen der Globalisierung erklärt werden, sondern sei in der Unfähigkeit der Eliten vor Ort begründet: „Als eine der wichtigsten Ursachen für dieses Scheitern muss der Mangel an integren und korruptionsresistenten politischen Eliten genannt werden, die im Zugriff auf den Staatsapparat nicht die Möglichkeit zur persönlichen Bereicherung, sondern Aufgabe und Pflicht sehen. Tatsächlich hat sich in vielen Regionen eine Praxis des 'Kaperns' der Staatsgewalt durchgesetzt, die dann entweder der Ausweitung der Macht oder der Vergrößerung des Reichtums dient (...)" (ebda: 16f) Für den sich in der Peripherie ausbreitenden Zustand zieht Münkler eine historische Analogie heran: die Situation in Europa vor 1648. Münkler behauptet, dass

---

26 Bei Schmitt heißt es, wie erwähnt, dass sich Staat und Bürgerkrieg gegenseitig ausschließen.

der Westfälische Frieden den Krieg durch Verstaatlichung und die Etablierung internationaler (d.h. zwischenstaatlicher) Konventionen gehegt habe. Diese Phase kalkulierbarer kriegerischer Gewalt werde heute durch den Staatszerfall aufgehoben; der allgemeine, unbegrenzte Kriegszustand, wie er während des 30jährigen Krieges geherrscht habe, drohe zurückzukehren. Denn dort, wo „keine Staatsmacht vorhanden ist, die mit Hilfe ihrer Exekutivorgane den Mehrheitswillen durchzusetzen vermag, bestimmen diejenigen über Krieg und Frieden, die die größte Gewaltbereitschaft haben." (ebda: 27). Die Verdrängung bzw. Einbindung frei agierender Söldnertruppen wie der italienischen Condottieri und die politische Regulierung der militärischen Gewalt, wie sie von Clausewitz theoretisiert wurde, würden heute sozusagen umgekehrt.

Münkler entwickelt auf diese Weise die auch im politischen Tagesgeschäft populäre These, dass es sich bei den neuen Kriegen um die Rückkehr vormoderner Konfliktformen handele – also um einen historischen Rückschlag und eine Krise von Zivilisation. „Kriegerische Gewalt und organisierte Kriminalität gehen immer häufiger ineinander über, und es ist oftmals kaum noch möglich, zwischen kriminellen Großorganisationen, die sich mit politischen Ansprüchen drapieren, und den Überresten einstiger Armeen oder der bewaffneten Anhängerschaft eines Warlords zu unterscheiden, die sich durch Plünderungen und den Handel mit illegalen Gütern alimentieren." (ebda: 11) Verantwortlich dafür seien „marodierende Banden", die von den traditionellen Sanktionsdrohungen des Völkerrechts nicht erfasst sind.

Die Enthegungs-Tendenz, so Münkler weiter, entfalte ihre bedrohlichste Wirkung aber nicht im Zusammenhang von Kriminalität und Bandenkrieg. Die weitreichendste Entgrenzung sei vielmehr der Terrorismus, den Münkler als Fortführung der (vom Partisanen ausgelösten) Irregularisierung des Kriegs und als Steigerung der Asymmetrie interpretiert. An Schmitts Thesen zum Partisanenkrieg (1963) anknüpfend schreibt Münkler: „Aber der Partisanenkrieg ist und bleibt eine in militärischer Hinsicht prinzipiell defensive Strategie, auch dann, wenn sie politisch für revolutionäre Zwecke eingesetzt wird. Dadurch unterscheidet sie sich grundsätzlich von der Strategie des Terrorismus, die nicht nur politisch, sondern auch in operativer Hinsicht einen wesentlich offensiven Charakter hat. Das zeigt sich vor allem darin, dass der Terrorismus auf die Unterstützung durch eine ihm wohlgesonnene Bevölkerung kaum angewiesen ist, ja er kann ganz auf sie verzichten, sobald es ihm gelingt, die zivile Infrastruktur des angegriffenen Gegners als logistische Basis sowie Waffenarsenal zu nutzen. Damit haben sich freilich Art und Ordnung der Gewaltanwendung radikal verändert, und eine neue Stufe der Asymmetrisierung der Gewalt ist erreicht." (Münkler 2002a: 191)

Es ist schon in der Einleitung festgestellt worden, dass Münklers Thesen problematisch sind. An dieser Stelle sollen die Gegenargumente noch einmal kurz zusammengefasst werden:

1) Münklers Kernthese, wonach der Staat den Krieg historisch gehegt und umgekehrt der Staatszerfall die Gewalt verschärft, ist – wie schon dargelegt – falsch. Kaldor (2000) hat eine deutlich differenziertere Beschreibung der Veränderungen geliefert. Auch sie ist der Meinung, dass ein „ununterbrochener Gewaltzustand", wie er vor der Errichtung von Staatlichkeit in Teilen Europas existiert habe, durch die Durchsetzung des zwischenstaatlichen Kriegs „als begrenztes Ereignis" und „Anomalie" (ebda: 35) abgelöst wurde. Allerdings sei dieser Prozess gleichzeitig mit einer Ausdehnung der Gewalt einhergegangen. Ohne zwischenstaatliche Regulierungen wäre der Krieg aufgrund technischer Entwicklungen gar nicht mehr zu führen gewesen. Zudem zeigen die beiden Weltkriege, dass erst robuste Staatlichkeit eine industrielle Totalisierung der Kriegführung und damit eine besondere Form von Entgrenzung ermöglicht.

2) In diesem Zusammenhang unterschlägt Münkler des Weiteren, dass sich in den jüngeren Kriegen robuste Staatlichkeit und nicht-staatliche Gewalt komplementär entfalten. So besteht ein wesentlicher Teil der Besatzungstruppen im Irak aus privaten Sicherheitsdienstleistern (Scahill 2008, Uesseler 2006), sprich Gewaltunternehmern, die von der US-Regierung angemietet werden, um Staatlichkeit herzustellen. Auch die schiitischen und sunnitischen Privatmilizen wurden offensichtlich als „Anti-Partisanen-Partisanen" von Washington aufgebaut und ausgerüstet[27].

3) Münkler projiziert Gewalt und Terror auf ein bedrohliches Äußeres, das die Barbarei von den instabilen Rändern ins 'zivilisierte' Zentrum zu tragen drohe. Der neokoloniale Tonfall ist dabei kaum zu überhören: Münkler argumentiert ausführlich mit der Figur des „Warlords", bei dem sich ökonomische, religiöse und ethnische Intentionen amalgamisch miteinander verbinden. Gleichzeitig wird dieser Zusammenhang bei den Militär-Dienstleistern und ihren politischen Verbündeten ausgeblendet, obwohl auch bei dieser Kriegführung – beispielsweise beim Vorgehen der USA im Irak – wirtschaftliche Interessen, sexistische Phantasien, rassistische Kategorien etc. enge Verbindungen eingehen.[28]

---

27 Die US-Wochenzeitschrift *Newsweek* berichtete am 9. 1. 2005 von der Einführung einer „Salvador option" im Irak. Wie schon im Bürgerkrieg in Zentralamerika wollten die USA mit dem Aufbau von formal unabhängigen Milizen auf irreguläre Weise in den Krieg eingreifen. Wie ich im Weiteren zeigen möchte, spielen solche irregulären oder informellen Praktiken bereits seit einigen Jahrzehnten eine zentrale Rolle in der US-Sicherheitspolitik.

28 Diefenbach (2003: 186) hat in diesem Zusammenhang treffend angemerkt: „Das Bild vom *warlord* des Südens zählt zu den penetrantesten Stereotypen der bürgerlichen Kriegsdebatte. Die *warlords* des Nordens, die internationalen Waffenhändler und Sicherheitsunternehmer wie MPRI, Defense Systems Limited, Executive Outcomes, DynCorp etc., die von Kroatien bis Kolumbien Kriegs- und Kontrolldienstleistungen verkaufen, bleiben dagegen relativ unsichtbar. Exemplarisch kann man die Beschreibungen von Herfried Münkler heranziehen, Politikwissenschaftler an der Humboldt-Universität Berlin, der seit Jahren zur Geschichte und Theorie des Krieges arbeitet.

4) Münklers Thesen zur Asymmetrie von Konflikten zielen deutlich darauf ab, populäre sicherheitspolitische Parolen zu untermauern. So erkennt Münkler zwar an, dass irreguläre Kriege eine Reaktion auf asymmetrische Machtverhältnisse darstellen (2002b: 260-263), flechtet dann aber doch, wo er kann, die Schmittsche Erzählung von der Verrohung des Krieges durch den Aufständischen ein, der sich den Kriegskonventionen nicht unterwerfen will und damit die Gewalt entgrenzt. Diese Darstellung stimmt mit dem Konfliktverlauf in vielen Ländern nicht überein.[29] Selbst von den islamistischen Terroranschlägen in New York, London und Madrid kann man nicht ernsthaft behaupten, dass sie erstmals Zivilisten systematisch zum militärischen Angriffsziel gemacht haben. Die Verbreitung von Irregularität und entgrenzter Gewalt ist kein Monopol des Partisanen oder Terroristen. Stattdessen müsste man von einer Eskalationsdynamik des Krieges sprechen, in der sich immer umfassendere staatliche Kontrolltechniken und immer weniger zielgerichtete Anschläge aufständischer oder terroristischer Gruppen gegenseitig beeinflussen und bedingen.

5) Münklers Publikation „Imperien" (2005) verweist denn auch darauf, dass seine Analysen zu Staatszerfall und neuen Kriegen mit einem ordnungspolitischen Projekt verwoben sind. So fordert Münkler ausdrücklich einen positiven Bezug auf imperiale Ansprüche und ordnungspolitische Interventionen. Die Diskussion über drohenden Staatszerfall mündet hier schließlich in gewisser Hinsicht konsequent in ein Plädoyer für imperiale Geopolitik.[30] (vgl. auch Zelik 2007)

Münkler benennt zwar Kriegsunternehmer wie Executive Outcomes als kommerzielle Teilhaber an den subalternen, postkolonialen Kriegen. Seine Schreibe entwickelt aber erst dann Verve – in der ganz von Ferne die Stahlgewitter-Faszination an der Verbindung Krieg-Tod-Macht anklingt –, wenn es zum Auftritt des jungen *warlords* des Südens kommt. Da ist er: entgrenzt, entdiszipliniert, korrumpiert von Geld und Populärkultur – Rap und Rayban-Sonnenbrillen – eine monströse irreguläre Tötungs- und Vergewaltigungsmaschine."

29 In den großen Guerillakriegen in El Salvador, Guatemala und Kolumbien waren es Rebellenorganisationen, die in den 1980er und 1990er Jahren vergeblich Abkommen zur Einhaltung der Genfer Konventionen und eine internationale Überwachung der Konflikte forderten. Die Regierungen der betreffenden Länder verhinderten im Einvernehmen mit den USA diese Regulierung des Kriegs, weil der Schutz der Zivilbevölkerung die Partisanenbekämpfung vor unlösbare Probleme gestellt hätte. Mit regulären, rechtsstaatlichen Mitteln war den (zumindest regional von der Bevölkerung getragenen) Aufständen nämlich nicht beizukommen. Humanitäre Abkommen zur Kriegsregulierung waren für die Aufständischen hingegen auch deshalb attraktiv, weil sie eine Anerkennung der Rebellen als kriegführende Partei impliziert hätten.

30 Auch im *War on Terror* ist der Staatszerfall nach wie vor ein zentrales Motiv. Bemerkenswerterweise ist allerdings sowohl der Zerfall Afghanistans in den 1980er Jahren als auch des Iraks seit 2003 wesentlich von westlichen Interventionen ausgelöst worden.

4.9. Die „neue Konfliktgeografie" von Michael Klare

Ganz andere Thesen vertritt der US-amerikanische Konfliktsforscher Michael Klare, der 2001 den Begriff der „neuen Konfliktgeografie" vorschlug, um veränderte Kriegskonstellationen zu beschreiben. Klare macht – in deutlicher Abgrenzung zu Positionen wie denen van Crevelds oder Hammes' – rohstofforientierte Geopolitik und globalisierungsbedingte Marginalisierungsprozesse zum Ausgangspunkt seiner Überlegungen. Die Verknappung von Ressourcen, die daraus folgende Politik der Rohstoffsicherung durch die G-8-Staaten und Konkurrenzdynamiken in abgehängten Regionen seien verantwortlich für den Ausbruch und die Eskalation der meisten Regionalkonflikte. In diesem Zusammenhang sei auch zu sehen, dass die Clinton-Regierung in den 1990er Jahren eine wirtschaftszentrierte („econocentric") Sicherheitspolitik formulierte. „Clinton machte die Erweiterung von internationalem Handel und Investitionen zu Hauptzielen seiner Außenpolitik. In diesem Zusammenhang schloss er neue Handelsabkommen mit Lateinamerika und Asien, öffnete US-Waren neue Märkte und erleichterte den amerikanischen Export von Satelliten, Computern und anderen Hochtechnologiegütern. Er förderte außerdem die Auslandsaktivitäten von US-Unternehmen und bemühte sich um eine Stabilisierung der internationalen Finanzinstitutionen. In Verteidigung dieser Politik wurde Clinton nicht müde darauf hinzuweisen, dass 'unsere wirtschaftlichen und Sicherheitsinteressen untrennbar miteinander verknüpft sind'." (Klare 2001: 9)

Zwar sei der Einfluss des Militärs auf die Stabilität des internationalen Handels und der Finanzinstitutionen gering. Militärische Macht spiele jedoch eine zentrale Rolle bei der Sicherung von Ressourcen. Klare spricht in diesem Sinne von einer „neuen Konfliktgeografie – ein Panorama, in dem die Konkurrenz um lebenswichtige Ressourcen zum zentralen Motiv für den Einsatz militärischer Mittel wird" (ebda: 214) und untersucht in diesem Zusammenhang Konflikte, die wegen Öl (am Persischen Golf, dem Kaspischen Meer und in der Südchinesischen See) und Wasser (am Nil, Jordan, Tigris-Euphrat und Indus) geführt werden. Auch Klare teilt die Ansicht, dass sich die Bürgerkriege der Dritten Welt 'ökonomisieren'. Im Gegensatz zu Münkler hält Klare diese Dynamik jedoch in erster Linie für ein Ergebnis der Globalisierung. Die immer ungleichere Verteilung des Wohlstands mache die räuberische Ausbeutung von Ressourcen in vielen Fällen zur einzigen verbleibenden Einnahmequelle. „Wenn es um so viel geht und gleichzeitig in diesen Ländern so wenige Einkommensquellen zur Verfügung stehen, ist es nicht verwunderlich, dass rücksichtslose, einfallsreiche Gruppierungen bereit sind, Bürgerkriege zu provozieren oder Gewalt zur Jagd auf wertvolle Ressourcen einzusetzen." (ebda: 192) Ähnlich wie Münkler geht auch Klare davon aus, dass Kriegskreisläufe mit Staatsschwäche zu tun haben. Er verweigert sich jedoch der an Hobbes angelehnten Interpretation, wonach diese Schwäche vor allem auf den Zerfall von Gewaltmonopolen zurückführen ist. Die Ökonomisierung der Kriege und die Herausbildung sich selbst erhaltender Gewaltkreisläufe müssten vielmehr mit der Dynamik bewaffneter Konflikte erklärt werden. Die meisten Konflikte begönnen als politische Rebellionen. Da nicht-staatlichen Rebellengruppen zur Finanzierung ihrer Truppen nichts anderes übrig bleibe, als die Kontrolle über rohstoffreiche Territorien anzustreben, verwandele sich die Kontrolle von Ressourcen zum zentralen Motiv des Krieges. Auf diese Weise würden sich Konflikte entpolitisieren. Diese Tendenz werde durch die Dynamik des Weltmarkts verstärkt: „Da die Industrialisierung mehr Staaten als jemals zuvor erfasst, wächst die weltweite Nachfrage nach Rohstoffen (...) rasant, wodurch der Geldwert vieler einst vernachlässigter Angebotsquellen steigt." (ebda) Da die Anreize, Ressourcen in abgelegenen Regionen zu erschließen, als auch die Möglichkeiten einer solchen Wirtschaftsintegration größer werden, werde auch die gewaltsame Aneignung von Ressourcen attraktiver. Massiv angefacht werde die Ökonomisierung des Krieges schließlich auch vom Boom der internationalen Militärindustrie. Private Militärfirmen (PMF) agierten als Schutztruppen zur privatwirtschaftlichen Ausbeutung von Ressourcen und fachten mit Waffenexporten und Dienstleistungen Bürgerkriege im Süden an. Zudem würden sie, wie sich im Irak gezeigt hat, zu einem Kriegsakteur, der zwar in offizielle US-Strategien integriert ist, sich der politischen Kontrolle jedoch weitgehend entzieht (vgl. Azzellini/Kanzleitner 2003, Uesseler 2006, Klein 2007, Scahill 2008).

Unter den von Klare untersuchten Fällen verdeutlicht besonders ein wenig bekannter Konflikt in Borneo, wie Staatlichkeit, die globalisierungsbedingte Weltmarktintegration, ökologisch-soziale Krisen und Gewaltausbrüche miteinander verschränkt sein können. Um den sozialen Druck in der indonesischen Gesellschaft zu verringern, habe die Regierung in Jakarta in den 1980er und 1990er Jahren die Umwandlung von Regenwald in Gummibaum- und Ölpalmenplantagen und die Umsiedlung von Bevölkerung der dichtbesiedelten Inseln Java und Madura gefördert. Allein in West-Kalimantan seien, so Klare, in diesem Zusammenhang 2,3 Millionen Hektar von indigenen Gruppen bewohnter Regenwald zerstört worden. Dabei seien die Siedler angehalten worden, sich an der Abholzung der Wälder zu beteiligen. Die ökonomisch motivierte Gewalthandlung gegen die Indigenen erschien auf diese Weise als Konflikt zweier Bevölkerungsgruppen: der Siedler und der Ureinwohner. Die Auseinandersetzungen eskalierten und es kam zu einem Aufstand, auf den die Regierung in Jakarta mit der Entsendung von Militärs und der Verhängung eines Reiseverbots für Journalisten reagierte. Ausgetragen wurde dieser „postmoderne", „ethnische" Konflikt mit einer in jeder Hinsicht „vormodernen" Waffe: mit Feuer. Die Siedler brannten den Regenwald nieder, die Indigenen setzten ihrerseits die Hütten der Siedler in Brand. 1999 brachen die Kämpfe nach einer Ruheperiode erneut aus, und 185 Personen wurden innerhalb weniger Tage getötet (ebda: 206-208).

Der Fall ist insofern interessant, als er zeigt, dass erstens bürgerkriegsähnliche Konflikte Folge einer exportorientierten Weltmarktstrategie sein und zweitens Staa-

ten den Verlust ihres Gewaltmonopols sozusagen „inszenieren" können. Die indo-
nesische Regierung (bzw. ökonomisch-politische Machtgruppen) scheint ethnische
Konflikte provoziert zu haben, um eine eigene Legitimationskrise zu überwinden.
In der Krise verwandelt sich die Staatsmacht nämlich in einen unverzichtbaren
Vermittler zwischen den Extremen. Eine derartige Politik wird auch am kolumbia-
nischen Beispiel zu erörtern sein.

4.10. „Imperialer Ausnahmezustand" bei Hardt/Negri

Auch Hardt/Negri (2004) meinen neue Konflikte und eine Entregelung der Kriegsgewalt zu erkennen. Und auch sie ziehen Parallelen zwischen der aktuellen Situation
und dem 30jährigen Krieg. Sie machen dabei jedoch Machtverhältnisse und den
– von Giorgio Agamben (2004) kritisch diskutierten – souveränitätstheoretischen
Begriff des Ausnahmezustands zum Ausgangspunkt. Das Denken der Moderne sei, so
Hardt/Negri, durch eine Unterscheidung zwischen Politik und Krieg charakterisiert
gewesen[31]. Nur der souveränen Macht sei es möglich, Krieg zu führen und zwar nur
gegen eine andere souveräne Macht. Der Krieg wird damit zu einem „begrenzten
Ausnahmezustand" (Hardt/Negri 2004: 21). Wie Agamben, der eine schleichende
Ausbreitung des Ausnahmezustands in den westlichen Gesellschaften kritisiert, sind
Hardt/Negri der Ansicht, dass diese Ausnahme sich in einen Regelfall zu verwandeln
und die Struktur des globalen imperialen Raums zu durchdringen droht. Die Transnationalisierung der Welt, die für Kant noch ein Versprechen war, werde dabei als
globale herrschaftliche Gewaltordnung konstituiert. „Die moderne Strategie, Krieg
auf den Konflikt zwischen Staaten zu beschränken, trägt heute angesichts ungezählter
Bürgerkriege weltweit nicht mehr, also angesichts der bewaffneten Konflikte von
Zentralafrika bis Lateinamerika, von Indonesien bis in den Irak und nach Afghanistan.
Auf einer allgemeineren Ebene wird jene Strategie dadurch untergraben, dass die
nationalstaatliche Souveränität im Niedergang begriffen ist und an ihrer Stelle auf
supranationaler Ebene eine neue Souveränität, ein globales Empire entsteht. Im Lichte
dieser Entwicklung müssen wir das Verhältnis von Krieg und Politik neu bedenken.
Beinahe mag es scheinen, als ob in dieser Situation der Traum der liberalen Moderne
Wirklichkeit werden könnte, der sich von Kants Begriff des 'Ewigen Friedens' bis zu
den Vorhaben zieht, die zum Völkerbund und zu den Vereinten Nationen führten,
der Traum, dass das Ende des Krieges zwischen souveränen Staaten gleichbedeutend
sei mit dem Ende der Möglichkeit von Krieg überhaupt und somit die allgemeine
Herrschaft der Politik anbreche. Durch die Gemeinschaft oder Gesellschaft der Nationen gelte es den innenpolitischen Frieden auf den ganzen Globus auszudehnen und

---

31 Ein Hinweis, der uns bereits bei Kaldor (2000) begegnet ist.

durch das internationale Recht die Ordnung zu bewahren. Doch scheinen wir heute, anstatt der Erfüllung dieses Traums vom Frieden näher zu kommen, in den Albtraum eines anhaltenden und unbestimmten Kriegszustands zurückkatapultiert worden zu sein, der das internationale Recht außer Kraft setzt und keine klare Unterscheidung zwischen Friedenserhaltung und Kriegführung zulässt." (ebda: 21)

Dieser neue Zustand sei durch die Ausnahmestellung der USA als einzig verbleibender Supermacht bestimmt und impliziere ein neues Verhältnis von Politik und Krieg. Hardt/Negri sind der Ansicht, dass sich die aktuellen Konflikte nicht durch Entstaatlichung, sondern durch ein machtstrategisches Vorgehen auszeichnen, das darauf abziele, „alle Aspekte des gesellschaftlichen Lebens zu produzieren und zu reproduzieren" (ebda: 28). Dabei ergreife das Motiv des Krieges Besitz von der Gesellschaft. Die Entwicklung, die in den 1960er Jahren mit dem *War on Poverty* einsetzte und in den Siebziger und Achtziger Jahren vom Krieg gegen die Drogen seine Fortsetzung fand, erlange nun als „Krieg gegen den Terror" eine bislang nicht da gewesene Totalität. Dieser Prozess spiele sich nicht nur auf Diskursebene ab. Im Terrorkrieg würden alle gesellschaftliche Kräfte mobilisiert und der Unterschied zwischen einer Konfliktführung nach Innen und Außen, also zwischen 'Innerer Sicherheit' und Militärintervention völlig aufgelöst.

Auch Hardt/Negri teilen also die in den Anti-Terror-Diskursen postulierte These, dass in den Kriegen der Gegenwart räumliche und zeitliche Grenzen aufgehoben werden. Doch im Unterschied zu den Verteidigern des *War on Terror* halten Hardt/Negri diese Entwicklung nicht für eine Konsequenz des Terrorismus. Ihr zugrunde lägen vielmehr Machtkonstellationen und die Herausbildung einer neuen globalen Gouvernementalität. Der neue Krieg, wie Hardt/Negri ihn zu erkennen glauben, zeichne sich dadurch aus, dass er 1) wie der Kampf gegen den Terrorismus als zeitlich unbegrenzter Polizeieinsatz geführt wird, 2) eine Vermengung von Außen- und Innenpolitik sowie äußerem Feind und innerem Gegner nach sich zieht und damit auch auf eine Mobilmachung gegen die 'gefährlichen Klassen' hinausläuft, und 3) mit universellen Argumenten gerechtfertigt wird. Der Kampf gegen die 'Menschheitsgeißel' Terrorismus beansprucht nämlich moralisches Recht, das von der Moderne aus der Kriegsordnung verbannt worden war, und etabliert auf diese Weise den 'gerechten Krieg' der Religionskriege neu.

Hardt/Negri beschreiben die Enthegung des Krieges also als Bestandteil einer globalen Regierungsform, die Allgemeingültigkeit und Grenzenlosigkeit postuliert und die klassischen Unterscheidungen (Politik/Krieg, Zivilist/Kombattant, Polizeieinsatz/Krieg) einebnet. Die heute geführten Kriege seien selbstverständlich *asymmetrisch*, jedoch in anderer Hinsicht als gemeinhin unterstellt. Die Asymmetrie äußere sich vor allem in der extremen Konzentration von Gewaltressourcen in den Händen des Empires. Die imperialen Mächte könnten heute (wie etwa 1999 in Jugoslawien) Kriege ohne den Einsatz eigener Körper führen. Darüber hinaus sprenge das neue asymmetrische Paradigma das Recht. Während der Terrorismus als rechtlose Strategie beschrieben werden kann, so Hardt/Negri, sei die Kriegführung des Empires *entrechtet*. Beste Beispiele dafür sind die Folter, die nach dem September 2001 von der US-Regierung in einem beispiellosen Akt der Selbstermächtigung autorisiert wurde, und die Verschmelzung von Krieg und Polizeiaktion. Die Misshandlungen oder die Errichtung von Lagern wie in Guantánamo, so Hardt/Negri weiter, stellten in diesem Sinne nicht einfach eine Missachtung des Rechts dar. Sie liefen vielmehr auf dessen explizite Aufhebung hinaus.

4.11. Aktuelle militärstrategische Debatten in den USA

Abschließend will ich noch zwei neuere Ansätze vorstellen, wie sie in US-Militärkreisen diskutiert werden. Die Autoren des Fourth Generation Seminar[32] (2007) bekräftigen an van Creveld anknüpfend, dass die Kriege der Gegenwart durch einen Verlust staatlicher Bezugsrahmen gekennzeichnet sind. Im Irak sei dies extrem deutlich geworden: Während der Krieg gegen die irakische Armee kaum zu Verlusten der US-Truppen führte, ist der „friedliche" Besatzungsalltag von permanenten Gefechten geprägt. Diese Situation erweise sich als überaus komplex, denn die Besatzungsmacht habe es nicht mit einem einzigen Gegner, sondern mit vielen Akteuren und ständig wechselnden Bündniskonstellationen zu tun. Der 4GW (Krieg der vierten Generation) könne deshalb nicht wie seine Vorgänger als neue Methode der Kriegführung interpretiert werden. Es handele sich nicht um eine militärische, „sondern eine politische, soziale und moralische Revolution: eine Krise staatlicher Legitimität. Überall auf der Welt fühlen sich Staatenbürger immer weniger ihrem Staat als anderen Einheiten zur Treue verpflichtet: Stämmen, ethnischen Gruppen, Religionen, Gangs, Ideologien usw." (ebda: 5) Diese These deckt sich weitgehend mit van Crevelds Darstellungen.

Vor diesem Hintergrund versuchen die Autoren des Seminars Handlungsvorschläge für einen Konflikt wie im Irak zu entwickeln. Sie gehen davon aus, dass derartige Kriege nicht militärisch, sondern moralisch, psychologisch und politisch gewonnen werden müssen. Dabei sei es bisweilen vernünftig, den Tod eigener Soldaten hinzunehmen, um Opfer in der Zivilbevölkerung zu vermeiden (ebda: 6). Dahinter verbirgt sich allerdings keine bevölkerungsfreundliche Kriegführung, sondern ein politisch-militärisches Kalkül: Da neue Kriege in erster Linie dadurch gewonnen

---

32 Das von britischen, argentinischen, US-amerikanischen und schwedischen Militärs besetzte Seminar wird vom konservativen US-Militärexperten William Lind geleitet. Lind ist Direktor des rechten *Center for Cultural Conservatism* und galt – obwohl er sich stark für die Entwicklung einer flexiblen Aufstandsbekämpfung engagiert – als Gegner des Irak-Kriegs. Das Seminar, das kontinuierlich weitergeführt wird, ist keine Veranstaltung der US Army, versteht sich aber selbst als Dienstleistung für US-Soldaten.

werden, dass man den Kriegswillen der Gegenseite bricht, stehen soziale und kommunikative Prozesse im Mittelpunkt. Eine aufstandsbekämpfende Macht müsse so vorgehen, dass sie nicht – oder zumindest nur in Maßen – gehasst wird. Wenn die Besatzungsmacht hingegen die Schwelle des Hasses überschreitet, werde der Aufstand immer wieder neu angefacht. Die Autoren verweisen in diesem Zusammenhang auf ein paradox anmutendes Zitat van Crevelds, wonach die Briten den Krieg in Nordirland deshalb *nicht* verloren, weil sie mehr eigene Todesopfer verzeichneten, als sie der Gegenseite selbst zufügten.

Folgt man den Autoren, dann ist der moderne asymmetrische Krieg von dem Dilemma beherrscht, dass das militärisch Effiziente moralisch und politisch häufig nachteilig sei. Soldaten, die zum eigenen Schutz Helme oder Schutzbrillen tragen, würden als Kampfmaschinen wahrgenommen, zu denen man keine normalen Beziehungen aufbauen kann. Die komfortable Unterbringung in klimatisierten Wohnanlagen sei für die Soldaten vielleicht motivierend, mache sie jedoch zu privilegierten Fremdkörpern im Konflikt. Die Tötung feindlicher Kämpfer reduziere kurzfristig die militärische Kraft des Gegners, bringe deren Verwandtschaft aber möglicherweise dazu, sich selbst dem Aufstand anzuschließen. Es gehe daher, so die Autoren, um eine Beschränkung der eingesetzten Gewaltmittel. Dies könne man als Übergang von einer Goliath- zu einer David-Strategie bezeichnen. Da Sympathien fast immer den Unterlegenen gelten, dürften sich US-Truppen nicht als Überlegene inszenieren. Sie müssten vielmehr die von Gandhi postulierte moralische „Macht der Schwäche" (*power of weakness)* erkennen.

Von zentraler Bedeutung sei außerdem, die Komplexität der 4GW zu verstehen. Dort, wo es viele Akteure und demzufolge komplexe Konstellationen gibt, sei das Errichten von Bündnissen von zentraler Bedeutung. Krieg müsse als Kunst verstanden werden, sich selbst mit so vielen unabhängigen Machtzentren wie möglich zu verbinden und gleichzeitig den Gegner von diesen zu isolieren.

Dieses Konzept wird im Irak offensichtlich seit einiger Zeit mit Erfolg umgesetzt: Nach eigenen Angaben haben die US-Truppen die Situation dort stabilisiert, indem sie Allianzen mit Stämmen und bewaffneten Gruppen schlossen. Dass diese Bündnisse meist auf Bestechungszahlungen beruhen, wird kaum verheimlicht. Die Autoren des Fourth Generation Seminar vertreten offen die These, dass Bargeld eine kriegsentscheidende Waffe sei (2007: 26). Außerdem biete es sich an, einheimische Verbündete mit der Verteilung von Green Cards für die USA zu belohnen (ebda: 15 und 24).

Weiterhin legen die Autoren nahe, dass militärische Härte, die selbstverständlich nötig bleibe, von Verbündeten ausgeübt werden solle. So heißt es in einem Planspiel des Seminars[33]: „Wir durchkämmen nie ganze Viertel. Wir treten nie Türen ein. Wir

---

33 Ein Teil des Textes ist als Planspiel strukturiert. Darin erklärt ein Offizier das Konzept seiner „Operation David" anderen Offizieren, die eine „Goliath"-Strategie verfolgen.

terrorisieren nie Zivilisten oder lassen sie in Kreuzfeuer geraten. Wenn wir jemanden angreifen müssen, dann lassen wir die Aufgabe am liebsten von jemand Anderem ausführen. Die Leute vor Ort machen die schmutzige Arbeit und wir hinterlassen keine amerikanischen Spuren. Wenn es eine aufständische Zelle gibt, mit der die Einheimischen nicht klar kommen, dann schicken wir unsere Nighthunters, das ist unser Pendant der Delta Force. Sie sind Experten in chirurgischen Operation. Sie trainieren, unsichtbar zu sein. Die Einheimischen sehen sie nie und haben nie mit ihnen zu tun. Das trägt dazu bei, dass die Einheimischen den durchschnittlichen amerikanischen Soldaten nicht als Gefahr betrachten." (ebda: 14) Der Vorschlag ist drastisch: Es geht um den Einsatz verdeckter Todesschwadronen, die irregulär agieren und nicht sichtbar an die offiziellen Besatzungstruppen angegliedert sind.

An den Paramilitarismus in Kolumbien erinnert auch ein weiterer Hinweis. Die Fourth-Generation-Seminar-Autoren glauben, dass psychologische Operationen nicht gesondert diskutiert werden sollten, „weil im Krieg der vierten Generation alles, was du tust, eine PsyOp ist" (ebda: 29). So zum Beispiel wenn ein deeskaliertes, bevölkerungsfreundliches Auftreten mit einer verdeckten Politik der Härte kombiniert wird. „Selbstverständlich gibt es Situationen", bekennen die Autoren des Planspiels, „in denen wir Blutvergießen wollen. Wir versuchen permanent Widersprüche zwischen den Aufständischen zu erkennen. Wenn wir etwas entdecken, versuchen wir, den Konflikt zu eskalieren, die Spaltungen zu vertiefen. Wir verwenden Lügen und Betrug, um eine Fraktion zum Angriff auf eine andere zu bringen, und dann finden wir diskrete Wege, um sie dabei zu unterstützen. Wir machen das so, dass sie beginnen, sich alle gegenseitig für den Konflikt verantwortlich zu machen." (ebda: 16)

Die Kriegführung, die hier skizziert wird, verbindet Bevölkerungsnähe mit Methoden des Geheimkriegs und entwickelt eine Art Kriegs-'Gouvernementalität', in der man nicht länger versucht, einer von zahlreichen Akteuren geprägten Situation von außen eine Ordnung aufzuzwingen. Stattdessen bemüht man sich, so in das Geschehen einzugreifen, dass sich die Kriegsakteure eigenverantwortlich und doch im gewünschten Sinne verhalten.

Zusammengefasst formulieren die Autoren des Fourth Generation Seminar (2007) folgende Richtlinien:

1) Der gegnerische Staat sollte bei einer Besetzung nicht völlig zerstört werden, weil auf diese Weise die Staatsordnung insgesamt zerfällt. „Wir müssen lernen, den gegnerischen Staat zu bewahren, während wir ihn gleichzeitig besiegen." (ebda: 22) Die Regierung müsse von Einheimischen gebildet werden. „Solche Personen werden oft aus den Reihen der alten Eliten stammen, egal wie geschmacklos wir das finden."(ebda)

Die Form des Planspiels wurde offensichtlich gewählt, um die Vorschläge auf praxisnahe, populäre Weise zu vermitteln.

2) Der Krieg vierter Generation wird von leichter Infanterie geprägt. Die US-Truppen müssten in diesem Sinne umgebaut werden. Dabei gehe es darum, die Soldaten in eigenverantwortlichem, flexiblem Handeln auszubilden. Als Vorbild erwähnen die Autoren den deutschen „Jäger"-Infanteristen.

3) Eine Guerilla könne nicht auf Terrorismus reduziert werden. Die Guerillakriegführung zeichne sich besonders dadurch aus, dass in ihr der Mensch eine größere Bedeutung besitze als Waffen und technische Mittel. Die US-Armee müsse lernen, besser Guerillakrieg zu führen als die Guerilla selbst: also Überraschung, Täuschung, Gerissenheit, Mobilität, Imagination und Kenntnis des Terrains einzusetzen bzw. zu trainieren.[34]

4) Aufstandsbekämpfende Einheiten dürften von der Bevölkerung nicht als Fremdkörper wahrgenommen werden, sondern müssten sich integrieren und mit den Leuten leben. Demzufolge sollten sich die Einheiten vor Ort vorsorgen und in den Geschäften der Bevölkerung einkaufen.

5) Die Militärs sollten trainieren, Situationen nicht zu verschärfen, sondern zu deeskalieren. Dafür notwendig seien Geduld und eine gute Kommunikation mit der Bevölkerung (Einsatz von einheimischen Dolmetschern, Sprachkurse für die Soldaten). „Marines müssen sich darin schulen, einen mentalen 'Switch' zu entwickeln. Wenn ein Kampf mit staatlichen Verbänden ansteht, müssen Marines kämpfen wollen. In Situationen der vierten Generation hingegen müssen Marines genauso erpicht darauf sein, nicht zu kämpfen." (ebda: 25)

6) Politik und Krieg sind nicht zu trennen. In Situationen des Staatszerfalls werde darüber hinaus das Lokale entscheidend. Man müsse daher die örtlichen lokalen Gleichgewichte studieren und zu beeinflussen suchen. Als Beispiel verweisen die Autoren auf den britischen *Northwest Frontier Agent*, der während des Britischen Empires im Grenzgebiet zwischen dem heutigen Pakistan und Afghanistan eingesetzt wurde. Diese Vertreter besaßen nur begrenzte Macht und übten Staatsgeschäfte auf informelle Weise aus, indem sie lokale Machtbündnisse schmiedeten. Dabei stützten sie sich v. a. auf ihre guten Kenntnisse der Region, auf die symbolische Macht des Empires und auf Geld.

7) Bargeld ist die wichtigste Waffe in einem 4GW. Bestechungsgelder seien notwendig und alle Regulationen, die dies den Soldaten untersagen, müssten verändert werden. Die Autoren sprechen sich hier für die Einrichtung eines Postens namens *Combact Contracting Officer* aus. Dieser solle lokale Dienste schnell anheuern, ko-

---

34 Dieser Punkt scheint sich bei der Befreiung der kolumbianischen Politikerin Ingrid Betancourt im Sommer 2008 manifestiert zu haben. Die Armeeführung präsentierte die Befreiung Betancourts als Überraschungscoup, bei dem die Guerilla getäuscht worden sei. Tatsächlich stellte sich in der Folgezeit heraus, dass zwei der Geiselnehmer vom Geheimdienst bestochen worden waren. Für die Armeeführung war die Version einer Täuschung allerdings propagandistisch nützlicher. Die Militärs erwiesen sich als listenreicher als ihre Widersacher.

operierende politische Führer mit Geld unterstützen und örtliche Ressourcen für die Marines einkaufen können.

8) Da die Genfer Kriegskonventionen im irregulären Krieg nicht gelten, sollten Marines im 4GW auf einen Kavaliers-Kodes setzen. Vereinbarungen mit Aufständischen zum Schutz der Zivilbevölkerung seien ebenso sinnvoll wie eine gute Behandlung von Gefangenen.

9) Gleichzeitig plädieren die Autoren in erschreckend offener Weise für den Einsatz von krimineller Gewalt. Sie erwähnen die Mafia als Vorbild und beziehen sich positiv auf Terrorpraktiken von Todesschwadronen. „Entscheidend für den Erfolg der Mafia ist der versteckte Einsatz von Gewalt sowie Geld und Waffen. Wenn ein Individuum 'ausradiert' werden muss, dann geschieht dies normalerweise ohne großes Aufsehen. Die Regel heißt: 'keine Spuren hinterlassen'. Wenn es nicht darum geht, einer größeren Gruppe eine Botschaft zukommen zu lassen, tauchen die von der Mafia ermordeten Personen meist nie mehr auf. Dafür ist gewöhnlich Geduld notwendig. Es bedarf oft langer Zeit, um den richtigen Moment zu erwischen. Wenn einer größeren Gruppe eine Nachricht übermittelt werden soll, kann die öffentliche Zurschaustellung von Gewalt eingesetzt werden." (ebda: 26)

10) Im 4GW ist der kreative, politisch-psychologische Einsatz von Kommunikation besonders wichtig. Vorgeschlagen wird unter anderem, Verhöre von Verdächtigen, die für den Tod von Zivilisten verantwortlich sind, durch die einheimische Polizei durchführen und im Fernsehen übertragen zu lassen. Sinnvoll sei weiterhin, Gefangene je nach Stammeszugehörigkeit, Religion und anderen lokal erkennbaren Kriterien unterschiedlich zu behandeln, um Misstrauen, Neid und Spannungen zu provozieren (ebda: 27).

11) Geheimdienstaufgaben sollten nicht von einzelnen Einheiten ausgeführt werden, sondern müssten von allen Marines übernommen werden. Jeder Soldat müsse Daten sammeln und analysieren können. Dafür sei es sinnvoll, mit der örtlichen Bevölkerung in engem, täglichem Kontakt zu stehen.

12) Da der Krieg der vierten Generation auf Deeskalation setzt, sei eine besondere Art von Soldaten gefragt. Häufig unterscheide sich die Aufstandsbekämpfung nicht wesentlich von einer Polizeioperation. Ältere Reservisten und Polizisten, die mit Straßengewalt in einem US-Ghetto zu tun hatten, seien daher als Besatzungssoldaten besonders gut geeignet.

13) Der 4GW sei als Nachrichtenkrieg zu begreifen. Das wichtigste Ziel bestehe darin, die Öffentlichkeit politisch für sich einzunehmen. Daher sollten die Verbände gegenüber den Medien besonders offen agieren und versuchen, die Journalisten an sich zu binden. Falls sich ein Medium als feindlich erweise, solle man versuchen, ein konkurrierendes Medium zu einer Gegenberichterstattung zu bewegen. „Paradoxerweise ist Offenheit der Schlüssel, um negative Informationen in den wenigen Situationen zu kontrollieren, in denen das wirklich notwendig ist. Gelegentlich schafft

Offenheit eine so kooperative Beziehung zu den Medien, dass diese Teil deines Teams werden und nichts berichten wollen, was dir wirklich schaden könnte. In anderen Fällen kannst du auf die Glaubwürdigkeit, die du durch eine Politik grundsätzlicher Offenheit erlangt hast, zurückgreifen, um – dann wenn Täuschung notwendig ist – zu täuschen." (ebda: 29)

Die Schwarmtheorie

Ein zweiter Ansatz, der, von van Creveld inspiriert, die militärstrategische Debatte in den USA erneuert hat, ist *Swarming,* die so genannte Schwarm-Kriegführung. Arquilla/Ronfeldt legten 2000 für die dem US-Militärapparat nahestehende *Rand Corporation* eine Studie vor, in der sie das ursprünglich aus der Biologie stammende, in den 1990er Jahren aber auch zunehmend in der Informations- und Organisationstechnik aufgegriffene Konzept im Zusammenhang mit Krieg untersuchten.

Die beiden Autoren gehen dabei – noch vor dem 11. September 2001 – von einer Kriegführung aus, die sich nicht mehr von der Polizeimaßnahme unterscheiden lasse. Im Zusammenhang mit angeblich drohenden „Netzkriegen" meinen Arquilla/ Ronfeldt neue Konfliktformen erkennen zu können. Sie verstehen darunter nicht nur Terrorismus und bewaffnete Aufstände, sondern auch „militanten sozialen Aktivismus" (ebda: II), also die Arbeit von Nichtregierungsorganisationen, die der US-Politik ablehnend gegenüber stehen. In diesem Sinne taucht die Mobilisierung gegen das WTO-Treffen 1999 in Seattle in einer Konflikttabelle unter dem Stichwort „Sozialer Netzkrieg" neben den Bürgerkriegen von Vietnam und Afghanistan auf (ebda: 37). Und auch die internationale Kampagne gegen Landminen wird innerhalb des neuen Konfliktspektrums verortet. An dieser Stelle wird deutlich, wie sehr die Ausweitung der Kriegführung auf das politische und soziale Terrain die gesellschaftliche Auseinandersetzung insgesamt militarisiert.

Arquilla/Ronfeldt betrachten das Schwarm-Verhalten als eines von vier grundlegenden Kampfstrukturen. Sie unterscheiden zwischen a) Handgemenge *(melée* – im Sinne eines Kampfs Mensch gegen Mensch*),* b) Kräftekonzentration *(massing),* c) Manöver und d) Schwarmverhalten *(swarming)* (ebda: 7), wobei alle vier Konzepte in Verbindung miteinander aufträten. Allerdings ließen sich Verschiebungen feststellen: Der Kampf Mensch-gegen-Mensch *(melée)* habe die Kriege der Frühzeit beherrscht. Mit der Entwicklung von Kriegstechnologien sei die Kräftekonzentration wichtiger geworden. Anders als die Autoren des Fourth Generation Seminar (2007) beobachten Arquilla/Ronfeldt diese Konzentrationen allerdings schon in Schlachten des 30-jährigen Krieges, also vor der Westfälischen Staatenordnung und der Industrialisierung des Krieges. Dementsprechend verfolgen sie auch die Manöver-Kriegführung weiter zurück, nämlich bis ins 18. Jahrhundert, als preußische Truppen überlegene österreichische Verbände durch schnelle Bewegung besiegten. Das Schwarm-Verhalten schließlich, so Arquilla/Ronfeldt, zeichne sich dadurch aus, dass der Gegner von allen Seiten umgeben und angegriffen werde. Dies geschehe oft in Verbindung mit großer Beweglichkeit, so etwa während der mongolischen Reiterkriege, aber auch während des U-Bootkriegs zwischen Nazi-Deutschland und den Alliierten im Atlantik.

In der Zukunft, so Arquilla/Ronfeldts zentrale These, werde das Schwarmverhalten die Kriege beherrschen. Verantwortlich dafür sei die wachsende Bedeutung von Konflikten geringer Intensität und die gleichzeitige Entwicklung von Informationstechnologien. Die Schwarm-Kriegführung sei nämlich durch die Existenz kleiner Einheiten gekennzeichnet, die sich mit Hilfe von Kommunikationsmitteln zu Netzwerken koordinieren können. Vor diesem Hintergrund schlagen Arquilla/Ronfeldt eine umfassende Reform der US-Militärstreitkräfte vor. Der Umbau großer Verbände in kleine, teilautonom agierende Gruppen sei gefragt. Dies stelle große Herausforderungen an die Kommunikationstechnologie der Verbände und vor allem an die Soldaten selbst. Ähnlich wie in modernen Unternehmen müssten auch in der Armee Informations- und Entscheidungsprozesse neu organisiert werden. Die klassischen Modelle *Kette, Stern* und dreidimensionales *Netzwerk* müssten dabei Verbindungen eingehen. Die komplexe Netzwerkstruktur biete zwar den größten Informationsfluss, könne allerdings auch zu einem Kontrollverlust führen. Die Verbindung hierarchischer (Befehlskette) und konspirativer Strukturen (Stern) mit flexiblen Formen (Netzwerk) sei daher unumgänglich.

Auch im Zusammenhang der *Swarming*-Debatte werden also Konzepte wie Flexibilität, Beweglichkeit und Autonomie als zentral für eine moderne Kriegführung erachtet. Und auch die Ausweitung von Kriegsdiskursen und -praktiken auf politisches und soziales Terrain ist ebenso deutlich zu beobachten wie im Zusammenhang der 4GW-Debatte.

4.12. Zusammenfassung

Es dürfte deutlich geworden sein, dass die Phänomene, die in den vergangenen Jahrzehnten unter den Stichworten *irregulärer, neuer* und *asymmetrischer Krieg, Konflikt geringer Intensität* und *Krieg vierter Generation* diskutiert wurden, nicht eindeutig umrissen sind. Mal sind Partisanenaufstände gemeint, in anderen Fällen sich selbst alimentierende Bürgerkriegsökonomien wie in Angola, ethnisch mobilisierte Kriege wie im ehemaligen Jugoslawien oder die Aktionen islamistischer Netzwerke. Gemeinsam ist den verschiedenen Fällen letztlich nur, dass hier keine zwischenstaatlichen Konflikte ausgetragen werden und die Trennlinie zwischen Bewaffneten und Zivilisten unscharf verläuft.

Aus den oben dargelegten Erklärungsansätzen scheinen sich jedoch vier Schlussfolgerungen zu ergeben:

- Anders als in der von Van Creveld im englischsprachigen Raum und von Münkler in Deutschland ausgelösten Debatte unterstellt wird, handelt es sich bei den „neuen Kriege" keineswegs um ein neues Phänomen. Die „asymmetrische" Herausforderung durch irreguläre Akteure ist logische Konsequenz ungleicher Machtkonstellationen. Es ist auch nicht wahr, dass die staatlichen Armeen des Westens von den neuen Konflikten überrascht würden. Ob nun die napoleonischen Truppen in Spanien, die USA auf den Philippinen oder Deutschland im damaligen Südwestafrika – reguläre staatliche Armeen sind schon im 19. und frühen 20. Jahrhundert mit irregulärer Gewalt gegen aufständische oder nichtstaatliche Gruppen vorgegangen.
- Die Entregelung der Gewalt in irregulären Konflikten – und darunter vor allem der gezielte Angriff auf Zivilisten – ist nicht in erster Linie mit dem Vorgehen von Partisanen oder Terroristen zu erklären. Staatliche Armeen haben zum Teil *vor,* zum Teil *unabhängig* von der Existenz so genannter Terrorgruppen jene Konventionen aufgehoben, die die Zivilbevölkerung von Militärkörpern trennen und dadurch schützen. Terrorismus – verstanden als politisch kalkulierter Einsatz des Schreckens – steht nicht im unmittelbaren Verhältnis zu Regularität oder Irregularität eines Akteurs. Selbst der Einsatz von klassisch-irregulären Waffen wie der Autobombe ist keineswegs auf nichtstaatliche Akteure beschränkt.[35]
- Was die nicht-staatlichen Kriege nach 1945 angeht, so sind hier zwei gegensätzliche Tendenzen zu beobachten. Zunächst scheinen die irregulären Konflikte außerordentlich politisiert gewesen zu sein. Dieses Primat der Politik bewegte Sebastian Haffner zu dem Urteil, es handele sich beim Partisanenaufstand um die demokratischste Form des Kriegs, um „ein blutiges *'plebiscite de tous les jours'"* (Haffner 1966: 22). Nach dem Ende des staatssozialistischen Lagers hat sich dieser politische Bezugsrahmen verflüchtigt. Die meisten Bürgerkriege seit 1990 wurden 'postmodern' und identitär mobilisiert: als ethnische oder religiöse Kriege. Auch die Ökonomisierung vieler Konflikte (besonders der Bürgerkriege in Angola und Sierra Leone; vgl. Rosa Mendes 2001, Jung 2002, Lock 2002) ist nicht zu übersehen. Die Herausbildung sich selbst alimentierender Raub- und Rohstoffkriege ist jedoch nicht als Rückfall in die Zeit des 30-jährigen Krieges zu verstehen. Hier reflektiert sich vielmehr ein globaler Trend zur Durchsetzung des Primats der Ökonomie. Es erscheint daher sinnvoller, wie Kaldor von hybriden Formen zu sprechen: staatliche und private Akteure, fanatische Diskurse und rationale (gewalt-) unter-

---

35 In dem Zusammenhang sei auf Mike Davis' „Die Geschichte der Autobombe" (Berlin, 2007) verwiesen, die den Einsatz dieser billigen *und* verheerenden Waffe durch verschiedenste Akteure beschreibt: politische Fanatiker, religiöse Gruppen, Einzeltäter, linke Befreiungsbewegungen, aber eben auch die Geheimdienste westlicher Demokratien.

nehmerische Kalküle gehen in diesen Kriegen durchaus moderne Verbindungen ein.

- Die USA und andere westliche Staaten haben auf die neuen Konfliktkonstellationen vor einigen Jahrzehnten mit einer strategischen Neubestimmung reagiert. Diese charakterisiert sich durch ein integrales Verständnis von Krieg: Kommunikation, Politik und Entwicklung gehören hier ebenso dazu wie Geheimoperationen, Manipulation und die gewaltsame Durchsetzung spezifischer sozio-ökonomischer Strukturen. Auf die komplexere, undurchsichtigere Anordnung asymmetrischer Kriege hat die Aufstandsbekämpfung zunächst mit einer Entregelung staatlicher Gewalt reagiert. Seit einigen Jahren steht nun die „Flexibilisierung" und „Verflüssigung" von Kampfmethoden im Vordergrund: Anstelle einer direkten Intervention versucht man über verbündete Gruppen, Militärberatung und zunehmend auch Privatfirmen auf die Entwicklung von Konflikten einzuwirken. Zudem werden Netzwerk- und Schwarmmodelle diskutiert und die Schulung autonomer Fähigkeiten bei den Soldaten eingefordert.

Auf den kolumbianischen Krieg bezogen, sind die oben dargestellten Aspekte teilweise zutreffend, teilweise aber auch unpassend. Der kolumbianische Konflikt begann als politischer Partisanenkrieg im Sinne Schmitts. Die Mehrheit der Bevölkerung verweigerte diesem Krieg in einem *plebiscite de tous les jours* jedoch ihre Zustimmung. Kolumbien wurde Schauplatz eines 'Konfliktes geringer Intensität' und allen Behandlungen unterzogen, die französische und US-amerikanische Aufstandsbekämpfungskonzepte im Rahmen einer „modernen Kriegführung" und später der *Low-Intensity-Warfare* vorsahen. Was das Vorgehen der Staatsmacht angeht, kann man die Charakteristika eines *neuen* Konflikts im Sinne van Crevelds oder eines *Kriegs vierter Generation* im Sinne Hammes' erkennen. Zieht man Kaldors Definition heran, wird eine Zuordnung schon schwieriger. Zwar gibt es eine starke Dynamik der illegalen Ökonomie, doch zu einer völligen Auflösung der politischen Orientierungen ist es bislang nicht gekommen. Zudem ist der kolumbianische Krieg weder ethnisch noch religiös motiviert. Münklers Staatszerfallsthesen werden zwar gern auf Kolumbien bezogen (vgl. Jäger/Daun et al. 2007), doch sie sind – wie wir noch sehen werden – sachlich falsch. Schon sinnvoller ist es, Kolumbien als Schauplatz jenes globalen Ausnahmezustands zu betrachten, wie ihn Agamben (2004) und Hardt/Negri heraufziehen sehen.

Unklar ist schließlich, inwiefern die kolumbianischen Paramilitärs als Akteure eines „neuen Krieges" gelten können. Legt man Kaldors Kategorien zugrunde – die Untergrabung des staatlichen Gewaltmonopols, die Privatisierung von Streitkräften, die Bedeutung identitätspolitischer Mobilisierung, die Verbindung von Guerillakrieg und Aufstandsbekämpfung sowie die Formierung einer sich selbst tragenden Kriegsökonomie –, kommt man, wie in den folgenden Kapiteln deutlich wird, zu einem widersprüchlichen Urteil. Bezieht man sich auf die Definition Münklers – nämlich Entstaatlichung, Asymmetrisierung und Autonomisierung von Gewalt –, sind noch größere Fragezeichen zu setzen.

Im weiteren Verlauf dieser Arbeit wird die These untermauert werden, dass die Figur des sich ausbreitenden Banden- und Staatszerfallskrieges auf den kolumbianischen Fall nicht zutrifft. Hier sind komplexere Zusammenhänge von Staatsmacht und Entstaatlichung, Sicherheit und illegaler Ökonomie, Geopolitik und Terrorismus zu beobachten, als dies in der Debatte über neue Kriege gemeinhin unterstellt wird. Dies stellt auch die militärstrategische Debatte in Frage, wie sie auf den zurückliegenden Seiten skizziert wurde.

5. Paramilitarismus und Staat

Wie das Verhältnis von Paramilitärs und Staat zu bewerten ist, war in den vergangenen 25 Jahren das zentrale Thema der politischen und akademischen Debatte in Kolumbien. García-Peña (2005: 59) merkt an: „Während (der Paramilitarismus) für die einen eine Politik des Staatsterrorismus darstellt, ist er für die anderen die Antwort von wehrlosen, vom Staat im Stich gelassenen Bürgern auf die Übergriffe der Guerilla. Interessanterweise ist also die Verantwortung des Staates für die einen wie die anderen zentral – durch direkte Beteiligung oder durch unterlassene Hilfeleistung."

Lange Zeit standen sich in dieser Debatte zwei Positionen gegenüber: Regierung, Armee und Paramilitärs leugneten die Verschränkung zwischen Staatsmacht und Paramilitarismus oder versuchten sie herunterzuspielen. Die Linke dagegen sah in der Verbindung einen der Hauptgründe für ihre Opposition zur Staatsmacht.

Parallel zur Ausdifferenzierung der politischen Landschaft in den 1990er Jahren vervielfältigten sich allerdings auch die Erklärungsansätze. So wurde von Medien, Parteien und Nichtregierungsorganisationen verstärkt die These vertreten, es habe zwar *früher* eine systematische Zusammenarbeit zwischen staatlichen Einrichtungen und rechten Milizen gegeben. Diese Verbindungen seien jedoch teilweise gekappt worden und bestünden nur noch als „Infiltrationen des Staatsapparates" durch paramilitärische Gruppen fort. Dieser Lesart zufolge fand im Verlauf der Neunziger Jahre eine Verselbständigung des Paramilitarismus statt, die die rechten Milizen in Konflikt mit der Staatsmacht brachte.

Einen komplexeren Ansatz verfolgen hingegen Romero (2005) und González/Bolívar/Vázquez (2004), die die kolumbianische Debatte zuletzt maßgeblich prägten. Sie gehen von einer Fragmentierung des Staates aus. Der Paramilitarismus sei demnach vor allem als Aufstand von Regionaleliten zu verstehen, die die Friedensverhandlungen der 1980er Jahre als Bedrohung ihrer Macht wahrnahmen und daher torpedierten.

Cruz Rodríguez (2007), der eine kritische Bibliografie von Studien zum Paramilitarismus erarbeitet hat, sieht insgesamt vier unterschiedliche Erklärungsmodelle: 1) Die Paramilitärs sind ein staatliches Instrument zur Aufstandsbekämpfung (z.B. Medina Gallego 1990, Medina Gallego/Téllez 1994), 2) der Paramilitarismus ist das Resultat regionaler Allianzen und Fragmentierungsdynamiken (z.B. Romero 2005, González/Bolívar/Vázquez 2004), 3) die Paramilitärs tendieren zur Autonomie gegenüber dem Staat (z.b. Rangel 2005b), 4) der Paramilitarismus ist vor allem aus der ökonomischen Logik des Drogenhandels zu verstehen (z.b. Cubides 2005a, Duncán 2005).

Bevor diese Erklärungsansätze erörtert werden, soll zunächst überprüft werden, wie sich die Beziehungen zwischen Staat und Paramilitärs im Verlauf der Jahrzehnte gestalteten und ob sie sich dabei veränderten.

5.1. Grundlagen des Paramilitarismus: Militärstrategische Neuorientierung ab 1960

Wie bereits in Kapitel 3 dargelegt, ist umstritten, ob die von der konservativen Regierung während der *Violencia* (1948-53) protegierten Banden (*pájaros* oder *chulavitas*) als Paramilitärs bezeichnet werden können. Die Banden lösten mit Massakern und Überfällen massenhafte Fluchtbewegungen aus, wirkten also ähnlich wie die Paramilitärs einige Jahrzehnte später. Auch richtete sich ihre Gewalt gegen ähnliche Bevölkerungsgruppen: Kleinbauern, Gewerkschafter, Anhänger oppositioneller Parteien. Und schließlich behauptet Gaitán (2004), die Tochter des 1948 ermordeten Präsidentschaftskandidaten Jorge Eliecer Gaitán, es habe sich bereits damals um eine politische, unter internationaler Mitwirkung entwickelte Strategie der Herrschaftssicherung gehandelt. Trotzdem erscheint die Bezeichung Paramilitärs insofern unpassend, als die Banden nicht im eigentlichen Sinne staatlich angebunden waren.

Die Ursprünge des Paramilitarismus, wie er seit Anfang der 1980er Jahre die kolumbianische Wirklichkeit beherrscht, sind daher später zu suchen. Das Archivprojekt *Noche y Niebla*[1] (2003, 2004, dies./CREDHOS 2005) führt die Entwicklung auf die 1960er Jahre zurück. Die USA hätten im Rahmen der Partisanenbekämpfung den Aufbau paramilitärischer Gruppen propagiert. Ähnlich wie Klare (1988) gehen die Autoren von Noche y Niebla davon aus, dass sich die USA nach der kubanischen Revolution für eine präventive Umsetzung der Nationalen Sicherheitsdoktrin einsetzten, um die Ausbreitung sozialrevolutionärer Bewegungen zu stoppen (Noche y Niebla 2004: 17). Der kolumbianischen Regierung wurden bereits 1959, also fünf Jahre vor dem Entstehen von FARC und ELN, Vorschläge zur Aufstandsbekämpfung unterbreitet (Rempe 1995). 1962 reiste eine US-Militärmission unter General

---

1 Das Projekt ist beim jesuitischen Sozialforschungszentrum CINEP angesiedelt, unter dessen Dach heftig um eine Interpretation des Phänomens gerungen wurde. Das Projekt Noche y Niebla verteidigte lange die Staatsterrorismusthese, die CINEP-Leitung hingegen war um eine politisch weniger brisante Lesart bemüht, wie sie in der Fragmentierungsthese von González/Bolívar/Vázquez (2004) zum Ausdruck kommt.

William Yarborough[2] nach Bogotá, um Kolumbien zum Aufbau zivil-militärischer Strukturen zu bewegen. Diese Strukturen sollten „in den Bereichen Aufklärung und Gegenpropaganda eingesetzt werden und, falls nötig, paramilitärische Sabotage- und Terroraktivitäten gegen bekannte Verteidiger des Kommunismus durchführen. Sie sollten die Unterstützung der USA genießen." (U.S. Army Special Warfare School, „Subject: Visit to Colombia, South America, 26 February 1962", zit. nach Human Rights Watch 1996).

Die Empfehlungen zogen zunächst allerdings keine entsprechende Praxis nach sich. Die kolumbianische Armee, die im Bürgerkrieg 1948-53 in Konflikt mit den Staatsparteien geraten und für lateinamerikanische Verhältnisse relativ schwach war[3], erwies sich als einigermaßen beratungsresistent. Es dauerte bis zur Verhängung des berüchtigten *Estatuto de Seguridad Nacional* (Nationales Sicherheitsstatut) 1978 durch Präsident Turbay Ayala, bis die von US-Militärs propagierte Strategiewende in der Praxis vollzogen wurde. Nichtsdestotrotz kann man nachzeichnen, dass bereits in den 1960er Jahren eine diskursive Umorientierung eingeleitet wurde.

Die kolumbianischen Armeehandbücher von 1962, 1963, 1969, 1979, 1982 und 1987 zeigen, dass sich das Selbstverständnis der Militärs in diesem Zeitraum radikal veränderte[4]. Während sich die traditionelle Militärdoktrin mit den Problemen feindliche Armee, Ressourcen und Terrain beschäftigte, rückte nun die Zivilbevölkerung ins Zentrum militärstrategischer Überlegungen: eine Transformation, die man in Anlehnung an Foucault als *gouvernementalistische, biopolitische* Wende der Kriegführung bezeichnen könnte[5]. Im Rahmen der neuen Aufstandsbekämpfung ging es

---

2 Der Weltkriegsveteran Yarborough kann als Pionier irregulärer US-Kriegführung nach 1945 gelten. Als Kommandant des *Special Warfare Center* und der *Special Warfare School* von Fort Bragg war Yarborough ab 1961 für den Aufbau der auf „unkonventionelle und Anti-Guerilla-Kriegführung" spezialisierten und im Vietnamkrieg erstmals eingesetzten Green-Beret-Sondereinheiten verantwortlich gewesen. Einige Jahre später setzte er dieses Wissen auch innenpolitisch ein. Nach den Schwarzen-Unruhen in Detroit und Newark 1967 war er am Aufbau illegaler Geheimarchive über oppositionelle Aktivisten in den USA beteiligt. (Washington Post 7.12.2005)

3 Kolumbien gehört zu den Staaten Lateinamerikas mit der geringsten Zahl von Militärputschen, was mit der spezifischen Stellung der Armee innerhalb des Staates erklärt werden kann: Sie besaß weniger Macht als in anderen Ländern Lateinamerikas, wurde aber auch kaum von der Politik belästigt.

4 Dabei übten nicht nur US-Militärs Einfluss aus. Auch die französische Kriegführung in Algerien und Südostasien wurde als Referenzpunkt herangezogen. *„La Guerra Moderna"*, das kolumbianische Armeehandbuch von 1963, etwa ist die Übersetzung von Trinquiers französischem Manual (1963, zuerst 1961).

5 Foucault (2004a und b) unterscheidet die Machttypen *Souveränität, Disziplin* und *Gouvernementalität*. Während sich die Souveränität auf das Territorium und die Disziplin auf das Individuum beziehen, setzt sich die Gouvernementalität mit dem Regieren und Lenken der Bevölkerung in all ihren Aspekten (Ökonomie, Gesundheit,

darum, die Bevölkerung in umfassender Weise zu regieren und zu kontrollieren. In diesem Sinne liefen die in den Handbüchern erteilten Instruktionen darauf hinaus, die Bevölkerung gleichzeitig als politischen Verbündeten, zu eroberndes Terrain, biopolitisches Objekt und potenziellen Feind zu betrachten. Die Soldaten wurden darin geschult, je nach Situation als Politiker, Psychologe, Verwaltungsinstanz, Polizist oder Geheimagent aufzutreten. Die Militärs sollten Hausdurchsuchungen und Festnahmen durchführen und die Bevölkerung mit verdeckten Ermittlungen durchleuchten, sie durch Aktionen und Propaganda von der Güte des Staates überzeugen, mit Falschinformationen und Gewaltakten psychologisch beeindrucken oder einschüchtern, sie statistisch erfassen oder medizinisch behandeln. Die Gesundheitspolitik der Armee verwandelte sich in ein schillerndes Beispiel dieser eigentümlichen Kombinantion: Zur Imageverbesserung führten die Militärs Impfkampagnen durch, gleichzeitig monopolisierten sie jedoch die medizinische Versorgung und verhängten Medikamentenembargos, um aufständische Bevölkerungsteile unter Druck zu setzen.[6] Besonders folgenreich war die in den Handbüchern vertretene These, dass die Soldaten von einem überall anwesenden Feind ausgehen müssten. Aus der Tatsache, dass ein Teil der Bevölkerung mit den Aufständischen sympathisiert, wurde im Umkehrschluss gefolgert, dass soziale Konflikte (wie Streiks oder Studentenproteste) als Bestandteil der Partisanenaktivität zu interpretieren seien. Auf diese Weise ergab sich ein umfassender Verdachtsmoment gegenüber allen Organisationsformen der Bevölkerung.

Werfen wir einen genaueren Blick in die Armeehandbücher: Im Manual von 1987 (Reglamento de Combate de Contraguerrillas (EJC-3-10): 147, zit. nach Noche y Niebla 2004: 18) heißt es: „Die Köpfe der Menschen zu erobern, ihre Aktivitäten zu kontrollieren, ihre Lebensverhältnisse zu verbessern und ihnen Organisationsbedingungen zu garantieren, um sich gegen Drohungen zur Wehr zu setzen – das

---

Bildung...) auseinander. *Biopolitik* ist analog hierzu jene Politik, die sich mit dem Leben der Bevölkerung auseinandersetzt: also z.b. Bevölkerungskontrolle, Gesundheit, Hygiene, statistische Erfassung. Tatsächlich sind Volkszählungen, die Durchführung (und Verweigerung) von Gesundheitsprogrammen, Maßnahmen zur Geburtenkontrolle usw. als Maßnahmen in zahlreichen lateinamerikanischen Bürgerkriegen zu beobachten.

6 Bei Felduntersuchungen 2002 und 2005 in Kriegsgebieten in den Departements Bolívar und Arauca war diese Praxis erneut zu beobachten. Im ostkolumbianischen Arauca war das Vorgehen der Militärs besonders drastisch: Die Armeeführung bot an, ihr Medikamentenembargo gegen die Region aufzuheben und die Besetzung von Lehrerstellen nicht länger zu blockieren, wenn sich die Bevölkerung einer polizeilichen Erfassung unterwerfe. Nachdem die Bauernorganisationen dies ablehnten, wurde die Blockade aufrecht erhalten.

sind die Ziele der psychologischen Operationen[7], der Kontroll[8]- und Organisationsoperationen[9] und der Zivilaktivitäten[10], die in allen Phasen der Konterguerilla entwickelt werden".

Ziel ist also eine umfassende Durchdringung der Bevölkerungsstrukturen. In diesem Zusammenhang übt die Armee erstens Polizeiaufgaben aus: „Um die terroristische Organisation in der Bevölkerung auszulöschen, muss diese hart behandelt, konzentriert, verhört und durchsucht werden. Tag und Nacht führen bewaffnete Soldaten blitzartige Durchsuchungen in den Häusern friedlicher Bewohner durch, um notwendige Verhaftungen zu vollziehen. Dabei kann es zu Kämpfen kommen, deren Konsequenzen von allen Bürgern zu tragen sind (...) Unter keinen Umständen darf die Regierung zulassen, dass es darüber zu einer Polemik gegen die Ordnungskräfte kommt, die nur unseren Gegnern nützt (...) Die Polizeioperation ist deswegen eine echte Kriegsoperation." (Manual de 1963: La Guerra Moderna, Biblioteca del Ejército #12: 50, zit. nach: NyN 2004: 19).

Zweitens agieren die Militärs als Geheimdienst und etablieren ein umfassendes Überwachungsregime. Die Soldaten werden angewiesen, Informationen über die „Gewohnheiten der Bevölkerung, ihre sozialen und politischen Organisationen, ihre Bedürfnisse, Wünsche, ihre Anführer und Führungspersonen" zu sammeln (Manual 1979: Instrucciones Generales para Operaciones de Contraguerrillas: 160, zit. nach NyN 2004: 19) und die Bewohner von Regionen statistisch zu erfassen. Die Bespitzelung durch Soldaten in zivil und selbst ein 'Testen' der Bewohner – indem sich Soldaten als Guerilleros ausgeben und auf diese Weise die Loyalität der Bevölkerung gegenüber dem Staat prüfen – werden ausdrücklich vorgeschlagen.

Drittens wirkt die Armee im Foucaultschen Sinne (2004a und b) biopolitisch, indem sie auf unmittelbare Lebensbedingungen einwirkt und diese kontrolliert: Sie kann die Bevölkerung in Siedlungen zusammenfassen, Mobilität einschränken, die Ein- und Ausreise in Gebiete untersagen, ja selbst Vertreibungen – die im Handbuch als „vorübergehende Evakuierungen" bezeichnet werden – durchführen. Sie zählt und erfasst die Bevölkerung, realisiert Impfkampagnen und blockiert die nicht-militärische Gesundheitsversorgung (vgl. Manual de 1987: Reglamento de Combate de Contraguerrillas (EJC-3-10): 181-207, zit. nach: NyN 2004: 19).

---

7 Gemeint sind Maßnahmen, die das Vertrauen in die Armee stärken respektive jenes in die Partisanen verringern. Mehr dazu s. u.

8 Als Operation zur Kontrolle der Zivilbevölkerung gilt beispielsweise die statistische Erfassung der Bewohner einer Region.

9 Gemeint ist die Organisation in Strukturen, die der Staatsmacht tendenziell freundlich gesonnen sind und Hilfsaufgaben für die Sicherheitskräfte ausüben.

10 Als *Acciones Cívicas* werden zivile Aktivitäten der Armee bezeichnet, die deren Ruf verbessern und die Verbindung zwischen Bevölkerung und Militärs vertiefen, z. B. von der Armee durchgeführte Impfkampagnen und Straßenbaumaßnahmen.

Viertens schließlich soll die Armee im Rahmen der „psychologischen Kriegführung" auf das Innerste des Menschen, nämlich Seele und Verstand, einwirken. Das Ziel lautet: „Die Meinungen, Empfindungen, Einstellungen und Verhaltensweisen der feindlich gesonnenen Gruppen so zu beeinflussen, dass diese die Verwirklichung der nationalen[11] Ziele unterstützen." (Manual 1979: Instrucciones Generales para Operaciones de Contraguerrillas: 174, zit. nach NyN 2004: 19). Psychologische Kriegführung wird in diesem Sinne als suggestive Meinungsbildung verstanden. Das Armeehandbuch von 1979 unterscheidet dabei drei Arten der Propaganda: Unter *weißer Propaganda* sind offizielle Verlautbarungen der Regierung zu verstehen, bei der *grauen Propaganda* bleibt der Urheber unbekannt, d.h. Gerüchte werden genutzt oder verstärkt. Die *schwarze Propaganda* schließlich besteht aus Falschmeldungen über den Gegner oder sogar aus gefälschten, im Namen des Feindes in Umlauf gebrachten Dokumenten. Auf diese Weise sollen Guerillasympathisanten verunsichert, eingeschüchtert und zur Flucht getrieben sowie eine unentschlossene Zivilbevölkerung gewonnen werden. Begleitet werden diese Propagandatechniken von so genannten *Acciones Cívicas* (wie Straßen- und Schulbau, die bereits erwähnten Impfkampagnen etc.), die Sympathien für die Armee wecken sollen.

Diese neue Militärdoktrin schulte die Armee jedoch nicht nur darin, ihre Rolle in der Gesellschaft neu zu definieren. Sie heizte auch Verschwörungsvorstellungen in den eigenen Reihen an. Die Verschärfung der Sicherheitsdiskurse sorgte dafür, dass Gewerkschaften und andere Organisationsformen der Bevölkerung als 'legaler Flügel der Subversion' und damit als Feind betrachtet wurden. Diese autoritäre Paranoia trieb in den kolumbianischen Streitkräften teilweise bizarre Blüten (vgl. Noche y Niebla 2004: 35-38). Der ehemalige Verteidigungsminister Álvaro Valencia Tovar etwa mahnte, dem Staat und den Streitkräften gegenüber stets wachsam zu sein, weil auch diese von Subversiven infiltriert seien (ebda: 35).

Zusammenfassend kann man also festhalten, dass die Militärs im Rahmen der aus den USA importierten Sicherheitsdoktrin darauf getrimmt wurden, Teile der eigenen Bevölkerung als Feind zu betrachten, den antisubversiven Abwehrkampf in alle Bereiche der Gesellschaft zu tragen, immer weiter gesteckte Aufgabenfelder selbst zu übernehmen und sich zentrale Funktionen des Staates anzueignen und autoritär zu interpretieren. Das bedeutet letztlich nichts anderes als auf die Durchsetzung eines faktischen Ausnahmezustands hinzuarbeiten.

---

11 Mit „nationalen Zielen" ist die Verteidigung einer fiktiven nationalen Einheit gegen klassenkämpferische Bewegungen, also die Nicht-Thematisierung vorhandener sozialer Widersprüche gemeint.

5.2. Die Entstehung der Paramilitärs: Das Dekret 3398 von 1965 und die *Triple A*-Todesschwadronen

Doch nicht nur das Vorgehen der Armee gegenüber der Bevölkerung wurde neu definiert. Im Rahmen der Nationalen Sicherheitsdoktrin kam auch der Bevölkerung selbst eine neue, aktive Rolle im Krieg zu. Mit der Gründung von bewaffneten, an der Seite der Armee operierenden und sich aus Zivilisten rekrutierenden Gruppen sollte für eine Verankerung der Streitkräfte in der Gesellschaft gesorgt werden. Aus Perspektive der Staatsmacht stellt die enge Verbindung zwischen Partisan und Bevölkerung – Mao sprach davon, dass der Aufständische sich im Volk wie ein Fisch im Wasser bewegen müsse – das Hauptproblem des asymmetrischen Krieges dar. Die paramilitärische Organisierung von Zivilisten an der Seite der Armee zielte in diesem Sinne darauf ab, die Verhältnisse zu *re-symmetrisieren*[12]: Die Konfliktlinie verläuft nicht mehr zwischen der Armee einerseits und Bevölkerung/Partisan andererseits, sondern durch die Bevölkerung hindurch. Die zivilmilitärischen Strukturen, die General Yarborough 1962 vorgeschlagen hatte und für die in Bogotá Mitte der 1960er Jahre die rechtlichen Grundlagen schuf, erfüllten genau diese Funktion.

Häufig wird angenommen (vgl. z.B. García-Peña Jaramillo 2005: 59), dass das Dekret 3398 von 1965, das den Aufbau zivilmilitärischer „Selbstverteidigungsgruppen" legalisierte, ein Schlupfloch für private bewaffnete Gruppen geschaffen habe. Dieser Lesart zufolge machten sich nichtstaatliche Akteure, im Besonderen Drogenhändler, Viehzüchter und pensionierte Militärs, das Dekret in den 1980er Jahren zunutze, um Privatarmeen zu gründen. Der Paramilitarismus wäre demnach als eine Unterhöhlung des Gewaltmonopols zu sehen, die von der Staatsmacht nicht verhindert wurde, sich jedoch weitgehend autonom entfaltete. Diese Geschichtsschreibung unterschlägt jedoch, dass es nach der Legalisierung von Selbstverteidigungsgruppen in den 1960er Jahren und vor der Ausbreitung paramilitärischer Verbände ab 1981 zunächst zu einer anderen Variante parastaatlicher Gewalt kam: den Todesschwadronen der *Triple A*.

Unter dem rechtsliberalen Präsidenten Turbay Ayala (1978-82) verschärfte der kolumbianische Staat seine Repressionsmaßnahmen drastisch. Tausende mutmaßlicher Guerilla-Sympathisanten, aber auch Aktivisten sozialer Bewegungen wurden

---

12 Es darf in diesem Zusammenhang nicht vergessen werden, dass die militärische Zwangsorganisation von Zivilisten auch für das staatssozialistische Lager charakteristisch war. In den Warschauer-Pakt-Staaten waren Millionen in so genannten Kampfgruppen organisiert. Diese Form zivilmilitärischer Organisierung verwandelte sich jedoch, anders als im Westen, nicht in ein Instrument der Geheimkriegführung – wohl vor allem deswegen, weil die Oppositionsbekämpfung im Ostblock direkt und öffentlich von den Staatsorganen übernommen wurde.

verhaftet, gefoltert und eingesperrt. Weil trotz eines faktischen Ausnahmezustands eine Verurteilung von Verdächtigen oft schwierig war, verlegten sich Teile des Sicherheitsapparates auf Under-Cover-Operationen: Sie ließen Oppositionelle 'verschwinden'. Die Aktionen wurden unter dem Namen *Triple A* verübt, den „Drei A's": *Acción Americana Anticomunista*. Praxis und Name der Gruppe verweisen auf die *Alianza Anticomunista Argentina,* die vom argentinischen Geheimdienst aufgebaut worden war und schon vor dem Putsch 1976 zum Einsatz kam[13]. Giraldo (1996: 82) schreibt über das Auftauchen der Triple A: „Die terroristische Welle, die in Bogotá und in anderen Landesteilen Ende 1978 nach dem Inkrafttreten des Dekrets 1923 – dem Dekret, das als Sicherheitsstatut bekannt wurde – einsetzte, war der Auftakt einer neuen Form von 'Staatsterrorismus'. Ab Anfang September 1978 erhielten Personen, die wegen ihrer demokratischen Überzeugungen bekannt waren, darunter auch ein hoher Richter, der die Verfassungsmäßigkeit des Sicherheitsstatuts angezweifelt hatte, schriftliche und telefonische Drohungen. Auf den Sitz der Kommunistischen Partei, eine Zeitung in Bogotá und eine Zeitschrift wurden Sprengstoffanschläge verübt. Für die Entführung und das 'Verschwindenlassen' mehrerer linker Aktivisten und studentischer Führer zeichnete die Untergrundorganisation Triple A verantwortlich."

Schon bald wurde bekannt, dass Staatsorgane hinter den Geheimkommandos standen. Im Juli 1980 erklärten Angehörige des Geheimdienstbataillons *Charry Solano-BINCI* (Batallón de Inteligencia y Contrainteligencia), dass die kolumbianische *Triple A* von ihrer Einheit aufgebaut und ihre Aktivitäten von hochrangigen Offizieren koordiniert worden seien. Die Zeugenaussagen waren überaus präzise: „Der Hauptmann Bejarano Bernal Augusto befahl dem Soldaten Guisoly Héctor Evilio auf Anweisung des damaligen Kommandanten des Bataillons Charry Solano, Oberstleutnant Harold Bedoya Pizarro, eine Bombe mit drei Stangen Dynamit zu bauen, um diese in der (kommunistischen Wochenzeitung, Anm. d.V.) Voz Proletaria

---

13 Die argentinische *Triple A* entstand 1973 unter maßgeblicher Führung des peronistischen Ministers José López Rega, um die linksperonistische Bewegung anzugreifen. In der Regierungspartei tobten zu diesem Zeitpunkt schwere Flügelkämpfe, denn im Peronismus waren von der revolutionären Linken bis zur autoritären Rechten alle denkbaren Strömungen vertreten. Bemerkenswerterweise war López Rega auch Mitglied der P2-Loge, die in Italien in den 70ern als informelles, antikommunistisches Machtnetz agierte und massiv von Geheimdiensten unterstützt wurde (vgl. Kap. 9.3.). Auch in Spanien formierte sich während der Demokratisierung nach Francos Tod eine *Triple A* (*Acción Apostólica Anticomunista*). Die von spanischen Militärs geleitete Gruppe ermordete Gewerkschaftslinke sowie Anhänger der baskischen Unabhängigkeitsbewegung. Offensichtlich kooperierten die antikommunistischen Todesschwadronen auf internationaler Ebene. Nach Aussagen von beteiligten Offizieren waren an den Aktionen der spanischen *Triple A* auch argentinische und italienische Ultrarechte beteiligt (El Mundo/Madrid vom 21.12. 2003). Davis (2007: 123) verweist weiterhin auf die Mitwirkung französischer Rechtsextremer.

zu deponieren." (Noche y Niebla 2004: 46) Dennoch wurden gegen keinen der belasteten Militärs Straf- oder Disziplinarmaßnahmen ergriffen. Der beschuldigte Oberstleutnant Harold Bedoya setzte seine Karriere fort und wurde Mitte der 1990er Jahre erst Heereskommandant und dann Verteidigungsminister.

Die Umsetzung der Nationalen Sicherheitsdoktrin implizierte also offensichtlich eine massive Irregularisierung der Kriegführung. Militärs und Polizei entfalteten eine Art Geheimkrieg, in dessen Verlauf es zur Verschärfung der Repression, zur faktischen Wiedereinführung der Todesstrafe und ganz allgemein zur Erzeugung eines Klimas der Unsicherheit kam. Aus der Perspektive der Staatsmacht wurde auf diese Weise das Vorgehen der Guerilla kopiert. Polizei und Armee, die ihren irregulären Gegner nicht zu fassen bekamen, weil sich dieser in der Bevölkerung verbarg, entwickelten selbst eine konspirative Strategie. Mit den Todesschwadronen trat ein nicht-identifizierbarer Akteur auf den Plan und sorgte für eine Situation, in der die Opposition der Gewalt schutzlos ausgeliefert war. Die Opfer verschwanden einfach, wie 1979 ein Student, der „so brutal gefoltert wurde – u.a. wurden seine Venen mit einem Flaschenhals aufgeschnitten –, dass er starb. Der Leutnant Caldas informierte den Kommandanten des Bataillons Oberstleutnant Jaime Ruiz Barrera über den durch exzessive Folter verursachten Tod. Barrera befahl dem Leutnant, den Leichnam verschwinden zu lassen und bot ihm hierfür den eigenen Renault und einen Betrag von 10.000 Pesos für Unkosten. Außerdem versicherte er dem Leutnant, dass dieser nicht mit Strafverfolgung zu rechnen habe und dass der Unfall nicht weiter bedeutend sei. Der Leichnam wurde im Renault des Bataillonskommandanten weggeschafft und bei Armero in den Magdalena-Fluss geworfen. Um den Gestank im Kofferraum zu überdecken, kauften die Täter Fisch und transportierten diesen nach Bogotá." (ebda.)

5.3. Die Gründung von MAS (*Muerte a Secuestradores*) und *Autodefensas* (1981-85)

Diese staatlichen Parallelstrukturen der *Triple A* und anderer Todesschwadronen schufen die Grundlage für jenen Paramilitarismus, der die Lebensbedingungen der kolumbianischen Unterschichten in den Folgejahrzehnten so maßgeblich prägen sollte: Bewaffnete, sowohl legal als auch illegal agierende Gruppen[14] übernahmen

---

14 Der Paramilitarismus wurde vom kolumbianischen Staat immer wieder in einer Grauzone zwischen Legalität und Illegalität gehalten. Die Gründung von „Selbstverteidigungsgruppen" war bis 1989 erlaubt. Nach dem Verbot durch den Obersten Gerichtshof wurde bereits 1994 ein Gesetz zur Gründung von so genannten CONVIVIR-Sicherheitskooperativen erlassen. Damit wurden zwar nicht die Aktionen des Paramilitarismus, aber doch ein Teil seiner Strukturen legalisiert. Im Rahmen der AUC-Demobilisierung ab 2002 kamen paramilitärische Strukturen erneut in den

Aufgaben von Armee und Polizei, erhielten von diesen Unterstützung und wirkten auf diese Weise wie eine klandestine, informelle Staatsmacht (zum Konzept „informeller Politik" allgemein: vgl. Altvater/Mahnkopf 2002). Medina Gallego/Téllez Ardila (1994) schlagen deshalb auch die Bezeichnung „para-institutionelle Gruppen" vor.

Das Entscheidende an dieser Entwicklung war die Auslagerung von Gewaltfunktionen aus dem Staat. Die 1981 gegründete MAS *(Muerte a Secuestradores)* kann als erste kolumbianische Gruppe gelten, die dieses Outsourcing auch organisch vollzog. Nachdem die M-19-Guerilla eine Angehörige des Medelliner Drogen-Capos Fabio Ochoa entführt hatte, taten sich führende Drogenhändler zusammen und verkündeten die Gründung einer Todesschwadron, die die Verantwortlichen solcher Entführungen verfolgen und hinrichten werde.

Auffällig bald übernahm die MAS jedoch auch Funktionen, die bislang die Geheimorganisation *Triple A* ausgeübt hatte. Es kam zu Entführungen, dem „Verschwindenlassen" von Oppositionellen, aber auch zu Massakern in ländlichen Guerillagebieten, v. a. im südkolumbianischen Caquetá und dem zentralkolumbianischen Magdalena Medio. Offensichtlich verbarg sich hinter dem Namen MAS eine flexible, regional unterschiedlich intensive Kooperation zwischen Drogenhandel und staatlichen Geheimdiensten. Manifest wurde diese Zusammenarbeit nach der Verhaftung eines jungen Mannes im Mai 1982. Der Mann war in Einrichtungen des Armeegeheimdienstes B-2 in Medellín festgehalten und gefoltert worden. Als eine Untersuchungskommission die Kaserne aufsuchte, wurde der Gefangene in ein Privathaus verlegt. Der Gefangene identifizierte das Versteck nach seiner Freilassung als das Haus des Drogenhändlers Fabio Ochoa (Giraldo 1996: 83).

Dass es sich dabei nicht um einen Einzelfall handelte, belegt ein im Februar 1983 vom damaligen Generalstaatsanwalt vorgelegter Bericht, der 163 Personen mit den Aktivitäten der MAS in Verbindung brachte, darunter 59 aktive Mitglieder der staatlichen Sicherheitsorgane. Der Bericht traf den kolumbianischen Sicherheitsapparat offensichtlich im Mark, denn unmittelbar nach seiner Veröffentlichung begannen Putschgerüchte zu kursieren, die die Generalstaatsanwaltschaft von einer Strafverfolgung der belasteten Militärs absehen ließen. Giraldo (ebda: 85) kommt zu der Einschätzung: „Die Generalstaatsanwaltschaft nahm von da an eine wohlwollende Haltung gegenüber dem Paramilitarismus ein und verzichtete darauf, gegen Mitglieder der MAS zu ermitteln (...). Die Regierung schloss sich dieser Linie an und entfernte die Beschuldigten nicht aus dem Armeedienst. Gleichzeitig stimmte der Kongress Beförderungen und Auszeichnungen für fast alle Beschuldigten zu. Ein Rückblick auf die Namensliste macht deutlich, dass der Staat Mitgliedern der MAS nach und nach die Verantwortung im Bereich 'öffentliche Ordnung' und höchste

---

Genuss einer Amnestie und gingen in legalen Wachschutz- und Sicherheitsstrukturen auf.

Posten in der Militärhierarchie überließ. Von diesem Moment war die paramilitärische Strategie (...) staatliche Politik."

Dass es zu einer Allianz zwischen Drogenhandel und Sicherheitsorganen kam, mag auf den ersten Blick verwundern. Es gab jedoch wichtige Interessenüberschneidungen. Die Capos konnten als Gegenleistung für ihren Einsatz im „antisubversiven Kampf" mit staatlicher Nachsicht bei ihren Drogengeschäften rechnen. Außerdem versetzte sie die logistische Unterstützung der Armee in die Lage, ihre privaten Sicherheitstruppen aufzurüsten, die sie zum Schutz krimineller Geschäfte benötigten. Armee und Polizei wiederum profitierten, weil sie das schmutzige Geschäft der Aufstandsbekämpfung an Dritte delegierten und somit das Risiko politischer Skandale verringern konnten. Die Drogenmafia, derer sie sich dabei bedienten, war einerseits erpressbar, verfügte andererseits über ausreichende finanzielle Mittel, um den kostspieligen Krieg zu unterhalten. Dieser Punkt ist von einiger Bedeutung, denn der kolumbianische Paramilitarismus beruhte immer auf Soldzahlungen und verschlang riesige Geldsumme. Zusammengehalten wurde das Bündnis zudem durch Bestechungszahlungen der Drogenmafia an Vertreter der Staatsmacht.

Die *Autodefensas* in der Region Magdalena Medio

Während die MAS sich im Umfeld der Drogenkartelle ausbreitete, formierte sich im zentralkolumbianischen Magdalena Medio – etwa 100 Kilometer nördlich von Bogotá – ein zweites paramilitärisches Projekt, durch das eine Art „antisubversiver" Parallelstaat etabliert wurde.

Der mittlere Flusslauf des Magdalena-Stroms ist wegen seiner Erdölvorkommen, der für Viehzucht bestens geeigneten Böden und seiner Lage im Herzen Kolumbiens von strategischer Bedeutung. Jahrelang stand die Region unter Einfluss der Kommunistischen Partei und der FARC-Guerilla. Ende der 1970er Jahre begann die Situation jedoch zu kippen (vgl. Medina Gallego 1990). Die FARC erpressten von Viehzüchtern und Händlern immer höhere Schutzgeldzahlungen, die Entführungen wurden wahlloser. Als sich die Armee ab 1979 die Rückeroberung der Region zum Ziel setzte, ein zum Schutz der Erdöleinrichtungen der Texas Petroleum Company abgestelltes Bataillon reaktivierte und eine neue Brigade aufbaute, konnte sie auf die aktive Unterstützung von Teilen der Zivilbevölkerung zählen. Besonders unter Händlern und Viehzüchtern war die Bereitschaft groß, sich bewaffnet zu organisieren (Corporación Observatorio para la Paz 2002: 93). Diese Initiative führte schließlich zur Gründung einer legal und politisch auftretenden paramilitärischen Organisation, dem *Verband der Bauern und Viehzüchter des Mittleren Magdalena* (ACDEGAM), dessen Einfluss in der Region ausgehend von der Garnisonsstadt Puerto Boyacá rasch zunahm.

Hinter den Paramilitärs von ACDEGAM stand ein breites, vor allem von Lokaleliten getragenes Bündnis. Daran beteiligt waren unter anderem: der Militärbürgermeister[15] Oscar Echandía, Händler und Viehzüchter, die Texas Oil Company (*Texaco*), die Ländereien für das Training der Gruppen zur Verfügung stellte, verschiedene Politiker[16] sowie Vertreter der Streitkräfte (Human Rights Watch 1996, Colombia Nunca Más 2001). Bemerkenswerterweise konnte ACDEGAM auf der Grundlage des Dekrets 3398 von 1965 und des Gesetzes 48 von 1968 zunächst offen auftreten und verfügte über politische Rückendeckung aus Bogotá. Die Haltung der Regierung gegenüber ACDEGAM war uneinheitlich. Präsident Belisario Betancur hatte 1983 Friedensgespräche mit der Guerilla aufgenommen und im Herbst des gleichen Jahres die Untersuchung der MAS-Aktivitäten durch die Generalstaatsanwaltschaft angeordnet (Medina Gallego 1990: 186). Sein Regierungsminister[17] Jaime Castro unterstützte währenddessen die Aktivitäten ACDEGAMs.[18]

Obwohl die paramilitärischen Autodefensas im Mittleren Magdalena politisch auftraten und das öffentliche Leben organisierten, spielte eine kriminelle Komponente auch hier von Anfang an eine wichtige Rolle. Álvaro Jiménez, der ACDEGAM im Rahmen eines Friedensprozesses begleitete[19], leitet dies von der ökonomischen Struktur in der Region ab. Im Magdalena Medio habe eine Kultur des *rebusque* vorgeherrscht, des informellen, oft kriminellen Organisierens. Vor diesem Hintergrund seien die Grenzen zwischen Politik, Gewalt und Kriminalität fließend verlaufen (Corporación Observatorio para la Paz 2002).

---

15   Erst Mitte der 1980er Jahre kam es nach Reformen der Regierung Betancur zur freien Wahl der Bürgermeister. Bis dahin wurden diese von der Zentralregierung ernannt und die Posten zum Teil mit Militärs besetzt.

16   Eine zentrale Rolle spielte der aus einer alteingesessenen Politikerfamilie in Caldas stammende Ivan Duque, der in Puerto Boyacá der „Senator" genannt wurde. Duque galt als Verbindung der *Autodefensas* zur politischen Klasse der Hauptstadt und hatte enge Kontakte zu den liberalen Politikern Pablo Guarín und dem damaligen Minister und späteren Bürgermeister von Bogotá Jaime Castro Castro. 1994 wurde Duque, damals leitender Funktionär der Regierung im Departement Boyacá, verhaftet. Nach seiner Freilassung tauchte er unter und schloss sich den AUC von Carlos Castaño an. Unter dem Decknamen Ernesto Baéz gehörte er zum Oberkommando der AUC. Nach dem Zerfall der AUC sitzt Duque heute wieder im Gefängnis. Wegen Drogenhandels droht ihm die Auslieferung in die USA.

17   Die Funktion entspricht in etwa der eines Kanzleramtsministers in Deutschland.

18   Auch die Position von Präsident Betancur muss als uneindeutig gelten. Er vermied, wie alle Präsidenten, eine Konfrontation mit den Paramilitärs. 1985 äußerte er sich bei einem Ortsbesuch in Puerto Boyacá positiv über die Erfolge der *Autodefensas*.

19   Jiménez gehörte der M-19-Guerilla an, die sich 1990 ins politische Leben eingliederte und sich ab 1988 um eine Friedenslösung in Kolumbien bemühte. In diesem Zusammenhang nahm sie – was ihr in der Linken heftige Kritik einbrachte – auch Kontakt zu den rechten *Autodefensas* auf. 1990 wurde sogar ein Kandidat ACDEGAMs auf der M-19-Liste in die Verfassunggebende Versammlung gewählt.

Die Tatsache, dass ACDEGAM über Sympathien in der Bevölkerung verfügte, bedeutete allerdings nicht, dass der Verband gewaltlos vorgegangen wäre. Mord, Folter und „Verschwindenlassen" waren auch im Mittleren Magdalena zentrale Praktiken bei der Durchsetzung des paramilitärischen Projekts. Diejenigen, die sich der autoritären Ordnung nicht unterwerfen wollten, wurden verfolgt und ermordet. Die Angriffe richteten sich dabei nicht in erster Linie gegen die Guerilla, sondern gegen Bauernverbände und die Kommunistische Partei, die zu diesem Zeitpunkt mit den FARC zwar verbündet, aber nicht identisch war. Hand in Hand mit der Armee krempelten die „Selbstverteidigungsgruppen" die Sozialstruktur der Region radikal um. Mehrere Hundert Menschen starben allein 1982/3 durch selektive Morde, ein Teil der Bevölkerung wurde vertrieben, die verbleibenden Bewohner wurden gezwungen, sich in die *Autodefensas* einzugliedern. Innerhalb weniger Monate war damit das soziale Geflecht zerstört, das jahrelang Widerstand gegen die Staatsmacht geleistet hatte.

Das Vorgehen der FARC hatte den Paramilitärs zwar den Boden bereitet, doch ob die *Autodefensas* tatsächlich als Reaktion auf die Guerilla gelten können, wie dies die Paramilitärs stets behauptet haben, ist zweifelhaft. Ein kommunistischer Gemeinderat aus Puerto Berrío merkt an: „Ja, es gab strategische Fehler der Guerilla (...) Kleine und mittlere Viehzüchter wurden mit Großgrundbesitzern gleichgesetzt, und das hatte (...) einen Einfluss auf die Gründung der MAS[20] und die Massenunterstützung, die sie am Anfang unter den Viehzüchtern der Region hatte (... Doch) die Großgrundbesitzer waren schon lange darauf aus, eine Organisation wie die MAS zu gründen ... Sie hätten es mit oder ohne Unterstützung der kleinen und mittleren Viehzüchter gemacht, weil sie die Massenbewegung und die politische Linke angreifen wollten – mehr als die Guerilla." (Medina Gallego 1990: 176)

5.4. Die Ausbreitung des Paramilitarismus (1986-1989)

Der Magdalena Medio diente der autoritären Rechten in der Folgezeit als Modellprojekt. So wurden 1986/7 in Urabá – einer an der Grenze zu Panama gelegenen Region, in der sich ein Großteil der kolumbianischen Bananenplantagen befindet – ähnliche Gruppen aufgebaut. Auch in den nordostkolumbianischen Departements Santander und Cesar breiteten sich paramilitärische Gruppen rasant aus.

Dieser Prozess wurde von verschiedenen, sich überlagernden Erscheinungsformen des Paramilitarismus bestimmt. Medina Gallego (1990: 184) unterscheidet zwischen Paramilitärs, die als „Söldner des Anti-Guerilla-Kriegs" von der Armee

---

20 Die Namen der paramilitärischen Organisationen (ACDEGAM, MAS etc.) wurden in den 1980er Jahren häufig synonym verwendet, weil die Gruppen in der Praxis kaum zu unterscheiden waren.

als Todesschwadronen eingesetzt wurden, und den Selbstverteidigungsgruppen der Viehzüchter, die eher als bewaffnete (Zwangs-) Organisationen der Zivilbevölkerung zu verstehen sind und sich auf unterstützende Patrouillengänge konzentrierten.

Auch wenn es also eine autonome Komponente des Paramilitarismus gab, lässt sich doch belegen, dass die Staatsmacht an der Expansion des Paramilitarismus in den 1980er Jahren maßgeblich beteiligt war:

- 1988 macht Diego Viáfara Salinas, Gemeinderat von Puerto Boyacá, Aussagen über die Gründung der „Selbstverteidigungsgruppen" im Magdalena Medio. Die Gruppen seien von Militärs, Viehzüchtern, dem führenden Liberalen Pablo Guarín und einigen Drogenhändlern (darunter die Capos des Medellín-Kartells Fabio Ochoa, Gonzalo Rodríguez Gacha und Pablo Escobar[21] sowie die Mafiosi Victor Carranza und Fidel Castaño) gemeinsam aufgebaut worden. *Autodefensas* und Armee hätten gemeinsam patrouilliert. Die strategische Allianz der *Autodefensas* mit dem Drogenhandel habe bis ins Jahr 1985 zurückgereicht. Zur Ausbildung der neu gegründeten paramilitärischen Gruppen seien israelische und britische Söldner ins Land geholt worden (zit. nach: Colombia Nunca Mas 2001, Human Rights Watch 1996).

- 1989 bestätigt der Paramilitärkommandant und ehemalige Heeresoffizier Luis Antonio Meneses (auch unter dem Decknamen „Ariel Otero" bekannt) diese Version. Er erklärt, von seinen Vorgesetzten als Kontakt zu den *Autodefensas* entsandt worden zu sein. Die örtlichen Militärkommandanten hätten ihn 1981 noch als aktiven Offizier den gerade entstehenden paramilitärischen Gruppen von Puerto Boyacá zugeteilt (Noche y Niebla 2004: 108). 1986 habe er sich aus dem Armeedienst zurückgezogen, als ihm ein neuer Vorgesetzter aus „taktischen Gründen" befahl, die paramilitärischen Aktivitäten einzustellen[22]. Als die Selbstverteidigungsgruppen 1987 die Notwendigkeit sahen, sich landesweit zu koordinieren, habe „der Militärgeheimdienst unter Führung des Bataillons Charry Solano die verschiedenen Autodefensas unter seinem Kommando zusammengeführt und dafür ein Treffen mit den Regionalführern in den Einrichtungen des Bataillons Charry Solano organisiert. Daraus entstand die Nationale Junta der Autodefensas,

---

21 Pablo Escobar, der mit einigen Positionen der Guerilla sympathisierte, behauptete mehrfach, am schmutzigen Krieg gegen die Linke nicht beteiligt gewesen zu sein. Tatsächlich scheint er nach der Gründung der Anti-Entführungsschwadron MAS und der Freilassung einer zum befreundeten Ochoa-Clan gehörenden Frau mit der M-19-Guerilla einen Nichtangriffspakt geschlossen zu haben (vgl. Salazar 2001: 135-146). Seine Geschäftskollegen Fidel Castaño, Gonzalo Rodríguez und Fabio Ochoa waren hingegen federführend am Aufbau des Paramilitarismus beteiligt.

22 Der AUC-Kommandant Ivan Duque (alias Ernesto Baéz) behauptet später, Meneses sei wegen seiner Verbindungen zum Medellín-Kartell aus der Armee ausgeschlossen worden (Baéz 2002).

die sich aus den Führern von acht Regionaleinheiten zusammensetzte. Diese hatten die Aufgabe, das System der Autodefensas auszubauen und mit dem Heer Geheimdienstoperationen zu koordinieren". (ebda: 108) Der Kronzeuge Meneses spricht von drei landesweiten Zusammenkünften: dem bereits erwähnten Treffen im Bataillon Charry Solano 1986, einem zweiten 1987 im Departement Santander und einem dritten in einer ländlichen Gegend des südkolumbianischen Departements Caquetá im September 1989. In diesem Zeitraum habe man auch eine Koordination der paramilitärischen Gruppen in Nordkolumbien aufgebaut, die den Code-Namen „Zapote" getragen habe und von Meneses sowie einem weiteren Ex-Militär namens Alejandro Álvarez Henao geleitet worden sei. Dieser Álvarez Henao, der bereits im Ermittlungsbericht von 1983 der Beteiligung an den MAS-Todesschwadronen bezichtigt worden war, habe zu diesem Zeitpunkt als Sicherheitsmann für den Mafioso und späteren Paramilitär-Chef Fidel Castaño gearbeitet. Der Kronzeuge wird im Untersuchungsbericht weiterhin zitiert, die gemischten Operationen von Paramilitärs und Armee seien von einem Offizier koordiniert worden und die 22 Fronten der *Autodefensas* hätten ihre Aktivitäten stets mit den Streitkräften abgesprochen. Allerdings habe es 1989 – als der öffentliche Druck auf das Medellín-Kartell und den Paramilitarismus zunahm – eine Umstrukturierung gegeben. Bis Anfang 1989 hätten die *Selbstverteidigungsgruppen* und das Oberkommando des Heeres direkte Kontakte unterhalten, seitdem hingegen greife man auf Mittelsmänner zurück.

– Ebenfalls 1989 kann nachgewiesen werden, dass ausländische Söldner tatsächlich Paramilitärs im Magdalena Medio trainierten. Der israelische Ausbilder und Ex-Militär Yair Klein[23] gibt die Durchführung von „Selbverteidigungskursen" zu und bekräftigt, zwar auf Einladung von Privatleuten, aber mit Wissen des kolumbiani-

---

23 Die Biografie Yair Kleins ist von kolumbianischen, israelischen und US-Medien bestens recherchiert worden. (vgl. Democracy Now (http://www.democracynow. org/2000/6/1/who_is_israels_yair_klein_and, 10.7.2008) sowie diverse Links bei Wikipedia (http://en.wikipedia.org/wiki/Yair_Klein, 10.7.2008)). Der 1942 geborene Klein nahm 1972 als Angehöriger einer israelischen Eliteeinheit an der Stürmung eines entführten Flugzeugs teil und war als führender Offizier an der Libanon-Offensive 1982 beteiligt. Ein Jahr später ging er in Ruhestand und gründete die Sicherheitsfirma Hod He'hanit in Tel Aviv, die u.a. die libanesische Falange mit Nachschub versorgte. Nach seiner Mission in Kolumbien tauchte er im Bürgerkrieg in Sierra Leone wieder auf, wo er wegen Söldnertätigkeit auf Seiten der RUF 16 Monate im Gefängnis saß. In Kolumbien wurde er 2002 in Abwesenheit zu einer mehrjährigen Haftstrafe verurteilt, von Israel jedoch nicht ausgeliefert. In einem Interview mit dem Fernsehsender Caracaol bestätigte Klein, dass sein Ausbildungsaufenthalt 1989 mit Wissen des kolumbianischen und israelischen Verteidigungsministeriums zustande gekommen war (http://www.canalcaracol.com/sala_videos.asp?hid_id=/videos/Programacion/Informativos/HablandoClaro/HClaroMar5.wmv&id=10076&subseccion=51&seccion=2 8&zona=2#, 10.4.2008).

schen Verteidigungsministeriums im Land gewesen zu sein (Printausgabe des El Espectador 1.10. 1989; Interview des kolumbianischen Fernsehsenders Caracol (s. Fußnote), vgl. auch Kapitel 9.4.). Der Kommandant des Bataillons Bárbula Oberst Luis Arcenio Bohorquez Montoya, gegen den daraufhin ein Disziplinarverfahren eröffnet wird, veröffentlicht am 15. Oktober 1989 in der Bogotaner Tageszeitung *La Prensa* einen Brief an das Verteidigungsministerium, in dem er behauptet, von seinen Vorgesetzten Anweisungen zum Aufbau paramilitärischer *Autodefensas* erhalten zu haben. Der Oberst erklärt, er verstehe nicht, wieso er bestraft werde, wo er doch nur Befehle befolgte (Colombia Nunca Mas 2001, Cap. I).

– 1990 macht auch der ehemalige Militärbürgermeister von Puerto Boyacá Hauptmann Óscar Echandía Aussagen (Noche y Niebla 2004: 108f, Giraldo 2004b). Gegen Echandía war bereits 1988 ein Haftbefehl wegen Mordes[24] erlassen worden, doch die Kommandantur der 8. Brigade versteckte ihn zwei Jahre, bis er sich schließlich selbst der Justiz stellt. Echandía sagt aus, die *Autodefensas* im Magdalena Medio hätten 300 Morde an Kommunisten und Anhängern des liberalen Politikers Luis Carlos Galán zu verantworten[25]. Bei diesen Aktionen hätten die Privattruppen des Drogen-Capos Gonzalo Rodríguez Gacha eng mit dem Kommandanten der Kavallerieschule des Heeres Oberst Alfonso Plazas Vega kooperiert. Echandía bekräftigt, dass die *Autodefensas* von Puerto Boyacá Kontakte zu den Paramilitärgruppen in anderen Landesteilen unterhielten, u.a. zu den von der Castaño-Familie geführten Paramilitärs, und bestätigt erneut die Aussage, dass britische und israelische Söldner die Paramilitärs trainierten. Immer wenn die ausländischen Ausbilder nach Puerto Boyacá kamen, so Echandía, seien sie von Agenten des F-2-Geheimdienstes oder von Zivilpersonal der Armee begleitet worden (Giraldo 2004b).

– Im Januar 1991 macht der Geheimdienstoffizier Bernardo Alfonso Garzón Aussagen über die verdeckten Aktivitäten der Geheimdiensteinheiten Charry Solano-BINCI (*Batallón de Inteligencia y Contra-Inteligencia*) und XX. Brigade. Er erklärt, dass die beiden Einheiten auch nach dem Ende der *Triple A*-Todes-

---

Klein wurde 2007 unter falschem Namen in Moskau verhaftet (http://news.bbc. co.uk/1/hi/world/americas/6968143.stm, 10.7.2008), konnte bis heute jedoch nicht ausgeliefert werden.

24 Echandía wurde die Beteiligung an dem Mord am linken Bürgermeister der Erdölarbeiterstadt Sabana de Torres vorgeworfen.

25 Luis Carlos Galán, der die Auslieferung von Drogenhändlern an die US-Justiz befürwortete und als progressiver Liberaler galt, wurde am 19. August 1989 erschossen. 2005 wurde der ehemalige Justizminister Kolumbiens und Galáns liberaler Parteifreund Alberto Santofimio wegen des Mordes verhaftet. Santofimio hatte den Mord gemeinsam mit dem Capo des Medellín-Kartells Pablo Escobar eingefädelt (El Tiempo, 19.5.2005).

schwadronen illegale Hinrichtungen durchgeführt hätten. Der Kommandant des BINCI Oberst Iván Ramírez Quintero habe zahlreiche Morde persönlich angeordnet (Noche y Niebla 2004). Der Karriere des Obersts schadet das nicht. 1983 – unmittelbar vor der neuerlichen Intensivierung der Geheimdienstmorde – reiste Ramírez Quintero zur Weiterbildung in die USA. 1986-88 war er Kommandant der zentralen Geheimdiensteinheit XX. Brigade[26], 1991 wird er, nachdem eine US-Militärkommission Kolumbien besuchte und eine Umstrukturierung der Geheimdienstarbeit empfahl, Chef des neu gegründeten Militärgeheimdienstes – also zu einem Zeitpunkt, als er bereits schwer belastet ist. Zuletzt wird Ramírez Quintero sogar zum Generalheeresinspekteur ernannt (Washington Post 11.8.1998). Der *Washington Post* zufolge ist Ramírez Quintero zudem in all diesen Jahren als CIA-Mitarbeiter tätig, obwohl er als Verbündeter des Paramilitär-Kommandanten Carlos Castaño gilt und offensichtlich auch in Drogengeschäfte verstrickt ist. Auf Nachfragen der *Washington Post* erklären US-Funktionäre, man habe über Ramírez' Aktivitäten Bescheid gewusst, aber mit ihm zusammenarbeiten müssen.[27] 2007 behauptet der AUC-Chef Salvatore Mancuso vor Gericht, dass der General Ivan Ramírez eine Schlüsselrolle bei der Ausbreitung des Paramilitarismus in Nordkolumbien gespielt habe und zu Strategietreffen mit den Paramilitärs zusammengekommen sei (Semana 15.5. 2007).

– Mitte der 1990er Jahre verdichten sich die Hinweise darauf, dass der Paramilitarismus – und zwar nicht nur als zivilmilitärische Organisation der Bevölkerung, sondern auch als terroristische Geheimkommandos – von der kolumbianischen Armee angeleitet wurde. Der zu diesem Zeitpunkt zu einer langjährigen Haftstrafe verurteilte Paramilitär-Führer Alonso de Jesús Baquero Agudelo alias „Bladimir" erklärt gegenüber der Menschenrechtsabteilung der Staatsanwaltschaft (*Unidad Nacional de Derechos Humanos de la Fiscalía*[28]), dass er in den 1980er Jahren zunächst als Armee-Informant gearbeitet habe, nach einiger Zeit jedoch

---

26 Die Einheit wurde im Mai 1998, so wie zuvor schon ihre Vorgängerin, das Bataillon Charry Solano BINCI, wegen Menschenrechtsverletzungen umstrukturiert und erhielt einen neuen Namen. Die wiederholten Umstrukturierungen dienten offensichtlich dazu, politischen Druck abzuwenden.

27 Erst im Herbst 1998 wird Ramírez Quintero auf Druck von Menschenrechtsorganisationen in den Ruhestand versetzt. Zehn Jahre später wird Ramírez Quintero schließlich wegen dem „Verschwinden" mehrerer Personen im Jahr 1985 verhaftet (El Espectador 28.5.2008).

28 In Kolumbien operieren in diesem Bereich mehrere Einrichtungen parallel: Die Menschenrechtsabteilung der *Procaduría de la Nación* (einer staatlichen Disziplinarinstanz), die Menschenrechtsabteilung der *Fiscalía* (der für Strafrechtsfälle zuständigen Staatsanwaltschaft) und die *Defensoría del Pueblo* (eine durch den Ombudsmann für Menschenrechtsfragen geleitete Einrichtung zur Verteidigung der Bürger gegenüber dem Staat).

von General Farouk Yanine Díaz vom zentralen Armeestützpunkt Toledaima in die Garnisonsstadt Puerto Boyacá entsandt worden sei, um Paramilitärs zu trainieren. General Yanine Díaz, der zu dieser Zeit als „Superstar" der Armee gehandelt wird und einige Zeit später zum Kommandanten der 5. Heeresdivision aufsteigt[29], sei bei den Lehrgängen auf der „Schule 01" in Cimitarra (Magdalena Medio) persönlich in Begleitung hochrangiger Paramilitärs aufgetaucht. General Yanine Díaz habe den Schülern erklärt, dass die Paramilitärs von einer Defensiv- zu einer Offensivstrategie übergehen und Kampfaufgaben übernehmen müssten, wobei sie auf die Unterstützung der Streitkräfte zählen könnten. Seine Einheit habe, so der Kronzeuge, bei ihren Operationen logistische Unterstützung durch Militärhelikopter sowie Munitions- und Proviantlieferungen erhalten (Erklärung von Jesús Baquero Agudelo gegenüber der Unidad Nacional de Derechos Humanos de la Fiscalía N° 101, zit. in: Colombia Nunca Mas 2001, Cap. I) Baquero Agudelo sagt weiterhin aus, dass zwei von ihm begangene Massaker – die Ermordung von 19 Händlern am 8. Oktober 1987 und mehreren Untersuchungsrichtern am 18. Januar 1989[30] – direkt von General Yanine Díaz angeordnet worden seien. In die Aktivitäten verwickelt gewesen seien auch Politiker, darunter der ehemalige Senatspräsident Norberto Morales Ballesteros und der Abgeordnete Tiberio Villareal. „Tiberio Villarreal führte die Selbstverteidigungsgruppen von Rionegro (Santander) an … Er war ein Kollaborateur der Paramilitärs, er sammelte das Geld der Händler in Bucaramanga[31] ein … Dafür besorgten ihm die Paramilitärs Stimmen bei den Wahlen." (zit. nach: ebda) Hinsichtlich des Massakers an den Untersuchungsrichtern in La Rochela im Januar 1989 erklärt „Bladimir": „Tiberio Villareal ließ uns über den Hauptmann Oscar de Jesús Echandía (den ehemaligen Militärbürgermeister von Puerto Boyacá, Anm.d.V.) wissen, dass diese Kommission alle Unterlagen bei sich hat, und drängte uns, damit wir die Untersuchungsrichter umbringen und ihnen die Akten abnehmen." (zit. nach: ebda)
– Zudem behauptet der Belastungszeuge „Bladimir", dass die Ende der 1980er Jahre von israelischen Söldnern durchgeführten Trainingskurse (vgl. Medina Gallego 1990: 366-384) auf Initiative von General Yanine Díaz zustande gekommen seien. Dafür habe man verschiedene Gruppen von Paramilitärs kontaktiert. Auch die Drogenhändler Gonzalo Rodríguez Gacha, Pablo Escobar, Victor Carranza und

---

29 Die Ernennung zum Heereskommandanten bleibt dem General Yanine Díaz Mitte der 1990er Jahre nur deshalb verwehrt, weil er in zahlreichen Menschenrechtsberichten auftaucht. Er geht schließlich als Dozent an das *Inter-American Defense College*, die Militärschule der OAS (Organisation Amerikanischer Staaten) in Washington, wo er bis 1997 unterrichtet.

30 Den Händlern wurde vorgeworfen, die Guerilla mit Gütern zu versorgen. Die Untersuchungsrichter ermittelten gegen Paramilitärs im Mittleren Magdalena.

31 Millionenstadt in Nordostkolumbien, etwas östlich des Magdalena-Stroms.

Fidel Castaño hätten Männer zum Kurs entsandt. Das von israelischen Söldnern abgehaltene Training habe zwei Monate gedauert. An seinem feierlichen Abschluss hätten neben den Drogenbaronen auch ein Gesandter des Verteidigungsministers und wahrscheinlich dessen Staatssekretär teilgenommen. Der etwa 400 Millionen Pesos teure Kurs, an dem 80 Schüler beteiligt waren, sei zum größten Teil von den Drogenhändlern finanziert worden. Kleinere Beiträge seien von den Viehzüchtern des Magdalena Medio und dem Verband der Bananenplantagenbesitzer UNIBAN zugeschossen worden. Der Beginn der paramilitärischen Massaker in Urabá 1987 (die in den Folgejahren mehreren Tausend Menschen das Leben kosten und die linke Hegemonie in der Region vollständig brechen) sei ein Ergebnis des Kurses gewesen. Auch Baquero Agudelo bekräftigt, die Ein- und Ausreise der israelischen Söldner sei von einem Hauptmann der Armee koordiniert worden (Noche y Niebla 2004: 126-129).

- Schließlich belastet Baquero Agudelo neben General Farouk Yanine Díaz auch den späteren Divisionskommandanten Carlos Julio Gil Colorado[32], der als Chef der 14. Brigade eng mit den Paramilitärs zusammengearbeitet haben soll.

Eine enge Kooperation mit der Armee habe es weiterhin in der Minenarbeiterstadt Segovia gegeben, wo es am 11. November 1988 zu einem der blutigsten Massaker der 1980er Jahre kam. Die Paramilitärs von Baquero Agudelo überfielen die linksregierte Ortschaft und ermordeten mehr als 40 Personen. Baquero Agudelo sagt aus, hochrangige Militärs hätten das Massaker geplant. Die Erklärung der Paramilitärs, die als MRN (*Muerte a Revolucionarios del Nordeste*) auftraten, sei auf Maschinen des transnationalen Goldunternehmens Frontino Gold Mines vervielfältigt worden (Colombia Nunca Mas 2001, Capítulo VIII). Bei dem Überfall auf die Ortschaft hätten Polizei und Armee die An- und Abfahrt der Paramilitärs geschützt. Die Initiative für das Massaker sei von einem führenden Politiker der Liberalen Partei ausgegangen. Die Armee habe die Paramilitärs deshalb unterstützt, „damit wir das machen, was sie nicht machen konnten, nämlich Leute töten und Massaker verüben." (zit. nach: Noche y Niebla 2004: 129)
Die genannten Fälle verdeutlichen die zentrale Rolle der Staatsmacht beim Aufbau und der Ausbreitung des Paramilitarismus. Auffällig ist weiterhin, dass die Gewalt-

---

32 Gil Colorado ist einer der wenigen hochrangigen kolumbianischen Militärs, der wegen seiner Verbrechen zur Rechenschaft gezogen wird – allerdings nicht durch die Justiz. Er stirbt am 29. Juli 1994 bei einem Anschlag der FARC in der Nähe der Stadt Villavicencio, südlich von Bogotá. Offensichtlich als Antwort hierauf ermorden Militärs am 5. August 1994 den Senator der linken *Unión Patriótica* Manuel Cepeda. Für diesen Mord werden zwei Unteroffiziere der Armee im Dezember 1999 verurteilt. (Vgl. den Urteilsspruch unter: http://www.derechos.org/nizkor/colombia/doc/cepeda.html, 24.4.2006)

verbrechen frühzeitig von einer politisch-medialen Strategie begleitet wurden, die eine aktive und durchdachte Beteiligung der Staatsmacht ebenfalls nahe legt.

Gerade bei den großen Massakern vertuschte die Armee nämlich nicht nur ihre eigene Verantwortung, sondern verbreitete auch gezielt und erfolgreich Falschinformationen. Ihr Vorgehen ähnelt dabei auffallend den im Armeehandbuch von 1979 als „schwarze Propaganda" bezeichneten Maßnahmen (vgl. Noche y Niebla 2004: 19, Kapitel 5.1.).

Nach dem Massaker in der Minenarbeiterstadt Segovia (s.o.)[33] etwa verbreitete die Armee die Nachricht, die ELN-Guerilla habe die Minenarbeiterstadt überfallen und 40 Personen getötet. Die Darstellung wurde von den führenden Medien ungeprüft übernommen, obwohl sie keinen rechten Sinn ergab. Der Überfall hatte sich wahllos gegen Personen gerichtet, denen Sympathien für die Guerilla nachgesagt wurden und die bei den Bürgermeisterwahlen mehrheitlich für einen linken Kandidaten gestimmt hatten. Die Aussagen des Kronzeugen Baquero Agudelo belegten knapp zehn Jahre nach der Tat, dass die Armee federführend an der Vorbereitung des Massakers beteiligt gewesen war. Die Informationspolitik – und dabei nicht nur die Verbreitung von Desinformationen durch die Armee, sondern auch die Veröffentlichung einer offensichtlich unstimmigen Meldung in den führenden Medien – muss in diesem Zusammenhang als Teil der paramilitärischen Aktion betrachtet werden. Es handelt sich um eine klassische „psychologische Operation", von der in Militärhandbüchern so häufig die Rede ist: Die Sympathien der Bevölkerung für die Aufständischen sollen gebrochen und ein Klima der allgemeinen Verunsicherung geschaffen werden.

Ganz ähnlich auch der Fall der Untersuchungsrichter in La Rochela (Santander) im Januar 1989, für die der kolumbianische Staat fast 20 Jahre später vom Interamerikanischen Menschengerichtshof (Corte Interamericana 2007) zu hohen Entschädigungszahlungen verurteilt wurde. Auch diese Nachricht erschien auf den Frontseiten der Tageszeitungen: Man sah das Bild eines von Schüssen durchlöcherten Jeeps auf dem die Täter das Kürzel FARC hinterlassen hatten. Der Kronzeuge Baquero Agudelo sagte Mitte der 1990er Jahre vor der Staatsanwaltschaft aus, auch diese Aktion sei von hochrangigen Offizieren angeordnet worden. Auch hier hatten die Paramilitärs nicht nur eine falsche Fährte gelegt, mit der sich von der eigenen Verantwortung ablenken ließ. In einem größeren Kontext trug die Falschinformation zu einer allgemeinen Verunsicherung bei.

---

33 Die mediale Verzerrung des Massakers gehört zu meinen ersten persönlichen Eindrücken von Kolumbien. Das Verbrechen ereignete sich, unmittelbar nachdem ich im November 1988 meinen ersten längeren Kolumbien-Aufenthalt angetreten hatte. Die Zeitungen titelten: „ELN überfällt Segovia" . In den Tagen danach begleitete ich eine Delegation der grünen Bundestagsabgeordneten Ellen Olms, die über das Massaker recherchierte, und war als Übersetzer bei einem Gespräch mit dem kolumbianischen Heeresoberkommando anwesend.

Aus Perspektive des aufstandsbekämpfenden Staates muss die Bevölkerung nämlich gar nicht unbedingt davon überzeugt werden, dass wirklich die Guerilla hinter
den Massakern steckt. Es reicht aus, dass der politische Charakter des Konflikts
verwischt, die Glaubwürdigkeit der Akteure in Frage gestellt wird und die Brutalität des Krieges ein Gefühl allgemeiner Unsicherheit erzeugt. Die Erfahrung des
ungezügelten, „natürlichen" Gewaltzustands bekräftigt die Daseinsberechtigung des
Staates – ganz im Sinne von Thomas Hobbes, demzufolge das staatliche Gewaltmonopol vor dem allgemeinen Bürgerkrieg schützt. Die Akzeptanz einer autoritären
Lösung wächst in dem Maße, in dem der Konflikt diffus und unüberschaubar zu
werden droht.[34] Die Verschärfung der Unsicherheit und ihre mediale Thematisierung
bereiten putschähnlichen Maßnahmen das Terrain.[35] Auf diese Weise kann das von
der Armee zu verantwortende, verdeckt durchgeführte paramilitärische Massaker
paradoxerweise zur Legitimierung der Armee beitragen.

5.5. Die Etablierung des Paramilitarismus als „dritter Kriegsakteur" (1990-98)

Die genannten Fälle beweisen eindeutig, dass der Paramilitarismus in Kolumbien
aus dem Staatsapparat hervorgegangen, von wichtigen Institutionen gestützt und
von keiner Abteilung des Staates ernsthaft bekämpft wurde. Verschiedene Autoren,
darunter auch García-Peña Jaramillo (2005), wenden nun allerdings ein, dass die
staatliche Politik gegenüber dem Paramilitarismus immer wieder grundlegenden
Modifikationen unterworfen gewesen sei. Als Zäsuren gelten in diesem Zusammenhang die Versuche der Betancur-Regierung (1982-86), die Linke im Rahmen eines
Friedensabkommens zu integrieren, und das Verbot paramilitärischer Selbstverteidigungsgruppen 1989. Dieser Lesart zufolge hat sich der Paramilitarismus in den
1990er Jahren verselbständigt und als autonomer politischer Akteur etabliert.

In diesem Sinne vertritt García-Peña die These, dass der kolumbianische Staat
Ende der 1980er Jahre, als der Paramilitarismus einen ersten Höhepunkt erlebte, tief
gespalten gewesen sei. „Während die Justiz- und Verteidigungsminister José Manuel
Arias und General Rafael Samudio 1987 die Gründung von Selbstverteidigungsgrup-

---

34 In diesem Zusammenhang ist auch die „Strategie der Spannung" zu sehen, die in den
   1960er und in den 1970er Jahren in südeuropäischen Ländern zur Anwendung kam
   und die im Kapitel 9.3. ausführlicher erörtert wird.

35 Dabei ist das Chaos selbst nicht produktiv, die Gewaltdynamik kann sich auch ver-
   selbständigen. Die entscheidende Frage lautet daher, an welchem Punkt der Staat ein
   Gewaltmonopol – dann mit größerer politischer Legitimation – wieder herstellt. Dies
   kann in Form einer staatsstreichartigen Ermächtigung geschehen. Über die Rechtsre-
   gierung von Präsident Uribe könnte man etwas Ähnliches behaupten.

pen verteidigten, widersetzten sich die Friedensberater der Regierung Carlos Ossa und später Rafael Pardo dieser Linie vehement. Nach der Abberufung von Samudio 1988, nahm die Regierung eine klarere Position ein. Der Regierungsminister César Gaviria machte die Existenz von 63 solcher Vereinigungen öffentlich. Nach dem Massaker an der Untersuchungskommission in La Rochela (Dep. Santander) 1989 verbot die Regierung die Selbstverteidigungsgruppen mit Hilfe der Dekrete 813, 814 und 815, definierte die Gründung solcher Gruppen als strafbare Handlung und schuf ein 'Komitee gegen den Auftragsmord', um die Anstrengungen verschiedener Institutionen zu koordinieren." (García-Peña 2005: 60) Allerdings, so García-Peña weiter, habe es die Regierung in der Folgezeit versäumt, die paramilitärischen Gruppen de facto zu entwaffnen. Stattdessen habe man sich unter Präsident César Gaviria (1990-94) auf den Kampf gegen das Medellín-Kartell konzentriert, was dazu führte, „dass dem Wachstum der Paramilitärs wie der Organisation der Castaño-Brüder und anderer Drogenringe wie dem Cali-Kartell nicht genug Beachtung geschenkt wurde. Verschiedenen Aussagen zufolge wurde vor diesem Hintergrund sogar die Gründung und der Aufbau der 'PEPEs' toleriert, einer mutmaßlichen Allianz zwischen Cali-Kartell, den Castaño-Brüdern und der Polizeibehörde DAS, die das Ziel hatte, Pablo Escobar aus dem Weg zu räumen." (ebda: 61)

Tatsächlich kann als unumstritten gelten, dass in den 1990er Jahren eine dritte paramilitärische Generation entstand: zunächst in Form der PEPEs-Todesschwadronen, dann ab 1994 mit den *Autodefensas Campesinas de Córdoba y Urabá* (ACCU)[36] und nach 1997 mit dem landesweit operierenden Dachverband *Autodefensas Unidas de Colombia* (AUC). Allen drei Gruppen ist gemeinsam, dass in ihnen der spätere AUC-Kommandant Carlos Castaño eine zentrale Rolle spielte. ACCU und AUC zeichneten sich zudem dadurch aus, dass sie um ein politisch eigenständiges Auftreten bemüht waren. Die AUC besaßen eine Medienabteilung, die die täglich aktualisierte Internet-Site *Colombia Libre* betreute, veröffentlichten ein politisches Programm und nahmen Stellung zu innenpolitischen Themen. Das politische Profil der Organisation war maßgeblich von Carlos Castaño geprägt, der innerhalb der AUC auf eine systematische Außendarstellung drängte und die Organisation bei fast allen Interviews

---

36 Ursprünglich waren die Castaños als Informanten und Auftragsmörder der Armee in den Minengebieten von Nordost-Antioquia aktiv gewesen, wo Fidel Castaño 1988 eine führende Rolle beim Massaker von Segovia spielte (Noche y Niebla 2004: 129). Die ACCU hatten ihren Schwerpunkt in den nordwestkolumbianischen Regionen Córdoba und Urabá, die als Zentren der Agrarökonomie (Viehzucht und Bananenanbau) gelten. Die ACCU operierten aber auch immer wieder in anderen Regionen. 1997 verübten sie unter persönlicher Leitung Carlos Castaños ein Massaker in der 700 km entfernten südkolumbianischen Ortschaft Mapiripán (Meta). Die Paramilitärs wurden hierfür mit einer Chartermaschine aus Nordkolumbien eingeflogen (vgl. Corte Interamericana de Derechos Humanos 2005, Kapitel 7.1.1. und 9.4.).

repräsentierte. Die Bedeutung Carlos Castaños für die politische Wahrnehmbarkeit des Paramilitarismus war so groß, dass die AUC mit seinem Verschwinden 2004 ihren Organisationscharakter schlagartig einbüßten.

Vor diesem Hintergrund scheint es sinnvoll, sich ausführlicher mit der Person Carlos Castaño und seinen Brüdern zu beschäftigen. Zu fragen ist nämlich, ob es sich bei der *politischen* Verselbständigung des Paramilitarismus nicht um eine Art *Narration* gehandelt hat, die – als Element einer medialen, politischen und psychologischen Kriegführung – um die Gestalt Carlos Castaño herum aufgebaut wurde. Während die ökonomische Eigendynamik des Paramilitarismus als Organisationen des Drogenhandels und Gewaltunternehmertums (Duncán 2005 und 2006, vgl. Kap. 8.5.) auf der Hand liegt und insofern eine *ökonomische* Verselbständigung zweifellos festzustellen ist, handelt es sich bei der politischen Positionierung der AUC um einen ausgesprochen oberflächlichen Prozess.

Die Herkunft und Rolle der Castaño-Brüder

Die als Paramilitärführer bekannt gewordenen Castaño-Brüder Fidel, Carlos und Vicente[37] stammten aus dem kriminellen Milieu. Wie Carlos Castaño selbst zugibt, standen Fidel und Carlos in den 1980er Jahren dem Medellín-Kartell nahe (Aranguren Molina 2001: 128, vgl. Corporación Observatorio para la Paz 2002: 30-32, López 2008). Zudem waren die Brüder in der Auftragsgewalt tätig. Gegen Vicente beantragte das deutsche BKA bereits 1989 einen internationalen Haftbefehl wegen Drogenhandels (El Espectador 22.5.2005).

Dennoch lautet die – in den Medien jahrelang unkritisch rezipierte – Darstellung der Paramilitärs, die Castaños hätten sich aus Überzeugung zum Kampf gegen die Guerilla entschlossen. Auslöser sei die Entführung des Vaters Jesús Antonio durch die FARC 1979 gewesen. In einer von Carlos Castaño autorisierten Biografie (Aranguren Molinas 2001) erklärt der AUC-Chef, man habe den Tod des Vaters rächen wollen und deshalb angefangen, in der Gegend von Segovia (Antioquia) für die Armee zu arbeiten. In diesem Zusammenhang sei er, Carlos, 1983 im Alter von nur 18 Jahren zu einem einjährigen Contraguerilla-Kurs nach Israel geschickt worden (ebda: 107-110).[38]

---

37 Vicente Castaño trat erst nach dem Verschwinden seines Bruders Carlos 2004 als Anführer der AUC in Erscheinung. Er gab sich in Interviews als stiller Stratege der AUC (vgl. Semana 5.6.2005). In den Medien wurde er hingegen als Drogenhändler bezeichnet, der am Mordkomplott gegen seinen Bruder Carlos beteiligt gewesen sein soll (vgl. Semana 26.8.2006). Nach Angaben venezolanischer Regierungsstellen wurde Vicente Castaño von ehemaligen Komplizen 2007 in Venezuela ermordet (Cambio 6.9.2007). Vertraute von Vicente Castaño widersprechen dieser These jedoch.

38 Castaño war bis zu seinem Tod ein glühender Verteidiger Israels – eines Landes, über das in Kolumbien sonst selten gesprochen wird: „Wenn ich nach Israel gefragt werde,

Nach seiner Rückkehr nach Kolumbien habe er dann in großem Stil mit paramilitärischen Aktivitäten begonnen. Die Aktionen richteten sich gegen die 'legale Guerilla', wie die Sprachregelung der Paramilitärs lautet – also gegen Gewerkschafter und Anhänger der Linksparteien.

Die Nähe zum Medellín-Kartell macht die Castaño-Brüder auch zu Schlüsselfiguren des Drogenkrieges 1988-93. Ende der 1980er Jahre gehörten Carlos und Fidel zum engen Kreis um den Pablo Escobar (ebda: 126-156). Carlos will dabei allerdings eine größere Distanz gewahrt haben als sein Bruder und unter dem Decknamen „Alekos" 1989 angefangen haben, Informationen über Escobar an die kolumbianische Polizei weiterzugeben.[39] Schließlich habe auch Fidel mit Pablo Escobar gebrochen und sich an der Zerschlagung des alten Medellín-Kartells beteiligt.

Dieser Seitenwechsel der Castaños war nicht nur für den Ausgang des Drogenkrieges zwischen Staat und Medellín-Kartell entscheidend, sondern spielte auch eine Schlüsselrolle bei der Neuformierung des Paramilitarismus ab 1989. Bis zu diesem Zeitpunkt hatte das Kartell eine zentrale Rolle im Paramilitarismus gespielt. Aus dem Drogenhandelsmilieu war die MAS gegründet worden, die Medelliner Capos stellten Auftragsmörder, finanzierten Waffen und beteiligten sich an Ausbildungskursen (vgl. Human Rights Watch 1996, Colombia Nunca Mas 2001, Noche y Niebla 2004). Ende der 1980er Jahre zerfiel diese Allianz jedoch und es kam zu einer Konfrontation des Kartells mit dem kolumbianischen Staat und den US-Behörden. Dass Pablo Escobar den Drogenkrieg schließlich verlor und im Dezember 1993 von einer Sondereinheit getötet wurde, war maßgeblich auf die Aktivitäten der PEPEs *(Perseguidos por Pablo Escobar)* zurückzuführen, einer irregulären Todesschwadron, die das Umfeld Escobars ab 1992 massiv unter Druck setzten.

Das Problem bei der Verfolgung Escobars hatte bis dahin darin bestanden, dass der Drogen-Capo auf ein dichtes Unterstützernetzwerk zählen konnte. Dieses Umfeld wurde von den PEPEs angegriffen. Die Todesschwadron ermordete Hunderte mutmaßlicher Gefolgsleute Pablo Escobars, darunter sowohl jugendliche Bandenmitglieder als auch Politiker und Anwälte, und sorgte auf diese Weise für ein all-

---

kann mich niemand mehr halten. Ich kenne die Geschichte des israelitischen (sic!) Volkes und ich kenne sie so gut wie die kolumbianische. Wirtschaftlich repräsentiert Israel die Stärke der USA und Frankreichs; was die Sicherheit angeht, ist Israel das Bollwerk gegen den orientalischen Fundamentalismus, eine Ruhepol in diesem Dampfkessel.(...) Und die israelischen Streitkräfte? Da kann man nur den Hut ziehen. Sie verschmelzen mit ihrer Nation zu einem Körper. Wunderbar!" (zit. nach: Aranguren Molina 2001: 107f) Staatsnahe israelische Militärunternehmen spielen seit den 1980er Jahren eine zentrale Rolle bei der Ausbildung, Versorgung und Beratung von Armee und Paramilitärs (vgl. Kap. 9.4.).

39   Diese Behauptung Castaños wurde 1994 von einem führenden Beamten der DAS-Polizei in einem Schreiben bestätigt (siehe die Kopie in Aranguren Molina 2001: 132).

gemeines Klima der Angst. Finanziert wurde die Todesschwadron vor allem vom konkurrierenden Cali-Kartell, das 50 Millionen US-Dollar bereit gestellt haben soll (Aranguren Molina 2001: 147f), logistische Unterstützung unterhielt sie von der Eliteeinheit der kolumbianischen Polizei *Bloque de Búsqueda* und verschiedenen US-Behörden (El Nuevo Herald, 20.10.2000, Philadelphia Inquirer 11.11.2000, Aranguren Molina 2001: 143-155, Bowden 2001, El Espectador 4. 6. 2006, Semana 17.2.2008, vgl. Kap. 9.4.).

Die von García-Peña (2005) und anderen vertretene These, es habe 1989 eine staatliche Offensive gegen den *Narcoparamilitarismo,* also die Verbindung von Drogenhandel und Paramilitarismus, gegeben, ist vor diesem Hintergrund nicht zu halten. Verfolgt wurde das Kartell Pablo Escobars. Der Paramilitarismus hingegen – das heißt der Aufbau bewaffneter irregulärer Strukturen, die *zur* und *mit* Unterstützung des Staates agierten – erfuhr einen qualitativen Sprung.

Die späteren AUC-Kommandanten Carlos Castaño, Diego Murillo und Carlos Mauricio García haben unabhängig voneinander offen gelegt, wie die PEPEs entstanden (Aranguren Molina 2001: 143-148, Bloque Metro 2002). Ihnen zufolge wurden die PEPEs maßgeblich von vier Personen aufgebaut: von Carlos und Fidel Castaño, die selbst zum Umfeld Pablo Escobars gehörten, dem ehemaligen Sicherheitsmann des Medellín-Kartells Diego Murillo Bejarano (alias „Don Berna") und dem (für Fidel Castaño arbeitenden) Ex-Militär Carlos Mauricio García (alias „Rodrigo Franco" alias „Doble Cero") (Aranguren Molina 2001: 147). Als Motiv für ihren Seitenwechsel nannten die Paramilitärführer die exzessive Gewalt Pablo Escobars und seine Konfrontationslinie gegenüber dem Staat.

Somit ergibt sich eine bemerkenswerte Kontinuität, die in der akademischen Debatte des Paramilitarismus lange kaum Berücksichtigung fand: Die Gründungsmitglieder der AUC gehörten selbst zum Medellín-Kartell oder ihrem Umfeld, lösten sich Anfang der 1990er Jahre von Pablo Escobar und trugen als Todesschwadron zum Fall des Drogen-Capos bei.

Bei den PEPEs handelte es sich – wie die Beteiligten dargelegt haben – um eine parapolizeiliche, mit staatlicher Unterstützung agierende Gruppe. Die Anführer der PEPEs gingen im Hauptquartier der Polizei-Drogensondereinheit *Bloque de Búsqueda* ein und aus und unterhielten dort sogar Kontakte mit US-Personal von CIA, DEA und US Navy (Aranguren Molina 2001: 151). Die Kombination staatlicher und außerstaatlicher Gewalt war für die Beteiligten völlig logisch. So erklärt Carlos Castaño anhand der PEPEs ganz unverhohlen den Kern der parapolizeilichen oder paramilitärischen Strategie: „Dank des irregulären Krieges (der PEPEs, Anm.d.V.) konnte der *Bloque de Búsqueda* Pablo Escobar in einer Operation ohne unsere Beteiligung ausschalten. Im strikten Sinne des Wortes waren die PEPES die erste parastaatliche Gruppe in der kolumbianischen Geschichte. Wir wurden von der Staatsanwaltschaft, der Polizei, dem Heer, dem DAS und der Procuraduría (der staatlichen Disziplinarabteilung,

Anm.d.V.) toleriert. Präsident César Gaviria Trujillo hat nie eine Untersuchung gegen uns angeordnet. Die Journalisten haben heimlich applaudiert. Und so muss es auch sein! Die Staaten verteidigen sich mit verfassungsmäßigen und nicht-verfassungsmäßigen Mitteln, wenn sie von Monstern wie Pablo Escobar bedroht sind." (zit. nach: Aranguren Molina 2001: 142)

Die AUC gehen direkt aus den PEPEs-Todesschwadronen hervor. Nach dem Verbot so genannter Selbstverteidigungsgruppen 1989 musste sich der kolumbianische Paramilitarismus neu formieren und auf Distanz zum Staatsapparat gehen. Die im Rahmen der PEPEs geknüpften Netzwerke in Staat und organisierter Kriminalität dienten dabei als Grundlage für unscheinbarere, informellere Formen der Kooperation. Die Entwicklung des politisch auftretenden, „verselbständigten" Paramilitarismus vollzog sich in mehreren, offensichtlich politisch kalkulierten Schritten.

Anfang der 1990er Jahre verfügten die Castaño-Brüder parallel zu den PEPEs über eine so genannte Selbstverteidigungsgruppe namens *Los Tangueros* – benannt nach der im nordkolumbianischen Córdoba gelegenen Finca *Las Tangas* (Human Rights Watch 1998: 101f). Auf die Illegalisierung der *Autodefensas* reagierten die Castaños mit einer politischen Initiative. Sie boten an, die *Tangueros* aufzulösen, wenn auch die maoistische EPL-Guerilla in Córdoba und Urabá ihre Waffen niederlege[40]. Als sich das EPL tatsächlich mehrheitlich demobilisierte, inszenierten sich die Castaños, bis zu diesem Zeitpunkt nur als Kriminelle in Erscheinung getreten, als politische Führer. Sie gründeten die Stiftung FUNPAZCOR, um Land an Ex-Guerilleros zu verteilen (UNHCR 2003). Den Castaño-Brüdern gelang es auf diese Weise, ihre Verbindungen zum Medellín-Kartell vergessen zu machen und sich als Protagonisten eines Friedensprozesses zu profilieren. Ihr Versprechen, die *Tangueros* aufzulösen, hielten

---

40 Das Ende der EPL-Guerilla gehört zu den verwirrendsten Kapiteln der kolumbianischen Geschichte und wird häufig als Beleg für den entpolitisierten Charakter des Bürgerkriegs herangezogen. Tatsächlich lief ein Teil der maoistischen Guerilla nach 1991 zu den rechen AUC-Milizen über. Die Verwandlung war das Ergebnis eines beschleunigten Zerfallsprozesses. Das stalinistische EPL (das sich bis 1991 an Albanien orientierte) spaltete sich in einen Mehrheitsflügel, der mitsamt der ihm beeinflussten Gewerkschaften mit der Staatsmacht zu kooperieren begann, und einen Minderheitenflügel, der den bewaffneten Kampf weiterführte. Als sich Teile der EPL-Mehrheit in die lokale Polizei eingliederten, griff die FARC-Guerilla die Demobilisierten an, weil sie befürchtete, die Ex-Guerilleros könnten von nun als Armee-Informanten arbeiten. Durch den Angriff wurden die Demobilisierten in ein noch engeres Bündnis mit Staat und Paramilitärs hineingetrieben (vgl. Madariaga 2006, Romero 2005: 159-222). Es kam zu schweren bewaffneten Auseinandersetzungen. Paramilitärs und Armee nutzten das Bündnis mit den Ex-Maoisten, um ein autoritäres Regime in der Region zu etablieren und kämpferische Gewerkschaftsströmungen zu zerschlagen. In der Folgezeit wurde Urabá von der paramilitärischen Rechten kontrolliert, wobei das demobilisierte EPL (mittlerweile als politische Partei) und die von ihr kontrollierte Gewerkschaft SINTRAINAGRO als Alliierte der Paramilitärs fungierten.

sie in der Folgezeit allerdings nicht ein. Stattdessen begannen sie mit dem Aufbau einer großen paramilitärischen Organisation in Nordkolumbien (ebda). Dabei ging es zunächst darum, die in Urabá starken Gewerkschaften und Bauernbewegungen zu zerschlagen oder unter Kontrolle zu bringen und die Linkspartei *Unión Patriótica* zu vernichten. Etwa im gleichen Zeitraum, als die Castaño-Gruppe bei der Jagd auf Pablo Escobar eingesetzt wurde, verstärkte man mit Unterstützung der Armee (der berüchtigten 17. Heeresbrigade unter Befehl des Generals Rito Alejo del Río), den im Verband UNIBAN zusammengeschlossenen Plantagenunternehmen und dem mächtigen Viehzüchter-Verband GANACOR die Präsenz in den Regionen Urabá und Córdoba. Als Pablo Escobar im Dezember 1993 starb, konzentrierte sich die Castaño-Gruppe völlig auf diese Aktivitäten. Auf diese Weise entstanden 1994 die *Autodefensas Campesinas de Córdoba y Urabá (ACCU)*, die in den folgenden zehn Jahren das Machtzentrum des Paramilitarismus bilden sollten.[41]

Mit dem Verschwinden Fidel Castaños verwandelte sich der jüngere Bruder Carlos in die unangefochtene Führungsperson des kolumbianischen Paramilitarismus. Unter seiner Führung unternahmen die neu gegründeten ACCU große Anstrengungen, sich als autonome Organisation einer von der Guerilla terrorisierten Bauernbevölkerung zu präsentieren. In diesem Zusammenhang war bereits der Name Ausdruck des politischen Projekts. Der Begriff der *Autodefensa Campesina* (Bauernselbstverteidigung) war lange Zeit fast ausschließlich für die Kleinbauernmilizen der *Violencia* verwendet worden, aus denen 1964 die FARC hervorgegangen waren. Die ACCU hingegen wurden – noch sehr viel deutlicher als die *Autodefensas* im Magdalena Medio – von Viehzüchtern und Plantagenunternehmern getragen, vertraten also gerade nicht die einfache Bauernschaft, sondern jenen Großgrundbesitz, der die Landkonzentration in Kolumbien in den vergangenen Jahrzehnten extrem verschärft hat. Obwohl die ACCU die Vertreibung von Kleinbauern vorantrieben und eine Art „Gegen-Landreform" einleiteten (vgl. Kapitel 8.2.), gelang es ihnen, den Begriff der „Bauernselbstverteidigung" zu besetzen und umzudeuten.

Möglich war dies, weil die Paramilitärs unter Führung von Carlos Castaño eine langfristig angelegte Medienstrategie verfolgten. Mit wohlwollender Unterstützung der führenden Medien *El Tiempo, Semana, RCN* und *Caracol* verwandelte sich der dubiose Auftragsmörder Castaño in einen bei den Mittelschichten hochpopulären Gegen-

---

41 Mitten in diesem Transformationsprozess verschwand Fidel Castaño von der Bildfläche. Seine Familie erklärte ihn für tot, der Leichnam tauchte jedoch nie auf. Der Tod des Paramilitärkommandanten wird in Kolumbien auch deshalb in Frage gestellt, weil er den Castaños ausgesprochen gelegen kam. Fidel Castaño war vom Obersten Gerichtshof kurz zuvor zu einer 20jährigen Haftstrafe verurteilt worden, seine Beziehungen zum Drogenhandel belasteten die politische Ambitionen der ACCU. Irritierend ist zudem auch, dass die Angehörigen Fidel Castaños unterschiedliche, mehrere Monate auseinander liegende Zeitpunkte seines Todes genannt haben.

Guerillero. Die Schärfung des politischen Profils ging dabei mit dem Aufbau neuer Strukturen einher. 1997 gründete Carlos Castaño mit anderen Paramilitärführern den Dachverband AUC. Die Organisation verfolgte dabei vor allem drei Ziele. Sie bemühte sich darum: a) im kolumbianischen Staatsgebiet zu expandieren und sich als landesweit operierende Organisation zu etablieren, b) eroberte Gebiete zu konsolidieren, das heißt von militärischer zu politischer, sozialer und ökonomischer Kontrolle überzugehen, und c) sich als eigenständiger Akteur neben Staat und Guerilla zu profilieren.

Auf auffällige Weise kopierten die AUC dabei Auftreten und organisatorische Struktur der Guerilla. Sie gaben sich ein politisches Programm, forderten – auf aller- dings rhetorische Weise – soziale und politische Reformen und organisierten sich, den Aufbau der Guerilla regelrecht klonend, in „Fronten" und „Blöcken". Dabei wurden Namen gewählt, die denen von Guerillaeinheiten auffallend ähnlich waren: Der nordkolumbianische AUC-Block *Resistencia Tayrona,* der auf den Widerstand der Tayrona-Indígenas Bezug nimmt, wurde offensichtlich nach der ELN-Stadtguerilla von Barrancabermeja *Resistencia Yariguíes* benannt – einem weiteren Indigenen- stamm. Der Name des Medelliner AUC-Block *Cacique Nutibara,* erinnert auffällig an den Namen der ELN-Front *Cacique Calarcá.*

Der Zerfallsprozess der AUC ab 2002 legt nahe, dass es sich bei dieser 'Politisie- rung' und 'Zentralisierung' des Paramilitarismus um eine Inszenierung handelte, mit der eine Symmetrie von 'rechten' und 'linken Rebellen' hergestellt, Verwirrung gestiftet und politische Positionen insgesamt entwertet werden sollten. Die Nummer 2 der AUC Salvatore Mancuso äußerte nach seiner Demobilisierung gegenüber der Justiz denn auch die These, es habe sich bei den AUC um eine „virtuelle" Organi- sation gehandelt. Eine zentralisierte Struktur „existierte nur in der Phantasie des Kommandanten Castaño, der wollte, dass die Öffentlichkeit die Autodefensas (...) als exaktes Gegenstück der Guerilla betrachtete; als Kopie der bürokratischen Struktur der Guerilla". (zit. nach: Semana 2.5.2007)

Hier deutet sich erneut an, dass es in Kriegen der Aufstandsbekämpfung funkti- onal sein kann, asymmetrische Konstellationen zu 're-symmetrisieren'.

Die paramilitärische Erzählung

Zentrale Bedeutung für die Außenwahrnehmung der AUC hatte Castaños erster Fernsehauftritt 2000 (vgl. Estrada Gallego 2001) sowie die gemeinsam mit dem Jour- nalisten Aranguren Molina (2001) veröffentlichte Biografie *Mi Confesión.* Castaños „Geständnis" kann als zentrale Konflikt-Narration des Paramilitarismus betrachtet werden und soll daher an dieser Stelle etwas ausführlicher diskutiert werden.

Die im Plauderton gehaltene Biografie war offensichtlich für ein Massenpublikum bestimmt. Dabei ist auffällig, dass der Text keine klare inhaltliche oder chronolo- gische Struktur besitzt. Die Darstellung springt zwischen Anekdoten hin und her, wodurch eine zwischen Abenteuerroman und Boulevardreportage oszillierende Stimmung erzeugt wird. Der Journalist Aranguren begleitet den Paramilitär Castaño durch die Klandestinität[42], deren Gefährlichkeit immer wieder hervorgehoben wird. Man bereist abgelegene Waldgebiete, wobei die Aufzeichnungssituation mit der Erzähllebene zurückliegender Episoden verwoben wird. Nebenbei werden alle wichtigen Führer der AUC vorgestellt, die auf diese Weise erstmals aus Anonymität und Illegalität hervortreten und zu menschlichen Gestalten werden.[43]

Vier Thesen werden im Text mit besonderem Nachdruck vertreten:

1) Der Paramilitarismus ist Konsequenz der Staatschwäche. Die AUC mussten zur Selbstverteidigung greifen, weil der Staat nicht in der Lage war, seine Bürger gegen die Guerilla zu schützen. Zur Untermauerung dieser Behauptung wird das Familiendrama in den Mittelpunkt gerückt. Der Tod des Vaters Jesús Antonio übernimmt die Funktion eines Ursprungsmythos' (Aranguren Molina 2001: 53-74). Der Paramilitarismus ist aus einer Verzweiflungstat geboren. „Ja, das war der traurige Anfang von allem. Wenn sie Papa nicht entführt und ermordet hätten, würde ich bestimmt nicht den Antiguerilla-Kampf hier kommandieren. Ich kann alles verzeihen, was in diesen 20 Jahren Krieg geschehen ist, nur den Tod meines Vaters nicht (...) Manchmal sehe ich ihn (den Mörder des Vaters, Anm. d.V.) als Schuldigen für alle, die ich töten musste[44]. Dieses Kapitel meines Lebens ist so lange nicht abgeschlossen, bis sie mir den Leichnam meines Vaters zurückgeben. Es gibt drei Männer im Sekretariat der FARC, mit denen ich niemals Frieden schließen werde, besonders mit einem: demjenigen, der den Befehl gab. Ich werde der einzige Grund sein, damit sie nicht dort hinkommen, wo sie hinwollen." (ebda: 57)

---

42   Tatsächlich haben sich die AUC-Führer nur teilweise verstecken müssen. Aus verschiedenen Berichten, darunter auch Castaños Biografie selbst, wird deutlich, dass Paramilitärkommandanten mit dem Helikopter reisten, Handys benutzten und Elite-Clubs frequentierten. Gegen die AUC-Führung lagen zwar Haftbefehle vor, aber die Komplizenschaft der Sicherheitsorgane eröffnete ihnen Bewegungsspielräume.

43   Die Veröffentlichung der Biografie 2001 diente offensichtlich dazu, den AUC eine Anerkennung als politischer Akteur zu verschaffen – als politische Rebellen konnten die Paramilitärs (anders als als Söldner) mit einer Amnestie rechnen. Das Demobilisierungsvorhaben sorgte innerhalb der AUC allerdings für Nervosität. Einige AUC-Kommandanten befürchteten, dass Castaño – der bekanntermaßen Pablo Escobar und andere Drogenhändler an den Staat verraten hatte – sich auf ihre Kosten als „Antisubversiver" profilieren, seine Komplizen belasten und die eigene Haut retten würde. (Eine plausible These für das Verschwinden Carlos Castaños lautet denn auch, er sei von anderen AUC-Führern umgebracht worden.) Vor diesem Hintergrund scheint sich Castaño darum bemüht zu haben, auch andere AUC-Führer im Buch zu Wort kommen zu lassen.

44   Die sprachlichen und grammatikalischen Fehler sind charakteristisch für den Text – möglicherweise weil die Ungeschliffenheit Castaño noch ein Stück menschlicher erscheinen lässt.

Nach und nach, so Castaño, habe sich bei den späteren Paramilitärführern die Erkenntnis durchgesetzt, dass man vergleichbare Tragödien in anderen Familien durch tatkräftiges Handeln verhindern könne. Die Massaker der Paramilitärs werden in dieser Narration damit gerechtfertigt, dass sich die Guerilleros als Zivilisten tarnen. Bei den Morden handelt es sich nicht um Verbrechen an der Bevölkerung, sondern um Schläge gegen verdeckt operierende Guerilleros.

2) Castaño und seine Männer müssen große persönliche Opfer in Kauf nehmen. Sie haben schon früher als Viehzüchter und Händler hart geschuftet und sind nun als AUC-Kämpfer besonders schweren Einschränkungen unterworfen[45]. Castaño und seine Leute erscheinen dabei nicht nur als tatkräftige Macher, die Verantwortung für ihr Land übernommen haben und unternehmerischen Geist beweisen, sondern verwandeln sich auch in die eigentlichen Freiheitskämpfer im Land – in Anti-Partisanen-Partisanen, die das Land von den Geißeln Erpressung, Entführung und Kommunismus befreien. Auf diese Weise kommt es zu einer eigenartigen Doppelung: Einerseits attackiert die Erzählung den Mythos des Guerillero, indem immer wieder betont wird, wie korrupt und kriminell die Guerillaorganisationen sind. Weil sich diese Position aber nicht vollständig durchhalten lässt (die Umverteilung von Land in Guerillagebieten oder die Unterstützung von Gewerkschaftern in einem Arbeitskampf lassen sich kaum als Korruption deuten), greift die Narration auf eine in der kolumbianischen Öffentlichkeit weit verbreitete Argumentationsfigur zurück: *Früher* hätten die Guerillas – vor allem die mittlerweile demobilisierten Organisationen – politische Ideale verfolgt, *heute* hingegen gehe es nur noch um Macht und Geld[46]. Andererseits greift die paramilitärische Narration den mit der Guerilla verbundenen Robin-Hood-Mythos aktiv auf. Wie der Freiheitskämpfer bewegt sich auch Carlos Castaño in wilden Naturlandschaften, weiß nie genau,

---

45 Selbst das Essen ist ärmlich (Aranguren Molina 2001: 36): „... die Leibwächter des Kommandanten brachten uns Essen, eine Überdosis an Kohlenhydraten: Reis, Kartoffeln, Maniok, getoastete Bananen und ein mageres Hühnerbein ... Das Essen war nicht schlecht, aber es war eben nicht von einer Mutter zubereitet, sondern von Kriegern in den Bergen gekocht. 'Isst Castaño wohl jeden Tag so?', fragte ich mich."

46 Diese Argumentation ist auch in der wissenschaftlichen Debatte bestimmend und dient als Grundlage für die These vom „kolumbianischen Bandenkrieg". Unterschlagen wird dabei, dass sich die umstrittenen Praktiken der Guerilla (Entführungen, Erpressung, standrechtliche Erschießung) in den vergangenen drei Jahrzehnten kaum verändert, allerdings zugenommen haben. Zu erklären ist diese Zunahme mit der Eskalation des Krieges und mit der damit einhergehenden Ausbreitung der Militärlogik. In diesem Sinne muss ein begründeter Vorwurf vor allem an die FARC lauten, die militaristische Dynamik nicht unterbrochen zu haben. Genau das wiederum ist jedoch Ausdruck einer ausgeprägten (politisch nicht sehr produktiven) Prinzipientreue – also des Gegenteils von Korrumpiertheit. FARC und ELN haben sich im Unterschied zu den anderen Guerillaorganisationen genau deshalb nicht ins zivile Leben eingegliedert, weil ihre Anführer hartnäckig an alten Konzepten festhielten.

wo er die Nacht verbringen wird, lebt gejagt von den Autoritäten und will doch nur die einfachen Leute verteidigen. Durch diese Doppelung wird der Mythos des Guerillero, der bei der Rekrutierung von FARC und ELN immer noch eine Rolle spielt, zwar reproduziert, aber so umgedeutet, dass er schließlich entwertet ist. Sogar offensichtliche Widersprüche innerhalb der paramilitärischen Erzählung werden in diesem Zusammenhang funktional. Wenn sich alle irregulären Kriegsakteure gleichermaßen als Robin Hoods präsentieren, die mit dem Maultier durch die Berge ziehen (um dann einige Seiten weiter mit dem Mercedes-Jeep anzureisen und teure Importweine zu trinken), dann zeigt das, wie unglaubwürdig die Politik insgesamt geworden ist. Dadurch dass der Paramilitarismus die Guerilla kopiert, gleichzeitig aber die Unstimmigkeiten der eigenen Selbstdarstellung durchblicken lässt, wird das Bild des Robin-Hood-Rebellen insgesamt diskreditiert.

3) Um Straffreiheit bemüht, versucht Castaño sich weiterhin als liebevoller Familienmensch und guter Nachbar zu präsentieren (ebda:75-82, 287ff). Er kann etwas aufbrausend sein (daher auch sein 'entschlossenes' Vorgehen im Krieg), doch eigentlich ist er freundlich und sein Herz schlägt für die einfachen Leute. Die Funktion dieses narrativen Strangs liegt auf der Hand: Die auffälligste Eigenschaft des Paramilitarismus – sein Klassencharakter[47] – soll in Vergessenheit geraten. Die Aufwertung der AUC-Führer zu Politikern soll dabei auch ganz konkret der Rückkehr in die Legalität den Weg ebnen und ihnen die Möglichkeit eröffnen, die angeeigneten Reichtümer zu behalten. Dieses Vorhaben konnte zwar später nicht vollständig umgesetzt werden, doch erlangten die Demobilisierungsgespräche, die zum Veröffentlichungszeitpunkt des Buchs vorbereitet wurden, eine gewisse gesellschaftliche Akzeptanz.

4) Das wichtigste Ziel der Erzählung ist schließlich, die Paramilitärs als autonome dritte Kriegspartei zu etablieren, den Staat damit zu entlasten und die AUC politisch aufzuwerten. Da die historischen Verbindungen zwischen Staat und Paramilitärs kaum geleugnet werden können, wählt Castaños Erzählung auch in dieser Frage einen Mittelweg. Er wird nicht müde, seine Hochachtung für die Militärs zu erklären, die die Rechtsordnung gegen die „subversive Bedrohung" verteidigen. Doch eine direkte Zusammenarbeit gesteht Castaño nur für die 1980er Jahre ein, als er als Führer und Informant der Armee tätig war. Das letzte Mal direkt kooperiert mit den Sicherheitsorganen habe er im Kampf gegen (den „diabolischen") Pablo Escobar, als Castaño nach eigenen Aussagen mit staatlicher Unterstützung die PEPEs aufbaute. Danach jedoch hätten sich die Paramilitärs verselbständigt. Der von Menschenrechtsorganisationen vertretenen These, bei den Paramilitärs handele es sich um „uneheliche Kinder des Staates", wird von Castaño widersprochen: „(...) wir Selbstverteidigungsgruppen

---

47 Wie erwähnt hat sich kein paramilitärisches Massaker jemals gegen wohlhabende Wohnviertel gerichtet. Zudem hat der Paramilitarismus stets die ökonomischen Interessen der Oberschicht verteidigt.

sind die unehelichen Kinder der Guerillas in Kolumbien. Nach und nach habe ich ein neues universelles Konzept geschaffen. Eine illegale Armee, die im Jahr 2001 weder paramilitärisch ist noch für die Regierung kämpft. Die das System und den Staat mit Waffen verteidigt, die sie den Autoritäten abnimmt, weil sie ihn in verschiedenen Zonen ersetzt hat, aber nicht bekämpft. Die die Einhaltung des Gesetzes verlangt und doch selbst außerhalb des Gesetzes steht. Eine Art 'parastaatliche' Gruppe. Das hat mir niemand beigebracht und, wenn es sich so gut entwickelt hat, dann weil es so ist!" (Aranguren Molina 2001: 90)

Diesen letzten Aspekt gilt es ausführlicher zu diskutieren. Es ist oben bereits erwähnt worden, dass beim Aufbau der AUC Struktur, Propaganda und Diskurs der Guerilla regelrecht geklont wurden. Wie die FARC organisierten sich die AUC in „Fronten" und „Blöcken" und wandten Organisationsmethoden an, wie sie bis dahin für die Guerilla charakteristisch gewesen waren – Durchführung gemeinschaftlicher und sozialer Projekte, Organisation von Festen und Veranstaltungen, Unterbindung von Kriminalität[48] etc. Sie betrieben politische Propaganda und forderten darin die politische Klasse heraus, indem sie den *gobiernos de turno* (den „wechselnden Regierungen", wie es in Kolumbien abwertend heißt) vorwarfen, das Land auszurauben.

Die Paramilitärs betrachteten sich selbst zwar als Verteidiger des Staates gegen seine Feinde, distanzierten sich aber gleichzeitig vom politischen Apparat. Diese Haltung läuft nur auf den ersten Blick auf einen Angriff auf den Staat hinaus. Durch das Auftauchen eines dritten Akteurs wurde der kolumbianische Bürgerkrieg *resymmetrisiert*. Für die Staatsmacht bedeutete dies eine enorme Verbesserung der Konfliktkonstellation. Dadurch dass die Paramilitärs im Verlauf der 1990er Jahre Gewaltaufgaben übernahmen, konnte es sich der kolumbianische Staat leisten, selbst weniger repressiv aufzutreten. Zudem geriet er in eine komfortable Mittelposition zwischen den illegalen Kriegsparteien. Er erschien nicht länger als Täter, sondern als Opfer einer Staatskrise und einer eskalierenden extremistischen Gewalt. Dass der Staat dem Terrorismus von rechts und links scheinbar wehrlos gegenüberstand, legte wiederum eine autoritäre Lösung der Krise nahe.

Zudem verschob sich durch die neue Anordnung auch der Charakter des Konflikts. Der sozial motivierte Bürgerkrieg verwandelte sich durch die Brutalität des Paramilitarismus in ein Gewaltproblem, bei dem Extremismus und Kriminalität vermengt waren. Die Aktionen der Paramilitärs sorgten in Verbindung mit gezielter Desinformation für eine Entpolitisierung des Konflikts. Die (Falsch-) Meldungen,

---

48 Im Dokumentarfilm „La Sierra" (Martínez/Douglas, 2004) scheinen Paramilitärs und Guerillamilizen aus der Perspektive der Slumbewohner völlig austauschbar zu sein. Die AUC veranstalten Stadtteilfeste, sorgen wie zuvor die Guerillamilizen für Sicherheit und werden von der Bevölkerung *pelaos* (Jungs) genannt. Das ändert allerdings nichts daran, dass die von den AUC durchgesetzte Ordnung der der Guerilla in zentralen Punkten widerspricht.

dass die Guerilla (wie 1988 in Segovia/Dep. Antioquia) eine Arbeiterstadt überfallen oder (wie 1989 in La Rochela/Dep. Santander) eine Untersuchungskommission massakriert hatte, trugen zur fallenden Popularität der Guerilla und allgemein zu einer sinkenden Mobilisierungsfähigkeit der Opposition bei. Darüber hinaus setzte die Strategie der AUC aber auch ganz real eine Entpolitisierung in Gang. Die Entgrenzung der Gewalt durch die Paramilitärs beschleunigte die Ausbreitung der Kriegslogik und provozierte in dreierlei Hinsicht eine Anpassung seitens der Guerilla: a) Die Massaker provozierten Rachehandlungen und damit eine Personalisierung des Konflikts; b) die Ausbreitung der AUC zwang die Guerilla zu höheren Kriegsausgaben und damit zum Ausbau der eigenen, sich politisch fatal auswirkenden Kriegsökonomie (Drogenbesteuerung, Schutzgelderpressung, Entführungen etc.) und c) der paramilitärische Angriff auf soziale Netzwerke zwang die Guerilla zur Abkehr von politischer Organisationsarbeit[49] und veranlasste sie, sich auf die militärische Konfrontation zu konzentrieren.

Der politisch auftretende, gleichzeitig aber besonders brutal agierende Paramilitarismus der AUC veränderte den Charakter des Konflikts also grundlegend. Er ließ den Krieg als Angriff von Extremisten auf den Staat erscheinen und machte damit die sozialen und politischen Dimensionen unsichtbar. Er setzte mit seinem Totalisierungsimpuls eine Gewaltdynamik in Gang, drückte dem ursprünglichen, sozialrevolutionär motivierten Konflikt einen Stempel der persönlichen Feindschaft auf und spaltete die Bevölkerung in sich unversöhnlich gegenüberstehende Opfergruppen. Schließlich sorgte die paramilitärische (Des-) Informationspolitik, das heißt die Verbreitung „grauer" und „schwarzer Propaganda", für eine Verunsicherung der Öffentlichkeit. Auch die Castaño-Biografie muss in diesem Sinne gelesen werden. Die Vermischung von Fakten und Propaganda, von Geständnissen und Lügen – aus der Castaño keinen Hehl macht; er verweist sogar darauf, dass er es mit der Wahrheit nicht allzu ernst nehmen darf – erzeugt allgemeine Ratlosigkeit beim Leser. Dass Castaño dadurch an Glaubwürdigkeit verliert, ist in gewisser Hinsicht erneut funktional. Beim Leser stellt sich das Gefühl ein, niemandem trauen und den Konflikt gar nicht mehr logisch begreifen zu können. Als Ergebnis entfaltet sich ein Klima der Apathie, in dem kollektiver Widerstand sinn- und perspektivlos erscheint.

Man könnte vor diesem Hintergrund also die These formulieren, dass der Paramilitarismus zunächst eine Art Mimikry an die Guerilla vollzog, das heißt sich

---

49 Der Angriff auf Gewerkschaften, Genossenschaften und Menschenrechtsgruppen scheint das ELN in den 1990er Jahren heftiger als die FARC getroffen zu haben. Da das ELN nicht in der Lage war, die Bevölkerung vor den Paramilitärs zu schützen, zog es sich aus dichter besiedelten Regionen zurück und verlor damit auch seine politische Anbindung. Die FARC hingegen agieren seit Anfang der 1990er Jahre als mobile militärische Truppe und unterhalten meist nur oberflächliche Beziehungen zu Basisorganisationen.

der Erscheinung der Aufständischen annäherte, wodurch der Konflikt – durchaus beabsichtigt – undurchschaubarer wurde und sich entpolitisierte. Gleichzeitig sorgte die paramilitärische Eskalation für eine Dynamik, die ihrerseits die Guerilla zur Mimikry zwang: Die Intensivierung des Krieges wertete ökonomische, militärische und zum Teil auch persönliche Aspekte gegenüber politischen auf.

Die Beziehungen zwischen Staat und Paramilitärs in den 1990er Jahren

Die verbreitete These, wonach sich der Paramilitarismus in den 1990er Jahren vom Staat gelöst habe, lässt sich nicht mit Fakten belegen. Reguläre und irreguläre Aufstandsbekämpfung blieben, wie sich an folgenden Fällen exemplarisch nachweisen lässt, auch in den Folgejahren miteinander verzahnt:

– 1991 wurden die kolumbianischen Geheimdiensteinheiten neu strukturiert. In diesem Zusammenhang entstand in der Erdölstadt Barrancabermeja ein so genanntes *Red de Inteligencia 07,* das der Flussmarine unter dem Kommando von Oberst Rodrigo Quiñonez unterstellt war. Das Netzwerk heuerte regelmäßig bezahlte Killer zur Beseitigung von Verdächtigen und politischen Gegnern an (Colectivo de Abogados 1999: 75-77). In diesem Zusammenhang wurden 1992/1993 mehr als 50 Aktivisten aus Gewerkschaften und Menschenrechtsgruppen in Barrancabermeja ermordet. Ermittlungen der kolumbianischen Justiz ergaben, dass die Mordanschläge über ein von der Flussmarine gegründetes Unternehmen namens *Comercial Marítima y Fluvial Limitada* abgewickelt wurden. Als Geschäftsführer des Unternehmens fungierte Oberst Rodrigo Quiñonez selbst (El Nuevo Herald 25. 11. 2002).

– Im Februar 1994 erließ die Regierung von Präsident Cesar Gaviria das Dekret 354, mit dem der Aufbau paramilitärischer Gruppen nur fünf Jahre nach dem Verbot durch das Verfassungsgericht erneut legalisiert wurden. So genannte CON-VIVIR- Sicherheitskooperativen wurden autorisiert, Wachdienste in Stadt und Land auszuüben und die Armee im Anti-Guerilla-Kampf zu unterstützen. Auch wenn die Regierung erklärte, das Dekret solle die Ausbreitung des Paramilitarismus auf keinen Fall unterstützen, trat, wie von Menschenrechtsorganisationen vorhergesagt, genau dies ein. Die CONVIVIR übten eine Scharnierfunktion zwischen Militärs und illegalen Paramilitärs aus und unterstanden vielfach direkt der AUC-Führung (Comisión Colombiana de Juristas 2008a)[50]. Besonders im

---

50 Der Paramilitärführer Éver Veloza García (alias HH) bekräftigte gegenüber der Justiz, dass „alle CONVIVIR uns gehörten" (zit. nach: Comisión Colombiana de Juristas 2008a:1). Bei einer Parlamentsdebatte im April 2007 wurde weiterhin belegt, dass der Präsident Álvaro Uribe als Gouverneur von Antioquia die Legalisierung von neun, berüchtigten AUC-Führern persönlich unterstellten CONVIVIR-Milizen autorisiert hatte (ebda: 2).

Departement Antioquia, das zu diesem Zeitpunkt vom späteren Präsidenten Álvaro Uribe regiert wurde, bildeten Sicherheitsorgane, legale CONVIVIR und die ACCU-Paramilitärs von Carlos Castaño ein regelrechtes Amalgam. Untersuchungen des UN-Menschenrechtskommissariats und der Interamerikanischen Menschenrechtskommission (Comisión Interamericana de Derechos Humanos 1999) kamen denn auch zu der Einschätzung, dass die Menschenrechtsverletzungen durch das Dekret spürbar zugenommen hätten.

- Zwischen dem 15 und 20. Juli 1997 wurden in dem südostkolumbianischen Dorf Mapiripán (Meta) 49 Zivilisten bei einem Massaker auf zum Teil bestialische Weise ermordet (vgl. auch Kapitel 7.1. und 9.4.). Der Interamerikanische Menschenrechtsgerichtshof (Corte Interamericana de Derechos Humanos 2005) kommt zu dem Urteil, dass die Aktion von hochrangigen Militärs und den ACCU-Paramilitärs von Carlos Castaño gemeinsam vorbereitet und durchgeführt wurde. Die Täter seien mit Unterstützung der Armee aus Urabá eingeflogen worden und auf einem von Militärs kontrollierten Flughafen gelandet. Ihre Waffen sollen die Paramilitärs bei einem Armeeposten erhalten haben (Uscátegui 2006). Im Frühjahr 2004 richtete sich der Brigadegeneral Jaime Humberto Uscátegui, der zu diesem Zeitpunkt wegen unterlassener Hilfeleistung angeklagt war, in der Wochenzeitung *Cambio* (29.3.2004) an seine Vorgesetzten. Uscátegui sprach darin von einer systematischen Zusammenarbeit zwischen Paramilitärs und Armee. Auf dem Computer eines im gleichen Fall inhaftierten Geheimdienstleutnants seien mehr als 300 Dokumente gefunden worden, die diese Kooperation belegten. So seien die von den AUC vor dem Massaker verteilten Pamphlete ebenso wie das interne Disziplinarreglement der AUC auf Computern des Militär-Bataillons Joaquín París geschrieben worden. Auf dem Computer des Geheimdienstleutnants gespeichert seien weiterhin die vollständige Gehaltsliste der AUC im Departement Guaviare, mehrere Drohbriefe gegen Vertreter der kolumbianischen Staatsanwaltschaft und Dankschreiben an die Führer des Cali-Kartells, die die Paramilitärs mit Zahlungen unterstützten. Uscátegui verwies in seinem Schreiben darauf, dass der Computer der ehemaligen US-Botschafterin Anne Patterson ausgehändigt worden und die US-Behörden somit über die Verbindungen zum Paramilitarismus informiert seien. Die Vorwürfe wurden von der Justiz nicht weiter verfolgt, der schwer belastete Brigadegeneral Jaime Humberto Uscátegui jedoch 2007 von einem Gericht freigesprochen.

- Als bewiesen gelten kann weiterhin, dass die 17. Heeresbrigade und ihr langjähriger Kommandant General Rito Alejo del Río bei der Ausbreitung des Paramilitarismus in den 1990er Jahren eine Schlüsselrolle spielten. Bereits 1982 soll del Río von Israel aus eine Waffenlieferung an neu entstehende kolumbianische Paramilitärgruppen organisiert haben (Printausgabe der El Tiempo 21.10.1982). Mitte der 1980er Jahre war er in den Departements Santander und Antioquia stationiert und soll Untergebenen Mordaufträge gegeben haben (Expediente Penal No. 4239 Indagatoria del 8.8. 1995 zit. nach: Noche y Niebla 2004: 313). Als er in den 1990er Jahren als Brigadekommandant in der Region Urabá diente, verwandelte sich die Region in das neue Zentrum des kolumbianischen Paramilitarismus (eigenes Interview mit der ehemaligen Bürgermeisterin von Apartadó Glorias Cuartas, 20.2.2005). So äußerte sein Stellvertreter, der zweite Kommandant der 17. Armeebrigade, Oberst Carlos Alfonso Velásquez 1996 den Verdacht, es würden systematisch Informationen aus der Brigade an die Paramilitärs weitergegeben, und wandte sich an seine Vorgesetzten. Der damalige Heereskommandeur Harold Bedoya[51] leitete jedoch keine Ermittlungen gegen Del Río ein, sondern entließ Velásquez aus dem Armeedienst. Ein Berufssoldat der Brigade gab im Februar 1999 des Weiteren zu Protokoll, Del Río habe seinen Truppen angeordnet, mit den Paramilitärs gemeinsam zu patrouillieren und zu operieren. U.a. habe man gemischte Kontrollposten eingerichtet, an denen Bauern festgenommen, erschossen, in Stücke geschnitten und in einen nah gelegenen Fluss geworfen worden seien (Noche y Niebla 2004: 315). Als Del Río in Anbetracht der Anschuldigungen 1999 aus der Armee entlassen wurde, kam es zu heftigen Protesten des damaligen Verteidigungsministers. An einer Veranstaltung zu Ehren Del Ríos nahm auch der spätere Präsident Álvaro Uribe Vélez teil.

- Ende 2000 veröffentlichte die so genannte *La-Terraza*-Bande, die seit 1990 regelmäßig Auftragsmorde im Dienst der Paramilitärs durchführte[52], sich zu diesem Zeitpunkt mit den AUC jedoch überworfen hatte[53], folgenden Brief: „Wir möchten öffentlich machen, dass die so genannten AUC nichts Anderes sind als eine paramilitärisch-mafiöse Bande im Dienst von General JORGE ENRIQUE

---

51 1980 von einem Untergebenen als Mitgründer der Triple-A-Todesschwadronen beschuldigt. Mitte der 1990er Jahre mehrfach Chef des Heeres, der Streitkräfte sowie Interims-Verteidigungsminister, 1998 rechter Präsidentschaftskandidat, heute Militärexperte.

52 Das Geschäft des *Sicariato* (Auftragsmordes) ist in Kolumbien verbreitet. Vor allem in Medellín kann man bei so genannten *Oficinas* (Büros) Morde in Auftrag geben. Bei den *Oficinas* handelt es sich um bandenähnliche Strukturen der Auftragsgewalt. Als Täter werden häufig Minderjährige eingesetzt. Der Schriftsteller Arturo Alape hat über die Ausbildung eines Kindes zum *Sicario* und die Praxis der *Oficinas* den lesenswerten Roman *Sangre Ajena* (2002) geschrieben.

53 Castaño gab 2001 zu, dass die Bande für die AUC arbeitete, warf ihr jedoch vor, zuletzt wohlhabende Bürger in Medellín erpresst zu haben (Aranguren Molina 2001: 291-297). Anderen AUC-Quellen zufolge brach der Konflikt aus, weil die *Terraza*-Bande vom AUC-Generalinspekteur Diego Murillo eine Beteiligung am Drogenhandel einforderte (Bloque Metro 2002). Im Verlauf der Auseinandersetzung kam es zu mehreren Bombenanschlägen in Medelliner Reichenvierteln.

MORA RANGEL[54] und Ex-General HAROLD BEDOYA, die ihre Befehle direkt an ihre Marionette CARLOS CASTAÑO GIL weitergeben. Wir wissen, wie schwerwiegend diese Vorwürfe sind, aber es gibt eine solide Grundlage für diese Behauptung, denn wir haben uns mehrere Jahre lang im Inneren dieses Schlangennests bewegt. Der misslungene Mordanschlag auf Dr. Aida Abella, Präsidentin der UP, am 7. Mai 1996 auf der Stadtautobahn im Norden Bogotás wurde von einem unserer Kommandos ausgeführt. CARLOS CASTAÑO bezeichnete das als 'kleinen Gefallen für die Armee', wir wussten jedoch, dass es sich um einen direkten Befehl des Generals HAROLD BEDOYA handelte. Die in Medellín und Bogotá begangenen Morde an: JESÚS MARÍA VALLE[55] am 27. Februar 1998, HERNÁN HENAO[56] am 4. Mai 1999 in der Universität von Antioquia, an ELSA ALVARADO, MARIO CALDERÓN und CARLOS ALVARADO[57] (die Sozialforscher des CINEP und ihr Vater) am 19. Mai 1997 im Gebäude Quinta de la Salle in Bogotá, an EDUARDO UMAÑA[58] am 18. April 1998, JAIME GARZÓN[59] am 13. August 1999 und andere wurden vom General MORA RANGEL angeordnet. CARLOS CASTAÑO erklärte erneut, dass es sich um einen 'kleinen Gefallen' gehandelt habe. Es ist bemerkenswert, dass keines unserer Bandenmitglieder wegen dieser Verbrechen inhaftiert wurde. Einige Tage vor der Ermordung GARZÓNS besuchte der General MORA RANGEL das Paramilitärgebiet (Tierralta, Villanueva und Valencia im Dep. Córdoba), um persönlich den Befehl für den Mord an dem Fernsehkomiker zu erteilen.[60] Die Morde an den Doktoren JESÚS MARÍA VALLE, EDUARDO UMAÑA und HERNÁN HENAO verübten wir mit der gleichen Waffe, die wir als Beweismittel aufbewahrt haben und den Autoritäten zukommen lassen können." (zit. nach eigener Kopie; Abschrift unter: http://www.tlahui.com/politic/politi01/politi11/col1-5.htm, 10.9.2008)

---

54 Damals Heereskommandant.

55 Präsident des Menschenrechtskomitees von Antioquia.

56 Anthropologieprofessor in Medellín, der schwerpunktmäßig zu und mit Kriegsvertriebenen arbeitete.

57 In die Morde an den Sozialforschern und einem ihrer Angehörigen soll auch die Geheimdiensteinheit XX. Brigade verwickelt gewesen sein.

58 Anwalt und Mitglied der Strafverteidigerorganisation *Colectivo de Abogados José Alvear Restrepo*.

59 Kritischer Fernsehkomiker, der sich für Friedensverhandlungen mit der Guerilla einsetzte.

60 Tatsächlich ergaben Ermittlungen in dem Fall des Fernsehkomikers Jaime Garzón, dass General Mora und Garzón einen persönlichen Streit wegen der Arbeit des Komikers hatten. Garzón bat deshalb vor seinem Tod um ein klärendes Gespräch mit dem damaligen Heereskommandanten, was dieser ihm verweigerte (Impunidad Nunca Más 2001).

Die Angehörigen der Terraza-Bande unterbreiteten der Justiz in mehreren Zeitungsinterviews (u.a. Semana 15.1.2001) das Angebot, Tatwaffen auszuhändigen und eidesstattliche Erklärungen abzugeben. Der Vorschlag wurde von den Behörden jedoch ignoriert. Wenige Monate nach der Veröffentlichung waren alle bekannten Mitglieder der Bande tot. Der AUC-Führer Éver Veloza García bestätigte einige Jahre später vor Gericht die Darstellung der Bande. Castaño habe die *Terraza*-Bande mit der Ermordung des Fernsehkomikers Jaime Garzón beauftragt, um „einigen Freunden in der Armee einen Gefallen zu tun" (zit. nach: El Espectador 9.7.2008).

– 1998 begann in Barrancabermeja eine breit angelegte Operation zur politischen „Säuberung" der Erdölstadt, der bis 2001 nach verschiedenen Schätzungen etwa 1000 der 250.000 Einwohner zum Opfer fielen[61]. In einer spektakulären Aktion besetzten Paramilitärs am 16. Mai 1998 „linke" Stadtviertel und verschleppten anhand von Listen mehr als 30 Personen, die nie wieder lebend auftauchten. Ein Jahr später beschuldigte ein von Menschenrechtsorganisationen organisiertes Tribunal die kolumbianischen Sicherheitskräfte der Mittäterschaft. Armee und Polizei hätten den Einmarsch der Paramilitärs – ähnlich wie 1988 in Segovia oder 1997 in Mapiripán – geschützt, einer der Mörder sei von Zeugen als aktiver Soldat erkannt worden (Tribunal de Opinión 1999). Bewohner berichteten, dass Armee und Polizei Straßenzüge absicherten, in denen die Paramilitärs ihre Haus-zu-Haus-Durchsuchungen durchführten. Auf diese Weise sollte verhindert werden, dass Guerillamilizen Widerstand gegen die paramilitärische Operation leisten. Menschenrechtsgruppen (Noche y Niebla/CREDHOS 2004) vertreten die These, dass die paramilitärische Offensive ein Ordnungsmodell durchsetzen sollte. Das Alltagsleben sei, seit die AUC die Stadt kontrollierten, genauestens reglementiert, Übertretungen würden scharf sanktioniert (ebda: 99-102). Das Kontrollregime werde dabei von Armee, Polizei und Paramilitärs gemeinsam ausgeübt. Bewaffnete Posten ergänzten sich gegenseitig, die Armee konzentriere ihre Aufbauprogramme (Renovierung von Schulen, Anlegen von Straßen, Medikamentensammlung etc.) auf die von Paramilitärs eroberten Viertel. Auffällig sei außerdem, dass auf die Gewalt häufig Maßnahmen folgten, mit denen der Staat seine Legitimität unter Beweis zu stellen versuche (vgl. Ó Loingsigh 2002).

---

61 Auf der Grundlage einer Recherchereise im Frühjahr 2002. Siehe auch Noche y Niebla/ CREDHOS (2004), Zelik (2002c) und Ó Loingsigh (2002).

Motive und Scheitern paramilitärischer Autonomie

Von einer politischen Verselbständigung des Paramilitarismus in den 1990er Jahren – eine der Kernthesen, die die Unterstützung des kolumbianischen Staates im Rahmen des *Plan Colombia* und anderer Programme rechtfertigen – kann also keine Rede sein. Warum haben sich die ACCU und später die AUC aber überhaupt darum bemüht, als politischer Akteur in Erscheinung zu treten?

Wie der Kronzeuge Jesús Baquero (alias „Bladimir) formuliert hat (vgl. Noche y Niebla 2004: 129), besteht die Aufgabe der Paramilitärs darin, solche Gewalttaten zu begehen, die Armee und Polizei untersagt sind: Vertreibungen, Hinrichtungen, Massaker, Folterungen etc. Tatsächlich lässt sich ein direkter numerischer Zusammenhang zwischen den von Militärs und den von Paramilitärs begangenen Menschenrechtsverbrechen nachweisen. Statistiken der Juristenorganisation *Comisión Colombiana de Juristas* zufolge sank der Anteil der von der Armee zu verantwortenden Menschenrechtsverbrechen zwischen 1993 und 1996 ziemlich genau im gleichen Maße, wie die paramilitärischen Verbrechen zunahmen. Während die Guerilla relativ konstant für 25-35% der Menschenrechtsverletzungen verantwortlich war, nahm der Anteil der Armee von 55% auf 10% ab. Gleichzeitig stieg der Prozentsatz paramilitärischer Verbrechen von 18% auf über 60% (zit. nach: Romero 2005: 93). Zählt man Paramilitärs und staatliche Sicherheitskräfte zusammen, blieb der Anteil also fast gleich. Neue Zahlen der Latin American Working Group deuten zumindest tendenziell in die gleiche Richtung. Demnach ging die Zahl der von Paramilitärs zu verantwortenden Morde im Jahr 2000/01 von knapp 2500 Fällen auf etwa 200 im Jahr 2006/07 zurück. Im gleichen Zeitraum stieg die Zahl der von der Staatsmacht begangenen Morde mit 250 Fällen auf über das Doppelte (Haugaard 2008: 5).

Paramilitarismus ist also offensichtlich eine Strategie zur Auslagerung staatlicher Gewalt. Jene macht aber nur Sinn, wenn die Paramilitärs auch als eigenständiger Akteur wahrgenommen werden. Nur wenn die Öffentlichkeit davon überzeugt ist, dass die Paramilitärs autonom agieren, erfüllt die Arbeitsteilung ihren Sinn. In der Praxis sind dieser Autonomie allerdings Grenzen gesetzt. So haben die kolumbianischen Paramilitärs stets die ökonomischen Interessen einer wohlhabenden Minderheit verteidigt und gleichzeitig kein ethnisches, nationalistisches oder religiöses Potenzial mobilisieren können[62]. Sie blieben somit eine Söldnerarmee, in der man nicht aus

---

62   Eine ideologische Mobilisierung von rechts erweitert die Möglichkeiten zur Autonomie. Die paramilitärischen deutschen Freikorps etwa führten ihren Kampf 1918-20 aus politischer Überzeugung. Im Indochina-Krieg und später in Nicaragua wurden ethnische Minderheiten (der Hmong respektive Miskito) von den USA zum Kampf gegen linke Regierungen aufgestachelt. In anderen Konflikten – beispielsweise im Afghanistan-Krieg der 1980er Jahre – wurden religiös-fundamentalistische Gruppen gefördert.

Überzeugung, sondern aus pragmatischen – immer auch finanziellen – Gründen kämpft. Man schließt sich den Paramilitärs an, weil man Geld verdienen und zur Gewinnerseite gehören will. Die Feindschaft gegenüber der Guerilla spielte hingegen eine geringere mobilisierende Rolle als gemeinhin angenommen. Die umstrittensten Praktiken der Guerilla – Schutzgelderpressungen und Entführungen – betreffen in erster Linie die Ober- und Mittelschicht, die den Paramilitarismus zwar getragen haben, aber wenig Bereitschaft besitzen, sich selbst am Krieg zu beteiligen. Den Paramilitärs fehlte somit der mobilisierende Kern – die politische Motivation, das inhaltliche Projekt, die konkreten Transformationsvorstellungen –, um wirklich autonom agieren zu können. Auch wenn sich Paramilitärführer und besonders die Castaño-Brüder um eine Politisierung bemühten, blieben die Gruppen von der Unterstützung durch Armee und Polizei abhängig. Der rasante Zerfall der AUC seit 2002 beweist, dass das politische Auftreten der Paramilitärs nie ein reales Fundament hatte.

5.6. Höhepunkt und Demobilisierung der AUC (1999-2006)

Die Beziehungen zwischen Staatsmacht und AUC schienen sich erst 1998, als die Regierung des Konservativen Andrés Pastrana (1998-2002) Friedensverhandlungen mit den FARC aufnahm und der Guerilla ein 20.000 Quadratkilometer großes Gebiet überließ, grundlegend zu verändern. Kurz nach dem Auftakt der Friedensgespräche 1999 ordnete Pastrana die Aufstellung einer Sondereinheit zur Verfolgung der Paramilitärs *(Bloque de Búsqueda)* an und entließ mit den Generälen Rito Alejo del Río und Fernando Millán zwei hochrangige, der Zusammenarbeit mit den AUC bezichtigte Offiziere aus dem Armeedienst. In diesem Zusammenhang kam es zu sichtbaren Verwerfungen innerhalb der Regierung und zwischen Paramilitärs und Staatsapparat. Der Verteidigungsminister Rodrigo Lloreda, ein Parteifreund Pastranas, legte aus Protest gegen die Abberufung der Generäle sein Amt nieder, wenig später organisierten die AUC mit dem *Movimiento No al despeje* (Bewegung Nein zur Demilitarisierung) eine Protestbewegung gegen die Präsidentenentscheidung, auch der ELN-Guerilla im Süden des Departements Bolívar eine demilitarisierte Zone für Friedensverhandlungen zuzugestehen. Sogar Drohungen gegen den Friedensbeauftragten der Regierung sprachen die AUC aus.

In der kolumbianischen Öffentlichkeit entstand in diesem Zusammenhang der Eindruck, Präsident Pastrana sei ein entschlossener Gegner des Paramilitarismus.

Beginnt sich hier nun eine Verselbständigung der Paramilitärs zu manifestieren, die in den Folgejahren zur Demobilisierung der AUC im Rahmen des Abkommens von Santa Fe de Ralito (ab 2002) und zur Inhaftierung der meisten AUC-Kommandanten führte? Es gibt ein gewichtiges Argument, warum auch für den Zeitabschnitt nach 1998 nicht von einem offenen Konflikt zwischen Regierung und Paramilitärs die Rede sein kann. Unter Präsident verschärften die AUC zwar ihre Rhetorik, intensivierten ihre Aktivitäten dramatisch und verübten so viele Massaker wie noch nie in der jüngeren Geschichte Kolumbiens. Diese Verbrechen richteten sich jedoch nicht gegen Anhänger des Präsidenten oder gar gegen Regierungsmitglieder, sondern erneut ausschließlich gegen Linke, Menschenrechtsaktivisten und Kleinbauern in ökonomisch oder strategisch wichtigen Regionen.

Trotz offensichtlicher Widersprüche blieb das Verhältnis von Regierung, Staat und Paramilitärs auch unter Pastrana von wichtigen Gemeinsamkeiten geprägt. Der Präsident nahm zwar Verhandlungen mit der Guerilla auf und zeigte sich für Reformen offen, gleichzeitig verfolgte er jedoch – ganz ähnlich wie die AUC – eine Verteidigung des sozioökonomischen Status Quo und eine Stärkung des Staates.[63] Interessanterweise ergänzten sich die widersprüchlichen Anstrengungen von Regierung und Paramilitärs – oder präziser ausgedrückt: von Gegnern und Befürwortern der paramilitärischen Strategie in und außerhalb des Staatsapparates – dabei auf produktive Weise.

Die Regierung Pastrana: Friedensgespräche und Militarisierung

Wie bereits in Kap. 3.1. dargelegt, befand sich Kolumbien bei Pastranas Amtsantritt 1998 in einer der schwersten Legitimationskrisen seiner Geschichte. Die USA hatten Pastranas Amtsvorgänger, den Liberalen Ernesto Samper (1994-98), wegen finanzieller Beziehungen zum Drogenhandel zur *persona non grata* erklärt, im Land selbst lief ein Amtsenthebungsverfahren. In dieser Situation eskalierten neue soziale Konflikte im Land. Obwohl im schmutzigen Krieg seit Anfang der 1990er Jahre Tausende von Aktivisten ermordet worden waren, konstituierten sich neue soziale Bewegungen. 1996 beteiligten sich mehr als 100.000 Bauern an Protesten gegen die Drogenpolitik der Regierung, das heißt vor allem die Versprühung von Herbiziden aus der Luft. Einige Zeit später folgten sozial motivierte Gefängnisaufstände, unmittelbar nach Pastranas Amtsantritt Mitte 1998 legte ein Streik der Staatsangestellten und Erdölarbeiter das öffentliche Leben mehrere Wochen lang lahm. Gleichzeitig spitzte sich der militärische Konflikt zu. Nachdem es den FARC gelungen war, von einer Taktik der Nadelstiche zu koordinierten Operationen des Bewegungskriegs überzugehen und Eliteeinheiten der Militärs zu zerschlagen, hatten US-Militärs den Zustand der

---

63 Tatsächlich scheiterten die Verhandlungen 2002 nicht nur an Provokationen der FARC, die spektakuläre Entführungen durchführten, sondern auch an der Weigerung der Regierung, im Rahmen der Friedensverhandlungen die Sozial- und Wirtschaftspolitik zu diskutieren. Das ist nicht besonders verwunderlich. Andrés Pastrana gehört zu einem der führenden Politiker-Clans in Kolumbien. Sein Vater Misael Pastrana war 1970-1974 Präsident des Landes und gehörte zu den einflussreichsten Männern der Konservativen Partei.

kolumbianischen Armee zunehmend kritisch bewertet.[64] Vor diesem Hintergrund war noch während der Samper-Administration eine umfassende Modernisierung der kolumbianischen Streitkräfte eingeleitet worden.

Auch wenn Präsident Pastrana 1998 durchaus einen Friedensschluss nach salvadorenischem Vorbild – also eine politische Eingliederung der Guerilla ohne grundlegende ökonomische Transformation – anstrebte, erfüllte er doch faktisch die Funktion, dem kolumbianischen Staat die für dieses militärische Vorhaben nötige Legitimation nach innen und außen zu verschaffen. Unter Pastranas Führung erschien die Aufrüstung des Staates nämlich nicht als Kriegsinvestition, sondern als Politik zur Wiederherstellung der Staatlichkeit.

Der *Plan Colombia*, der 1999 verabschiedet wurde, war Ausdruck dieser Bemühungen. Nach offizieller Lesart ein Programm zur Drogen- und Kriminalitätsbekämpfung (Presidencia de la República de Colombia 1999) entpuppte er sich mit einem jährlichen Volumen von 400-700 Millionen US-Dollar schon bald als das größte US-Militärhilfeprogramm in der Geschichte Lateinamerikas (vgl. Vargas 1999, Córdoba/Morales/Acosta 2000, Daza 2000, Navarro 2001, Zelik 2001). Drogenbekämpfung wurde darin im Wesentlichen als militärisches Problem verstanden. Die US-Militärfirma DynCorp wurde beauftragt, Kokapflanzungen mit Unterstützung von kolumbianischer Polizei und Armee aus der Luft mit Herbiziden zu zerstören. Und auch die staatliche Souveränität sollte im Rahmen des *Plan Colombia* in erster Linie militärisch hergestellt werden. Die Luftwaffe erhielt moderne, für den Anti-Guerilla-Kampf ausgerüstete Black-Hawk- und Huey-Helikopter, US-amerikanische AWACS-Überwachungsflugzeuge begannen Bewegungen der kolumbianischen Guerilla flächendeckend zu kontrollieren, und im Süden des Landes bauten US-Militärberater Spezialeinheiten auf, die sich der Verfolgung der Guerilla-Führungen widmen sollten. Von Anfang flossen auf diese Weise 70-80 Prozent der US-Hilfe in die Militär- und Polizeihilfe (vgl. Vargas 1999, Zelik 2001).[65]

In diesem Zusammenhang konnten die Politik Pastranas und die Aktionen der Paramilitärs auf komplementäre Weise Wirkung entfalten. Die Regierung mobilisier-

---

64 Der Übergang vom Guerilla- zum Bewegungskrieg, also zur Operation in größeren Verbänden, gilt in der Theorie des Partisanenkrieges als Schlüsselmoment. In Kuba brachen die Truppen des Batista-Regimes auseinander, nachdem Rebellen Eliteeinheiten der Armee besiegt hatten. Obwohl Batistas Verbände nicht im eigentlichen Sinne geschlagen worden waren, reichte diese Demoralisierung, um die Truppen zu zersetzen. Bemerkenswert waren die Erfolge der FARC in Kolumbien auch vor dem Hintergrund, dass die Militärs völlige Lufthoheit besaßen.

65 Schon bald verlor die Drogenbekämpfung an Bedeutung. Anfang 2002 bestätigte die damalige US-Botschafterin Anne Patterson in einem Interview, dass der Plan Colombia der Sicherung strategischer Rohstoffreserven diene. Die US-Regierung werde daher zusätzlich 98 Mio Dollar für den Schutz der (vom US-Ölkonzern OXY genutzten) Pipeline Caño Limón-Coveñas bereitstellen (El Tiempo, 10.2. 2002).

te internationale Unterstützung und schuf die Voraussetzungen für die Bewilligung des US-Militärhilfeplans[66]. Eines der Hauptargumente für den Plan war nämlich die Tatsache, dass die Regierung Pastrana gleichzeitig Friedensverhandlungen mit der Guerilla führte und keine Eskalation zu suchen schien. Dank der massiven US-Unterstützung gelang es der Armee in der Folgezeit, verloren gegangene Gebiete zurückzuerobern, die Guerilla aus der Peripherie der Großstädte zu verdrängen und eine weitere Entfaltung des Bewegungskrieges durch eine moderne Luftüberwachung zu unterbinden.

Parallel dazu expandierten die paramilitärischen AUC, konsolidierten ihre Gebiete und konnten sich in der Auseinandersetzung mit der Pastrana-Regierung auch politisch profilieren. So kam es zu der paradox anmutenden Situation, dass die paramilitärischen Verbrechen just, als Kolumbien über einen Friedensschluss diskutierte, immer extremere Ausmaße annahmen. Die AUC verübten die meisten Massaker in der jüngeren kolumbianischen Geschichte, erschienen gleichzeitig aber, da sie sichtbar Konflikte mit dem Präsidenten austrugen, politisch völlig autonom.

In diesem Zusammenhang mögen die Stellungnahmen der AUC für einige Mitglieder der Pastrana-Regierung tatsächlich bedrohlich gewirkt haben, eine akute Gefahr stellten sie jedoch nicht dar. Im Gegenteil: Die Aktionen der AUC, die sich in diesem Zeitraum in erster Linie gegen die soziale und politische Basis der ELN-Guerilla richteten[67], stärkten die Staatsmacht, ohne dass die Regierung Pastrana deshalb unter Druck geraten wäre. Ja, mehr noch: Die Zunahme der Massaker wurde zu einem gewichtigen Argument *für* die Verabschiedung des *Plan Colombia*. Der Eindruck, dass der Staat seine Bürger nicht mehr schützen konnte, schien die militärische Wiederherstellung des staatlichen Gewaltmonopols unabdingbar zu machen.

Insofern muss man wohl von einer *konfliktiven Arbeitsteilung* zwischen Staatsmacht und Paramilitärs sprechen: Die AUC konsolidierten mit Unterstützung der Armee die autoritäre Kontrolle zahlreicher Regionen. Die Massaker wiederum wurden von der Regierung als Beweis dafür herangezogen, dass eine Stärkung des

---

66 Kolumbianische Kritiker behaupten, der Plan Colombia sei maßgeblich in den USA entwickelt worden. Tatsächlich erstellte das pentagonnahe US-Militärunternehmen MPRI einige Monate vor der Verabschiedung des Plan Colombia eine nicht-öffentliche Studie über den Zustand der kolumbianischen Armee (MPRI 2000). Zudem kursierte der Plan in den USA früher als in Kolumbien und wurde dort in einer anderen, militärischeren Fassung vorgelegt (vgl. Daza 2000, Córdoba/Morales/Acosta 2000, Vargas 1999).

67 Auch in dieser Hinsicht wirkten die Strategien komplementär. Gegenüber den militärisch stärkeren FARC verhielten sich sowohl die Regierung als auch die AUC zu diesem Zeitpunkt zurückhaltend. Während Pastrana mit den FARC verhandelte, konzentrierten sich Armee und Paramilitärs auf die Bekämpfung des ELN.

Staates notwendig sei. Die Militarisierung schließlich kam der autoritären Rechte zugute, die hinter dem Paramilitarismus stand.

Dass führende Vertreter der Staatsmacht auch während der Pastrana-Regierung mit den Paramilitärs eng zusammenarbeiteten, lässt sich anhand zahlreicher Fälle nachweisen. Als Beispiel kann die bereits erwähnte paramilitärische Offensive in der Erdölstadt Barrancabermeja gelten, die bis 1998 als Bastion von Gewerkschaften und soziale Bewegungen galt. Ó Loingsigh, der sich im betreffenden Zeitraum in Barrancabermeja aufhielt, hat in einer lesenswerten Studie (2002) nachgewiesen, dass die paramilitärischen Aktionen auf eine systematische Unterstützung zählen könnten. Führende Medien verharmlosten die Mordwelle, Polizei und Militär griffen unverhohlen auf Seiten der Paramilitärs ein. Die staatlichen Gewaltorgane erhöhten den Fahndungsdruck gegen Guerillamilizen, die dem Vormarsch der Paramilitärs in den Armenvierteln Widerstand leisteten, und sicherten paramilitärische Einheiten beim Vordringen in Konfliktgebiete ab (Ó Loingsigh 2002: 8-14)[68]. Dabei folgten die paramilitärischen Aktionen staatlichen Interessen: Die Erdölgewerkschaft USO, die 1998 von den AUC zum militärischen Angriffsziel erklärt wurde, war auch Zielscheibe staatlicher Repression. Sie stand den Privatisierungsplänen der Regierung im Weg und war in diesem Zusammenhang mehrfach mit Anti-Terror-Prozessen überzogen worden (ebda: 37-45). Die paramilitärische Offensive sorgte schließlich dafür, dass ein beträchtlicher Teil der USO-Führung Barrancabermeja und zum Teil sogar Kolumbien verlassen musste.

Auch im anliegenden Departement Bolívar waren die Handlungen von Paramilitärs und Staatsmacht miteinander verquickt – allerdings wurden hier auch Konflikte innerhalb des Staates sichtbar. In der Region war es zur Amtsübernahme von Präsident Pastrana im August 1998 zu großen Demonstrationen gegen Menschenrechtsverletzungen von Armee und Paramilitärs gekommen. Zehntausend Kleinbauern hielten die öffentlichen Einrichtungen im nah gelegenen Barrancabermeja drei Monate lang besetzt. Die Regierung Pastrana verpflichtete sich in einem Abkommen mit den Kleinbauern schließlich, Schutzmaßnahmen für die Bauern zu ergreifen. Zudem wurden den Kleinbauern Lebensmittelhilfen zugesagt, weil eine komplette Ernte ausgefallen war. Die hierfür erstellten Listen der Protestteilnehmer wurden kurze Zeit später von der Armee verwendet, um Bauern an Straßensperren auszusortieren und zu verhaften (ebda: 46-48, eigene Interviews in der Region im März 2002). Die Kooperation der Armee mit den Paramilitärs blieb eng. Im Rahmen der Militäroffensive *Anaconda* zerstörte die Armee Ortschaften und Kooperativen. Einige Soldaten traten dabei mit AUC-Armbinden auf (Ó Loingsigh 2002: 49, Atanassow 2003, eigene Feldinterviews März 2003). Wichtige Paramilitär-Stützpunkte

---

68 Die Darstellungen Ó Loingsighs decken sich mit eigenen Beobachtungen während eines Feldaufenthalts im Februar/März 2002 (vgl. auch Zelik 2002c).

in der Region – so etwa in der Gemeindehauptstadt San Pablo – befanden sich nur wenige Hundert Meter von Militärposten entfernt.

Obwohl Regierungspolitik und paramilitärische Gewalt auch unter Präsident Pastrana komplementär wirkten, waren andererseits die Konflikte zwischen AUC und Regierung nicht nur simuliert. So handelte Präsident Pastrana 2001 mit der ELN-Guerilla die Einrichtung einer demilitarisierten Zone im Süden des Departements Bolívar aus. In dem Gebiet sollte eine so genannte Nationalkonvention, eine breit getragene Konferenz zur Krise der kolumbianischen Gesellschaft stattfinden. Die von den AUC aufgebauten Nichtregierungsorganisationen *Asocipaz* und *Movimiento No al Despeje* organisierten daraufhin Proteste gegen die Demilitarisierung der Zone. Die von den AUC kontrollierten NRO blockierten – eine Aktionsform oppositioneller Bauernbewegungen kopierend – die Überlandverbindungen zwischen Bogotá und der Atlantikküste mehrere Wochen lang.[69]

Interessanterweise war der Transport der Demonstranten teilweise mit Militärlastern erfolgt. Als internationale Vermittler, darunter mehrere Botschafter den blockierten Friedensprozess mit dem ELN wieder in Gang setzen wollten, griffen die Militärs den im Süden des Departements Bolívar gelegenen Ort der Zusammenkunft an. Offensichtlich torpedierte die autoritäre Rechte – ein Begriff, der Armeeführung, Paramilitärs, aber auch wichtige politische und ökonomische Machtgruppen einschließt – die Verhandlungspolitik Pastranas. Dennoch kann von einer Kriegserklärung an den Präsidenten, die Regierung oder gar den Staat nicht die Rede sein. Die Angriffe richteten sich nämlich, wie erwähnt, *nicht* gegen die Regierung, sondern gegen soziale Bewegungen, Kleinbauernorganisationen und die Basis der Guerilla.

Uribe-Regierung: Demobilisierung und Zerfall der AUC

Unter dem rechten Präsident Álvaro Uribe (ab 2002) verschob sich dieses komplexe Verhältnis zwischen Regierung, Staatsmacht und Paramilitarismus noch einmal grundlegend. Uribe, der 2002 als Präsident gewählt wurde, war es zunächst gelungen, das diskreditierte Zweiparteiensystem in Kolumbien aufzusprengen. Seiner Regierungskoalition gehörten die Mehrheitsfraktionen von Liberaler und Konservativer Partei an, ohne dass jedoch die Parteiapparate als solche mit eingegliedert worden wären.

---

69 Der Fall zeigt, wie unsinnig es ist, wenn sich Entwicklungsagenturen „die Stärkung der Zivilgesellschaft" auf die Fahnen schreiben. Zivilgesellschaft ist als 'umkämpftes' Terrain zu betrachten; die dort aktiven sozialen Bewegungen decken das ganze politische Spektrum ab – bis hin zur extremen Rechten. Es muss also vielmehr anhand inhaltlicher und politischer Kriterien diskutiert werden, welche zivilgesellschaftlichen Kräfte unterstützt werden sollen und warum.

Das Wahlprogramm Uribes bestand im Wesentlichen aus zwei Punkten: einem allgemeinen Staatsumbau und einer verschärften Politik der inneren Sicherheit. So propagierte Uribe das Konzept eines verschlankten „kommunitären Staates", in dem die Verantwortung für Sozial- und Entwicklungspolitik an die Kommunen ausgelagert wird. Auch wenn Uribe dabei auf neoliberalismuskritische Rhetorik zurückgriff [70], entsprach das Konzept doch den Vorstellungen des umstrittenen Washington-Consensus: Bürokratieabbau, Weltmarktintegration, Liberalisierung des Außenhandels, Privatisierung. Die geforderte größere Verantwortung von Bürgern und Kommunen zielte letztlich nicht auf Demokratisierung und Partizipation, sondern auf eine finanzielle Entlastung des Staates ab.

Begleitet wurde dieser Umbau von einer aggressiven Politik der „Demokratischen Sicherheit": So verhängte Uribe unmittelbar nach seinem Amtsantritt in drei Konfliktregionen (in den Departements Arauca, Sucre und Bolívar) den Ausnahmezustand und erweiterte die Kompetenzen von Polizei, Geheimdiensten und Armee. In den betroffenen Gebieten wurden Tausende vorübergehend verhaftet, darunter oft alle führenden Aktivisten von sozialen Bewegungen (Amnesty International 2004, Zelik 2005b, eigener Feldaufenthalt in Arauca Februar/März 2005). Während Gewerkschaften, Linksparteien und mutmaßlichen Guerilla-Sympathisanten der Krieg erklärt wurde, zeigte sich die neue Regierung gegenüber den AUC gesprächsbereit.

Diese Dialogbereitschaft kam nicht ganz überraschend. Immerhin war Präsident Uribe mit tatkräftiger Unterstützung der AUC ins Amt gekommen. In ihren Einflussgebieten hatten die Paramilitärs Wahlkampf für den rechten Kandidaten gemacht.[71] Zudem wurden Uribe seit langem Verbindungen zum Drogenhändler- und Paramilitär-Milieu nachgesagt. Als Leiter der Luftfahrtbehörde *Aeronautica Civil* soll Uribe den Medellíner Drogen-Capos um Pablo Escobar Anfang der 1980er Jahre Lizenzen für Landebahnen und Maschinen zugeschanzt haben. In diesem Zusammenhang wurde er vom US-Geheimdienst DIA (1991) als eine der 100 wichtigsten Personen des kolumbianischen Drogenhandels bezeichnet.[72] Unumstritten

---

70 In Uribes 100-Punkte-Manifest heißt es: „Der korrupte bürokratische Staat hat das Volk mit einem sozialen Diskurs getäuscht, diesen Diskurs wegen des Klientelsystems und der Korruption aber nicht in die Praxis umgesetzt. Das neoliberale Modell überlässt das Soziale dem Markt und verschärft damit Elend und soziale Ungerechtigkeit." (Uribe 2001: Punkt 6)

71 In den Armenvierteln Barrancabermejas verwandelten sich Häuser, die als Kontrollposten der AUC gedient hatten, gar in Wahlkampflokale der Uribe-Kampagne (eigene Felduntersuchung in Barrancabermeja März 2002).

72 Pablo Escobars ehemalige Geliebte Virgina Vallejo bekräftigte diese Vorwürfe unlängst in der argentinischen Tageszeitung *Pagina 12* (12. 10. 2007): „Pablo sagte immer: 'Ohne diesen Goldjungen müssten wir den Gringos ihre Drogen schwimmend bringen. Jetzt mit unseren Pisten hält uns niemand auf. Eigene Landebahnen, eigene Flugzeuge, eigene Helikopter...' Sie flogen die Ware nach Cayo Norman auf den Bahamas, wo

ist weiterhin, dass die Familie Uribe mit dem Ochoa-Clan befreundet war, der zum Medellín-Kartell gehörte und Anfang der 1980er die MAS-Paramilitärs mitgründete (vgl. Contreras/Garavito 2002).

Recht frühzeitig scheint die Uribe-Familie auch die Entstehung paramilitärischer Gruppen unterstützt zu haben. Castillo (1987) erklärt den Tod von Uribes Vater, Álvaro Uribe Senior, mit dessen Verbindungen zur Mafia und den damals noch jungen MAS-Paramilitärs. Immer wieder war die Familie, die zum Großgrundbesitz im Departement Antioquia gehört, in Landkonflikte verwickelt. Auf der Finca La Mundial waren gewerkschaftlich organisierte Landarbeiter, unmittelbar nachdem die Uribes die Finca gekauft hatten, mit der Verfolgung durch Paramilitärs konfrontiert (Instituto Popular de Capacitación 2007b). Anderen Recherchen zufolge unterhielten Paramilitärs in den 1980er Jahren einen Stützpunkt auf Uribes Finca La Carolina (Semana, 17. 4. 2007)[73]. Insofern war es nur folgerichtig, dass Álvaro Uribe Junior als Gouverneur von Antioquia in den 1990er Jahren den Aufbau der Sicherheitskooperativen CONVIVIR forcierte (die als legale Fassade des Paramilitarismus dienten und die Ausbreitung der AUC erleichterten) und sich 1999 öffentlich zu Generälen bekannte, die den Paramilitarismus aktiv gefördert hatten.

Der „Friedensprozess", den Uribe 2002 mit den Paramilitärs einleitete, schien denn auch zunächst auf eine Legalisierung der AUC hinauszulaufen. Die Organisation verkündete einen Waffenstillstand gegenüber der Armee, was in Anbetracht

---

Carlos Lehder seinen Stützpunkt hatte, und von dort ohne Probleme nach Miami." Weiterhin heißt es, Uribes Vater sei eng mit Pablo Escobar befreundet gewesen. Vallejo behauptet, Escobar habe 1983 den Helikopter gestellt, in dem die sterblichen Überreste von Uribes Vater nach Medellín überführt wurden. Und die US-Tagezeitung *El Nuevo Herald* (9.12. 2007) berichtet schließlich, 1984 sei im damals größten Kokainlabor Kolumbiens ein Helikopter beschlagnahmt worden, der der Familie Uribe gehörte. Die Oppositionspartei *Polo Democrático Alternativo* bezeichnet Uribes Vater denn auch „als bekannten Drogenhändler".

73 Auch Uribes politisches Umfeld stammt aus diesem Milieu. Uribes langjähriger Wahlkampfleiter und Staatssekretär, der Ex-Offizier Pedro Moreno, verteidigte in den frühen 1980er Jahren die Gründung paramilitärischer Gruppen und war einige Jahre später in einen Drogenskandal verwickelt. Nach DEA-Informationen importierte Moreno in den 1990er Jahren illegal 50 Tonnen Kaliumpermanganat, das zur Kokainproduktion benötigt wird. Seine Firma GMP war zu diesem Zeitpunkt angeblich der größte kolumbianische Importeur der Chemikalie (Contreras/Garavito 2002: 48-50). Uribe sagte sich nach der Veröffentlichung des Falls von Moreno los. Ein weiterer Präsidentenberater, der Politiker José Obdulio Gaviria – seinerseits ein Cousin von Pablo Escobar –, wurde 2007 ähnlicher Verbindungen beschuldigt. José Obdulios älterer Bruder Carlos Alberto Gaviria war einer der beiden Inhaber des Kontos, von dem aus 1985 der Mord am Chefredakteur der mafiakritischen Zeitung *El Espectador* Guillermo Cano bezahlt wurde (El Espectador 16. 12. 2007). Die Recherchen führten zum Rücktritt von Canos Schwiegersohn, dem Diplomaten Carlos Medellín.

dessen, dass die Paramilitärs nach eigenem Bekunden nie gegen den Staat gekämpft hatten, einigermaßen bizarr anmutete. Für die Paramilitärs besaß diese Waffenstillstandserklärung jedoch praktische Bedeutung: Nur wenn sie als Aufständische gegen den Staat anerkannt wurden, hatten sie Aussicht auf Straferlass. Zwar können kolumbianische Oppositionelle im Rahmen der Terrorbekämpfung grundlegender Rechte beraubt werden, doch gleichzeitig erlaubt die Gesetzgebung größere Straferlasse nur bei einer „Rebellion gegen den Staat" (zu den widersprüchlichen Rechtstendenzen: Aponte 2004)[74].

Die Regierung überließ den AUC eine Zone bei Santa Fé de Ralito (Dep. Córdoba) und nahm Friedensgespräche auf. Im Verlauf der Verhandlungen kam es jedoch innerhalb der AUC zu Zerwürfnissen. AUC-Kommandant Carlos Castaño, bis dahin um das Bild einer einheitlichen Organisation bemüht, begann öffentlich über Widersprüche innerhalb seiner Organisation zu reflektieren. Die in den Medien allgemein akzeptierte Darstellung Castaños lautete, dass die AUC in eine Drogenhändlerfraktion und einen politisch motivierten „antisubversiven" Flügel gespalten seien. Der Drogenhandel habe die Paramilitärs infiltriert und versuche diese als Privatarmee zu instrumentalisieren.

Diese Version ist einigermaßen fragwürdig. Zwar stimmt es, dass sich Drogenhändler in Erwartung einer politischen Amnestie in die AUC einkauften, doch auch der „politische" Teil der AUC, einschließlich Carlos Castaño, war seit seinen Anfängen eng mit dem Drogenhandel verbunden. Vicente Castaño – Carlos' älterer Bruder, gegen den 1989 in Deutschland wegen der Einfuhr von 650 Kilogramm Kokain ein Haftbefehl erlassen worden war (El Espectador, 22. 5. 2005) – spricht in einem Interview mit der Wochenzeitung *Semana* recht freimütig über die Verstrickung von Paramilitarismus und Drogenhandel. So verkaufte das AUC-Kommando dem verurteilten Drogenhändler Miguel Arroyave eine Lizenz („Franchise") zum Aufbau des so genannten *Bloque Centauros,* der in den ostkolumbianischen Llanos zum Einsatz kam.

„Frage: Sie haben Miguel Arroyave eine Franchise für den Bloque Centauros (...) für 6 Millionen Dollar verkauft?

V. Castaño: Arroyave war aus dem Gefängnis entlassen worden. Er war eine große logistische Hilfe für uns in den Llanos. Als er aus dem Gefängnis kam, sah er, dass wir nicht in der Lage waren, die Llanos zu kontrollieren. Carlos (...) fragte mich, wie man die Llanos erobern könnte. Ich habe geantwortet, dass es keine fähige Person

---

74 Aponte (2004) zeigt, dass es einerseits zur Herausbildung eines Feindstrafrechts (im Sinne des auch in Kolumbien rezipierten deutschen Strafrechtlers Günter Jakobs) gekommen ist. Dieser – letztlich von Carl Schmitt herkommenden – Rechtsargumentation zufolge stellt sich der Staatsfeind außerhalb der Ordnung und kann daher auch außerhalb des Rechts bekämpft werden. Andererseits jedoch haben in Kolumbien, wie Aponte zeigt, Regelungen Bestand, wonach die 'politische Rebellion' geringer als andere Vergehen bestraft wird (Aponte 2004: 64-71).

gibt und dass man dafür Geld bräuchte. Er hat daraufhin Arroyave zum Kommandanten ernannt. (...)

Frage: Drogenhändler haben offensichtlich eine zentrale Rolle bei den Expansionsbestrebungen der AUC gespielt. War es Ihnen egal, Drogenhändler in Paramilitär-Chefs zu verwandeln?

V. Castaño: Die meisten von uns waren illegal. Wir haben es nie als Hindernis gesehen, dass jemand bei uns eintrat, der Probleme mit der Justiz hat." (zit. nach: Semana 5.6.2005)

Vor dem Hintergrund, dass sich Drogenhandel und Paramilitarismus seit den frühen 1980er Jahren Hand in Hand entwickelten, scheint die These Carlos Castaños, dass die AUC in eine politische und eine Drogenhändler-Fraktion gespalten waren, nicht sehr überzeugend. Plausibler ist, dass sich Castaño und der Chef des Medelliner AUC-Verbandes *Bloque Metro* Carlos Mauricio García (alias „Doblecero") ab 2001 auf Kosten anderer Paramilitärs als Anti-Guerilla-Kämpfer zu profilieren suchten. Diese Bemühungen führten schließlich zu bewaffneten Auseinandersetzungen innerhalb der AUC, die in Medellín besonders heftig ausgetragen wurden.

Dort brachen, unmittelbar nachdem die AUC die guerillakontrollierten Armenviertel 2002 in einer konzertierten Aktion mit der Armee unter Kontrolle gebracht hatten (Noche y Niebla 2003), zwischen den AUC-Verbänden *Bloque Metro* (auch: *Frente Urbano Rafael Uribe Uribe*) und *Bloque Cacique Nutibara* ein Krieg aus. Die Gruppen unterstanden den zwei PEPEs- und AUC-Gründungsmitgliedern Carlos Mauricio García (alias „Doblecero" oder „Rodrigo Franco") und Diego Murillo (alias „Don Berna" oder „Adolfo Paz"[75]). Carlos Mauricio García (Bloque Metro) warf seinem alten Weggefährten Murillo öffentlich vor, die Paramilitärverbände in Nordwestkolumbien nur gegründet zu haben, um Drogenhandelsrouten in die USA kontrollieren zu können. Diego Murillo (Bloque Nutibara) antwortete mit einer militärischen Offensive. Da der Bloque Nutibara über größere illegale Einnahmequellen verfügte, war der Bloque Metro[76] innerhalb weniger Monate zerschlagen. Carlos Mauricio García floh aus Medellín und wurde 2004 in der Karibikstadt Santa Marta erschossen.

Ähnliche Konflikte eskalierten 2002-04 auch zwischen Carlos Castaño und den anderen AUC-Kommandanten. Castaño, der eine Konfrontation mit der Staatsmacht stets vermieden und in diesem Zusammenhang führende Drogenhändler an die Polizei ausgeliefert hatte, bemühte sich um eine Verhandlungslösung mit den US-Behörden (vgl. Kap. 9.4.). Dies scheint das Misstrauen seiner Komplizen geweckt zu haben, die den AUC-Kommandanten im April 2004 angeblich ermorden ließen.

---

75 Ein aufschlussreicher Kampfname: Adolf Frieden. Mehr zu Diego Murillo Bejarano vgl. Kapitel 8.5.

76 Einen guten Einblick in den Alltag des *Bloque Metro* bietet der Dokumentarfilm von Dalton/Martínez „La Sierra" (2004).

Ein ehemaliger Leibwächter Castaños sagte später aus, die anderen AUC-Führer, darunter auch sein eigener Bruder Vicente, hätten den Mord an Carlos Castaño geplant, um belastende Aussagen zu verhindern[77]. Der AUC-Demobilisierungsprozess, der zunächst auf die Integration der AUC ins politische Leben hinauszulaufen schien, wurde vor diesem Hintergrund immer bizarrer. Ohne Carlos Castaño konnten die AUC nicht länger als Organisation in Erscheinung treten und verloren innerhalb kürzester Zeit jedes politische Profil. Immer deutlicher kristallisierte sich heraus, dass es sich bei der Organisation in Wirklichkeit um ein unscharf umrissenes Netzwerk der Auftragsgewalt gehandelt hatte. Einigermaßen erstaunt beobachtete die Öffentlichkeit, dass die auf 15.000 Mitglieder geschätzten AUC letztendlich mehr als 30.000 „Kämpfer" demobilisierten.

In dem Maße, in dem die Paramilitärs als Gewaltstruktur zerbröckelten, tauchten auch in Mainstream-Medien vermehrt kritische Berichte über die AUC auf. Erstmals wurde ausführlich über ein Phänomen berichtet, auf das Bauernorganisationen schon lange hingewiesen hatten: auf den massiven Landraub der Paramilitärs. Hunderttausende Kleinbauern, Indigene und Afrokolumbianer seien gezielt vertrieben, aber auch mittlere Grundbesitzer zum Verkauf gezwungen worden (Semana 7.4.2004). In der Tageszeitung *El Tiempo* (21.12.2004) wurde eine Statistik der Menschenrechtsorganisation CODHES zitiert, wonach sich die Paramilitärs zwischen 1997 und 2003 fünf Millionen Hektar illegal angeeignet hatten. Beachtung fand auch die Entwicklung Monterías, der Hauptstadt des Departements Córdoba, die als AUC-Bastion gilt. In der Stadt seien im letzten Jahrzehnt auffällig viele Luxusbauten entstanden, schrieb die Wochenzeitung *Semana* (26.9.2004) und bezeichnete Montería als das „nordkolumbianische Miami".

Die neue Berichterstattung kam einem Diskurswechsel gleich. Die großen Medien griffen den (ursprünglich von links geprägten) Begriff des *Narcoparamilitarismo,* des „Drogenparamilitarismus", auf und erörterten den Zusammenhang zwischen der Ausbreitung des Koka-Anbaus und der paramilitärischen Kontrolle von Regionen (vgl. El Tiempo 13.4.2005). In diesem Kontext wurde auch erstmals ausführlich über den bis dahin im Hintergrund agierenden AUC-„Generalinspekteur" Diego Murillo Bejarano berichtet, der eine zentrale Rolle im kolumbianischen Drogenhandel spielte (vgl. El Tiempo 28.9.2003, Cambio 26.8.2005, Kap. 8.5.).

Diese Enthüllungen zwangen die Uribe-Regierung schließlich zu einer schärferen Gangart gegenüber den AUC. Der Präsident distanzierte sich von den Paramilitärs,

---

77 Die Version wird in Kolumbien allerdings bis heute angezweifelt. Im Juni 2004 veröffentlichte die israelische Tageszeitung *Haaretz* eine Meldung der französischen Nachrichtenagentur AFP, wonach sich Carlos Castaño mit geheimdienstlicher Unterstützung nach Israel abgesetzt habe. Zwei Jahre später wurde in Kolumbien die mutmaßliche Leiche Castaños exhumiert. Ein verifizierbarer Beweis von Castaños Identität steht allerdings bis heute aus.

worauf diese Uribe den Bruch von Zusagen vorwarfen. Das Gesetzespaket *Justicia y Paz*, das den Paramilitärs weit reichende Straferlasse und die Möglichkeit zur Regularisierung illegal angeeigneter Besitztümer ermöglichen sollte, geriet in die Kritik (vgl. Haugaard 2008: 3). Die Diskussion spaltete auch das Regierungslager. Wichtige Abgeordnete von Uribes Koalition, darunter der ehemalige Verteidigungsminister Rafael Pardo, verweigerten dem Präsidenten ihre Unterstützung. Schließlich setzte der Verfassungsgerichtshof in einem Urteil 2006 wichtige Modifikationen des Gesetzes durch. Die Angeklagten sollten nur dann in den Genuss großzügiger Straferlasse kommen, wenn sie zur umfassenden Aufklärung der von ihnen begangenen Verbrechen beitrugen (ebda).

In der Öffentlichkeit war der „Friedensprozess" dadurch immer grundsätzlicher in Frage gestellt. Auf wachsende Empörung stieß die Tatsache, dass die Paramilitär-Kommandanten in ihrer Zone um Santa Fé de Ralito (Dep. Córdoba) offensichtlich weiter ihren Geschäften nachgingen. Zudem ähnelten ihre großzügig angelegten Unterkünfte eher luxuriösen Ferienkolonien als einer Haftanstalt. Medienberichten zufolge ließen sich die Paramilitär-Chefs Edelprostituierte zuführen und konsumierten kistenweise teuren Importalkohol (Semana 6.5.2007).

Der „Parapolitik"-Skandal

Die Uribe-Regierung stand somit von zwei Seiten unter Druck: Einerseits gehörten die AUC zur Machtbasis des Präsidenten, andererseits musste sich Uribe von den Paramilitärs distanzieren, wollte er nicht selbst als Krimineller erscheinen. Die Situation verschärfte sich weiter, als der so genannte „Parapolitik"-Skandal ins Rollen kam. Der Skandal, der bis 2008 zur Inhaftierung von mehr 35 Abgeordneten der Regierungskoalition führte – gegen weitere 22 liefen Ermittlungen (Stand 23.7.2008, vgl. die regelmäßig aktualisierten Zusammenfassung unter (http://www.polodemocratico. net/-Parapolitica-) und (http://es.wikipedia.org/wiki/Parapolitica)) –, erschütterte das politische System. Ihm voraus ging ein Bericht des oppositionellen Senators Gustavo Petro (Polo Democrático Alternativo) über die Situation im nordkolumbianischen Departement Sucre. Petro vertrat darin die These, dass Nordkolumbien von lokalen mafiosen Machtnetzwerken („poderes mafiosos locales") kontrolliert werde, die sich aus Unternehmern, Politikern und paramilitärischen Kriegsherren zusammensetzten.

Den Recherchen des Senators Petro (2005) zufolge war die spezifische paramilitärische Allianz in Sucre nach einem Treffen des AUC-Führers Salvatore Mancuso, des Senators Álvaro García, einigen Viehzüchtern[78] sowie mehreren Offizieren von

---

78 Petro zufolge war darunter auch ein deutscher Staatsangehöriger namens Rudolf Panther, der später ermordet worden sein soll.

Armee und Polizei entstanden. Ziel des Bündnisses sei es gewesen, Regional- und Senatswahlen zu manipulieren und einer effizienten Bekämpfung der Linken den Weg zu ebnen. Ein Polizeibeamter, der die AUC nicht unterstützte, sei auf Initiative von Senator Álvaro García unmittelbar vor einem Massaker in der Ortschaft Macayepo gegen einen kooperativeren Beamten ausgetauscht worden.[79]. Ein weiterer Polizist, der ebenfalls das Departement verlassen musste und schließlich den Dienst suspendierte, legte der Staatsanwaltschaft in diesem Zusammenhang den Mitschnitt eines Telefonats vor. Darin unterhalten sich der Senator Álvaro García und ein Viehzüchter über die Vorbereitung des Massakers. Die gleiche paramilitärische Verbindung sei, so Petro, auch für das berüchtigte Massaker von Chengue (Sucre) verantwortlich gewesen, bei dem die AUC im Januar 2001 knapp 30 Kleinbauern ermordeten sowie ihre Häuser plünderten und niederbrannten.[80]

Die Untersuchungen des oppositionellen Senators Petro verweisen darauf, dass nicht einfach von Konflikten zwischen Paramilitärs und Justiz ausgegangen werden kann. Die Paramilitärs unterhielten nämlich beste Verbindungen zu führenden Vertretern des Justizapparates. Bei der damaligen Generalsekretärin der kolumbianischen Generalstaatsanwaltschaft Judith Morantes García beispielsweise handelte es sich um die Nichte des beschuldigten Senators Álvaro García. Die Regionalstaatsanwältin der staatlichen Disziplinarabteilung Tatiana Morena, die mehrfach versuchte, den Kronzeugen des Massakers von Macayepo zu diskreditieren, gehörte zum Freundeskreis der mutmaßlichen Drahtzieher (ebda).[81]

---

79 Bei dem Massaker metzelten AUC-Einheiten im Oktober 2000 fünfzehn Bauern mit Stöcken, Steinen und Messern nieder. Der kolumbianischen Armee zufolge ist der unmittelbare Anführer der Paramilitärs nicht mehr am Leben (http://www.fac.mil. co/index.php?idcategoria=15758&PHPSESSID=...67bc89b67fbff609069aee1db, 22.12.2007). Hintergründe zum Massaker sind im englischsprachigen Wikipedia einsehbar unter: (http://en.wikipedia.org/wiki/Macayepo_massacre, 22.12.2007).

80 Ein Kronzeuge hatte bereits 2001 den Senator Álvaro García und den Gouverneur des Departements Sucre Salvador Arana Sus der Verantwortung am Massaker bezichtigt und warnte bei dem Fall beauftragte Staatsanwältin Yolanda Paternina vor einem Attentat. Tatsächlich wurde Paternina im August 2001 ermordet (Amnesty International 2003, El Nuevo Herald 25.11. 2002). Der danach ermittelnde Staatsanwalt Ramírez Moncayo forderte den Kronzeugen auf, die Aussage gegen die beiden Politiker zurückzuziehen. Wegen eines Korruptionsskandals wurde der Staatsanwalt Moncayo später kurz suspendiert, stieg schließlich aber zum Ad-hoc-Richter am Obersten Verfassungsgericht auf (Petro 2005)

81 Der belastete Gouverneur Salvador Arana wurde von Präsident Uribe einige Zeit später als Diplomat nach Chile entsandt. Der Bürgermeister der Ortschaft El Roble (Sucre) hingegen, der Präsident Uribe die Beziehungen zwischen Politik und Paramilitärs in der Region bei einer Konferenz persönlich dargelegt hatte, wurde im April 2003 ermordet (Petro 2005).

Vor diesem Hintergrund kam der Abgeordnete Petro (2005: 1) zu der Einschätzung, dass sich in Kolumbien Lokaldiktaturen etabliert hätten. Die Verfassungsväter von 1991 hätten übersehen, „dass die reale Macht in Kolumbien nicht in Bogotá, nicht bei der Zentralmacht angesiedelt ist, dass die Nation fragmentiert ist und die reale Macht von der Lokalmacht verkörpert wird.[82] Während die Verfassung ein demokratisches Programm für alle Bürger vorsah, ging die reale Macht in die Hände der Mafias über, von Mafias, die die Verfassung als absoluten Feind erachten. Der große Konflikt im Land besteht heute zwischen dem Rechtsstaat und den lokalen mafiosen Mächten."

Die Recherchen des Abgeordneten Gustavo Petro wirkten wie ein Dammbruch. In den Folgemonaten wurden im ganzen Land, besonders jedoch in Nordkolumbien, Verbindungen zwischen paramilitärischen Todesschwadronen, wirtschaftlichen Machtgruppen und Politikern aufgedeckt. So folgten im April 2006 Enthüllungen über die DAS-Polizei, als der frühere Leiter der DAS-Informatikabteilung und hochrangige Polizeifunktionär Rafael García umfassende Aussagen über die Zusammenarbeit zwischen seiner Behörde, der Uribe-Regierung und den AUC machte (Semana, 8. und 15.4.2006). García, der zu diesem Zeitpunkt inhaftiert war, weil er Drogenhändler von Fahndungslisten gelöscht hatte, und nach eigenen Angaben Mitglied des AUC-Verbands *Bloque Norte* war (Semana 24.2.2007), sagte aus, der Chef der DAS-Polizei Jorge Noguera sei über Garcías AUC-Mitgliedschaft nicht nur informiert gewesen, sondern habe seinerseits systematisch mit dem Kommandanten des *Bloque Norte* Rodrigo Tovar (alias „Jorge 40") zusammengearbeitet. Noguera, ein enger Vertrauter von Präsident Uribe, war 2002 Uribes Wahlkampfleiter im Departement Magdalena gewesen und später zum kolumbianischen Konsul in Mailand ernannt worden. Der Kronzeuge Rafael García behauptete, die DAS-Polizei habe den AUC Todeslisten überreicht, die die Paramilitärs abarbeiteten. Unter den Opfern hätten sich zahlreiche Gewerkschafter sowie der Universitätsprofessor Alfredo Correa de Andreis befunden, der zur Situation von Kriegsvertriebenen arbeitete und 2004 in der Karibikstadt Barranquilla erschossen wurde (Semana 8.4.2006).

Die Verbindungen zwischen AUC-Kommandant Rodrigo Tovar und dem Chef der DAS-Polizei Jorge Noguera waren dabei offensichtlich so gut, dass der DAS-Chef dem Paramilitär Tovar ein für den Präsidenten vorgesehenes Spezialfahrzeug überließ, das über ein System zur Ortung von Militärkontrollen verfügte (Cambio, 10.4.2006).

---

82 Die These, wonach der Paramilitarismus als Aufstand der Regionaleliten gegen den Zentralstat interpretiert werden kann, wird in der akademischen Debatte prominent von Romero (2005) vertreten. Ich werde später begründen, warum ich diese These für falsch halte.

Die Zusammenarbeit zwischen DAS und Paramilitärs, so der suspendierte Polizist weiter, habe sich nicht auf Nordkolumbien beschränkt. Gemeinsam mit den AUC habe die DAS-Polizei entscheidend zur Wahl Álvaro Uribes im Jahr 2002 beigetragen. Das DAS und die nordkolumbianischen AUC hätten 300.000 Stimmen manipuliert, indem sie Wahlregister kauften und anstelle der eigentlichen Wähler abstimmten. Auch außenpolitisch habe die Geheimallianz operiert. Zwei hochrangige DAS-Beamte, darunter Rafael García selbst, mehrere Vertreter der kolumbianischen Regierung, die nordkolumbianischen AUC und venezolanische Oppositionelle hätten gemeinsam gegen die Linksregierung in Caracas konspiriert (Semana 8.4.2006).[83] Diese Destabilisierungsversuche seien von „ganz oben" gedeckt und begleitet worden. Unter anderem seien auffällig teure Kommunikationsposten der Polizei in abgelegenen Ortschaften der kolumbianisch-venezolanischen Grenzregion errichtet worden (Semana, 8.4.2006).[84]

---

83 Tatsächlich haben kolumbianische Paramilitärs immer wieder in den innenpolitischen Konflikt in Venezuela eingegriffen. Die meisten der mehr als 100 Morde an venezolanischen Kleinbauernaktivisten werden kolumbianischen Paramilitärs zugeschrieben, die im Auftrag venezolanischer Großgrundbesitzer gehandelt haben sollen. Auch die Entführung des venezolanischen Industriellen Richard Boulton 2000, mit der in Venezuela Stimmung gegen die kolumbianischen Guerillas gemacht wurde, ging auf das Konto der AUC (vgl. spanische Ausgabe BBC-Online 17.7.2002). Im Sommer 2004 schließlich wurden unmittelbar vor einem Abwahlreferendum gegen Präsident Hugo Chávez mehr als 100 Kolumbianer in Caracas festgenommen, die nach eigenen Aussagen einen Militäraufstand gegen Chávez simulieren sollten. Venezolanische Oppositionsmedien behaupteten damals, Chávez habe sich vor der Wahl als Opfer einer internationalen Verschwörung inszenieren wollen. Tatsächlich wurden jedoch einige der in Caracas Verhafteten später als AUC-Mitglieder identifiziert. Der kolumbianische Abgeordnete Petro (2005: 11) stellte fest, dass ein Inhaftierter schon Jahre zuvor in kolumbianischen Ermittlungsakten aufgetaucht war. Der in Caracas verhaftete Mann war als Paramilitär unter anderem am Massaker in Chengue (Dep. Sucre) 2001 beteiligt gewesen.

84 Die Darstellungen des Ex-Polizisten decken sich mit anderen Hinweisen: 2005 äußerte die venezolanische Staatsanwaltschaft die Ansicht, der Mordanschlag auf den Staatsanwalt Danilo Anderson (der über den Putschversuch im April 2002 in Venezuela ermittelt hatte) sei von kolumbianischen Paramilitärs mit vorbereitet worden (EFE, 13. 11. 2005). Außerdem gab der damalige Heereschef Kolumbiens Martín Orlando Carreño 2004 zu, dass er sich – unmittelbar vor der gescheiterten Aktion der Paramilitärs in Caracas – mit „venezolanischen und kolumbianischen Viehzüchtern" getroffen hatte, um „die Sicherheitslage im Grenzgebiet" zu erörtern. Bemerkenswerterweise war die Regierung in Caracas über das Treffen nicht in Kenntnis gesetzt worden. Dass General Carreño eine Schlüsselrolle im paramilitärischen Netzwerk spielte, kann als gesichert gelten. Vor Gericht sagte der AUC-Kommandant Salvatore Mancuso 2007 aus, Carreño habe ihn und andere Paramilitärs sogar im Hubschrauber transportieren lassen (Semana 15.5.2007). General Carreño kam wenige Tage nach den belastenden Aussagen Mancusos bei einem Autounfall in Kolumbien ums Leben.

Der eigentliche „Parapolitik-Skandal" kam schließlich Ende 2006 ins Rollen, als ein Laptop der AUC-Einheit *Bloque Norte* in die Hände der Justiz fiel. Die auf dem Computer gefundenen Archive belegten, dass in ganz Nordkolumbien politisch-paramilitärische Netzwerke wie in Sucre existierten. Vor diesem Hintergrund wurden in den Folgemonaten Dutzende von Haftbefehlen erlassen. Die Außenministerin María Consuelo Araújo musste zurücktreten, nachdem ihr Bruder und ihr Vater wegen der Entführung eines konkurrierenden Politikers 2005 verhaftet worden waren. 2007 erklärte sich der Gouverneur des nordkolumbianischen Departements Magdalena der Zusammenarbeit mit den Paramiliärs für schuldig und wurde als erster Politiker verurteilt. Auch der Gouverneur des benachbarten Departements Cesar wurde verhaftet. Ihm wurde vorgeworfen, selbst Mitglied der AUC gewesen zu sein und unter dem Decknamen „Jorge 35" eng mit dem regionalen AUC-Chef Rodrigo Tovar alias „Jorge 40" kooperiert zu haben. Mit internationalem Haftbefehl gesucht wurde außerdem der Ex-Gouverneur des Departements Sucre Salvador Arana, der bereits durch die Recherchen des Senators Gustavo Petro (2005) belastet und von Präsident Uribe als Botschafter nach Chile entsandt worden war.

Die Enthüllungen im Rahmen des „Parapolitik-Skandals" zeigten, dass die Parteien von Uribes Regierungskoalition 2001, also während des Präsidentschaftswahlkampfs, landesweit Bündnisse mit den AUC geschlossen hatten. Das nordkolumbianische Bündnis war „Pakt von Ralito" getauft worden – also nach der Ortschaft Santa Fé de Ralito (Dep. Córdoba) benannt, in dem später die Gespräche zwischen AUC und der Uribe-Regierung stattfinden sollten. In dem Abkommen verpflichteten sich 14 führende Politiker Nordkolumbiens sowie mehrere AUC-Kommandanten, auf eine „Neugründung der Nation" hinzuarbeiten. Dabei ist ganz nicht klar, ob es in erster Linie um eine rechte Machtübernahme ging, zu der es mit Uribe denn auch kam, oder ob eine mafiose Funktionalisierung des Staates angestrebt wurde.[85] Ähnliche Allianzen wurden auch anderswo gebildet. Unter Führung des Ex-Politikers Iván Duque, der als „Ernesto Baéz" zum AUC-Oberkommando gehörte, kam im zentralkolumbianischen Magdalena Medio eine ähnliche Vereinbarung zustande. Im April 2007 wurden sechs Politiker im ostkolumbianischen Departement Casanare verhaftet, nachdem sie mit den AUC unter anderem vereinbart hatten, den Paramilitärs 50 Prozent der Gemeindehaushalte zu überlassen (El Tiempo, 3.4.2007).

---

85 In Anspielung an die Opiumstrukturen im südostasiatischen Goldenen Dreieck war 2001 angeblich von einem „Plan Birma" die Rede, der den Staat zu einer Marionette des Drogenhandels machen sollte. Diesem Vorhaben soll sich AUC-Kommandant Carlos Castaño widersetzt haben, was die bewaffneten Konflikte innerhalb der AUC erklären würde (El Espectador 3.2.2007). Bei der Gegenüberstellung der beiden Szenarien wird allerdings übersehen, dass durchaus beides verfolgt worden sein könnte: eine rechte Machtübernahme durch Uribe *und* eine größere Nachlässigkeit des Staates gegenüber bestimmten kriminellen Gruppierungen.

Auch in Uribes Heimatregion Antioquia existierte offensichtlich eine formale Allianz von Paramilitärs und Regierungsparteien. López (2007) vertritt die These, dass das Bündnis hier sogar besonders weitreichend gewesen sei. Am 16.6.2007 zeigte der Fernsehkanal *Noticias Uno* Aufnahmen, die den damaligen Kandidaten Álvaro Uribe und mehrere „Regionalaktivisten aus dem Magdalena Medio" im Oktober 2001 bei einem Treffen in Puerto Berrío zeigen (einsehbar unter: http://www.youtube.com/watch?v=j1BdZmHhUxQ&feature=related, 23.7.2008). Sieben Teilnehmer der Zusammenkunft wurden von Zeugen als führende Paramilitärs identifiziert.

In einem ähnlichen Zusammenhang wurde auch gegen den Vorsitzenden der Regierungspartei *Colombia Democrática* und Parlamentspräsidenten Mario Uribe Escobar, einen Cousin des Präsidenten, ermittelt. Álvaro Uribe beschwerte sich daraufhin persönlich beim Vorsitzenden des Obersten Gerichtshofs und griff das Gericht öffentlich an (Prensa Latina 24.1.2008). Als schließlich ein Haftbefehl gegen den Parlamentspräsidenten Mario Uribe erlassen wurde, floh dieser in die Botschaft Costa Ricas, um politisches Asyl zu beantragen (Semana 22.4.2008), was ihm die Regierung in San José jedoch verwehrte.[86]

Bemerkenswerterweise beschädigte der „Parapolitik"-Skandal das Ansehen Uribes jedoch kaum. Die Kontrolle der Massenmedien, Uribes Erfolge im Kampf gegen die FARC-Guerilla und geschickte Manöver gegenüber den AUC brachten den Präsidenten immer wieder aus der Schusslinie. So ging Uribe, als die ersten Informationen des Parapolitik-Skandals 2005 öffentlich wurden, sichtbar auf Distanz zu den AUC. Die Paramilitärs, die fürchteten, als Sündenböcke funktionalisiert zu werden, drohten daraufhin, ihre Hintermänner zu nennen. Obwohl Uribe bei den anstehenden Präsidentschaftswahlen auf die Unterstützung der Paramilitärs setzte, kündigte er eine ernste Bestrafung der AUC-Kommandanten an. Die Paramilitärs, die wussten, dass ihnen nur mit Uribe eine Rückkehr ins legale Leben möglich war, mobilisierten trotz dieser Angriffe auch im Wahlkampf 2006 für den Präsidenten. Der jedoch verschärfte wenige Monate nach seiner Wiederwahl erneut den Tonfall und ließ die AUC-Chefs Ende 2006 völlig unerwartet aus ihren luxuriösen Fincas bei Santa Fé de Ralito in verschiedene Hochsicherheitsgefängnisse verlegen. Als die AUC daraufhin den Waffenstillstand aufkündigten, erklärte der Präsident den Demobilisierungsprozess kurzerhand für beendet und profilierte sich somit als harter Verfolger der rechten Todesschwadronen. Der Paramilitarismus sei besiegt, so der Präsident.

---

86 Mario Uribe wurde verhaftet, kam jedoch bereits im August 2008 wieder frei. Der für dem Fall zuständige Staatsanwalt quittierte daraufhin seinen Dienst, weil die Freilassung gegen seinen Willen von der Führung der Generalstaatsanwaltschaft angeordnet worden war. Der Generalstaatsanwalt Mario Iguarán ist der ehemalige Vize-Justizminister der Regierung Uribe.

Trotz einer nicht zu übersehenden Zurückhaltung der Zeugen – AUC-Kommandant Salvatore Mancuso etwa belastete vor Gericht ausschließlich jene Militärs und Politiker, gegen die sowieso bereits ermittelt wurde – wurde die politisch-ökonomische Dimension des Paramilitarismus im Rahmen der *Justicia y Paz*-Verfahren[87] 2007 immer deutlicher. In seiner so genannten „freien Aussage" (*versión libre*) machte sich der AUC-Kommandante Mancuso die These der politischen Linken zueigen, es handele sich beim Paramilitarismus um eine aus den 1960er Jahren stammende staatliche Strategie der Aufstandsbekämpfung. Außerdem bezeichnete er die AUC als „virtuelle Organisation", die im Wesentlichen extern angeleitet worden sei (Semana 2.5.2007 und 15.5.2007, Restrepo 2007). Auch wenn Mancuso in diesem Zusammenhang keine Namen nannte und die Aussagen des AUC-Kommandanten in den Medien nicht weiter analysiert wurden, drohte das Verfahren das politische System doch in eine schwere Krise zu stürzen.

Vor diesem Hintergrund kam es im Mai 2008 zu einer handstreichartigen Auslieferung der AUC-Führer in die USA. Da dort ausschließlich Verfahren wegen Drogenhandels eröffnet werden, konnten weitere belastende Aussagen zunächst verhindert werden.

5.7. Paramilitärische Nachfolgegruppen der AUC

Das Ende der AUC bedeutet allerdings keineswegs ein Verschwinden des Paramilitarismus. Und zwar aus zweierlei Gründen:

Zum einen operieren in Kolumbien auch weiterhin paramilitärische Gruppen. Allein in Bogotá hatten sich 2008 Nachfolgegruppen mit mindestens sieben verschiedenen Namen – *Bloque Central Santander, Bloque Central Bolívar, Bloque Cacique Nutibara, Autodefensas Unidas de Colombia Nueva Generación, Los Urabeños, Las Águilas Negras* und *Bloque Capital* – konstituiert, die weiterhin gegen soziale Bewegungen vorgingen (Caycedo Turriago 2008). Der Regierung zufolge handelt es sich bei diesen Gruppen um so genannte „aufstrebende Banden" (*bandas emergentes*), die als Phänomen der Organisierten Kriminalität zu betrachten sind und sich mit Drogenhandel und Schutzgelderpressung finanzieren. Auch wenn das stimmen sollte, würde es die Gruppen nicht wesentlich von früheren Generationen

---

87 Das von der Regierung vorgelegte und vom Obersten Gerichtshof modifizierte Gesetz *Justicia y Paz* sieht eigene Verfahren für geständige Paramilitärs vor. Opferverbände haben die Verfahrensmethodologie scharf kritisiert, weil diese den Opfern keine echte Prozessbeteiligung ermöglicht. Tatsächlich hat sich nur eine verschwindend kleine Minderheit der Opfer paramilitärischer Verbrechen für die Verfahren registrieren lassen (Haugaard 2008). Trotz dieser Einschränkungen brachten die *Justicia y Paz*-Verfahren wichtige Informationen zutage, was durch die Auslieferung der Angeklagten in die USA allerdings unterbunden wurde.

des Paramilitarismus unterscheiden. Für politische und ökonomische Auftragsgewalt sind die Gruppen jederzeit mobilisierbar, wie eine Mordwelle im Frühjahr 2008 bewies. Zu diesem Zeitpunkt mobilisierte das *Movimiento de Víctimas* (MOVICE: Bewegung der Opfer staatlicher Verbrechen) zu Großdemonstrationen.[88] Nachdem Präsidentenberater José Obdulio Gaviria behauptet hatte, die Guerilla stehe hinter den Kundgebungen, wurden mehrere Organisatoren der Demonstrationen im ganzen Land bedroht und zum Teil bestialisch ermordet (vgl. El Espectador 14.3.2008, Brief des „Movimiento de Víctimas" März 2008).

Die neuen paramilitärischen Gruppen scheinen zudem alles andere als ein marginales Phänomen zu sein. Mit geschätzten 4000 Mitgliedern sind die Gruppen in 22 von 32 Departements aktiv (Semana 18.8.2007). Man muss vor diesem Hintergrund davon ausgehen, dass wie schon 1981, als die MAS-Todesschwadronen, und 1990-94, als die PEPEs und ACCU entstanden, ein Umformierungsprozess im Gange ist und sich eine neue, vierte Generation des Paramilitarismus herausbildet. Anders als zuletzt die AUC scheinen die diversen Nachfolgegruppen bislang über keine eigene politische Hausmacht zu verfügen. Ob sie sich ausbreiten und strukturell festigen werden, wird vor allem davon abhängen, ob sie im Kampf gegen die Opposition weiter benötigt werden.

Der Paramilitarismus kann aber auch aus einem zweiten Grund nicht einfach als demobilisiert gelten: Die paramilitärische Strategie ist nicht auf die Existenz bewaffneter Gruppen beschränkt. Ó Loingsigh (2002) spricht in Anlehnung an Sarmiento Anzola (1996) von einer „integralen Strategie des Paramilitarismus" und unterscheidet drei Phasen paramilitärischer Durchdringung einer Region (nach: Ó Loingsigh 2002: 5f).

In einer *ersten Phase* finde die – oft spektakulär inszenierte – militärische Eroberung statt, d.h. es kommt zur schockartigen Einschüchterung der Bevölkerung durch Gräueltaten und zur Etablierung eines autoritären Kontrollregimes. In dieser

---

88 Die Berichterstattung im Zusammenhang mit den Demonstrationen verweist darauf, dass die kolumbianischen Medien aktiv am Konflikt beteiligt sind. Die regierungsnahe *El Tiempo* mobilisierte im Februar 2008 zunächst zwei Wochen lang für Großdemonstrationen gegen die Guerilla, an denen mehrere Millionen Menschen teilnahmen. Der Aufruf des oppositionellen *Movimiento de Víctimas* („Bewegung der Opfer") zu Kundgebungen im März wurde hingegen zunächst ignoriert oder ins Umfeld der Guerilla gerückt. Als es wegen der Kriminalisierung der Menschenrechtsbewegung internationalen Protest gab, änderte die *El Tiempo* ihre Linie. Sie berichtete – deutlich weniger ausführlich – über die Oppositionsdemonstrationen am 6. März, an denen ebenfalls etwa eine Million Menschen teilnahmen, behauptete jedoch, es habe sich um „Kundgebungen gegen die Gewalt" gehandelt. In den internationalen Medien reflektierte sich diese Haltung: Die Anti-Guerilla-Demonstrationen im Februar wurden in Europa ausführlich behandelt, die oppositionellen Kundgebungen im März blieben hingegen unberücksichtigt.

Phase werden Massaker verübt, Homosexualität, Drogenkonsum oder das Tragen von Miniröcken verboten, nächtliche Ausgangssperren für Jugendliche verhängt und Überschreitungen der neuen Gesetze brutal geahndet.

In einer *zweiten Phase* zielt der Paramilitarismus darauf ab, „Reichtum in die Region zu holen" (ebda: 5), das heißt ein weltmarktorientiertes Entwicklungsmodell zu implementieren. Der Paramilitarismus, der dabei in der Regel auf staatliche Fördermittel zurückgreifen kann, bietet Sozialleistungen an, ersetzt andererseits aber auch den widerständigen Teil der Bevölkerung durch Vertreibungen und die Neuansiedlung 'gehorsamerer' Bewohner. Unmittelbares Ziel dieser Vorgehensweise ist die Stärkung kapitalisierter Wirtschaftssektoren, so etwa der monokulturelle Anbau von Agrarprodukten und die industrielle Ausbeutung von Bodenschätzen. Parallel dazu durchdringt der Paramilitarismus die örtliche Politik, Justiz und Zivilgesellschaft. Mit Geld und Gewalt werden eigene Bürgermeister und Gemeinderatsmehrheiten durchgesetzt, kritische Staatsanwälte vertrieben oder getötet, freie Stellen mit eigenen Leuten besetzt und nicht zuletzt auch eigene Nichtregierungsorganisationen und soziale Bewegungen gegründet.

In einer *dritten Phase* konsolidiert der Paramilitarismus diese Strukturen und ihre Legitimation. Die offen repressiven Mechanismen rücken in den Hintergrund, die Modernisierungsdynamik sorgt für alternativlose Verhältnisse. Ó Loingsigh (2002: 90-95) skizziert diesen Prozess anhand des Ölpalmen-Anbaus im zentralkolumbianischen Magdalena Medio: Unter paramilitärischer Ägide wurden dort unter anderem genossenschaftliche Anbauformen gefördert. Die Kleinproduzenten blieben aufgrund von Einkaufsmonopolen und realen Machtverhältnissen zwar von großen Agrarfirmen abhängig, nahmen sich jedoch (im Unterschied zu Plantagenarbeitern) als selbständige Unternehmer wahr und tendierten daher nicht zur gewerkschaftlichen Organisierung. Der Paramilitarismus, so Ó Loingsigh, zwang die Bewohner der Region somit in kaum hinterfragbare sozioökonomische Strukturen.

Der Paramilitarismus als integrales Projekt kann daher ab einem bestimmten Zeitpunkt auch ohne bewaffnete Strukturen bestehen. Die Existenz einer Parallelarmee ist schließlich kein eigenständiges Ziel, sondern Mittel zur Durchsetzung einer spezifischen Ordnung. In diesem Sinne müsste eine Demobilisierung, die dieser Bezeichnung gerecht wird, auch die politischen, zivilgesellschaftlichen und sozioökonomischen Strukturen auflösen, die von und mit dem Paramilitarismus installiert wurden. Dies ist jedoch in Kolumbien nicht der Fall.

Zusammenfassend könnte man also behaupten, dass unter Präsident Uribe ein Diffundierungsprozess des Paramilitarismus erfolgt ist. Zunächst schien die AUC-Demobilisierung auf eine Legalisierung der Paramilitärs und ihrer Machtallianzen hinauszulaufen. Als die AUC jedoch überraschend schnell zerfielen und ihre Beziehungen zum Establishment sichtbar wurden, wurden autoritäre, paramilitärisch geprägte Verhältnisse ohne AUC konsolidiert. Die militärische Komponente, also die bewaffnete Kontrolle von Regionen durch irreguläre Truppen, rückte in den Hintergrund. Die AUC verschwanden und wurden – dort wo nötig – von neuen Gruppen ersetzt.

5.8. Zusammenfassung

Die These, es habe sich beim Paramilitarismus um einen eigenständigen politischen Akteur gehandelt, der nur über Einzelpersonen, nicht aber strukturell mit dem Staatsapparat verbunden war, lässt sich in Anbetracht der dargelegten Fälle kaum halten. Zutreffender scheint die Einschätzung der US-Menschenrechtsorganisation Human Rights Watch, die die Paramilitärs in zwei Studien (1996 und 2001) als „sechste Division der Armee", also als komplementären Bestandteil des staatlichen Gewaltapparats bezeichnete. Die paramilitärischen Gruppen entstanden, anders als von den AUC-Führern und den kolumbianischen Medien bis 2005 hartnäckig behauptet, eben nicht in erster Linie als Selbstverteidigungsinstrument verzweifelter Bürger, die vom Staat mit der Guerilla allein gelassen worden waren. Sie waren Bestandteil eines militärstrategischen Konzepts zur Aufstandsbekämpfung und zählten auf die Unterstützung von Armee und Polizei.

Dennoch spielte der Faktor Autonomie in der Entwicklung des Paramilitarismus eine wichtige Rolle. Mit der Gründung der AUC kam es ab Mitte der 1990er Jahre verstärkt zu wechselseitigen Verschränkungen zwischen Paramilitärs und Staatsapparat. Die AUC agierten zwar auch weiterhin als irreguläre Einheiten zur Unterstützung von Armee und Polizei. Gleichzeitig bauten die paramilitärischen Drogenhandels- und Gewaltorganisationen jedoch systematisch Netzwerke in Justiz und Politik auf, um sich gegen Verfolgung abzusichern. Dabei blieben sie vom Staat abhängig. Im Gegensatz zur Guerilla entbehrten sie einer eigenständigen Mobilisierungsbasis. Ihr Vorgehen war ökonomisch motiviert, ihre politische Struktur tendenziell 'simuliert'.

In diesem Zusammenhang wäre es falsch, den Paramilitarismus als Anzeichen eines Staatszerfalls zu interpretieren. Die Fähigkeit des kolumbianischen Staates, eine derart effiziente Parallelstruktur zu initiieren und über längere Zeit informell zu steuern, spricht für seine „Wehrhaftigkeit". Der Staat hat es geschafft, seine Existenz gegen revolutionäre Bewegungen zu verteidigen und dabei reguläre mit irregulären Kampfformen zu kombinieren. Es ist allerdings auch richtig, dass die extreme paramilitärische Gewalt Ausdruck eines staatlichen Legitimationsdefizits ist, das bis ins 19. Jahrhundert zurückreicht (vgl. Kap. 6.3.).

Die Auslagerung von Staatsfunktionen aus dem Staatskörper wäre in diesem Sinne als Krisenstrategie zu betrachten. Der Staat reagiert damit auf die hartnäckige Rebellion von Teilen der Bevölkerung. Da keine stabile politische Hegemonie ausgebildet wird, kann nicht mit 'normalen', regulären Mitteln geherrscht werden. Durch die Irregularisierung der Repression und den Aufbau parallelstaatlicher Strukturen wurden – wie eigentlich immer bei internen Konflikten – jedoch auch Differenzen und Konflikte im Staat selbst manifest. Vertreter der Justiz ermittelten gegen die Armee und wurden Opfer von Attentaten. Innerhalb des politischen Establishments entfalteten sich Machtkämpfe, es kam zu gravierenden Widersprüchen über die zu verfolgende Strategie. Ich werde im Folgenden erörtern, warum ich dies als spezifische Form von Staatlichkeit und nicht als Staatsschwäche betrachte.

Letztlich ist festzuhalten, dass die AUC zwar angebunden an die Staatsmacht waren, aber nicht als Marionette interpretiert werden können. Auch reguläre Institutionen entwickeln sich bekanntermaßen eigendynamisch. In Bürgerkriegssituationen wird das besonders deutlich: Machtkämpfe zwischen Militärs und Regierung oder innerhalb führender Gruppen stehen trotz der Konfrontation mit einem äußeren Feind auf der Tagesordnung, da die einzelnen Institutionen, aber auch Fraktionen innerhalb der Institutionen Autonomie besitzen. Ähnliches gilt selbstverständlich erst recht für irreguläre staatsnahe Gruppen.

Es kann also durchaus beides zutreffen: Die AUC waren bis zuletzt systematisch mit dem Staatsapparat verschränkt und entwickelten doch eine v.a. ökonomisch motivierte Eigendynamik, durch die auch der Staatsapparat modifiziert wurde. In diesem Sinne kann man den kolumbianischen Paramilitarismus in einem Zwischenergebnis als *Hybrid* bezeichnen. Er ist i) eine ausgelagerte Parallelstruktur, mit der der Staat – ganz im Sinne moderner Militärkonzepte – die politischen Kosten der Aufstandsbekämpfung zu reduzieren versucht, ii) eine Privatarmee von Teilen der politischen Klasse, Kapitalbesitzern und Latifundisten und iii) eine Struktur der organisierten Kriminalität, die eigene ökonomische Ziele verfolgt.

Bevor ich diesen Dreifachcharakter weiter diskutiere und auf die Fragmentierungsthese von Romero (2005) eingehe, möchte ich jedoch zunächst einen handhabbaren Staatsbegriff skizzieren. Immerhin ist der Widerspruch frappierend: Staatsanwälte werden ermordet und Politiker traditioneller Parteien von Paramilitärs bedroht, die wiederum eng mit Politikern eben dieser Parteien kooperieren. Die aus dem Staat geborene, parastaatliche Struktur operiert also gleichzeitig *für* den Staat, *mit* dem Staat, *im* Staat, aber auch *gegen* Funktionäre des Staates. Auf diese Weise unterminiert der Paramilitarismus durch die Auflösung von Rechtsstaatlichkeit und Gewaltmonopol jenen Staat, den er andererseits unzweifelhaft stärkt.

Es liegt auf der Hand, dass sich diese Entwicklung mit einem Begriff, der den Staat als klar umrissenen Körper und homogenen politischen Akteur fasst, nicht verstehen lässt.

6. Exkurs: Der Staatsbegriff

6.1. Staatsdefinition und Staatenwerdung

Die wohl verbreitetste Staatsdefinition stammt von Max Weber (1966 und 2005), der von einer kohärenten Kombination von rationalem Recht, Fachbeamtentum, Verwaltungsapparat und territorial durchgesetztem Gewaltmonopol spricht. Kategorisch heißt es bei Weber: „Staat ist diejenige menschliche Gemeinschaft, welche innerhalb eines bestimmten Gebietes – dies: das 'Gebiet', gehört zum Merkmal – das Monopol legitimer physischer Gewaltsamkeit für sich (mit Erfolg) beansprucht. Denn das der Gegenwart Spezifische ist, dass man allen anderen Verbänden oder Einzelpersonen das Recht zur physischen Gewaltsamkeit nur soweit zuschreibt, als der Staat sie von ihrer Seite zulässt: er gilt als alleinige Quelle des 'Rechts' auf Gewaltsamkeit." (Weber 1966: 27).

Diese Gewaltsamkeit muss sich allerdings, um funktional zu sein, auf Legitimität stützen, so Weber weiter[1]. Diese wiederum speist sich in der Regel aus drei Quellen (Weber 2005: 157-222): aus traditionalen, charismatischen und legalen Verhältnissen, also a) aus der Autorität einer Tradition, „wie sie der Patriarch und der Patromonialfürst alten Schlags übten" (Weber 1966: 28), b) aus dem Charisma einer Führungsperson, wie sie Propheten, Kriegsfürsten und plebiszitäre Herrscher repräsentieren, und c) aus der Legalität, also dem „Glauben an die Geltung legaler Satzung und der durch rational geschaffene Regeln begründeten sachlichen 'Kompetenz'" (ebda) Die Existenz eines berechenbaren Verwaltungsstabs, von Recht und politischen Formen der Vermittlung ist also, wenn man Weber folgt, nicht nur Kennzeichen moderner Staatlichkeit, sondern auch Grundlage staatlicher Legitimation.

Legt man diese Kriterien an den kolumbianischen Fall an, so kommt man zu recht widersprüchlichen Ergebnissen: Nichtstaatliche bewaffnete Gruppen haben zumindest vorübergehend regionale Gewaltmonopole durchgesetzt, die von der örtlichen Bevölkerung bisweilen als legitimer und funktionaler wahrgenommen

---

1   Webers Überlegungen zur Legitimität von Macht weisen interessante Parallelen zu Gramscis (1967) Hegemoniebegriff und Foucaults Konzept der Gouvernementalität (2004a und b) auf. Allen gemein ist die Fragestellung, wie Machtverhältnisse von Untertanen mit hergestellt werden und wie Regierungstechniken aussehen, die diese 'Produktion' der Legitimität, Hegemonie oder Macht 'von unten' in Gang setzen.

wurden als das des Staates. In diesem Sinne könnte man von der Existenz einer Parallel- und Protostaatlichkeit sprechen. In den Armenvierteln Medellíns etwa übten linke Guerilla-Milizen in den 1990er Jahren Polizei- und Rechtsaufgaben aus, weil die staatlichen Institutionen keine berechenbare und als einigermaßen gerecht empfundene Ordnung gewährleisteten (vgl. Téllez Ardila 1995, eigener Feldaufenthalt in Medellín 1992). Aber auch die autoritäre Herrschaft der Paramilitärs hat parallelstaatliche Aspekte entwickelt, zum Beispiel wenn dem Justizapparat der Zugang in Regionen verweigert wird. Bemerkenswert ist weiterhin, dass der Anspruch des Staates, das Gewaltmonopol durchzusetzen, die Entfaltung staatlicher Legitimität stark behindert und damit wiederum die Durchsetzung des Gewaltmonopols blockiert hat. Armee und Polizei treten einer Bevölkerung, die den herrschenden Status Quo tendenziell ablehnt, aggressiv gegenüber. Dies jedoch untergrub die Legitimität der Staatsmacht. Außerdem ermöglichte die Ausweitung exekutiver Funktionen es den mit besonderen Vollmachten ausgestatteten Staatsbeamten, ihre Stellung zum eigenen Vorteil zu nutzen. Damit erschien die Parallelstaatlichkeit der Guerilla noch funktionaler und der Staat musste noch repressiver auf Protest reagieren.

Zu irritierenden Ergebnissen gelangt man auch bei einer Diskussion der Legitimitätsformen politischer Herrschaft. In Kolumbien lassen sich alle drei von Weber genannten Formen feststellen: *rationale, traditionale* und *charismatische* Legitimität. Diese bilden jedoch kein stabiles Gefüge. So existieren zwar *rationale* Rechts- und Verwaltungsapparate, die nach Webers Kriterien funktionieren (2005: 162f) – Sachlichkeit, Amtshierarchie, Kompetenzteilung, Fachqualifikation etc. –, doch in der Praxis werden diese Apparate so stark klientelistisch instrumentalisiert, dass sie kaum regulierende Funktionen ausüben. Aufgrund dieser eingeschränkten Staatsfunktion hat die *traditionale* Anbindung der Bevölkerung an die beiden großen Staatsparteien – Liberale und Konservative – fast 200 Jahre lang eine zentrale Rolle bei der Stabilisierung der Herrschaftsverhältnisse gespielt.[2] Wie in vielen anderen lateinamerikanischen Ländern erodierte diese traditionale Bindung an Parteien in den 1980er Jahren – unter anderem, weil die quer zu den Parteien verlaufenden sozialen Widersprüche diese Bindung auflösten, der Klientelismus des politischen Systems immer offensichtlicher wurde und programmatische Differenzen zwischen den Parteien nicht zu erkennen waren. Im Unterschied zu Venezuela, Bolivien oder Ecuador, wo ähnliche 'Krisen der Repräsentation' (vgl. Zelik 2006a, Colectivo Situaciones 2007) zu einem Kollaps der politischen Systeme und zur Formierung neuer hegemonialer Blöcke führte, leitete das kolumbianische Establishment Ende der 1990er Jahre jedoch selbst eine grundlegende Transformation der Parteienlandschaft

---

2 Ein Kausalzusammenhang besteht auch in umgekehrter Richtung: Die starken Parteienbindungen haben die Herausbildung einer 'gesonderten', modernen Staatlichkeit verhindert.

ein. Die Mehrheit der politischen Eliten, darunter auch Mehrheitsfraktionen von Liberaler und Konservativer Partei, gruppierte sich 2001 um den Präsidentschaftskandidaten Uribe neu und schuf damit eine Grundlage für ein „stabiles" System alternierender Programmparteien: Der Rechten um Uribe könnte darin eine deutlich schwächere, „moderne" (d.h. nicht auf Systemveränderungen abzielende) Linke gegenüberstehen[3].

Traditionale Bindungen haben aber auch nach dieser Transformation des Parteiensystems insofern Bestand, als regionale „Kaziken" weiterhin eine zentrale Rolle spielen. Als Kaziken werden solche, aus alten Politikerfamilien stammende Abgeordneten bezeichnet, die ihre Lokalmacht wie einen Feudalbesitz von Generation zu Generation weitergeben. Viele dieser Kaziken (die gleichermaßen Ausdruck, Folge und Ursache der nach wie vor zu beobachtenden Fragmentierung des kolumbianischen Staates sind) haben in den vergangenen Jahren ihre alte Parteimitgliedschaft aufgegeben und sich dem Regierungslager von Präsident Uribe angeschlossen. Da auch diese *traditionale* Bindung stets instabil ist, hat das „Kazikentum" in vielen Landesteilen die beschriebenen Allianzen mit den Paramilitärs geschlossen. Im Rahmen der bewaffneten Auseinandersetzungen wiederum haben sich teilweise *charismatische* Legitimitätsbeziehungen zwischen Kämpfern und ihren Anführern entwickelt.

Man sieht an diesen kurzen Skizzen, dass Staatlichkeit in Kolumbien nach der Weberschen Definition nur unvollständig ausgebildet ist. Verwaltungsapparate und -prozeduren sind zwar formal im Weberschen Sinne organisiert, funktionieren in der Praxis aber kaum. Das Gewaltmonopol ist nicht durchgesetzt, die politischen Apparate haben nicht jene Legitimität hervorgebracht, die die von Weber postulierte „Minimisierung der Herrschaft" (2005: 199, 207, 214f, 721) erlaubt.

In der deutschsprachigen Länderkunde (z.B. Kurtenbach 2004, 2005 a und b, Zinecker 2002) werden diese Aspekte häufig als Ausdruck einer nicht abgeschlossenen Nationen- und Staatenbildung interpretiert. Im vorhergehenden Kapitel habe ich bereits darzulegen versucht, warum ich den Paramilitarismus nicht für das Ergebnis eines Staatszerfalls (im Sinne eines sich ausbreitenden „Bandenkriegs"), sondern für eine vom Staat und politisch-ökonomischen Machtgruppen initiierte informelle Repressionsstrategie halte. Das liefert allerdings noch keine befriedigende Antwort auf die Frage, ob der kolumbianische Staat eventuell gar kein richtiger Staat ist.

Gehen wir der These also nach: Zunächst liegt auf der Hand, dass die Staatsbildung in Kolumbien starken Einschränkungen unterworfen war. *Erstens* war das

---

3 Dieser Umformierungsprozess, wie er auch von internationalen Politikberatern befürwortet wird, steckt allerdings in Schwierigkeiten: Die regierende Rechte hat bis heute keine gemeinsame Partei bilden können, und auch die zukünftige Entwicklung des Mitte-Links-Bündnisses *Polo Democrático Alternativo* ist völlig offen.

Landesterritorium aus topographischen und klimatischen Gründen lange Zeit nicht integriert. Genau betrachtet ist die Eingliederung der Peripherie bis heute nicht vollständig abgeschlossen. Die Hafenstädte Cartagena, Santa Marta und Barranquilla unterhielten bis weit ins 20. Jahrhundert engere Beziehungen in den Karibikraum als ins andine Hochland, und noch heute ist der Warenaustausch im ostkolumbianischen Amazonasbecken leichter mit dem brasilianischen Manaos abzuwickeln als mit dem zentralkolumbianischen Kernland innerhalb des Dreiecks Bogotá-Medellín-Cali.

Zweitens hat der Kolonialismus eine sozioökonomische Struktur hinterlassen, die die Staatsbildung nachteilig beeinflusste. Kennzeichnend für diese Struktur war die Existenz einer mächtigen Landoligarchie, die die Bevölkerung quasi-feudal an sich band und der Bildung zentralstaatlicher Strukturen im Weg stand. Es spricht einiges dafür, dass die Unabhängigkeit Kolumbiens 1819 diesen Zustand weiter verschärfte. Die *criollos,* die weiße lateinamerikanische Oberschicht, erhob sich auch deswegen gegen das koloniale Mutterland, weil sie die uneingeschränkte Lokalmacht, die sie auf ihren Besitzungen ausübte, vor Eingriffen der spanischen Krone abschirmen wollte. Vor diesem Hintergrund bildete sich nach der Unabhängigkeit ein ausgeprägter Regionalismus heraus, der im 19. Jahrhundert zum Ausbruch mehrerer Bürgerkriege führte. Wie weit diese Parzellierung reichte, zeigt sich unter anderem in der Tatsache, dass der Peso im Departement Cauca bis in die 1930er Jahre nicht als Währung anerkannt war.

Als Hindernis ist *drittens* die relative Unterentwicklung zu sehen. In Europa sorgte die Nachfrage nach industriellen Arbeitskräften im 19. Jahrhundert für eine Auflösung traditionaler Bindungen und regionaler Fragmentierungen. Zudem implizierte die rechtliche Freisetzung des Untertans zum Lohnarbeiter die für das Staatswesen charakteristische Unterscheidung zwischen Politik und Ökonomie, die Grundlage des bürgerlichen Staates ist. Eine ähnliche Dynamik wurde in Lateinamerika unter anderem durch die weltwirtschaftlichen Tauschverhältnissen blockiert, die die abhängige Struktur der Ökonomien perpetuierten. Ebenso wie während der Kolonialzeit beschränkt sich der Export Kolumbiens heute auf Bodenschätze und Agrarprodukte, d.h. auf Güter, mit denen sich auf den internationalen Märkten tendenziell nur niedrige Preise erzielen lassen[4]. Auf diese Weise jedoch bleiben auch die fiskalpolitischen Spielräume für eine integrative Sozialpolitik beschränkt.[5] Der Staat wiederum gewinnt nur in dem Maße an Legitimation, in dem er nicht nur als Gewaltmonopol auftritt, sondern zur Absicherung der Unterschichten und zum

---

4   Eine Ausnahme ist das Erdöl, von dem Kolumbien aufgrund nachteiliger Förder- und Konzessionsverträge allerdings lange kaum profitierte.

5   Für die Herausbildung einer als legitim erachteten Staatlichkeit in Westeuropa war eine – durch soziale Kämpfe erzwungene – materielle Einbindung der Unterschichten unverzichtbar.

sozialen Ausgleich beiträgt – ein Prozess, der in Europa bereits im 19. Jahrhundert einsetzte und in Kolumbien so gut wie gar nicht zu beobachten ist.

Eine *vierte* Einschränkung der Staatsbildung besteht, wie Kurtenbach (2005a und b) bemerkt, darin, dass die Oligarchie die Bürgerkriege immer wieder zur Integration ihrer Parteienklientel – und was Kurtenbach außer acht lässt: auch zur Durchsetzung von ökonomischen Interessen[6] – nutzte. Die Spaltung der Bevölkerung entlang der Parteigrenzen verhinderte, so Kurtenbach, die Entfaltung eines zentralen Gewaltmonopols und eines allgemeinen Staatsbürgerwesens.

Aus diesen offensichtlichen Einschränkungen nun die Konsequenz zu ziehen, dass der kolumbianische Staat „unvollendet" sei, ist allerdings wenig befriedigend. Eine solche Argumentation legt einen normativen Staatsbegriff zugrunde, der mit den realen Staatsbildungsprozessen wenig zu tun hat. Der integrative, vernünftig strukturierte, dem Allgemeinwohl dienende politische Verband ist letztlich eine Chimäre. Kein realer Staat ist auf Grundlage dieser idealistischen Norm entstanden – auch wenn staatliche Geschichtserzählungen dies immer wieder unterstellen. Real existierende Staatlichkeit ist stets als konfliktiv hervorgebrachte Verfestigung und Verrechtlichung von miteinander ringenden Interessen zu verstehen.

Europäische Staatenwerdung

Das lässt sich an der europäischen Staatenwerdung, die ja meist als positives Gegenbeispiel zum *State Failure* herangezogen wird, belegen. Tilly (1990) und Gerstenberger (2006) haben in zwei Standardwerken nachgewiesen, dass es sich bei den Staatsbildungen in Europa um konkrete historische Formierungsprozesse handelte. Staatlichkeit entstand dabei aus einer Dynamik von Machtkämpfen, Aneignungsstrategien (auch im Sinne von Raub), Urbanisierungsprozessen, Krieg und technischen Entwicklungen. Abstrakte Konzepte wie „zuverlässige Verwaltungsstruktur" oder normative wie „Allgemeinwohl" spielten bei dieser Erfolgsstory nur eine begleitende Rolle.

So skizziert Gerstenberger (2006: 491-534) in etwa folgenden Prozess: In den noch nicht staatlich organisierten Feudalgesellschaften war Aneignung unvermittelter Bestandteil von Herrschaft. Der Landherr trat seinen Untergebenen unmittelbar

---

6   Die Bürgerkriege waren für die Eliten nicht nur politisch, sondern v. a. ökonomisch funktional. Die kriegsbedingte Migration trug zur Landkonzentration bei und machte somit die Errungenschaften der Kleinbauernbewegungen (die sich Land in der Regel nicht durch Umverteilung, sondern durch Kolonisierung erkämpften) rückgängig (Zelik 2000b). Wahrscheinlich ist es also genau andersherum, als Kurtenbach (2004b: 20f) argumentiert. Nicht weil in Kolumbien Bürgerkrieg herrschte, waren eine sozialere Staatsform und eine ausgewogenere Verteilung der Reichtümer unmöglich, sondern die Eliten förderten in den vergangenen 150 Jahren immer wieder Kriegsdynamiken, um eine 'unsoziale' Umverteilung zu ihren Gunsten durchzusetzen.

gegenüber auf und nahm sich die Güter. Ein gesonderter Bereich der Ökonomie existierte nicht und damit auch „keine Tendenz zur Monetarisierung und Verrechtlichung – i.e. zur Rationalisierung im Sinne Max Webers –, die sich unabhängig von konkreter Herrschaftspraxis entfaltet hätte". (ebda: 499)

Gleichzeitig beruhten Produktionssteigerungen nicht auf der Erhöhung der Produktivität, sondern auf der Erweiterung von Anbauflächen. Vor diesem Hintergrund wurde Konkurrenz zwischen den Landherren um ihren Besitz zu einem zentralen Entwicklungsmotor. Sie ließ der Militärtechnik besondere Bedeutung zukommen, was wiederum die Verteidigung des Besitzes teurer machte. Schon die Ausbreitung des Steigbügels im 11. Jahrhundert, durch die Pferd, Reiter und Lanze zu einer Einheit und einer Art menschlichem Geschoss wurden, hatte bemerkenswerte Auswirkungen auf die gesellschaftliche und ökonomische Struktur. Der Steigbügel löste eine Professionalisierung der Kriegführung aus, denn diese „Kampfesweise erforderte Ausrüstung, Ausbildung und Übung. Sie war den meisten Bauern, die gelegentlich an Feldzügen mitgewirkt hatten, nicht zugänglich und verlangte, dass Herren junge Ritter in ihren eigenen Haushalten versorgten und älteren womöglich Versorgungsmöglichkeiten außerhalb der Burg zukommen ließen" (ebda: 496). Auf diese Weise, so Gerstenberger, entstanden eine Krieger-Aristokratie und spezielle Formen gesellschaftlicher Spaltung. Die militärtechnischen Entwicklungen ab dem 15. Jahrhundert verstärkten diesen Prozess und machten die Entfaltung eines Fiskalapparates notwendig. Weil die Militärmittel – Rüstungen, Kanonen, Befestigungen – teurer wurden und sich das Kriegshandwerk ökonomisierte, d.h. immer seltener auf Vasallenverpflichtungen beruhte, stieg der Druck zu systematischen Steuererhebungen und damit auch zum Ausbau eines eigenständigen Fiskalapparates. Der Verwaltungsapparat war also Konsequenz militärischer Sachzwänge.

Parallel dazu bildete sich ein weiterer protostaatlicher Körper heraus: die Rechtsbürokratie. Herrschaftspraxis stützte sich nämlich in zunehmendem Maße auf juristisches Fachwissen. „Diese Erfordernis war dreifach begründet: zum einen waren juristisch geschulte Fachleute für nicht-bewaffnete (also vor allem gerichtliche) Auseinandersetzungen unter Herren sowie für die Abwicklung (...) fiskalischer Vereinbarungen nützlich (...), zum zweiten nutzten Herren die Formalisierung ihrer Herrschaftspraxis, um sich – mit Hilfe ihres Personals – die Definitionshoheit über lokalen Brauch von Herrschaft anzueignen (Verrechtlichung – im Sinne einer schriftlichen Fixierung von Regeln – ermöglichte den Einsatz von Herrschaftswissen gegen die bäuerliche Interpretation von Recht und Gerechtigkeit), und zum dritten handelte es sich um gelungene Aufstiegsstrategien. Fachleute für nicht-bewaffnete Herrschaftspraxis (...) wurden für die Reproduktion des Status vornehmer Geschlechter nicht nur zunehmend unentbehrlich, sie machten sich auch selbst dazu. Verallgemeinerte soziale Praxis von Spezialisten – heutzutage würden wir sie als Professionalisierungsstrategien bezeichnen – forcierte die Versachlichung feudaler Herrschaft." (ebda: 500f)

Das *Ancien Régime*, also jene gesellschaftliche Ordnung, die von der Französischen Revolution zerstört wurde und die, nach Gerstenberger, als eigenständige Epoche nach dem Feudalismus zu interpretieren ist, brachte eine weitere Versachlichung, Verdichtung und Intensivierung von Herrschaft hervor – ohne dass letztere deshalb ihren personalen Charakter (Macht eines Herren, der sich Reichtümer unmittelbar aneignet) verloren hätte. Im Rahmen dieser Versachlichung verwandelte sich allgemeines Recht in ein Strukturmerkmal von Herrschaft. Die Aristokratie konstituierte sich als Adelsstand, ihr Besitz wurde durch die Verrechtlichung gleichzeitig begrenzt und garantiert. Lücken in der feudalen Herrschaft (im Sinne von freien Räumen wie dem Wald) wurden beseitigt. Gleichzeitig rückte die fürstliche Gewalt dem Untertanen immer systematischer auf den Leib, was sich mit Foucault auch als Übergang von Herrschaft zu Regierung beschreiben lässt. Oder anders ausgedrückt: Die Macht intensivierte und totalisierte sich.

Gerstenberger vertritt nun die These, dass auch die Unterscheidung zwischen Privatraum und Öffentlichkeit, die als eines der Grundprinzipien des liberalen bürgerlichen Staates gelten kann, als Ergebnis eines Konflikts zu verstehen ist. In Anbetracht einer umfassender werdenden Herrschaft hätten Gegenbewegungen ein Recht auf herrschaftsfreie Sphären eingefordert. Pietistische Strömungen, die die Selbstbestimmung des Glaubens und eine Privatisierung der Familie vorantrieben, legten also die Grundlage für die Formulierung privater Freiheitsrechte. Die Privatsphäre als Begrenzung des Regierungsraums war in diesem Sinne nicht ökonomisch determiniert.[7] Gerstenberger argumentiert, dass eine Selbstbeschränkung der Herrschaft auch keinen Sinn ergeben würde. Die führenden Gruppen des *Ancien Régime* besaßen an einem Rückzug der Herrschaft aus der Ökonomie kein Interesse. Sie forderten den gesicherten Zugang zu Privilegien – und nicht etwa deren Beseitigung. Die Herausbildung von privaten und öffentlichen Räumen und damit von Grundprinzipien moderner Staatlichkeit muss somit als Ergebnis gesellschaftlicher Bewegungen verstanden werden.

Der bürgerliche Staat war in diesem Sinne nicht das Ergebnis der kapitalistischen Produktionsweise, sondern umgekehrt konnten kapitalistische Formen von Produktion und Verteilung erst dominant werden, „nachdem der personale Charakter von Herrschaft (weitgehend) beseitigt und damit die Entwicklung einer gesonderten Sphäre der Ökonomie möglich wurde." (ebda: 514) Hierzu bedurfte es eines gesellschaftlichen Bruchs, wie ihn die bürgerliche Revolution herbeiführte. Diese wirkte nämlich nicht nur politisch, sondern auch ökonomisch. Sie ermächtigte das

---

7   Gerstenberger widerspricht hier der klassisch-marxistischen Argumentation. Dieser zufolge machte der Kapitalismus den Rückzug der unmittelbaren Herrschaft aus der Ökonomie erforderlich, weil nur so Leibeigene als Lohnarbeiter „freigesetzt" werden konnten. Diese Entwicklung habe sich dann sozusagen politisch „gespiegelt".

Bürgertum und drängte adelige Herrschaftsrechte zurück. Vermittelte Formen der Aneignung (d.i. Lohnarbeit, Zins etc.) gewannen an Bedeutung, personale Herrschaft wurde, so Gerstenberger, durch öffentliche, subjektlose Gewalt substituiert. Die sich herauskristallisierenden Herrschaftsverhältnisse zeichneten sich dabei – dies ist ein Argument, dem auch Foucault (2004a und b) im Zusammenhang mit dem Begriff „Gouvernementalität" größte Bedeutung beimisst – nicht nur durch eine Versachlichung, sondern auch durch eine Begrenzung ihrer Reichweite aus. Das Staatsrecht wurde beschränkt und die Souveränität „dem Volk" übertragen, während gleichzeitig eine Freisetzung des Marktes erfolgte. In diesem Sinne kann man von einer doppelten Trennung sprechen: Das Öffentliche wurde vom Privaten geschieden, die Politik von der Ökonomie. Auch dies war allerdings kein „normativer" Prozess. Die Durchsetzung derartiger Verhältnisse erfolgte mit gewalttätigen Mitteln und stützte sich auf eine Ausweitung der im Staat konzentrierten Zwangsmittel. Die Beschränkung ging also erneut mit einer Intensivierung und mit dem Ausbau des Gewaltapparates einher. Dieser Gewaltapparat verteidigte keineswegs das Allgemeinwohl, sondern schützte in erster Linie die politischen und ökonomischen Interessen der Besitzenden.[8]

Legt man einen solchen Begriff der Staatsbildung zugrunde, dann wird deutlich, dass dieser Prozess nie völlig abgeschlossen ist. Da das politische Gleichheitsversprechen des bürgerlichen Staates in einem Widerspruch zur sozioökonomischen Realität steht und damit Konflikte vorprogrammiert sind, bilden sich Stabilisierungsmodelle aus: Die Staatsnation sorgt für eine politisch-ideologische Integration der sozial fragmentierten Gesellschaft. Mit der (als Antwort auf revolutionäre Bewegungen zugestandenen) Entwicklung des Sozial- und Interventionsstaates werden ein materieller Konsens und damit auch eine reale Grundlage für die Existenz von „Nationen" geschaffen. Dieser Gleichgewichtszustand ist jedoch erneut nur vorübergehender Natur. Da auch dem liberal-sozialen Wohlfahrtsstaat Herrschaftsverhältnisse zugrunde liegen, versuchen Machtgruppen störende Errungenschaften der Unterschichten wieder aufzuheben: Die Form des Staats bleibt umkämpft. Dieser Trend ist in den westlichen Gesellschaften in den vergangenen 30 Jahren deutlich zu beobachten gewesen. Im Rahmen neoliberaler Transformationen ist die Gesellschaft immer weniger „souverän" und wird immer umfassender zum Objekt (bio-) politischer Regulierung.

---

8   Einschränkungen dieses Partikularcharakters des Staates, z.B. der staatliche Schutz von Arbeitern durch Sozialgesetze, mussten in der Regel gesellschaftlich erkämpft werden.

Periphere Staatlichkeit

Es liegt auf der Hand, dass sich „periphere Staatlichkeit" anders entfalten muss als in Westeuropa. Historische Konfliktkonstellationen lassen sich nämlich nicht einfach anordnen, komplexe Prozesse nicht einfach wiederholen. Gleichwohl gibt es so etwas wie eine globale Staatlichkeit. Die politische Form 'nationale Souveränität' verbreitete sich im 19. und 20. Jahrhundert weltweit – und zwar sowohl im Rahmen kolonialer Zwangsmaßnahmen als auch in Form von Emanzipationserwartungen der nach Gleichstellung strebenden Kolonien. Bei dieser Ausbreitung des Modells 'Nationalstaat' wurden Rechtssysteme, Verwaltungsstrukturen, Bildungssysteme und Kulturkonzepte übernommen. Die politisch-gesellschaftlichen Faktoren, die in Europa die Bildung des bürgerlichen Staates prägten – die Kritik an traditionaler Herrschaft, die Rolle der Wissenschaft während der Aufklärung, die Privatisierung der Glaubenspraxis, die Ablehnung der päpstlichen Macht etc. (Gerstenberger 2005: 582f) – spielten bei diesen peripheren Staatsbildungen jedoch oft nur eine untergeordnete oder gar keine Rolle. Stattdessen gingen die Staatsbildungen besonders nach 1945 mit bewaffneten Konflikten einher. Die entstehenden Staaten Afrikas etwa sind gleichermaßen durch das koloniale Vermächtnis, die in Befreiungskriegen gebildeten militärischen Strukturen der Führungsgruppen und traditionale Beziehungen im Land geprägt. Dazu kommen außerdem internationale *Terms of Trade,* die eine Lösung aus wirtschaftlicher Abhängigkeit verhindern.

Diese Konstellation begünstigt die Herausbildung von Staatsformen, in denen der Staat in erster Linie ein Ort der Ressourcenaneignung ist. Die postkolonialen (traditionalen Bindungen verpflichteten) Führungsgruppen erkennen, dass der Staat für sie und die sie unterstützenden gesellschaftlichen Gruppen der einzige Ort ist, wo sich ein Einkommen erzielen lässt. Dieser Zusammenhang bringt schließlich jene Form des alimentierenden Staates hervor, den man in Bezug auf die Webersche Norm als 'korrupt' oder 'gescheitert' bezeichnen müsste.

Diese wertende Beschreibung verdeckt jedoch mehr, als sie zu erklären vermag. Wenn es stimmt, dass Staatlichkeit erstens das stets spezifische Ergebnis von Machtdynamiken ist und daher zweitens immer auch die Funktion hat, Machtbeziehungen aufrecht zu erhalten, dann liegt nahe, dass man nicht von 'ganzen' und 'unvollendeten' Staaten, sondern, wie Gerstenberger vorschlägt (2006: 529), von „anderen kapitalistischen Staaten" sprechen muss. In Industriestaaten ist eine berechenbare und unbestechliche Verwaltung aus der Perspektive führender Machtgruppen funktional, weil eine schnelle Warenzirkulation einer transparenten Regulation bedarf. In vielen Staaten der Peripherie spielt die komplexe Zirkulation von Waren hingegen nur eine untergeordnete Rolle und personale Formen der Herrschaft haben Bestand. Aus der Sicht der führenden Gruppen ist es daher funktional, den Staat zur privaten Aneignung zu nutzen. Da die ökonomische Entwicklung nicht nur durch Korruption, sondern auch durch andere Faktoren (beispielsweise die weltwirtschaftlichen

Tauschbeziehungen) blockiert ist, stellt sich diese Haltung als ökonomisch sinnvollste Option dar. Wenn traditionale oder klientelistische Bindungen dann auch noch dafür sorgen, Bevölkerungsgruppen jenseits der Eliten in dieses System einzubinden, erscheint dieser Staat sogar als teilweise legitim.

Nun könnte man zwar argumentieren, dass von 'geglückten Staaten' nur dann die Rede sein kann, wenn sich im Rahmen von Konfliktdynamiken eine Staatlichkeit herausgebildet hat, die die Interessen der Gesellschaftsmehrheit zumindest einigermaßen berücksichtigt. Allerdings muss man hier wiederum einwenden, dass eine solche Staatlichkeit – wie sie der skandinavische Wohlfahrtsstaat am deutlichsten repräsentiert – stets umkämpft ist und damit instabil bleibt. Staatlichkeit ist die Institutionalisierung von veränderlichen Kräfteverhältnissen und daher immer eine Momentaufnahme.

6.2. Der Staat als „Verdichtung von Kräfteverhältnissen"

Um diese These zu verdeutlichen, sei auf den von Poulantzas entwickelten Staatsbegriff verwiesen. Der griechisch-französische Marxist Nicos Poulantzas (1978; vgl. auch Hirsch/Jessop/Poulantzas 2001, Hirsch 2005, Jessop 2005) entwickelte sein Staatskonzept in den 1960er und 1970er Jahren zugegebenermaßen auf der Grundlage einer sehr schematischen, marxistischen Terminologie, kam damit jedoch zu einem durchaus geschmeidigen Verständnis des Phänomens Staat.

Poulantzas geht (wie Gramsci (1967) und Althusser) von einem „erweiterten" oder „integralen Staat" aus, der das gesamte zivilgesellschaftliche Feld umfasst – also Medien, Verbände, Kirchen etc., kurzum alle Einrichtungen, die die politisch-ökonomische Ordnung mit herstellen[9]. Dieser Staat, der nicht völlig eindeutig eingegrenzt werden kann, bleibe – obwohl er auf einer Trennung von Ökonomie und Politik beruht[10] – Bestandteil des Kapitalverhältnisses. Er stelle nicht einfach eine äußerliche Instanz dar, sondern sei in die gesellschaftlichen Herrschaftsbeziehungen eingeschrieben,

---

9 Für einen solch offenen Staatsbegriff gibt es gute Argumente. Hirsch (2005: 7) verweist auf die unscharfen Trennlinien zwischen Öffentlichkeit und Staat. So arbeiten Universitäten zum Teil privat, zum Teil staatlich. Kirchen sind zwar unabhängig, besitzen aber den Charakter öffentlich-rechtlicher Körperschaften und lassen vom Finanzamt Steuergelder eintreiben. Parteien, die den Staatsapparat wesentlich bestimmen, sind gleichzeitig zivilgesellschaftliche Organisationen.

10 Eine der wesentlichsten Staatsfunktionen besteht darin, über die Trennung von Ökonomie und Politik zu wachen. Während im Feudalismus unmittelbare Herrschaft und Aneignung zusammenfallen, scheiden sich die beiden Komplexe im Kapitalismus voneinander. Ein Unternehmer kann seine Arbeiter nicht zur Produktion zwingen. Er muss sie, die formal Freien, anstellen und ihnen die Arbeitsleistung (zumindest teilweise) entlohnen. Der Staat sorgt dabei für die Rechtssicherheit der Vertragsverhältnisse.

indem er die führenden gesellschaftlichen Gruppen organisiert respektive die beherrschten desorganisiert.

Poulantzas ist im Unterschied zu Althusser nun allerdings der Ansicht, dass die Eingriffe des Staates nicht in erster Linie 'negativ' ablaufen. Der Staat entfalte sich nicht in erster Linie durch Unterdrückung, Untersagung oder Manipulation. Seine Macht wirke produktiv, indem er Handeln evoziert.[11] Die Untergebenen stellen die gesellschaftlichen Verhältnisse, die sie zu Untergebenen machen, aktiv mit her. Sie tun dies, weil sie durch eine Politik, die gemeinhin als sozialstaatlich bezeichnet wird, eingebunden werden: „Die Beziehung der Massen zur Macht besitzt (...) stets ein materielles Substrat. Unter anderem deshalb, weil der Staat in dem Feld eines instabilen Kompromissgleichgewichts zwischen den herrschenden und den beherrschten Klassen für die Erhaltung der Klassenhegemonie agiert. Der Staat übernimmt daher beständig eine Reihe von positiven materiellen Maßnahmen für die Volksmassen, selbst wenn diese Maßnahmen durch den Kampf der beherrschten Klassen durchgesetzte Konzessionen darstellen." (Poulantzas 1978: 28)

Poulantzas dualistisches Klassenmodell ist nicht besonders überzeugend. Die Gedanken über den Staat jedoch sind ausgesprochen erhellend: Poulantzas begreift den Staat als ein Feld, auf dem soziale Konflikte ausgetragen werden und auf dem um Hegemonie gerungen wird. Der Staat ist dabei weder „instrumentaler Verwalter einer Machtessenz" noch eine Einrichtung, die „über genauso viel Macht verfügt, wie sie den Klassen gewaltsam wegnimmt"(ebda: 136). Damit widerspricht Poulantzas einerseits der Linken, die den Staat lange Zeit für das Instrument einer herrschenden Klasse hielt, andererseits aber auch dem von Thomas Hobbes kommenden Modell, wonach Staatlichkeit diejenige mit dem Gewaltmonopol ausgestattete Instanz ist, die den kriegerischen Naturzustand zwischen Gruppen und Personen unterbindet.

Der bürgerliche Staatsapparat steht den Konflikten in der Gesellschaft nicht neutral gegenüber. Er stellt die ungleichen Machtverhältnisse mit her und erhält sie aufrecht. So garantiert der Staat in erster Linie dem Kapitalbesitzer, der über Mittel zur Gründung einer Zeitung oder eines Fernsehsenders verfügt, Meinungs- und Pressefreiheit. Darüber hinaus gehört der Schutz des Kapitaleigentums, das die Grundlage der ungleichen Möglichkeiten bei der Ausübung von Rechten bildet, zu den zentralen Aufgaben des bürgerlichen Staates. Aus diesem Grund kann der Staat auch nicht einfach für ein alternatives gesellschaftliches Projekt übernommen werden – auch dann nicht, wenn die Bevölkerungsmehrheit eine Regierung genau mit diesem Vorhaben

---

11 Dieser Punkt stellt eine wichtige Verbindung zu Foucault dar (vgl. Jessop 2005: 15f). Poulantzas grenzt sich aber von Foucault ab, indem er diesem vorwirft, Herrschaft nur als Ideologie oder verinnerlichte Repression erkennen zu können. Die Kritik scheint mir verfehlt: Foucault diskutiert ja im Gegenteil die Formung sich selbst anleitender Subjekte, die eben nicht nur 'ideologisch', sondern geradezu körperlich geprägt sind.

beauftragt.[12] Die Aufgabe des bürgerlichen Staates besteht darin, die bürgerliche Eigentums- und Aneignungsformen und die daraus resultierenden Machtbeziehungen zu wahren. Der Staat stellt gewissermaßen eine strukturelle Grenze der Demokratie dar: Er beansprucht, die Allgemeinheit zu repräsentieren, doch seine Struktur dient in erster Linie der Aufrechterhaltung einer sozio-ökonomischen Ordnung, die von den Interessen privilegierter Gruppen bestimmt ist. Im Unterschied zu anderen Kritikern des bürgerlichen Staates erkennt Poulantzas jedoch, dass dieser Staat sozusagen stetig in Bewegung ist und sich innerhalb gewisser Grenzen transformiert. Poulantzas erklärt das damit, dass der Staat der Ort ist, an dem Hegemonie, also die politische, kulturelle und materielle Einbindung beherrschter Gruppen organisiert wird. Da jedes Unterdrückungsverhältnis notwendig mit Widerstand verschränkt ist[13], bleibt die Hegemonie umkämpft. Der Staat wird zu einem Terrain, auf dem unterschiedliche Gruppen und Klassen um Vorherrschaft ringen.

Staatlichkeit ist daher eine widersprüchliche Angelegenheit. Es gibt sozusagen einen harten Kern, der dafür sorgt, dass die Vormachtstellung besitzender Klassen gewahrt bleibt. Dieser Kern von Staatlichkeit stützt sich auf Gewaltapparate, die im Ernstfall willkürlich handeln können. Gleichzeitig jedoch verändern Konflikte den Staat kontinuierlich und können, beispielsweise über das Steuersystem, zu einer Abschwächung der Machtverhältnisse führen. Poulantzas nennt den Staat daher auch eine „materielle und spezifische Verdichtung eines Kräfteverhältnisses" (1978: 65). Eigentümlicherweise wird den sozialen Auseinandersetzungen dabei vom Staat die Form gegeben, obwohl dieser selbst das Terrain der Kämpfe ist: „Der Staat steckt von Anfang an das Kampffeld ab, das Feld der Produktionsverhältnisse mit inbegriffen, er organisiert den Markt und die Eigentumsverhältnisse, etabliert die politische Herrschaft und die politische herrschende Klasse, er markiert und codifiziert alle Formen der gesellschaftlichen Arbeitsteilung, die gesamte gesellschaftliche Realität einer Klassengesellschaft." (ebda: 36) Oder plastischer ausgedrückt: Der Staat definiert, wie soziale Konflikte ausgetragen werden dürfen, wie und ob gestreikt werden darf, wo die Grenzen möglicher Reformen verlaufen usw. Er wirkt dabei nicht nur über Vorschrift, Verbot und Strafe, also Gesetz, Justiz und Polizei. Der Staat strukturiert innerhalb seines Territoriums auch Sprache, Schrift, Diskurse und die Subjektivität von Individuen. Er bringt also jenes Wissen und Bewusstsein hervor (ebda: 52 ff), die letztlich zur wichtigsten Ausdrucksform moderner Machtbeziehungen werden. Der

---

12 Die faktische Doppelmacht in Chile 1970-73 und Venezuela seit 1998 belegt dieses Dilemma recht deutlich. Obwohl die Wähler den Linksregierungen mehrfach den Auftrag erteilten, die sozio-ökonomische Ordnung radikal zu verändern, blockierte der Staatsapparat genau diese Transformation. Als Ergebnis kam es in beiden Ländern zu Militärputschen, die in Venezuela allerdings glimpflicher verliefen als in Chile.

13 Auch an diesem Punkt gibt es eine wichtige Übereinstimmung von Poulantzas und Foucault.

Staat ist, könnte man sagen, also nicht nur eine Verdichtung von Kräfteverhältnissen (und dessen Organisator), sondern auch ein zentrales Moment bei der Formung gesellschaftlicher Selbstwahrnehmung. Er durchzieht Körper und Sinne und evoziert Handlungen, durch die die Machtverhältnisse „von unten" produziert werden.

Aus diesen Überlegungen wird deutlich, dass der Staat als gespaltene Einrichtung zu sehen ist. Soziale Konflikte und Differenzen, aber auch sich widersprechende Interessen innerhalb führender Gruppen durchziehen ihn. „Deshalb muss man endgültig das Bild von einem Staat aufgeben, der ein von oben nach unten einheitlich organisiertes Dispositiv darstellt und auf einer hierarchischen und homogenen Aufteilung der Machtzentren begründet wird, die gleichmäßig von der Spitze der Pyramide zur Basis verläuft." (ebda: 125) Staatliche Politik konstituiert sich widersprüchlich und erscheint deshalb bisweilen chaotisch und inkohärent. Der Staat kann herrschenden Gruppen, deren Interesse er letztlich sicherstellt, scharf entgegen treten, weil sich in seinem Inneren die gesellschaftlichen Widersprüche voll entfalten und es deshalb zu uneinheitlichen Entscheidungen kommt. Poulantzas folgert: „Kurz, den Staat als materielle Verdichtung eines Kräfteverhältnisses begreifen, heißt ihn auch als strategisches Feld und strategischen Prozess zu fassen, in dem sich Machtknoten und Machtnetze kreuzen, die sich sowohl verbinden als Widersprüche und Abstufungen zeigen." (ebda: 126)

Man kann im Anschluss daran festhalten: Moderne Staatlichkeit ist „keine Folge einer historischen Logik oder Gesetzmäßigkeit (...), also etwa einer allgemeinen gesellschaftlichen Rationalisierungstendenz, wie sie Max Weber angenommen hat, oder einer immer weitergehenden gesellschaftlichen Ausdifferenzierung, wie sie System- und Modernisierungstheorien unterstellen." (Hirsch 2005: 51) Genauso wenig lässt sich ihr Entstehen einfach ökonomisch herleiten. Staatlichkeit entsteht vielmehr – wie wir bereits gesehen haben – aus einer „in der Struktur der sich auflösenden mittelalterlichen Gesellschaft angelegten Machtdynamik mit einem daraus resultierenden Rüstungswettlauf." (ebda: 56)

Das Problem „peripherer Staaten" besteht nun darin, dass ein bestimmtes Staatsmodell aus Westeuropa importiert und damit eine Institutionalität geschaffen wurde, für die grundlegende Elemente – „die Existenz zivilgesellschaftlicher Strukturen, die Trennung von 'Staat' und 'Gesellschaft', die 'Besonderung' des Staates gegenüber den Klassen" (ebda) – fehlten. Periphere Staaten können also, so lange soziale Konflikte nichts Anderes erzwingen, nur bestimmte Formen von Staatlichkeit hervorbringen. In Ermangelung von bestimmten gesellschaftlichen Akteure und Dynamiken bilden sich keine Hegemonie im klassischen Sinne[14] und kaum kohärente Staatsbürger-

---

14 Hirsch (2005: 97) definiert Hegemonie im Sinne Gramscis als die Fähigkeit, „übergreifende Vorstellungen von der richtigen Ordnung und Entwicklung durchzusetzen, d.h.

schaftdiskurse heraus[15]. Eine radikale Sonderung des Staates von den Interessen der führenden Gruppen (die notwendig wäre für die Herausbildung einer 'modernen', 'robusten' Staatlichkeit) wäre nur als radikaler Bruch vorstellbar, der das vorhandene Gewaltmonopol vorübergehend sprengt. Insofern ist die Rede von den *Failed States* eine Farce. Unter den herrschenden globalen Machtkonstellationen kann in vielen peripheren Ländern kaum ein anderer Staat 'glücken' als der real existierende.

Die Rede vom – dem Allgemeinwohl verpflichteten – westlichen Staat relativiert sich aber auch in anderer Hinsicht. Auch der 'robuste' westliche Staat ist nämlich, wie bereits erwähnt, von Entwicklungen gekennzeichnet, die bei peripheren Staaten kritisiert werden. Die politische Trennung von Staat und Gesellschaft (also die Äußerlichkeit, mit der der Staat Konflikten zwischen sozialen Gruppen gegenübertritt), ist keineswegs festgeschrieben. Hirsch formuliert: „Ökonomisch herrschende Klassen neigen grundsätzlich zu einer Reprivatisierung der physischen Zwangsgewalt, wenn in Zeiten wachsender sozialer Konflikte ihre Herrschaft mittels des Staatsapparates nicht mehr gesichert werden kann. Solche Entwicklungen unterminieren allerdings die politische Form und müssen auf längere Sicht den Bestand der kapitalistischen Gesellschaft überhaupt in Frage stellen." (ebda: 28)[16]

Tatsächlich kann man auch in den G-8-Staaten beobachten, wie die neoliberale Politik die Trennlinien zwischen Ökonomie, Staat und Herrschaft (zum Beispiel durch die Vermischung staatlicher und privatkapitalistischer Initiativen in Form von *Private-Public-Partnerships* oder die Privatisierung der Kriegführung durch private Militärfirmen) immer stärker verschwimmen lässt und die „Sonderung des Staates" durch direkte politische Eingriffe der Unternehmen aufhebt. Jessop hat diesen Prozess als „Verschiebung von Government zu Governance" bezeichnet; Hirsch spricht von einer „Refeudalisierung der Politik" (ebda: 198-200). Diese Entwicklung führt dazu, dass das Gewaltmonopol der demokratischen Kontrolle entzogen wird. So weckt der Boom privater Sicherheitsdienste und privater Militärfirmen, die die Ausbeutung von Ressourcen sicherstellen und über eine herrschende sozio-ökonomische Ordnung

---

dem Glauben eine Grundlage zu verleihen, die bestehende Ordnung und ihre Entwicklungsperspektive seien im allgemeinen (...)Interesse."

15 Frantz Fanon, der Theoretiker des Antikolonialismus, verweist auf diesen Unterschied zwischen Staaten der Peripherie und des Zentrums. Er behauptet, dass sich in den entwickelten Ländern zwischen Ausgebeuteten und Macht eine Vielzahl von ideologischen Vermittlern schiebe. In der kolonisierten Welt hingegen stütze sich Macht in erster Linie auf Gewalt und Kasernen (vgl. Sander 1990).

16 In Kolumbien scheint diese Bemerkung hochaktuell. Der Paramilitarismus kann zumindest teilweise als eine Reprivatisierung der Zwangsgewalt beschrieben werden. Nachdem die kolumbianischen Regierungen das Phänomen lange stillschweigend begrüßten, mehren sich in Anbetracht der autoritär-mafiösen Machtnahme unter Präsident Uribe Stimmen, die die Institutionalität in Kolumbien gefährdet sehen.

wachen, Erinnerungen an das vorbürgerliche Söldnertum. Eine „Refeudalisierung" lässt sich heute sowohl als private Nutzung des Staates zur Durchsetzung von Partikularinteressen als auch als Auflösung der „gesonderten Gewalt" beobachten. Der Begriff 'Staatszerfall' ist hier dennoch unpassend. Im Unterschied zum traditionellen Söldnerwesen bleiben die privaten Militärfirmen von heute eng in staatliche Sicherheitskonzepte eingebunden, was zu einer Stärkung exekutiver Gewalt führt. Wir haben es in dieser Hinsicht also weniger mit einer Schwächung, als vielmehr mit einer *Transformation des Staates* zu tun, bei der die Gewalt von der gesonderten Sphäre 'Staat' teilweise in die Hände von Kapitalbesitzern zurückfällt, ohne dass die staatliche Exekutive deshalb in Frage gestellt würde.

6.3. Der kolumbianische Staat vor dem Hintergrund staatstheoretischer Konzepte

Was bedeutet das nun im kolumbianischen Kontext? Offensichtlich ist zunächst, dass kaum von einer auf Konsens beruhenden politischen Hegemonie gesprochen werden kann. Der kolumbianische Staat ist in der Vergangenheit immer eher als Repressions- und Kontrollapparat aufgetreten und hat selten integrative Ansätze verfolgt. Abgesehen von einer kurzen Periode unter dem liberalen Präsidenten Alonso López Pumarejo (1934-38), unter dem eine Landreform und gewerkschaftsfreundliche Gesetze verabschiedet wurden, diente das politische System fast ausschließlich den Interessen einer liberal-konservativen Oligarchie. Dabei fungierte die Spaltung in zwei – programmatisch kaum zu unterscheidende – Parteilager als politische Sollbruchstelle, durch die soziale Konflikte kanalisiert werden konnten. Die Gewalttätigkeit und klientelistische Struktur des politischen Systems verhinderten eine eigenständige politische Artikulation benachteiligter Klassen und dadurch auch das Entstehen von integrationsfähigen Programmparteien, die möglicherweise hegemoniefähigere Formen von Staatlichkeit hätten hervorbringen können.

Dennoch kann auch der kolumbianische Staat nicht auf seine Repressionsfunktionen reduziert werden. Auch er ist eine „Verdichtung von Kräfteverhältnissen" und somit ein Feld von Auseinandersetzungen, auch er übt bisweilen herrschaftsbegrenzende Schutzfunktionen aus. Polizei, Armee und Geheimdienste spielen dabei allerdings keine Rolle. Auch die Widersprüche innerhalb des politischen Establishments waren in den vergangenen Jahrzehnten untergeordneter Natur. Die gewalttätigen Auseinandersetzungen, die das Land immer wieder erschütterten, haben nur in geringem Ausmaß im „politischen Staat" stattgefunden.[17] Selbst wäh-

---

17 Die zahlreichen Politiker, die in den vergangenen 20 Jahren ermordet wurden, gehörten systemoppositionellen Parteien wie der *Unión Patriótica* an, die noch nicht in den Staatskörper integriert waren. Romero (2005) hat die Auslöschungskampagne gegen

rend der liberal-konservativen Bürgerkriege blieben die Parteiführungen von den Gewaltexzessen weitgehend verschont. Und auch die offensichtlichen Differenzen innerhalb der staatstragenden Parteien hinsichtlich der Paramilitärs haben zwar zu Konflikten, nicht aber zu offenen Konfrontationen geführt. Insofern kann man von Widersprüchen zweiter Ordnung sprechen. Ob es mit der Etablierung des Mitte-Links-Bündnisses *Polo Democrático Alternativo* in Zukunft zu Brüchen im Staat kommen wird, bleibt abzuwarten.

Anders scheint sich die Situation hinsichtlich der Justiz darzustellen. Staatsanwälte werden von Paramilitärs, manchmal sogar wie 1989 im Fall La Rochela (Dep. Santander) im Auftrag von Generälen ermordet, umgekehrt ermitteln Untersuchungsrichter erstaunlich hartnäckig gegen Armeeangehörige. Dass die gesellschaftlichen Konflikte bislang nur in der Justiz (und keinen anderen Abteilungen des kolumbianischen Staates) zum Tragen kommen, dürfte mit der Funktion der Justiz zu erklären sein. Ihre Aufgabe besteht der Sache nach darin, über die Einhaltung von 'Regularität' zu wachen. Die „Sonderung" des Staates (von Gruppen, Individuen und Klassen) wird in ihr besonders manifest.[18] Das trifft bereits auf den Gesetzgebungsprozess zu, der als Ausdruck eines institutionalisierten, beweglichen Kräfteverhältnisses interpretiert werden kann. In ihm werden Machtbeziehungen und Partikularinteressen für eine mittlere Dauer fixiert: Eine Verschiebung von Kräfteverhältnissen bringt neue Festschreibungen hervor. Ein gutes Beispiel hierfür sind die 1990 vom damaligen Senator Álvaro Uribe eingebrachten Gesetze 50 und 60, mit denen der Arbeitsmarkt neu reguliert, der Ausbreitung der Leiharbeit der Boden bereitet und die Gewerkschaften nachhaltig geschwächt wurden (vgl. Silva Romero 1998, Delgado 2001). Die Verabschiedung der Gesetze war das Ergebnis eines sich verschiebenden Kräfteverhältnisses: Das Establishment forcierte eine neoliberale Umstrukturierung und setzte diese gegen die – dank des Paramilitarismus – unter Druck stehenden Gewerkschaften durch, die auf diese Weise weiter geschwächt wurden. 40.000 Stellen wurden in Folge der Gesetzesreform im öffentlichen Dienst abgebaut, was 514 Einzelgewerkschaften mit etwa 95.000 Mitgliedern zerstörte (Delgado 2001: 58).

Ähnliches lässt sich auch über die Gesetze zur Inneren Sicherheit sagen. Aponte (2004) hat aufgezeigt, wie mit der schrittweisen Einführung von Antiterror- und Antidrogengesetzen seit Ende der 1970er Jahre – darunter auch der vorübergehenden Einrichtung so genannter „gesichtsloser", also anonymer Justizkammern, in denen

---

die UP (und andere linke und linksliberale Gruppierungen) in diesem Sinne als Abwehr der traditionellen Eliten gegen das „Eindringen" alternativer Gruppen in den Staatsapparat beschrieben.

18 Dabei ist auch die „Sonderung" der Justiz relativ: Besitzende Klassen haben einen unendlich viel einfacheren Zugang zur Justiz als besitzlose. Dazu kommen im kolumbianischen Fall die zahllosen politischen Interventionen in der Justiz, so z.B. wenn kritischen Staatsanwälten Untersuchungen entzogen werden.

Angeklagten und Anwälten die Identität von Zeugen und Richtern unbekannt blieb – eine Art „Feindstrafrecht" etabliert wurde[19]. Aponte zeigt allerdings auf, dass auch diese Bewegung umkämpft ist. Die neue Verfassung, die 1991 in Kolumbien verabschiedet wurde und zeitgleich mit Sonder- und Notstandsgesetzen verhandelt wurde, weist nämlich in die genau entgegen gesetzte Richtung: Der politische Druck der legalisierten M-19-Guerilla, die Mobilisierung von Teilen der Bevölkerung und die anhaltende Krise des traditionellen Parteiensystems sorgten 1988-1991 für die Durchsetzung einer Konstitution, die als eine der progressivsten, den Bürgerrechten am stärksten verpflichteten Verfassungen Lateinamerikas gilt. Die Verfassungsdebatte kann in diesem Sinne als Kräfteprozess interpretiert werden, als Ringen um Hegemonie.

Ende der 1980er Jahre hatte zunächst die systemoppositionelle Linke die Einberufung einer revolutionären Verfassungsversammlung *(Asamblea Nacional Popular)* gefordert, mit der eine Gegeninstitutionalität zum herrschenden Zweiparteiensystem geschaffen werden sollte. Der Linken schwebte dabei eine Art Rätekongress aus Bauernorganisationen, Gewerkschaften, Stadtteilbewegungen und oppositionellen Parteien vor. Doch auch Teile des Establishments erkannten die Legitimationskrise des Staates – die damals gültige Verfassung stammte aus dem Jahre 1886 – und die Notwendigkeit einer Modernisierung. In Verbindung mit dem Demobilisierungsprozess der M-19-Guerilla entstand somit eine neue, moderate oder besser: systemkonforme Verfassungsbewegung, die – von den führenden Medien unterstützt – schnell hegemonial wurde. Die 1991 konstituierte *Asamblea Nacional Constituyente* bot ein widersprüchliches Bild: Die traditionellen Parteien behielten die Mehrheit in der Versammlung, gleichzeitig jedoch gab es, erstmals in der kolumbianischen Parteiengeschichte, eine große Fraktion von sozialdemokratischen und indigenen Gruppierungen. Diese Konstellation sorgte dafür, dass die neue Verfassung gleichzeitig ein neoliberales und bürgerrechtliches Profil erhielt. Die ökonomischen Interessen der Oberschicht blieben gewahrt, auf dem politischen und juristischen Feld wurde der Partikularcharakter des Staates jedoch zurückgenommen. Diese bürgerrechtlich-demokratischen Aspekte der Verfassung haben seitdem immer wieder für Konfliktpotenzial gesorgt.

---

19 Der Begriff geht auf den umstrittenen, auch in Kolumbien rezipierten deutschen Strafrechtler Günther Jakobs zurück, der wiederum auf Carl Schmitts (1933) Freund-Feind-Unterscheidung rekurriert. Wer als Staatsfeind auftritt, so Jakobs Argumentation, begebe sich aus der Gesellschaft hinaus und könne deshalb auch außerhalb des Rechts verfolgt werden. Derartige Konzepte sind in Notstands- und Anti-Terrorgesetzgebungen stets enthalten. Dennoch treibt Jakobs eine Radikalisierung voran: Zwischen Rechtsgarantien des bürgerlichen Staates und Spezialgesetzgebungen bestand immer ein Spannungsverhältnis. Diese Schranken werden mit Jakobs aufgegeben, der Ausnahmezustand wird zum Normfall erhoben.

Ganz allgemein lässt sich festhalten, dass der Justiz in Kolumbien eine Sonderrolle zukommt. In dem Land hat es in der Vergangenheit immer wieder heftige Zusammenstöße zwischen Judikative und Exekutive gegeben, wie sie in anderen lateinamerikanischen Staaten in dieser Heftigkeit selten zu beobachten sind – so etwa im Januar 2008, als Präsident Uribe den Obersten Gerichtshof im Zusammenhang mit den Ermittlungen gegen seinen Cousin Mario Uribe der Verleumdung beschuldigte, oder im Juni desselben Jahres, als der Oberste Gerichtshof die Wahl Uribes 2006 wegen Bestechungszahlungen für ungültig erklärte. Diese Konflikte mit der Exekutive dürfen jedoch nicht darüber hinwegtäuschen, dass das kolumbianische Justizwesen gleichzeitig von schwerer Korruption geprägt ist. Mit Geld lässt sich in dem Land fast jedes Urteil kaufen. Die Straflosigkeit bei paramilitärischen Morden liegt bei fast 100 Prozent. Die Unabhängigkeit der Justiz wird von wenigen Juristen (besonders in den Menschenrechtsabteilungen) repräsentiert, die bei ihrer Arbeit immer wieder ihr Leben riskieren. Tatsächlich sind in den vergangenen 20 Jahren mehr Staatsanwälte von parastaatlichen Gruppen als von der (staatsfeindlichen) Guerilla getötet worden.

Ein starker oligarchischer Staat

Der kolumbianische Staat, der auf die beschriebene Weise zerrissen ist und dessen Verwaltungseinrichtungen für die Mehrheit fast unerreichbar sind, als „gescheitert" (*failed*) zu bezeichnen, wäre dennoch falsch. Der Staat agiert weder schwach noch irrational. Jeder, der sich einmal an der Seite von Menschenrechtsaktivisten in Kolumbien bewegt hat, wird bestätigen können, dass der Staat sehr präsent ist. Der Druck, den Polizei, Politik und Justiz auf oppositionelle Bewegungen ausüben, ist allumfassend. Die Kontrollstrukturen des Staates sind modern organisiert: Die Sicherheitsorgane greifen auf hochentwickelte, satellitengestützte Überwachungstechnologie zurück. Und auch die Regierung wendet durchaus differenzierte Techniken an: statistische Erfassung, ausgefeilte Kommunikationsstrategien, Anreizsysteme. Nur dienen diese Techniken eben nicht dem gesellschaftlichen Interessenausgleich, sondern der Durchsetzung spezifischer Klasseninteressen. Anders als in der Konfliktforschung in der Regel unterstellt, müsste man daher formulieren, dass das Problem nicht in der Schwäche des kolumbianischen Staates besteht, sondern in seinem Charakter, seiner konkreten Ausformung: Es handelt sich um einen ausschließenden, extrem gewalttätigen und oligarchischen Partikularinteressen dienenden Staat.[20]

---

20 Die *State-Failure*-Diskurse verkennen dieses Problem in der Regel nicht nur, sie üben häufig selbst legitimatorische Funktion für jene Interessen aus, die der Entfaltung einer konsensualeren Staatlichkeit (im Sinne eines integrativeren, ausgleichenden Verbands) im Weg stehen. Bemerkenswert ist in diesem Zusammenhang, dass die Clinton-Re-

Die klientelistische Struktur des Staates – wie sie beispielsweise Kurtenbach (vgl. 1991, 2004 und 2005a) kritisiert – ließe sich nur durch eine grundlegende Transformation aufbrechen. Die Zurückdrängung von Partikularinteressen wäre in diesem Sinne notwendige Voraussetzung für die Errichtung eines Rechtsstaats, der Weberschen Kategorien entspräche. Diese Transformation würde in Anbetracht der realen Machtverhältnisse jedoch einen tiefgreifenden Regimewechsel erforderlich machen. Kolumbien benötigt in diesem Sinne so etwas wie eine nachholende bürgerliche Revolution, die, um faktisch als solche zu wirken, radikaler antreten müsste. Genau dieser Bruch jedoch wird seit den 1980er Jahren mit dem Verweis auf das Webersche Gewaltmonopol verhindert. Paradoxerweise untergräbt also gerade die „Staatsstärkung", sprich der Ausbau der Gewaltapparate, jene Integrationsfähigkeit, die doch als Norm gepriesen wird.[21] Die Ausschluss- und Klientelmechanismen werden weiter vertieft, die Herausbildung eines ausgleichenden Staates bleibt blockiert. Man könnte also behaupten: Der Plan Colombia, der den Staatszerfall mit militärischen Mitteln stoppen soll, verhindert die Herausbildung genau jenes Staatsmodells, mit dem er legitimiert wird. Der kolumbianische Jurist Alejandro Aponte (2004: 33) hat dieses Dilemma folgendermaßen umrissen: „Man muss jedoch den Hinweis auf die Schwäche des kolumbianischen Staates insofern relativieren, als es (...) nicht darum geht, einem 'starken' Staat das Wort zu reden, der in Wirklichkeit nur noch mehr Gewalt und Chaos hervorbringt." Wenn überhaupt, so Aponte weiter, dann müsste unter Staatsschwäche die Unfähigkeit „verstanden werden, die Menschenrechte zu fördern und zu schützen und im gesamten Land flächendeckend Dienstleistungen anzubieten und eine Infrastruktur zu schaffen, die für Produktion und Wirtschaftswachstum usw. notwendige Voraussetzung ist. (...A)uch wenn es manchmal notwendig ist, auf klassische europäische Autoren wie Max Weber und Norbert Elias zu verweisen, die das staatliche Gewaltmonopol als unabdingbare Voraussetzung für die Existenz des Staates sehen, so muss auch dies insofern eingeschränkt werden, als es auf keinen Fall darum geht, dieses Monopol um jeden Preis zu verteidigen ..." (ebda).

---

gierung in den 1990er Jahren eine *State Failure Task Force* (2000) etablierte, um die Staatsstabilität auf der Welt zu erfassen. Was bedeutet es jedoch, wenn die USA von Staatskrisen sprechen? Die US-Eingriffe 1965 in Indonesien, 1971-73 in Chile, 1981-89 in Nicaragua oder zuletzt in Bolivien hatten zum Ziel, die Entwicklung einer konsensfähigeren Staatlichkeit zu verhindern. Die Errichtung einer weniger oligarchischen Staatlichkeit beeinträchtigte nämlich die ökonomischen und geopolitischen Interessen der USA.

21 Die Uribe-Regierung erhält die größte Militärhilfe in der Geschichte Lateinamerikas genau mit diesem Argument: Sie soll das Gewaltmonopol wiederherstellen. In der Praxis gefördert wird jedoch die Ausbreitung eines autoritären Ausnahmezustands, in dem sich eine 'Gesetzeskraft ohne Gesetz' (vgl. Agamben 2004) entfaltet.

Wer damit argumentiert, dass Institutionen, Gewaltenteilung und Konfliktvermittlungsprozeduren in Kolumbien normativen Vorstellungen nicht genügen, gelangt fast zwangsläufig zu 'technischen' Lösungsmodellen: Bekämpfung der Korruption, Förderung 'der Zivilgesellschaft' und Durchsetzung des Gewaltmonopols. Damit jedoch wird die entscheidende Frage – warum sich diese *spezifische Form von Staat* historisch herausgebildet hat und welche Kräftekonstellationen in diesem Zusammenhang wirken – ausgeblendet.

Dabei wäre auch in Kolumbien vorstellbar, dass in Zukunft ein hegemoniefähigerer, soziale und Bürgerrechte stärker berücksichtigender Staat entsteht. Die Durchsetzung dieses Staates wäre jedoch mit einer radikalen Umverteilung von Macht und Ressourcen verbunden und müsste deshalb erkämpft werden. Der Wahlsieg einer Mitte-Links-Partei wäre hierfür wohl keine hinreichende Bedingung. Erst ein verändertes gesellschaftliches Kräfteverhältnis würde einen neuen (nach wie vor herrschaftsförmigen) Kompromiss möglich machen. Weil die Eliten dabei einiges zu verlieren haben, die klientelistischen Bindungen zerschlagen und der Großgrundbesitz durch eine Landreform nachhaltig zurückgedrängt werden müssten, käme diese Veränderung einer revolutionär anmutenden Transformation gleich. Ein Sozial- und Rechtsstaat kann in Kolumbien wohl nur in Form eines radikalen sozialen und politischen Bruchs durchgesetzt werden.

6.4. Die „Fragmentierungsthese" von Mauricio Romero (2005)

An dieser Stelle gilt es, auf den in Kolumbien ebenso wie in der internationalen Länderkunde breit rezipierten Erklärungsansatz Romeros (2005) zurückzukommen. Romero, der als wichtigster Vertreter der 'Fragmentierungsthese' gelten kann (vgl. auch González et al. 2004), bezeichnet die Paramilitärs als „Gewaltunternehmer", die dort Ordnung etabliert hätten, wo zuvor soziale und politische Konflikte ausgetragen wurden. Dabei bezieht sich der Begriff des Gewaltunternehmers „auf eine Person, die auf die Verwaltung, Entfaltung und Anwendung von Gewalt spezialisiert ist und diese als Ware gegen Geld oder andere Werte tauscht." (Romero 2005: 17) Gewaltunternehmertum sei, so Romero, nicht mit illegaler Geschäftstätigkeit zu verwechseln. Charakteristisch für das Gewaltunternehmertum sei eine Aufgabenteilung: Legale oder illegale Geschäftsleute würden Gewaltspezialisten beauftragen und bezahlen.

Die gesellschaftliche Unterstützung, die die Paramilitärs in verschiedenen Regionen erlangt haben, erkläre sich hiermit. Die Paramilitärs würden Sicherheit gewährleisten – eine Sicherheit, die selbstverständlich nicht allen Gruppen gleichermaßen zugute kommt. Im besonderen Maß von ihr profitiert hätten Regionaleliten, im Gegenzug geschwächt worden sei der Staat: „Die Paramilitärs und Selbstverteidigungsgruppen haben durch die Ausübung von Gewalt gegen bewaffnete Zivilisten, denen sie vorwerfen, Guerillasympathisanten zu sein, die Kontrolle über Regionen wieder hergestellt, in denen zuvor nicht nur eine unsichere Lage für einheimische Eigentümer und ausländische Investoren herrschte, sondern es auch zu schweren politischen Konflikten und einer intensiven sozialen Mobilisierung kam. Die Fähigkeit der Paramilitärs, in ihren Regionen Stabilität und Ordnung durchzusetzen, hat ihnen eine solide Unterstützung der Regionaleliten beschert. Auf der anderen Seite jedoch hat die von den AUC erzielte Akzeptanz die Autorität des Zentralstaats geschwächt und den Niedergang des kolumbianischen Staates beschleunigt." (Romero 2005: 15f)

Für den Auslöser dieser Entwicklung hält Romero die Reformbestrebungen von Präsident Betancur (1982-86). Damals, als die Regierung mit der Guerilla über ein Friedensabkommen und Sozialreformen (darunter auch eine Agrarreform) verhandelte, hätten Regionaleliten erstmals massiv auf die Unterstützung von Paramilitärs zurückgegriffen, um die Transformationsbemühungen im Land zu unterlaufen. Die Politik Betancurs habe nämlich den politischen Status Quo in Frage gestellt und durch die Direktwahl von Bürgermeistern und Gouverneuren die Macht traditioneller Kaziken ganz konkret bedroht. Bei der Unterstützung paramilitärischer Gruppen durch Regionaleliten, Sicherheitskräfte und Drogenmafia sei es darum gegangen, eine Demokratisierung abzuwehren und entstehende Linksparteien frühzeitig anzugreifen. Durch die Bildung von *Autodefensas* wiederum hätten sich neue regionale Machtgefüge ergeben.

Romero macht insofern klar, dass das paramilitärische Gewaltunternehmertum als Teil eines umfassenderen Projekts betrachtet werden muss: „Mit Hilfe der Gewalt werden Grenzen gesetzt, Verhaltensweisen reguliert, Wertvorstellungen und letztlich eine soziale Ordnung durchgesetzt, die nicht auf Stabilität oder Gerechtigkeit beruht, sondern auf Dynamiken der Autorität, des Gehorsams und der gesellschaftlichen bzw. ökonomischen Regulation. Der ökonomische Gewinn ist eher als ein Mittel für weiter reichende Ziele zu betrachten. Im Fall der Paramilitärs und Selbstverteidigungsgruppen in Kolumbien bestanden diese Ziele in der Wiederherstellung und in einigen Fällen auch der Neudefinition von lokalen und regionalen politischen Regimes, die von der Friedenspolitik der Zentralregierung bedroht wurden." (ebda: 17)

Insofern hält Romero den Paramilitarismus für eine Verbindung von drei Faktoren: *Erstens* hätten sich Regionaleliten der Reformpolitik der Zentralregierung widersetzt, *zweitens* hätten zu Grundbesitzern aufgestiegene Drogenhändler sowie Viehzüchter private Schutztruppen aufgebaut, um ihr Land vor Kleinbauern und Guerillas zu schützen, und *drittens* habe die Armee eine Militärstrategie verfolgt, die die Aufstandsbekämpfung zum Ziel hatte. Diese Verbindung habe Staat und Gesellschaft auf besondere Weise geprägt und sich erneut in drei Prozessen ausgedrückt: in der *Polarisierung* zwischen Regionaleliten und Zentralregierung, im *Machtkampf* zwischen dem aufstrebenden Drogenhandel und den Guerillabewegungen und in einer *Fragmentierung* des Staates. Obwohl die Paramilitärs nicht gegen den Staat kämpften, hätten sie somit das staatliche, durch die Existenz der Guerilla bereits angegriffene Gewaltmonopol weiter untergraben.

Weiterhin ist Romero der Ansicht, dass sich der Paramilitarismus in vier Schüben entwickelte: 1982, als die Regierung – wie erwähnt – Friedensverhandlungen aufnahm und grundlegende Reformen drohten, 1988 nach der Einführung der Direktwahl der Bürgermeister und der damit zusammenhängenden Verschiebung von lokalen Machtgefügen, 1991 nach dem Scheitern der neuen, auf dem Papier recht progressiven Verfassung und den daraus folgenden Reformbestrebungen und schließlich 1998, als die Pastrana-Regierung erneut Verhandlungen mit der Guerilla aufnahm.

Mit diesem Erklärungsansatz, der den Paramilitarismus in einer Konfliktdynamik verortet, will sich Romero explizit von Erklärungsmodellen distanzieren, die in erster Linie mit der sozialen Stellung der Akteure argumentieren. Diese Ansätze gingen davon aus, dass „die Arbeiter und Bauern ‚natürlich' fortschrittlich und demokratisch, die Grundbesitzer und Militärs hingegen gewalttätig und habgierig (sind). Definierte Akteure haben demzufolge keinen strategischen Spielraum und werden von einer sich verändernden Umgebung nicht beeinflusst. Landkonzentration ist die wichtigste Ursache für die Gewalt und zu Großgrundbesitzern aufgestiegene Drogenhändler sind ihre wichtigsten Akteure. Eine solche Lesart des Konflikts liefert keine überzeugende Erklärung für die Vielzahl regionaler politischer Allianzen, die heute in Kolumbien existieren. Darunter findet man überraschende Bündnisse, Vereinbarungen oder Übereinstimmungen – wie die zwischen Bananenarbeitern, Ex-Guerilleros, Plantagenbesitzern und paramilitärischen Gruppen in der Region Urabá, im Nordwesten Kolumbiens." (ebda: 35f)

Der Untersuchung dieser Region widmet Romero denn auch fast ein Drittel seines Buchs (ebda: 159-222). Er verweist auf die bemerkenswerte Tatsache, dass der damalige Präsident der Bananenarbeitergewerkschaft SINTRAINAGRO Guillermo Rivas 1999 zu den Festrednern bei einer von der kolumbianischen Ultrarechten organisierten Veranstaltung zu Ehren von General Rito Alejo del Río gehörte, der wegen seiner Verbindungen zum Paramilitarismus gerade aus der Armee entlassen worden war. Offensichtlich, so Romero, sei es dem Paramilitarismus in Urabá gelungen, ein stabiles Bündnis mit der demobilisierten EPL-Guerilla und den von ihr beeinflussten Bauernverbänden und Gewerkschaften aufzubauen und somit ein ganz neues Sozialgefüge zu etablieren. Romero verschweigt nicht, dass die Paramilitärs bei diesem Vorhaben Tausende von Morden begingen, ganze Landstriche entvölkerten und von Armee und Polizei tatkräftig unterstützt wurden. Dennoch müsse man festhalten, dass sich in Urabá eine sozialpartnerschaftlich orientierte Gewerkschaftspolitik durchgesetzt habe, durch die auch die Arbeiter ökonomisch profitieren.

Die Bananenarbeitergewerkschaft „SINTRAINAGRO setzte in den 90er Jahren eine spürbare Verbesserung der Lebensbedingungen dieser Bevölkerungsgruppe durch. Sie sorgte dafür, dass – nach den Dezentralisierungsreformen Ende der 80er Jahre – der Zugang zur lokalen politischen Macht leichter wurde.." (ebda: 159) Zudem sei SINTRAINAGRO eine international bestens eingebundene und von europäischen Verbänden unterstützte Gewerkschaft, die im Weltverband der Nahrungsmittelgewerkschaften IUF eine wichtige Rolle spiele und in Kolumbien federführend bei der Durchsetzung sozialpartnerschaftlicher Strategien sei. Über die zahlreichen Bürgermeister der Partei *Esperanza, Paz y Libertad* (die aus der EPL-Demobilisierung hervorging) sei es der Gewerkschaftsbewegung zudem möglich, in der Lokalpolitik beträchtlichen Einfluss zu nehmen.

Romero ist der Überzeugung, dass in Urabá ein Tausch vorliegt: Die Bevölkerung trage das Sicherheitsregime aktiv mit und werde dafür mit Partizipationsmöglichkeiten auf regionaler Ebene und sozialen Zugeständnissen belohnt. Diesen Aspekt hält Romero für vergleichbar mit den Sozialpaktkonzepten faschistischer Regimes. Wichtig ist allerdings, dass „die von den ACCU geschaffene Loyalität nicht dem Nationalstaat mit Sitz in Bogotá gilt, sondern einer Regionalordnung, die aus der Konsolidierung eines nicht-staatlichen Militärapparates und einer aufstandsbekämpfenden politischen Gemeinschaft resultiert." (ebda: 162) Nur am Rande erwähnt Romero einen Aspekt, der möglicherweise entscheidend für das Verständnis des Paramilitarismus ist: „Im unwahrscheinlichen Fall, dass der Friedensprozess zwischen der Zentralregierung und den FARC ein positives Ende nimmt[22], scheint diese besondere Ordnung, die sich heute in Urabá herausbildet, nicht gefährdet." (ebda)

Romero unterschlägt nicht, dass der Paramilitarismus stets oligarchische ökonomische Interessen verteidigt hat. Er verweist darauf, dass die Paramilitärs entscheidend dazu beitrugen, eine Agrarreform zu verhindern, die Landkonzentration voranzutreiben und den Großgrundbesitz aufzuwerten – entvölkerte Regionen sind für das Agrarbusiness leichter erschließbar und damit wertvoller. Selbst der gesamtökonomische Aspekt findet bei Romero Beachtung: die paramilitärische Erschließung und marktförmige Penetration von peripheren, auf Subsistenzkreisläufen beruhenden Regionen. Und doch geht es ihm darum, den Paramilitarismus nicht als Klassenphänomen, sondern konstruktivistisch (vgl. Davis/Pereira 2003) als dynamisches, von unterschiedlichen sozialen Gruppen getragenes Phänomen zu verstehen.

Romeros Bemühen, das paramilitärische Phänomen „dynamisch" zu beschreiben und auf die Veränderlichkeit staats- und herrschaftstragender Allianzen hinzuweisen, ist zweifellos hilfreich. Sinnvoll ist auch der Begriff des „Gewaltunternehmers", also Romeros Versuch, die Paramilitärs als ökonomisch-politischen Akteur zu analysieren.

---

22 Die Arbeit wurde erstmals 2003 veröffentlicht, d.h. Romero verfasste das Skript vermutlich noch während der Verhandlungen zwischen der Pastrana-Regierung und den FARC 1999-2002.

Romero geht damit auf Distanz zu den verbreiteten Diskursen um „Bandenkrieg" (bei dem nicht-staatliche Gewaltakteure als Horden erscheinen) und „Warlords" (ein Begriff, der ebenfalls vormoderne Assoziationen aufrufen). Der Gewaltunternehmer verfolgt ein rationales Kalkül: Er hat eigene ökonomische Interessen, agiert gleichzeitig aber auch als Sicherheitsdienstleister und bedient dabei eine Art Nachfrage. Die extreme Brutalität des Paramilitarismus kann in diesem Kontext nicht einfach als Zivilisationsverlust interpretiert werden.

Dennoch ist auch Romeros Darstellung an entscheidenden Punkten zu widersprechen. Dies fängt bereits mit der historischen Herleitung an. Weder parainstitutionelle noch „Selbstverteidigungs"-Gruppen sind erst, wie Romero nahelegt, während des Friedensprozesses 1982 entstanden. Ihnen voraus ging die Gründung zivilmilitärischer Verbände im Rahmen der Nationalen Sicherheitsdoktrin ab 1962 und der Aufbau der Triple-A-Todesschwadronen Ende der 1970er Jahre. In Kolumbien ist seit Jahrzehnten eine schrittweise Entfaltung einer geheimen, irregularisierten Kriegführung durch den Staat zu beobachten. Romero hingegen hält den Paramilitarismus für ein Phänomen, das den Staat „von außen" in Frage stellt und fragmentiert. Sicherlich lässt sich diskutieren, ob der Paramilitarismus das Gewaltmonopol nicht zusätzlich unterhöhlt. Man muss jedoch gleichzeitig darauf verweisen, dass der Paramilitarismus in den vergangenen Jahrzehnten ein wesentliches Mittel zur Durchsetzung des staatlichen Gewaltmonopols war, aus dem Staat hervorging und sich nur aufgrund der engen Kooperation mit der Staatsmacht entwickeln konnte. Der Paramilitarismus wirkt sich somit widersprüchlich – unterhöhlend *und* stärkend – auf das Gewaltmonopol aus.

In diesem Zusammenhang halte ich auch Romeros These zu *Polarisierung, Machtkampf* und *Fragmentierung* für falsch. Zweifellos gab und gibt es Widersprüche zwischen Regionalpolitik und Zentralstaat, Guerilla und Viehzüchtern, Militärs und Justiz. Doch Romero siedelt diese unterschiedlichen Konflikte einfach auf einer Ebene an. Seine – nachvollziehbare – Kritik an reduktionistischen Klassenmodellen veranlasst ihn dazu, andere, letztlich noch ungenauere Vereinheitlichungen einzuführen. Sehr deutlich wird das an seiner Gegenüberstellung von Regionaleliten und Zentralstaat. Der Hinweis ist nicht ganz uninteressant: Romero wirft eine sinnvolle Frage über die Integration des kolumbianischen Staatskörpers und allgemeiner über die Verfasstheit peripherer Staatlichkeit auf. Der Paramilitarismus lässt sich mit diesem Konflikt jedoch kaum erklären. Die regionalen „Kaziken" waren in Kolumbien immer auch an der Zentralmacht beteiligt. Führende Minister der Regierung Betancur waren Anfang der 1980er Jahre gleichzeitig an den Verhandlungen der Regierung und am Aufbau der Autodefensas im Magdalena Medio beteiligt. Heute ist dieser Aspekt sogar noch deutlicher: Die Regierung Uribe repräsentiert eine Rechte, die in allen Landesteilen, auch in der Hauptstadt, autoritäre Regionalbündnisse mit dem Paramilitarismus aufgebaut hat.

Das Verhältnis zwischen Regionalmacht und Zentralstaat ist also offensichtlich sehr viel komplexer, ein dualer Widerspruch liegt nicht vor. Man müsste von einer Verschränkung sprechen, bei der gesellschaftliche Konflikte sowohl in den Regionen als auch im zentralstaatlichen Körper ausgetragen werden.

Umso absurder erscheint vor diesem Hintergrund die These, der Paramilitarismus sei aus einem Widerspruch zwischen Regional- und Zentralmacht entstanden. Die Paramilitärs haben Zehntausende von Morden verübt. Angriffe auf Vertreter des Zentralstaats sind kaum darunter.

Für die von Romero konstatierte *Fragmentierung des Staates* gilt Ähnliches: Dass es in kriegführenden Staaten zu Verwerfungen kommt, liegt auf der Hand. Insofern müssen die teilweise heftigen Zusammenstöße zwischen Militärs und Vertretern der Justiz in Kolumbien als Begleiterscheinung einer allgemeinen Krise verstanden werden. Der Paramilitarismus löst keine offene Konfrontation im Staat aus: Die Opfer der Paramilitärs gehören nur in Ausnahmefällen zur politischen Klasse oder zum Staatsapparat.

Weder eine Fragmentierung des Staates noch die Konflikte zwischen Regionaleliten und Zentralmacht können daher das Entstehen des Paramilitarismus befriedigend erklären. Letztlich zugrunde liegt eben doch der Konflikt zwischen einer aufständischen Bewegung (zu der neben der Guerilla auch Gewerkschaften, Linksparteien und soziale Bewegungen gehörten) und der vom Status Quo profitierenden Oberschicht. Romero blendet diese offensichtliche Begebenheit nicht gänzlich aus. Er beschreibt diesen Konflikt jedoch als „Machtkampf" zwischen Großgrundbesitz/Drogenhandel und Guerilla/kleinbäuerlichen Unterstützern und behauptet, dass diese „Machtkämpfe" nicht auf Klassenkategorien reduziert werden könnten, weil die Paramilitärs auch in der Unterschicht über eine soziale Basis verfügen. Richtig an dieser Argumentation ist, dass sich die AUC (wie die Guerilla) fast ausschließlich aus der Unterschicht rekrutierten. Gleichzeitig ist der Klassencharakter des Paramilitarismus aber auch kaum zu leugnen. Sowohl die soziale Zugehörigkeit der Opfer als auch die von Paramilitärs verfolgten sozioökonomischen Interessen erlauben eine eindeutige Zuordnung. In diesem Sinne muss man festhalten, dass der Paramilitarismus eine von herrschenden Machtgruppen initiierte Gewaltstrategie zur Einschüchterung einer subalternen Klasse ist.

Romero distanziert sich von Klassenkonzepten. Tatsächlich jedoch sind diese Fragen – welche ökonomischen Interessen werden vom Paramilitarismus durchgesetzt und gegen welche sozialen Gruppen richtet sich die Gewalt? – in der Debatte völlig unterrepräsentiert. Der von Romero diskutierte Fall Urabá wäre in seiner Komplexität für eine derartige Debatte durchaus geeignet. Romero hat in einem entscheidenden Punkt ja Recht: Der Paramilitarismus besitzt in Urabá eine breite soziale Basis, darunter auch NRO, Gewerkschaften und soziale Bewegungen. Die von Romero aufgestellte Behauptung, dass sich diese Unterstützung einer Art 'materiellem Kompromiss' verdankt, also der Verbesserung der Lebenssituation im Rahmen eines Sozialpakts, ist allerdings mindestens zweifelhaft. Der aus Urabá vertriebene ehemalige Vorsitzende der Gewerkschaft SINTRAINAGRO Gerardo Nieto (Zelik 2000a: 15-18) behauptet genau das Gegenteil, dass sich nämlich die Arbeitsbedingungen seit der paramilitärischen Machtnahme in der Region Anfang der 1990er Jahre spürbar verschlechterten. Andere Quellen sprechen gar von der Rückkehr quasifeudaler Verhältnisse in der Region, weil auf die propagandistisch inszenierte Landvergabe an Ex-Guerilleros eine neue Landkonzentration folgte (El Espectador, 24.5.2006). Und die extreme Brutalität, mit der die ACCU die Region von Oppositionellen 'säuberten', spricht auch nicht unbedingt für die Anziehungskraft eines Sozialpakts. Es gibt zweifellos eine klientelistische Anbindung von Teilen der Bevölkerung, die im Drogenhandel oder den paramilitärischen Gruppen aktiv ist. Dies ist jedoch etwas Anderes als ein sozialpolitischer 'Pakt'.

Vor diesem Hintergrund müsste man fragen, ob der Fall Urabá nicht eher auf die Komplexität der paramilitärischen Strategie verweist. Neben der Gewaltanwendung spielt der Aufbau und die Stärkung eigener sozialer Strukturen offensichtlich eine wichtige Rolle. In diesem Zusammenhang wird versucht, Teile der politischen Linken zu kooptieren und unternehmerfreundliche Gewerkschaften zu stärken[23].

Madariaga (2005), auf die in Kapitel 7.1.3. zurückgekommen wird, hat zurecht darauf verwiesen, dass Machtbeziehungen stets auch „von unten" hergestellt werden. Sie beschreibt dies als einen Prozess, bei dem sich die Bewohner einer Region mit extremen Gewaltverhältnissen arrangieren. In Urabá hat eine klientelistische und ökonomische Anbindung (v. a. über den Drogenhandel) eine Rolle gespielt, von materiellen Zugeständnissen oder einem Kompromiss kann jedoch kaum die Rede sein. Entscheidend war letztlich die erfolgreiche Verknüpfung von Gewalt, Unterwerfung, politischer Kooptation und Drogenökonomie.

---

23 Als funktional hat sich auch herausgestellt, dass die kooptierten Gewerkschaften international meinungsbildend wirken. In der Nahrungsmittelinternationalen IUF beispielsweise spielen die paramilitärisch kooptierten Gewerkschaften SICO und SINTRAINAGRO eine Schlüsselrolle bei der Ablehnung der internationalen Anti-Coca-Cola-Kampagne, wie sie von der Nahrungsmittelgewerkschaft SINALTRAINAL propagiert wurde. Durch Interventionen in der IUF verhinderten die Konkurrenzorganisationen, dass sich die Nahrungsmittelinternationale mit den bedrohten SINALTRAINAL-Gewerkschaftern solidarisierte.

6.5. Zusammenfassung: Die paramilitärische Transformation des Staates in Kolumbien

Ist es also doch so, wie von der ELN-Guerilla behauptet (Revista Insurgente, Área Andina No 1, 2007), dass nämlich der Paramilitarismus nichts Anderes ist, als die in Todesschwadronen verwandelten Privatarmeen der Drogenmafia? Dass also politische Machtgruppen die Gewaltunternehmer des Drogenhandels als Geheimkriegsstruktur instrumentalisiert und protegiert haben?

Tatsächlich scheint diese These zunächst mehr mit der Faktenlage übereinzustimmen als andere Erklärungsansätze. Der rasante Zerfall der AUC ab 2002 hat gezeigt, dass die politische Programmatik der Paramilitärs, der in den Medien so viel Platz eingeräumt wurde, in erster Linie dazu diente, die eigentlichen Motive und Kalküle der Gewalt zu verschleiern. Eigendynamik und Autonomie des Paramilitarismus waren stets enge Grenzen gesetzt. Zudem lässt sich – wie in Kap. 8.5. noch ausführlicher dargelegt wird – die Führungsgruppe der AUC eindeutig als 'mafiöses Gewaltunternehmertum' beschreiben. Seit 2001, seit mehr über die Biografien der AUC-Kommandanten bekannt wurde, ist deutlich geworden, dass praktisch die gesamte AUC-Führungsriege aus dem Milieu des Drogenhandels und Auftragsmordes stammt. Der „Parapolitik-Skandal" hat weiterhin bewiesen, dass diese Gewaltstrukturen auf systematische Unterstützung aus dem Staatsapparat zählen konnten und symbiotische Allianzen mit der politische Klasse aufgebaut hatten.

In diesem Sinne muss der Paramilitarismus als *eine von Machtgruppen vorangetriebene Entgrenzung herrschaftlicher Gewalt* bezeichnet werden. Der Einsatz eines sozial selektiven Terrors dient dabei auch zur Wiederherstellung des staatlichen Gewaltmonopols. Dennoch ist der Paramilitarismus nicht einfach als ein staatliches Geheiminstrument zu verstehen. Der Staat ist – wie oben dargelegt – kein einheitlicher Akteur. Vielmehr hat der Paramilitarismus auch den Staat verwandelt. Man könnte also festhalten: Der Paramilitarismus ist *eine politisch-militärische Strategie zur autoritären Transformation von Gesellschaft und Staat.*

Dies erinnert in mancher Hinsicht an das Phänomen des Ausnahmezustands, wie er von Schmitt (1979, zuerst 1922) umrissen und von Agamben (2004) kritisch aufgegriffen wurde. Carl Schmitt postuliert in seiner „Politischen Theologie", dass die staatliche Rechtsordnung stets eng mit der Gewalt des Ausnahmezustands verknüpft sei: „Souverän ist, wer über den Ausnahmezustand entscheidet" (Schmitt 1979: 11). Die eigentliche Machtinstanz jeder Rechtsordnung ist diejenige Person oder Einrichtung, die das Recht suspendieren kann. Im Unterschied zum normativen oder ethischen Recht, verteidigt Schmitt damit die gewalttätige, *dezisionistische* Machtsetzung[24]. Erst

---

24 Benjamins „Kritik der Gewalt" (1965) formuliert eine ganz ähnliche Position, allerdings von einem entgegengesetzten Standpunkt aus. Gewalt, so Benjamin, sei entwe-

nach der souveränen, letztlich willkürlichen Setzung eines Gewaltmonopols könne es zu einer Rechtsordnung kommen. Wenn diese Ordnung instabil wird, müsse das Recht zurücktreten: „Es gibt keine Norm, die auf ein Chaos anwendbar wäre. Die Ordnung muss hergestellt sein, damit die Rechtsordnung einen Sinn hat. Es muss eine normale Situation geschaffen werden, und souverän ist derjenige, der definitiv darüber entscheidet, ob dieser Zustand wirklich herrscht." (ebda: 20) Schmitts Identifikation mit der Herrschaftsperspektive geht so weit, dass er behauptet, der Staat könne kein Unrecht begehen. Eine Bestimmung werde nämlich nur dadurch Recht, „dass der Staat sie zum Inhalt eines staatlichen Befehls macht" (Schmitt 1989: 21 f). Hebt der Staat dieses Recht auf, sei seine Handlung auch kein Unrecht mehr. Schmitt verweist hier auf Thomas Hobbes' souveränitätstheoretische Maxime: *Auctoritas, non Veritas facit legem.*

Mit Schmitt lässt sich der Ausnahmezustand und seine Willkürgewalt als notwendiges und legitimes Mittel zur Herstellung der Rechtsordnung beschreiben[25]. Die Geschichte der lateinamerikanischen Militärdiktaturen, die sich das Schmittsche Postulat zu eigen machten, hat jedoch gezeigt, dass der offiziell deklarierte Ausnahmezustand hohe politische Kosten impliziert: Die staatliche Ausnahmegewalt mobilisiert politischen Widerstand und untergräbt die Rechtsstaatlichkeit und somit den Staat selbst. Vor diesem Hintergrund war in den letzten Jahren vielerorts ein Outsourcing von Folter und Repression zu beobachten. Krasmann etwa (2007) hat hinsichtlich der Folterpolitik der USA darauf hingewiesen, dass die Rechtsverletzung gezielt ausgelagert wird, damit „der Anschein der Normgeltung erhalten bleibt" (ebda: 105).

Auch in Kolumbien ist ein derartiger Prozess zu beobachten. Der Legitimitätskrise der politischen Macht wird mit einer dezisionistischen Gewaltsetzung begegnet. Da die exzessive souveräne Gewalt illegal ist und somit die Rechtsstaatlichkeit aufzulösen droht, *wird der Ausnahmezustand informalisiert.* Die paramilitärische Gewalt setzt zwar Ordnung durch, es wird jedoch gar nicht erst der (Schmittsche) Versuch unternommen, sie als Recht erscheinen zu lassen. Darüber hinaus präsentiert sich

---

der rechtsetzend oder rechterhaltend. Diese Verbindung zur Gewalt belaste das Recht. Nach der Rechtsetzung danke die Gewalt nämlich nicht ab, das Recht bleibe eine Manifestation der Gewalt. Im Unterschied zu Schmitt hält Benjamin dies für ein grundlegendes Problem jeder Emanzipation: Auch die *revolutionäre* Setzung, die neues Recht etabliert, trage einen Willkürkern und damit Nicht-Befreiendes in sich. Benjamin erörtert den Generalstreik als 'Mittel ohne Zweck', um aus dieser Falle auszubrechen (vgl. auch Derrida 1991). Agamben (2002 und 2004) hat Benjamins Kritik staatlicher Souveränität zuletzt erneut aufgegriffen. Seine These lautet, dass sich der Ausnahmezustand als vorherrschendes Paradigma des Regierens durchsetze. In einer Gesetzeskraft ohne Gesetz offenbare sich der (willkürliche) Kern staatlicher Ordnung.

25 AUC-Kommandant Carlos Castaño folgt implizit der Schmittschen Argumentation, wenn er behauptet, dass in allen Staatsbildungsprozessen auf außerrechtliche Gewalt zurückgegriffen werden müsse (Aranguren 2001: 118).

der kolumbianische Ausnahmezustand diffus: Es existieren *mehrere, regional unterschiedliche Regimes*. Man könnte also behaupten, dass es sich beim Paramilitarismus um eine Strategie zur autoritären Umgestaltung von Staat und Gesellschaft handelt, die außerhalb der Rechtsordnung angesiedelt bleibt.

Die Autorengruppen von Noche y Niebla (2004) und Colombia Nunca Más (2001) haben mehrfach auf die Rolle hingewiesen, die US-Aufstandsbekämpfungskonzepte bei derartigen Autoritarisierungsprozessen in Lateinamerika gespielt haben. Diesen US-Konzepten liegt die Erkenntnis zugrunde, dass in der Auseinandersetzung mit Partisanen der Staat, die Gesellschaft und das Leben selbst zum Kriegsterrain werden. Die von US-Militärs in Lateinamerika propagierte Nationale Sicherheitsdoktrin schulte die Soldaten dementsprechend darin, den feindlichen Infiltrationen von Gesellschaft und Institutionen nachzuforschen. Prägnant nachzulesen ist das beispielsweise im konservativen Strategiepapier Santa Fe II (Comité de Santa Fe 1989), das zur Amtsübernahme von George Bush Senior verfasst wurde und einen gramscianischen Blick auf die Konflikte in Lateinamerika wirft.[26] Die lateinamerikanische Linke, so die Autoren des Papiers, versuche Kultur, Kirche und Zivilgesellschaft zu unterwandern. Die Befreiungstheologie, aber auch die Arbeit von linken Lehrern, Künstlern und Universitätsprofessoren seien als kommunistische Täuschungsmanöver zu betrachten und zu bekämpfen. Dem Hegemoniekampf der Linken müsse eine demokratische Generalmobilmachung der Gesellschaft entgegen gesetzt werden.

Von dieser Haltung ist es nicht weit bis zur politischen Paranoia, wie sie die USA während der McCarthy-Ära prägte: Man geht davon aus, dass sich die Gesellschaft in einem permanenten inneren Kriegszustand befindet. Daraus wird ein neues Konzept der Revolutionsbekämpfung abgeleitet. In auffallender Analogie zu Gramscis Begriff des „Stellungskriegs" (1967) – Revolutionen können in modernen Staaten nicht durch schnelle Manöver der Machtübernahme, sondern nur als langfristig angelegte kulturelle und soziopolitische Kräfteverschiebungen erfolgen – begreift die moderne Aufstandsbekämpfung den 'inneren Krieg' als gesamtgesellschftliches Problem.

Wenn Romero (2005) am Rande seiner Urabá-Untersuchung anmerkt, dass die von den Paramilitärs geschaffenen Strukturen von einem zwischen Guerilla und Zentralregierung ausgehandelten Reformprojekt unberührt bleiben würden, dann verweist er auf den strategischen Kern des paramilitärischen Projekts. Die Aufstandsbekämpfung schafft sozusagen präventiv autoritäre Bollwerke gegen eine Transformation im Land. Aus dem Staat heraus, aber teilweise unabhängig von der Regierung werden Strukturen und Einrichtungen geschaffen, die tiefgreifende (sowohl revolutionäre als auch reformistische) Veränderungen blockieren und die bestehenden Machtverhältnisse

---

26 Interessanterweise wird Gramsci in dem neokonservativen Papier ausdrücklich erwähnt. Einige Kernthesen werden dargestellt und im Konfliktzusammenhang diskutiert.

durch eine Radikalisierung der Herrschaft absichern. In diesem Sinne könnte man den Paramilitarismus auch *als einen schleichenden Staatsstreich* und eine *informelle Ermächtigung exekutiver und 'paraexekutiver' Organe* bezeichnen.

Die von den USA nach Lateinamerika exportierte Nationale Sicherheitsdoktrin ist analog hierzu als strategischer, sich des Staates bemächtigender Diskurs zu verstehen, der zur Aufhebung rechtsstaatlicher, teilweise gerade erst erkämpfter Garantien führte und mit der Stärkung der Gewaltapparate innerhalb des Staates einherging. Dabei ist auffallend, wie ähnlich die Entwicklungen zwischen 1960 und 1990 in Ländern wie Südkorea, den Philippinen, El Salvador, der Türkei oder Kolumbien verliefen – allesamt Staaten, in denen Statute der Nationalen Sicherheit zeitweise durchgesetzt waren. Elemente des Ausnahmerechts wurden als Normalzustand etabliert, soziale und gewerkschaftliche Aktivitäten kriminalisiert[27] und der innere Verteidigungszustand in Sicherheitskörpern und Justiz deklariert. Die Nationale Sicherheitsdoktrin war also nicht nur und wahrscheinlich nicht einmal in erster Linie administrative Politik. Viel eher wirkte sie diskursiv als Programm eines institutionell und gesellschaftlich geführten Kulturkampfs, der die Kräfteverhältnisse radikal zuungunsten von Liberalen und Linken verschob, Instanzen zur Abwehr linker Reformen schuf und als schleichender Staatsstreich *vor*, *nach* oder auch *unabhängig von* konkreten Machtübernahmen zur Geltung kam.

Der Paramilitarismus in Kolumbien stellt sich nun seinerseits wie *eine eigendynamische Umsetzung der Nationalen Sicherheitsideologie* dar. Obwohl formal illegal und letztlich von der Justiz verfolgt, entfaltete der Paramilitarismus seine Wirkung im gesamten „erweiterten Staat", also sowohl in den staatlichen Institutionen als auch auf dem zivilgesellschaftlichen Feld. Wie eine präventiv-konterrevolutionäre Bewegung verschob er politische Kräfteverhältnisse und durchdrang staatliche Einrichtungen: Justiz, Verwaltungsbehörden und politische Verbände gingen, auf den ersten Blick unsichtbar, in die Hände einer radikalen autoritären Rechten über. Trotz der Vereinheitlichung der Paramilitärs im Rahmen der AUC verlief dieser Prozess in Kolumbien jedoch weder uniform noch widerspruchsfrei. Etabliert wurden vielmehr eine Reihe spezifischer Regionalregime, die je nach Konsolidierungsgrad des paramilitärischen Projekts unterschiedlich repressiv auftraten und ihre Erscheinung immer wieder verwandelten.

Die Eigendynamik des Paramilitarismus speiste sich dabei maßgeblich aus dem Drogenhandel, mit dem die Paramilitärs, wie in Kap. 8.5. dargelegt wird, untrennbar verwoben sind (vgl. Duncán 2005 und 2006).[28] Die Kontrolle über Regionen

---

27 Das Nationale Sicherheitsstatut in Südkorea stellte beispielsweise alle Handlungen unter Strafe, die Sicherheit und Produktion im Land gefährdeten, also auch Streiks.

28 Der kolumbianische Sozialwissenschaftler Gustavo Duncán brachte das auf die griffige Formel: „Nicht jeder Drogenhändler ist ein Paramilitär, aber jeder Paramilitär ist ein Narco" (eigenes Interview vom 12.9.2008).

ermöglichte den Paramilitär-Kommandanten eine straffreie Ausweitung der Drogen-produktion. Die Einnahmen hieraus wiederum führten nicht nur zu einer rasanten persönlichen Bereicherung der AUC-Kommandanten, sondern auch zum Entstehen einer spezifischen ökonomischen Struktur. Auf diese Weise wurden die paramilitäri-schen Anti-Guerilla-Regimes zu eigenen politischen Gebilden, die sich absonderten und gegenüber dem Staat abzusichern suchten. Aus der Instrumentalisierung der Paramilitärs durch den Staat wurde eine wechselseitige Instrumentalisierung.

Dieser hybride Charakter des Paramilitarismus ist schließlich auch mit einer Subjektlosigkeit sozialer Prozesse zu erklären. Deleuze/Guattari (1992: 481-585) haben für Militärkörper den Begriff der „Kriegsmaschine" vorgeschlagen. Das Militärische, so ihre These, sei vor dem Staat entstanden, habe sich ohne zentrale Steuerung entfaltet und könne von einem Staat nie vollständig angeeignet werden. Folgerichtig bereite es diesem immer wieder Schwierigkeiten. Der Paramilitarismus hat tatsächlich etwas von einer solchen „Maschine": Seine Gewalt-, Raub- und Aneig-nungsdynamik sprengt den institutionellen Rahmen, den er doch eigentlich herstellen soll. Auch hier liegt eine unvollständige Aneignung vor. Die Kriegsmaschine, die im Auftrag von Staatsorganen und Kapitalbesitzern quasistaatliche Ordnungsfunkti-onen ausübt, aber über den Staat hinausgeht, weil ihr (im Unterschied zu diesem) kein Kompromiss mehr eingeschrieben ist und sie eine eigenständige ökonomische Basis besitzt, sprengt den vorgegebenen Rahmen und beginnt Staat und traditionelle Führungsgruppen zu durchsetzen. Dabei handelt sich aber nicht zwangsläufig um einen Verdrängungsprozess, bei dem eine traditionelle Oberschicht durch eine neue, mafiöse Elite ersetzt wird. Stärker scheint in Kolumbien das Moment, dass sich die paramilitärische Dynamik durch alle Sphären der Macht 'frisst'. In diesem Sinne kann nicht nur von einer Korrumpierung des Staates und der Verschiebung von Machtallianzen gesprochen werden. Noch bedeutender ist die Etablierung neuer Machtdynamiken und Herrschaftsformen. Der Staat, der verteidigt werden soll, wird – was nicht weiter überraschen darf – nicht der alte sein.

Zutreffender als Romeros Erklärungsansatz dreier sich verbindender Prozesse – *Frag-mentierung* im Staat, *Polarisierung* zwischen Regionaleliten und Zentralregierung, *Machtkampf* zwischen Drogenhandel/Großgrundbesitz und Guerilla – scheint eine Unterscheidung in verschiedene Konfliktordnungen zu sein.

1) Die Gewalt des Paramilitarismus richtet sich fast ausschließlich gegen die Unter-schichten („gefährliche Klassen"), die als Bedrohung des politischen und ökonomi-schen Status Quo wahrgenommen werden. Insofern dient der Paramilitarismus in erster Linie zur Aufstandsbekämpfung und zur Durchsetzung von Klasseninteressen. Die Gewalt, die der Paramilitarismus in diesem Zusammenhang anwendet, lässt sich mit der gegenüber anderen Konfliktgegnern nicht vergleichen.

Abb.: Konflikte des Paramilitarismus

Konflikt	Gegner	Motive	Konfliktform
1. Ordnung	– Aufstandsbewegung (v. a. politische Opposition, soziale Bewegungen, klein-bäuerliche Basis der Guerilla) – „gefährliche Klassen"	– Aufstandsbekämpfung – Soziale Kontrolle der Bevölkerung – Aneignung von Land – Kontrolle von Territorien	– extreme Gewalt gegen Zivilbevölkerung (Massaker, Folter, Mord)
2. Ordnung	Einzelne Vertreter des Staatsapparates	Absicherung vor Strafverfolgung	Selektiver Mord
3. Ordnung	Nicht mit den PM verbündete Führungsgruppen	– Konkurrenz (um politi-sche und ökonomische Macht) – Verdrängungsprozesse	Drohungen, politi-sche Machtkämpfe, aber nur selten offene Gewalt
4. Ordnung	Konkurrierende Paramilitärfraktionen	– Einnahmen aus dem Drogenhandel – Misstrauen wegen eines möglichen Verrats	In Einzefällen schwere bewaffnete Auseinanderset-zungen

In diesem Konflikt verfolgt der Paramilitarismus aber nicht nur abstrakt-politische (Aufstandsbekämpfung), sondern auch eigene ökonomische Ziele (z.B. Landraub).

2) Da der Paramilitarismus illegal agiert, muss er sich vor Strafverfolgung schützen. Dies wird in der Regel über politische Allianzen und Bestechungszahlungen gewähr-leistet. In Einzelfällen haben Paramilitärs aber auch immer wieder Staatsanwälte und Richter ermordet, die gegen sie ermittelten.

3) Das Erstarken von Drogenhandel und autoritärer Rechten führt zu Verdrän-gungsprozessen innerhalb des Establishments. Es stellt sich ein Konkurrenzverhältnis ein. Der Konflikt mit nicht-alliierten Machtgruppen im Staat wird in der Regel aber nicht gewalttätig ausgetragen.

4) Die unsicheren Allianzen innerhalb des Drogenhandels und des Gewaltunter-nehmertums (vgl. auch Kap. 8.5.) ziehen schließlich auch interne Konflikte nach sich. Obwohl hier nur persönliche Auseinandersetzungen – um eine Vormachtstellung, die Kontrolle von Drogeneinnahmen, möglichen 'Verrat' etc. – ausgetragen werden, werden diese Konflikte, wenn sie denn ausbrechen, mit allen zur Verfügung stehenden Gewaltmitteln geführt.

7. Gesellschaft, Leben, Gewalt

7.1. Angst-Regime

7.1.1. Das Kalkül der Massaker

Am 12. Juli 1997 starten in den Ortschaften Apartadó und Necoclí (Urabá) zwei Chartermaschinen, um Kolumbien in südöstlicher Richtung zu überfliegen und 700 Kilometer entfernt in San José del Guaviare, der Hauptstadt des Departements Guaviare, das zu diesem Zeitpunkt als Hochburg der FARC-Guerilla gilt, zu landen. An Bord der Flugzeuge befinden sich 100-120 Mitglieder der ACCU-Paramilitärs. Sie werden sowohl beim Abflug in Urabá als auch bei der Ankunft in Guaviare von Militärs begleitet, die sicher stellen sollen, dass die Flughafenpolizei die Reisenden nicht kontrolliert. Nach der Landung in San José werden die zivil reisenden Paramilitärs von Soldaten zu Lastwagen gebracht, aus der Ortschaft gefahren und in den Einrichtungen des Bataillons Joaquín París mit Uniformen und Waffen ausgestattet. Von dort brechen die Paramilitärs zu ihrem eigentlichen Ziel auf: den etwa 50 Kilometer entfernt gelegenen Ortschaften Charras und Mapiripán (Corte Interamericana de Derechos Humanos 2005, Uscátegui 2006[1]).

Am 14. Juli kommen die Paramilitärs in das auf der Südseite des Guaviare-Flusses gelegene Dorf Charras und rücken am folgenden Tag nach Mapiripán (Meta) vor, das sie mehrere Tage besetzt halten. Nachts wird ein offenes Terrorregime etabliert. Die Paramilitärs schalten jeden Abend gegen 19.30 Uhr die Stromversorgung ab und führen gefesselte Dorfbewohner im Schutz der Dunkelheit zum örtlichen Schlachthof. Die Anwohner hören, wie die Gefangenen im nah gelegenen Gebäude zu Tode gefoltert werden. Der Schlachthof wird dabei offensichtlich bewusst als Bühne des Massakers gewählt: Er ist der Ort, an dem Leben zu Fleisch wird. Auch die Morde werden wie Schlachtungen in Szene gesetzt. Ein Gemeindeangestellter wird getötet und geköpft; der abgetrennte Kopf wird auf einem Schulweg, der Torso neben einer Erdpiste liegen lassen. Anderen Opfern wird die Kehle durchgeschnitten, so dass

---

1 José Jaime Uscátegui, der Sohn eines Generals, veröffentlicht 2006 einen Dokumentarfilm, in dem sein Vater und andere Zeugen das Massaker rekonstruieren. Dabei geht es darum, den wegen Mittäterschaft angeklagten Vater vor Gericht zu entlasten. Der Film deckt die Verantwortung hochrangiger Militärs aus ganz Kolumbien auf.

sie – wie geschächtete Tiere – ausbluten. Ihnen werden, zum Teil bei lebendigem Leib, Gliedmaßen abgehackt, Körper zerteilt, Gedärme herausgerissen. Am Ende werden die Leichenreste in den Guaviare-Fluss geworfen, womit nicht nur die Spuren des Verbrechens verwischt, sondern auch die Opfer vollständig ausgelöscht werden: Jeder Hinweis auf ihre Existenz soll beseitigt werden (Corte Interamericana 2005: Punkte 96.30-96.47).

Allein am 15. Juli 1997 selektieren die Paramilitärs mit Hilfe von Listen 27 Personen als Guerilla-Unterstützer und bringen sie zur Ermordung in den Schlachthof. Dort für die Ermordung und Zerteilung der Opfer verantwortlich ist ein ACCU-Mann namens *Mochacabezas* (Kopfabschneider). Insgesamt bleiben die Paramilitärs bis zum 20. Juli in der Ortschaft. In diesen fünf Tagen werden etwa 49 Personen getötet – die genaue Zahl bleibt ungeklärt, weil Angehörige die Region fluchtartig verlassen und keine Vermisstenanzeige erstatten. Sowohl die Armee als auch die Regierung des Departements Meta sind über die Anwesenheit der Paramilitärs seit dem 15. Juli informiert, leiten jedoch keinerlei Hilfsmaßnahmen ein. Erst am 22. Juli, als die Paramilitärs bereits wieder in der Nähe von San José del Guaviare sind, kehrt das Militär nach Mapiripán zurück.[2]

Im Februar 2000 spielen sich im nordkolumbianischen El Salado (Sucre) ähnliche Szenen ab. Die Comisión Intereclesial Justicia y Paz (2006) schildert den Ablauf folgendermaßen: Am 15. Februar 2000 töten Paramilitärs zunächst fünf Bauern bei einer Militärkontrolle in der Nähe von El Salado und lassen zwei weitere verschwinden. Am 16. und 17. landen AUC-Einheiten mit einem Hubschrauber in Dörfern der Umgebung, wo sie erneut 42 Personen ermorden. Am Morgen des 18. Februar verlagert sich das Massaker dann direkt in die Ortschaft El Salado, wo unter Führung eines übergelaufenen Ex-Guerilleros bis zum Nachmittag des darauf folgenden Tages 46 Bauern gefoltert und umgebracht werden. „Das Klagen im Dorf veranlasste die Täter zu Gelächter. Sie organisierten ein Fest mit Vallenato-Musik und tranken die ganze Zeit Alkohol in den anliegenden Kneipen. Aus einem Haus holten sie ein dreijähriges Mädchen und hielten ihm ein Messer an den Hals, damit die Mutter ihnen Essen machte. Einige Zeugen berichten, dass sie 'sogar auf die Idee kamen, ein Kartenspiel zu spielen. Sie zählten potenzielle Opfer ab und verurteilten nach jeweils 30 Punkten eine Person zur Folter.' Ein Mädchen 'zwangen sie, einen Kaktus zu essen und ließen es dann verdursten, nicht ohne sie zuvor zu vergewaltigen (...) Sie wählten eine Person aus, töteten sie und ermordeten fünf Minuten später die

---

2   General Uscátegui zufolge (Uscátegui 2006) versucht die FARC-Guerilla die Paramilitärs am 20. Juli bei San José del Guaviare anzugreifen. Die Armee leitet daraufhin eine luftunterstützte Militäroperation namens „Araña" ein, um die in unmittelbarer Nähe von Militärstellungen campierenden Paramilitärs zu schützen.

nächste. Dann machten sie mit Trommeln und Akkordeon Musik, um die Toten zu feiern, sie tranken Schnaps und mordeten weiter'". (ebda)

Die Comisión Intereclesial beschreibt die Ereignisse als „Todestanz", als fast rituelle Inszenierung, bei der für die Bewohner nur zwei Rollen vorgesehen sind: „Entweder wurde man gezwungen, Zeuge zu sein und sich den Todestanz mit anzusehen, oder man wurde zufällig Opfer. Einer nach dem anderen wurde ausgewählt, um diesen unwürdigen Tod zu sterben, einer nach dem anderen auf dem Vorplatz der Kirche. Bis schließlich alle 49 Menschen den Tod, die Misshandlung, die Folter, den Spott erlitten hatten. Den meisten Opfern wurde die Kehle durchgeschnitten, andere wurden aufgehängt oder mit Schlägen getötet (...). Während dieser paramilitärischen Orgie war die ganze Zeit Akkordeonmusik zu hören, Vallenatos, während Helikopter der Streitkräfte die Umgebung überflogen und unter Maschinengewehrfeuer nahmen[3]" (ebda).

Am Ende waren mehr als 100 Personen tot, 600 Familien mussten fliehen (ebda, vgl. El Espectador 2.4.2005, El Universal de Barranquilla 24.6.2008).[4]

2007 schildert der Paramilitär José im kolumbianischen Fernsehen, dass das Abschlachten von Gefangenen Methode gewesen sei. Er selbst, der in dem Beitrag als rechte Hand von AUC-Kommandant Carlos Castaño bezeichnet wird, habe andere Paramilitärs darin unterrichtet, wie man Opfer mit Motorsägen und Macheten zerlegt: „Viele Leute wurden aufgeschlitzt, man schnitt ihnen den Bauch auf, trennte ihnen die Glieder ab, man hackte Kopf und Beine ab. Die kolumbianischen Flüsse sind voll mit Leichen. Man schnitt den Leuten den Bauch auf, machte Steine rein und versenkte die Toten im Wasser, so dass sie vollständig verschwanden."[5]

Und ein anderer Paramilitär namens Roberto ergänzt gegenüber der ecuadorianischen Tageszeitung La Hora (16.2.2002): „Ich wurde gut bezahlt (den Gegenwert von 300 Dollar im Monat). Und außerdem war es, als wäre ich wieder in der Armee. Man muss nur sechs Monate dort sein. Nach dieser Zeit kann man nach Hause gehen (...). Niemand zwingt einen zu bleiben, wenn man nicht will.(...) In den Städten tötet man

---

3   Das Sperrfeuer sollte verhindern, dass die Guerilla die Paramilitärs angreifen konnte.

4   Das Massaker führte vor Augen, wie sehr der Paramilitarismus zu diesem Zeitpunkt von Staat und Zivilgesellschaft gedeckt wurde. Die Medien übernahmen ungeprüft die gezielten Desinformationen der Armee, die von „Toten bei Gefechten zwischen Paramilitärs und Guerilla" sprach. Auf dem ersten Kongress der Kriegsvertriebenen, der zufällig in den Tagen nach dem Massaker stattfand und an dem ich als Beobachter teilnahm, berichtete ein Überlebender unter Tränen von den Verbrechen in El Salado. Es ist bezeichnend, dass sich auf dem Flüchtlingskongress keine bedeutenden Nichtregierungsorganisationen, keine kolumbianischen oder internationalen Medien und keine Konfliktforscher sehen ließen. Die Version der Bauern wurde erst viele Jahre später von Medien öffentlich gemacht.

5   Das Fernsehinterview war längere Zeit einsehbar unter (http://www.youtube.com/watch?v=dtliQ7zqqGM, 12.2.2008), wurde im Sommer 2008 jedoch wegen „Gewaltäußerungen" von YouTube aus dem Netz genommen.

mit ein oder zwei Schüssen. Auf dem Land dagegen lang und grausam. Fast immer werden die Opfer zerteilt, manchmal mit Motorsägen wie der Stihl, andere Male mit einer Machete oder einem Messer – was eben da ist. Einmal sind wir an der Amazonasgrenze zu Ecuador mit einem Jeep unterwegs gewesen, den wir 'Himmelsweg' nannten[6]. Wir hatten Leute dabei, die mit den FARC kollaborierten. Sie waren zu viert. Ein paar warfen wir in einen See, in dem es ein Krokodil gibt, die anderen haben wir vollständig mit der Motorsäge zerlegt." Der Paramilitär Roberto erklärt diese Methode damit, dass die FARC den Vater Carlos Castaños nicht nur getötet, sondern auch seine Leiche zerstückelt hätten und dass Castaño daher als Rache angeordnet habe, allen Guerilleros das gleiche anzutun. Castaño habe gedroht: „Wenn er eines Tages in eine Zone kommt und die Öffnung eines Grabs anordnet und wenn die Leiche darin noch ganz sein sollte, dann werde er den dafür verantwortlichen Kommandanten umbringen. Man musste diesem Befehl gehorchen. Dieser Job macht einen aggressiv. Sagen wir mal so: Wir werden trainiert, um zu töten." (ebda)

Und auch ein etwas älterer Text des Menschenrechtsaktivisten Javier Giraldo (1996: 40-42) verweist darauf, dass die repressive Gewalt geradezu theatralisch inszeniert wird. „21. Februar 1990. Einige Bauern waren nach Barrancabermeja gekommen, nachdem sie aus einem von der Luftwaffe bombardierten Gebiet hatten fliehen müssen. Ich war an diesem Tag in Barranca und beschloss, gemeinsam mit einigen Mitgliedern des örtlichen Menschenrechtskomitees, in die Gegend zu fahren, in der sich nach Angaben einiger Bauern noch zahlreiche Verletzte und unidentifizierte Leichen befanden (...)

Wir gingen 60 Meter weiter, und der Verwesungsgeruch wurde immer intensiver. Als ein paar Strahlen der frühen Nachmittagssonne durch die Baumwipfel drangen, sahen wir Proviantpakete auf dem Boden verteilt, ein Hinweis für ein erst vor kurzem geräumtes Armeecamp. Plötzlich waren wir mit einem makabren Spektakel konfrontiert. Ein Mann lag mit ausgebreitetem Armen und Beinen auf dem Boden, sein verstümmelter Körper sah aus, als ob er gekreuzigt worden wäre. Wir blieben stumm stehen und hielten unseren Atem an, weil jeder von uns mit seinen Gefühlen zu kämpfen hatte. (...) Die Haut war von seinem Schädel abgezogen worden und hatte mehrere Einschüsse. An seinen Händen hingegen war noch genug Haut, um zu sehen, dass sie mit Feuer verbrannt worden waren. In der Nähe fanden wir Asche. Seine Füße waren mit Stricken festgebunden, und wir vermuteten, dass sie ihn zu diesem Punkt geschleift hatten. Die Bauersfrau, die uns hergeführt hatte, wies uns noch auf etwas anderes hin. Das seien nicht die schwielenbedeckten Hände und Füße eines Bauern, sagte sie. Sie hatte recht. Am selben Abend kam eine Untersuchungskommission der Staatsanwaltschaft und ordnete die Verbrennung des Leichnams an, nachdem sie Fingerabdrücke genommen hatten.

---

6   „Camino al Cielo" (Himmelsweg) ist ein verbreiteter Musik- und Filmtitel.

Zwei Jahre später erfuhr ich, dass die Identität des Mannes festgestellt worden sei. Es war Juan Fernando Porras, ein Arzt, den Mitglieder des Armeegeheimdienstes B-2 einige Tage zuvor in Bucaramanga festgenommen hatten. Er war der Kollaboration mit der Guerilla beschuldigt worden. Zeugen, die in den gleichen Zellen der 5.Armeebrigade festgehalten worden waren, erzählten später, dass sie Porras dort unter schwerer Bewachung gesehen hätten."

Was lässt sich nun über diese paramilitärischen Blutorgien sagen? Die Ereignisse in Mapiripán (Dep. Meta) kamen offensichtlich nicht spontan zustande. Der Anreise im Charterflugzeug und der Besetzung der Ortschaft ging eine längere Planung voraus. Das „Setting" des Massakers weist auffällige Parallelen zu einem Horrorfilm auf: Die Opfer werden in der Dunkelheit in einen Schlachthof verschleppt, ihre Schmerzensschreie hallen durchs Dorf.

Auch das Verbrechen in El Salado (Dep. Sucre) war gut vorbereitet und wurde militärisch gesichert. In der Ortschaft selbst kam es zu einem Gewaltrausch mit ohrenbetäubender Schlagermusik. Die systematisch organisierte Selektion der Gefangenen kontrastiert dabei mit der alkoholgeschwängerten Stimmung der Täter. Im vom Menschenrechtsaktivisten Giraldo geschilderten Fall schließlich wurde in der Folter eine Kreuzigungsszene nachgestellt, bei der dem Gemarterten die Haut vom Körper gezogen wurde.

Den Massakern wohnt also ein Widerspruch inne: Einerseits scheinen sie kühl vorbereitet und verfolgen offensichtlich rationale Kalküle. Die Verbreitung von Angst und Schrecken soll die Bevölkerung einschüchtern, die Bewohner strategisch oder ökonomisch wichtiger Regionen disziplinieren oder aber zur Flucht bewegen. Von diesen sachlichen Motiven abgesehen ist das Massaker selbst aber von einem Exzess gekennzeichnet. Die Täter werden regelrecht animiert, sich gehen zu lassen, ihre Fantasien auszuleben, sich im Schrecken gegenseitig zu übertreffen. Dabei trägt die Marterung stets Züge einer dramatischen Inszenierung.[7]

---

7   Eine solche Verbindung von Gewalt und Dramatisierung ist typisch für Folter. Lateinamerikanische, aber auch europäische Folteropfer haben immer wieder darauf hingewiesen, dass ihre Leidensorte wie Bühnen organisiert waren. Auf diesen übernahmen die Täter verschiedene Rollen – der „Verständnisvolle", der „Unkontrollierbare" etc. Auch das Opfer wurde gezwungen, zu 'spielen'. Dabei geht es offensichtlich darum, psychologische Effekte zu erzielen. Die moderne Verhör- und Folterforschung hat in den vergangenen Jahrzehnten (CIA 1963 und 1983, vgl. McCoy 2005) immer wieder betont, dass Angst wirksamer ist als die Gewaltanwendung selbst. Die Dramatisierung von Misshandlungen ruft in diesem Sinne Ängste auf, durch die der Schrecken gleichzeitig realer *und* ungreifbarer wird. Man schafft ein Ritual, in dem zwar Rollen festgelegt werden, für das Opfer selbst jedoch alle Regeln aufgehoben sind, die ihm vertraut erscheinen und für relative Sicherheit sorgen könnten.

In Mapiripán und El Salado ist diese so angelegt, dass alle Anwohner merken, was geschieht. Sie hören die Schreie, sie sehen, wie Nachbarn anhand von Listen aussortiert werden, sie entdecken Leichen, die öffentlich platziert werden. Das Massaker hat somit Züge einer öffentlichen Vorführung, die an die Anfangspassage von Foucaults „Überwachen und Strafen" (1977), der qualvollen Marterung des Gefangenen Damiens, erinnert.

Anders als die Hinrichtung des Gefangenen Damien, der auf einem öffentlichen Platz über Stunden hin ausgelöscht wird, findet das paramilitärische Massaker selbst jedoch im Verborgenen statt. Es kommt dabei zu einer eigenartigen Vermischung: Die Tötung ist öffentlich und doch versteckt. Die Dorfbewohner sollen zwar wissen, was im Schlachthof von Mapiripán passiert, es aber nicht mit eigenen Augen zu sehen bekommen. Das paramilitärische Massaker ist eine Zurschaustellung von Macht. So wie die öffentliche Marterung des Gefangenen Damien den absolutistischen Souverän bekräftigt (der Angriff auf den Souverän – die Gesetzesübertretung – wird mit einem vernichtenden Angriff auf den Körper erwidert), ist auch das Massaker eine Manifestation von Ordnung und Macht. Doch die paramilitärische Macht ist in einer entscheidenden Hinsicht der des absolutistischen Souveräns eben doch nicht ebenbürtig: Der Paramilitarismus bricht herrschendes Recht. Insofern muss dafür gesorgt werden, dass es keine Zeugen der Verbrechen gibt. Die versteckte Tötung sorgt – ebenso wie die „Entsorgung" der Leichen im Fluss – dafür, dass gerichtlich verwertbare Spuren vernichtet werden.

Dieses demonstrative und doch verdeckte Vorgehen sagt auch Einiges über den durchgesetzten Ordnungszustand aus: Er etabliert Regeln, die keine Gewissheit bieten. Er ist unscharf und bleibt willkürlich. Die heimliche Durchführung des Massakers verstärkt dessen psychische Wirkung. Die Macht (die im Gegenzug absolute Ohnmacht impliziert) ist aufgrund ihrer öffentlichen Nichtöffentlichkeit von einer Aura des Unheimlichen umgeben. Und tatsächlich ranken sich um den Paramilitarismus zahllose Narrationen. Obwohl man einerseits die Täter weder beobachten noch benennen darf, kennt jedes Dorf und jedes Armenviertel jene Geschichten, die auffallend an das Bilderrepertoire von Horrorfilmen erinnern: von Familien, die an Kaimane verfüttert, von Menschen, die bei lebendigem Leib mit der Motorsäge zerteilt, von Gefangenen, die wie Vieh geschächtet und ausgeweidet wurden. So finden die Handlungen der sich „gehen lassenden" Paramilitärs (die bizarren, populärkulturellen Gewaltfantasien zu folgen scheinen) in den unheimlichen, nicht minder populärkulturell geprägten Narrationen der Menschen ihre Entsprechung. Welche konkreten Wirkungen diese „Erzählungen des Schreckens" haben, kann man an Regionen erkennen, die von paramilitärischer Gewalt bislang nicht unmittelbar oder zumindest nicht flächendeckend betroffen waren; wo die Angst also in erster Linie antizipiert wird. Eine dieser Regionen ist die Serranía San Lucas im nordkolumbianischen Departement Bolívar.

7.1.2. Abgeriegelte Gebiete – ein Kriegsgebiet im Süden des Departements Bolívar[8]

Das Bergwaldgebiet Serranía San Lucas liegt im nordkolumbianischen Departement Bolívar in der zentralen Kordillere zwischen den Flüssen Cauca und Magdalena. Die höchsten Gipfel der Region, die als eine der letzten Kolonisierungszonen in Nordkolumbien gilt, erreichen eine Höhe von 2500 Meter. Obwohl in vielen Landkarten immer noch als grüne Fläche vermerkt, wohnen hier auf etwa 10.000 Quadratkilometern mehrere Zehntausend Menschen. Infrastrukturell ist die Region nach wie vor wenig erschlossen: Es gibt kaum asphaltierte Straßen, die Erdpisten, die vom Magdalena-Strom in die Serranía hinaufführen, sind in der Regenzeit nur schlecht befahrbar. In die höheren Lagen der Bergregion gelangt man ausschließlich zu Fuß. Die Ortschaften dort werden von Maultier-Karawanen mit Waren versorgt. Arbeitswerkzeuge, Benzin- und Zyanidtonnen, Fernsehgeräte, Dosenbier und oft sogar Billardtische oder auseinander montierte Maschinen müssen von Lasttieren zum Teil tagelang durch Regenwald und Pflanzungen transportiert werden.

Die Ökonomie der Region fußt auf drei Säulen: subsistenzorientierte Landwirtschaft, Goldgewinnung und Koka-Anbau. In den südlichen Tälern überwiegt die landwirtschaftliche Produktion. Die Kleinbauern, viele von ihnen Vertriebene aus anderen Regionen Kolumbiens, haben sich das Land erst in den 1990er Jahren durch Brandrodung erschlossen. Maniok, Kochbananen und Mais dienen der Selbstversorgung. Das Koka, das in einfachen Laboratorien zu Kokapaste verarbeitet wird, ist das einzige Agrarprodukt, mit dem sich in der Region Geldeinkommen erzielen lassen.[9]

In den nördlicher gelegenen Tälern der Serranía beruht die Ökonomie vor allem auf Gold, das mit primitiven Methoden geschürft und gewonnen wird. Die Minenstädte mit bis zu 5000 Einwohnern erinnern an das legendäre Klondike: provisorisch angelegte, aus Plastikplanen und Holzlatten zusammengenagelte Hütten, schmutzige Lehmwege, die sich in der Regenzeit in Schlammtrassen verwandeln, zahlreiche Spelunken, in denen Hahnenkämpfe veranstaltet werden und Prostituierte auf Kunden warten (vgl. Atanassow 2003). Die Ortschaften sind hochgradig kontaminiert: Bei der Goldgewinnung werden Quecksilber und Zyanid ungefiltert freigesetzt. Die Goldsucher, die in der Regel selbständig arbeiten und den Claim-Besitzern dafür einen Teil ihrer Tagesförderung überlassen, schlagen goldhaltiges Gestein aus dem Berg, das wiederum in einfachen Mühlen zerrieben wird. Dem Steinmehl wird

---

8   Diese Darstellung beruht auf vier, jeweils drei- bis zwölfwöchigen Feldaufenthalten in den Jahren 1992, 1995, 1996 und 2002.

9   Für den Verkauf anderer Agrarprodukte sind die Transportwege zu lang. Beim Koka hingegen übernehmen die Händler den Abtransport.

Quecksilber beigefügt, das sich mit Gold zu einem Amalgam bindet. Dieses Amalgam wird – oft direkt neben den Wohnhäusern – mit Hilfe von Bunsenbrennern verdampft. Das in den Mühlen zurückbleibende Steinmehl gehört hingegen den Mühlenbesitzern, die das chemisch gebundene Restgold in offenen Zyanidbecken herauslösen. Das Abwasser sowohl der quecksilberverseuchten Trommeln als auch der Zyanidbecken fließt in Bächen durch die Ortschafen und vergiftet das Trinkwasser in tiefer gelegenen Gebieten.

Die Serranía San Lucas gilt, wie viele Kolonisierungsgebiete, traditionell als Guerillagebiet. Die ELN ist in der Region seit den 1970er Jahren aktiv, die FARC seit den 1990er Jahren. Weil staatliche Einrichtungen kaum präsent sind, übernehmen die Aufständischen Polizei- und Verwaltungsaufgaben. Die Armee, die nur im Rahmen von größeren Operationen in die Kammlagen vordringt, unterhält jedoch permanent Kontrollposten an den Zu- und Ausgängen der Serranía, die auf diese Weise sozusagen eingekesselt ist. Um das Gebiet zu erreichen, muss man die Ortschafen am Cauca- und Magdalena-Fluss durchqueren, die – zumindest bis 2005 – von Armee und Paramilitärs gemeinsam kontrolliert wurden.

Die Bewohner der Serranía leben somit in einer eigentümlichen Zwischenwelt: Sie befinden sich in einem Guerillagebiet und sind Paramilitärs und Staatsmacht nur in Ausnahmesituationen unterworfen. Gleichzeitig steht die Region jedoch dauerhaft unter Druck: Armee und Paramilitärs haben die Serranía seit 1996 immer wieder vorübergehend besetzt. Anders als der Diskurs vom „Bandenkrieg" unterstellt, macht es für die Bevölkerung der Region dabei einen beträchtlichen Unterschied, wer die Ordnungsmacht stellt: Sowohl die ELN, die genossenschaftliche Organisationsformen zu fördern versucht, als auch die FARC, die sich auf eine militärische Präsenz konzentrieren, haben ein Interesse daran, die Bevölkerung in der Region zu halten und existierende kleinbäuerliche Strukturen zu bewahren. [10] Konflikte zwischen Guerilla und der Bevölkerung haben in der Region meist mit der „Ordnungspolitik" der Guerilla (beispielsweise mit Einschränkungen von Glücksspiel und Prostitution), ihren Steuererhebungen und der Haltung zum Koka[11] zu tun. Die

---

10 Es geht mit dieser Feststellung nicht darum, die Guerilla zu idealisieren. Auch ihre Ordnung stützt sich auf Gewalt. Sie ist aber in diesem Fall nicht für die beschriebene Bedrohung verantwortlich: für Massaker, Angriffe auf Genossenschaften und Dorforganisationen, Medikamentenembargos etc. Im Gegenteil – die ELN hat im Süden des Departements Bolívar immer wieder dafür gesorgt, dass die Bevölkerung bei paramilitärischen Offensiven evakuiert wurde oder Medikamente in die Gebiete geschmuggelt wurden.

11 Die ELN hat in der Serranía San Lucas immer wieder versucht, den Kokaanbau zu stoppen und Substitutionsprojekte zu fördern. Die FARC hingegen hat Neupflanzungen aktiv unterstützt und besitzt wohl auch eigene Pflanzungen. Die ELN verweist auf die Folgen des Kokaanbaus: Er fördere kriminelle Strukturen, erleichtere die paramilitärische Penetration der Region und löse Inflationsdynamiken aus. Andererseits wollen

Paramilitärs hingegen verfolgen vier Ziele: a) die Vertreibung der Guerilla aus dem Gebiet – was die Zerschlagung oder Kooptation ihrer sozialen Basis mit einschließt, b) die Erschließung der Goldvorkommen durch große, häufig transnationale Bergbauunternehmen, c) die Ausbreitung der exportorientierten Landwirtschaft, also des Anbaus von Ölpalmen (in den ebenen, flussnahen Gebieten) und d) die Ausbreitung und Kontrolle des Kokaanbaus (in den schwerer zugänglichen Berggebieten). Dabei sind die ersten drei Ziele weitgehend gleichbedeutend mit der Verdrängung von Kleinbauern und kleinen Goldsuchern aus der Region (SINTRAMINERCOL 1999, Ó Loingsigh 2002, eigene Interviews).

Zwar verfolgen alle bewaffneten Akteure militärstrategische und ökonomische Interessen – alle bewaffneten Gruppen streben eine politische und soziale Vormachtstellung und die Kontrolle der Gold- bzw. Koka-Ökonomie an. Dennoch geht es um grundverschiedene Vorhaben. Im Unterschied zur Guerilla wollen die Paramilitärs, ebenso wie der kolumbianische Staat, eine Erschließung und Durchkapitalisierung der Region.

Der Paramilitarismus kann die Region aus diesem Grund nicht einfach übernehmen. Er muss das bestehende sozioökonomische und organisatorische Geflecht zerschlagen, um Platz für neue Bindungen und Strukturen zu schaffen. Der Terror paramilitärischer Aktionen erfüllt genau diese Funktion. Organisatorische Netzwerke werden konkret angegriffen, der durch Massaker ausgelöste *shock and awe* sorgt dafür, dass die Bewohner der Region fliehen oder sich völlig unterwerfen. In diesem Sinne erfüllen die martialisch inszenierten Massaker eine klar definierte Funktion: Sie sorgen für jene allgemeine Panik, die eine Auflösung von Solidarstrukturen ermöglicht. Erst auf dieser Grundlage, nach einer Art *tabula rasa*, kann der Paramilitarismus dazu übergehen, Beziehungen zu etablieren, die sich nicht ausschließlich auf Gewalt stützen.

Dieser Prozess lässt sich in der Serranía San Lucas deswegen so gut beobachten, weil die paramilitärische Durchdringung bis heute nicht abgeschlossen werden konnte. Ab 1996 zirkulierten in den Dörfern Gerüchte, dass die Paramilitärs von Carlos Castaño eine Offensive planen. Der paramilitärische Vormarsch wurde offensichtlich nicht als Überraschungsschlag vorbereitet, wie man es bei einem militärischen Manöver erwarten sollte, sondern durch Gerüchte angekündigt. Lange vor Beginn der Offensive breiteten sich auf diese Weise Angst und Unsicherheit aus. Die Gewalt wurde sozusagen individuell antizipiert. Die Bevölkerung griff dabei auf jenen Fundus von Bildern, Erzählungen und traumatischen Erfahrungen zurück, die oben skizziert

---

aber viele Kleinbauern Koka anbauen, weil es ihnen als einziges Agrarprodukt ein einigermaßen sicheres Einkommen ermöglicht. Die Unvereinbarkeit der beiden Positionen hat immer wieder zu schweren Konflikten zwischen den Guerillaorganisationen geführt.

wurden: Eine Dorfgemeinschaft wird zusammen getrieben, Einzelne werden anhand von Listen aussortiert, die Selektierten vor den Augen ihrer Angehörigen misshandelt, gedemütigt und regelrecht hingemetzelt.

Nach einer quälenden Phase des Wartens erlebte die Bevölkerung im Süden des Departements Bolívar ab 1997 dann tatsächlich, dass Armee und Paramilitärs vorzurücken begannen. Die AUC sickerten dabei zunächst in die 'Kreisstädte' (*cabeceras municipales*) am Fuß der Serranía ein, wo sie mit Rückendeckung von Armee und Polizei mehrere Massaker begingen[12]. Nachdem die selektiven Morde spürbar zunahmen, marschierten 1998 Zehntausend Kleinbauern und Goldsucher nach Barrancabermeja, um dort gegen die Menschenrechtsverletzungen zu protestieren (Ó Loingsigh 2002: 46). Trotz schriftlicher Zusagen der Regierung wurden die gemeinsamen Operationen von Paramilitärs und Armee jedoch auch in der Folgezeit fortgesetzt. 1999 und 2000 führten die Militärs die Operationen Anaconda und Bolívar in der Region durch. In diesem Zusammenhang kam es zu Herbizideinsätzen aus der Luft, so genannten *fumigaciones*, die Felder von Kleinbauern vernichteten und eine lokale Hungersnot auslösten. Parallel dazu verübten die Paramilitärs weitere Massaker, bei denen mindestens 500 Personen ermordet wurden. Da die Guerilla staatlichen und paramilitärischen Verbänden immer wieder schwere Verluste zufügten, bildete sich schließlich ein instabiler Gleichgewichtszustand heraus. Die Guerilla setzte sich außerhalb der Kreisstädte fest, die Armee konnte nur im Rahmen von Operationen in die Berggebiete vordringen.

In den flussnahen Kokaanbauzonen gelang es den Paramilitärs jedoch, die Bevölkerung dauerhaft ökonomisch an sich zu binden. Die Paramilitärs setzten ein Einkaufsund zum Teil auch Verarbeitungsmonopol für Koka und Gold durch. Kleinbauern und Goldsucher wurden auf diese Weise in Abhängigkeitsverhältnisse gezwungen. Die Produktion der von der Guerilla kontrollierten Zonen musste an die Paramilitärs verkauft werden und trug somit zu deren Finanzierung bei. Gleichzeitig waren die Bewohner der 'eingekesselten' Gebiete einer Art Embargo unterworfen. Über Jahre hinweg ließen Armee und Paramilitärs nur begrenzte Mengen von Werkzeug, Medikamenten und Lebensmitteln in die Region. Auf die für die Goldgewinnung und Kokaverarbeitung benötigten Chemikalien wurden Steuern erhoben. Die Ein- und Ausreise in die Region, die Gesundheits- und Bildungsversorgung, letztlich also das gesamte Leben der Bevölkerung stand unter Kontrolle der äußeren Ordnungsmacht. Cediel Mondragón, Sprecher der Bauern- und Goldsucherorganisation FEDEAGROMISBOL, fasste die Situation mit der Bemerkung zusammen: „Wir leben in einem Freiluftgefängnis." (eigenes Interview im März 2002, vgl. Atanassow 2003)

---

12 So etwa im Januar 1999, als die Paramilitärs in der am Magdalena gelegenen Kleinstadt San Pablo vor den Augen von Armee und Polizei 14 Personen ermordeten.

Spezifische Kommunikationsformen

Dieses eigentümliche Kontrollregime erinnert gleichermaßen an Geiselhaft und Bewährungsstrafe. Jederzeit können Strafmaßnahmen verhängt werden, elementare Bürgerrechte – wie etwa die Gesundheitsversorgung – sind dauerhaft außer Kraft gesetzt. Insofern war die Bevölkerung im Süden Bolívars eine Geisel der paramilitärischen Gewalt. Gleichzeitig hatten die Bewohner jedoch auch eine Art „Strafaufschub". Denn die paramilitärische Ordnungsmacht, die mit Massakern drohte, war nicht präsent. Dieser Doppelzustand sorgte für die Herausbildung spezifischer Kommunikationsformen. Auf die Bemühungen der Kleinbauernorganisation FEDEAGROMISBOL, die Bevölkerung genossenschaftlich zu organisieren und regelmäßig Dorfversammlungen durchzuführen, reagierte die Bevölkerung zunehmend apathisch. Ihr Desinteresse an der Verwaltung des kommunalen Lebens hat sicher auch andere Gründe: Goldsucher, die hinter Goldadern herziehen, haben meist nur oberflächliche Beziehungen zu ihrer Umwelt. Zudem fällt das tägliche Überleben schwer genug. Doch gleichzeitig war nicht zu übersehen, dass sich im Zeitraum 1992 bis 2002, also parallel zum Vordringen der Paramilitärs, eine allgemeine Sprachlosigkeit ausbreitete. Die Dorfbewohner vermieden es, Zusammenhänge zu benennen. Sie sprachen verallgemeinernd von den „violentos", den Gewalttätern, die für Flucht und Vertreibung verantwortlich seien. Der Begriff „Paramilitarismus" wurde in der Regel vermieden, obwohl die Zusammenhänge in der Region recht offensichtlich waren. Stattdessen stellten sich die Bewohner als Opfer der drei bewaffneten Akteure – Armee, Guerilla und Paramilitärs – dar, zwischen denen nicht unterschieden werden könne. Auf Nachfragen bekräftigten die Bewohner, dass der „orden público" (die öffentliche Ordnung) nicht hergestellt sei und wahrten eine Äquidistanz gegenüber den Bürgerkriegsparteien.

Man könnte diese Haltung, die ja dem verbreiteten Kolumbien-Bild entspricht, nun einfach als realistische Beschreibung bezeichnen: Die Zivilbevölkerung *ist* Opfer gleichermaßen aller Bürgerkriegsparteien. Doch bei den Feldaufenthalten waren zwei Aspekte augenscheinlich. *Erstens:* Die äquidistante Sprechhaltung wurde in der Region auch von denen eingenommen, die sich während des Aufenthalts als Guerillaunterstützer entpuppten. Das äquidistante Redeverhalten war also offenkundig eine Selbstschutzmaßnahme. Wer die Paramilitärs als Verantwortliche der Vertreibungen benannte, lief Gefahr als Guerillasympathisant identifiziert zu werden. *Zweitens:* Würde die These von der Gleichartigkeit der Kriegsakteure stimmen, müsste sie in einem paramilitärisch kontrollierten Gebiet sozusagen „symmetrisch gespiegelt" sein; es müsste also auch dort von den „Gewalttätern" die Rede sein.[13] In diesen Regionen jedoch werden die Guerillas ganz klar als „Terroristen" bezeichnet.

---

13 Es sei denn, die Guerillas würden in ihren Rückzugsgebiete von der Bevölkerung nur ertragen, die Paramilitärs hingegen bewusst unterstützt werden. Die konkrete Erfah-

Der Süden des Departements Bolívar zeigt, dass der paramilitärische Krieg – wie jedes repressive System – spezifische Formen des Sprechens hervorbringt. Er schafft Felder der Unsagbarkeit. Die Bevölkerung ist selbst im Guerillagebiet nicht in der Lage zu benennen, was ihr geschieht. Sie muss sich auf eine Version zurückziehen, die sich mit dem staatlichen Diskurs deckt: 'Die Zivilbevölkerung ist das Opfer von *nichtstaatlichen* Gewalttätern, weil die *öffentliche Ordnung*, sprich das Gewaltmonopol, nicht hergestellt ist.'

Diese Darstellung zeichnet sich dadurch aus, dass in ihr die soziale Dimension des Kriegs unkenntlich gemacht und eine Symmetrie zwischen den illegalen Konfliktparteien hergestellt wird. Dieses Sprach- und Denkverbot ist nicht allein diskursiver Natur. Es etabliert eine hegemoniale Wahrnehmung der Wirklichkeit, die realitätsmächtig wird und damit den Konflikt konkret formt. Die Bevölkerung soll sich dabei gar nicht zu den Paramilitärs, sondern vielmehr zum Staat bekennen. Es wird die Erkenntnis bekräftigt, dass „alle illegalen Bewaffneten schlecht sind" und deswegen die „öffentliche Ordnung" wiederhergestellt werden soll – ohne dass sich am politischen und sozialen Status Quo etwas ändert.

Wirken können diese Sprach- und Denkverbote deshalb, weil sich die Bevölkerung permanent kontrolliert weiß. Der Paramilitarismus beruht auf einem dicht geknüpften Netz von Informanten. Jede öffentliche Äußerung, jede aktive Teilnahme an der Organisierung im Dorf kann am nächsten Kontrollposten zum Verhängnis werden. Die Paramilitärs etablieren also eine panoptische Situation, die dem Bentham'schen Gefängnismodell (Foucault 1977) ähnelt. Die Bevölkerung wähnt sich ständig beobachtet, ohne genau zu wissen, ob sie im konkreten Augenblick wirklich beobachtet wird. Die 'Wärter' verbergen sich dabei nicht hinter einer Gefängnisarchitektur. Jede und jeder kann ein 'Wärter' sein oder – was noch schlimmer ist – *werden*. Die Verwandlung von Guerilleros in Paramilitärs, von ehemaligen Vertrauenspersonen in Informanten hat sich, wie AUC-Kommandanten immer wieder betont haben, dabei als besonders effektiv erwiesen. Ein im freundschaftlichen Gespräch geäußertes Geständnis kann auf diese Weise mit Zeitverzögerung fatale Konsequenzen haben. Alles, was ich heute einem Freund, Nachbarn oder Guerillero gegenüber äußere, kann in der Zukunft meine Hinrichtung durch Paramilitärs nach sich ziehen.

Diese Form untransparenter, potenziell allumfassender Überwachung sorgt für ein allgemeines Misstrauen. Die Ohnmacht, dass man sich der Kontrolle nicht entziehen kann, sorgt schließlich dafür, dass die Bevölkerung eine Lesart der Verhältnisse als eigene akzeptiert, die mit der erlebten Realität eigentlich wenig zu tun hat. Die Diskursfigur verwandelt sich in konkretes Bewusstsein und somit auch in Realität.

---

rung ist eher gegenteilig: Der Paramilitarismus stützt sich sehr viel weniger als die Guerilla auf eine politische Mobilisierung.

Insofern muss man davon ausgehen, dass der Paramilitarismus auf vielschichtige und indirekte Weise wirkt. Er entfaltet sich nicht nur in Form konkreter Gewalt, sondern vor allem diffus über Ängste, Ahnungen und Erzählungen. Der paramilitärische Schrecken formt menschliche Beziehungen und Körper. Zeitliche und räumliche Beschränkungen scheinen dabei völlig aufgehoben zu sein: Die antizipierende Furcht und die Erinnerung an Geschehenes verbinden sich in den kollektiven Erzählungen der Bevölkerung. Der Paramilitarismus entfaltet sich auch dort, wo er bislang keine Kontrolle ausübt, er prägt die Verhältnisse auch dann noch, wenn seine Organisationsstruktur (also die AUC) bereits aufgelöst sind.

So gesehen wirkt sich das Wissen über den Paramilitarismus auf das Leben der Menschen – oder genauer gesagt: der Unterschichten – stärker aus als die eigentliche paramilitärische Aktion. Der Paramilitarismus kann zwar Protestbewegungen zerschlagen, indem er Führer tötet und die Büros von Organisationen zerstört. Doch noch mehr Wirkung erzielt die Furcht, die sich ausgelöst von Massakern in der Gesellschaft ausbreitet.

Im Süden von Bolívar ist diese doppelte Wirkungsweise deutlich zu beobachten: Das konkrete Ziel paramilitärischer Offensiven war die Zerschlagung von Organisationsstrukturen, die als guerillanah galten. So ließ man Anführer der Bauernorganisation FEDEAGROMISBOL verschwinden und zerstörte genossenschaftliche Einrichtungen[14]. Noch wichtiger als diese konkreten Ergebnisse war jedoch, dass soziale Strukturen und individuelle Subjektivität nachhaltig transformiert wurden. Die barbarische Gewalthandlung war also insofern funktional, als sie Bewusstsein und Persönlichkeit formte. In diesem Sinne ist die paramilitärische Gewalt nicht einfach als Angriff auf eine klar umrissene Opposition zu verstehen. Sie entfaltet sich vielmehr in einer Vielzahl individueller Prozesse, die von den Gewalthandlungen zwar ausgelöst werden, sich dann jedoch in den Individuen und den zwischenmenschlichen Beziehungen selbstständig weiter entwickeln.

7.1.3. Paramilitärische Kontrolle in Urabá

Ganz ähnliche Beobachtungen stellt Madariaga (2006) in Urabá an, einer vom Paramilitarismus vollständig kontrollierten Region. Aus Urabá, das zwischen den nordwestkolumbianischen Departements Chocó und Antioquia aufgeteilt ist, stammt ein Großteil

---

14 Eine Anlage, die unter großen Anstrengungen in die Region gebracht worden war, um die Goldgewinnung effizienter und umweltfreundlicher zu gestalten, gehörte zum Ersten, was 2000 bei einer gemeinsamen Offensive von Armee und Paramilitärs zerstört wurde (eigenes Interview mit Cediel Mondragón (FEDEAGROMISBOL) vom 5.3.2002, vgl. Atanassow 2003). Ó Loingsigh (2002: 69) weist darauf hin, dass die Anlage mit Geldern des kolumbianischen Staates (!) und der UN-Entwicklungsagentur PNUD finanziert worden war.

des kolumbianischen Bananenexports. Die Gegend galt bis Anfang der 1990er Jahre als Guerilla- und Gewerkschaftsbastion. Die meisten Städte und Gemeinden wurden von Linksparteien regiert. Erst nach einer blutigen und mehrere Jahre andauernden Offensive brachten die Paramilitärs die Region unter ihre Kontrolle.

Madariagas anthropologisch angelegte Felduntersuchung stellt vor diesem Hintergrund die Frage, welche Form von Gesellschaftlichkeit der Paramilitarismus produziert. Sie hält fest: „Schon Theoretiker wie Foucault (1977) haben gezeigt, wie die Gewalt in allen Bereichen des sozialen Lebens präsent ist und auf einer Mikro-, aber deswegen nicht weniger effizienten Weise auf Geist und Körper jedes Einzelnen einwirkt. Auch wenn sie eine eindeutige Konzeptualisierung erschwert, hat die Perspektive Foucaults einen äußerst fruchtbaren Aspekt: Er betont als einer der ersten, dass Gewaltformen und Machtbeziehungen Körper und Subjekte nicht nur zerstören – der offensichtlichste Effekt extremer Gewalt. Sie formen auch Körper und schaffen Subjektivitäten, also die erlebte und vorgestellte Erfahrung des Subjekts, des subjektiven Seins, und ermöglichen Prozesse, die es zu analysieren lohnt. Bei Erzählungen, die aus Gewaltsituationen stammen, muss deshalb Folgendes berücksichtigt werden: Die Menschen 'überleben' die Gewalt nicht, als bliebe sie ihnen äußerlich. Mit Morden, Mördern und Toten zu leben, schafft und rekonfiguriert vielmehr besondere Formen der Subjektivität." (Madariaga 2006: 5)

Auch Madariaga konstatiert – ähnlich wie Romero (2005) –, dass die Bevölkerung Urabás das paramilitärische Regime erstaunlich aktiv mitträgt. Anders als Romero führt Madariaga diese Situation aber nicht auf eine Art Sozialpakt, sondern auf die komplexen Wirkungen der Gewalt zurück. Die Verbindung zwischen Wunsch, Macht und Interesse sei weitaus komplexer als gemeinhin angenommen, so Madariaga in Anlehnung an Deleuze/Guattari (1977 und 1992).[15]

Madariaga versucht dies am Beispiel Urabá konkret nachzuzeichnen. Sie skizziert zunächst, wie der Paramilitarismus ab 1987 in die links dominierte Region eindrang. Den Auftakt stellten spektakuläre Massaker an organisierten Arbeitern und Kleinbauern dar. So wurden auf den Fincas Honduras, La Negra und Punta Coquitos 1988 mehrere Gewerkschaftsversammlungen überfallen und dabei mindestens 55 Personen ermordet. Diese Gewaltakte lösten eine Schockwelle aus, die in ganz Kolumbien zu spüren war. Auf die eskalierende paramilitärische Gewalt reagierte die Linke zunächst noch mit gemeinsamem Widerstand. Ende 1988 kam es zu einem mehrtägigen Generalstreik, die verschiedenen Bananenarbeitergewerkschaften schlossen sich zu einer einzigen Organisation namens SINTRAINAGRO zusammen.

---

15 Deleuze/Guattari haben (wie Foucault) immer wieder diskutiert, dass Machtbeziehungen „von unten" produziert werden und kommen zu der Einschätzung, dass spezifische Formen des Begehrens dabei eine zentrale Rolle spielen. Unterdrückung wird 'ersehnt', selbst mit offener Terrorherrschaft bilden Untertanen Beziehungen der Komplizenschaft aus.

Mit der Demobilisierung der EPL-Guerilla ab 1991 veränderte sich die Situation jedoch grundlegend. Die Paramilitärs von Fidel und Carlos Castaño verstanden es geschickt, die ehemalige Guerilla mit einer Mischung aus finanziellen Angeboten, Politik und Gewalt zu kooptieren. Das EPL verwandelte sich in die Partei *Esperanza, Paz y Libertad*, gab ihre revolutionären Ziele auf und begann sozialpartnerschaftliche Beziehungen zu Plantagen- und Großgrundbesitzern zu pflegen. Zudem integrierten sich viele Ex-Guerilleros in die staatliche Polizeibehörde DAS-Rural und in paramilitärische Gruppen.

Dieser Rechtsruck vertiefte den Bruch zwischen maoistischem EPL und den sowjetmarxistischen FARC[16], die in der Region immer miteinander konkurriert hatten. Es folgten bewaffnete Auseinandersetzungen, bei denen sich die FARC mit einem Bündnis von Staat, Paramilitärs und EPL konfrontiert sahen. In diesem Konflikt verübten die FARC 1994 erstmals gezielt ein Massaker an Zivilisten. Bei einem Angriff auf eine Versammlung von EPL-Anhängern in einem Armenviertel der Ortschaft Apartadó wurden 35 Personen erschossen. Ab diesem Zeitpunkt konnten sich die Paramilitärs, die sich 1994 als ACCU konstituierten, als Schutztruppe der EPL-Anhänger gerieren.

Um so rücksichtsloser fiel die paramilitärische Offensive gegen jene Gruppen aus, die sich dem Pakt zwischen Demobilisierten, Staat und Paramilitärs nicht anschlossen. Die KP-nahe Strömung der Bananenarbeitergewerkschaft SINTRAINAGRO wurde systematisch zerschlagen, bestialisch zugerichtete Mordopfer wurden auf den Bananenplantagen öffentlich zur Schau gestellt wurden (Zelik 2000a: 15-17).

Die paramilitärische Durchdringung Urabás verlief also in verschiedenen Phasen: Brutale Gewaltanwendungen sorgten zunächst für einen *shock-and-awe*-Zustand. In einer zweiten Phase provozierte die paramilitärische Kooptation des EPL einen Bruch innerhalb von Gewerkschaften und Bauernverbänden und somit eine bürgerkriegsähnliche Situation, in der sich die Paramilitärs als Garanten von Sicherheit etablieren konnten. Der mit dem EPL geschlossene politisch-gewerkschaftliche Pakt verschaffte dem paramilitärischen Ordnungsregime politische Legitimität. In einer dritten Phase war eine Befriedung zu beobachten. Nachdem alle Gruppen, die den sozialpartnerschaftlichen Diskurs in Frage stellten, aus der Region vertrieben waren, wurde die Gewalt unsichtbarer.

Madariagas anthropologische Studie konstatiert denn auch zunächst, dass Urabá einen friedlichen Eindruck vermittelt. Das Straßenleben wirke lebendig, außer bei Soldaten seien keine Waffen zu sehen. Schon bald allerdings, so Madariaga, stelle

---

16 Das EPL war 1967 als maoistische Abspaltung der Kommunistischen Partei entstanden. Das Verhältnis zwischen FARC und EPL orientierte sich in der Folge immer am angespannten Verhältnis Moskau-Peking.

man fest, dass die Region umfassend kontrolliert wird. Wer sich niederlassen will, müsse auf Bürgen – Verwandte oder Arbeitgeber – verweisen können. Man habe das Gefühl, von Tausend Augen beobachtet zu werden, und gewöhne sich an, Fragen von Unbekannten mit möglichst großer Präzision zu beantworten. Auch die Gespräche mit Hotelangestellten, Friseuren oder Taxifahrern führe man stets mit dem Gedanken, es mit AUC-Informanten zu tun zu haben und somit Rechenschaft schuldig zu sein. Die Gespräche in der Nachbarschaft müssten als „Datenbank der paramilitärischen Autoritäten" (Madariaga: 33) verstanden werden.

Diese Kontrolle werde auch durch legale Firmen ausgeübt. So informierten Hinweisschilder über die in der Region patrouillierenden Wach- und Sicherheitsfirmen. In den Augen der Bevölkerung seien diese Firmen mit den mittlerweile aufgelösten CONVIVIR und den illegalen ACCU identisch.

Doch am wichtigsten für die Kontrolle der Region seien die verdeckt operierenden ACCU-Paramilitärs, dem ebenfalls offiziell aufgelösten Regionalblock der AUC. Madariaga spricht von einem eigenen Wahrnehmungssystem. Die Bewohner dürften die extrem jungen, meist erst zwischen 15 und 20 Jahre alten Paramilitärs nicht als solche bezeichnen und seien doch der Ansicht, dass man Paramilitärs sofort erkenne. „Es handelt sich um einen nicht niedergeschriebenen Kodex, der es erlaubt, Mitglieder der paramilitärischen Gruppen zu erkennen – eine nützliche Unterscheidung, um unvorsichtige Kommentare zu vermeiden und festzustellen, wenn jemand Opfer einer Beschattung ist. Die Kennzeichen, auf die man sich stützt, sind bisweilen konkreter Natur – die verwendeten Funk-Radios, die Fahrzeuge und die Waffen, sofern diese sichtbar sind – und in anderen Fällen eher symbolischer Art: die beanspruchte Autorität oder die aufgesuchten Orte. Der Erkennbarkeit werden jedoch dadurch Grenzen gesetzt, dass es neben dieser Kategorie von – normalerweise bewaffneten – 'Paramilitärs im Dienst' ein großes Netz von Jugendlichen, Erwachsenen und Alten gibt, die den Paramilitärs sporadisch oder kontinuierlich Informationen über Aktivitäten und Einstellungen ihrer Nachbarn zukommen lassen." (ebda: 44)

Madariaga merkt an, dass Mütter und Jugendliche das Kontrollregime auf unterschiedliche Weise wahrzunehmen scheinen. Die Mütter seien davon überzeugt, dass die Paramilitärs nur auf Befehl ihrer Vorgesetzten handeln und insofern eine strenge, aber berechenbare Ordnungsmacht repräsentieren. Die Jugendlichen hingegen glaubten, dass die Ordnungsmacht willkürlich handele und jeder einzelne Paramilitär nur seinen eigenen Vorteil verfolge. Alle Bewohner würden die paramilitärische Ordnung aber als einigermaßen definiertes System schildern. So würde man bei einfachen Vergehen – Diebstahl, Drogenkonsum, Schlägereien – einmalig zu Besserung aufgefordert, beim zweiten Mal ermordet. Bei mutmaßlicher Kooperation mit der Guerilla werde dagegen gleich getötet.

Madariaga zufolge ist der politische Mord Thema der kollektiven Imagination. Über die Begleitanzeichen des Todes werde viel gesprochen, obwohl über die Aktion selbst geschwiegen werden müsse. Das Auto mit den verspiegelten Scheiben werde als „Todesjeep" (ebda: 57) bezeichnet. Und auch in Urabá würden die Paramilitärs Verheimlichung und Inszenierung miteinander verbinden. Ein Anwohner berichtet: „Wenn der Strom ausfällt, weiß man, was los ist. Stromausfall bedeutet sicherer Tod. Einmal ist das Licht dreimal in einer Nacht ausgefallen, weil sie sechs Typen die Kehle durchgeschnitten haben. Sie haben ihnen die Kehle durchgeschnitten, damit man die Schüsse nicht hört, und haben sie dann auf einen Bolzplatz gelegt." (ebda)

Der Mord verbleibt also im Dunkeln, obwohl mit dem Stromausfall ein ganzes Viertel auf die Aktion hingewiesen wird. Bei dieser Vorgehensweise geht es offensichtlich *nicht* darum, die Täterschaft zu verbergen. Die Diskretion, mit der Morde verübt werden, scheint die Einschüchterung eher noch zu verstärken. Der aus dem Dunkeln zuschlagende Paramilitarismus folgt auch hier dem Benthamschen Prinzip: Er sieht alles, weiß alles, verfolgt alles, kann selbst aber nicht gesehen werden. Madariaga hält dies für einen Hinweis darauf, dass sich das paramilitärische Kontrollregime versachlicht und ökonomisiert hat. Seit die Sicherheit (der Viehzüchter und Händler) gewährleistet ist, werde sparsamer und diskreter gestraft. Der von Foucault (1977) beschriebene Übergang von den öffentlichen Marterungen hin zu einem gesellschaftlich gesonderten, auf den ersten Blick nicht sichtbaren Strafbetrieb sei auch im paramilitärischen Urabá zu beobachten. „Es handelt sich um einen von den Bewohnern durchschauten Prozess. Auch wenn in einigen Fällen die Folter nach wie vor als Bestrafung inszeniert wird, wird sie immer beschränkter angewendet, und wenn sie eingesetzt wird, dann eher um die Kontrolle über das Leben zu verstärken als um den Tod herbeizuführen. Der Tod verwandelt sich immer mehr in einen mechanischen und relativ hygienischen Vorgang, der mit dem Spektakel von früher nichts mehr zu tun hat. Die Leichen werden in den Fluss geworfen oder am Rand wenig befahrener Straßen liegen gelassen, so dass sie weder den Alltag noch die 'soziale' und wirtschaftliche Produktivität stören." (Madariaga 2006: 60)

Interessanterweise werde dieses Straf- und Kontrollregime von der Bevölkerung vollständig angenommen. Zum einen weil es auf effiziente Weise Sicherheit herstelle, zum anderen weil es von der Bevölkerung als das „kleinere Übel" betrachtet werde. Die Bewohner könnten dabei nicht erklären, warum sie die Guerilla für das größere Übel halten. Es gehe ihnen offensichtlich eher um die Annahme, dass es *noch schlimmer* werden könnte. Die Region habe so intensive Beziehungen mit den Paramilitärs entwickelt, dass die Bewohner bei einer Rückkehr der Guerilla mit Vergeltungsaktionen rechnen müssten. Selbst die große Mehrheit der Bevölkerung, die vom paramilitärischem Gewaltregime nicht profitiert, bevorzuge daher das etablierte 'bekannte Übel' gegenüber einer unsicheren Zukunft (ebda: 62).

Madariaga kommt zu der Schlussfolgerung, dass der paramilitärische Terror die Menschen nicht einfach eingeschüchtert hat. Wenn die Anwohner behaupten, es herrsche Frieden in Urabá, handele es sich um mehr als eine Notlüge. Die Bewohner würden den Alltag tatsächlich so empfinden. Die paramilitärische Kontroll- und Gewaltordnung sei normaler Teil ihres Lebens geworden und werde von den Bewohnern auf vielfältige Weise reproduziert. In diesem Sinne habe sich unter der Bevölkerung Urabás ein Bewusstsein herausgebildet, das Morde und Folterungen als gerechtfertigt erachtet. Wer von den Paramilitäris erschossen wird, sei selber daran Schuld, weil er die herrschenden Regeln verletzt hat. „Die Gewalt ist zu einer Variablen der Normalität geworden und wird in den täglichen Entscheidungen auch so behandelt. Die Auswirkungen dieser Situation erstrecken sich nicht nur auf das konkrete Leben, sondern wirken in die intimsten Bereiche der der Gewalt unterworfenen Personen hinein. Die Sprache, die emotionalen Beziehungen und die Moralvorstellungen sind wahrscheinlich die Felder, in denen die Folgen der Gewalt und des Typus Autorität, denen die Menschen unterworfen sind, am sichtbarsten werden. Das beste Beispiel hierfür ist das Schweigen, das sich in einen Pfeiler paramilitärischer Herrschaft verwandelt, indem es jedwede Opposition auslöscht, denn den Krieg zu erwähnen und eine Position zu ihm einzunehmen bedeutet, das Leben aufs Spiel zu setzen. Unter anderem dieses Schweigen erlaubt den Menschen, das Gefühl einer sie umgebenden Normalität zu entfalten, indem einige der möglichen Unsicherheitsquellen unsichtbar gemacht werden." (ebda: 95)

Der in der Region durchgesetzte Konsens mache, so Madariagas Fazit, die Trennlinien zwischen Tätern und Opfern unsichtbar. Angst und Unterwerfung würden sich mit Toleranz und Akzeptanz für die paramilitärischen Verbrechen verbinden. In dem Maße, in dem sich die Bevölkerung selbst als Teil der paramilitärischen Ordnung erlebt, werde es für die Paramilitärs leichter, sparsam und diskret zu strafen. Auf diese Weise konstituiere sich eine Normalität, in der Gewalt nicht mehr thematisiert, ja nicht einmal mehr gedacht werden kann.

7.2. Sozialstrukturen und Subjektivität in der paramilitarisierten Gesellschaft

Beristain/Riera (1993), die vor allem mit gualtematekischen Kriegsopfern gearbeitet haben, sind der Ansicht, dass extreme Repression, wie sie in Lateinamerika angewandt werde, als Mittel der *Low Intensity Warfare* zu betrachten ist, also einer Aufstandsbekämpfung, in der politische, psychologische, militärische und soziale Strategien miteinander verschmolzen werden. Beristain/Riera nennen – nicht sehr präzis voneinander abgegrenzt – fünf Ziele der Repression: a) die Zerstörung sozialer Geflechte, b) die Identifikation und Kontrolle eines inneren Feindes, c) die Einschüchterung der Bevölkerung, d) die Durchsetzung von Straflosigkeit und e) die dauerhafte Transformation von Sozialstrukturen.

Beristain/Riera gehen dabei zunächst von der offensichtlichen Tatsache aus, dass politische Macht und Reichtümer in Lateinamerika extrem konzentriert sind. Vor diesem Hintergrund würden eigenständige Organisierungsprozesse der Bevölkerungsmehrheit tendenziell immer eine Gefahr für den Status Quo darstellen. Alles, was die Individualisierung in den 'gefährlichen Klassen' fördere und Misstrauen stärke, übernehme demzufolge eine stabilisierende Funktion. „Immer wenn Organisierungsprozesse der Bevölkerung stattfinden, mit denen diese ihre Bedürfnisse (…) durchzusetzen versucht (wenn Leute ein Stück Land verlangen, um ein Haus darauf zu bauen, wenn sie sich zur Verteidigung von Menschenrechten organisieren, eine Gruppe Nachbarn den Wasseranschluss für alle fordert oder eine ethnische Gruppe ihre Anerkennung als Gemeinschaft und als Personen durchsetzen will etc.), entsteht ein solidarisches soziales Geflecht. Dieses solidarische soziale Geflecht stellt das Machtkonzept in Frage und problematisiert damit nicht nur die Verteilung der Reichtümer, sondern auch die Form von politischen Entscheidungsprozessen." (ebda: 25)

Die gegen solche Organisierungsprozesse gerichtete Repression geht mit einem Kriegsdiskurs einher, der die politische Landschaft im Sinne Schmitts (1933) in Freund-Feind-Kategorien polarisiert. Nicht nur die Auseinandersetzung mit der Guerilla, sondern der gesamte soziale Konflikt wird als innerer Krieg diskursiviert[17], und die Gewaltanwendung gleichzeitig systematisch entregelt. Die repressive Gewalt richtet sich dabei nicht nur gegen unmittelbare Opfer, sondern auch das Umfeld der Betroffenen. In diesem Zusammenhang besitzt die Straflosigkeit eine zentrale politische Funktion, die über den Schutz der Täter hinausreicht: Die Straflosigkeit manifestiert die Unveränderbarkeit von Machtverhältnissen. Da jede Ordnung stets so hegemonial ist, wie er ihr gelingt, Alternativen als unrealistisch erscheinen zu lassen, hat dieser juristische Akt der Straflosigkeit große politische Folgen. Die Unantastbarkeit der Täter bekräftigt die Ohnmacht der (tatsächlichen und potenziellen) Gegner des politischen Systems.

Die Transformation von Sozialstrukturen, die Beristain/Riera als fünftes Ziel generalisierter Repression bezeichnen, lässt sich in diesem Sinne als gewalttätige Setzung hegemonialer Verhältnisse beschreiben. „Der mit politischer Repression einhergehende psychologische Krieg impliziert die Einführung einer Sprache, einer Lebensweise und eines Denkens, die darauf abzielen, die Menschen ihre Situation

---

17 Dieser Kriegsdiskurs wird allerdings auch von der aufständischen Seite produziert. Foucault hat in „Vom Licht des Krieges zur Geburt der Geschichte" (1986) gezeigt, dass das nicht erst im 20. Jahrhundert so war. Foucault stellt dabei das Clausewitzsche Diktum vom 'Krieg als Fortführung der Politik mit anderen Mitteln' auf den Kopf und geht der Frage nach, seit wann die Politik als Krieg verstanden wird. Er zeichnet nach, dass es subversive Bewegungen des Mittelalters waren, die anfingen, gesellschaftliche Verhältnisse als Krieg zu diskursivieren. Insofern stellt sich die Frage, wie sich antagonistische gesellschaftliche Ordnungen – wie es sie zweifellos gibt – beschreiben und sprengen lassen, ohne sich Carl Schmitts „Begriff des Politischen" zueigen zu machen, also der dichotomischen Logik absoluter, auf Vernichtung zielender Feindschaft zu unterwerfen.

akzeptieren zu lassen." (ebda: 30) Bei diesem Vorhaben spielen, wie Beristain/Riera anmerken, religiöse Sekten[18] und allgemeiner die Verbreitung entpolitisierter Haltungen in der Bevölkerung eine entscheidende Rolle. Beristain/Riera sprechen in diesem Zusammenhang von einer Horizontalisierung der Kontrollsysteme. Dabei erwiesen sich auch die Folter bzw. die von ihr ausgelösten Schuldgefühle als überaus funktional. Die Folteropfer, die unter der Vorstellung leiden, nicht standhaft genug gewesen zu sein, sich wegen ihrer politischen Aktivität für das Leid von Angehörigen verantwortlich fühlen oder sich schämen, überlebt zu haben, verlagern die Auseinandersetzung mit der Repressionsmacht nach innen[19] (vgl. auch Becker 1992 und 2006).

Exkurs: Zur Folter

Paramilitarismus ist nicht mit Folter identisch. Doch die beiden Phänomene sind miteinander verschränkt – nicht nur weil paramilitärische Gruppen die Folter einsetzen. Bei beiden handelt es sich um Entregelungen staatlicher Gewalt. Die hinter dieser Entregelung stehenden Kalküle werden am Beispiel der Folter sehr deutlich. Deshalb soll hier in einem Einschub kurz auf die Funktion der Folter in politischen Konflikten eingegangen werden.

Wenn man die Folter – als Extremform herrschaftlicher Gewalt – in einem historischen Kontext betrachtet, so schien sie in der Moderne zunächst an Bedeutung zu verlieren. Der Übergang zu gemäßigten, „sparsameren" Formen der Strafe war ein wesentliches Kennzeichen moderner Staatlichkeit. Das bürgerliche Justizsystem arbeitete den Aspekt der Erziehung heraus. Das Gefängnis sollte nicht vernichten, sondern eine einsichtige Subjektivität formen.

Dieser Mäßigungstendenz steht entgegen, dass die Folter in der Kriegführung westlicher Staaten ab 1945 eine Renaissance erlebte und die postkolonialen Konflikte in Afrika, Asien und Lateinamerika nachhaltig prägte. Der französische Offizier

---

18 In Guatemala spielten evangelikale Sekten in den 1980er Jahren eine kriegsentscheidende Rolle. Die Aktivitäten dieser Glaubensgemeinschaften wurden von Diktator Ríos Montt und den USA ausdrücklich gefördert. Die Sekten, die ein repressives Innenklima mit einem jenseitigen Heilsversprechen verbinden und somit extrem kompatibel mit Herrschaftsordnungen sind, machten sich dabei den Wunsch der Menschen zunutze, ihrer Situation zu entrinnen.

19 Beristain/Riera verstehen die Arbeit mit Repressionsopfern deshalb auch als politischen Ansatz. Die von ihnen vorgeschlagene Methodologie zielt nicht auf individuelle Trauma-Verarbeitung, sondern auf die Stärkung sozialer Prozesse: a) die Verteidigung einer aktiven Haltung (gegen Opferdiskurse), b) das Erkennen, Kommunizieren und Besprechen von Angst, c) die Vermeidung rigider, ‚starker' Positionen (die keinen Platz für das Eingeständnis von Schwäche lassen), d) das soziale Teilen von Gefühlen und e) die Förderung von Solidarität (Beristain/Riera 1993: 72-75).

Roger Trinquier verteidigte in einem breit rezipierten Strategiepapier (1963, zuerst 1961) unverhohlen, dass Folter bei der Niederschlagung von Aufständen unverzichtbar sei.

Die USA betrieben nach dem 2. Weltkrieg parallel zur Verbreitung von Menschenrechts-, Erziehungs- und Freiheitsdiskursen sogar eine regelrechte Folterforschung (McCoy 2005:32-78, Klein 2007: 39-75) und knüpften dabei offensichtlich an Experimente in deutschen Konzentrationslagern an (Koch 2007). Die Ergebnisse dieser Forschung schlugen sich in mindestens zwei Handbüchern des US-Geheimdienstes nieder: dem KUBARK[20]-Counterintelligence Interrogation Manual (CIA 1963) und dem Human Resources Exploitation Manual (CIA 1983). Das KUBARK-Handbuch diskutiert die Effizienz verschiedener Verhörmethoden, das Human Resources Exploitation Manual wurde in den 1980er Jahren von US-Beratern in Lateinamerika verwendet und erörtert vor allem Strategien psychischer Misshandlung[21]. Die dort vorgeschlagenen Methoden scheinen absolutistisch-souveräne und bürgerlich-rationalisierte Machttypen miteinander zu verbinden: Auch die 'modernisierte' Variante der Folter will – wie einst die öffentliche Marterung im Ancien Regime – Machtasymmetrien demonstrieren. Sie führt dem Gefangenen sein völliges Ausgeliefertsein vor Augen. Gleichzeitig ist die moderne Folter aber auch im Foucaultschen Sinne „ökonomisiert". Sie soll brechen, ohne zu töten. Das heißt, es geht *auch* um Erziehung. Die Persönlichkeit des Gefangenen wird besiegt, um den Einzelnen und vor allem die Gesellschaft zu disziplinieren.

In diesem Sinne kam es zu einer Versachlichung der Folter. Lateinamerikanische Folteropfer haben in den 1970er Jahren immer wieder erstaunt berichtet, dass Ärzte oder Psychologen die Gewaltanwendung begleiteten. Dabei ging es zum einen darum, Todesfälle zu vermeiden, die politisch mobilisierend hätten wirken können. Zum anderen diente die Rationalisierung aber auch der Foltereffizienz: Psychologen erstellen Persönlichkeitsbilder, die Schwachstellen der Gefangenen aufzeigen, weil man weiß, dass die Angst häufig wirksamer als die Gewalt selbst ist.[22] Eine derartige psychologische Beratung wird offensichtlich bis heute fortgeführt und kommt bei Verhören von so genannten Terrorverdächtigen durch US-Militärs zum Einsatz (Marks/Bloche 2005, Departement of the Army Headquarters 2006).

---

20 KUBARK ist einer der von der CIA intern verwendeten Codenamen für die eigene Behörde.

21 Es ist davon auszugehen, dass neben diesen – bekannt gewordenen – Handbüchern noch weitere, ähnliche Dokumente existierten.

22 Alle Untersuchungen über die Misshandlungen in den US-Foltergefängnissen wie Abu Ghraib verweisen darauf, dass hier offensichtlich gezielt Ängste und Schamgefühle (Nacktheit, Hundephobie, sexuelle Moralvorstellungen etc.) der Gefangenen angesprochen werden (vgl. McCoy 2005, Gibney 2007, Koch 2007, Krasmann/Martschukat 2007)

In der rationalisierten Folter werden Methoden bevorzugt, die wenig Spuren hinterlassen, nicht bewiesen werden können und die Persönlichkeit des Gefangenen angreifen. Die Folter findet an geheimen Orten statt und wird so inszeniert, dass der Gefangene sich mit Schuld belädt. Er wird gezwungen, sich selbst Leid zuzufügen (indem er beispielsweise in schmerzhaften Positionen verharren muss), er wird durch sexuelle Erniedrigungen in intime, peinliche Situationen getrieben und er wird ermuntert, sich selbst zu retten, indem er Freunde und Angehörige ins Verderben stößt. Er wird also immer wieder zum Mitspieler und Komplizen der Misshandlung gemacht. Gleichzeitig wird die Gesellschaft in einer ungewissen Gewissheit darüber belassen, was in den Folterkellern geschieht. Der staatliche Souverän umgibt sich in der Folter – ähnlich wie der Paramilitarismus mit seinen Gewalthandlungen – mit einer Aura unheimlicher Macht.

Becker (1992 und 2006), der in den 1980er Jahren in Chile mit Folteropfern arbeitete, hat zwei Wirkungsweisen der Folter beobachtet, die auch im Zusammenhang des kolumbianischen Paramilitarismus zu diskutieren wären: Die Herstellung von Double-Bind-Situationen und so genannte „sequentielle Traumatisierungen" (ders. 2006: 190ff).

Beim „Double-Bind" handelt es sich um Situationen, in denen Menschen gezwungen werden, sich zwischen zwei falschen Alternativen zu entscheiden. In der Kinder- und Missbrauchspsychologie ist dieses Phänomen häufig diskutiert worden. Missbrauchsopfer werden von Tätern in unlösbare Situationen gebracht, weil die Kinder oft von ihren Angreifern abhängig sind. Setzen sich die Kinder zur Wehr, verlieren sie ihre Bezugsperson. Ihnen bleibt keine andere Wahl als die Empörung in Form von Selbsthass gegen sich selbst zu richten oder zu unterdrücken. Ähnliche Situationen werden auch in der Folter herbeigeführt. Die Gefangenen stehen vor inakzeptablen Alternativen: entweder Freunde verraten oder maßlosen Schmerz erleiden, entweder Verwandten Leid zufügen (weil man stirbt) oder aber Überzeugungen aufgeben usw. Becker ist der Ansicht, dass es in dieser Konstellatioen keine „Identifikation mit dem Aggressor" gibt, wie in der Missbrauchspsychologie häufig angenommen wird (ebda: 161). Die Aggression wird vielmehr „durch den Folterer besetzt" (ebda). Da der Gefangene versuche, Distanz zwischen sich und dem Folterer herzustellen, unterdrücke er zwanghaft aggressive Regungen und bleibe in der Beziehung zum Folterer gefangen.

Diese Verstrickung kommt auch dadurch zustande, dass der Gefangene immer wieder gezwungen wird, sich „zu entscheiden". Man vermittelt ihm, er selbst trage die Verantwortung dafür, wie es weiter geht. Auf diese Weise werden Schuldgefühle ausgelöst, die den Gefangenen wirkungsvoller brechen als jede Gewaltanwendung. Durch die Intimität des Verhörs, durch sexuelle Demütigungen etc. wird eine 'persönliche Beziehung' geschaffen. Angreifer und Opfer sind durch das Geheimnis der peinlichen Situation miteinander verbunden.

Diese Verlagerung der Gewalt nach innen – die Verschiebung der Schuld, die emotionale Verstrickung mit dem Folterer, die Intimität der hergestellten Situation – und die Kontinuität politischer Situationen (Straflosigkeit für die Täter, Exil für die Opfer etc.) sorgen schließlich dafür, dass die zerstörerische Kraft der Repression auch lange nach dem Ende der Gewalt weiter anhält, sich *sequentiell* weiterentwickelt. Becker berichtet, dass viele Opfer der chilenischen Diktatur erst erkrankten, als Pinochet gestürzt war. Solange sie den äußeren Feind vor Augen hatten, verlieh ihnen die Konfrontation Halt und ein gewisses Maß an Sicherheit. Nach dem Ende der Diktatur hingegen war man auf das eigene 'Scheitern' (das 'Versagen', die 'Schwäche' in der Folter...) zurückgeworfen. Auf diese Weise wirkte die Traumatisierung in den Menschen weiter. Die Betroffenen wurden „Subjekte ihres Leides" (ebda: 184).

Rationalisierte Extremgewalt

Inwiefern lässt sich eine derartige Rationalisierung herrschaftlicher Extremgewalt auch beim Paramilitarismus beobachten? Die Gewalt der Paramilitärs kann, wie oben beschrieben, kaum als 'sparsam' bezeichnet werden. Sie ist gerade durch ihre Schrankenlosigkeit charakterisiert. Doch auch sie setzt in erster Linie auf die psychologische Kraft der Gewalt: Nicht die Tötung konkreter Gegner, sondern die Verbreitung eines allgemeinen Schockzustandes steht im Mittelpunkt. Das paramilitärische Verbrechen ist (wie der Folterkeller) von einer unheimlichen Aura umgeben. Wichtiger als die Ereignisse, die sich *im* Schlachthof von Mapiripán abspielen, sind die Erzählungen, die darüber kursieren. Und auch der Paramilitarismus zieht eine Art *Double Bind* nach sich. Die Bevölkerung wird gezwungen, sich mit ihren Angreifern zu verbünden. Madariaga (2005) hat gezeigt, dass sich die Betroffenen in Urabá mit dem paramilitärischen Gewaltzustand arrangieren und die Ordnung aktiv und passiv mittragen. Insofern kann man davon sprechen, dass der Paramilitarismus – sowohl in seinen entregelten (scheinbar archaischen) als auch in seinen disziplinierenden (scheinbar modernen) Aspekten – gesellschaftliche und individuelle Subjektivität formt. Das *shock and awe,* das von Massakern ausgelöst wird, lässt Sozialgeflechte und Kommunikationsstrukturen zerfallen und etabliert eine Kultur des Misstrauens. Mit der panoptischen Situation, also dem Gefühl, von potenziellen Informanten umgeben zu sein, findet eine Einschreibung der Herrschaftsordnung nach innen statt. Dabei handelt es sich allerdings nicht um einen komplexen, argumentativ daherkommenden Erziehungsprozess (wie er für die bürgerliche Gesellschaft charakteristisch ist), sondern um eine eher brachiale Disziplinierung, die alternative Handlungen einfach unterbindet. Dissidentes Sprechen oder Denken wird im wahrsten Sinne des Wortes 'ausgelöscht'. Neue Diskurse werden etabliert und so bedingungslos durchgesetzt, dass es zur Identifikation mit der Macht keine Alternative mehr gibt. Besonders extreme Formen der Identifikation kommen dadurch zustande, dass die einfachen paramilitärischen Täter meist aus den Reihen der potenziellen Opfer stammen. Slumbewohner und Kleinbauern werden von Slumbewohnern und Kleinbauern massakriert. Auf diese Weise entsteht eine Komplizenschaft, in der sich Teile der Bevölkerung selbst mit Schuld beladen und die politische Handlungsfähigkeit der Unterschicht blockiert wird. Die Gouvernmentalitätsforschung hat in den vergangenen Jahren ausführlich thematisiert, wie Regierungstechniken Subjekte in einer bestimmten Weise aktivieren können. Auch der Paramilitarismus wirkt – trotz seiner extremen Destruktivität – aktivierend. Anders als gedrillte, konventionelle Militärkörper fördert er jedoch nicht Disziplin oder soldatisches Denken. Die paramilitärische Kriegführung kommt als Sitten- und Regelfall daher und vermittelt damit ein Gefühl des allgemeinen Überlebenskampfes. Der Paramilitarismus scheint der neoliberalen Logik auf extreme Weise zu entsprechen: Zum eigenen Vorteil ist alles erlaubt. Während das neoliberale Unternehmersubjekt jedoch kreative und 'weiche' soziale Fähigkeiten mit Kampf- und Leistungsbereitschaft kombinieren soll, zeichnet sich das paramilitärisch geformte Ich vor allem durch 'raubritterische' Qualitäten aus. Ein zu gesellschaftlicher Praxis gewordener Alptraum: eine Gesellschaft, in der die enthegte Aggressivität als beste Möglichkeit des sozialen Aufstiegs erscheint und von den Medien phasenweise sogar als politisch legitim beschrieben wird.

8. Die Ökonomie des Paramilitarismus

Der Zusammenhang von Krieg und Ökonomie ist in den vergangenen Jahren in Kolumbien ausführlich erörtert worden. Debattiert wurden a) die Auswirkungen des Kriegs auf das Wirtschaftswachstum (Gaviria 2001, Echeverry/Salazar/Navas 2001), wobei sich die Autoren weitgehend darin einig waren, dass ein Friedensschluss positive Effekte auf das Wachstum haben würde, den möglichen volkswirtschaftlichen Gewinn aber unterschiedlich bezifferten, und b) Phänomene der Kriegsökonomie: Darunter verstanden wurde die Verbindung zwischen irregulären Kriegsakteuren und Kriminalität (vgl. Salazar/Castillo 2001, Mejía Londoño 2001, Rocha García 2001, Manrique Medina 2000). Analog zu den Theorien der „Neuen Kriege" (vgl. Münkler 2002a) wurde die kolumbianische Bürgerkriegsökonomie damit erklärt, dass irreguläre bewaffnete Gruppen mit der Drogenproduktion und anderen Bereichen der Schattenökonomie einen sich selbst verstärkenden Zirkel bilden: Die Krise des Gewaltmonopols eröffne der Schattenökonomie einen Entfaltungsbereich. Die Einnahmen der Schattenökonomie wiederum trügen zur weiteren Schwächung des Gewaltmonopols bei.

Auffällig sind die Leerstellen dieser beiden Diskussionsstränge. Zum einen wird unterschlagen, dass die Entwicklung des Agrarexportes, die Erschließung von Randzonen und die Senkung des Lohnniveaus eng mit dem paramilitärischen Krieg verschränkt waren, der Krieg also keineswegs nur ein Entwicklungshindernis darstellt. Zum anderen bleibt ausgeblendet, dass längst nicht nur irreguläre Akteure den Krieg als Geschäft betreiben und somit ein Interesse an seiner Fortführung besitzen. Ein beträchtlicher Teil des Plan Colombia mit seinem Volumen von jährlich 400 bis 700 Millionen US-Dollar wird über US-amerikanische Militärfirmen abgewickelt.

Bevor auf diese Zusammenhänge genauer eingegangen wird, soll hier jedoch zunächst die kolumbianische Wirtschaftsstruktur knapp umrissen werden.

8.1 Grundlagen: Die ökonomische Struktur Kolumbiens seit 1980

Kolumbiens Wirtschaft hat im lateinamerikanischen Vergleich in den vergangenen Jahrzehnten eine Mittelposition eingenommen. Das Land ist deutlich weniger industrialisiert als Brasilien, Mexiko oder Argentinien, verfügt andererseits jedoch über eine diversifiziertere Produktion als die benachbarten Andenstaaten. In diesem Sinne könnte man Kolumbien als Mischökonomie beschreiben, die sich *gleichzeitig* durch a) traditionellen, extensiv bewirtschafteten Landgroßgrundbesitz, b) den großflächigen, meist arbeitsintensiven Anbau von Agrarprodukten, c) der hochtechnisierten, von transnationalen Investoren betriebenen Ausbeutung von Bodenschätzen und d) einheimischer industrieller Fertigung auszeichnet. Das heißt, rückständige Strukturen (wie der im kolonialen *Encomienda*-System[1] verankerte Großgrundbesitz und sich daraus ableitende Abhängigkeitsbeziehungen) haben sich im Rahmen der Globalisierung mit einer exportorientierten Weltmarktintegration verbunden. Die konservativen Strukturen der Landoligarchie dürfen dabei nicht ausschließlich als Modernisierungsblockierer verstanden werden[2]. Sie bringen vielmehr spezifische Formen von Kapitalbildung und Marktintegration hervor. Traditionelle latifundistische Machtsysteme verbinden sich – beispielsweise im Ölpalmen- oder Schnittblumenanbau – mit modernen Investitionsformen und Anbaumethoden.

Von Bedeutung ist weiterhin, dass Kolumbien (neben Chile) lange Jahre als lateinamerikanischer Sonderfall galt, weil das Land auch während des so genannten „verlorenen Jahrzehnts" in den 1980er Jahren stabile Zuwachsraten verzeichnete. Hyperinflation und Abwertungsspiralen der einheimischen Währung gegenüber dem Dollar blieben – anders als in Brasilien, Argentinien oder Mexiko – aus. Erst in den 1990er Jahren nahm die Auslandsverschuldung deutlich zu und stieg von 17 Mrd. US-Dollar im Jahr 1990 auf fast 40 Mrd. Dollar 2001. Eine Studie des kolumbianischen Rechnungshofs (Contraloría General de la República 2002) führt diese Entwicklung in erster Linie auf die wachsende Verletzbarkeit Kolumbiens durch

---

1   Die *Encomienda* (Auftrag) war die treuhänderische Übertragung von Land und (indigenen) Bewohnern an spanische Konquistadoren. Die Krone beauftragte die Eroberer damit, die Bevölkerung der Kolonien zu missionieren und zur Arbeit zu zwingen. Der „Auftrag" implizierte aber auch einen minimalen Schutz der Ureinwohner, die nicht versklavt werden durften.

2   Es ist immer wieder darauf hingewiesen worden, dass der oligarchische Großgrundbesitz in Lateinamerika ein Entwicklungshindernis darstellt. Der Erfolg der chilenischen Landwirtschaft beispielsweise wird in diesem Sinne darauf zurückgeführt, dass die Agrarreform, die die Macht der Latifundien in den 1960er Jahren brach, auch während der Pinochet-Diktatur Bestand hatte. Die Reform schuf die Grundlage für eine intensivere und damit konkurrenzfähigere Agrarproduktion, die heute eine der wesentlichen Säulen von Chiles Weltmarktintegration darstellt.

internationale Finanzströme zurück. Im Rahmen der *Apertura Económica,* der neo-liberalen Öffnungspolitik ab 1987, sei das Land sowohl für ausländische Investoren als auch für Finanzabflüsse geöffnet worden, was zu einem explosionsartigen Anstieg der privaten Auslandsschulden führte: Während die Privatschulden 1990 nur 15 Prozent ausgemacht hatten, lagen sie 1997 bei über 50 Prozent (ebda: 7). Dazu kam der rasante Anstieg der Militärausgaben im Rahmen des Plan Colombia. Mit dem 1999 verabschiedeten Plan verwandelte sich Kolumbien zwar in den drittgrößten Empfänger von US-Militärhilfe weltweit, doch auch der kolumbianische Staat wurde gezwungen, die Modernisierung seiner Streitkräfte zu finanzieren. Er musste dabei, wie die Studie der *Contraloría General de la República* zeigt, vor allem auf Kredite zurückgreifen.

Dass die kolumbianische Wirtschaft sich lange Zeit so stabil entwickelte – erst 1999 kam es zu einer schweren, zwei Jahren anhaltenden Krise –, ist von den meisten Autoren auf positive Effekte des Drogenhandels zurückgeführt worden. Tatsächlich schützte der illegale Devisenzufluss der Schattenökonomie den kolumbianischen Peso vor Entwertung und Wechselkurseinbrüchen. Doch die Schätzungen, wie wichtig die Drogenökonomie in den vergangenen 30 Jahren war, gehen weit auseinander. Der kolumbianische Ökonom Hernando Gómez beziffert die Drogeneinnahmen der Jahre 1981-88 auf 1,7 bis 9,4 Prozent des Bruttoinlandsprodukts, der späte-re Präsident der Nationalbank Salomon Kalmanovitz für den gleichen Zeitraum hingegen auf 9,2 bis 14,8 Prozent (nach: Lessmann 1996: 203). Aktuelle Untersu-chungen gehen von deutlich niedrigeren Zahlen aus. Rocha (2005) behauptet, dass die illegale Drogenproduktion mittlerweile nur noch 0,5% des kolumbianischen Bruttoinlandsprodukts betrage. Das kontrastiert allerdings mit der Beobachtung, dass Exportmenge und -preise relativ stabil geblieben zu sein scheinen und die ko-lumbianischen Anbauflächen von Koka und Schlafmohn seit den 1980er Jahren stark zugenommen haben. Zudem bekräftigte der AUC-Kommandant Salvatore Mancuso, der bis zu seiner Verhaftung zu den Schlüsselfiguren des Drogenhandels gehörte, den Rechnungen der Paramilitärs zufolge exportiere Kolumbien jährlich Drogen im Wert von 7 Milliarden US-Dollar (Semana 2.9.2008), was mehr als 50 Prozent der legalen Exporte betragen würde.

Als gesichert kann gelten, dass die relative Stabilität der kolumbianischen Ökono-mie sich nicht allein mit dem Drogenhandel erklären lässt. Nicht minder bedeutend ist, dass der Außenhandel in den vergangenen 25 Jahren relativ diversifiziert war. Exportiert wurden in erster Linie die Primärprodukte Erdöl, Kaffee, Steinkohle, Bananen, Schnittblumen, Gold, Smaragde und Agraröle. Zudem war im Dreieck Bogotá-Medellín-Cali auch eine beachtliche Industrieproduktion angesiedelt, die durch die Öffnungspolitik ab 1987 allerdings nachhaltig geschwächt wurde (Ahu-mada 1996, Zerda Sarmiento/Rincón Gille 1998). So hielt die einheimische Auto-mobilproduktion der internationalen Konkurrenz nicht stand und auch die auf dem lateinamerikanischen Regionalmarkt einst bedeutende Textilindustrie verlor in den 1990er Jahren massiv an Marktanteilen. CEPAL-Statistiken zufolge (http://www.eclac.cl/estadisticas/bases, 15.1.2007) zufolge stieg Kolumbiens Export dennoch zwischen 1985 und 1995 von 3,5 auf 10,2 Mrd. US-Dollar und konnte sich somit fast verdreifachen – eine Entwicklung, die vor allem auf die Erschließung neuer Ölfelder durch die Occidental Petroleum Corporation und British Petroleum in Ostkolumbien zurückzuführen ist.

Die stabilen, nur in der Krise 1999/2000 nicht erzielten Wachstumsraten sind dabei allerdings nicht durchweg positiv zu bewerten. Die neoliberal inspirierte Weltmarktintegration Kolumbiens hat nämlich die abhängige Struktur der Ökonomie nicht aufgebrochen (vgl. Ahumada 1996, Agudelo 1998). Die Importe sind mit den Exporten mitgewachsen, übertreffen diese leicht und bestehen – im Unterschied zu den Exporten – überwiegend aus Industrieprodukten. Ganz ähnlich wie während der Kolonialzeit tritt Kolumbien somit auf dem Weltmarkt fast ausschließlich als Anbieter von Primärprodukten und als Nachfrager verarbeiteter Güter auf. Zudem verlangen die Exportsektoren der kolumbianischen Gesellschaft hohe soziale und ökologische Kosten ab, wie man exemplarisch am Schnittblumenanbau in der Sabana de Bogotá beobachten kann (Zelik 2002b, Sierra 2003): Die Blumenindustrie hat die Lebensmittelproduktion fast vollständig aus der fruchtbaren Hochebene um Bogotá verdrängt, Nahrungsmittel tendenziell verteuert, den Trinkwasserspiegel bedrohlich abgesenkt und die gesamte Region mit Pflanzenschutzmitteln kontaminiert. Unter den 100.000 bis 200.000 Arbeitern der Branche, die Mehrzahl von ihnen Frauen, gibt es bis heute keine bedeutende Gewerkschaft, die Einkommen liegen oft unter dem gesetzlichen Mindestlohn und zahlreiche Blumenarbeiterinnen leiden unter Nervenerkrankungen, die auf den Kontakt mit Pflanzenschutzgiften zurückgeführt werden. Auch Missbildungen bei Kindern sind häufig. Gleichzeitig hat der Blumenanbau der Region um Bogotá kaum Entwicklungsimpulse geliefert. Gewerkschafter sprechen daher von einer „biologischen Maquila-Industrie" (zit. nach: Zelik 2002b), bei der nur arbeits- und umweltintensive Prozesse nach Kolumbien verlagert worden sind. Tatsächlich erfolgt die relativ gut bezahlte Entwicklung des Saatguts in Europa. Die Setzlinge werden nach Kolumbien eingeflogen und wachsen dort dann in einem arbeits-, umwelt- und gesundheitsintensiven Prozess zu Exportblumen heran.

Der Ökonom Sarmiento Palacio ist denn auch der Überzeugung, dass die Weltmarktintegration Kolumbiens keinem durchdachten Konzept folgte und keine echte Entwicklung nach sich zieht: „Das Industrieprofil schafft weder qualifizierte Arbeitsplätze noch fördert sie Ausbildung oder erhöht gar das Bildungsniveau in der restlichen Wirtschaft." (Sarmiento Palacio 1996: 27) Der Ökonom Gabriel Misas (eigenes Interview 5.9.2008) kritisiert im gleichen Sinne, dass die Politik v. a. der Regierung Uribe explizit auf eine „Reprimarisierung" der Wirtschaft abziele und somit jeden entwicklungspolitischen Vorsatz aufgegeben habe. Dazu kommt weiterhin, dass die *Apertura Económica* (Öffnungspolitik) die Konzentration einheimischer Märkte beschleunigte, was sich insbesondere in der Lebensmittelbranche katastrophal auswirkt. Transnationale Unternehmen wie Nestlé konnten aufgrund des liberalisierten Außenhandels oligopolistische Marktpositionen erlangen und kontrollieren heute Einkaufs- und Verkaufspreise. Im Fall Nestlé führte dies konkret zu einer Schwächung der klein- und mittelbäuerlichen Milchproduktion und des Konsumentenschutzes. Der Konzern kann es sich leisten, minderwertige und sogar verfallene Produkte auf den Markt zu werfen oder sich auf spekulative Im- und Exportgeschäfte zu konzentrieren (Olaya 2006).

Ganz offensichtlich müssen Kolumbiens Wirtschaftsdaten also insofern relativiert werden, als das Wachstum nur einer Minderheit zugute kommt. Der Ökonom Joseph Stiglitz (Fundación Agenda Colombia 2003) verweist in dieser Hinsicht auf ein lateinamerikanisches Phänomen. In praktisch allen Staaten, in denen der neoliberale Washington-Konsens befolgt wurde, habe das Wachstum die sozialen Ungleichheiten verschärft, in Kolumbien sogar besonders deutlich. Das Land „hat eines der schwerwiegendsten Ungleichheitsprobleme in der Region; mit einem Gini-Koeffizienten von 54,9 liegt es nach Brasilien mit 60,7 an der zweiten Stelle in Lateinamerika." (ebda: 76) 1994 hingegen hatte der Wert noch bei 49 gelegen. Diese Entwicklung relativiert die von führenden kolumbianischen Ökonomen (darunter auch dem ehemaligen Finanzminister und späteren CEPAL-Exekutivsekretär José Antonio Ocampo) vertretene These, wonach die Armutsindikatoren in den vergangenen Jahrzehnten in Kolumbien eine deutliche Verbesserung der Lage nahe legen (Ocampo 2003 und 2004). Ocampo argumentiert, dass die Sozialausgaben in Kolumbien – anders als man vermuten könnte – in den 1990er Jahren zunahmen und das Land relativ viel Mittel für den Sozialbereich aufgewendet hat. Bei Gesprächen mit Kriegsvertriebenen, von denen es in Kolumbien fast 3 Millionen gibt, stellt man allerdings fest, dass diese Sozialprogramme die Betroffenen in den Elendsquartieren kaum erreichen (eigene Feldaufenthalte 2002, 2005 und 2008 in den Armenvierteln Bogotás, Bucaramangas und Barrancabermejas).

Im übrigen ist auch Ocampo der Ansicht, dass die neoliberale Politik nicht erfolgreich gewesen sei. So sei die kolumbianische Wirtschaft zwischen 1945 und 80, also vor der Umsetzung der neoliberalen Doktrin, durchschnittlich um 5,5%, zwischen 1990 und 2002 hingegen nur noch um 2,6% gewachsen (2003: 33).

Zusammenfassend lässt sich damit festhalten:

- Die kolumbianische Ökonomie nimmt bei den meisten Kennziffern im lateinamerikanischen Vergleich eine Mittelposition ein. Die Drogenökonomie, auf die Kolumbien im öffentlichen Diskurs immer wieder reduziert worden ist, war nicht der einzige Faktor der positiven Entwicklung. Nicht minder bedeutend ist die Förderung von Bodenschätzen, besonders von Erdöl und Steinkohle, die seit den 1980er Jahren stark zugenommen hat, sowie die landwirtschaftliche und agrarindustrielle Produktion.

- Die Ende der 1980er Jahre einsetzende *Apertura Económica* und die in diesem Zusammenhang erfolgten, teilweise gegen heftigen politischen Widerstand durchgesetzten neoliberalen Reformen haben zu einer grundlegenden Transformation der Wirtschaft geführt. Die seitdem forcierte Weltmarktintegration Kolumbien fußt auf Primärprodukten. Dies hat zur Ausbreitung einer exportorientierten, sich sozial und ökologisch bedenklichen Landwirtschaft und zur Erschließung von Randzonen geführt – wobei sich beide Prozesse, wie noch diskutiert werden soll, gewalttätig vollzogen.

- Diese Veränderungen sind mit rasanten Konzentrationsprozessen einhergegangen, bei denen gemeinhin als rückständig geltende Sektoren wie der traditionelle Großgrundbesitz mit modernen Globalisierungsphänomenen Verbindungen eingegangen sind. So koexistieren im kolumbianischen Agrarbusiness traditionelle, bisweilen quasifeudale Abhängigkeits- und Besitzverhältnisse mit modernen Produktions- und Vermarktungsmethoden.

8.2. „Gegen-Landreform": Paramilitärs als Privattruppen der Großgrundbesitzer

Der Paramilitarismus ist als Bestandteil und Motor dieser ökonomischen Prozesse zu betrachten. Er hat, wie noch ausführlicher darlegt werden soll, in den vergangenen 25 Jahren zur Durchsetzung von Sozial- und Wirtschaftsreformen beigetragen, in seinen Einflusszonen eine exportorientierte Ökonomie etabliert und die Landkonzentration beschleunigt.

Dem Paramilitarismus lag von Anfang an eine Vermengung von ökonomischen Interessen und politischer Gewalt zugrunde. Bereits die Anfang der 1980er Jahre gegründeten *Autodefensas* besaßen eine Doppelfunktion: Es handelte sich um staatsnahe Milizen, die eine flexible Anwendung der Aufstandsbekämpfung ermöglichen sollten, gleichzeitig aber auch um Privatarmeen. Das Bündnis, aus dem der Paramilitarismus im zentralkolumbianischen Mittleren Magdalena 1982/83 hervorging, kann als exemplarisch hierfür gelten. In ihm versammelt waren jene Gruppe, die sich von sozialen Bewegungen, politischer Linken und Guerilla unter Druck gesetzt sahen, also: Teile des politischen Establishments, Viehzüchter, die Texaco Oil Company sowie in der Region tätige Geschäftsleute, darunter auch Drogenhändler des Medellín-Kartells.

Medina Gallegos (1990) hat gezeigt, dass diese Interessenverquickung eine organische Entsprechung fand. So trat der Viehzüchterverband ACDEGAM als ein Hybrid aus Wirtschaftsverband, politischer Bewegung und Gewaltorganisation auf. Er kontrollierte Wachschutzgruppen und Todesschwadronen, die gegen Gewerkschafter und Kleinbauernaktivisten vorgingen, sorgte aber auch für eine politisch-soziale Kontrolle der Region. Indem man Schlüsselpositionen der Verwaltung besetzte, konnte man staatliche Gelder in die Region umleiten und so konkrete Entwicklungserfolge unter Beweis stellen. Gleichzeitig sorgte das Schutzgeldsystem für die Herausbildung einer eigenen Schattenökonomie.

Ab 1985 wuchs die Bedeutung der Drogenmafia innerhalb der paramilitärischen Allianz im Magdalena Medio. Diese Entwicklung hatte mit innenpolitischen Konflikten zu tun. Nach der Ermordung von Justizminister Rodrigo Lara Bonilla 1984 begannen Teile des Staates das Medellín-Kartell entschlossener zu verfolgen. In den großen Städten unter Druck gesetzt, bemühte sich das Kartell daraufhin um den Aufbau von Rückzugsgebieten und kaufte Land im Magdalena Medio, wo weder Staat noch Guerilla erfolgreich ein Gewaltmonopol durchgesetzt hatten. Die Drogen-Mafia positionierte sich auf Seiten von Viehzüchtern und Unternehmern und fusionierte ihre Privattruppen mit den bewaffneten Verbänden anderer kapitalbesitzender Gruppen. Dabei ging es sowohl um grundlegende eigene Interessen – auch der Drogenhandel gehört zu den besitzenden Klassen – als auch um pragmatische Überlegungen. Um den Staat zu einer permissiven Haltung gegenüber dem Drogenhandel zu bewegen, bieten sich nämlich drei Strategien an: 1) Man durchdringt die Institutionen mit Hilfe von Bestechungsgeldern, 2) man versucht den Staatsapparat mit Gewalt zu erpressen und sein Gewaltmonopol zu zersetzen, 3) man dient sich dem Staat bei der Aufstandsbekämpfung als Verbündeter an. Das Medellín-Kartell verfolgte alle drei Strategien gleichzeitig.

Dass Viehzüchter- und Unternehmerverbände maßgeblich für den Aufbau paramilitärischer Privatarmeen verantwortlich waren, lässt sich nicht nur am Beispiel des Magdalena Medio nachzeichnen. Der Legalisierung paramilitärischer Gruppen in den frühen 1960er Jahren ging eine entsprechende Bitte der Latifundisten-Organisation *Sociedad de Agricultores de Colombia* voraus (Fundación CESP 2006: 11). 1983, als die kolumbianische Generalstaatsanwaltschaft Ermittlungen wegen der Gründung der MAS-Todesschwadronen einleitete, forderte der Industriellenverband *Asociación Nacional de Industriales* (ANDI) die Einstellung der Ermittlungen. Kolumbiens führender Industrieller, der deutschstämmige Carlos Ardila Lülle, erklärte, man müsse die Reihen mit der Armee fest geschlossen halten, und der Viehzüchterverband lud den wegen seiner MAS-Verbindungen unter Druck geratenen General Fernando Landazábal[3] als Ehrengast zu seinem Kongress ein (ebda: 12). Ganz ähnlich erneut

---

3   General Landazábal, der den Paramilitarismus jahrelang gefördert hatte, wurde schließlich selbst Opfer der rechten Geheimpolitik. Er wurde 1998 umgebracht, offensichtlich im gleichen Zusammenhang wie drei Jahre zuvor der rechtskonservative Politiker

1999, als die Generäle Rito Alejo del Río und Fernando Millán wegen ihrer Verbindungen zum Paramilitarismus auf internationalen Druck hin in den Ruhestand versetzt wurden und der Viehzüchterverband FEDEGAN eine Veranstaltung für die beiden Generäle organisierte.

Die Beziehungen zwischen Paramilitarismus und Viehzüchterverbänden sind so eng, dass auch die Justiz gegen letztere vorging. So waren von den Hausdurchsuchungen gegen die AUC, zu denen es in der nordkolumbianischen Stadt Montería (Córdoba) im Mai 2001 erstmals im größeren Stil kam, vor allem die Büros des regionalen Viehzüchterverbandes *Federación de Ganaderos de Córdoba* (GANACOR) betroffen. Die Ermittlungsbehörden hatten festgestellt, dass der Verband mit den AUC-Kommandanten Salvatore Mancuso und Carlos Castaño über ein Jahr lang regelmäßig Funkkontakt hielt (El Espectador 26.5. 2001). Auch die Recherchen des Senators Petro (2005) belegten weitreichende Verbindungen von Viehzüchterverbänden und Paramilitärs.

Der Charakter des Paramilitarismus ist insofern widersprüchlich: Obwohl die Paramilitärs einerseits aufgebaut wurden, um die Durchsetzung eines staatlichen Gewaltmonopols zu begünstigen, treten sie gleichzeitig als unmittelbare Gewalt im Dienst von Kapitalbesitzern auf und wirken somit wie ein Rückgriff auf *vorstaatliche* Herrschaftsformen. Hier wäre also zu beobachten, was Hirsch (2005) als Refeudalisierung der Politik bezeichnet hat. Während sich der moderne Staat durch eine Sonderung der Gewalt auszeichnet, die von personaler Herrschaft gelöst ist und tendenziell subjektlos agiert (vgl. Gerstenberger 2006), etablieren die Paramilitärs als Privatarmee unmittelbare Formen der Zwangsherrschaft und sorgen somit – wie einst die Gewalt des Feudalherren – für unmittelbare Aneignung.

Diese Aneignung ist zweifacher Natur. Zum einen setzen Großgrundbesitzer paramilitärische Gruppen ein, um Kleinbauernland zu enteignen[4], zum anderen

---

Álvaro Gómez Hurtado, der wie Landazábal als Pionier der irregulären Aufstandsbekämpfung galt. Die Ermittlungen im Fall Gómez Hurtado führten im April 1999 zur Verhaftung eines hochrangigen Offiziers der Geheimdiensteinheit XX.Brigade (vgl. Menschenrechtsbericht der US-Botschaft 2000, http://bogota.usembassy.gov/wwsdh99.shtml, 17.3. 2007). Landazábal und Gómez Hurtado waren 1995 aufgefordert worden, sich an einem Putsch gegen die krisengeschüttelte Regierung Samper zu beteiligen, sollen sich dem Vorhaben jedoch verweigert haben. Wer den Mord in Auftrag gab, ist bis heute nicht geklärt.

4   Der wohl prominenteste Fall ist der des ehemaligen Botschafters Kolumbiens vor der EU und Ex-Landwirtschaftsministers Carlos Arturo Marulanda, der 1996 bewaffnete Gruppen – nach Aussagen von Bauern sowohl reguläre Soldaten als auch Paramilitärs – beauftragte, 170 Kleinbauernfamilien im Süden des Departements Cesar zu vertreiben. Mehrere Bauern wurden bei dem Landkonflikt brutal massakriert, alle 170 Familien mit dem Tode bedroht. Nach einer internationalen Kampagne wurde gegen den Ex-Minister schließlich ein internationaler Haftbefehl erlassen. Nach längerer Flucht

betreiben Paramilitär-Kommandanten mit Hilfe von Landraub und Drogenhandel eine Art ursprüngliche Akkumulation und verwandeln sich selbst in Großgrundbesitzer. Dieser Prozess, in dessen Rahmen in den vergangenen 20 Jahren mehrere Millionen Hektar Land umverteilt wurden, wird in Kolumbien auch als „Gegen-Landreform" bezeichnet. Das Phänomen hat erschreckende Ausmaße: Machado/ Suárez (1999:11) zufolge machte der Großgrundbesitz 1984 1,4% der Höfe und 46,35% der landwirtschaftlichen Fläche aus, 1996 hingegen besaßen 1,08% der Höfe bereits 53,8% des Landes. Die Gini-Kennziffer hinsichtlich der Landverteilung stieg im gleichen Zeitraum von 83,9 auf 88. Kalmanovitz/López (2007) ergänzen, dass sich die Ausdehnung des Großgrundbesitzes (Besitz von mehr als 200 Hektar) zwischen 1984 und 2000 mehr als verdreifacht hat. Gleichzeitig stieg der latifundistische Anteil am Landbesitz – auf Kosten kleiner und mittlerer Bauern – von 47,1 auf 68,3%. Besonders rasant wuchsen offensichtlich Ländereien mit mehr als 2000 Hektar. 2200 Eigentümer besaßen, so Kalmanovitz/López, 39 Millionen Hektar Land, was 51% des Landeigentums in Kolumbien entspricht. Oyaga (2007), der verschiedene Studien verglichen hat, weist weiterhin darauf hin, dass in den vergangenen Jahren zwischen 2,6 und 7 Millionen Hektar Land, in der Regel gute bzw. gut gelegene Böden, in die Hände von Großgrundbesitzern übergegangen sei. Besonders verbreitet war das Phänomen in den nordkolumbianischen Departements Cesar, wo 11% des Kleinbauernlandes im Rahmen von Vertreibungen verlassen wurde, Magdalena (9%) Bolívar (8%) und Antioquia (6%) (ebda).

Dieser rasante Konzentrationsprozess wurde von der Drogenökonomie zusätzlich angefacht. Die nach Kolumbien zurückfließenden Drogenerlöse mussten nach der Verschärfung der Devisenbestimmungen in den 1980er Jahren[5] verstärkt über Investitionen gewaschen werden, was in der gesamten Wirtschaft Verwerfungen auslöste.[6] Der Immobilienmarkt – sowohl in den Ballungszentren als auch in den ländlichen Regionen – wurde von Kapital regelrecht überschwemmt. Die damit

---

wurde Carlos Arturo Marulanda 2001 in Spanien festgenommen, das Verfahren in Kolumbien allerdings kurze Zeit später eingestellt (vgl. Zelik 2000b, spanisches BBC-Onlineportal 1.11.2002, Amnesty-International Presseerklärung 6.11.2002)

5   Bis dahin war es möglich, Devisen ohne Herkunftsnachweis, bar und unter Wahrung der Anonymität an einem Schalter der staatlichen Nationalbank gegen Pesos zu tauschen und somit zu legalisieren.

6   Die Geldwäsche hat beispielsweise im Transportsektor dazu geführt, dass zahlreiche Unternehmen nicht kostendeckend wirtschaften müssen, weil sie nur als Fassaden der Geldwäsche dienen. Die ursprünglich im Bereich tätigen Firmen wurden auf diese Weise von einer Konkurrenz verdrängt, die eigentlich außerhalb des Wettbewerbs steht. Daran sieht man, dass sich der Drogenhandel keineswegs nur positiv auf die Ökonomien der betroffenen Länder auswirkt. Neben einer Art „holländischer Krankheit" (Aufwertung der einheimischen Währung und relative Verteuerung einheimischer Produktion) kann er auch einen Verdrängungsprozess auslösen. Spekulationsdynami-

einhergehenden Spekulationsdynamiken transformierten die landwirtschaftliche Struktur. Die Bodenspekulation machte die kleinbäuerliche Nutzung unrentabel und führte zur Ausbreitung nichtproduktiver Anlageformen.

Mondragón (1999), der als Berater von Kleinbauernorganisationen tätig ist, betont, dass diese „Re-Latifundisierung" jedoch keine einfache Regression nach sich ziehe. Zu beobachten sei vielmehr eine besondere Form der Weltmarktintegration. Der einfache Widerspruch zwischen Kleinbauerntum und Großgrundbesitz wird von einem komplexeren Konflikt „zwischen der hochproduktiven (ausländischen) Weltmarktlandwirtschaft und -viehzucht, infrastrukturellen Großprojekten und Investitionen in Erdöl, Bodenschätze und Agrarindustrie auf der einen Seite und der national orientierten bäuerlichen Landwirtschaft auf der anderen" (ebda: 208) verdrängt. Durch diese Verschiebung stünden die Kleinbauern, so Mondragón, nicht mehr nur unter Druck der Latifundienbesitzer, sondern auch unter Druck des transnationalen Kapitals.

Dass der Konzentrationsprozess der Landwirtschaft nicht einfach mit bürgerkriegsbedingter Migration erklärt werden kann, sondern als Folge gezielter Gewalthandlungen diskutiert werden muss, lässt sich auch anhand von anderen Zahlen belegen. Oyaga (2007) verweist darauf, dass zwischen 2001 und 2005 die meisten Fluchtbewegungen in den Departements Antioquia, Córdoba, Chocó, Cesar, Magdalena, Bolívar, Norte de Santander, Meta, Guaviare und Caquetá zu beobachten waren, wo jeweils mehr als 100.000 Hektar Kleinbauernland aufgegeben wurden. Dabei handelte es sich (mit Ausnahme von Caquetá und Guaviare) nicht um die Regionen mit der höchsten Kriegsintensität, sondern um Schwerpunktregionen des Paramilitarismus, der sich zu diesem Zeitpunkt im „Waffenstillstand" befand. Und auch eine ältere Karte des UN-Entwicklungsprogramms PNUD (2003: 52) lässt sich in diesem Sinne interpretieren. Die nach Gemeinden aufgeschlüsselte Karte zeigt die Häufigkeit von Landkonflikten in den Jahren 1980-1995. Auch hier ist eine Korrelation zwischen Landkonflikten und paramilitärischen Aktivitäten augenscheinlich: Neben den bereits erwähnten nordkolumbianischen Regionen wiesen der zentralkolumbianische Mittlere Magdalena und einige südwestkolumbianische Gemeinden in diesem Zeitraum die meisten Landkonflikte auf. Im Mittleren Magdalena jedoch wurde in den 1980er Jahren das paramilitärische Pilotprojekt etabliert, in den betroffenen Gemeinden Südwestkolumbiens eignete sich das Cali-Kartell Anfang der 1990er Jahre mit Hilfe von Massakern Kleinbauernland an oder zwang Bauern mit Waffengewalt zum Anbau von Drogen (Pérez 1997, Human Rights Watch 1996).

---

ken und Wettbewerbsverzerrungen schwächen jene Akteure, die keine Verbindung zur Drogenökonomie eingehen.

Dieser Zusammenhang macht deutlich, dass der Paramilitarismus eine Gewaltstrategie des Großgrundbesitzes darstellt. Er dient zur Abwehr von Kleinbauernbewegungen, zur latifundistischen Aneignung von Land und zur Durchsetzung weltmarktorientierter Entwicklungsprojekte. Andererseits hat sich der Drogenparamilitarismus (*narcoparamilitarismo*) – also die spezifische Form des kolumbianischen Gewaltunternehmertums – selbst in eine Fraktion des Großgrundbesitzes verwandelt.

Die paramilitärische Kriegsökonomie folgt somit anderen Regeln, als im Zusammenhang der *State-Failure*-Debatten gemeinhin von Bürgerkriegsökonomien angenommen wird. Die ökonomische Logik des Paramilitarismus beschränkt sich nicht auf den Bereich der Schattenökonomie – Drogenhandel, Schutzgelderpressung Entführung etc. Sie deckt sich vielmehr mit dem traditionellen Großgrundbesitz, dem exportorientierten Agrarbusiness *und* jenen staatlichen Entwicklungsstrategien, dank derer sich Kolumbien in den vergangenen Jahren erfolgreich in den Weltmarkt integrieren konnte.

8.3. Der Paramilitarismus als Faktor im Verhältnis Kapital und Arbeit

Ein ähnlicher Zusammenhang muss auch für abhängige Beschäftigungsverhältnisse erörtert werden. Mittlerweile ist international thematisiert, dass in Kolumbien so viele Morde an Gewerkschaftern begangen werden wie in keinem anderen Land der Welt. Nach Angaben des Dachverbandes CUT wurden in den Jahren 1991 bis 2006 mehr als 2200 Gewerkschaftsaktivisten ermordet (CUT/CTC/CPC 2007). Diese Zahlen sind so hoch, dass sich der kolumbianische Staat – obwohl er in den vergangenen 20 Jahren schlechte, oft sogar offen feindliche Beziehungen zur Gewerkschaftsbewegung pflegte und obwohl staatliche Gewaltorgane tief in den schmutzigen Krieg gegen Gewerkschafter verstrickt waren[7] – gezwungen sah, Schutzprogramme für gefährdete Arbeitnehmervertreter einzurichten. Auch wenn viele Mordfälle unaufgeklärt bleiben[8], nimmt die Arbeitsorganisation der Vereinten Nationen ILO (2001) an, dass 95% der Morde auf das Konto der Paramilitärs gehen. Paramilitärische Gruppen haben in diesem Kontext ganze Gewerkschaften zu militärischen Angriffszielen erklärt, so zum Beispiel 1998 die Erdölarbeitergewerkschaft USO (vgl. Zelik 2000a: 18-21).

---

7   Als Beispiele können der Mordversuch an Wilson Borja von der Gewerkschaft der Staatsangestellten (FENALTRASE) im Jahr 2000, an dem mehrere aktive Militärs beteiligt waren (Fiscalía de la República 2002), und die Todeslisten gelten, die die DAS-Polizei an die nordkolumbianischen AUC übergab (Semana 9.4.2006).

8   Die Gewerkschaften CUT, CTC und CPC (2007) gehen von einer Dunkelziffer von 80% aus und können den AUC nur die Verantwortung für etwas mehr als 10% der Morde an Gewerkschaftern nachweisen.

Obwohl man also von einer gegen die Gewerkschaften – oder genauer: gegen kämpferische Strömungen innerhalb der Gewerkschaftsbewegung – gerichteten Strategie sprechen muss, gibt es bislang kaum Untersuchungen, die den funktionalen Zusammenhang zwischen staatlicher Deregulierungspolitik, den Beschäftigungsstrategien der Unternehmen und paramilitärischer Gewalt beleuchten. Die Verfolgung kolumbianischer Gewerkschafter wird meist damit erklärt, dass paramilitärische Gruppen sowie Teile von Armee und Polizei die Gewerkschaften als subversive Organisationen betrachten, die der Guerilla nahe stehen.

Die Erklärung ist nicht falsch, aber unzureichend. Die Anschläge sind nicht nur Ergebnis eines Konflikts zwischen zwei politischen Lagern, sondern folgen offensichtlich auch ökonomischen Kalkülen. So hält die ICFTU (2002) fest: „In Kolumbien (...) waren die Gewerkschafter der öffentlichen Dienste mit 65% der Angriffe am härtesten von Verfolgung betroffen, wobei die Angriffe vor allem in Verbindung mit ihrer Haltung zu Anpassungsprogrammen und Privatisierung zu sehen sind." Der Paramilitarismus ist also offensichtlich ein Mittel, um die Beziehungen zwischen Kapital und Arbeit bzw. zwischen Staat und Markt zu verändern und solche Transformationen durchzusetzen, die im Rahmen einer neoliberalen Politik als strategisch erachtet werden.

8.3.1. Die Politik des kolumbianischen Staates gegenüber der Gewerkschaftsbewegung

Schon vor dem Entstehen des Paramilitarismus zeichneten sich die kolumbianischen Gewerkschaften durch eine strukturelle Schwäche aus. Verantwortlich dafür waren u.a. der vergleichsweise geringe Anteil von lohnabhängig Beschäftigten, die erfolgreiche Anbindung der Arbeiterschaft an die beiden großen Parteien (im Besonderen an die Liberale Partei), die es immer wieder verstanden, Revolten zu kanalisieren, sowie eine allgemein gewerkschaftsfeindliche Politik des Staates. Mit Ausnahme einer kurzen Reformperiode in den 1930er Jahren war die staatliche Haltung durch Repression[9] und eine gewerkschaftsfeindliche Gesetzgebung bestimmt. Cárdenas (1990) spricht in diesem Sinne von einer Politik, die die Gründung von Industriegewerkschaften systematisch blockierte und Spaltungen in Form von Betriebsgewerkschaften und parteipolitisch gebundenen Verbänden vorantrieb.

Die kolumbianische Gewerkschaftsbewegung war daher stets extrem minoritär – nach Zahlen der ILO war Kolumbien 1991 nach Ecuador und Peru das lateinameri-

---

9   Das bekannteste Beispiel ist das Massaker an mehreren Hundert Arbeitern im nordkolumbianischen Ciénaga, das kolumbianische Soldaten 1928 im Auftrag der United Fruit Company an streikenden Plantagenarbeitern verübten und das Eingang in Gabriel García Márquez' Roman „Hundert Jahre Einsamkeit" fand.

kanische Land mit dem niedrigsten Organisationsgrad (Kruijt et al: 21). CUT/CTC/ CPC (2007) verweisen auf einen zusätzlichen Bedeutungsverlust in den vergangenen 15 Jahren. Trotz dieser strukturellen Schwäche brachte die kolumbianische Gewerkschaftsbewegung jedoch immer wieder erstaunliche Mobilisierungen zustande. In der jüngeren Geschichte wären in diesem Zusammenhang u.a. zu nennen: der mehr oder weniger „von unten" organisierte Generalstreik 1977 (vgl. Alape 1980), die Arbeitskämpfe der 1980er Jahre auf den Bananenplantagen Urabás, der hartnäckige Widerstand in der staatlichen Telefongesellschaft TELECOM gegen das Privatisierungsvorhaben der Regierung in den 1990er Jahren, die Kämpfe mehrerer Krankenhausbelegschaften, die die Abwicklung des öffentlichen Gesundheitswesens bremsten, der Streik des öffentlichen Sektors, der Kolumbien 1998 wochenlang lahm legte, sowie der Erdölarbeiterstreik 2003 in Barrancabermeja.

Diese Fähigkeit zum Widerstand erklärt, warum der kolumbianische Staat seit 1990 die gewerkschaftliche Koalitionsfreiheit mit mehreren Gesetzesreformen weiter beschnitt. Praktisch alle Arbeitsmarktreformen, die im Rahmen der Weltmarktöffnung verabschiedet wurden, können als Angriffe auf die Gewerkschaften interpretiert werden. Zogen bereits der Abbau der Zollgrenzen und die daraus resultierende Abnahme qualifizierter Beschäftigung (vgl. Ahumada 1996 und 2000, Zerda 1997) eine Schwächung der Gewerkschaften nach sich, so sorgte die Deregulierung der Arbeitsmärkte für eine zusätzliche Verschlechterung der Organisationsbedingungen. 1990 wurden die Gesetze Nr. 50 und 60 verabschiedet, die eine explosionsartige Ausbreitung prekärer Beschäftigungsformen (wie der Leiharbeit) auslösten (Silva Romero 1998, Delgado 2001). Bemerkenswerterweise waren diese Gesetzesvorhaben, die ursprünglich zur Schaffung von fünf Millionen neuen Jobs führen sollten, vom späteren Präsidenten Álvaro Uribe Vélez im Kongress eingebracht worden. Die Verschärfung einer autoritären Innenpolitik und die ökonomische Liberalisierung der Arbeitsmärkte sind also offensichtlich als zwei Seiten der gleichen Medaille zu sehen.

Die Deregulierungspolitik, die 1993 durch ein weiteres Gesetz zur Auflösung staatlicher Beschäftigungsverhältnisse ergänzt wurde[10], führte zu einem regelrechten Gewerkschaftssterben. 40.000 Entlassungen im öffentlichen Sektor, das Verschwinden ganzer Beschäftigungssektoren und damit zusammenhängend auch lange existierender Gewerkschaften (beispielsweise der Eisenbahner, Hafenarbeiter und der Arbeiter auf öffentlichen Bauten) waren die Folge. Delgado kommt zu dem Urteil (2001: 58): „Die nach 1990 verabschiedeten Gesetzesreformen, die betriebliche Umstrukturierung als Folge der so genannten 'wirtschaftlichen Öffnung' des Landes gegenüber dem globalisierten Markt und der Bedeutungsverlust der Ideale internationaler Solidarität, wie sie auf den Zusammenbruch des sozialistischen Lagers folgten,

---

10 Das Gesetz drängte ein Viertel der Staatsangestellten in ungesicherte Beschäftigungsverhältnisse ab.

haben die Krise der kolumbianischen Gewerkschaftsbewegung weiter verschärft. (...) Das gesamte gewerkschaftliche Netz, und v. a. jenes im privatkapitalistischen Bereich, wurde schwer getroffen. Viele Gewerkschaften verschwanden und ein großer Teil von denen, die in den vergangenen 10 oder 15 Jahren überlebt haben, sind in ihren Betrieben zur Minderheit geworden. Die Unternehmer sehen seitdem freie Bahn für eine direkte Neuregelung der Arbeitsverhältnisse mit ihren Beschäftigten – ohne störende gewerkschaftliche Vermittlung."

Als Folge dieser Transformationen ist das Streikrecht in Kolumbien heute praktisch aufgehoben, weil die minoritär gewordenen Gewerkschaften die rechtlichen Voraussetzungen für die Durchführung eines Streiks nicht mehr erfüllen und Arbeitskämpfe vom zuständigen Ministerium einfach für illegal erklärt werden können. Besonders die Einführung der Leiharbeit hat sich als katastrophal erwiesen, wie man an der Schnittblumenproduktion, mit etwa 100.000-200.000 Beschäftigten einer von Kolumbiens boomenden Exportsektoren, beobachten kann. Die verbreitete Leiharbeits- und Outsourcing-Praxis hat dazu geführt, dass die prekär beschäftigten Belegschaften häufig nicht mehr wissen, mit wem sie es zu tun haben. Die Betreiber der Blumenplantagen sind nämlich weder mit dem Landeigentümer identisch noch heuern sie die Belegschaften direkt an. Kommt es ausnahmsweise einmal zu einem Arbeitskonflikt[11], dann sucht sich der Plantagenbesitzer eine andere Leiharbeitsfirma, die eine neue Belegschaft zusammenstellt. Die Blumenarbeiterinnen verfügen auf diese Weise nicht einmal mehr über einen Ort, an dem sich ein Arbeitskampf führen lässt (eigene Felduntersuchung in der Sabana de Bogotá Februar/März 2002, vgl. Zelik 2002b).

Wenn sich die Gewerkschaftsbewegung trotz dieser feindlichen Rahmenbedingungen eine gewisse Mobilisierungsfähigkeit bewahrt hat, so lag das im Wesentlichen am öffentlichen Dienst, in dem es aufgrund politischer Kräfteverhältnisse für die Arbeitgeber schwieriger war, die regulären Beschäftigungsverhältnisse vollständig zu eliminieren. Die zwischen Regierung und Gewerkschaften geführten Auseinandersetzungen um die Privatisierung des öffentlichen Sektors ist auch vor diesem Hintergrund zu sehen. Die massiven Angriffe auf die Gewerkschaften des öffentlichen Sektors in den 1990er Jahren zielten offensichtlich darauf ab, der Gewerkschaftsbewegung eine entscheidende Niederlage zuzufügen. Dabei setzte der kolumbianische Staat auch Instrumente der so genannten Terrorismusbekämpfung gegen die Gewerkschafter ein.

---

11 2001/2 versuchten entlassene Blumenarbeiterinnen durch eine Mahnwache vor den Toren der Blumenplantage „Siete Flores" in der Gemeinde Madrid (bei Bogotá) Entschädigungszahlungen durchzusetzen. Sie durften die Plantage nicht betreten. Ihr formaler Vertragspartner war in Konkurs gegangen und nicht mehr aufzufinden. Die Plantage wurde mit neuem Personal weitergeführt.

Im Rahmen des 1991 verabschiedeten Gesetzes zur Drogen- und Terrorismus-bekämpfung war eine so genannte „gesichtslose Justiz" *(justicia sin rostro)* installiert worden. Diese erlaubte eine Prozessführung, in der der Verteidigung Belastungszeugen und Akten teilweise unbekannt blieben. Ursprünglich dazu entworfen, Staatsan-wälte und Richter vor den Anschlägen der Drogenmafia zu schützen, wurde dieses anonymisierte Prozessverfahren, wie eine Studie der Rechtsfakultät der *Universidad Nacional* aufzeigt (UNIJUS 1996), kaum gegen die organisierte Kriminalität einge-setzt. Stattdessen diente es zur Verurteilung von Gewerkschaftern und Kleinbauern, die als Guerilla-Sympathisanten vor Gericht gestellt wurden. Auf der Grundlage der Antiterror-Gesetzgebung angeklagt wurden unter anderem sechzehn Techniker des staatlichen TELECOM-Unternehmens, die 1992 gegen den Verkauf ihres Betriebs an die AT&T-Tochter *Network System* gestreikt hatten. Der Prozess endete zwar mit einem Freispruch, doch der gewerkschaftliche Widerstand gegen das Privatisie-rungsprojekt wurde gebrochen, das Staatsunternehmen verkauft. Kurze Zeit nach diesem Verfahren wurde gegen Funktionäre der Erdölgewerkschaft USO ein neues anonymisiertes Kronzeugenverfahren eingeleitet. Die *Unión Sindical Obrera* wurde von der Regierung nicht zuletzt deshalb mit Argusaugen beobachtet, weil ein Streik der relativ politisierten Belegschaft die Benzinversorgung des Landes innerhalb kurzer Zeit lahm legen konnte. Wegen angeblicher Sabotage kamen 17 Führungsmitglieder der USO für Jahre ins Gefängnis, der ehemalige USO-Präsident Hernando Hernández saß noch 2003 in Hausarrest. Dabei stützte sich die Anklage im Wesentlichen auf das Argument, dass die USO eine ähnliche Rohstoffpolitik verfolge wie die ELN-Guerilla. Zwar wurden auch hier fast alle Verfahren letztlich eingestellt, doch die Prozesse legten die Arbeit der Erdölgewerkschaft fast zehn Jahre lang lahm.

8.3.2. Paramilitärische Gewalt im Kampf gegen die Gewerkschaften

Vor diesem Hintergrund kann aus gewerkschaftlicher Perspektive zwischen der repressiven staatlichen Politik und den Mordanschlägen paramilitärischer Gruppen oft nicht unterschieden werden. Exemplarisch beobachten lässt sich das am Fall des Gewerkschaftsanwaltes Eduardo Umaña. Der Anwalt, der die USO-Gewerkschafter im Anti-Terror-Prozess verteidigt hatte, wurde 1998 unter Mitwirkung der staatli-chen Geheimdiensteinheit XX. Brigade ermordet. Unmittelbar vor seinem Tod hatte Umaña Anrufe erhalten, in denen er auf einen Mordkomplott von DAS-Polizei, Militärgeheimdienst und Angestellten des Sicherheitsdienstes des staatlichen Erd-ölunternehmens ECOPETROL hingewiesen worden war (Human Rights Watch 1999, Ó Loingsigh 2002: 40).

   In einem ähnlichen Zusammenhang steht der Mord am CUT-Vizepräsidenten Jorge Ortega, der ebenfalls 1998 während eines Streiks im öffentlichen Sektor erschossen wurde. Der Arbeitskampf galt als Kräftemessen der Gewerkschaften mit der neu angetretenen Regierung von Andrés Pastrana. Auch die Verstrickung hochrangiger Militärs in das Attentat auf den Vorsitzenden der Gewerkschaft der Staatsangestellten (FENALTRASE) Wilson Borja (Fiscalía de la República 2002) und die vom Chef der DAS-Polizei Jorge Noguera an die AUC weitergereichten Todeslisten deuten in diese Richtung (Semana 9.4.2006).

Ó Loingsigh (2002) hat in seiner Studie über den zentralkolumbianischen Magdalena Medio nachgewiesen, dass staatliche Kriminalisierungspolitik und paramilitärische Angriffe gegen die Erdölarbeitergewerkschaft USO in direkter zeitlicher und inhaltlicher Beziehung stehen. Die Mordanschläge häuften sich immer dann, wenn die USO Konflikte mit der Regierung und der Leitung des Staatsunternehmens ECOPETROL austrug. So wurden USO-Gewerkschafter kurz vor oder nach so genannten „Erdölforen" umgebracht – Konferenzen, auf denen die Gewerkschaft die Ölpolitik der kolumbianischen Regierung öffentlichkeitswirksam kritisierte. Im Dezember 2001 traf es den USO-Vorsitzenden der Region Nordkolumbien Aury Sarat, der die Konferenz in der Karibikstadt Cartagena organisiert hatte, im Februar 2002 den USO-Funktionär Gilberto Torres aus dem ostkolumbianischen Casanare und im März 2002 den USO-Aktivisten Rafael Jaime Torras[12], der für die Organisation des Forums in Barrancabermeja zuständig gewesen war (Ó Lóingsigh 2002: 48-42, eigener Feldaufenthalt in Barrancabermeja März 2002). Den Morden vorher gegangen waren Drohungen gegen die regierungskritischen Veranstaltungen.

Der Paramilitarismus wird also als Instrument zur Durchsetzung einer neoliberalen Privatisierungs- und Deregulierungspolitik eingesetzt oder ist hierfür zumindest funktional. Die von Paramilitärs, zum Teil aber auch von Vertretern der Staatsmacht vorbereiteten Attentate auf Gewerkschafter besitzen insofern gesamtgesellschaftliche Wirkung, als sie die Bevölkerung dazu bewegen, „das ihr angebotene Gesellschafts- und Staatsmodell zu akzeptieren" (Pérez 2003) – unabhängig von den sozialen Kosten, die dieses Modell impliziert. Oder wie Silva Romero (1998: 173) schreibt: „Die Umsetzung neoliberaler Politik erfordert die Zerstörung der sozialen Organisationen, die dieser Politik Widerstand leisten können. Im Gegenzug hebt der Neoliberalismus die Autonomie des individuellen Willens hervor und strebt nach einer Demokratie zwischen Individuum und institutionellen Repräsentationsapparaten – ohne störende Intervention linker oder 'populistischer' Organisationen." Genau dieser Prozess wird durch die paramilitärische Gewalt ausgelöst oder verstärkt.

Neben einem eher staatlichen oder allgemeinpolitischen Kampf gegen die Gewerkschaften gibt es aber auch klare Hinweise auf konkrete Verbindungen zwischen

---

12 Über den Tod von Jaime Torras und eine Unterhaltung wenige Stunden vor dem Anschlag vgl. Zelik, Raul: „Schweigen ist das Schlimmste", in: taz, 22.4. 2002.

einzelnen Unternehmen und paramilitärischen Gruppen. Das Tribunal Permanente de los Pueblos (TPP 2006)[13], das die Politik transnationaler Unternehmen in Kolumbien 2006 und 2008 untersuchte, kommt zu der Einschätzung: „In einigen Fällen sind die Beweise eindeutig, wie z.b. bei der Beteiligung von Chiquita Brands beim Waffenschmuggel oder bei der – vom Unternehmen eingestandenen – Finanzierung bewaffneter, von den USA als terroristisch betrachteter Gruppen. In vielen anderen Fällen hingegen ist es eher die Übereinstimmung (...) von Unternehmensinteressen und den Aktionen des Paramilitarismus, die an eine zumindest informelle Zusammenarbeit denken lässt. So zum Beispiel, wenn auf einen Streikaufruf Drohungen der Paramilitärs folgen, das Unternehmensmanagement einzelne Arbeiter namentlich als Guerillasympathisanten bezeichnet oder, wie im Fall Nestlés in Valledupar, ihnen die Verantwortung, für die niedrigen Milchpreise zuschanzt (...) Es ist in diesem Zusammenhang ausgesprochen bemerkenswert, dass keines der von uns untersuchten Unternehmen die Verbrechen (der Paramilitärs, Anm.d.V.) verurteilt oder seine guten Verbindungen zur Regierung genutzt hat, um eine Aufklärung der Verbrechen zu fordern. Es steht somit außer Frage, dass diese Unternehmen Beziehungen zu ihren Arbeitern unterhalten, die die Gewalt fördern und dass ihre gewerkschaftsfeindlichen Strategien vom Klima des Schreckens und der Gewalt der paramilitärischen Gruppen profitiert haben."

Fallbeispiel 1: Der Schweizer Nahrungsmittelkonzern Nestlé

Olaya (2006) hat den funktionalen Zusammenhang von Marktstrategien, einer antigewerkschaftlichen Politik des Managements und paramilitärischer Gewalt am Beispiel des Schweizer Nestlé-Konzerns untersucht. Er wirft dem Unternehmen eine aggressive Umstrukturierungs- und Monopolisierungspolitik vor. Nestlé, das über gute Beziehungen zum Regierungsapparat in Bogotá verfüge, sei in Kolumbien vor allem spekulativ tätig, indem es das Land als Stützpunkt für einen subventionsgeförderten Re-Export eingeführter Milchprodukte nach Venezuela nutze. Gleichzeitig trage das Unternehmen nichts zu einer positiven Entwicklung der Nahrungsmittelversorgung bei. Nestlé vernichte immer wieder große Mengen Milch, um Preise stabil zu halten, und fördere mit seiner Einkaufspolitik die latifundistische Landwirtschaft. Einheimische Kleinbauern würden als Anbieter ignoriert und Milchpulver, darunter auch verfallene Produkte, aus dem Ausland importiert. In Nordkolumbien kooperiere Nestlé nur noch mit Lieferanten, die große Milchtanks installiert haben. Derartige Investitionen könne sich nur der Großgrundbesitz leisten, der im Departement Cesar,

---

13 Das Tribunal Permanente de los Pueblos wurde 1979 als Nachfolgeorganisation der Russel-Tribunale zu Vietnam (1966-1967) und den Militärdiktaturen Lateinamerikas (1974-1976) gegründet.

wo Nestlé seinen nordkolumbianischen Produktionsstandort unterhält, amalgamisch mit dem Paramiltarismus verbunden ist. Nestlés Marktpolitik trage somit
unmittelbar zur Konsolidierung des Paramilitarismus und dessen latifundistischem
Entwicklungsprojekt bei.

Diese Politik werde von einer aggressiven Prekarisierungsstrategie gegenüber der
Belegschaft begleitet. So seien Geschäftsvolumen und Gewinn von Nestlé in den
letzten Jahren stark gewachsen, gleichzeitig jedoch die Löhne durch die Eliminierung
regulärer Beschäftigungsverhältnisse sichtbar gesenkt worden. Nach Olayas Berechnungen (2006: 10) fielen die Reallöhne zwischen 1990 und 1998 um 8%, zwischen
1990 und 2000 um 23% und zwischen 1990 und 2002 sogar um 33%. Gleichzeitig
nahm die Produktivität pro Arbeiter zwischen 1990 und 2000 um 85% zu. Diese
Lohnverluste seien durch die Einführung neuer Beschäftigungsverhältnisse, d.h.
den massiven Einsatz von gewerkschaftlich nicht organisierbarer Leih- und Zeitarbeit ermöglicht worden. Parallel dazu habe sich das Nestlé-Konzernmanagement
um eine Verdrängung der als kämpferisch geltenden Nahrungsmittelgewerkschaft
SINALTRAINAL bemüht.

Der Konzern habe dabei von der Existenz paramilitärischer Gruppen profitiert,
deren Geschichte in der Region allerdings weiter zurückreicht: Schon bevor Nestlé die
Firma Cicolac im nordkolumbianischen Valledupar übernahm, waren vier SINAL
TRAINAL-Gewerkschafter in der Anlage ermordet worden. Im Juli 1999, nach der
Übernahme durch Nestlé, wurde der Gewerkschafter Victor Eloy Mieles gemeinsam
mit seiner Frau vor einer Anlage des Konzerns erschossen. Olaya zufolge war Nestlé
frühzeitig über paramilitärische Morddrohungen informiert gewesen, habe jedoch
nichts unternommen, um die eigenen Angestellten zu schützen. Der Konzern habe
vielmehr seine guten Verbindungen zur Regierung 2002 genützt, um einen Streik für
illegal erklären zu lassen und neun SINALTRAINAL-Gewerkschafter fristlos zu
kündigen (ebda: 16). Die Vorgehensweise des Unternehmens wurde noch feindseliger,
als Nestlé am 16. April 2002 den Viehzüchtern in der Region um Valledupar auf
einem Treffen mitteilte, dass das Unternehmen die Löhne für zu hoch halte und man
die Region verlassen werde, wenn die Konflikte mit SINALTRAINAL anhielten.
In einer paramilitärisch kontrollierten Region wie dem nordkolumbianischen Cesar
kann ein solcher Hinweis nur als Mordaufforderung interpretiert werden. Wenn
Nestlé den als Hintermännern des Paramilitarismus bekannten Großgrundbesitzern
erklärt, dass man den Milchpreis so lange nicht erhöhen könne, wie die Gewerkschaft
sich den Umstrukturierungsplänen widersetze, so folgert daraus für die Viehzüchter,
dass sie die Gewerkschaft aus dem Weg räumen müssen.

Ein Jahr später drohte Nestlé seinen Beschäftigten in Valledupar damit, vom
Tarifvertrag zurückzutreten, und blockierte anstehende Tarifverhandlungen. Als
SINALTRAINAL daraufhin einen Arbeitskampf ankündigte, sorgten paramilitärische Morddrohungen für einen Rückzug der Gewerkschaft. Kurze Zeit später

erzwang das Nestlé-Management in Valledupar den kollektiven Rücktritt von 178 Beschäftigten von ihren Arbeitsverträgen. Der örtliche Nestlé-Personalchef hatte die Belegschaft hierfür in einem Hotel in Valledupar zusammenbringen lassen und dort dazu gedrängt, zugunsten schlechterer Vereinbarungen von ihren Verträgen zurückzutreten (ebda: 16, ATTAC-Schweiz et. al 2004). Auch hier wurden die Gewaltverhältnisse in der Region gezielt genutzt, um Unternehmensziele durchzusetzen.

Fallbeispiel 2: Das US-Bergbauunternehmen Drummond

Noch direkter scheint die Beziehung zwischen paramilitärischen AUC und Unternehmensinteressen im Fall des Kohlemultis Drummond gewesen zu sein, gegen den US-Gewerkschaften aus diesem Grund ein Zivilrechtsverfahren in den USA anstrengten (United Steel Workers et al. 2002). Drummond, einem in Alabama ansässigen Konzern, der im nordkolumbianischen La Loma (Dep. Cesar) große Steinkohlevorkommen im Tagebau ausbeutet, wird die Verantwortung für mehrere Morde vorgeworfen. So wurden Valmore Lacarno und Victor Hugo Orcasita, Präsident und Vizepräsident der Gewerkschaft der Minenarbeiter SINTRAMIENERGETICA im nordkolumbianischen Departement Cesar am 12. März 2001 von Paramilitärs vor den Augen ihrer Arbeitskollegen aus einem Bus der Drummond Company geholt und erschossen (ebda). Lacarno und Orcasita hatten SINTRAMIENERGETICA bei Tarifverhandlungen mit Drummond vertreten. In diesem Zusammenhang waren Flugblätter aufgetaucht, in denen die Gewerkschaft der Guerilla-Unterstützung bezichtigt wurde. Lacarno und Orcasita hatten die Drummond Company daraufhin gebeten, auf dem gut gesicherten Werksgelände übernachten zu dürfen, um die gefährliche Fahrt zwischen Wohn- und Arbeitsort zu vermeiden. Der zuständige Vertreter des Drummond-Managements hatte dies im Oktober 2000 abgelehnt (ebda: Punkt 33). Zudem hatte die Gewerkschaft das Unternehmen während der Tarifverhandlungen mehrfach aufgefordert, die Belegschaft allgemein gegenüber jenen paramilitärischen Gruppen in Schutz zu nehmen, die die Drummond-Eisenbahnlinie und andere Werkseinrichtungen sicherten. Im Rahmen dieser Auseinandersetzung und einer von der Gewerkschaft unterstützten Entschädigungsklage gegen das Unternehmen soll der Präsident der Drummond-Förderstätte den Gewerkschaftern erklärt haben, dass „Fische, die das Maul aufreißen, sterben" (ebda: Punkt 34). Offensichtlich wurde die offen gewerkschaftsfeindliche Politik auch vom US-amerikanischen Besitzer des Unternehmens unterstützt. Garry Drummond verweigerte, nachdem er auf einem Treffen von Gewerkschaftsvertretern persönlich über die Gefährdungslage informiert worden war, den erbetenen Maßnahmen seine Zustimmung (ebda: Punkt 18, 35, 36 und 42).

Nach dem Tod Lacarnos und Orcasitas wurde Gustavo Soler Präsident der Gewerkschaft und nahm die Tarifverhandlungen mit Drummond wieder auf. Erneut bat die Gewerkschaft den US-Firmenchef Garry Drummond um Unterbringung auf dem sicheren Werksgelände, erneut lehnte das Unternehmen das Ansinnen ab. Am 5. Oktober 2001 wurde daraufhin auch Gustavo Soler außerhalb der Anlage entführt, gefoltert und ermordet. Die Vorwürfe von SINTRAMIENERGETICA, wonach die paramilitärischen Mörder Geschäftsbeziehungen zu Drummond unterhielten und ihre Anschläge mit Wissen des Unternehmens durchführten, wurden einige Jahre später von anderen Quellen bestätigt. Der ehemalige Leiter der Informatikabteilung der DAS-Polizei Rafael García erklärte 2006, er habe gesehen, wie der Chef von Drummond-Kolumbien dem AUC-Kommandanten Rodrigo Tovar (alias „Jorge 40") einen Geldkoffer überreicht habe, mit dem der Mord an den Gewerkschaftern Lacarno und Orcasita bezahlt worden sei (El Nuevo Herald 19. 5. 2006). Eine Ausreise von Rafael García, der wegen Korruption und Strafvereitelung in Kolumbien im Gefängnis sitzt, in die USA wurde jedoch verhindert, sodass Garcías Version keine juristischen Folgen hatte.

Ein geständiger Paramilitär bestätigte diese Version, als er 2007 aussagte, er sei als Chauffeur eines Paramilitärkommandanten dabei gewesen, wie der kolumbianische Drummond-Leiter Augusto Jiménez den Paramilitär-Chef beauftragte, drei Gewerkschafter „zu neutralisieren", und dafür 200.000 Dollar zahlte (El Espectador 30.6.2007).

Von einem Unteroffizier der kolumbianischen Armee wurde des Weiteren bekräftigt, dass der aus Ex-Militärs zusammengesetzte Sicherheitsdienst von Drummond eng mit den AUC in der Region zusammenarbeitete. Einer der führenden Drummond-Sicherheitsleute, der Leutnant i.R. Luis Carlos Rodríguez, habe den Zeugen aufgefordert, die in Fahrzeugen patrouillierenden bewaffneten Zivilisten in der Umgebung der Tagebaumine nicht von ihrer Arbeit abzuhalten. Ein weiterer Zeuge erklärte, die Paramilitärs hätten für ihre Patrouillenfahrten Fahrzeuge des Kohleunternehmens Drummond benutzt und auf Werksanlagen getankt. Ein ehemaliger leitender Angestellter der Mine bekundete, das von Drummonds beschäftigte Sicherheitspersonal um den Leutnant i.R. Luis Carlos Rodríguez habe enge Kontakte zu den AUC und der Armee gepflegt und Truppenbewegungen koordiniert, damit es nicht zu unerwarteten Zusammenstößen zwischen beiden Seiten kam (Semana 24.3.2007). Schließlich bekräftigte George M. Pierce, der 1998 bis 2000 mit weiteren 40 US-Bürgern für Drummond in der Mine La Loma arbeitete, führende Angestellte des Bergbauunternehmens hätten davon gesprochen, dass Gewerkschafter und ELN-Guerilla das Gleiche seien und dass sich die Paramilitärs dieser Angelegenheit schon annehmen würden (El Espectador 30.6.2007).

Fallbeispiel 3: Der US-Fruchtkonzern Chiquita Brands

In den USA aktenkundig sind weiterhin Verbindungen des Fruchtkonzerns Chiquita Brands zu den AUC. Chiquita, das sich unter dem Namen United Fruit Company bereits im 20. Jahrhundert in ganz Lateinamerika einen miserablen Ruf erworben hatte, erklärte 2004, 1,7 Millionen Dollar an die AUC gezahlt zu haben (Chiquita 2007), und wurde daraufhin zur Zahlung einer Geldstrafe von 25 Millionen Dollar verurteilt.[14]

Die Verbindungen zwischen Paramilitärs und den Betreibern der Bananenplantagen reichen weit zurück. Dem Unternehmerverband UNIBAN wurde bereits in den 1980er Jahren vorgeworfen, die paramilitärischen Strukturen im Land maßgeblich mitaufgebaut zu haben. Den Aussagen von Jesús de Alonso Baquero zufolge, einem der führenden Paramilitärs der 1980er Jahre, sollen die 1987/88 von israelischen Ausbildern durchgeführten Trainingskurse der *Autodefensas* im Mittleren Magdalena vom Bananenunternehmerverband UNIBAN mitfinanziert worden sein[15]. Die Penetration der Paramilitärs in der Plantagenregion Urabá sei eine Gegenleistung für die finanzielle Unterstützung UNIBANs gewesen (zit. nach: Giraldo 2004a; Noche y Niebla 2004: 128).

Der US-Konzern Chiquita beteiligte sich offensichtlich an dieser Allianz von Bananenunternehmern und Paramilitärs. Spätestens 1997 sollen der AUC-Kommandant Carlos Castaño und der Vorsitzende der kolumbianischen Chiquita-Tochter Banadex persönlich zusammengetroffen sein und regelmäßige Zahlungen des Unternehmens an die Paramilitärs vereinbart haben. Bis Februar 2004 leistete Banadex daraufhin mehr als 100 Zahlungen in einer Höhe von mindestens 1,7 Millionen Dollar an die AUC (Chiquita Brands 2007). Das Geld floss an die Wachschutzkooperative „Convivir Papagayo", die Teil des paramilitärischen Netzwerks in Urabá war (Semana 14.4.2007, Comisión Colombiana de Juristas 2008a). Über die Zahlungen informiert waren mindestens fünf Vertreter der Konzernmutter von Chiquita in Cincinnati, darunter auch ein Vorstandsmitglied (Semana 17.3.2007, vgl. Colectivo de Abogados 2008).

Erst zweieinhalb Jahre, nachdem die AUC auf die Terrorliste der US-Regierung gesetzt worden waren und sich Chiquita damit auch in den USA einer Straftat schuldig machte, stellte das Unternehmen die Zahlungen ein. Offensichtlich um einer Anzeige zuvorzukommen, zeigte sich Chiquita selbst an und suchte einen

---

14 Von Opfern als empörend empfunden wurde die Tatsache, dass der Fruchtkonzern die Entschädigungszahlungen an die US-Justiz und nicht an die Betroffenen in Kolumbien leisten sollte.

15 Es gibt hierzu unterschiedliche Aussagen. Nach Angaben Yair Kleins (El Espectador 1.10.1989) wurde der Kurs von der Viehzüchterorganisation ACDEGAM bezahlt. Nach anderen Angaben wurde der Kurs fast ausschließlich vom Drogenhandel bezahlt (Noche y Niebla 2004: 128, Tarazona 2008)

Vergleich mit der US-Justiz. Chiquita (2007) begründete „die Zahlungen an rechte und linke Paramilitärs" damit, dass man Angestellte habe schützen wollen. Die These der Schutzgeldzahlung ist allerdings wenig plausibel, wenn man weiß, dass die paramilitärischen AUC ihrem Selbstverständnis nach ausländische Investoren vor Guerillagruppen und unkooperativen Gewerkschaften schützen wollten. Insofern lassen sich Schutzgeldzahlungen an die Guerilla nicht mit Zahlungen an die Paramilitärs gleichsetzen: Wenn Chiquita und andere Unternehmen an Guerillagruppen zahlten, dann tatsächlich um führendes Personal und Anlagen vor Angriffen zu schützen. Wenn sie hingegen den AUC Geld zukommen ließen, dann um Angriffe auf unliebsame Gewerkschafter zu finanzieren.

Zudem beschränkten sich die Verbindungen Chiquitas nicht auf Schutzgeldzahlungen. 2001 war die kolumbianische Chiquita-Tochter Banadex in einen spektakulären Waffenschmuggel der AUC verwickelt, den Carlos Castaño in einem Interview mit der Tageszeitung *El Tiempo* (30.6. 2002) als einen der größten Erfolge seiner Organisation bezeichnete. Mehr als 3000 AK-47 Gewehre aus Nicaragua wurden damals von einem internationalen Waffenhändlerring in die kolumbianische Küstenstadt Turbo und von dort an die AUC geliefert. Eine Untersuchung der Organisation Amerikanischer Staaten (OEA 2003) stellte fest, dass die Waffen an den Kais der Chiquita-Tochter Banadex gelöscht worden waren. Dabei setzte Banadex Spezialkräne ein, die nicht nötig gewesen wären, wenn sich in den Containern, wie offiziell deklariert, Gummireifen befunden hätten (Gómez 2006, Semana 17.3.2007, El Tiempo 16.3.2007). Die kolumbianische Banadex-Leitung war also offensichtlich im Vorfeld über den größten Waffenschmuggel der Paramilitärs informiert worden, was nichts anderes bedeutet, als dass das örtliche Chiquita-Management eng mit den AUC-Führungsstrukturen kooperierte (ausführlicher zu diesem Waffenhandel: Kap. 9.4.).

Fallbeispiel 4: Der US-Getränkekonzern Coca Cola

Auch gegen Coca Cola gab es in den vergangenen Jahren immer wieder schwer wiegende Vorwürfe. Unumstritten ist, dass seit Mitte der 1990er Jahre neun, bei den kolumbianischen Lizenznehmern bzw. Tochterunternehmen von Coca Cola tätige Gewerkschafter ermordet wurden und 50 weitere Mitglieder der Nahrungsmittelgewerkschaft SINALTRAINAL ihre Heimatregionen verlassen mussten. Im gleichen Zeitraum setzte das Unternehmen eine deutliche Verschlechterung der Arbeitsbedingungen durch. Gab es Anfang der 1990er Jahre noch etwa 10.000 Festangestellte bei Coca-Cola, die ein Durchschnittseinkommen von 600-700 US-Dollar bezogen, waren zehn Jahre später nur noch etwa 2000 direkt angestellt, davon 500 Personen mit unbefristeten Verträgen (eigene Interviews mit dem SINALTRAINAL-Vorstand Juni 2006). Alle anderen waren über Subunternehmer beschäftigt und bezogen einen Monatslohn von nur noch etwa 150 US-Dollar (vgl. Azzellini 2002).

Doch nicht nur die zeitliche Übereinstimmung zwischen der Umstrukturierung des Unternehmens und der paramilitärischen Gewalt wirft Fragen auf. Es gibt auch Gewalthandlungen, die eindeutig von Coca-Cola-Lizenznehmern zu verantworten sind. In der Kleinstadt Carepa, einem von Paramilitärs und Armee gemeinsam kontrollierten Ort in der Region Urabá, wurde SINALTRAINAL Mitte der 1990er Jahre völlig zerschlagen.

In der Ortschaft Carepa unterhielt die Firma *Bebidas y Alimentos* eine kleine Coca-Cola-Abfüllanlage mit einigen Dutzend Arbeitern. Bereits 1994 waren zwei Gewerkschafter der Abfüllanlage getötet worden. Wenig später begannen Paramilitärs mit einem systematischen Angriff. Sie bedrohten SINALTRAINAL so massiv, dass die Gewerkschaftsdelegierten die Stadt verlassen mussten. Im Juni 1995 wurde ein neuer Vorstand gewählt, zu dem auch der später ermordete Isidro Gil gehörte. Einen weiteren Monat später stellte Coca Cola neue Arbeitskräfte ein, darunter auch jene Paramilitärs, die einige Wochen zuvor die Gewerkschafter bedroht hatten (United Steel Workers et al. 2001, Punkt 40-42). Der Manager der Abfüllanlage in Carepa Ariosto Milan Mosquera erklärte gegenüber Gewerkschaftern, dass er die Paramilitärs angewiesen habe, SINALTRAINAL zu zerschlagen (ebda, Punkt 43-45). Die Gewerkschaft informierte Coca-Cola-Kolumbien im September 1996 in einem Brief über das Verhalten des Lizenz-Unternehmens, erhielt von der Zentrale jedoch keine Antwort.

Im Dezember 1996 eskalierte schließlich die Situation: Am 5.12. töteten Paramilitärs den Gewerkschaftsdelegierten Isidro Gil. In der darauf folgenden Nacht zündeten Paramilitärs das Gewerkschaftsbüro an, am 6.12. wurden auch die anderen SINALTRAINAL-Führungsmitglieder bedroht. Am Morgen des 7.12.1996 drangen Paramilitärs auf das Werksgelände ein und erklärten den Arbeitern, dass sie aus SINALTRAINAL austreten oder Carepa verlassen müssten. Schließlich wurden die verbliebenen Arbeiter gezwungen, im Büro des Geschäftsführers von *Bebidas y Alimentos* vorbereitete Austrittserklärungen zu unterzeichnen (ebda, Punkt 49-52). Die Paramilitärs verkauften die im Gewerkschaftsbüro gestohlenen Krankenversicherungskarten an das Abfüllunternehmen, das SINALTRAINAL-Büro wurde von den Todesschwadronen in Besitz genommen und Ende Dezember 1996 ein weiterer Gewerkschafter erschossen. In den Folgejahren entstand mit SICO eine neue, mit der Unternehmensleitung kooperierende Kleinstgewerkschaft – die Kolumbien gemeinsam mit der Bananenarbeitergewerkschaft SINTRAINAGRO im internationalen Nahrungsmittelarbeiterverband IUF-UITA vertritt und somit großen Einfluss auf die Haltung internationaler Gewerkschaftsverbände zum Konflikt bei Coca Cola besitzt. 2000, also mehr als 3 Jahre nach den Ereignissen, wurde schließlich auch die Witwe von Isidro Gil erschossen (ebda, Punkte 53-58).

Carepa ist nicht der einzige Fall von unternehmerischer Gewalt bei Coca Cola. In der Abfüllanlage der nordostkolumbianischen Stadt Bucaramanga wurden

SINALTRAINAL-Gewerkschafter mehrfach wegen ihrer Aktivitäten bei Coca Cola bedroht, der Sohn eines Gewerkschafters von Paramilitärs erschossen. Zudem bezichtigte der Sicherheitsdienst von Coca Cola die Gewerkschaft des Terrorismus, was dazu führte, dass zwei Gewerkschafter unschuldig ein halbes Jahr im Gefängnis saßen (ebda: 59-70). Die Morddrohungen rissen in den Folgejahren nicht ab. Zuletzt wurden die Coca-Cola-Gewerkschafter José Domingo Flores und Luis Eduardo Garcia Anfang 2008 von den so genannten „Águilas Negras", einer Nachfolgeorganisation der AUC, mit dem Tod bedroht (SINALTRAINAL-Rundbrief 14.2.2008). Der Drohbrief wurde – nach einigen Monaten der Ruhe – verschickt, unmittelbar nachdem die Gewerkschaft ihre Kampagne gegen Coca Cola neu aufgenommen hatte.[16]

Im an der Grenze zu Venezuela gelegenen Cúcuta schoss 1998 ein Wachschützer, durch Anweisungen der Coca-Cola-Werksleitung gegen die Gewerkschaft aufgehetzt, auf einen SINALTRAINAL-Funktionär. Ein weiterer Gewerkschaftsvertreter wurde 1999 von Paramilitärs entführt, gefoltert und wegen seiner Gewerkschaftsaktivitäten mit dem Tode bedroht (United Steel Workers et al. 2001, Punkt 71-78). Des Weiteren versuchten Paramilitärs im Juni 2002 in der Erdölstadt Barrancabermeja die vierjährige Tochter des Coca Coca Cola-Gewerkschafters William Mendoza zu entführen (SINALTRAINAL-Rundbrief 18.2.2002).

Schließlich wurde im August 2002 der SINALTRAINAL-Funktionär und CUT-Vizepräsident der Region Atlántico Adolfo Múnera López im nordkolumbianischen Barranquilla erschossen. Múnera hatte 1996 einen Streik in der Coca-Cola-Abfüllanlage Barranquilla organisiert und war daraufhin ins Fadenkreuz der Unternehmensleitung geraten. 1997 führte der Manager der Abfüllanlage in Barranquilla Emilio Hernández Polizeibeamte des DAS zu Múnera nach Hause und nahm an einer Hausdurchsuchung teil, in deren Verlauf der Gewerkschafter Múnera der Zusammenarbeit mit der Guerilla beschuldigt wurde. Obwohl nichts Verdächtiges gefunden wurde, erschienen DAS-Agenten wenige Stunden später am Arbeitsplatz Múneras, der daraufhin aus Angst vor einer Verhaftung untertauchte. Als seine Ehefrau ihn in seinem Versteck besuchen wollte, wurde sie von Paramilitärs abgepasst und bedroht. Die Familie verließ Barranquilla, Adolfo Múnera wurde von seinem Arbeitgeber gekündigt. Vom venezolanischen Exil aus klagte Múnera, gegen den nie Anklage erhoben wurde, gegen die Kündigung und bekam schließlich am 22. August 2002, nach fünf Jahren Exil, vor dem Obersten Gerichtshof Kolumbiens Recht. Múnera kehrte nach Barranquilla zurück, wurde jedoch bereits am 31. August 2002 von Paramilitärs ermordet (United Steel Workers et al. 2006, Punkte

---

16 SINALTRAINAL und Coca Cola standen über US-Gewerkschaftanwälte jahrelang in Kontakt. In diesem Rahmen ließ SINALTRAINAL die Kampagne einige Monate lang ruhen, um Verhandlungen zu ermöglichen.

20-23). Nach Zeugenaussagen konnten sich die paramilitärischen AUC auf dem Werksgelände in Barranquilla frei bewegen.

Diese Fälle belegen, dass der Paramilitarismus systematisch eingesetzt wurde, um Gewerkschaften in Kolumbien zu schwächen oder zu zerstören. Die Komplizenschaft zwischen Unternehmen und Paramilitärs war dabei unterschiedlich eng. Besonders in Nordkolumbien entwickelte sich Ende der 1990er Jahre ein Machtnetzwerk, in dem staatliche Sicherheitskräfte, transnationale Konzerne, Politiker, private Sicherheitsdienstleister und Paramilitärs amalgamisch miteinander verbunden waren. Der Fall Drummond ist hierfür exemplarisch: Das Unternehmen bezahlte Staatsorgane und private, häufig von Ex-Militärs aufgebaute Sicherheitsunternehmen für den Schutz der Anlagen. Armee und Wachschutzunternehmen wiederum koordinierten sich mit den AUC und nannten den Paramilitärs jene Personen, die sich aus Sicht des Unternehmens investitionsschädigend verhielten. Die AUC schließlich besaßen die Mittel, um den Betriebsfrieden informell sicher zu stellen. Unternehmen, Staat und private Gewaltakteure sicherten auf diese Weise gemeinsam die Exportwirtschaft gegen Arbeitskämpfe ab.

In anderen Regionen scheinen die Verbindungen weniger eng gewesen zu sein. Doch auch dort gilt, dass Unternehmensleitungen ihre Belegschaften nicht zu schützen versuchten und sich die Schwächung der Gewerkschaften aktiv zunutze machten.

8.4. Der Paramilitarismus und die weltmarktorientierte Erschließung peripherer Regionen

Paramilitärs agierten aber nicht nur als private Todesschwadronen von Unternehmern, sondern stellten allgemein freundliche Investitionsbedingungen her. Die Anbindung an staatliche Strukturen sorgte dafür, dass Unternehmen nicht zu Geiseln paramilitärischer Willkür wurden. Eingebunden in Netzwerke, an denen auch Staatsorgane und legale Sicherheitsunternehmen beteiligt waren, wirkte der Paramilitarismus als eine Art „erweiterter Staat". Dabei garantierte er nicht nur Sicherheit für das Kapital – und umgekehrt Unsicherheit für die Arbeiter –, sondern ermöglichte auch die Erschließung peripherer, aufgrund ihrer geographischen Lage oder sozialer Strukturen bislang kaum integrierter Regionen.

Klein- und Subsistenzbauern, Indigene, afrokolumbianische Gemeinden, aber auch Bürgerinitiativen und Gewerkschaften haben in den vergangenen Jahrzehnten immer wieder hartnäckig Widerstand gegen Entwicklungs- und Erschließungsprojekte geleistet, um Landenteignung, Umweltzerstörung oder die Auflösung traditioneller Sozial- und Wirtschaftsstrukturen zu verhindern. Gegen diesen Widerstand fungierte der Paramilitarismus als eine Art Türöffner. Die Paramilitärs handelten dabei – wie im Folgenden gezeigt werden soll – zunächst im Interesse anderer Akteure, um sich mit der Zeit jedoch selbst in Investoren bei großen Entwicklungsprojekten zu verwandeln.

Fallbeispiel 1: Die Erdölförderung in den Departements Arauca und Casanare

Die kolumbianische Erdölproduktion expandierte um 1980, als das US-Unternehmen Occidental (Oxy) mit dem kolumbianischen Staatskonzern ECOPETROL die gemeinsame Erschließung von Ölvorkommen im ostkolumbianischen Arauca vereinbarte (Observatorio de Multinacionales et al. 2006: 28). Im Rahmen des Joint Ventures enteignete der kolumbianische Staat in den Folgejahren 120.000 Hektar Land (ebda: 22), das bis dahin vor allem von indigenen Gemeinden bewohnt worden war und nun faktisch an den US-Konzern Oxy abgetreten wurde. Die Förderzone von Caño Limón erhielt den Status eines hochmilitarisierten, quasi exterritorialen Gebiets, zu dem Kolumbianer nur mit Oxy-Genehmigung Zugang haben. Die bis dahin vor allem vom Fischfang lebenden Indigenen mussten hingegen ihr traditionelles Leben aufgeben und in die anliegenden Kleinstädte abwandern (ebda: 79-83, eigene Interviews in der Region Februar 2005). Ihre Nachkommen leben heute überwiegend als Bettler und Prostituierte in den Kleinstädten Araucas.

Der Fall zeigt, dass nicht nur das Auftreten bewaffneter Akteure, die die Landenteignung umsetzten und den Krieg in der Region drastisch verschärften[17], als Gewalt bezeichnet werden muss. Nicht weniger gewalttätig wirkte sich die Zerstörung bestehender Sozialstrukturen aus. Es ist also nicht so, dass die Paramilitärs allein für die Gewalt von Entwicklungsprojekten verantwortlich zu machen sind. Es verhält sich eher anders herum: Die Gewalt einer weltmarktorientierten Entwicklungspolitik findet im Paramilitarismus ihren extremsten Ausdruck.

Eine direkte Verbindung zwischen Ölförderung und Paramilitarismus wurde ein knappes Jahrzehnt später sichtbar, als BP (British Petroleum) im südlich an Arauca angrenzenden Departement Casanare das nächste große Förderprojekt vorantrieb. BP begann Anfang der 1990er Jahre mit der Ausbeutung der Vorkommen von Cusiana, die auf ein Volumen von 700 Millionen bis 10 Milliarden Barrel (USO 1999) und einen Wert von 25 Milliarden Pfund (Guardian 17.10.1998) geschätzt wurden. Der europäische Ölkonzern konnte bei diesem Vorhaben auf die direkte Unterstützung der britischen Regierungen Major und Blair zählen. Unmittelbar

---

17 1998 bombardierte die Luftwaffe die Zivilbevölkerung in der nah gelegenen Ortschaft Santo Domingo mit Streubomben und tötete dabei 17 Personen, darunter sechs Kinder. An der Luftoperation beteiligt war u.a. ein Flugzeug der US-Firma Airscan, die im Auftrag von Oxy Aufklärungsmissionen flog (Amnesty International 2004). Ziel der Luftüberwachung war der Schutz der Öleinrichtungen vor Guerillaangriffen.

nach dem Beginn des Förderprojekts, das BP in den größten ausländischen Investor Kolumbiens verwandelte und in dessen Zusammenhang eine 800 Kilometer lange Pipeline aus dem ostkolumbianischen Casanare an die Atlantikküste gebaut wurde, tauchten in Casanare paramilitärische Gruppen auf. Zudem kam es während des Pipeline-Baus entlang der Bautrasse zu einem drastischen Anstieg von Menschenrechtsverletzungen. Verantwortlich für diese Entwicklung waren offensichtlich von BP beauftragte Sicherheitsdienste. Nach Berichten des Guardian (17.10.1998) und der kolumbianischen Wochenzeitung El Espectador (25.10. 1998) beauftragte BP die kolumbianische Tochter des britischen Sicherheitsunternehmens Defence Systems Limited (DSL)[18] mit dem Schutz der Erdölanlagen, und schloss ein Abkommen mit dem kolumbianischen Verteidigungsministerium, in dem sich BP zum Kauf von Kriegsgerät für mehrere Anti-Guerilla-Einheiten verpflichtete. DSL, das 1981 von pensionierten britischen Elitesoldaten und Geheimdienstmitarbeitern gegründet worden war und enge Beziehungen zur Thatcher-Regierung pflegte, bewegte sich in einer Grauzone zum Paramilitarismus. Das Unternehmen förderte den Aufbau eines Informantennetzes in der Nähe der Ölanlagen, das sich auch gegen Gewerkschafter richtete und die Organisierung der Ölarbeiter auf den Feldern in Casanare verhinderte oder zumindest extrem erschwerte (USO 1999). Zudem trat Roger Brown, der von Defence Systems gestellte Sicherheitschef des BP-Pipeline-Projekts während des Pipeline-Baus 1996 mit dem israelischen Militärunternehmen *Silver Shadow* in Kontakt. Silver Shadow[19], das vom ehemaligen leitenden Angestellten der israelischen Botschaft in Bogotá und israelischen Offizier i.R. Asaf Nadel gegründet wurde, schlug Defence Systems den Erwerb von fliegenden Spionage-Drohnen, Kommunikationsmitteln, Nachtsichtgeräten und speziellen Anti-Guerilla-Waffen vor, um den Bau eines als unsicher geltenden 115 Kilometer langen Teilstücks der Pipeline im Nordosten des Departements Antioquia zu schützen. Das für die Pipeline verantwortliche BP-Tochterunternehmen Ocensa leistete eine erste Zahlung auf das Konto von Silver Shadow in Tel Aviv. Ein Jahr später wurden die Rüstungsgüter dank Silver Shadow aus den USA geliefert und der 14. kolumbianischen Armeebrigade übergeben – obwohl die Staatsanwaltschaft gegen diese Einheit wegen der Beteiligung an mehreren Massakern ermittelte (Guardian 17.10.1998, El Espectador 25.10. 1998).

Einer Faxkorrespondenz zufolge, die dem Guardian vorlag, diskutierten das BP-Unternehmen Ocensa und Silver Shadow die Durchführung eines 18tägigen Seminars für das Sicherheitspersonal von BP und Ocensa. Dort sollten auch Taktiken verdeckter Kriegführung unterrichtet werden. „Einem vertraulichen Fax zufolge,

---

18 DSL ist mittlerweile in der „ArmorGroup" aufgegangen, die zu den größten Militärfirmen der Welt zählt.

19 Eine Selbstdarstellung von Silver Shadow findet sich unter: (http://silvershadow.pionet.com).

diskutierten Roger Brown und Silver Shadow über den Einsatz ehemaliger israelischer Geheimdienstoffiziere – 'deren Methoden', so das Fax, 'weltweit bekannt sind' –, um das Sicherheitspersonal von Ocensa in Verhör- und Spionagetechniken, der Anwerbung und Führung von Informanten, der Erstellung von Geheimdienstarchiven und in Ermittlungen gegen Einzelpersonen zu schulen." (Guardian 17.10. 1998) Für Silver Shadow am Sicherheitsgeschäft beteiligt war unter anderem der israelisch-paraguayische Geschäftsmann Oscar Ricardo Zayas Marini (El Espectador 25.10.1998), der zu diesem Zeitpunkt bereits drei Mal aus Kolumbien ausgewiesen worden war und des Drogenhandels beschuldigt wurde. Zayas konnte dennoch offensichtlich bei der kolumbianischen Regierung vorsprechen und das Sicherheitskonzept seines Unternehmens darlegen.

Es ist nicht bekannt, wie viel von diesen Sicherheitsvorhaben letztlich umgesetzt wurde. Doch kolumbianische Offiziere bekundeten bei verschiedenen Gelegenheiten, dass im Auftrag des Ölunternehmens Informations- und Spitzelnetze im Umfeld der BP-Anlagen aufgebaut worden seien. Bekannt ist weiterhin, dass 1997 nach der Sicherheitsoffensive von BP entlang der Pipeline-Trasse im Nordosten Antioquias mehr als 140 Personen ermordet wurden (ebda), darunter sämtliche Mitglieder des regionalen Menschenrechtskomitees.

Fallbeispiel 2: Die Staudammprojekte Urrá 1 und Urrá 2 im Dep. Córdoba

Nicht weniger blutig verlief die Entwicklung der Staudammprojekte Urrá 1 und Urrá 2 im nordwestkolumbianischen Departement Córdoba. Die Erschließung des oberen Laufes des Sinú-Flusses für die Stromproduktion wurde in Kolumbien bereits in den 1950er Jahren diskutiert. In den 1980er Jahren wurde der Bau eines Megakraftwerks verworfen und mit Urrá 1 eine kleinere Version des Projekts in Angriff genommen (vgl. Negrete 2007, Kreger 2005). Ein schwedischer Konzern führte zwischen 1992 und 1998 schließlich den Bau des Kraftwerks durch. Betroffen davon war unter anderem der Nationalpark Nudo de Paramillo, ein Bergwaldgebiet der Cordillera Occidental, der nicht nur als Bastion der paramilitärischen ACCU gilt, sondern auch Heimat von etwa 3000 Embera-Katío-Indígenas ist. Da die Indigenen nach der neuen kolumbianischen Verfassung von 1991 kollektive Landrechte besaßen, bedurfte der Bau des Kraftwerks der Zustimmung ihrer Gemeinden. Doch erst nach massiven Protesten der Embera-Katío wurde Mitte der 1990er Jahre ein Abkommen mit der kolumbianischen Regierung ausgehandelt. Da diese Vereinbarung nach Ansicht der Indigenen sofort wieder gebrochen wurde, besetzten die Embera 1996 die schwedische Botschaft in Bogotá, um auf die zuständige Baufirma Druck auszuüben (El Tiempo 17.6.2001). Mit diesen Protesten setzte eine paramilitärische Mordwelle ein, die in den folgenden Jahren mindestens neun Führern der Embera-Katío das Leben kostete.

1998 gab der Oberste Gerichtshof den Indigenen Recht und verurteilte den Staat zur Berücksichtigung der indigenen Landrechte (Comisión Colombiana de Juristas 2008b: 1f). Doch die Regierungen Samper und Pastrana setzten sich auch über diesen Beschluss hinweg und autorisierten die Inbetriebnahme des Kraftwerks. Durch Urra 1 wurden 7400 Hektar Land geflutet, was für die Embera-Katío nicht nur einen Verlust von Land, sondern auch eine Verschlechterung ihrer Nahrungsmittelsversorgung bedeutete. Die Embera leben wesentlich vom Fischfang und waren daher von der Verringerung der Bestände in Folge des Staudamms direkt betroffen (Kreger 2005).

Im gleichen Maße, wie die Debatte um das Kraftwerk anhielt, intervenierten auch die Paramilitärs. 1999 bezeichneten die AUC die Embera-Katío in einem Brief an die Regierung Pastrana als Guerilla-Sympathisanten und erklärten sie damit zum Angriffsziel. Zwei Jahre später wurde der Sprecher der Embera Kimy Pernía Domicó, der die Regierung zuvor auf einem Forum in Bogotá des Rechtsbruchs beschuldigt hatte, von Paramilitärs entführt und ermordet (El Espectador 16.6.2001).

2005 versicherte die Uribe-Regierung nach neuerlichen Protesten der Indigenen[20], dass kein weiteres Kraftwerk in der Region gebaut werde. Schon Ende 2007 kam es jedoch erneut zu einem Wortbruch, als Präsident Uribe erklärte, der existierende Staudamm Urrá 1 sei zu klein und ein Nachfolgeprojekt müsse in Angriff genommen werden (Comisión Colombiana de Juristas 2008b: 2f). Das Vorhaben steht im Zusammenhang mit einem regionalen Entwicklungsplan. Die Uribe-Regierung misst – ebenso wie ihre Vorgängerregierungen – Nordwestkolumbien wegen seiner strategischen Nähe zu beiden Ozeanen besondere Bedeutung bei. Die Erweiterung der Stromproduktion gilt als Voraussetzung der entwicklungspolitischen Vorhaben in der Region.

Die Durchsetzung des Wasserkraftwerkes Urrá lässt somit eine klare Komplementarität von staatlicher Politik, den Modernisierungsinteressen regionaler Machtgruppen und paramilitärischer Gewalt erkennen. Die Paramilitärs handelten bei ihren Morden zum einen im fremden Interesse: Die Gewalttaten erleichterten die Durchsetzung der staatlichen Entwicklungsvorhaben und trugen dazu bei, die Ländereien in der Umgebung des Kraftwerks aufzuwerten. Davon profitierten zum anderen jedoch nicht nur die Regierung und der traditionelle Großgrundbesitz in der Region, sondern auch die Paramilitär-Kommandanten selbst.

---

20 Mehr als 100 Embera-Katío hielten sich im Februar und März 2005 zu Protesten in Bogotá auf, um den Ausbau des Kraftwerks zu verhindern (eigene Interviews im Februar 2005).

Fallbeispiel 3: Der Palmenanbau an der Cuenca Pacífica

Besonders offensichtlich schließlich ist die Verbindung weltmarktorientierter Entwicklung und paramilitärischer Gewalt an der kolumbianischen Pazifikküste, der so genannten *Cuenca Pacífica*, und im Besonderen im Departement Chocó.

Der so genannten Cuenca Pacífica gilt seit Anfang der 1990er Jahre ein besonderes Interesse der Regierungen in Bogotá. Dabei stehen die Erschließung von Biodiversität, Böden und Transportwegen im Mittelpunkt. Um am schnell wachsenden Handel im pazifischen Raum teilhaben zu können, wurde der westkolumbianische Hafen Buenaventura (Dep. Valle del Cauca) in den vergangenen 15 Jahren zu Kolumbiens wichtigstem Überseehafen ausgebaut. Dieser Prozess löste auch in der Stadt selbst Vertreibungsprozesse aus. Durán/Rodríguez (2006) zufolge nahm die Gewalt besonders in jenen Armenvierteln zu, die im Rahmen einer Hafenerweiterung umgewidmet werden sollen. Die Anwohner profitieren im übrigen nicht vom Ausbau, da aufgrund der Privatisierung der Hafenanlagen in den 1990er Jahren kaum gesicherte Beschäftigungsverhältnisse entstehen.[21]

Noch deutlicher als Gewaltprojekt zu erkennen ist die sich rasch ausdehnende Exportlandwirtschaft an der Pazifikküste. Wie viele andere tropische Staaten strebt auch Kolumbien eine massive Ausweitung der Palmenanbaus an. Palmenöl, das für Industriezwecke und Biokraftstoffe verwendet wird, bietet vor allem im großflächigen Anbau beträchtliche Gewinnmargen und wird seit der Jahrtausendwende, nach langen Jahren des Preisverfalls, wieder zu steigenden Weltmarktpreisen gehandelt (Mingorance/Minelli/Le Du 2004: 32f). Vor diesem Hintergrund kündigte Präsident Pastrana bei einem Indonesien-Besuch im Jahr 2001 an, in Kolumbien auf einer Fläche von drei Millionen Hektar Ölpalmenplantagen anlegen zu wollen (ebda: 48). Sein Nachfolger Álvaro Uribe hielt an diesem ehrgeizigen Ziel fest. Obwohl die kolumbianischen Regierungen die Förderung der Landwirtschaft seit 1990 drastisch zurückgefahren haben, wurde die Ausbreitung der Ölpalme mit Steuervergünstigungen und Zuschüssen massiv unterstützt. Ó Loingsigh (2002: 97f) zufolge verzehnfachte sich die staatliche Förderung für den Palmenanbau zwischen 1994 und 2000, während die Subventionen etwa für das Grundnahrungsmittel Kartoffeln im gleichen Zeitraum um fast 70% fielen.

Präsident Uribe formulierte zudem auch explizit das Ziel, den kolumbianischen Benzinverbrauch durch aus Palmenöl gewonnenen Biokraftstoff zu substituieren (Mingorance et al 2004: 33). Gefördert werden Palmen-Monokulturen teilweise auch im Rahmen europäischer Entwicklungshilfe. Ó Loingsigh (2002: 90-99)

---

21 Bei der Entwicklung Buenaventuras deckten sich bemerkenswerterweise Interessen des Drogenhandels, der die Pazifikküste verstärkt zum Drogenschmuggel nutzte, mit Erschließungsvorhaben der Regierung. Das deutet darauf hin, dass der Drogenhandel keineswegs nur im „staatsfreien Raum" gedeiht.

verweist darauf, dass es dabei eine bedenkliche Übereinstimmung mit jenen Wirtschaftskonzepten gibt, die die Paramilitärs zu etablieren versuchen. Durchgesetzt wird eine exportorientierte, großflächige Landwirtschaft, in der nicht unbedingt Lohnarbeitsverhältnisse vorherrschend sind. Befürwortet werden auch genossenschaftliche Modelle, bei denen Einkaufsmonopole dafür sorgen, dass die Pflanzer über wenig eigene Spielräume verfügen, sich jedoch als Selbständige wahrnehmen und dementsprechend kaum organisieren (ebda: 92).

Eine Zielregion der neuen Entwicklungsvorhaben war das dünn besiedelte, vor allem von Afrokolumbianern und Indigenen bewohnte westkolumbianische Departement Chocó.[22] Bis Mitte der 1990er Jahre war die Region von politischer Gewalt weitgehend unberührt geblieben. Zwar waren bewaffnete Gruppen wegen der Drogenhandels- und Nachschubrouten Richtung Panama im Chocó präsent. Doch die Gewalt eskalierte erst, nachdem die Regierung in Bogotá die Cuenca Pacífica zum Entwicklungsprojekt erklärte. Ab 2000 kam es vermehrt zu Massakern und Massenvertreibungen (Mingorance et al. 2004: 88). Bemerkenswerterweise folgte auf die Vertreibung der Bevölkerung in der Region häufig die illegale Anlage von Plantagen (ebda: 128).

Die gewalttätige Vertreibung entsprang ganz unmittelbar einer ökonomischen Logik: Die Verfassung von 1991 garantiert den afrokolumbianischen und indigenen Gemeinden kollektive Landtitel. Dem 'regulären' Prozess der Landkonzentration war somit ein Riegel vorgeschoben. Im Unterschied zu anderen Regionen konnte Investoren nicht einfach auf die Dynamik steigender Landpreise setzen. Während anderswo Kleinbauern abwanderten, weil sie bei einem Verkauf relativ hohe Preise erzielen konnten, besaßen die Bewohner des Chocó keine individuellen Titel, um ihr Land rechtmäßig zu verkaufen.[23] Insofern wurde die gewalttätige Vertreibung zu einem wichtigen Instrument der Erschließung.

Die AUC-Kommandanten agierten bei diesem Prozess auch unmittelbar als Investoren. Gómez (2007) zeichnet nach, dass das im Chocó tätige Unternehmen Ura-

---

22 Das kolumbianische Landwirtschaftsministerium betont, dass die großen Ölpalmenprojekte nicht im Chocó, sondern in den ostkolumbianischen Llanos geplant seien. Erschlossen werden sollten dort Ländereien, die von Viehzüchtern extensiv genutzt werden (der kolumbianische Durchschnitt liegt mit einem Stück Vieh pro 2 Hektar Land sehr niedrig). Regenwald und andere Naturräume seien somit nicht gefährdet (eigenes Interview mit dem Abteilungsleiter des Ministeriums José Leonidas Tobón vom 11.9.2008). Es ist jedoch auffällig, dass die großen Neupflanzungen häufig in Guerillagebieten erfolgen (Meta, die Grenze Bolívar/Santander, Nariño). Ó Loingsigh (2002: 90-99) vertritt denn auch die Ansicht, die Ölpalme sei Teil eines (paramilitärischen) Unterwerfungsprojekts, durch das neue, leichter kontrollierbare sozioökonomische Strukturen geschaffen werden sollen.

23 Interview mit Gabriel Misas (Professor für politische Ökonomie an der Universidad Nacional – Bogotá) vom 28.8.2008.

palma federführend von den Paramilitärs Carlos und Vicente Castaño aufgebaut und der Palmenanbau von den AUC als strategisches Projekt verfolgt wurde. Urapalma konnte dabei zeitweise auch auf die Unterstützung der US-Entwicklungsagentur USAID zählen, die erst nach massiven Protesten eine Finanzierung des Plantagenprojekts absagte. Nach Angaben der kolumbianischen Generalstaatsanwaltschaft wurden 2007 zudem Ermittlungen gegen 23 führende Repräsentanten von Palmenunternehmen eingeleitet, die mit den Paramilitärs die Vertreibung der Zivilbevölkerung verabredet hatten (El Tiempo 23.12.2007, El Espectador 26.1.2008). Die Untersuchungen der Justiz verweisen darauf, dass der Staat die illegale Bepflanzung afrokolumbianischen und indigenen Landes aktiv unterstützte. Die Palmenunternehmer – teilweise selbst AUC-Kommandanten, teilweise mit diesen verbündet – erhielten staatliche Förderkredite in Höhe von 10.957 Milliarden Pesos (etwa 4 Millionen Euro) (El Espectador 3.12.2006) und konnten die Vorzugskonditionen der Kredite auch noch in Anspruch nehmen, als kolumbianische Gerichte die Illegalität der Pflanzungen bereits festgestellt hatten (Gómez 2007). Darüber hinaus sicherte die berüchtigte 17. Heeresbrigade die illegalen Landenteignungen militärisch gegen Proteste ab (El Espectador 26.1.2008).

Zwar versuchen vertriebene Dorfgemeinschaften seit 2006 in die Region zurückzukehren. Doch dabei sind sie nicht nur mit neuen Drohungen von AUC-Nachfolgeorganisationen konfrontiert. Sie kehren auch in ein Land zurück, das nicht mehr wiederzuerkennen ist und in dem ihre Lebensgrundlagen zerstört sind. Den Plantagenprojekten sollen allein im Chocó 30.000 Hektar Regenwald zum Opfer gefallen sein (Gómez 2007). Das gerodete Land ist für eine traditionelle Lebensweise der Gemeinschaften nicht mehr geeignet.

8.5. Der *Narcoparamilitarismo*: Die Rolle der AUC im Drogenhandel

Es ist bereits darauf hingewiesen worden, dass der Paramilitarismus und besonders die AUC-Führer als Gewaltunternehmer im Sinne Romeros (2005: 17) verstanden werden können: Personen, die auf die „Entfaltung und Anwendung von Gewalt spezialisiert (sind) und diese als Ware gegen Geld oder andere Werte" tauschen. Das paramilitärische Gewaltunternehmertum lässt sich dabei als Kombination von drei Aspekten beschreiben:

– Die Paramilitärs sind Sicherheitsdienstleister, die von Kapitalbesitzern für die Herstellung von Ordnung bezahlt werden. Sie können Privatarmeen mobilisieren, koordinieren sich allerdings mit den staatlichen Gewaltapparaten. Das Verhältnis zu ihren Auftraggebern/Handelspartnern stellt sich mal weisungsgebundener, mal autonomer dar.

– Die Paramilitärs etablieren eigene protostaatlich auftretende, illegale Machtordnungen, innerhalb derer auch solche Gruppen zur finanziellen Unterstützung gezwungen werden, die wenig oder kein Interesse an der Existenz von Paramilitärs haben. Die Zahlungen dieser – weniger privilegierten – Gruppen tragen den Charakter von Schutzgeldzahlungen. Da sich die Paramilitärkommandanten in diesem Zusammenhang persönlich bereichern, verwandeln sie sich in Kapitalbesitzer, die selbst an der Verteidigung des Status Quo interessiert sind und Auftraggeber von Gewalt werden.
Diese paramilitärische Besitzaneignung findet vor allem in Form von Landraub statt. So wurde der illegal erworbene Besitz der Familien Castaño und Carranza[24] bereits Mitte der 1990er Jahre auf mehrere Hunderttausend Hektar Land geschätzt.
Dieser Landraub steht in Verbindung mit dem Phänomen der Bodenspekulation: In der Vergangenheit wurden Paramilitärs vor allem in Regionen eingesetzt, in denen große Entwicklungsvorhaben geplant waren. Die Durchsetzung paramilitärischer „Sicherheit" trug zur Wertsteigerung der Ländereien bei. Auf diese Weise bildete sich ein kriegsökonomischer Kreislauf heraus. Die AUC-Kommandanten konnten im Rahmen ihrer Militäroffensiven Land rauben oder billig erwerben, von dem sie wussten, dass es durch die paramilitärische Erschließung an Wert zunehmen würde. Gewalthandlungen und Bodenpreise bewegten sich somit in einer gemeinsamen Spirale nach oben.
– Als illegale faktische Gewalt hat der Paramilitarismus zudem eine amalgamische Verbindung mit der organisierten Kriminalität ausgebildet. Den Paramilitärs gelang es, sich die Schattenökonomie zu unterwerfen. Sie kontrollierten den Handel mit Schwarzmarktbenzin (das aus der Raffinerie von Barrancabermeja und den anliegenden Pipelines gestohlen wird) (González/Jiménez 2007), erhoben Schutzgeldzahlungen auf den informellen städtischen San-Andresito-Märkten, die als staatlich geduldete Grauzonenmärkte stets eng mit der illegalen Ökonomie

---

24 Victor Carranza, der in der kolumbianischen Presse nach wie vor als „Zar" des mafiösen Smaragdhandels gilt, gehörte in den 1980er Jahren zu den Führungspersonen des Paramilitarismus. Ähnlich wie der Drogenhändler Gonzalo Rodríguez Gacha, der sein Geld zunächst ebenfalls mit Smaragden verdiente, verband Carranza Schatten- und Gewaltökonomie und baute dabei vor allem im zentralkolumbianischen Departement Boyacá und in den ostkolumbianischen Llanos Orientales paramilitärische Gruppen auf (Noche y Niebla 2004). Obwohl Carranza 1989 von mehreren Zeugen schwer belastet wurde, blieb er auch in den 1990er Jahren eine feste Größe der Organisierten Kriminalität. An den AUC offensichtlich nicht beteiligt, wurde er Ende der 1990er Jahre verhaftet, aber bereits 2001 wegen eines Verfahrensfehlers wieder freigelassen (El Espectador, 30. 12. 2001). Die regierungsnahe El Tiempo behandelt ihn heute als normalen Angehörigen der High Society (vgl. den Bericht über die Wahl der „SmaragdSchönheitskönigin" vom 26.8.2006).

verschränkt waren, und waren sogar – was paradox anmutet, da der Paramilitarismus sich doch wesentlich als Schutztruppe der von Entführungen gepeinigten Ober- und Mittelschicht gerierte – an Entführungen beteiligt. Mit Abstand am Wichtigsten ist jedoch die Bedeutung des Drogenhandels, mit dem der Paramilitarismus in den vergangenen 20 Jahren untrennbar verquickt war. Die beiden Phänomene liegen wie die Enthüllungen seit Beginn der AUC-Demobilisierung bewiesen haben so eng beieinander, dass in Kolumbien vom *Narcoparamilitarismo,* also dem Phänomen des Drogenparamilitarismus gesprochen wird.

Vor allem der dritte Aspekt soll im Folgenden ausführlich dargelegt werden. Die Verbindung zwischen Drogenhandel und paramilitärischer Gewalt manifestierte sich bereits Anfang der 1980er Jahre, als Medelliner Capos die MAS-Todesschwadronen schufen, die bei der Bekämpfung mutmaßlicher Guerillasympathisanten auf die aktive Unterstützung der Armee zählen konnten. In den Folgejahren spielten die (ursprünglich aus dem mafiösen Smaragdhandel kommenden) Drogenhändler Gonzalo Rodríguez Gacha und Victor Carranza Schlüsselrollen im schmutzigen Krieg gegen die FARC-nahe Linkspartei *Unión Patriótica* (Noche y Niebla 2004: 227-230, Castillo 1987, Aranguren 2001: 97f). In diesem Krieg wurden zwischen 1985 und 1993 mindestens 3500 Mitglieder der UP, darunter fast alle Abgeordneten und Bürgermeister der Partei, ermordet.

Die Verquickung von Drogenhandel und Auftragsgewalt bestand auch fort, als sich um 1990 eine neue paramilitärische Generation formierte. Die Castaño-Familie, die den Paramilitarismus zwischen 1983 und 2006 maßgeblich prägte, stammte aus dem Drogenhändlermilieu. Fidel Castaño, gemeinsam mit seinem Bruder Carlos Anführer der AUC-Vorläufer MRN (*Muerte a Revolucionarios del Nordeste*), Los Tangueros und PEPEs, gehörte in den 1980er Jahren zum engeren Kreis um den berüchtigten Chef des Medellín-Kartells Pablo Escobar (Aranguren 2001: 125-129). Carlos Castaño unterhielt zu allen führenden Drogenhändlern enge Kontakte (vgl. Reyes 2007), sein älterer Bruder Vicente gilt seit den 1980er Jahren als wichtige Figur des kolumbianischen Drogenhandels.

Auch Diego Murillo, der als AUC-Generalinspekteur bekannt wurde, begann seine Karriere im Umfeld des Medellín-Kartells. Murillo arbeitete in den 1980er Jahren als Leibwächter für den Drogen-Capo Fernando Galeano[25] und stieg nach dem Tod Pablo Escobars selbst zur zentralen Figur im Drogenhandel von Medellín auf (vgl. El Tiempo 28.9.2003, El Espectador, 2.5.2004, Cambio 26.8.2005, Semana 21.6.2008).

---

25 Galeano wurde 1992 von Pablo Escobar ermordet, weil er sich geweigert hatte, dem inhaftierten Escobar weiterhin Anteile am Drogengeschäft zukommen zu lassen (vgl. Krauthausen 1997: 184-190).

Salvatore Mancuso, lange Zeit Nummer 2 der AUC, wird von italienischen Behörden der Lieferung von mindestens 18 Tonnen Kokain beschuldigt, gilt als Verbündeter der süditalienischen 'Ndrangheta-Mafia und sitzt seit 2008 in den USA wegen Drogenhandels im Gefängnis. Mancuso wird vorgeworfen, den Drogenanbau im an der Grenze zu Venezuela gelegenen Catatumbo kontrolliert und Drogengelder in Europa investiert zu haben (Semana 25.11.2006).

Die Verbindung zwischen Narcotráfico und Paramilitarismus war so eng, dass sie schließlich zu bewaffneten Auseinandersetzungen innerhalb der AUC führte. Unmittelbarer Auslöser waren die Morde an drei Mitarbeitern der US-Anti-Drogen-behörde DEA 2001 in Nordkolumbien, für die der Kommandant des AUC-Blocks *Resistencia Tayrona* Hernán Giraldo verantwortlich gemacht wurde. AUC-Chef Carlos Castaño, der Konfrontationen mit Staatsorganen stets peinlichst vermieden hatte, ließ Giraldo durch einen anderen Paramilitär ersetzen (vgl. El Nuevo Herald 21. 8. 2006). Der Nachfolger Rodrigo Tovar (alias „Jorge 40") war zwar nicht weniger ins Drogengeschäft verstrickt, aber die Maßnahme sollte – nicht zuletzt gegenüber den USA – signalisieren, dass man Angriffe auf US-Personal nicht dulden werde.[26] Durch die Entmachtung Giraldos kam es zu einem offenen Machtkampf zwischen den nordkolumbianischen AUC-Fraktionen, in dessen Verlauf der Abtrünnige Hernán Giraldo Ermittlungen der Justiz gegen seinen Konkurrenten Tovar begünstigte.

Auch in Zentralkolumbien sorgte der Drogenhandel für einen Bruch innerhalb der Paramilitärs. Der AUC-Verband *Bloque Central Bolívar* (BCB) war noch im Jahr 2000 von Carlos Castaño beauftragt worden, im Süden des Departements Bolívar gegen geplante Friedensgespräche mit dem ELN mobil zu machen. Der BCB organisierte damals – mit Waffengewalt und logistischer Unterstützung der

---

26 Der Konflikt zwischen den AUC-Blöcken *Resistencia Tayrona* und *Norte* brachte schließlich auch interessante Informationen darüber zutage, wie die Paramilitärs verdeckt in Nachbarstaaten agierten. Ulises Malkum, der als zentrale Figur des AUC-Drogenhandels in der Sierra Nevada verhaftet wurde, war 2000 am Raub eines Helikopters in Panama beteiligt gewesen. Der Diebstahl war zunächst den FARC unterstellt worden und reihte sich in eine Serie von Überfällen in den Nachbarländern Kolumbiens ein. So hatten die AUC 1999 in Ecuador einen linken Präsidentschaftskandidaten erschossen, 2000 entführten sie den venezolanischen Industriellen Richard Boulton und machten die ELN-Guerilla für die Entführung verantwortlich. Die Aktionen stärkten die Bereitschaft der Nachbarländer, ihre Grenzgebiete zu militarisieren (was einer Forderung der USA im Rahmen des Plan Colombia entsprach) oder ermunterten – wie im Fall Venezuela – Viehzüchter und Unternehmer zur Gründung eigener paramilitärischer Gruppen. Der Raub des Hubschraubers in Panama konnte allerdings schon bald Ulises Malkum zugeordnet werden. Der AUC-Mann Malkum entging einer Haftstrafe in Panama, weil die kolumbianische Botschaft für ihn intervenierte. Malkums Ehefrau Carmen Rosa Araújo, Tochter des Ex-Gouverneurs Alfonso Araújo Potes, arbeitete zu diesem Zeitpunkt in der kolumbianischen Botschaft Panamas (El Nuevo Herald 21.8.2006).

Armee – Proteste der Anwohner gegen eine Entmilitarisierung von drei Gemeinden im Süden Bolívars[27]. Castaño rühmte zu diesem Zeitpunkt die politischen Erfolge des AUC-Blocks. Nur drei Jahre später hingegen bezichtigte er den *Bloque Central Bolívar*, im großen Stil mit Drogen zu handeln. Der BCB distanzierte sich daraufhin von Castaño und nahm gesonderte Demobilisierungsverhandlungen mit der Regierung Uribe auf.

Dafür dass der BCB den Drogenhandel im Departement Bolívar kontrollierte, sprechen nicht nur Castaños Aussagen. Eine Studie von Fonseca/Gutiérrez/Rudqvist (2005) zeigt, dass sich parallel zum Eindringen des AUC-Blocks im Süden des Departements ab 1996 der Kokaanbau rasant ausbreitete und die Verarbeitung industrialisiert wurde. Der BCB verdrängte traditionelle Handelsstrukturen der Kokapaste und setzte ein Einkaufsmonopol durch (ebda: 81f). 2004 wurde ein gewaltiger, von den BCB kontrollierter Koka-Produktionskomplex in der Region ausgehoben. Die Anlage bot Unterkünfte für 50 Arbeiter und ermöglichte Millionengewinne (Semana 10.8.2004).

Der BCB war dabei alles andere als eine randständige Gruppe innerhalb der AUC. Ihr Anführer Iván Duque gehörte zu den Pionieren des Paramilitarismus. Duque, der im AUC-Oberkommando als „Ernesto Baéz" firmierte, war lange Zeit einflussreicher Regionalpolitiker der Liberalen Partei im Magdalena Medio gewesen, wurde Anfang der 1980er Jahre Berater des Viehzüchterverbandes ACDEGAM und schließlich der antikommunistischen Partei MORENA. Nach dem Verbot ACDEGAMs schloss Duque sich den illegalen Paramilitärs von Carlos Castaño an. Duque sowie die beiden BCB-Kommandanten Rodrigo Pérez (alias „Julian Bolívar"), der sich u.a. des Massakers in Barrancabermeja 1998 und zahlreicher Morde in Bucaramanga schuldig bekannte, und Carlos Mario Jiménez (alias „Macaco") wurden wegen ihrer Drogengeschäfte 2007 schließlich sogar aus dem *Justicia-y-Paz*- Verfahren ausgeschlossen. Das Verfahren, das im Rahmen des Demobilisierungsprozesses vereinbart worden war, ermöglicht umfangreiche Straferlasse.

Die Rede vom *Narcoparamilitarismo* (Drogenparamilitarismus) ist also offensichtlich keine Übertreibung. Drogenhandel und Paramilitarismus sind in der Praxis kaum voneinander zu trennen. Dabei handelte es sich nicht einfach – wie Carlos Castaño nach 2001 immer wieder behauptete – um eine Korrumpierung der AUC.

---

27 Begründet wurden die Proteste damit, dass Kolumbien nicht noch eine „rechtsfreie Zone" neben dem FARC-Gebiet in Südkolumbien brauche. Im Unterschied zur FARC-Zone sollte das ELN-Gebiet jedoch tatsächlich entmilitarisiert werden. Regierung und ELN hatten eine internationale Beobachtung vereinbart, damit die Guerilla die Zone nicht als militärische Operationsbasis nutzen könne.

Der Paramilitarismus war und ist mit dem Drogenhandel vielmehr strukturell verschränkt.[28]

---

28 An der drogenparamilitärischen Verbindung waren auch Schlüsselfiguren von Polizei und Armee beteiligt. Bislang kaum untersucht ist die Rolle des ehemaligen Elite-Polizisten Danilo González. González, der von AUC-Kommandant Salvatore Mancuso nach der Demobilisierung als wichtiger Kontakt der Paramilitärs zum Staat bezeichnet wurde (El Tiempo 16.1.2007), war Anfang der 1990er Jahre Mitglied der Polizeieliteeinheit *Bloque de Búsqueda* gewesen, die das Medellín-Kartell bekämpfte, und federführend an der Anti-Escobar-Allianz und den Aktivitäten der PEPEs-Todesschwadronen beteiligt (St. Peterburg Times 3.1.2005). Vor diesem Hintergrund zeichnete ihn der damalige Leiter des DEA-Büros in Bogotá als vorbildlichen Polizisten aus (El Tiempo 25.3.2004). Die während der PEPEs-Aktivitäten entstandenen Verbindungen González' zur Paramilitär-Gruppe um Carlos Castaño rissen offensichtlich auch nach dem Ende der PEPEs nicht ab. 1997 setzte sich González bei Vorgesetzten für die Freilassung der AUC-Führer Rodrigo Tovar und Salvatore Mancuso ein, die im Departement Guajira vorübergehend festgenommen worden waren (El Nuevo Siglo 13. 8. 2007). 1998 zog er sich unauffällig aus dem Polizeidienst zurück, hielt aber offensichtlich engen Kontakt zu seinen ehemaligen Kollegen im Staatsapparat. Erst als die DEA ihn beschuldigte, zum Kartell *Norte del Valle* zu gehören, verlor der Elitepolizist 2002 plötzlich an Einfluss. González versuchte ein Abkommen mit den USA zu erzielen, wurde jedoch im März 2004 vor dem Zustandekommen einer Vereinbarung von Unbekannten ermordet (St. Peterburg Times 3.1.2005, Téllez/Lesmes 2006: 199-201). Der Fall verweist auf die Existenz informeller Kanäle, über die Gewaltaufträge aus dem Staatsapparat an paramilitärische Gruppen vergeben und der Drogenhandel gesteuert werden konnten. Diese Verbindung zeichnet sich bis heute nur in Umrissen ab. Sicher ist, dass Danilo González als (Ex-) Polizist gute Beziehungen zum DEA-Attaché in Bogotá Javier Peña unterhielt (Conroy 2007a). Die Behauptung eines führenden Drogenhändlers des Kartells Norte del Valle, wonach der DEA-Attaché Peña auf der Gehaltsliste von Danilo González gestanden habe, wurde von der DEA jedoch zurückgewiesen (Reyes 2007). Weiterhin weiß man, dass neben Danilo González auch andere wichtige Führer des Kartells Norte del Valle Ex-Polizisten waren (López López 2008, Reyes 2007), diese Ex-Beamten bereits an den PEPEs-Todesschwadronen mitgewirkt hatten (El Espectador 14.9.2008) und auch nach ihrem Rückzug aus der Polizei Kontakte zur Behörde pflegten. Ebenfalls bekannt ist, dass Mitarbeiter des DEA-Büros in Bogotá, das die PEPEs 1992-93 deckte, vom US-Staatsanwalt Thomas Kent (2004) der Kooperation mit dem Kartell Norte del Valle und den AUC verdächtigt wurden. Und schließlich ist auffällig, dass fast alle führenden Polizisten, die Anfang der 1990er Jahre an den PEPEs-Aktivitäten beteiligt waren, umgebracht wurden. Der einzige wichtige Überlebende (El Espectador 14.9.2008) scheint der heutige kolumbianische Polizeichef Oscar Naranjo zu sein, dessen Bruder 2006 in Deutschland wegen Kokainhandels verhaftet wurde (SPIEGEL 5.3.2007) und dem in Kolumbien immer wieder eine Verstrickung ins Kokaingeschäft nachgesagt worden ist. Dass kolumbianische und US-amerikanische Drogenbekämpfer selbst eine führende Rolle im Drogenhandel spielen könnten, war auch Arbeitsthese einer DEA-Untersuchung ab 1998, die die ehemalige PEPEs-Verbindung als neues Kartell ausmachte und den Begriff „Kartell der Teufel" ins Gespräch brachte (vgl. Reyes 2007).

Kennzeichen des kolumbianischen Drogenhandels

Wie kommt es, dass der Paramilitarismus, ursprünglich eine Strategie zur Aufstandsbekämpfung, so eng mit dem Drogenhandel verquickt ist?

Dass sich nicht-staatliche Kriegsakteure aus illegalen Quellen und damit auch aus dem Drogenhandel finanzieren, liegt auf der Hand. Auch die FARC haben in ihren Einflussgebieten Drogenanbau gefördert und profitieren von der Besteuerung des Handels[29]. Doch die Verschränkungen des Paramilitarismus gehen darüber hinaus. Die AUC-Kommandanten bereicherten sich persönlich und unterhielten Beziehungen zu praktisch allen Fraktionen der Drogenmafia. So konnte Carlos Castaño – wie im Dezember 2001 im Departemente Valle del Cauca geschehen (Téllez/Lesmes 2006: 86, El Tiempo 10.7.2004, La Tarde de Pereira 20.7.2007) – ein Treffen der wichtigsten kolumbianischen Drogen-Capos anberaumen. Sein persönlicher Gesandter Nicolás Bergonzoli begleitete führende Drogenhändler zu Gesprächen mit US-Behörden (vgl. Kapitel 9.4.). Warum ist das so?

Der Zusammenhang lässt sich zunächst damit erklären, dass sich im Umfeld illegaler Ökonomien stets Gewaltstrukturen ausbreiten. Da die Staatsgewalt auf illegalen Märkten nicht für Vertragssicherheit sorgt, etablieren andere Akteure mit Gewalt Ordnung und übernehmen eine Regulationsfunktion.

Krauthausen (1997a) hat dies in seiner lesenswerten Studie zu italienischer Mafia und kolumbianischen Kartellen ausführlich dargelegt. Er zeigt, dass zwar auch in der Drogenökonomie Zuverlässigkeit und Vertragstreue zu beobachten sind, weil langfristige Geschäftsbeziehungen einträglicher sind als (ein meist nur einmaliger) Betrug. Doch der Einsatz von Gewaltmitteln ist dennoch von größerer Bedeutung als in legalen Bereichen der Ökonomie. Pablo Escobar konnte deshalb zur zentralen Figur des Drogenhandels in Medellín aufsteigen, weil er als Gewaltakteur Ordnung durchsetzte. Krauthausen betont in diesem Zusammenhang, dass die Kategorien Drogenhändler und 'Mafiosi' hier nicht gleichzusetzen sind. Der Drogenhändler will keine Gewalt ausüben, sondern Drogen verkaufen. Anders ein 'Mafioso' wie Pablo Escobar, der im Umfeld des Drogenhandels eine Gewaltordnung errichtete. Im Übrigen sei keineswegs das gesamte Medellín-Kartell so extrem gewalttätig gewesen, sondern nur die spezifische Gruppe von Gonzalo Rodríguez Gacha und Pablo Escobar (ebda: 176-190).

Ganz ähnlich argumentiert auch Zinecker (2004: 11): „Drogenökonomie ist Teil der Schattenökonomie. Sie operiert illegal und braucht für ihr Funktionieren folglich auch illegalen – jedoch nicht unbedingt violenten – Schutz. Die Informalität und Ansiedlung der Drogenökonomie in der Grauzone zwischen illegaler und legaler

---

29 Das ELN unterhält hingegen keine weiterreichenden Beziehungen zum Drogenhandel.

Wirtschaft verwischt ihre Struktur und ihre Grenzen, was ihre Anomisierung bewirkt." Der illegale Schutz wirkt dabei nach innen und außen: Nach außen wird die Strafverfolgung erschwert, nach innen die Einhaltung von Verträgen und Geschäften gewährleistet (vgl. Duncán 2006: 93).

Da Drogenökonomie und Gewaltunternehmertum also offensichtlich miteinander verquickt sind, gilt es zunächst, einige Merkmale des kolumbianischen Drogenhandels klarer herauszuarbeiten.

Zinecker schreibt dem Drogenhandel eine allgemein „anomisierende" Wirkung zu. Dieser ist zwar nicht die Ursache aller kolumbianischen Probleme und im Besonderen der exzessiven Gewalt. Aber er transformiert und verschärft doch derartige Phänomene, weil er in allen Bereichen Verbindungen eingeht und unscharfe Übergänge hervorbringt.

Der Drogenhandel darf dabei nicht als klar definierter Akteur verstanden werden. Die häufig verwendeten Begriffe 'Mafia' und 'Kartell' sind letztlich nur als Metaphern zu begreifen. Im Unterschied zur italienischen Mafia spielen im kolumbianischen *Narcotráfico* die formale Aufnahme, Ehrenkodexe und territoriale Grenzen keine Rolle; anders als bei Kartellen gibt es im kolumbianischen Drogenhandel keine Preisabsprachen. Der *Narcotráfico* funktioniere, so Zineckers These, besonders seit der Ausschaltung Pablo Escobars 1990, eher wie ein „polymorphes Netzwerk". Einzelne Familien würden darin aufgrund der ihnen eigenen Vertrauensverhältnisse eine wichtige Rolle spielen und können als feste Kerne bezeichnet werden. Ansonsten jedoch könne jeder, der a) die notwendigen Kontakte besitzt und b) Kapital mitbringt, am Geschäft teilnehmen. Die Geschäftsbeziehungen seien dabei von segmentierten Austauschketten geprägt, die wiederum spezifische Kommunikationsmuster notwendig machten. Zinecker spricht von Strukturen, die zwischen Clan und Bürokratie anzusiedeln sind und den Informationsfluss gleichzeitig ermöglichen und beschränken sollen. Profit werde, so Zinecker, nicht in erster Linie über konkrete Drogengeschäfte gemacht, sondern allgemeiner durch die Kontrolle von Netzwerken.

Kennzeichnend für den Drogenhandel ist weiterhin dessen hohe soziale Mobilität. Wie kein anderer Wirtschaftsbereich ermöglicht der *Narcotráfico* gesellschaftlichen Aufstieg. Auch in dieser Hinsicht trägt er zu einer „Anomisierung" bei. Die traditionelle Oberschicht verschmilzt mit der aufstrebenden, „neureichen" Drogenbourgeoisie und transformiert sich dabei selbst.[30] Zinecker ist der Meinung, dass diese

---

30 Man muss hier allerdings einschränken, dass 'Nomos' und 'Anomie' nicht klar getrennt werden können. Auch die traditionelle Landoligarchie Kolumbiens hat in den vergangenen Jahrhunderten systematisch gewalttätige und illegale Aneignungsstrategien verfolgt, unterscheidet sich in dieser Hinsicht also kaum von der neuen Drogenbourgeoisie. Die paramilitärischen Bündnisse belegen denn auch, dass alte und aufstrebende Eliten problemlos miteinander kooperieren. Etablierte Politiker der Liberalen Partei ermunterten Pablo Escobar dazu, den Präsidentschaftskandidaten des Nuevo Liberalis-

Entwicklung nicht als „Comeback archaischer patrimonial-feudaler Strukturen" (ebda: 15) interpretiert werden kann. Die Neugruppierung bringe eine neue, durchaus moderne Form von Oberschicht hervor.

Doch der Drogenhandel erlaubt nicht nur Mobilität nach oben. Auch nach unten ist jederzeit Bewegung möglich, denn dem Drogenhändler drohen stets Verhaftung und Enteignung. Dies führt zu einer extremen Instabilität von Allianzen und Partnerschaften. Komplizen und Mitwisser können die Seite wechseln und belastende Aussagen machen. Aus diesem Grund ist der Drogenhandel von allgemeinem Misstrauen, wechselnden Bündnissen, aber auch von ständigen Anstrengungen um Allianzen geprägt.

Zinecker teilt nun Krauthausens Ansicht, dass zwischen *narcos* und Gewaltunternehmern unterschieden werden sollte. Wie andere Unternehmer auch würden Drogenhändler ganz allgemein Gewalt einkaufen. Dabei entfalteten sie mit den drei großen kolumbianischen Gewaltakteuren – Staat, Guerilla und Paramilitärs – unterschiedliche Beziehungen. Das Verhältnis zum Staat sei notwendigerweise ambivalent, denn letzterer profitiert zwar von den Drogeneinnahmen, wird gleichzeitig aber durch die Schattenökonomie geschwächt. Umgekehrt benötigt der Drogenhandel einerseits einen unvollständig funktionierenden Staat, um sich vor Strafverfolgung zu schützen, besitzt andererseits aber auch ein Interesse an einer grundlegenden Funktionsfähigkeit des bürgerlichen Staates und dessen Schutz des Privateigentums. Die Beziehung von Drogenhandel und Guerilla hingegen kann als „unbequeme Symbiose" beschrieben werden (ebda: 31), die sich je nach Kräftekonstellation unterschiedlich gestaltet. In den Gebieten, in denen die FARC ihre Macht konsolidiert haben, zahlen Drogenhändler Abgaben an die Guerilla. Dort, wo der Drogenhandel sich als *narco-latifundismo* (Drogen-Großgrundbesitz) etabliert hat, bekämpfen sich Guerilla und Drogenhandel. In Regionen schließlich, in denen sich keine Seite eindeutig durchgesetzt hat, ist das Verhältnis von Konflikt, Konkurrenz und Komplementarität geprägt.[31]

---

mo Luis Carlos Galán auszuschalten (El Tiempo 22.5.2005). Mitglieder der mächtigen Politikerfamilie Araújo konspirierten im nordkolumbianischen Cesar mit Paramilitärs, um einen konkurrierenden Kandidaten während des Wahlkampfs zu entführen (Página 12, 8.4.2007).

31   Tatsächlich ist es zwischen dem paramilitärischen Drogenhandel und der Guerilla zu punktueller, marktvermittelter Kooperation gekommen. Im Süden des Departements Bolívar etwa ist seit Ende der 1990er zu beobachten, dass die FARC Kleinbauern zum Anbau von Koka animieren und Kokapaste aufkaufen. In den Kreisstädten wird die in den Guerillagebieten hergestellte Paste dann von Zwischenhändlern an Paramilitärs geliefert, die ein Einkaufsmonopol besitzen. Nach Berichten von Kleinbauern setzen die FARC in der Region seit einiger Zeit sogar demobilisierte Paramilitärs als Drogeneinkäufer ein.

Was nun das Verhältnis des Drogenhandels zum Paramilitarismus angeht, so glaubt Zinecker, enge, aber doch trennbare Strukturen erkennen zu können. Zwischen Gewaltunternehmertum und netzwerkartigem Drogenhandel könne unterschieden werden.

Drogenhandel und Gewalt-/Kriegsunternehmertum in Medellín

Eine Untersuchung der Realität in Medellín, das nach wie vor als Zentrum des kolumbianischen Drogenhandels gelten kann, scheint jedoch in eine andere Richtung zu deuten.

Beginnen wir an der Peripherie: in den Armenvierteln, den so genannten *Comunas*, in denen die Jugendbanden aus dem Umfeld der Kartelle eine prägende Rolle spielen. 2002 findet in den Comunas eine paramilitärische Offensive statt, die den AUC eine vollständige Kontrolle über die Stadt beschert. Der Dokumentarfilm „La Sierra" (Scott/Martínez 2004) zeigt eindrucksvoll, wie sich die Paramilitärs in den Vierteln verhalten. Das Filmteam begleitet eine Einheit des AUC-Blocks *Metro* ein Jahr lang und porträtiert drei Personen: Edisón, den 22-jährigen Kommandeur der örtlichen Front, Cielo, die 17-jährige Geliebte eines inhaftierten Paramilitärs, und Jesús, einen 19-jährigen drogenabhängigen Kämpfer aus Edisóns Gruppe. Obwohl der Film auch nächtliche Schießereien zeigt, kommt dem bewaffneten Konflikt keine größere Bedeutung zu. Es geht vielmehr um die sozialen Beziehungen der AUC-Einheit – deren Kämpfer extrem jung, nämlich ausnahmslos zwischen 15 und 20 Jahre alt sind – untereinander und mit der Nachbarschaft.

Dabei wird schnell deutlich, dass die AUC-Kämpfer sich nicht für Politik interessieren. AUC-Kommandeur Edisón gibt zwar Statements über den Kampf gegen die Guerilla ab, doch die im Film sichtbar werdende Motivation ist eine andere: Die AUC-Mitgliedschaft verschafft ihm Anerkennung und Prestige. Edisón hat acht uneheliche Kinder mit sechs verschiedenen minderjährigen Frauen. Sein Sold als AUC-Kommandeur ermöglicht ihm, die Beziehung zu allen aufrecht zu erhalten. An einer Stelle des Films bringt er den Zusammenhang prägnant zum Ausdruck: „Frauen lieben Motorräder und Waffen".

Auffällig ist, dass die AUC-Einheit zwar bewaffnet ist, von einer militärischen Struktur jedoch kaum die Rede sein kann. Bei Edisóns Gruppe handelt es sich um eine Jugendbande, die ihre Existenz mit politischen Diskursfragmenten legitimiert und über Funk Kommandoaufträge erhält. Sie ist also in eine größere Struktur eingebunden, ohne ihren Charakter als Bande aufzugeben.

Und interessant ist schließlich auch folgender Punkt: Obwohl der *Bloque Metro* sich während des AUC-Zerfalls ab 2002 als „Anti-Drogen-Fraktion" zu profilieren versuchte, nehmen Drogen offensichtlich auch in dieser AUC-Einheit einen wichtigen Platz ein. Der 19-jährige Jesús ist schwer abhängig. Von der Sucht gezeichnet, erklärt er seine Mitgliedschaft bei den Paramilitärs mit den Worten, man führe Krieg, weil es immer Krieg gebe. „Wenn dieser vorüber ist, kommt der nächste." Jesús wirkt dabei wie der klassische Repräsentant jener von Jugendbanden geprägten Todeskultur, die sich in den 1980er Jahren in Medellín und anderen kolumbianischen Großstädten ausbreitete (vgl. Alape 2000, Salazar 1993, Osorno 1993).

Im Verlauf des Films wird Edisóns Gruppe schließlich aufgerieben. 2002/3 gerät der *Bloque Metro* mit dem *Bloque Nutibara* von AUC-Generalinspekteur Diego Murillo (alias „Don Berna") in Konflikt und wird plötzlich auch von staatlichen Sicherkräften verfolgt. Armee und *Bloque Nutibara* drängen den *Bloque Metro* immer weiter zurück. Schließlich bringen Soldaten Edisón zur Strecke und erschießen ihn. Seine Einheit/ Bande löst sich aber nicht vollständig auf. Jesús und andere schließen sich dem *Bloque Nutibara* an und können weitermachen wie gehabt. Am Ende des Films sind Jesús und einige andere Kämpfer – Koka-Paste rauchend – noch einmal zu sehen.

Aus diesem filmischen Dokument wird deutlich, dass der Paramilitarismus vor Ort auf kleinkriminelle Strukturen und Banden zurückgreift. Besonders in Großstädten besaßen die AUC offensichtlich keine eigenen militärischen Einheiten, sondern kooptierten existierende Gewaltstrukturen. Dabei machten sie sich die Verbindung von Alltagsgewalt und Jugendkultur zunutze, die sich in den 1980er Jahren im Zusammenhang mit den so genannten *oficinas* (Büros) herausbildete.

Die *oficinas* sind Knotenpunkte der Schatten- und Gewaltökonomie und waren tragende Säule von Pablo Escobars Medellín-Kartell. Das Kartell nahm bestehende Banden sozusagen 'unter Vertrag', um die Kontrolle der Schattenökonomie aufrecht zu erhalten und eine Gewaltordnung in der Stadt durchzusetzen. Die *oficinas* dienten dabei als Schnittstellen, an denen Morde und Gewalt, auch politischer Natur, in Auftrag gegeben wurden.[32] Der Schriftsteller Arturo Alape hat in seinem Roman *Sangre Ajena* (2002) eine Geschichte aus dieser Welt der *oficinas* erzählt: Das Straßenkind Chatarra wird mit neun Jahren eingesammelt und an Waffen ausgebildet, um Aufträge eines „Büros" durchzuführen. Chatarra und andere Kinder verüben Auftragsmorde, deren Hintergrund sie nicht begreifen, und überfallen Juweliergeschäfte und Geldtransporte.

Zinecker hat, wie eben dargelegt, vorgeschlagen, den modernen Drogenhandel mit den Begriffen Netzwerk und Knotenpunkt zu erklären. Das scheint auch für das Gewaltunternehmertum und spezifischer für den Paramilitarismus zu gelten. Die *oficinas* sind Knotenpunkte in flexiblen Netzen, die eng mit dem Paramilitarismus verwoben, aber nicht völlig mit diesem identisch sind: Bei ihnen können Gewalthandlungen anonym und von unterschiedlicher Seite in Auftrag gegeben werden.

---

32 Der Präsidentschaftskandidat der UP Bernardo Jaramillo Ossa beispielsweise wurde im März 1990 von einem 17-jährigen Killer aus Medellín erschossen. Ein anderer junger Auftragsmörder tötete einen Monat später den Präsidentschaftskandidaten und Ex-Guerillero Carlos Pizarro Leongómez (vgl. Semana 28.5.1990).

Geld und Information verwandeln sich dabei in die entscheidenden Verbindungsstücke der Auftragskette. Wer jemanden umbringen lassen will oder über kriminell verwertbare Informationen verfügt, tritt auf eine *oficina* zu. Er zahlt dafür Geld oder erhält einen Teil des Gewinns. Der Chef der *oficina* wiederum bewegt sich ebenfalls in einem flexiblen Netzwerk: Er gibt die Information an seine Killer weiter. Aus der Sicht der jugendlichen (oder sogar kindlichen) Auftragnehmer handelt es sich aber nicht unbedingt um ein Befehlsverhältnis. Auch die Jugendlichen bewegen sich teilautonom. Sie erhalten von den Betreibern der *oficinas* Geld, Waffen und Informationen und führen im Gegenzug Aufträge durch.

Das Kriegsunternehmertum der AUC besaß in Medellín unklare Übergänge zur Auftragsgewalt dieser *oficinas*. Die paramilitärische Gewalt ging aus einem neoliberal flexibilisierten Gewerbe hervor, in dem 'verflüssigte' Beziehungen vorherrschten. Gleichzeitig scheint es sich bei dieser Form von Paramilitarismus nicht um ein marginales Phänomen zu handeln. Obwohl sich die Medelliner AUC-Struktur nicht in erster Linie auf eigene militärische Strukturen stützte, spielte sie eine zentrale Rolle innerhalb der Organisation: Der *Bloque Nutibara* gehörte zum Zeitpunkt der AUC-Demobilisierung zu den wichtigsten Machtzentren der Paramilitärs. Der Chef des *Bloque Nutibara* Diego Murillo (alias „Adolfo Paz" oder „Don Berna"), trat zwar im Gegensatz zu den AUC-Kommandanten Carlos Castaño und Salvatore Mancuso kaum öffentlich in Erscheinung, verfügte jedoch über ein komplexes Machtsystem, das offensichtlich gleichermaßen auf der Kontrolle der Drogenökonomie, der Unterwanderung von Institutionen, einem Geflecht von Bestechungszahlungen und auf Auftragsgewalt beruhte.

Nähern wir uns also von der Peripherie, der paramilitärischen Bande im Armenviertel, dem Zentrum: der Funktionsweise des AUC-Blocks *Nutibara* und seinem Chef Diego Murillo alias Don Berna (El Tiempo 28.9.2003, El Espectador, 2.5.2004, Cambio 26.8.2005, Semana 21.6.2008, Soto et. al. 2007). Murillo war, wie bereits mehrfach erwähnt, in den frühen 1990er Jahren als Anführer der PEPEs-Todesschwadronen in Erscheinung getreten. Weiterreichende Informationen über ihn gelangen allerdings erst 2002 an die Öffentlichkeit, als der Konflikt zwischen den AUC-Blöcken *Metro* und *Nutibara* eskalierte und der Kommandant des konkurrierenden *Bloque Metro* Hintergründe über Murillos Biografie lancierte (Bloque Metro 2002). Murillo[33] hatte bis 1992 im Dienst des Drogenhändlers Fernando Galeano, einem Geschäftspart-

---

33 Nach verschiedenen Quellen war Murillo als junger Mann Milizionär der maoistischen EPL-Guerilla. Das ist nicht auszuschließen: Anfang der 1980er Jahre bildeten die Guerillas M-19 und EPL zahlreiche Jugendliche aus einfachen Verhältnissen als Milizionäre aus. Man behauptete, der allgemeine Volksaufstand stehe bevor. Die beiden Guerillaorganisationen, die sich nach dem Scheitern des Verhandlungsprozesses 1985 überstürzt aus den Städten zurückzogen, trugen somit aktiv zum Entstehen eines gewalttätigen kriminiellen Milieus in den Großstädten bei.

ner Pablo Escobars, gestanden. Als Escobar ins Gefängnis kam[34], stellten Fernando Galeano und andere Drogenhändler ihre Zahlungen an den Capo ein, der bis dahin einen festen Anteil an den Drogengeschäften kassiert hatte. Offensichtlich hatte Escobar in den letzten Jahren nicht mehr in erster Linie selbst mit Drogen gehandelt, sondern als Kontroll- und Schutzinstanz fungiert (Krauthausen 1997a: 184-190). Das heißt, Escobar sorgte mit Gewalt und Bestechungen für eine relative Straffreiheit des Drogenhandels und nahm dafür im Gegenzug Prozente. Nach seiner Verhaftung 1991 konnte Escobar diese Rolle jedoch nicht mehr ausüben und verwandelte sich in einen Schutzgelderpresser.

Die Erosion von Escobars Macht ermöglichte den Aufstieg Diego Murillos, der bis dahin nur eine Randfigur des Milieus gewesen war. Da Murillo im Viertel Itagüí über gute Beziehungen zur Polizei verfügte – sein Chef Galeano hatte sich der Anweisung Pablo Escobars widersetzt, Polizisten umzubringen[35] –, verfügte Murillo über Rückendeckung, um sich unabhängig vom alten Kartell zu behaupten. Als Escobar, dem erneut eine – eigentlich illegale – Auslieferung an die USA drohte, 1992 aus dem Gefängnis floh, gehörte Murillo zu den Konstrukteuren der Anti-Escobar-Allianz. In Tuluá (Dep. Valle del Cauca) geboren, nutzte Murillo die Verbindungen in sein Heimat-Departement, um die dortige, mit Escobar konkurrierende Drogenmafia zu kontaktieren. Es kam zur Kooperation der „Kartelle von Cali und Norte del Valle, von Resten des Medellín-Kartells unter Führung von Berna (Diego Murillo, Anm.d.V.), der Polizei von Medellín und der Contraguerilla-Organisation von Fidel Castaño" (Bloque Metro 2002). Mit „komplett irregulären" Methoden habe die „Ad-hoc-Organisation" (ebda) PEPEs Pablo Escobar gestellt und sich danach aufgelöst.[36]

Murillo soll sich im Folgenden das entstandene Machtvakuum zunutze gemacht machen, um selbst das Erbe des Drogen-Capos anzutreten. Dabei habe der spätere AUC-Generalinspekteur die für Escobar charakteristischen Fehler vermieden. Anders als der Capo des Medellín-Kartells versuchte Murillo nicht, Sicherheitsorgane und Staat zu erpressen, sondern stützte seine Macht auf Bestechungszahlungen und indirekte Einflussnahme. Auch trat Murillo anders als Pablo Escobar nicht an

---

34 Um sich der drohenden Auslieferung an die USA zu entziehen, hatte Pablo Escobar dem kolumbianischen Staat 1989 den Krieg erklärt. Nach zahlreichen Bombenanschlägen und der Ermordung von Hunderten Polizisten kam es zwei Jahre später zu einem Abkommen zwischen der Gaviria-Regierung und dem Drogen-Capo. Escobar wurde zu einer Haftstrafe verurteilt, durfte das Gefängnis jedoch selbst bauen. Aus seinem Luxusgefängnis heraus versuchte Escobar das Drogengeschäft weiter zu kontrollieren.

35 Pablo Escobar hatte Prämien für jeden toten Polizisten ausgeschrieben, um die Regierung unter Druck zu setzen.

36 Diese Aussage deckt sich weitgehend mit der Version von AUC-Chef Carlos Castaño (Aranguren 2001: 293-298) und den Recherchen Bowdens (2001).

die Öffentlichkeit. Während Escobar sogar bei Kongresswahlen kandidiert hatte, verhielt sich Murillo unauffällig.[37]

Von diesen Unterschieden abgesehen, so das Dokument des Bloque Metro (2002), habe das System Murillos jedoch dem von Escobar weitgehend entsprochen. Murillos Macht habe weniger auf Drogenhandel als vielmehr auf einer Kontrolle und Besteuerung des Geschäfts beruht. Dabei handelte es sich um „nichts anderes als eine (...) Interessenvertretung, mit deren Hilfe man (...) beim Drogenhandel auftretende Probleme durch eine Zahlung einer 30%igen Prämie an Don Berna lösen kann. Die Drogenhändler wissen, dass ihre Sendung, wenn Don Berna beteiligt ist, so etwas wie ein am Flughafen aufgegebener Koffer ist. Wenn bei der Sendung etwas Unvorhergesehenes geschieht, wird der Streitfall gelöst, ohne dass eigene Interessen berührt werden. Es ist so etwas wie eine Reiseversicherung." (Bloque Metro 2002) Murillo konnte solchen Schutz bieten, weil er – aufgrund von politischen Verbindungen, Bestechungszahlungen und Gewalt – über die notwendigen Kontakte und Mittel verfügte, um Straffreiheit zu ermöglichen und Vertragstreue durchzusetzen.

Murillos stille Kontrolle des Drogenhandels funktionierte bestens, bis sich Mitte der 1990er Jahre die Drogenkartelle von Cali und Norte del Valle miteinander überwarfen. Zwischen den siegreichen Drogenhändlerringen habe, so das Dokument des Bloque Metro (ebda), nach der Ermordung Escobars 1993 Uneinigkeit darüber geherrscht, wie gegenüber dem Staat aufzutreten sei. Das im Aufstieg befindliche Kartell *Norte del Valle* sei davon überzeugt gewesen, dass man nach der Zusammenarbeit mit den Staatsorganen im Rahmen der Anti-Escobar-Allianz eine politische Einigung erzielen und die kriminell erworbenen Reichtümer legalisieren könne. Das Cali-Kartell sei skeptischer gewesen und habe stattdessen versucht, einen 'eigenen Präsidenten' ins Amt zu bringen. In diesem Sinne finanzierte das Cali-Kartell den Wahlkampf des Liberalen Ernesto Samper, der 1994 zum Präsidenten gewählt wurde. Das vor allem von ehemaligen Elitepolizisten geführte Kartell *Norte del Valle* (López López 2008), das bis dahin bemüht gewesen war, nicht öffentlich in Erscheinung zu treten, habe vor diesem Hintergrund um seine Interessen gefürchtet. Die Meinungsverschiedenheiten hätten sich zu einem offenen Konflikt ausgeweitet, der sich auch in der Polizei niedergeschlagen habe. Die Veröffentlichung so gennanter

---

37 Eine aussagekräftige Anekdote besagt, Murillo habe in den 1990er Jahren (als das Internet noch nicht verbreitet war) praktisch alle Exemplare der Zeitschrift *Cambio* in Medellín aufkaufen lassen, als diese ihn als zentrale Figur des Drogenhandels bezeichnete. Ein erstes öffentliches Interview gab Murillo erst während der Demobilisierung der AUC (El Espectador 2.5.2004). Anders als Salvatore Mancuso äußerte sich Murillo auch kaum zu den Auslieferungsdrohungen der Uribe-Regierung. Murillo verhandelte im Stillen: Im Frühjahr 2008 trafen sich sein Anwalt und ein persönlicher Gesandter mit den Privatsekretären von Präsident Uribe im Regierungspalast. Um was es bei diesen Treffen im Einzelnen ging, ist bis heute unbekannt.

narco-casettes, die die Verbindungen des Cali-Kartells zu Präsident Samper belegten, sei Folge dieses Streits gewesen (ebda).[38]

In diesem Konflikt habe Murillo (alias „Don Berna") Position auf Seiten des Kartells *Norte del Valle* bezogen und sich aus Medellín zurückziehen müssen. Murillo fand Unterschlupf in Urabá, wo Carlos Castaños ACCU und die Armee die Kontrolle ausübten, habe von dort jedoch seine Geschäfte in Medellín weitergeführt. Eine entscheidende Rolle spielte dabei die Bande *La Terraza*, die für Murillo, die AUC und – nach Aussagen der Bande selbst (Semana 15.1.2001, La Terraza 2000) – auch führende Militärs Auftragsmorde verübte.[39]

Diese Verbindung scheint folgendermaßen funktioniert zu haben: Dem Bloque Metro (2002) zufolge wurde die *Terraza*-Bande für ihre Auftragsmorde im Dienst der AUC nicht direkt bezahlt. Sie habe vielmehr eine Art Franchise für Überfälle und Entführungen erhalten. Die paramilitärischen Auftraggeber (und ihre Verbündeten im Staat) ermöglichten es der Bande, Verbrechen zu begehen.[40] Als Kontaktmann zwischen der Bande und Murillo fungierte dabei ein Ex-Polizist namens Fabio Orión, der über beste Verbindungen zur Medelliner Polizei verfügte.

Im Dokument des *Bloque Metro* wird weiterhin behauptet, dass der AUC-Generalinspekteur Diego Murillo in seinem Rückzugsgebiet in Urabá angefangen habe, große Ländereien und ganze AUC-Blöcke aufzukaufen, um auf diese Weise Drogengeld zu waschen und Handelsrouten zu sichern.[41] Während Murillos Macht in Urabá zunahm, wurde die Situation in Medellín komplizierter: Die *Terraza*-Bande, die in den nordöstlichen Armenvierteln Medellíns verankert war, war nicht länger bereit, sich mit Raubüberfällen selbst zu finanzieren, und beanspruchte, am

---

38 Anderen Quellen zufolge wurden die Mitschnitte von der US-Drogenbehörde DEA lanciert.

39 Aus dem Brief der *Terraza*-Bande, in der diese erklärt, im Auftrag hochrangiger Militärs 1998/99 den Fernsehkomiker Jaime Garzón und verschiedene Menschenrechtsaktivisten ermordet zu haben, ist in dieser Arbeit bereits zitiert worden.

40 Der *Bloque Metro* verweist in seinem Dokument (2002) darauf, dass die *Terraza*-Bande diese Auftragsmorde eingestand, unterschlägt jedoch, dass die Bande den AUC-Chef Carlos Castaño und das Heereskommando als Auftraggeber benannte. Das Motiv dafür liegt auf der Hand: Der *Bloque Metro* war darum bemüht, sich selbst und AUC-Chef Carlos Castaño als nicht-kriminellen Flügel der AUC zu profilieren. Dabei wurde alles unterschlagen, was die terroristischen Methoden des Geheimkriegs belegte. Stattdessen versuchte man – wie Carlos Castaño – die Brutalität des Paramilitarismus mit einer Korrumpierung der AUC durch den Drogenhandel zu erklären.

41 Möglicherweise ist es das, was AUC-Kommandant Carlos Castaño 2002 als „Unterwanderung der AUC durch den Drogenhandel" bezeichnete. Murillos System unterhöhlte die Macht Castaños und transformierte die paramilitärische Struktur in der Region, die bis dahin ein gewisses Gleichgewicht zwischen politischer Agitation, Gewalt und Schattenökonomie gewahrt hatte.

profitablen Drogenhandel beteiligt zu werden. Dabei spielte offensichtlich auch Rassismus eine Rolle. Der afrokolumbianische Anführer der Bande, Elkin Sánchez Mena, beschwerte sich, dass Murillos weiße Komplizen große Reichtümer anhäuften, während sich die *Terraza*-Bande weiter selbst mit gefährlichen Aktionen finanzieren musste. Der Bandenführer forderte daher eine Beteiligung an einem Drogengeschäft. Dem soll Murillo zunächst zugestimmt haben. Die Mitglieder der *Terraza*-Bande verkauften, so der *Bloque Metro* (2002), ihren unmittelbaren Besitz – Motorräder, Armbanduhren, Goldketten etc. –, um einen Anteil an einem Drogengeschäft zu erwerben. Der beträchtliche Gewinn aus diesem einmaligen Deal war allerdings schnell ausgegeben. Daraufhin ließ der Chef der *Terraza*-Bande dem AUC-Führer Diego Murillo eine Botschaft zukommen, in der er eine eigene Drogenroute verlangte. Murillo, der sich eine derartige Untergrabung der Autorität nicht leisten konnte, lud den Chef der *Terraza*-Bande ins nordkolumbianische AUC-Rückzugsgebiet ein und ließ ihn und seine Begleiter dort ermorden.[42] Ein Teil der *Terraza*-Mitglieder begann daraufhin Bombenanschläge gegen Einkaufszentren und Lokale zu verüben (vgl. El Mundo-Madrid 19. 5. 2001), die sie für Eigentum der AUC-Führer hielten. Schließlich wurde die *Terraza*-Bande von der AUC und der Medelliner Polizei gemeinsam zerschlagen. Alle Bandenmitglieder und somit auch alle möglichen Zeugen der politischen Auftragsmorde der 1990er Jahre wurden getötet.

Diese Darstellung deckt sich weitgehend mit der Version, die AUC-Kommandant Carlos Castaño in seiner autorisierten Biografie zu Protokoll gegeben hat (Aranguren 2001: 293-298). Zu einem Zeitpunkt, als die AUC von kolumbianischen und internationalen Medien noch als politische Organisation hofiert wurden, schilderte Castaño darin freimütig, wie sich die Paramilitärs der Banden bedienten, um politische Morde zu verüben, und warum die Bande schließlich ausgeschaltet wurde.[43] „Die Bande wurde von ihren Auftraggebern, den Autodefensas und verschiedenen Autoritäten, nicht mehr kontrolliert. (...) Die 'Terraza' hat als Verbrecherorganisation nie wirklich existiert. Diese Bande war nur ein einziger Mann: der 'Schwarze' Elkin Mena, der Kriminelle anheuerte, wofür er sie brauchte. (...) 'Berna' und ich lernten Elkin kennen, als die PEPEs Pablo Escobar den Krieg erklärten. Mena gehörte nicht zur Gruppe des Drogen-Capos (Pablo Escobars, Anm.d.V.), aber war einer seiner Söldner. Die 'Terraza'-Bande bestand aus vier Personen und hieß so, weil sie sich in einem Eisladen mit diesem Namen traf (...). Danach gehörte Elkin Mena zu einer

---

42 Carlos Castaño hingegen behauptet (Aranguren 2001: 295), die Ausschaltung der *Terraza*-Bande persönlich angeordnet zu haben.

43 Es ist bemerkenswert, wie ungenau Castaños Autobiografie von Journalisten und Akademikern gelesen wurde. Auch wenn einige – meist offensichtliche – Falschinformationen eingestreut sind, legt das Buch Strukturen und Charakter des Paramilitarismus doch erschreckend offen dar.

Gruppe, die ich 'Die Abschwörer' nannte. 30 Leute, die sich von Pablo Escobar losgesagt und gegen ihn gewandt hatten. Mit ihrer Unterstützung erzielten sowohl die Autoritäten als auch die PEPEs zahlreiche Erfolge gegen Pablo. Nachdem Escobar tot war, setzten die Autoritäten Elkin Mena und seine Leute wie die Fremdenlegion in Frankreich ein. Ein mächtiger Gangster kann leicht 100 kleine kontrollieren, deshalb erlaubte ich Elkin Mena meinen Namen und den der AUC zu verwenden. So kam ich zu einer städtischen Struktur und er wurde berühmt. (...) Mena nahm Combos unter Vertrag, die die nach Turbo (Urabá, Anm.d.V.) fahrenden Lastwagen überwachten, damit wir die Personen ausfindig machen konnten, die die FARC mit Uniformen und Material versorgten. Das Netzwerk arbeitete in Medellín auch als irreguläre Kraft, um die Guerillamilizen zu stoppen. (...) Ich habe den 'Negro Elkin' für die Aktionen, die er für mich machte, nie bezahlt. Er hatte die Erlaubnis einen Werttransport im Monat zu überfallen, wodurch er ungefähr 150 Millionen Pesos einnahm. Damit konnte er seine Leute unterhalten. Er führte eine Gruppe von 30 oder 40 Söldnern an." (ebda: 293f) Castaño bekräftigt, dass sich auch die staatlichen Ermittlungsbehörden der Terraza-Bande bedienten. Diese habe Entführer ausfindig gemacht und an die Polizei ausgeliefert. Als der Bandenführer Elkin Mena autonom zu operieren begann, habe Castaño beschlossen, die Gruppe auszuschalten.

Auch wenn das Ende der *Terraza*-Bande in den beiden Dokumenten (Bloque Metro 2002, Aranguren 2001: 291-298) unterschiedlich dargestellt wird, stimmen die Darstellungen der AUC-Führer Carlos Castaño und Carlos Mauricio García aber doch im entscheidenden Punkt überein: Die AUC agierten in Medellín und anderen Großstädten nicht als Organisation. Sie bestanden vielmehr in Form eines flexiblen, auf Geschäftsbeziehungen beruhenden Netzwerks der Auftragsgewalt.

Der Hauptvorwurf des *Bloque Metro* gegen Murillo besteht nun darin, dass dieser die AUC in eine Fassade des Drogenhandels transformiert habe. Murillo habe seine Partner aus dem Kartell *Norte del Valle*, die bis dahin überwiegend finanzielle Beziehungen zum Paramilitarismus pflegten, direkt in den AUC-Verband eingegliedert.[44] Die neuen Paramilitärorganisationen, die von den Drogenhändlern übernommen wurden, hätten ausschließlich die Funktion besessen, Drogenrouten und Produktionsorte zu sichern. Außerdem habe Murillo seine Rückkehr nach Medellín vorbe-

---

44 Die Drogenhändler des Kartells *Norte del Valle* waren allerdings schon zuvor an den AUC beteiligt. 2000 entführte die ELN 100 Kirchgänger in einem Nobelviertel Calis, darunter auch mehrere per Haftbefehl gesuchte Drogenhändler. Daraufhin wurde mit dem *Bloque Calima* eine neue AUC-Einheit gegründet. Dieser *Bloque*, der in der Folgezeit die Umgebung Calis kontrollierte, wurde von führenden Drogenhändlern und Unternehmern finanziert und operierte mit direkter Unterstützung der Armee – wie sein ehemaliger Kommandeur Ever Veloza (alias „HH") gegenüber der kolumbianischen Tageszeitung *El País – Cali* (30.1.2008) bekräftigte.

reitet. In diesem Zusammenhang habe der *Bloque Nutibara* sich die Rückeroberung der von den Guerillamilizen von FARC und ELN kontrollierten Slums im Westen Medellíns zum Ziel gesetzt[45]. Der Kommandant des *Bloque Nutibara* Fabio Acevedo (alias „Orión") habe im Auftrag Murillos die für eine solche Offensive notwendigen Informationen zusammengetragen und sei damit auf die Medelliner Polizei zugetreten. Auf diese Weise kam es zur Operation Orión (vgl. Noche y Niebla 2003), die als großer Erfolg des späteren Armeekommandanten Mario Montoya gilt und durch die die Guerilla fast vollständig aus Medellín vertrieben werden konnte. Der Bloque Metro (2002) behauptet, der Name der Operation (die sich auf das Armenviertel Comuna 13 konzentrierte), sei zu Ehren des AUC-Mannes und Ex-Polizisten Fabio Acevedo alias „Orión" gewählt worden.

Diese Darstellung deckt sich mit anderen Quellen: So spricht das Medelliner Sozialforschungszentrum IPC (2007a) von einer „seltsamen Übereinstimmung". Orión sei bekanntermaßen der Deckname von Fabio Acevedo gewesen, der 2002 als Mitglied der AUC-Führung das Abkommen mit der Uribe-Regierung unterzeichnete. Die eigentümliche Allianz zwischen Drogenhandel, Paramilitärs und Armee wurde schließlich sogar vom US-Geheimdienst CIA thematisiert. Der kolumbianische Armeekommandant Mario Montoya, der die Operation Orión 2002 auf Seiten der Militärs geleitet hatte, geriet Anfang 2007 in den USA massiv unter Druck, als die Tageszeitung *Los Angeles Times* (25.3.2007) aus einem CIA-Bericht zitierte. In dem Geheimdienstbericht hieß es, der *Bloque Nutibara* von Diego Murillo und der kolumbianische Armeekommandant Mario Montoya hätten bei der Operation Orión systematisch zusammengearbeitet. Die Regierung Bush sei wegen des Berichts, der den Plan Colombia in Frage stelle, sehr nervös. Menschenrechtsgruppen berichten, die AUC hätten während der Offensive Verdächtige von der Polizei ausgehändigt bekommen, um diese verschwinden zu lassen (IPC 2007a).

Für den Chef des *Bloque Nutibara* Diego Murillo machte sich die Militäroperation Orión vor allem deshalb bezahlt, weil er mit ihrer Hilfe seine Macht in Medellín konsolidieren konnte. Murillo stellte seine Bedeutung für die Guerillabekämpfung unter Beweis und festigte seine Beziehungen zu Sicherheitsorganen und Politik. Nach Angaben des Bloque Metro (2002) spielte dabei ein komplexes System von Bestechungszahlungen eine Schlüsselrolle. Ausdrücklich genannt wird der ehemalige Direktor der kolumbianischen Drogenpolizei und damalige Polizeichef von Medellín

---

45 Die Guerilla war in Kolumbien phasenweise immer wieder stark in Großstädten präsent. In Medellín und Barrancabermeja kontrollierten v. a. Milizen der ELN jahrelang beträchtliche Teile der Armenviertel. In Medellín wuchsen die Stadtguerilla-Milizen deshalb ab 1990 so stark, weil sie die Bandenkriminalität erfolgreich bekämpften (vgl. Téllez Ardila 1995, eigener Feldaufenthalt 1992).

José Leonardo Gallego. Ihm wird in dem Dokument vorgeworfen, ein enger Partner Diego Murillos zu sein.[46]

Dieser Hinweis ist insofern bemerkenswert, als der Brigadegeneral José Leonardo Gallego lange als einer der wichtigsten Drogenbekämpfer der kolumbianischen Polizei galt. Er war Chef der Anti-Drogen-Einheit *Policía Antinarcótica* und wurde 1999 vom US-Botschafter Curtis Kamman wegen seiner Verdienste ausgezeichnet – interessanterweise obwohl die Staatsanwaltschaft wegen Mittäterschaft beim Massaker 1997 in Mapiripán (Dep. Meta) gegen ihn ermittelte.[47]

Die Annahme, dass es sich beim Paramilitarismus um ein auf Geschäftsbeziehungen beruhendes Netzwerk von Gewaltunternehmern handelte, wurde 2007 während des *Justicia y Paz*-Verfahrens von Salvatore Mancuso, der ehemaligen Nummer 2 der AUC, in Grundzügen bestätigt: „Unsere Organisation war nicht nur illegal, sondern auch irregulär (...) und zwar nicht nur wegen der Merkmale des irregulären Krieges, wie ihn die Guerilla führt. Eigentlich war auch unsere Organisationsstruktur irregulär. Ich würde sie auch als informell oder sogar virtuell bezeichnen. Damit beziehe ich mich auf die gemeinsame Führung, die nur auf dem Papier existierte(...) Die AUC gab es nur in der Vorstellung Carlos Castaños, der immer wollte, dass die Öffentlichkeit die AUC als vollwertigen Gegenpart der Guerilla betrachtete, als identische Kopie der bürokratischen Guerilla-Struktur." (zit. nach: Semana 2.5. 2007) Wichtige Aktionen der Paramilitärs, so Mancuso weiter, seien von außen in Auftrag

---

46   In dem Dokument (Bloque Metro 2002) heißt es, Polizeikommandant Gallego erhalte monatlich 25 Millionen Pesos, damals etwa 10.000 Euro monatlich von Diego Murillo.

47   Brigadegeneral José Leonardo Gallego spielte in der Machtarchitektur in Antioquia eine zentrale Rolle. 2002 brachte er den ehemaligen Regierungssekretär und Wahlkampfchef von Präsident Álvaro Uribe, den Politiker, Unternehmer, Reserveoffizier und ehemaligen Vorsitzenden des Viehzüchterverbandes FADEGAN Pedro Juan Moreno zu Fall. Morenos Firma GMP hatte 1997 fünfzig Tonnen Kaliumpermanganat, das zur Kokainproduktion benötigt wird, illegal importiert (vgl. Contreras/Garavito 2002). Moreno, der als Vater der legalen paramilitärischen CONVIVIR in Antioquia gilt, wurde von Präsident Uribe daraufhin kurz vor dem Amtsantritt 2002 fallen gelassen. Auch der Polizeigeneral José Leonardo Gallego, der den Skandal um Moreno auslöste, verlor seinen Posten, wurde jedoch Polizeichef von Medellín. Pedro Juan Moreno, erbost über seinen Machtverlust, gründete daraufhin die Zeitschrift *La otra verdad*, die den Präsidenten Uribe und General Gallego regelmäßig der Korruption bezichtigte und in Regierungskreisen gefürchtet gewesen sein soll. 2006 versuchte Moreno als Kandidat der Konservativen Partei ein politisches Comeback, kam jedoch – unter ungeklärten Umständen – bei einem Hubschrauberabsturz ums Leben (Semana 24.2.2006). Aus dem Umkreis der Opfer wurde immer wieder angedeutet, der Politiker sei ermordet worden (El Espectador 13.9.2008). Moreno hatte vor seinem Tod mehrmals Andeutungen über die Hintergründe paramilitärischer Verbrechen gemacht. So behauptete er, kolumbianische und US-Militärs seien am Massaker von Mapiripán beteiligt gewesen (vgl. Uscátegui 2006).

gegeben worden. Das deckt sich mit der Darstellung Carlos Castaños, der in seiner Biografie von einer „Gruppe der Sechs" spricht (Aranguren 2001: 115-120). Strategische Entscheidungen seien, so Castaño, bis Mitte der 1990er stets in Absprache mit dieser Gruppe getroffen worden. Die Gruppe habe sich aus „echten Patrioten" zusammengesetzt, die sich die Verteidigung der Nation gegen den Kommunismus auf die Fahne geschrieben hatten und aus den oberen „Sphären der Macht stammten" (ebda: 116). Diese Gruppe habe Namen von den Todeslisten Castaños gestrichen oder welche hinzugefügt und auf eine politische Kontrolle des Anti-Guerilla-Kampfs gedrängt. Von ihnen habe Castaño gelernt, „dass es gewisse militärische Aktionen gibt, die jemand übernehmen muss, damit sie der Staat nicht selbst durchführen muss, und dass das in allen Staatsbildungsprozessen geschieht." (ebda: 118)

Auch wenn Hinweise auf Hintermänner zur Entlastung der AUC-Führer dienten, scheinen sie doch in einem Punkt plausibel: Was die AUC-Führer über die *Terraza*-Bande geäußert haben, könnte auch auf sie selbst zugetroffen haben: dass nämlich ihre Gewaltstrukturen auf der Grundlage einer Art Franchise beruhten. Als Gegenleistung für ihre politische Gewalt erhielten die Paramilitär-Kommandanten eine Art Lizenz für andere Straftaten, darunter den Drogenhandel. Die Tatsache, dass sie Staat und ökonomische Machtgruppen gegen eine politische Bedrohung verteidigten, wurde ihnen entgolten: Sie durften das Vakuum besetzen, das nach dem Zerfall des Medellín-Kartells entstanden war. Aufgrund ihrer Beziehungen zur politischen Macht und ihrer Gewaltmittel konnten die AUC-Führer Schutzfunktionen für die Schattenökonomie übernehmen. Dabei waren die AUC kein stabiler Verband. Als Netzwerk konnten sie je nach Bedarf jugendliche Bandenmitglieder für Gewalthandlungen einkaufen.

Zusammenfassend könnte man diesen eigentümlichen Form des Kriegsherrentums und seine Beziehungen zum Drogenhandel also folgendermaßen charakterisieren:
– Die Verbindungen des Paramilitarismus zum Drogenhandel waren eng, fast symbiotisch. Das hat zum einen damit zu tun, dass die Aufstandsbekämpfung in Kolumbien nicht ausschließlich politisch mobilisiert werden konnte. Diejenigen, die an der Verteidigung des Status Quos das größte Interesse haben, sind in der Regel nicht bereit, selbst Krieg zu führen. Eine ideologische, nationalistische oder ethnische Mobilisierung gelang in der Vergangenheit kaum.[48] Vor diesem Hintergrund musste der Paramilitarismus stets auf Soldzahlungen zurückgreifen. Die gewaltigen Unkosten eines irregulären Heeres, dessen Kämpfer im Unterschied zu politisch motivierten Guerilleros nicht nur alimentiert, sondern auch bezahlt werden müssen, lassen sich nur mit Einnahmen aus der Schattenökonomie decken.

---

48 Erst unter Präsident Uribe kam es in Kolumbien zu Massendemonstrationen der autoritären Rechten, die sich meist gegen die Entführungen der Guerilla richteten.

– Zum anderen entstand der Paramilitarismus konkret aus einem Gewaltunternehmertum, das im Umfeld der Drogenökonomie zu verorten ist. Das paramilitärische Gewaltunternehmertum wurde vom Drogenhandel alimentiert, weil es in der Schattenökonomie für Ordnung sorgte. Es war dabei sowohl Beschützer als auch Schutzgelderpresser. Innerhalb der Drogenökonomie konnten die Paramilitärs für die Einhaltung von Regeln sorgen, nach außen Straffreiheit für Drogenhändler ermöglichen oder umgekehrt Strafverfolgung in Gang setzen.[49] Für diese Patronage kassierten die Paramilitärs Prozente. Die Macht der AUC-Kriegsherren stützte sich dabei nicht nur auf Waffen, sondern auch auf ihre politischen Kontakte. Die Paramilitärs pflegten wegen ihrer Verdienste im „Kampf gegen die Subversion" und wegen eines komplexen Finanzsystems gute Kontakte zum Staatsapparat.

– Die Nähe zur politischen Macht, die militärische Stärke und die Kontrolle über eigene Territorien, in denen die Staatlichkeit außer Kraft gesetzt ist, verwandelte die paramilitärischen Kriegsherren in eine natürliche Anlaufstelle und einen Knotenpunkt des Drogenhandels. Der Paramilitarismus wurde zu einer Schnittstelle von illegaler Ökonomie und informeller Politik. Hier waren praktische Informationen zu bekommen, die den Drogenhandel ermöglichten: Paramilitärische Kriegsunternehmer wussten, welche Routen funktionieren, und konnten möglicherweise sogar dafür sorgen, *dass* sie funktionieren.

– Die gewaltigen Drogeneinnahmen erlaubten es den Paramilitärs, massiv in den Staatsapparat einzugreifen. Die ökonomische Dynamik des Drogenhandels führte zur Herausbildung einer aufstrebenden Drogenbourgeoisie. Dabei kam es – je nach Konstellation – entweder zu Konkurrenz und Konflikten oder aber zur Verschmelzung traditioneller Eliten mit den aufsteigenden Drogenparamilitärs. Die paramilitärischen Gewaltunternehmer, die ursprünglich aus dem Staat heraus instrumentalisiert worden waren, begannen den Staat zu instrumentalisieren. Die Inhaftierung der AUC-Kommandanten könnte in diesem Zusammenhang auch als Reaktion traditioneller Machtgruppen interpretiert werden, die sich vom Erstarken des Narco-Paramilitarismus bedroht sehen.

Auf die Frage, wie das paramilitärische Gewaltunternehmertum agiert, kann man folgende Punkte festhalten:
– Der Paramilitarismus besteht nicht unbedingt aus militärischen Strukturen. Er funktioniert bisweilen wie eine *oficina*, bei der Banden Aufträge ausführen und dafür im Gegenzug Geld oder kriminelle „Franchises" erhalten. Aus diesem

---

49 Carlos Castaño besaß einerseits enge Beziehungen zu fast allen führenden Drogenhändlern, rühmte sich aber auch damit, eine Reihe von ihnen – darunter Pablo Escobar und ein führendes Mitglied des Cali-Kartells – an die Justiz ausgeliefert zu haben.

Grund ist die Demobilisierung der AUC auch keineswegs als Zerschlagung des Paramilitarismus zu verstehen. Die gewaltunternehmerische Struktur ist völlig intakt und bleibt jederzeit mobilisierbar.

– Die Banden, die Aktionen ausführen, sind nicht nur austauschbar, sie *müssen* sogar regelmäßig ausgetauscht werden, damit sie keine autonomen Machtstrukturen ausbilden. Die Ausschaltung solcher Gewaltstrukturen hat zudem damit zu tun, dass diese über Praktiken informeller Machtsicherung Bescheid wissen. Insofern hatten gerade mögliche Auftraggeber Interesse an dem gewalttätigen Zerfallsprozess der AUC, wie er seit 2004 zu beobachten ist und der bislang Hunderten von Paramilitärs das Leben gekostet hat.

– Die Machtstellung des paramilitärischen Gewaltunternehmers beruht zu einem beträchtlichen Teil auf symbolischer Macht. Er kann als Auftraggeber auftreten, weil er als Machtperson mit entsprechenden Beziehungen respektiert wird. Wird diese Autorität unterhöhlt, stürzt er. Die instabilen Allianzen, die für den Drogenhandel charakteristisch sind, prägen insofern auch das paramilitärische Gewalt- und Kriegsunternehmertum.

– Den Gewaltakteuren ist häufig nicht klar, in wessen Interesse sie handeln. Mordaufträge werde über Mittelsleute abgewickelt. Insofern stellt sich der Paramilitarismus als diffuses Phänomen dar – möglicherweise selbst für die AUC-Kommandanten. Andererseits darf die Rolle von Auftraggebern nicht überschätzt werden. Selbst wenn es tatsächlich, wie die AUC-Führer und Zeugen[50] behauptet haben, eine Steuerung der AUC von außen gab, war ihre Entscheidungsmacht beschränkt. Das gewaltunternehmerische System gleicht einer Maschine, die zwar in Gang gesetzt und beeinflusst, niemals aber völlig gesteuert werden kann.

– Innerhalb dieser paramilitärisch-gewaltunternehmerischen Struktur tendiert die Drogenökonomie tatsächlich, wie Carlos Castaño vielfach beklagte, dazu, sich gegenüber anderen Aspekten durchzusetzen. Dadurch jedoch wird eine politische Konsolidierung erschwert. Ein System, in dem der *narcotráfico* im Mittelpunkt steht, stützt sich auf Bestechungsgelder und kann keine verlässlichen Allianzen mehr aufbauen.

---

50 1999 ließ Carlos Castaño mehrere Mitglieder des Medelliner Sozialforschungszentrum IPC entführen. Die Geiseln berichteten nach ihrer Freilassung, Castaño habe Entscheidungen telefonisch konsultiert. Die Freilassung der IPC-Wissenschaftler sei, seinen Worten zufolge, nicht seine Entscheidung gewesen (eigenes Interview mit dem freigelassenen IPC-Mitarbeiter Jairo Bedoya: Zelik 2000c).

Mafiotisierung des Staates

Duncán (2006) betont, dass die Bedeutung des Narcoparamilitarismus als eigene ökonomische Figur gar nicht überschätzt werden kann. Er spricht von „Kriegsherren", die auf der Grundlage ihrer regionalen Macht zu zentralen Protagonisten des politischen Lebens werden. Tatsächlich werden die Abhängigkeiten mit dem Erstarken des Narco-Kriegsunternehmers wechselseitig. Die AUC verfügten mit ihren gewaltigen Finanzressourcen über Mittel, um sich die Komplizenschaft von Militärs, Justiz und Politik durch Bestechung zu sichern. Die Paramilitärs mussten staatlichen Institutionen insofern nicht länger „militärische Gefallen" tun, um ihren Geschäften nachgehen zu können. Sie konnten auch selbst solche „Gefallen" einfordern.

Diese Entwicklung hat große Rückwirkungen auf die Verfasstheit von Staat und Gesellschaft. Der Paramilitär-Kommandant verwandelt sich nämlich zunehmend in eine politische und ökonomische Führungsfigur. Da die paramilitärische Kriegsökonomie informell und illegal ist, löst dies eine Mafiotisierung des Staates ist.

Ausgesprochen deutlich wurde dies im August 2008, als aufgrund internationaler Ermittlungen Mitglieder der Medelliner *Oficina de Envigado* festgenommen wurden (El Espectador, El Tiempo 28.8.-1.9.2008). Bei dem „Büro von Envigado" handelt es sich um eine Schnittstelle von Auftragsgewalt, Schutzgelderpressung und Drogenhandel, deren Wurzeln bis in die 1980er Jahre zurückreichen (vgl. El Espectador 27.7.2008). Nach der Demobilisierung der AUC stieg Daniel Rendón (alias „Don Mario"), Bruder des demobilisierten AUC-Kommandanten Freddy Rendón (alias „El Alemán"), zum Chef der *Oficina* auf. Daniel Rendón hielt das Bestechungsnetzwerk aufrecht und gründete eine paramilitärische Gruppe namens „Héroes de Carlos Castaño". Mitarbeiter der *Oficina* waren hochrangige Vertreter der Medelliner Gesellschaft. Der führende Staatsanwalt Guillermo Leon Valencia, Bruder des kolumbianischen Innenministers, sorgte dafür, dass Mitglieder der *Oficina* von Fahndungslisten gestrichen wurden. Der Medelliner Polizeichef Marco Pedreros verhinderte polizeiliche Ermittlungen. Besonders interessant jedoch war die Rolle des Unternehmers Felipe Sierra, dem eines der größten Wachschutzunternehmen Kolumbiens gehört. Sierras Firma *Control Total,* die über 1000 Angestellte hat, wird von der Uribe-Regierung für den Schutz demobilisierter Paramilitärs bezahlt (El Tiempo 27.8.2008). Darüber hinaus war Sierra aber auch Mitglied im kriminellen Netzwerk von Envigado.

Der Fall zeigt, dass die Verquickung von Staatlichkeit, Unternehmertum und Gewaltkriminalität in vielen Regionen Kolumbiens so weit fortgeschritten ist, dass die Phänomene nicht mehr sinnvoll voneinander unterschieden werden können. Als Ergebnis kommt es zu einer kompletten Irregularisierung politischer Entscheidungs- und Handlungsprozesse. Diese Irregularität kann mittelfristig allerdings durchaus wieder in formale Herrschaftsverhältnisse zurückgeführt werden. So berichtete die regierungsnahe Tageszeitung El Tiempo am 1.9.2009, dass ein hochrangiger nordkolumbianischer AUC-Kommandant eine Vereinbarung mit der US-Justiz ausgehandelt habe, die es ihm erlaube, legal in Washington zu leben. Im Tausch für Informationen über den Drogenhandel und Zahlungen an die US-Regierung soll Hugues Rodriguez, einst einer der Anführer des AUC-Verbandes *Bloque Norte*, eine Aufenthaltsgenehmigung für die USA erhalten haben. Die El Tiempo berichtet weiterhin, dass dem Paramilitär 30 Prozent der noch nicht erschlossenen kolumbianischen Kohlemine „El Descanso" gehört, die zu den größten Vorkommen Lateinamerikas zählen soll. Der gewalttätige Landraub kann also legalisiert und aus Paramilitärs können reguläre Unternehmer werden.

Zu erwähnen ist schließlich auch, dass die vom Paramilitarismus in Gang gesetzten Irregularisierungsprozesse über die Landesgrenzen hinauswirken. Ermittlungen der italienischen Justiz machten 2006 deutlich, dass die AUC mit der kalabrischen 'Ndrangheta assoziiert waren. Das Ausmaß dieser Verbindungen wurde bekannt, als bei einer internationalen Polizeioperation knapp 50 Personen, darunter der italienische Geschäftsmann Giorgio Sale, verhaftet wurden. Die italienischen Behörden beschuldigten die Sale-Familie, die in Kolumbien eine Kette von Textilläden betreibt, direkt mit dem italienischstämmigen AUC-Kommandanten Salvatore Mancuso zusammenzuarbeiten. Die kalabrische Mafia soll Besitztümer Mancusos in Spanien verwaltet und in Kooperation mit den AUC mehrere Tonnen Kokain nach Europa geschmuggelt haben (Semana 25.11.2006, El Tiempo 10.12.2006).

Diese Verbindung zeigte auch in Europa Wirkung. Der Bedeutungsgewinn der kalabrischen 'Ndrangheta in den 1990er Jahren steht nämlich in auffallender zeitlicher Übereinstimmung mit dem rasant steigenden Kokainkonsum in Italien. Sicherlich hätten sich italienische Drogenhändler auch ohne die AUC mit Kokain versorgen können. Doch die Beziehungen zu den stark zentralisierten und vor Strafverfolgung geschützten AUC ermöglichte der 'Ndrangheta offensichtlich, neue Produktionsquellen und Transportrouten zu erschließen. Auf diese Weise verstärkten sich der europäische Kokainkonsum, die Ausbreitung mafiöser Strukturen in Europa und der Paramilitarismus in Kolumbien gegenseitig.

9. Paramilitarismus – eine Strategie „imperialer Gouvernementalität"?

Wir haben gesehen, dass der kolumbianische Paramilitarismus keine Folge eines Staatsscheiterns ist. Die AUC entfalteten nie eine echte politische Autonomie und blieben von der Unterstützung aus dem Staatsapparat abhängig. Die extrem brutalen Gewalttaten erfüllten dabei eine klar benennbare Funktion. Sie blockierten Organisationsversuche der Bevölkerungsmehrheit und trugen dazu bei, neue, 'von oben' kontrollierbare Sozialbeziehungen zu etablieren. Die durch Massaker ausgelösten Fluchtbewegungen erleichterten die infrastrukturelle Erschließung peripherer Regionen und die Ausbeutung von Bodenschätzen. Die Verfolgung von Gewerkschaftern half, kapitalfreundliche Tarifverträge und Arbeitsgesetze durchzusetzen. Die Anschläge auf Linksparteien und soziale Bewegungen verhinderten einen politischen Bruch.

Eine entscheidende Frage lautet nun, inwieweit die USA als globale Führungsmacht und wichtigster Partner des kolumbianischen Establishments das Phänomen Paramilitarismus mit zu verantworten haben. Immerhin steht außer Frage, dass die USA die wichtigsten Ziele des kolumbianischen Paramilitarismus teilen: weltmarktorientierte Erschließung von Regionen, Investitionssicherheit, Zerschlagung der Guerilla, politische Kontrolle der Bevölkerung.

Andererseits muss man sich in diesem Zusammenhang auch vor anti-amerikanischen Ressentiments in acht nehmen, wie sie von Rechten, Linken und religiösen Fundamentalisten heute gleichermaßen gepflegt werden.[1] Die USA sind zwar unumstrittene Führungsmacht, aber deswegen noch lange nicht verantwortlich für die gesamte Politik in den verbündeten Staaten. Es handelt sich bei den USA – auch

---

1   Michel Chossudovsky beispielsweise, der in der globalisierungskritischen Bewegung wegen seiner Positionen zur US-Sicherheitspolitik geschätzt wird, ist auch in der extremen Rechten wohlgelitten (vgl. Nationalzeitung 22.7. 2005). Man sollte in diesem Zusammenhang daran erinnern, dass sich die Weltordnung unter Vormachtstellung einer anderen Nation wohl noch sehr viel dramatischer darstellen würde. Hätte etwa Deutschland den Zweiten Weltkrieg gewonnen, hätten wir es mit einem Imperium zu tun, in dem die rassistische Vernichtung zum Programm gehört. Jede Kritik an der Politik der USA muss diesen Aspekt berücksichtigen.

ihrem Selbstverständnis nach – vielmehr um eine 'Schutzmacht', die den globalen Fluss von Waren- und Finanzströmen und die Offenheit von Märkten sicherstellen will. In dieser Hinsicht unterscheiden sich die USA von klassisch imperialistischen Mächten, die Märkte und Ressourcen zum nationalstaatlichen Vorteil zu erobern versuchten. Die USA treten als Garant einer transnationalen ökonomischen Ordnung auf, von der neben ihnen selbst auch andere kapitalistische Zentren profitieren (zur Unterscheidung von imperialen und imperialistischen Modellen: vgl. Arrighi 2003, Atzert/Müller 2003, Hirsch 2005, Altvater/Mahnkopf 2007).

Diese imperiale Mission beruht nun – nahe liegender Weise – nicht auf menschenrechtlichen oder abstrakten demokratischen Prinzipien. Die Interventionen des „freien Westens" in den Staaten der Dritten Welt dienten stets wirtschaftlichen und geopolitischen Zielen. Blum (2005) zufolge haben die USA seit dem 2. Weltkrieg in 56 Staaten gewalttätig interveniert und sich in diesem Zusammenhang an Mordkomplotten beteiligt, Terrororganisationen protegiert, Militärputsche gegen demokratisch gewählte Regierungen organisiert oder mit Hilfe medialer Manipulation die internationale Öffentlichkeit systematisch zu täuschen versucht.

Die außenpolitische Rolle der USA beschränkt sich allerdings nicht auf diese Aspekte. Gleichzeitig haben – die gleichen oder andere – US-Staatsorgane auf die Einhaltung von Menschenrechten in verbündeten Staaten gedrängt und Putschregierungen ihre Unterstützung wieder entzogen. Man muss daher von verschiedenen *Politiken* der USA sprechen, die in betroffenen Ländern durchaus als widersprüchlich wahrgenommen werden – so etwa wenn Oppositionelle in Lateinamerika auf die US-Militärhilfe verweisen, während sich die Militärs derselben Länder über Menschenrechtsauflagen des US-Parlaments beklagten. Es gibt keinen Anlass, die USA zu dämonisieren. Andererseits liegt auf der Hand, dass die Sicherheitspolitik der USA alle denkbaren Register verdeckter und offener Gewalt umfasst.

Die These, dass US-Behörden am Entstehen terroristischer paramilitärischer Gruppen in Kolumbien beteiligt waren, ist insofern naheliegend. Es gibt verdeckte Interventionstechniken, die mit der offiziellen Demokratie- und Menschenrechtsrhetorik der USA nichts zu tun haben. Da sich derartige Eingriffe in der Vergangenheit allerdings stets nur mit Zeitverzögerung nachzeichnen ließen, soll unabhängig von Kolumbien zunächst erörtert werden, ob es so etwas wie „irreguläre imperiale Techniken" gibt, die die USA und andere Führungsmächte in den vergangenen Jahrzehnten in Bürgerkriegen und innenpolitischen Konflikten zum Einsatz gebracht haben.

9.1. Die „Nationale Sicherheitsdoktrin" der USA und Dynamiken asymmetrischer Kriege

Nach 1945 kam es zu einer Neuausrichtung westlicher Militärstrategien. Auf die von Aufstandsbewegungen formulierten „asymmetrischen" Herausforderungen reagierten westliche Militärs ihrerseits mit einer Irregularisierung staatlicher Kriegführung. So unterschiedliche Autoren wie der französische Aufstandsbekämpfer Roger Trinquier (1963), der NS-Kronjurist Carl Schmitt (1963), der Vorzeigedenker der Berliner Republik Herfried Münkler (1990, 2002a und b) und der US-kritische Historiker Bernd Greiner (2007) sind dabei der Ansicht, dass staatliche Armeen durch irreguläre, tendenziell terroristische Aktionen von Aufständischen zu einer Art Gegenterror bewegt wurden. Greiner beispielsweise, der mit „Krieg ohne Fronten" eine lesenswerte Studie zur Irregularisierung der US-Kriegführung in Vietnam vorgelegt hat und mit Sicherheit kein Freund Schmittscher Theorie ist, argumentiert in dieser Hinsicht ganz ähnlich wie der autoritäre Staatstheoretiker. Greiner spricht von einer „Dynamik asymmetrischer Kriege" und behauptet, der Vietcong habe die US-Truppen zu Angriffen auf die Zivilbevölkerung provoziert, um auf diese Weise gesellschaftliche Gegenmobilisierungen auszulösen (ebda: 44-56).

Ich habe bereits dargelegt, dass mir diese These – mindestens im lateinamerikanischen Kontext – unplausibel erscheint.[2] Da irreguläre Aufständische ihre Basis nicht schützen können, wirkt die Repression, die die Partisanen angeblich gezielt provozieren, nicht mobilisierend, sondern löst allgemeine politische Lähmung aus. Aufgrund der militärischen Unterlegenheit sind Partisanen/Guerillas aber gleichzeitig von sozialen Organisationsprozessen in der Bevölkerung abhängig. Insofern stellt der staatliche „Gegenterror" für die Aufständischen eine enorme Bedrohung dar. Dass sich Partisanen in der Zivilbevölkerung zu verbergen suchen und den feindlichen Staat unpräzise mit Bombenattentaten angreifen, dürfte in der Regel weniger mit einer Strategie der Provokation, sondern mit unzureichenden Ressourcen zu tun haben, die kaum eine andere Kriegführung zulassen.[3]

Ich habe weiterhin zu skizzieren versucht, dass eine wesentliche Antwort auf die Herausforderung durch Aufständische darin besteht, die asymmetrische Situation des Partisanenkriegs – der Staatsmacht stehen Aufständische gegenüber, die von der

---

2   Greiners Ausführungen über den Terror des Vietcong scheinen sich in weiten Teilen auf Darstellungen der US-Streitkräfte zu stützen. Inwiefern Partisanen terroristische Kalküle zur Mobilisierung der Bevölkerung einsetzten, wäre wohl auch für den Vietnamkrieg ausführlicher zu prüfen.

3   Eine Ausnahme ist möglicherweise das Konzept „Aktion-Repression-Aktion" der baskischen ETA aus den 1960er Jahren. Die Untergrundorganisation sprach während der Franco-Diktatur von einer gezielt herbeigeführten Eskalationsspirale, die die – nach dem Bürgerkrieg weitgehend apathische – Bevölkerung aus ihrer Lethargie reißen sollte.

Bevölkerung nicht zu unterscheiden sind[4] – zu „re-symmetrisieren". Der aufstands-bekämpfende Staat versucht, die Verbindungen zwischen Bevölkerung und Partisan zu kappen. Die Parole – „dem Fisch das Wasser entziehen" – zielt genau darauf ab. In diesem Zusammenhang werden unter anderem zivilmilitärische Verbände aufgebaut, die Zivilisten auf Seiten der Armee in den Konflikt einbinden. Diese *paramilitä-rischen* Strukturen sollen gewährleisten, dass die Staatsmacht über aufständische Bestrebungen informiert ist und der Bevölkerung nicht als Fremder gegenüber tritt. Die Gründung derartiger Gruppen wurde dem kolumbianischen Staat, wie dargelegt, bereits 1962 von einer US-Militärmission unter General Yarborough empfohlen.

Weiterhin geht es für den aufstandsbekämpfenden Staat darum, die moralische Position des Partisanen zu unterminieren, also zu verhindern, dass dieser aus seiner politischen und sozialen Motivation Vorteile zu ziehen vermag. Die Anti-Aufstands-Kriegführung besteht daher im Wesentlichen aus medialen und so genannten psy-chologischen Operationen, die den Feind diskreditieren und den Staat als Verteidiger der Freiheit oder aber zumindest als kleineres Übel erscheinen lassen. Auf diese Weise verwandelt sich der Krieg, wie in Kap. 4.11. und 5.1. erörtert, in ein komplexes System aus Entwicklungspolitik, Psychologie, Polizeimaßnahme, Massenkommunikation und Gewalt.

Konsequenz dieser Kriegführung ist schließlich die „Biopolitisierung" des Krieges. Standen früher die Probleme 'Heer', 'Terrain' und 'Ressourcen' im Zentrum der Militärlehre, so rückt im Anti-Partisanen-Krieg die Bevölkerung in den Mittelpunkt des Interesses. Aufstandsbekämpfende Militärs werden geschult, umfassend auf die Bevölkerung einzuwirken. Sie sollen ihr als Polizisten, Politiker, Geheimdienstagen-ten, humanitäre Unterstützer und Meinungsmacher gegenübertreten. Auf diese Weise wird dem integralen – politischen, kulturellen und militärischen – Aufstand des Partisanen ein eigenes integrales Projekt entgegengestellt.

Die Beziehungen zur Bevölkerung gestalten sich in dieser Kriegführung allerdings überwiegend paranoid. Den Soldaten wird eingebläut, den Aufstand als subversive Unterwanderung zu interpretieren. Auf diese Weise beginnen die staatlichen Gewalt-apparate, die Gesellschaft nach Verdächtigen zu durchkämmen. Es kommt zu einer autoritären Verschiebung der Kräfteverhältnisse. Eine derartige Neuorientierung der Militärdoktrin lässt sich in Kolumbien anhand der Militärhandbücher ab 1960 nachzeichnen, die im Zusammenhang mit der US-amerikanischen Militärberatung Verbreitung fanden.

---

4   Der letztlich zentrale Punkt der Asymmetrie, dass nämlich ein regulärer, tendenziell „starker" Akteur einem irregulären „schwachen" Aufständischen gegenübersteht, ist aus der Perspektive der Staatlichkeit selbstverständlich kein Problem und muss auch nicht überwunden werden. Als Schwierigkeit stellt sich – wie beispielsweise van Cre-veld immer wieder beklagt – nur dar, dass Aufständische aus ihrer strukturellen Unter-legenheit moralische Legitimation ziehen können („power of the weakness").

Treibendes Moment der Autoritarisierung ist weiterhin die Nationale Sicherheitsdoktrin, die von der US-Regierung nach innen und außen propagiert wurde. Als Grundlage der Doktrin diente der 1947 verabschiedete *National Security Act,* über den Greiner (2007: 60) anmerkt: „Mit dem 'National Security Act' von 1947 wurde die bis dato sorgsam austarierte Architektur der Macht dauerhaft zu Gunsten der Exekutive und zu Lasten von Legislative und Judikative verschoben. Freilich beschreibt die Neujustierung des ordnungspolitischen Rahmens nur eine Seite des Problems. Hinzu kommt die normative Prämisse des 'National Security Act' – eine auf das rein militärische verengte Wahrnehmung nationaler Sicherheit. Im Begriff der 'permanent preparedness' sind die Weiterungen dieser Maxime aufgehoben. Der Ausnahmezustand gilt nicht als Ausnahme von der Regel, sondern reguliert das Politische." Die erwähnte (Bio-) Politisierung staatlicher Kriegführung läuft also nicht auf eine Zivilisierung und Zähmung der Staatsgewalt, sondern auf eine militärisch-autoritäre Durchdringung von Politik und Gesellschaft hinaus.

Was die Verbreitung derartiger Kontroll- und Militärkonzepte angeht, ist die Verantwortung Washingtons eindeutig. Die USA forderten von lateinamerikanischen Staaten in den 1960er Jahren die Anwendung der Nationalen Sicherheitsdoktrin, propagierten den Aufbau legaler zivil-/paramilitärischer Gruppen und befürworteten die Verhängung von Ausnahmezuständen, wie ihn die Regierung Julio Cesar Turbay Ayala 1978 in Kolumbien gegen heftigen innenpolitischen Widerstand durchsetzte. Durch die Unterstützung von Polizei-, Militär- und Geheimdienstapparaten positionierten sich die USA auf Seiten autoritärer Fraktionen innerhalb der verbündeten Staaten. Dabei wurden konkret Repressionstechniken exportiert: Mehr als 100 der kolumbianischen Offiziere, die 1992 schwerer Menschenrechtsverletzungen bezichtigt wurden, waren in der US-amerikanischen *School of Americas* in 'irregulärer Kriegführung' und 'psychologischen Operationen' unterrichtet worden (vgl. Grimmett/Sullivan 2000, zur School of Americas: vgl. der Untersuchungsbericht des Abgeordneten Kennedy 1997), die besonders eng mit dem Paramilitarismus verwobenen Geheimdienstabteilungen wurden unter Führung von US-Beratern aufgebaut und modernisiert. Und schließlich wurden die kolumbianischen Militärs – die zu diesem Zeitpunkt wegen ihrer Verbindungen zum Paramilitarismus bereits völlig diskreditiert waren – mit dem *Plan Colombia* ab 1999 zum Nutznießer von US-Unterstützung, in diesem Fall sogar des größten Militärhilfepakets in der Geschichte Lateinamerikas. Obwohl US-Militärberater die kolumbianische Armee seitdem kontinuierlich begleiten, sind – wie wir gesehen haben – die Verbindungen zwischen Staatsmacht und paramilitärischen Verbänden nicht gekappt worden. Im Gegenteil: Zu einer autoritären Durchdringung des Staatsapparates, wie sie sich mit der Wahl des Präsidenten Álvaro Uribe manifestierte, kam es erst *nach* der Intensivierung der US-Intervention. Bemerkenswert ist auch, dass Uribe, dessen Kandidatur 2002 und

2006 von den AUC-Paramilitärs unterstützt wurde, gleichzeitig Wunschpräsident der USA und engster Vertrauter Washingtons in Lateinamerika ist.

Diese belegbare strukturelle Verantwortung der USA für die Existenz paramilitärischer Gruppen und das Erstarken autoritärer Konzepte sagt jedoch noch nichts darüber aus, inwiefern die Führungsmacht die Terrorstrategie der Paramilitärs mitgetragen hat. Es macht schließlich einen Unterschied, ob man den Aufbau *legaler* zivilmilitärischer Organisationen und eine Ermächtigung der Exekutive befürwortet oder ob man gezielt Massaker und Massenvertreibungen als Kriegsmittel eingesetzt sehen möchte.

In Kolumbien sind die Paramilitärs in den vergangenen Jahren immer wieder als „Geschöpf" oder „uneheliches Kind" des Staates bezeichnet worden. Das gilt auch für ihr Verhältnis zu den USA: Washingtons Politik hat den kolumbianischen Paramilitarismus mit hervorgebracht. Doch daran schließt sich die schwierigere Frage an, inwiefern das Vorgehen dieses „Geschöpfs" gebilligt und gelenkt wurde. Haben westliche Militärberater Massaker als notwendiges Mittel zur Zerschlagung sozialer Geflechte befürwortet? Hat man den kolumbianischen Militärs den Aufbau verdeckter Beziehungen zum mafiösen Gewaltunternehmertum vorgeschlagen, weil sich auf diese Weise problematische Aspekte der Kriegführung abwälzen ließen? Handelte es sich, wenn US-Personal in derartige Operationen verwickelt war – wofür es, wie wir sehen werden, Indizien gibt –, um individuell zu verantwortende Praktiken oder um eine Strategie der Führungsmacht?

Die offizielle Haltung der US-Regierung trägt zur Klärung dieser Fragen wenig bei. Nach den Skandalen um Guantanamo, das Foltergefängnis von Abu Ghraib und die CIA-Entführungsflüge sollte allerdings deutlich sein, dass die Menschenrechtsrhetorik Washingtons nicht als Maßstab einer realen politischen Praxis herangezogen kann. Stattdessen muss untersucht werden, welche Formen *imperialer Gouvernementalität* die USA entwickelt haben, um Kriege und innenpolitische Konflikte in ihrem Sinne zu beeinflussen.

„Imperiale Gouvernementalität"?

Unter *imperial* ist dabei ein Herrschaftsraum zu verstehen, der sich weder als klassisch-imperialistisch noch als *Empire* im Sinne von Hardt/Negri (2002) beschreiben lässt. Imperiale Politik unterscheidet sich von klassisch-imperialistischer darin, dass es nicht um die nationalstaatliche Eroberung und Kontrolle von Ländern geht. Imperiale Politik zielt vielmehr darauf ab, die globale kapitalistische Ordnung zu bewahren und Waren- und Finanzströme im Fluss zu halten. Im Gegensatz zu Hardt/Negri (2002), die davon ausgehen, dass das globale *Empire* sich aus einer Vielzahl transnationaler Institutionen und Akteure zusammensetzt, ist die Bedeutung nationalstaatlicher Akteure in diesem System allerdings weiter hoch anzusetzen (vgl. Hirsch 2003, Arrighi 2003, Altvater/Mahnkopf 2007). Die USA spielen als globale Führungsmacht eine zentrale Rolle.

Unter *Gouvernementalität* soll in diesem Zusammenhang – anders als im strengen Foucaultschen Sinne – nicht in erster Linie das Konzept einer das Individuum aktivierenden Staatlichkeit verstanden werden. Darunter gefasst wird vielmehr ein Ensemble von Techniken, die nicht als unmittelbare Eingriffe wirken. Im Mittelpunkt *gouvernementaler* Politik stehen nicht der direkte Zwang, die Vorschrift und das Verbot, sondern *Techniken der Ermöglichung*, wie sie Foucault in seinen späten Vorlesungen zum Wirtschaftsliberalismus (2004b) skizziert hat. *Regierung* äußert sich denn auch weniger im unmittelbaren Eingriff als in der Anordnung von Situationen, in denen sich Akteure im gewünschten Sinne verhalten sollen. Man kann das als Festlegung von Spielanordnungen beschreiben, in denen „der Staat" ein Akteur unter mehreren ist. Foucaults Vorlesungen zur Gouvernementalität legen nahe, dass es sich dabei um Techniken handelt, die besonders in komplexen Gesellschaften funktional sind. Eine vergleichbare Entwicklung lässt sich auch in der Kriegführung beobachten: Die direkte Militärintervention wird durch ein komplexes Einwirken auf Kriegssituationen und Rahmenbedingungen abgelöst.

Der Begriff der *Gouvernementalität* scheint dabei auch deswegen passend, weil er Staatlichkeit als ein Einwirken auf die Bevölkerung beschreibt. Die Konfliktintervention, die im Folgenden diskutiert wird, zielt – wie mehrfach erwähnt – auf eine Kontrolle und Beeinflussung der Bevölkerung ab.

9.2. Drogenfinanzierung irregulärer Kriege – Einige Fallbeispiele

9.2.1. Das Verhältnis der USA zu Mafia und Drogenhandel in Südeuropa und Südostasien (1945-75)

Gewaltunternehmertum, Drogenhandel und Paramilitarismus sind in Kolumbien eine amalgamische Verbindung eingegangen. Der Zusammenhang lässt sich folgendermaßen skizzieren: Schattenökonomien bedürfen einer bewaffneten Ordnungsmacht, die sich als Gewaltunternehmertum konstituiert. Dieses Gewaltunternehmertum scheint in Kolumbien ab den 1980er Jahren von ökonomischen und politischen Führungsgruppen zur Aufstands- und Oppositionsbekämpfung eingesetzt worden zu sein. Auf diese Weise entstanden zunächst eine Vielzahl paramilitärischer Gruppen und in den 1990er Jahren schließlich die AUC, die als politische Organisation auftraten, letztlich aber eher wie ein Netzwerk der Auftragsgewalt funktionierten. Da die Paramilitärs wegen ihrer politischen Verdienste über gute Verbindungen zum Staatsapparat verfügten, verwandelten sie sich in Knotenpunkte des Drogenhandels.

Die immensen Einnahmen hieraus wiederum führten zu einem Erstarken des Paramilitarismus gegenüber den traditionellen Machtgruppen und zu einer Transformation von Staat und Establishment.

Wie verhielten sich nun die USA gegenüber diesem politisch einsetzbaren, drogenfinanzierten Gewalt- oder Kriegsunternehmertum?

Zunächst scheint es kaum vorstellbar, dass die USA, die vor ihrem *War on Terror* einen Krieg „gegen die Drogen" geführt haben und jährlich gewaltige Summen zur Bekämpfung lateinamerikanischer Kartelle ausgeben, Verbindungen zu Fraktionen des Drogenhandels unterhalten. Die Haltung der USA scheint hier eindeutig: Der *Plan Colombia* ist ein Plan zur Drogenbekämpfung, die USA lassen Kokaplanzungen in Kolumbien großflächig mit Herbiziden besprühen, die früheren AUC-Kommandanten wurden 2008 die USA ausgeliefert und stehen dort wegen Drogenhandels vor Gericht.

Tatsächlich ist die Praxis der Führungsmacht USA gegenüber der Drogen- und Gewaltkriminalität jedoch widersprüchlicher. Es lässt sich nachweisen, dass US-Geheimdienste im Kampf gegen kommunistische und sozialrevolutionäre Bewegungen die organisierte Kriminalität immer wieder als informelles Instrument genutzt haben. Der US-Historiker Alfred Mc Coy (2003) legte bereits 1972[5] eine bestens recherchierte und in zahlreichen Felduntersuchungen erstellte Studie über die informelle Drogenpolitik der USA vor. Er zeigt darin, dass Washington im Rahmen des Kalten Krieges Verbindungen zu Drogenhandelsringen aufbaute und diese aktiv protegierte. McCoy vertritt sogar die These, dass die Ausbreitung des Drogenhandels nach 1945 als Folge der US-Geopolitik verstanden werden muss. So waren die internationalen Syndikate Mitte der 1940 zerrüttet und die Drogennachfrage in den USA auf einem historischen Tiefpunkt angelangt. Die Geheimdienste OSS[6] und CIA führten jedoch in den 1940er und 1950er Jahren Operationen mit kriminellen Syndikaten durch, die eine Revitalisierung des internationalen Rauschgifthandels nach sich zogen.

McCoy (ebda: 74ff) bezieht sich dabei zunächst auf Aktivitäten während des 2. Weltkriegs. Vor der Landung alliierter Truppen in Sizilien suchte die US-Militärführung nach Verbündeten, die logistische Unterstützung bei der Invasion leisten konnten. Die sizilianische Mafia schien mit ihren engmaschigen und konspirativen Kommunikationsnetzwerken dafür bestens geeignet. Der Militärgeheimdienst trat daher in Kontakt mit der italienischstämmigen Mafia in den USA und etablierte

---

5   Zitiert wird aus der aktualisierten Fassung (2003), die in den USA unter dem Titel „*The Politics of Heroin. CIA Complicity in the Global Drug Trade*" erschien, auf Deutsch jedoch unter dem etwas reißerischen Titel „*Die CIA und das Heroin*" veröffentlicht wurde. McCoy lehrt Geschichte an der Universität von Wisconsin in Madison.

6   Das *Office for Strategic Services* (1942-45) war ein Vorläufer der CIA.

Beziehungen, die auch nach Kriegsende weiter Bestand haben sollten. Unter US-Besatzung wurden zahlreiche Mafia-Mitglieder zu Bürgermeistern ernannt. Im Gegenzug stellten diese ihre gewaltunternehmerischen Strukturen im Kampf gegen die kommunistische Linke zur Verfügung.

Diese Kooperation blieb kein Einzelfall. In den späten 1940er Jahren bediente sich der US-Geheimdienst in Frankreich der korsischen Unterwelt, um die kommunistische Hafenarbeitergewerkschaft von Marseille anzugreifen (ebda: 110-122). Dass die korsischen Gangs im internationalen Heroinhandel eine zentrale Rolle spielten und zum Teil bereits der Gestapo im Kampf gegen die Résistance gedient hatten, stellte dabei kein Hindernis dar. In Kooperation mit der sozialistischen Partei – der nationalistische Gaullismus galt den US-Diensten als unzuverlässiger Partner – kam es zu einer Kampagne gegen die kommunistische Gewerkschaft, bei der Gangster als informelle Staatsgewalt auftraten. Sie griffen Streikposten an, mehrere Arbeiter wurden ermordet.

Ganz ähnlich wie in Kolumbien wurden damals Kriminelle eingesetzt, die im Austausch für ihre Gewalthandlungen einen relativen Schutz vor Strafverfolgung gewährt bekamen. Derartige Beziehungen entwickelten nicht nur US-amerikanische, sondern auch andere westliche Dienste. Gut untersucht sind Praktiken der französischen Geheimdienste. In der zivilmilitärischen Gruppe *Service d'Action Civique* etwa, die im Mai 1968 gegen streikende Arbeiter und Studenten eingesetzt wurde, waren neben Polizisten auffällig viele Kriminelle organisiert. Ein Untersuchungsausschuss des französischen Parlaments hielt 1981 fest, dass der staatliche Geheimdienst SDECE, die zivilmilitärische SAC und die illegale Geheimorganisation OAS *(Organisation de l'Armee Secrète),* die im Zusammenhang mit dem Algerienkonflikt zahlreiche Bombenattentate verübte[7], in den 1960er Jahren eng miteinander verwoben waren. Die „zivile" SAC führte Aufträge des Geheimdienstes SDECE durch und wurde dabei u.a. durch Rauschgifthandel finanziert (Ganser 2005: 100f, McCoy 2003: 126-129). Im Zusammenhang dieser *French Connection* wurde 1971 ein hochrangiger Offizier des französischen Geheimdienstes SDECE in den USA wegen Heroinschmuggels angeklagt (vgl. Time 29.11.1971).

McCoy zeigt auf, dass es sich bei solchen Verbindungen zur Organisierten Kriminalität um eine Art informeller Politik handelte, die von westlichen Staaten in verschiedenen Kontexten angewandt wurde. So schlossen französische Militärs im Rahmen der irregulären Kriegführung während des Indochina-Kriegs in den 1950er Jahren strategische Allianzen mit dem Drogenhandel. Frankreich hatte in den Un-

---

7   Die von rechten französischen Militärs und Polizisten gegründete OAS versuchte Anfang der 1960er Jahre die Loslösung Algeriens von Frankreich zu verhindern und führte 1961 einen Putschversuch gegen de Gaulle durch, nachdem dieser mit der algerischen Unabhängigkeitsbewegung Verhandlungen aufgenommen hatte

abhängigkeitskriegen in Nordafrika und Südostasien die Erfahrung gemacht, dass sich Guerilla-Aufstände mit klassischen Mitteln nicht kontrollieren ließen. Junge Offiziere entwickelten daraufhin die so genannte „französische Doktrin", die als eine der Grundlagen asymmetrischer Kriegführung gelten kann.[8] Während die konventionelle Kriegführung sich Indochina als „einen entvölkerten Übungsplatz für befestigte Linien, massive Angriffsschläge und flankierende Manöver vorgestellt" hatte (McCoy 2003: 207), verstanden die jüngeren Offiziere, darunter Major Roger Trinquier, Indochina „als riesiges Schachbrett, auf dem Bergstämme, Banditen und religiöse Minderheiten als Bauern eingesetzt werden konnten, um strategische Territorien zu halten und Vietminh-Infiltrationen zu verhindern" (ebda).

Hier zeichnet sich ab, was oben als *imperiale Gouvernementalität* bezeichnet worden ist: Die Intervention der Besatzungsmacht äußert sich nicht in erster Linie in eigenen Aktionen. Es wird vielmehr versucht, Akteure auf einem komplexen Feld zum gewünschten Verhalten zu bewegen. Anders als McCoys Bild vom Schachbrett es nahe legt, konnte die französische Interventionsmacht ihre „Figuren" in der Regel allerdings nicht einfach bewegen. Ihre Lenkungsmacht besteht vielmehr darin, Handlungen anderer zu affizieren.

In diesem Sinne versuchte die französische Besatzungsmacht, jene Gruppen zu stärken, mit denen man Interessen teilte.[9] Die dem Vietminh feindlich gesonnenen Bergstämme konnten jedoch nicht ausschließlich ethnisch für den Krieg mobilisiert werden. Vor diesem Hintergrund kam Geldzahlungen beim Aufbau der paramilitärischen, überwiegend aus Minderheiten rekrutierten Verbände eine Schlüsselrolle zu. Trinquier zufolge lagen die Kosten Anfang der 1950er Jahre bei etwa 15.000 US-Dollar pro 150 Mann. Insgesamt habe man 40.000 Contra-Guerillas aus Bergstämmen rekrutiert (McCoy 2003: 208). Diese Kriegführung war mit regulären Mitteln nicht zu finanzieren, denn der Indochina-Krieg war in Frankreich selbst überaus unpopulär. Trinquier und andere Militärs entwickelten daher die so genannte *Operation X*, in die nur wenige hochrangige französische und vietnamesische Stellen eingeweiht waren.

Die Operation bestand darin, dass Rohopium, das vom Bergstamm der Hmong angebaut wurde, von französischen Fallschirmspringern übernommen und in ein Camp der „Abteilung für paramilitärische Operationen" bei Saigon geflogen wurde. Es handelte sich dabei um dasselbe Camp, in dem auch die Ausbildung der

---

8   Wie bereits erwähnt wurde Trinquiers Strategiehandbuch *„La guerre moderne"* (1963, zuerst 1961) von kolumbianischen Militärs in spanischer Übersetzung als Militärhandbuch verwendet. Trinquier war später an der „Schlacht um Algier" beteiligt.

9   Ein derartiges Vorgehen ist selbstverständlich nicht neu in der Geschichte der Imperien. Die Manipulation von Kräfteverhältnissen ist auch im römischen *Divide et impera* enthalten.

Hmong-Contra-Guerilla stattfand. Von dort wurde das Opium an südvietnamesische Bien-Xuyen-Banditen übergeben, die im Flussdelta in der Nähe von Saigon verankert waren, den lokalen Opiumhandel kontrollierten und von der Regierung auch als Stadtmilizen eingesetzt wurden. Die Einkünfte aus dem Opiumverkauf wurden schließlich zwischen mehreren verdeckt arbeitenden Militäreinheiten und den Bien-Xuyen-Banditen aufgeteilt. Das überschüssige, in Südvietnam nicht zu verkaufende Opium wurde an chinesische und korsische Syndikate abgegeben, die es über Hongkong und Marseille exportierten.[10]

Obwohl Washington Frankreichs Politik in Indochina kritisierte und sogar einen Geheimkrieg gegen die Franzosen anzettelte[11], setzten die USA bald nach dem französischem Abzug die *Operation X* fort. McCoy führt das Entstehen des so genannten Goldenen Dreiecks, des lange Zeit wichtigsten Opiumanbaugebiets der Welt im Grenzgebiet von Laos, Birma und Thailand, auf verdeckte US-Operationen in der Region zurück. Bereits seit Anfang der 1950er Jahre unterstützte Washington die Aktivitäten der nationalchinesischen Kuomintang, die in Nordostbirma, nahe der chinesischen Grenze, eine eigene Zone kontrollierte und ihren antikommunistischen Krieg mit Opium finanzierte. Obwohl die Kuomintang bekanntermaßen Morphium-Raffinerien unterhielt[12], wurde sie in ihrer Funktion als nationalchinesische Contra von den USA mit Waffen und Munition versorgt (ebda: 262). Bewaffnete Einheiten der Shan-Minderheit und die Kuomintang-Truppen sorgten in den Folgejahren dafür, dass sich der Opiumanbau in der Region ausbreitete und der Export systematisiert wurde. Die Verschickung des Opiums erfolgte dabei über die korrupten Polizei- und Militärapparate Thailands und Südvietnams, die wiederum während des Kalten Kriegs von der CIA systematisch vor Anklagen wegen Drogenhandels geschützt wurden.

Im Bergland von Laos griff US-Geheimdienstpersonal sogar noch direkter in den Drogenhandel ein. Das Rohopium scheint teilweise von Fluglinien, die im Auftrag der

---

10 Trinquier schildert die Funktionsweise der so genannten *Operation X* gegenüber Mc-Coy Anfang der 1970er Jahre ganz offen. Er erklärt detailliert, wie man die Contra-Guerilla-Aktivitäten mit Drogengeschäften finanzierte, und ergänzt die Angaben nach der Veröffentlichung von McCoys Buch sogar in einem Brief (in: McCoy 2003: 709f).

11 Der US-Geheimdienst war sogar an Bombenanschlägen gegen die Franzosen beteiligt. Graham Greene schrieb über dieses imperialistische Ränkespiel den lesenswerten Roman „*Der stille Amerikaner*" (1955).

12 Auch hier scheint die Kulturindustrie ein genaueres historisches Gedächtnis zu besitzen als der akademische Mainstream. In Ridley Scotts Spielfilm „American Gangster" (2007) wird – durchaus faktentreu – gezeigt, wie die antikommunistische Geopolitik den Heroinboom mit auslöste: Der afroamerikanische Drogendealer Frank Lucas kauft sein Heroin direkt bei der nationalchinesischen Kuomintang ein und nutzt die Versorgungsrouten der US-Militärs, um Heroin in die USA zu transportieren.

CIA[13] unterwegs waren, aus den abgelegenen laoitischen Bergdörfern ausgeflogen und in Transit-Orte geschafft worden zu sein, wo südvietnamesische Militärmaschinen das Opium übernahmen. Diese Operation stützte in zweierlei Hinsicht den Krieg: Auf der einen Seite band man die vom Opiumanbau lebenden Hmong an sich, die im Gegenzug den „Ho-Chi-Minh-Pfad", also die Nachschubwege des Vietcong, störten und gegen die kommunistischen Pathet-Lao-Partisanen in Laos kämpften. Das Opium finanzierte dabei auch die militärische Ausrüstung der Hmong, die von den USA aufgrund eines Abkommens mit der Sowjetunion offiziell nicht in ausreichendem Maße unterstützt werden konnten (zum Geheimkrieg in Laos: Warner 1996, McCoy 2003: 393-512).

Auf der anderen Seite dienten die Einnahmen des Morphium- und Heroingeschäfts aber auch zur Stärkung der mit den USA alliierten Machtgruppen in Südvietnam. Die Kräfteverhältnisse in Politik, Polizei und Armee beruhten wesentlich auf Bestechungszahlungen. Obwohl sich Südvietnam im Krieg befand und die USA die antikommunistische Einheit beschworen, kam es im Verlauf der 1960er und 1970er Jahre zu schweren Machtkämpfen innerhalb des Staatsapparates und sogar zu mehreren Putschversuchen. Vor diesem Hintergrund war ein komplexes Korruptionssystem von zentraler Bedeutung (McCoy 2003: 325-368). Es bildete sich – vergleichbare Fragen zur Situation in Kolumbien drängen sich auf – eine amalgamische Verbindung zwischen Schattenökonomie und der autoritären Staatsmacht in Saigon heraus. Die US-Regierung schützte die Verbündeten in diesem Zusammenhang systematisch vor Ermittlungen anderer US-Einrichtungen – beispielsweise 1968, als ein Senatsausschuss die südvietnamesische Führung schwerer Korruption bezichtigte (ebda: 308).

Man kann also festhalten: Der Opiumhandel ermöglichte die Finanzierung eines Geheimkriegs durch Dritte. Gleichzeitig stellte er die Grundlage für eine fragile Machtarchitektur dar. Die Kosten dieser Politik waren allerdings hoch: Der ausufernde Drogenhandel trieb die Korrumpierung der politischen Klasse voran und

---

13 Diese Fluglinien stellen eine erste wichtige Erscheinungsform privater Militärfirmen (PMF) dar, wie sie heute die Kriegführung der USA maßgeblich prägen (vgl. Shearer 1998, Milton 1998, Azzellini/Kanzleitner 2003, Uesseler 2006, Jäger/Kümmel 2007, Scahill 2008). Daran lässt sich erkennen, dass das Erstarken privater Militärfirmen – nicht wie in der Konfliktforschung häufig unterstellt – mit dem Ende des Kalten Krieges erklärt werden kann. Die gängige Lesart lautet, dass nach dem Kalten Krieg Konfliktordnungen zerfielen und Militärpersonal frei gesetzt wurde, das sich dann auf dem freien Markt angeboten habe. Tatsächlich lässt sich jedoch seit den 1960er Jahren eine Outsourcing-Praxis westlicher Militärs beobachten, die zur Gründung privater Militärfirmen führt. Dabei spielten zunächst Fluglinien und militärische Logistikunternehmen eine große Rolle, die zur geheimen Versorgung von US-Verbündeten in Laos und später Nicaragua oder zur Unterstützung israelischer Interessen im Libanon zum Einsatz kamen. Schon am Anfang ging es also darum, bestimmte Operationen der politischen Kontrolle zu entziehen, denn das Vorgehen von Privatfirmen kann kaum überwacht werden.

löste ökonomisch motivierte Machtkämpfe aus. Gegen Ende des Vietnamkrieges, als die US-Hilfe drastisch reduziert wurde, stützte sich das südvietnamesische Regime offensichtlich nur noch auf diese Schattenökonomie. Dementsprechend rasch kollabierte es, als die nordvietnamesischen Truppen im März 1975 ihre alljährliche Frühjahrsoffensive starteten.

Noch gravierender waren die Auswirkungen für die US-Kriegführung selbst: Die wachsende Produktion führte nämlich nicht nur einer steigenden Drogenabhängigkeit unter den Südvietnamesen, sondern löste vor allem eine regelrechte Heroinepidemie unter GI's aus. Die ab 1970 exlosionsartig steigende Nachfrage führte zur Herstellung immer hochwertigeren Stoffs. Schätzungen von 1971 zufolge waren zu diesem Zeitpunkt 10-15 Prozent der US-Truppen Heroinkonsumenten (vgl. Greiner 2007, McCoy: 318-322). Die abziehenden Soldaten nahmen ihre Abhängigkeit mit nach Hause und bereiteten somit dem Siegeszug harter Drogen in den USA den Weg. Die Drogenaktivitäten im Rahmen des US-Geheimkriegs in Laos wurden so zu einer Bürde für den regulären Krieg in Vietnam[14] – weshalb zunächst Hanoi für diese besonders perfide Form der Kriegführung verantwortlich gemacht wurde.

Wie konnte es zu einer solch kontraproduktiven Vorgehensweise kommen? Um diesen Widerspruch zu verstehen, muss man sich vergegenwärtigen, dass Geheimkriegsoperationen nicht unbedingt langfristig angelegten Überlegungen folgen. Sie entstehen oft als pragmatische Antworten auf drängende Probleme. Wenn kein Geld für Verbündete zur Verfügung steht, weil sich keine politische Mehrheit dafür organisiert lässt, müssen die Finanzmittel anderweitig beschafft werden. Der Drogenhandel stellt in diesem Zusammenhang eine unerschöpfliche Geldquelle dar. Da sowieso Drogen gehandelt werden, beschränkt sich die Intervention aus Sicht der Akteure darauf, dafür zu sorgen, dass die „Richtigen", nämlich die eigenen Verbündeten, daran verdienen – beziehungsweise: Die Intervention kann sich darauf beschränken, *nicht länger zu verhindern*, dass Verbündete daran verdienen. Bei einer derartigen Politik der Toleranz wird jedoch meist nicht berücksichtigt, dass sich das Drogengeschäft dynamisch entwickelt und durch die Bereitstellung moderner Infrastruktur (Transportmittel, Umschlagsorte etc.) rasant zu wachsen beginnt.[15]

Zudem muss man bedenken, dass Geheimoperationen wie die Opiumfinanzierung in Indochina nur von einem kleinen Kreis innerhalb der Exekutive beschlossen

---

14 Dabei ist es keineswegs so, dass Drogenkonsum prinzipiell einer effizienten Kriegführung im Weg steht. Stimulierende Drogen tragen im Gegenteil zur Enthemmung von Soldaten mit bei. Heroin ist allerdings nicht die richtige Droge, um Aggressivität und Nahkampfbereitschaft zu steigern.

15 Man muss davon ausgehen, dass die USA das eigene Drogenproblem vor 1970 gering einschätzten. Der Kreis von Drogenabhängigen in den USA war überschaubar, betroffen waren meist randständige Milieus. Erst als sich dies – nicht zuletzt durch den Vietnamkrieg – änderte, erklärte US-Präsident Richard Nixon den *War on Drugs*.

und von einem kaum größeren durchgeführt werden. Am Geheimkrieg in Laos etwa waren nur sehr wenige US-Amerikaner beteiligt. McCoy merkt an: „Während das US-Militär eine halbe Million Soldaten entsandte, um in Südvietnam einen konventionellen Krieg zu führen, erforderte dieser Gebirgskrieg nur eine Hand voll amerikanischer Spezialisten. 'Ich hatte immer das Gefühl', sagte General Lansdale[16], 'dass es der richtige Weg ist, wenn eine kleine Gruppe Amerikaner die einheimische Bevölkerung organisiert, um kommunistische Kriege zur 'nationalen Befreiung' zu bekämpfen.' Amerikanische Paramilitärs in Laos waren oft lange im Einsatz, einige von ihnen ein Jahrzehnt und länger, und erhielten enorme persönliche Machtbefugnisse." (McCoy 2003: 419) Die Spezialkriegführung bekam dadurch einen extrem persönlichen Stempel. Sie verwandelte sich in ein Unterfangen, für das der Staat zwar die Verantwortung trug, aber über das die Regierung – vom Parlament und den Ermittlungsbehörden ganz zu schweigen – im Detail nicht informiert war. Es handelt sich also um eine Kriegführung, die von kleinen Netzwerken innerhalb des Staatsapparates organisiert wird. Hierbei bilden sich fast zwangsläufig Erscheinungen heraus, die sich gegen andere staatliche Behörden richten und letztlich – wie die Opiumoperation im Vietnamkrieg – als kontraproduktiv erweisen.

Obwohl die negativen Aspekte der Geheimkriegführung in Indochina nicht zu übersehen waren, spielten Spezialoperationen mit Beteiligung von Organisierter Kriminalität, Drogenhändlerringen und Gewaltunternehmern in der US-Politik auch nach Vietnam weiter eine wichtige Rolle.

Parallel zum Indochina-Krieg autorisierten – demokratische wie republikanische – US-Regierungen immer wieder neue Umsturz-, Invasions- und Attentatspläne gegen die Regierung Kubas. Dabei wurde systematisch auf die organisierte Kriminalität im exilkubanischen Milieu zurückgegriffen, die auch in den Watergate-Skandal verwickelt war.

Die Verbindung zwischen US-Geheimpolitik und Kriminalität manifestierte sich nach Watergate und dem Vietnamkrieg auch bei zwei Aufsehen erregenden Bankenskandalen – 1980 um die *Nugan Hand Bank* und 1991 um die *Bank of Credit and Commerce International* (BCCI). Die australische *Nugan Hand Bank* war 1973 von dem Anwalt Frank Nugan und dem ehemaligen US-Elitesoldaten Michael John Hand gegründet worden und spielte eine zentrale Rolle bei der Geldwäsche des aufkommenden Drogenhandels (vgl. Kwitny 1987, New York Times 8.3.1987 und 6.9.1987, DeRienzo 1991). Frank Nugan wurde von australischen Ermittlungsbehörden der Mafia zugerechnet, Hand hatte als Green Beret in Laos die Hmong-

---

16   General Lansdale kann als einer der wichtigsten Vordenker irregulärer US-Kriegführung gelten. Bereits in den 1950er Jahren in Vietnam tätig, war Lansdale unter Präsident Kennedy für die strategische Planung in Indochina zuständig.

Paramilitärs trainiert. Die Nugan-Hand-Bank scheint dabei keine private Initiative der beiden Firmengründer gewesen zu sein. Zum Aufsichtsrat gehörte – nach seinem Rückzug aus dem Geheimdienst – auch William Colby, 1973 bis 76 CIA-Chef. Nach Ermittlungen der australischen Justiz wurden über die auf Geldwäsche spezialisierte Bank unter anderem US-Geheimoperationen in Laos abgewickelt (de Rienzo 1991). Eines der auffälligen Geschäfte Hands bestand im Erwerb einer ehemaligen US-Marinebasis auf den karibischen Turks-and-Caicos-Inseln. Die Basis, so die australischen Ermittler, habe offensichtlich als Stützpunkt des Drogenhandels von Kolumbien in die USA gedient (vgl. ebda). Bemerkenswerterweise unterhielt der Ex-Soldat Hand, der nach dem Konkurs der Bank spurlos verschwand, enge Beziehungen zu aktiven US-Geheimdienstagenten, die einige Jahre später eine Schlüsselrolle in der Iran-Contra-Affäre spielten (New York Times 8.3.1987).[17]

Bei der in Pakistan ansässigen, 1991 geschlossenen *Bank for Credit and Commerce International* ist der Fall komplexer gelagert. Der parlamentarische Untersuchungsbericht der US-Abgeordneten John Kerry und Hank Brown (1992) skizziert, dass es sich bei der Bank um eine teilweise konspirativ geführte und von den esoterischen Ideen ihres Gründers maßgeblich geprägte Einrichtung handelt. BCCI, die ihren Kunden als „Bank der Dritten Welt" galt, wurde in den verschiedensten Staaten der Welt für Korruption genutzt. Die Bank suchte dabei stets die Nähe zu politischen Führungsgruppen – unabhängig von deren politischer Orientierung. Die BCCI-Ermittlungen erfassten denn auch zahlreiche Länder. In Kolumbien war BCCI in großem Stil zur Geldwäsche verwendet worden, in Peru hatte die sozialdemokratische Regierung von Alan García illegale, ebenfalls drogengespeiste Finanzgeschäfte über BCCI abgewickelt und in Pakistan der Militärgeheimdienst ISI sich die Bank für illegale Waffengeschäfte zunutze gemacht. BCCI ist insofern als eigenständiges Phänomen transnationaler Wirtschaftskriminalität zu bewerten (Gill 2001). Bemerkenswerterweise jedoch spielte der US-Geheimdienst auch bei BCCI eine wichtige Rolle. Obwohl man in der CIA-Zentrale über die kriminellen Machenschaften der Bank frühzeitig Bescheid wusste (Kerry/Brown 1992: Executive Summary Punkt 7), informierte man keine Ermittlungsbehörden[18] – und zwar ganz einfach deshalb, weil der Geheimdienst selbst verdeckte Operationen über die Bank abwickelte. So wurden BCCI-Konten im Rahmen der Iran-Contra-Affäre für Waffengeschäfte

---

17 Der Bankgründer Frank Nugan wurde im Januar 1980 tot aufgefunden, nachdem die Bank zahlungsunfähig geworden war. Bis heute ist umstritten, ob Nugan Selbstmord beging oder umgebracht wurde. Von Michael Hand fehlt jede Spur. Dem US-Historiker McCoy zufolge (nach: DeRienzo 1991) wurde Hand vom ehemaligen CIA-Chef in Laos Thomas Clines aus Australien ausgeflogen und in die USA gebracht. Clines gehörte in den 1980er Jahren zu den Schlüsselfiguren der Iran-Contra-Affäre.

18 In den USA ist eine derartige Kooperation, anders als in Deutschland, zulässig und allgemein verbreitet.

mit dem iranischen Regime und zur Finanzierung der nicaraguanischen Contra genutzt. Auch islamistische Gruppen in Afghanistan erhielten über die Bank Zahlungen. In die BCCI-Geschäfte involviert waren hochrangige Persönlichkeiten aus den USA. Die Beziehungen zu Ex-Präsident Jimmy Carter und einigen seiner Mitarbeiter aus der Demokratischen Partei kann man wohl als Banken-Lobbyismus bezeichnen. Brisanter hingegen sind die Verbindungen BCCIs zum Militär- und Geheimdienstapparat: Die CIA-Chefs Richard Helms und William Casey pflegten enge Kontakte zum Vorstand der Bank. Clark Clifford, unter Präsident Johnson US-Verteidigungsminister und führend verantwortlich für die Aufstandsbekämpfung in Südostasien, firmierte sogar als Aufsichtsrat der *First American*, einer Bank, die klandestin von BCCI kontrolliert wurde (Kerry/Brown 1992, Gill 2001).

Und nicht nur bei Finanzgeschäften griff die US-Exekutive auf kriminelle Verbindungen zurück. Obwohl die Anti-Drogen-Rhetorik der Regierung unter Präsident Reagan verschärft und der *War on Drugs* zu einem zentralen Paradigma der US-Außenpolitik wurde, machte man sich den Drogenhandel in den Konflikten der 1980er Jahre erneut zur Finanzierung von Verbündeten zunutze. Im Kampf gegen die sowjetische Besatzung Afghanistans unterstützten die USA ein internationales Netzwerk islamistischer Gruppen, aus dem später unter anderem Al Qaeda hervorgehen sollte.[19] Der vom Westen gefeierte „Freiheitskampf" der Mudjaheddin verwandelte Afghanistan in den wichtigsten Heroinproduzenten weltweit. Bis 1979 konnte das Land als ein vergleichsweise unbedeutendes Anbaugebiet von Opium gelten. Der von Pakistan und den USA betriebene Aufbau der irregulären Mudjaheddin-Verbände änderte dies grundlegend. Afghanistan stieg innerhalb weniger Jahre „zum zweitgrößten Opiumproduzenten der Welt (auf), das pakistanisch-afghanische Grenzgebiet wurde zur führenden Quelle des europäischen und amerikanischen Heroins, und die Massensucht breitete sich über den Iran hinaus nach Pakistan aus" (McCoy 2003: 609).

Es war allgemein bekannt, dass es überall im pakistanischen Grenzgebiet Drogenlaboratorien gab. Dass der enge US-Verbündete Pakistan nicht gegen sie vorging, hatte im Wesentlichen drei Gründe, die deutlich machen, wie interne Konstellationen und US-Geopolitik in derartigen Konflikten miteinander verstrickt sind: Erstens war die staatliche Souveränität im Stammesgebiet nie wirklich durchgesetzt worden – schon die Briten hatten die Grenzregion mit einer Politik regiert, die eher „gouvernementale" denn „souveräne" Züge trug[20]. Zweitens spielten die mit den USA alliierten

---

19 Die Probleme, die die USA 2001 als Interventionsgründe heranzogen– Staatszerfall, religiöser Fundamentalismus und Drogenanbau –, waren durch die US-Politik ab 1979 also maßgeblich verschärft worden.

20 Das Britische Empire unterhielt in der Region so genannte *Frontier Agents*, die weitgehend ohne eigene Truppen agierten. Ihr Einfluss stützte sich auf die symbolische Macht des Empire, finanzielle Leistungen und auf Allianzen mit Führern in der Region. Die

pakistanischen Führungsgruppen in Politik, Militärs und Geheimdiensten selbst eine Schlüsselrolle im Heroingeschäft. Und drittens schließlich waren Opiumanbau und -produktion die wichtigste Geldquelle der antikommunistischen afghanischen Mudjaheddin.

Ganz ähnlich wie in Südvietnam sorgte also auch die verdeckte US-Intervention in Afghanistan für eine desaströse Entwicklung. Im Verlauf des Krieges wurde deutlich, dass der antisowjetische Widerstand im Wesentlichen aus zwei Fraktionen bestand, die die Bevölkerung nach dem sowjetischen Abzug gleichermaßen terrorisierten: Den eher ideologisch motivierten religiösen Fundamentalisten standen eher ökonomisch interessierte Kriegsunternehmer gegenüber, die mit Hilfe der Drogeneinnahmen quasifeudale Machtgebiete abstecken konnten. Auch auf Pakistan wirkte sich die drogenfinanzierte Kriegführung der US-Verbündeten fatal aus. Der pakistanische Geheimdienst ISI knüpfte während des antisowjetischen Krieges in Afghanistan ein undurchschaubares Machtnetz, in dem die organisierte Drogenkriminalität eine zentrale Rolle einnahm.

Dabei waren Washingtons Verbündete – also die pakistanischen Militärmachthaber, islamistische Gruppen und afghanische Kriegsherren – nicht einfach Erfüllungsgehilfen. Obwohl es im gemeinsamen Kampf gegen die Sowjetunion eine enge Zusammenarbeit gab, blieben eigene Interessen bestimmend. Vor diesem Hintergrund kam es immer wieder zu Brüchen und wechselnden Allianzen. Der Führer der Hezbi-i-Islami-Guerilla Gulbuddin Hekmatyar etwa verdankte seinen Aufstieg zum afghanischen Machthaber in den 1990er Jahren wesentlich den USA. Der religiöse Fanatiker war vom pakistanischen Geheimdienst ISI protegiert und 1979 von diesem den USA als Partner vorgeschlagen worden.[21] Hekmatyar verwandelte sich mit US-Unterstützung und Opiumgeldern in den erfolgreichsten Warlord Afghanistans. Nach dem Abzug der Sowjets wurde er den USA offensichtlich unheimlich. Um sich seiner zu entledigen, fädelten US-Dienste ein Attentat gegen ihn ein (Blum 2005: 576).

Für eine Betrachtung des kolumbianischen Falls ist von Interesse, dass derartige Wendungen für die Politik Washingtons durchaus charakteristisch sind. Auch wenn die Allianzen mit Kriegsunternehmern, religiösen Extremisten und Kriminellen – wie im antisowjetischen Krieg in Afghanistan – vorübergehend eng waren, können die Beziehungen in kürzester Zeit in offene Feindschaft umschlagen. Im Zusammenhang mit einem mittelamerikanischen Drogenhändler, dessen Infrastruktur in den

---

Figur des *Frontier Agent* wird in US-Militärkreisen heute erneut als Protagonist verdeckter Interventionen diskutiert (Fourth Generation Seminar 2007: 26).

21 Hekmatyar, der als radikaler Islamist schon vor 1979 Säureanschläge auf Frauen ohne Schleier angeordnet hatte, besaß in Afghanistan wenig Anhänger und galt den pakistanischen Militärs deshalb als steuerbar. Pakistan, das die Ablösung des paschtunischen Stammesgebiet fürchtete, ging es nämlich nicht nur um die Bekämpfung der Sowjets, sondern auch um die Schwächung Afghanistans bzw. die Stärkung der eigenen Landesgrenzen.

1980er Jahren im Krieg gegen das sandinistische Nicaragua genutzt wurde, brachte ein hochrangiger CIA-Funktionär die Vorgehensweise der US-Behörden auf den Punkt: „Wir müssen ihn einsetzen, aber wir müssen auch herausfinden, wie wir ihn wieder loswerden können." (Hitz-Report 1998b: Punkt 942)

9.2.2. Die Iran-Contra-Affäre der 1980er Jahre

Wegen der Verbindungen nach Kolumbien für die Betrachtung des Paramilitarismus noch weitaus interessanter ist der von den USA in den 1980er Jahren geführte Geheimkrieg gegen die sandinistische Regierung Nicaraguas. Beim Aufbau und der Unterstützung der rechten, *paramilitärischen* Contra wandte die US-Regierung erneut Methoden an, wie sie zuvor in Südostasien zu beobachten gewesen waren. Da der Fall Nicaragua Grundzüge einer drogenfinanzierten Under-Cover-Kriegführung in Lateinamerika erkennbar werden lässt, soll die ausführlich untersuchte, aber bis heute nicht wirklich aufgearbeitete Iran-Contra-Affäre an dieser Stelle noch einmal vollständig rekonstruiert werden (Subcomittee on Terrorism, Narcotics and International Operations 1988, Kerry/Brown 1992, Sauloy/Le Bonniec 1994, US Departement of Justice 1997, Hitz-Report 1998a und 1998b, Parry 1999).

Hintergrund der Iran-Contra-Affäre waren Schwierigkeiten der Reagan-Regierung, eine antisandinistische nicaraguanische Söldnerarmee zu finanzieren. Nachdem der demokratisch kontrollierte US-Senat Mittel für die Contra blockiert hatte, begann Oberstleutnant Oliver North, damals Mitglied des Nationalen Sicherheitsrates, ein privates Netzwerk für Waffenlieferungen aufzubauen.[22] Zu einem Skandal wurden diese Aktivitäten, als bekannt wurde, dass die nicaraguanische Contra mit illegalen US-Waffenlieferungen an den Iran finanziert worden war. Die Zahlungen hierfür waren unter anderem über die BCCI-Bank abgewickelt worden. Von diesen Enthüllungen verdeckt wurde ein weiterer, für Washington noch sehr viel sensiblerer Zusammenhang, der vom so genannten Kerry-Report[23] bereits 1988 (Subcommittee

---

22 An der Operation beteiligt waren – neben dem damaligen Vizepräsidenten George Bush Senior – auch zahlreiche Personen, die später in der Regierung von George Bush Junior (2001-2009) wichtige Posten innehatten. So etwa der Verteidigungsminister Donald Rumsfeld und der 2005 zum obersten US-Geheimdienstkoordinator ernannte John Negroponte. Unmittelbar in die Organisation der Lieferungen verwickelt waren außerdem Geheimdienstmitarbeiter, die in den 1960er Jahren an den Operationen in Laos mitgewirkt hatten (vgl. McCoy 2003: 636).

23 Der demokratische Abgeordnete John Kerry, der 2004 für die US-Präsidentschaft kandidieren sollte, leitete die Kommission, die die Verbindungen von Drogenhandel und politischer Kriminalität untersuchte, sehr couragiert. Sauloy/Le Bonniec (1994) verweisen jedoch auch darauf, dass Kerry die Nachforschungen zur Rolle der Reagan-Regierung an einem bestimmten Punkt abbrach. Einige Untersuchungsergebnisse der Kommission blieben aus Gründen der Staatsräson unveröffentlicht.

on Terrorism ... 1988) aufgezeigt und vom CIA-Generalinspekteur Fred Hitz zehn Jahre später in Grundzügen bestätigt wurde (Hitz-Report 1998a und b): Die Contra, die maßgeblich von Washington aufgebaut und ausgebildet worden war, war in erheblichem Ausmaß mit Drogengeschäften finanziert worden.

So hält der Kerry-Report fest, dass a) Contra-Führer und ihre Unterstützer in den Drogenhandel verwickelt waren, b) ihr Nachschubnetz für Drogenschmuggel genutzt wurde und c) internationale Drogenhändler – darunter auch das Medellín-Kartell – den nicaraguanischen Rebellen Geld, Waffen, Flugzeuge und Piloten zur Verfügung stellten. Der Senatsausschuss fand zwar keine Beweise, dass die Führung der – von der CIA geleiteten – Contra-Organisation FDN[24] für den Drogenhandel verantwortlich war. Aber er stellte umgekehrt fest, dass der US-Geheimdienst Ermittlungen der Justiz gegen Contra-Mitglieder immer wieder behindert hatte. 1982, also in auffallender zeitlicher Übereinstimmung mit Beginn der Contra-Operation, hatte die CIA-Führung eine Vereinbarung mit dem US-Bundesanwalt getroffen, durch die der Geheimdienst von der Pflicht befreit wurde, Drogengeschäfte von informellen Mitarbeitern der CIA zu melden (Hitz-Report 1998b: Punkt 24). Belegt ist zudem auch, dass die US-Behörden 36.000 US-Dollar, die bei nicaraguanischen Drogenhändlern 1983 in San Francisco[25] beschlagnahmt worden waren, der Contra aushändigten, weil Contra-Führer in einem Brief an die Staatsanwaltschaft bekräftigt hatten, Eigentümer des Geldes zu sein (Subcommittee 1988: 58).

Weiterhin bestätigt der interne Untersuchungsbericht der CIA (Hitz-Report 1998 a und b) – der aus nachvollziehbaren Gründen versuchte, die Verantwortung des Geheimdienstes herunterzuspielen –, dass die CIA frühzeitig informiert darüber war, dass Firmen und Piloten des Contra-Unterstützungsprogramms in den Drogenhandel verwickelt waren (Hitz-Report 1998b: Punkt 19). Außerdem wusste man über „verdächtige Aktivitäten" auf dem salvadorenischen Militärflughafen Ilopango Air Base Bescheid (ebda: Punkt 20 und 21), über den ein wesentlicher Teil der Contra-Nachschublieferungen abgewickelt wurde.[26] Sowohl im Kerry- als

---

24 Ende der 1990er Jahre wurde in den USA über die Contra-Affäre noch einmal erbittert gestritten. CIA und Regierungsbehörden zogen sich dabei auf die Argumentation zurück, dass die von den USA weniger unterstützte Contra-Südfront den Drogenhandel im Wesentlichen zu verantworten gehabt habe. Die wichtigste Contra-Gruppierung FDN operierte hingegen überwiegend im Norden Nicaraguas.

25 Beim so genannten *San Francisco Frogman Case* wurde 1982/83 Kokain von Tauchern von einem kolumbianischen Schiff an Land gebracht. Der Drogenschmuggel wurde von mehreren Nicaraguanern organisiert, die das Geld nach eigenen Angaben für den „nicaraguanischen Widerstand" verwendeten.

26 Der Flughafen Ilopango bei San Salvador wurde von den USA im Rahmen des salvadorenischen Bürgerkriegs zu einem der wichtigsten lateinamerikanischen US-Stützpunkte ausgebaut. Er gehörte in den 1980er Jahren zu den bestüberwachten Orten Lateinamerikas.

auch im Hitz-Report festgestellt wurde schließlich , dass die Reagan-Regierung im Rahmen der Contra-Hilfe mehr als 800.000 US-Dollar an sechs Firmen zahlte, die von verurteilten bzw. mutmaßlichen Drogenhändlern betrieben und nach Einschätzung von Justizbehörden explizit gegründet worden waren, um Geldwäsche und Drogenschmuggel zu ermöglichen (Subcommittee 1988: 42-49, Hitz-Report 1998b: Punkt 480-490, 800-904). Zwei dieser Firmen – *Frigoríficos De Puntarenas* und *Ocean Hunter* – wurden einer so genannten „kubanisch-amerikanischen Connection" zugerechnet (Subcommittee 1988: 59-61). Ihre Geschäftsführer wurden einige Jahre später in einem anderen Zusammenhang wegen Drogenhandels in den USA verurteilt. Doch auch diese „Connection" wurde während des Contra-Kriegs von der Reagan-Regierung gedeckt. Als der Senatsausschuss in Costa Rica über die kubanisch-amerikanische Gruppe recherchierte, versuchten das Justizministerium und CIA-Führungspersonal die Ermittlungen zu stoppen. Der örtliche Stationschef des US-Geheimdienstes verwies darauf, dass der Verdächtige „an einer sehr sensiblen Operation" des Geheimdienstes beteiligt sei (ebda.: 61).

Vor dem Hintergrund, dass offizielle US-Untersuchungsberichte eine Nachlässigkeit gegenüber dem Drogenhandel konstatieren mussten, scheinen Informationen, die von einer direkten US-Beteiligung an den Drogenoperationen sprechen, durchaus plausibel. Erhoben wurden derartige Anschuldigungen unter anderem von einem ehemaligen Mitarbeiter der Anti-Drogen-Behörde DEA. Celerino Castillo, der 1986-90 für die DEA in Zentralamerika eingesetzt war und nach den Erfahrungen in El Salvador den Dienst quittierte, bezichtigte die Reagan-Administration einer direkten Beteiligung am Kokainschmuggel. So erklärte Castillo gegenüber dem FBI (US Departement of Justice 1997: Chapter X), dass

- „im Rahmen der verdeckten US-Operation zur Versorgung der Contra auch Drogen geschmuggelt wurden, um den Krieg zu finanzieren;
- für die Contra arbeitende Piloten auf eigene Rechnung schmuggelten und dies straflos tun konnten, weil sie 'mit der gleichen Fluglinie unterwegs waren wie Oliver North' und als Contra-Unterstützer galten;
- er (Castillo) auf 'eine Wand des Widerstands' auf Seiten der CIA, des US-Botschafters in El Salvador und der DEA stieß, als er Nachforschungen über den Drogenschmuggel auf dem Ilopango-Flughafen anstellte;
- er von Ilopango aus startende Drogenflüge – mit Pilotennamen, Flugzeugnummern, Terminen und Flugplänen – dokumentierte und die Liste dem DEA-Hauptquartier zur Verfügung stellte, ohne dass etwas geschehen wäre;
- ein CIA-Mitarbeiter ihm erzählte, dass der Drogenhandel die einzige Möglichkeit für die Contra sei, an Geld zu kommen, und Castillo seine Ermittlungen in Ilopango deshalb einstellen solle; und
- dass die DEA wegen seiner Ermittlungen in der CIA-Contra-Connection ein Disziplinarverfahren gegen ihn einleitete."

Der DEA-Mitarbeiter Castillo beschuldigte konkret den US-Amerikaner Walter Grasheim für die Drogenaktivitäten in El Salvador verantwortlich gewesen zu sein. Der für eine private Militärfirma arbeitende[27] Grasheim war im Auftrag Washingtons am Contra-Hilfsprogramm beteiligt und wurde auf dem Flughafen Ilopango bei San Salvador eingesetzt. In DEA-Dokumenten tauchte Grasheim 1986 erstmals als Verdächtiger auf. Ein Informant der Anti-Drogen-Behörde bezeichnete Grasheim darin als den „Besitzer von Hangar 4" auf der Ilopango Air Base, der als Umschlagplatz für Drogen und Waffen sowie als Nachschublager der Contra genutzt werde (ebda). Die Ermittlungen gegen Grasheim wurden eingestellt, nachdem verschiedene US-Stellen für ihn intervenierten. Dem DEA-Mitarbeiter Castillo wurde der Kontakt zu seinem Informanten entzogen und Grasheim aus El Salvador abberufen, von wo dieser in die USA zurückkehrte.

Die Anschuldigungen Castillos decken sich mit verschiedenen journalistischen Recherchen. So war es am 5. Oktober 1986 in Nicaragua zum Abschuss einer auf dem Flughafen Ilopango gestarteten US-Maschine gekommen. Das Flugzeug[28], das die nicaraguanische Contra mit Waffen versorgen sollte, gehörte *Southern Air Transport*, einem Unternehmen, das 1973 aus der CIA heraus gelöst worden war und in den 1980er Jahren Aufträge für den US-Geheimdienst durchführte (New York Times 23.8.1987 und 29.7.1990). Die beiden Piloten der Maschine kamen beim Absturz in Nicaragua ums Leben, doch der dritte Mann an Bord – der ehemalige Bauarbeiter Eugene Hasenfus, der bereits im Vietnamkrieg irreguläre Versorgungsflüge geflogen hatte – konnte sich mit dem Fallschirm retten und wurde von sandinistischen Einheiten gefangen genommen. Hasenfus sagte aus, die abgeschossene Maschine sei in einer vom US-Vizepräsidenten George H. Bush koordinierten CIA-Operation eingesetzt worden. Die von Hasenfus als Verantwortliche des Programms benannten kubanischstämmigen Amerikaner konnten – trotz erster Dementi der US-Regierung – einige Zeit später als CIA-Mitarbeiter identifiziert werden.

---

27 Hier zeigt sich erneut jenes Outsourcing-Phänomen, das für die US-Kriegführung in den vergangenen Jahren so charakteristisch geworden ist. Nicht nur logistische Tätigkeiten, sondern gerade auch politisch sensible Aktivitäten werden an Privatfirmen vergeben, die der politischen Kontrolle noch weiter entzogen sind als der Geheimdienst.

28 Bemerkenswerterweise war es die gleiche Maschine, mit der Washington den Sandinisten 1984 eine Beteiligung am Drogenhandel hatte nachweisen wollen. Bei der damals von Oliver North eingefädelten Operation wurde der US-Pilot Barry Seal als Kronzeuge einer Verbindung zwischen der nicaraguanischen Linksregierung und kolumbianischen Drogenkartellen präsentiert. Seal, der in den frühen 1960er Jahren auf US-Militärschulen ausgebildet worden war, besaß enge Beziehungen zum kolumbianischen Drogenhandel und wurde 1984 in den USA wegen Geldwäsche verhaftet. Von da an arbeitete er als Informant der DEA, diente als Zeuge gegen das Medellín-Kartell und brüstete sich seines direkten Drahts zu Vizepräsident George Bush Senior. Seal wurde im Februar 1986 in den USA von Auftragskillern erschossen.

Der Abschuss des Hasenfus-Flugzeugs 1986 belegte erstmals, dass die US-Regierung die Contra geheim und illegal mit Waffen versorgte. Zudem verwies der Fall auf eine Verbindung zum kolumbianischen Drogenhandel. Die FBI-Informantin Wanda Palacios, die als Zeugin gegen das Medellín-Kartell aussagte, hatte einige Wochen vor dem Hasenfus-Skandal von Beziehungen des kolumbianischen Drogenkartells zur nicaraguanischen Contra gesprochen (Sauloy/Le Bonniec 1994: 180-183, Parry 1999: 123ff). Die Informantin hatte behauptet, Jorge Luis Ochoa, einer der führenden Capos in Medellín, habe ihr gegenüber von einem Geschäft geredet, bei dem kolumbianische Drogen gegen Waffen für die Contra getauscht würden. Die Informantin hatte weiterhin bekräftigt, sie habe eine solche Maschine in Nordkolumbien starten sehen (Parry 1999: ebda, vgl. New York Times 23.8.1987). Nach dem Abschuss der SAT-Maschine im Oktober 1986 in Nicaragua war die Informantin überzeugt, den Kopiloten Wallace Sawyer als den Mann wieder zu erkennen, der ein Jahr zuvor die in Barranquilla mit Drogen beladene Maschine geflogen hatte. Der damals maßgeblich an der Aufdeckung des Iran-Contra-Skandals beteiligte Korrespondent der Presseagentur AP Robert Parry bekräftigte, dass die Angaben der Informantin mit den Daten des Fluglogbuchs übereinstimmten, das dem Journalisten zuvor in Nicaragua vorgelegt worden war (1999: 123ff)[29]. Der zuständige Bundesanwalt weigerte sich jedoch, die Informantin als Zeugin in der Iran-Contra-Affäre zuzulassen, obwohl sie in anderen Verfahren als glaubwürdige Belastungszeugin eingeschätzt worden war.[30]

Auf eine direkte Verstrickung der US-Exekutive in Drogenoperationen verweisen schließlich auch die Ermittlungen gegen den Geheimdienstmitarbeiter John Hull. Der US-amerikanische Farmer galt als Schlüsselfigur für illegale Geschäfte in Costa Rica (Muñoz 1999: 34) und besaß im Norden Costa Ricas Ländereien, die in den 1980er Jahren als Stützpunkt zur Versorgung der Contra genutzt wurden. Als Gegenleistung erhielt Hull von der Contra-Führung im Auftrag Oliver Norths monatliche Zahlungen in Höhe von 10.000 Dollar (Subcommittee 1988: 53-58). Außerdem war ihm von einer staatlichen US-Krediteinrichtung OPIC (*Overseas Private Investment*

---

29 Parry trug mit seinen Recherchen maßgeblich zu den Nachforschungen der Kerry-Kommission (Subcommittee 1988) bei. Mehrfach wegen seiner Arbeit prämiert, wurde Parry Ende der 1980er Jahre vom Nachrichtenmagazin *Newsweek* übernommen. Schon bald wurde ihm dort jedoch untersagt, weiter über die Iran-Contra-Affäre zu schreiben. Schließlich gab Parry seinen Job bei der *Newsweek* entnervt auf und konnte nie mehr als investigativer Journalist für eine große Zeitung in den USA arbeiten.

30 Bundesanwalt war damals der Republikaner William Weld, der mit Unterstützung Ronald Reagans Karriere gemacht und ab 1986 die *Criminal Division* des *Departement of Justice* geleitet hatte. Weld wurde später Gouverneur des Bundesstaates Massachusetts und trat bei den Senatswahlen ausgerechnet gegen John Kerry an, der den Iran-Contra-Skandal ins Parlament gebracht hatte.

Corporation) auf der Grundlage gefälschter Dokumente ein Darlehen in Höhe von 375.000 Dollar gewährt worden.

Vor dem Untersuchungsausschuss des US-Senats bekräftigten fünf Zeugen, darunter ein Pilot, der über den salvadorenischen Flughafen Ilopango Versorgungsflüge der Contra geflogen hatte, die Ranch des Farmers sei als Station des Kokainhandels genutzt worden. Die Drogen, die dort gegen Waffen für die Contra getauscht wurden, hätten von kolumbianischen Kartellen gestammt. Ein Zeuge behauptete zudem, den Geheimdienstmitarbeiter Hull bei der Beladung eines Flugzeugs mit Drogen gesehen zu haben (ebda).

Ähnlich Hinweise hatten bereits 1985 zu Ermittlungen der US-Justiz geführt. Den Ermittlern wurde jedoch bei einem Ortstermin in Costa Rica von US-Botschafter Lewis Tambs und dem CIA-Stationschef Joe Fernandez zu verstehen gegeben, dass der Farmer Hull für die US-Regierung arbeite und man von weiteren Ermittlungen absehen solle. Nachdem der Iran-Contra-Skandal die Ermittlungen gegen Hull erneut in Gang brachte, wurde John Hull 1989 in Costa Rica verhaftet[31]. Ihm wurden Drogenhandel, die Beteiligung an einem Bombenanschlag auf einen Kommandanten der Contra-Südfront (die den US-Diensten als „unkontrollierbar" galt)[32] und Waffenhandel zur Last gelegt. Auf Druck der US-Regierung setzte die Justiz Costa Ricas John Hull ein halbes Jahr später wieder auf freien Fuß. Mit Hilfe von DEA-Piloten konnte Hull über Haiti in die USA fliehen. Mehrere Auslieferungsanträge Costa Ricas wurden in der Folge von der US-Justiz abschlägig behandelt (US Departement of Justice 1997: Chapter XI H).

Bei diesen bizarren Aktivitäten von US-Personal handelte es sich nicht um simple Korruptionsfälle. An den Operationen zur Contra-Unterstützung waren hochrangige US-Funktionäre beteiligt, darunter Ex-CIA-Chef und Vizepräsident George Bush Senior, Sicherheitsberater John Poindexter (der unter George Bush Junior zuletzt die militärische Hochtechnologieabteilung *Information Awareness Office* leitete) sowie der spätere US-Verteidigungsminister Donald Rumsfeld, der im Zusammenhang mit dem *War on Terror* ab 2001 den Einsatz der Folter autorisierte. Eine Schlüsselrolle kam außerdem John Negroponte zu, damals Botschafter in Honduras. Negroponte wurde 2003 als US-Gesandter zu den Vereinten Nationen geschickt, um das UN-

---

31 Die US-Funktionäre John Poindexter, Oliver North, Richard Secord, Joe Fernandez und Ex-Botschafter Lewis Tambs wurden von den costaricensischen Behörden mit einem Einreiseverbot belegt (Muñoz 1999: 36).

32 Der Bombenanschlag richtete sich gegen eine Pressekonferenz des Contra-Führers Eden Pastora. Der US-Geheimdienst hätte für dieses Attentat ein doppeltes Motiv gehabt. Der Ex-Sandinist Pastora galt als eigenwillig und war nicht bereit, sich der US-finanzierten Contra-Führung der FDN unterzuordnen. Zudem wurden die Sandinisten für den Anschlag verantwortlich gemacht, was eine Bewilligung von US-Mitteln für die Contra erleichterte.

Mandat für die Irak-Invasion durchzusetzen, diente 2004 als US-Botschafter im Irak, stieg 2005 zum obersten Koordinator der US-Geheimdienste auf und war zuletzt Vizeaußenminister des Bush-Junior-Regierung. Bemerkenswert ist schließlich auch die Biografie von Lewis Tambs, des früheren US-Botschafters in Kolumbien und Costa Rica. Tambs legte 1981 das Santa-Fe-I-Dokument vor, ein konservatives Strategiepapier zur Planung der Washingtoner Lateinamerika-Politik. Als Botschafter in Kolumbien erfand er Anfang der 1980er Jahre den Begriff der *narcoguerrilla,* mit dem symbiotische Verbindungen zwischen marxistischen Guerillas und Drogenkartellen unterstellt wurden. 1985-86 diente Tambs als Botschafter in Costa Rica, wo er als Schlüsselfigur der illegalen Contra-Unterstützung galt und den (des Drogenhandels bezichtigten) CIA-Mitarbeiter John Hull vor US-amerikanischen und costaricanischen Ermittlern zu schützen versuchte [33] (Subcommittee 1988: 55). Tambs' Vorgehen verweist auf das altbekannte Propagandamittel, dass man eigene Vergehen stets der Gegenseite vorwerfen sollte.

Überraschenderweise lösten die Untersuchungen zur Drogenfinanzierung der nicaraguanischen Contra in den USA Ende der 1980er Jahre wenig Aufsehen aus. Während die sexuellen Affären Bill Clintons zehn Jahre später Anlass für ein Impeachment-Verfahren gaben, wurden die Regierungen Reagan und George Bush Senior geschont. Erst 1996 wurde die Iran-Contra-Affäre noch einmal breit thematisiert, als die kalifornische Tageszeitung *San Jose Mercury News* eine Artikelserie (18.-20.8.1996) veröffentlichte, die eine Verbindung zwischen dem Contra-Krieg und der Crack-Epidemie in den USA herstellte. Der Autor Gary Webb vertrat darin die These, dass nicaraguanische Contra-Unterstützer systematisch mit Gangs in Los Angeles kooperiert hätten und sich Kokain dabei in der Billigvariante Crack in eine Massendroge verwandelte. Die Serie löste in der afroamerikanischen Community, die sich an das COINTEL-Programm[34] des FBI erinnert fühlte, kurzzeitig ein politisches Erdbeben aus. Die großen US-Medien setzten die *Mercury News* jedoch so massiv unter Druck, dass das Blatt den Artikel einige Monate später zurückziehen musste. Der Journalist Gary Webb wurde versetzt und schließlich

---

33 1986 drohte Tambs der Regierung Costa Ricas angeblich mit der Einstellung der US-Wirtschaftshilfe, falls die Regierung in San José die Existenz der illegalen, von der Contra genutzten Landebahnen öffentlich machen sollte (New York Times, 9.3.1987).

34 Im Rahmen des COINTEL-Programms hatte die US-Polizei ab den 1950er Jahren verdeckte Operationen gegen Bürgerrechtsgruppen und afroamerikanische Organisationen durchgeführt. Die Black Panter Party (BPP) wurde von der Polizei mit illegaler Gewalt, gefälschten BPP-Erklärungen, manipulierten Medienberichten, dem Einsatz von *Agents Provocateurs* und dem Eingriff in Justizverfahren erfolgreich zerschlagen. 1975/76 machte ein Untersuchungsbericht des US-Senats die umfangreichen Rechtsbrüche der Polizei öffentlich (der Bericht, der die illegalen Methoden verdeckter Oppositionsbekämpfung in den USA sichtbar macht, ist einsehbar unter: http://www.icdc. com/~paulwolf/cointelpro/churchfinalreportIIa.htm, 30.1.2008).

entlassen. Als Konsequenz der Publikation kam es jedoch zu den bereits zitierten Untersuchungsberichten des Justizministeriums (US Departement of Justice 1997) und des CIA-Generalinspekteurs (Hitz-Report 1998a und b). Wie nicht anders zu erwarten, bezeichneten die Berichte die Anschuldigungen der *Mercury News* als haltlos. Beide Berichte bestätigten jedoch zentrale Aussagen zur Drogenfinanzierung des Contra-Kriegs und brachten neue Erkenntnisse über die Rückendeckung der Geheimdienste ans Tageslicht. Die Berichte konstatierten, dass der CIA und den politisch Verantwortlichen die Verbindungen zwischen Drogenhandel und Contra bekannt gewesen waren und dass man Ermittlungen unterdrückt hatte.[35]

Bemerkenswert an der Iran-Contra-Affäre ist, dass Medelliner Drogenhändler in ihr eine wichtige Rolle spielten: Der US-Sicherheitsrat scheint Versorgungsflüge gedeckt zu haben, bei denen kolumbianisches Kokain gegen Waffen für die Contra getauscht wurde. Ramón Milian Rodríguez, der wichtigste Geldwäscher des kolumbianischen Drogenhandels in den 1980er Jahren, war US-Geheimdienstmitarbeiter und erklärte, der nicaraguanischen Contra Millionenbeträge aus dem Kokainhandel zur Verfügung gestellt zu haben. Und belegt ist schließlich auch, dass der kolumbianische Capo Jorge Luis Ochoa 1986 dem Staatsanwalt von Miami den Vorschlag einer systematischen Kooperation mit den USA unterbreitete. Man sei bereit, bei der Bekämpfung revolutionärer Bewegungen in Lateinamerika zusammenzuarbeiten, wenn den Drogenhändlern im Gegenzug Straffreiheit zugesichert werde (Subcommittee 1988: 67f). In Kolumbien wurde dieses Konzept zu diesem Zeitpunkt in Grundzügen bereits umgesetzt. Die Ochoas und andere Medelliner Capos hatten 1981 die MAS-Todesschwadronen gegründet, die sich die Verfolgung von Guerillasympathisanten auf die Fahnen schrieben. Das Problem bei dieser Verbindung scheint jedoch gewesen zu sein, dass der kolumbianische Drogenhandel von eigenen Geschäftsinteressen geleitet blieb. Die meisten Medelliner Capos waren zwar bekennende Antikommunisten und kamen in dieser Hinsicht als Verbündete der US-Politik in Frage. Gleichzeitig waren sie aber objektiv Gegner der US-Drogenpolitik. In diesem Sinne gab es in den 1980er Jahren bei der Bekämpfung der kolumbianischen Linken und der Unterstützung der nicaraguanischen Contras Interessenüberschneidungen. Insgesamt aber war das Medellín-Kartell zu eigenwillig und zu anti-staatlich, um längerfristig als Alliierter in Frage zu kommen.

---

35 Zur Rehabilitation des Journalisten Gary Webb trug das nicht bei. Die Veröffentlichung des Hitz-Reports wurde von US-Medien in Anbetracht der Clinton-Lewinsky-Affäre fast vollständig ignoriert (vgl. auch Parry 1999). Webb konnte nicht mehr für große US-Zeitungen arbeiten und starb 2004 wahrscheinlich durch Selbstmord.

9.3. Die Irregularisierung der Kriegführung: Folter, Todesschwadronen, Parallelarmeen

Menschenrechtsgruppen haben in den vergangenen Jahrzehnten immer wieder kritisiert, dass die USA den Impuls für den Aufbau paramilitärischer Gruppen in Lateinamerika gegeben haben. In diesem Zusammenhang wurde davon ausgegangen, dass es sich bei diesen Gruppen um ein Konzept für Konfliktstaaten der so genannten Dritten Welt handelte. Bei einer genaueren Betrachtung kommt man allerdings auch hier zu überraschenden Ergebnissen: Die Irregularisierung staatlicher Gewalt – darunter der Aufbau informeller militärischer Parallelstrukturen und die Rationalisierung der Folter – wurde in den USA und verbündeten westeuropäischen Staaten früher als in Lateinamerika verfolgt. Der Paramilitarismus scheint Teil einer Militärdoktrin zu sein, die auch in den NATO-Staaten selbst zur Anwendung kam.

Bevor diese These ausführlicher begründet wird, soll jedoch zunächst die Entregelung staatlicher Gewalt als allgemeine Entwicklung skizziert werden. Dieser Prozess lässt sich anhand von mindestens drei Strängen nachzeichnen:

a) Der rationalisierte Einsatz der Folter

Wie bereits dargelegt kommt dem rationalisierten Einsatz von Folter (McCoy 2005, Gibney 2007, Koch 2007, vgl. Krasmann/Martschukat 2007, Krasmann 2007) in irregulären Konflikten der vergangenen Jahrzehnte eine zentrale Rolle zu. Die Renaissance der Folter stand dabei in offensichtlichem Zusammenhang mit den Herausforderungen der Partisanenbekämpfung. Wie erwähnt, vertraten französische Offiziere (vgl. Trinquier 1963) nach den Erfahrungen in Indochina und Algerien offensiv die These, Folter sei ein unverzichtbares Mittel zur Aufstandsbekämpfung. Klandestine Gegner, die sich in der Bevölkerung verbergen, könnten nur mit Folter identifiziert werden. Feindliche Strukturen müssten jedoch durchschaut werden, damit die reguläre Armee wisse, gegen wen sie kämpfe. Die Folter sei daher eine notwendige Methode, um das stärkste Kampfmittel des irregulären Gegners – seine Unsichtbarkeit – zu neutralisieren.

Die US-amerikanischen Polizei- und Militärberater, die im Rahmen des Kalten Krieges in die Dritte Welt entsandt wurden, scheinen diese Einschätzung geteilt zu haben. Sie legten ihren Verbündeten allerdings raffiniertere Methoden nahe, als die Franzosen sie in Algerien angewendet hatten. Dass es Folterschulungen durch US-Personal gab, wurde 1971 nach der Entführung des US-Polizisten Dan Mitrione durch die uruguayischen Tupamaros manifest. Die US-Regierung wies die Vorwürfe der Stadtguerilla, Mitrione habe in Lateinamerika Folterkurse gegeben, zwar entschieden zurück und bezeichnete ihren Mann als Entwicklungshelfer[36].

---

36 Die US-Regierung ließ Mitrione nach seinem Tod in einer großen Zeremonie feiern. Frank Sinatra und Jerry Lewis gestalteten eine Benefiz-Veranstaltung für die Hin-

Doch der Ex-CIA-Agent Manuel Hevia Cosculluela (1978) bekräftigte einige Jahre später, Mitrione habe urugayische Polizisten tatsächlich in wissenschaftlichen Foltertechniken – so etwa bei der Anwendung von Elektroschocks – unterrichtet. In diesem Zusammenhang seien Obdachlose entführt und bei Versuchen ermordet worden (Klein 2007: 132ff). Der Skandal führte dazu, dass der US-Geheimdienst lateinamerikanische Polizisten nicht länger ausbilden durfte. McCoy (2005) vertritt in seiner Studie zu Folterpraktiken der USA allerdings die These, dass entsprechende Schulungen nicht aufgegeben, sondern von der Polizei- in die Militärhilfe verlagert wurden.

Tatsächlich wurden in den 1980er Jahren erneut ähnliche Fälle bekannt. US-Militärs hatten bei der Ausbildung honduranischer Offiziere und nicaraguanischer Contras Schulungsmaterial verwendet, in dem Foltertechniken detailliert dargestellt wurden (Grimmett/Sullivan 2000, Kennedy 1997). Das Human Resources Exploitation Manual (CIA 1983) propagierte dabei Foltermethoden, die keine sichtbaren Spuren hinterließen, sich gleichzeitig aber in Forschungsprogrammen als überaus effizient erwiesen hatten. Darunter fielen unter anderem: das zwangsweise Verharren in schmerzhaften Positionen, Drohszenarien, die Herbeiführung von Erstickungsangst und die sensorische Deprivation, also die Abschottung des Gefangenen von Sinneswahrnehmungen. Das Handbuch beruht auf der Erkenntnis, dass Verhöre dann besonders „effizient" verlaufen, wenn der Verhörte sich die Schmerzen selbst zufügen muss.[37]

Proteste von Menschenrechtsgruppen führten schließlich dazu, dass sich die Clinton-Regierung 1996 von dieser Ausbildungspraxis distanzierte. In einem damals erstellten Bericht heißt es, dass das von der *School of the Americas* und dem *US Southern Command* bis 1991 eingesetzte Lehrmaterial „ungeeignet" gewesen sei, weil es Folter, Erpressung und Exekutionen billigte. In der US-Öffentlichkeit wurde dies allerdings als vereinzelter Fehler abgehandelt. So blieb unbeachtet, dass der US-Geheimdienst in Nordamerika bereits seit Jahrzehnten Programme zur Erforschung von Folter- und Verhörmethoden durchführte.

Diese Programme hatten unmittelbar nach 1945 mit Studien zur Wirkung von Drogen, Elektroschocks und psychologischen Methoden eingesetzt (Klein 2007:

---

terblieben. Ausgesprochen sehenswert und nah an den historischen Fakten der Mitrione-Entführung ist der Spielfilm „Der unsichtbare Aufstand" von Constantin Costa-Gravas (1972).

37 Die Technik, Gefangene in schmerzhaften Positionen verharren zu lassen, gehört offensichtlich zum 'Schulwissen' der Folter. Die Parallelen zwischen Berichten aus dem irakischen Gefängnis Abu Ghraib (vgl. Koch 2007) und den Darstellungen von anderen Misshandlungsopfern, so etwa von spanisch-baskischen Gefangenen, ist frappierend (vgl. den Jahresbericht der baskischen Anti-Folter-Organisation *Torturaren Aurkako Taldea* (Hernani, 2005)).

41-74, Koch 2007). Mc Coy (2005) ist der Ansicht, dass der Geheimdienst bei den Forschungsvorhaben, für die innerhalb von zehn Jahren mehrere Milliarden Dollar ausgegeben wurden, zwei Ziele verfolgte: „eine verbesserte psychologische Kriegführung, um ganze Gesellschaften zu beeinflussen, und bessere Verhörtechniken für ausgewählte Zielpersonen" (ebda: 34). Die beiden Forschungsstränge hätten sich, so McCoy, mit der Zeit auseinander entwickelt. „Die Forschung zur psychologischen Kriegführung beschäftigte sich mit Strategien der Massenbeeinflussung durch die CIA, wobei sie sich die Erkenntnisse der Massenkommunikation zunutze machte. Dagegen verlagerte sich die Erforschung von Verhörtechniken, die sich mit der Wirkung von Drogen, Elektroschocks und sensorischer Deprivation befasste, in die verschlossene Welt der Geheimdienste und in die Labors ihrer medizinischen Verbündeten." (ebda)

Besonders berüchtigt ist ein Programm, das der kanadische Psychologe Ewen Cameron im Auftrag der CIA in den 1950er Jahren in Kanada durchführte und das Jahrzehnte später vom kanadischen Parlament erneut thematisiert wurde (McCoy 2005: 42f, Klein 2007: 41-60). Bei dem Programm wurden ahnungslose Psychiatriepatienten als Forschungsobjekte eingesetzt, an denen die Zerstörung der Persönlichkeit untersucht wurde. Durch sensorische Deprivation und Elektroschocks wurde eine Art *Tabula Rasa* geschaffen: Es wurde erforscht, ob sich Bewusstsein „löschen" lässt.

Berüchtigt sind auch die Studien zur „Dynamik des Gehorsams", die 1961 im Auftrag des US-Instituts für Marineforschung *Office of Naval Research* durchgeführt wurden. Bei diesem Programm untersuchte man, unter welchen Voraussetzungen Individuen bereit sind, andere Menschen mit Hilfe eines Elektroschockgeräts zu foltern, und welche Folgen dies bei den Probanden hinterlässt. Bis heute unbeantwortet ist, warum eine Militäreinrichtung die Folterbereitschaft von Menschen untersuchen und dabei feststellen ließ, unter welchen Voraussetzungen sich Probanden der Anordnung verweigerten und wann sie diese akzeptierten.

Ob es bei der Planung dieser Studien gezielt um die Entwicklung einer „sauberen Folter"[38] ging, sei dahin gestellt. Naomi Kleins (2007) These, wonach die USA in Fortführung dieser Forschung eine Politik zur Herbeiführung individueller und gesellschaftlicher Schockzustände entwickelte, stellt sich sehr simpel dar. Unumstritten ist jedoch, dass auf Grundlage dieser Forschungen Verhörmethoden modernisiert wurden. So propagierte das *KUBARK-Counterintelligence* Handbuch (CIA 1963) den Einsatz psychologischer Techniken zur Misshandlung von Gefangenen, die bis heute

---

38 Der Begriff der „weißen" oder „sauberen" Folter ist ein Euphemismus. Die Misshandlungstechniken, die damit gemeint sind, sind nicht gewaltlos. Auch hier geht es um Angriffe auf Persönlichkeit und Körper, die schwere Male hinterlassen. Das Entscheidende, was diese Foltermethoden von 'simpleren' Praktiken wie der Daumenschraube unterscheidet, ist, dass die rationalisierte Folter schwerer nachgewiesen werden kann und subtiler auf die Psyche von Gefangenen und Gesellschaft einzuwirken versucht.

zur Anwendung kommen: den Einsatz von Drogen und die berüchtigte sensorische Deprivation. So dienen die auffälligen roten Anzüge, in denen die Guantanamo-Häftlinge transportiert werden, nicht der leichteren Bewachung der Gefangenen, sondern sollen diese von der Umwelt isolieren. Die Gefangenen, die in ihren Ganzkörperanzügen weder sehen, hören noch fühlen können, leiden an einer allgemeinen Orientierungslosigkeit, die den Forschungen zur sensorischen Deprivation zufolge innerhalb weniger Tage persönlichkeitszerstörende Züge annehmen kann (vgl. Gibney 2007).

b) Todesschwadronen

Einen *zweiten Strang* bei der Entregelung staatlicher Gewalt stellt die Bildung von Todesschwadronen aus den Reihen regulärer Armee- und Polizeikörper dar, wie sie in Lateinamerika ab den 1960er Jahren vielerorts zu beobachten war. Der verdeckte – und somit entregelte – Einsatz staatlicher Gewalt war sicher kein historisch neues Phänomen. Dass derartige Praktiken von der Führungsmacht USA selbst angewandt und an Einrichtungen wie der *School of the Americas* offensichtlich auch propagiert wurden, stellt jedoch einen Bruch in der modernen Kriegführung dar.

Greiner, der (2007) eine umfassende Studie zur Irregularisierung des US-Krieges in Vietnam vorgelegt hat, hält das Entstehen von Todesschwadronen im Vietnamkrieg allerdings nicht für das Resultat einer klar umrissenen Militärstrategie. Die Entwicklung sei vielmehr aus Strukturen und Selbstverständnis der US-Armee abzuleiten. Der irreguläre Charakter des Krieges in Vietnam und die Erfahrung der US-Soldaten, die feindliche Situation nicht mehr überschauen zu können, hätten allgemein eine Entregelung der Gewalt befördert. Diese Irregularisierung, die sich in permanenten Angriffen auf die Zivilbevölkerung ausdrückte, sei von den militärischen Verantwortlichen als normal erachtet und geduldet worden. Dabei spielten individuelle Perspektiven – etwa rassistische Stereotypen der Soldaten gegenüber der südostasiatischen Landbevölkerung – ein bedeutende Rolle.

Doch obwohl Greiner das Entstehen der Todesschwadronen nicht mit einer strategischen Entscheidung erklärt, hebt er die terroristische Logik hervor, denen diese Gruppen folgten. Der US-Armee sei die Wirkung von *shock and awe,* also von Angst und Schrecken, durchaus bewusst gewesen. „Wenn es schon nicht gelang, die Bauern von der amerikanischen Sache zu überzeugen, so sollten sie doch zu der Überzeugung kommen, dass sich die Solidarität mit dem Vietcong noch weniger auszahlte." (Greiner 2007: 215)

Die Darstellung Greiners verweist auf einen Punkt, der für die Erörterung des Paramilitarismus in Kolumbien von einiger Bedeutung ist: Der Einsatz von Gewalt kann strategisch wirken, auch wenn er keiner oder nur kurzfristiger Planung folgt. Die Herausbildung von Strategien muss auch als sich selbst organisierender Prozess interpretiert werden. Der kalkulierte Einsatz des Schreckens in Vietnam wäre in dieser Hinsicht die pragmatische Antwort auf ein konkretes Problem: Da die Bevölkerung nicht zur Kooperation mit den US-Truppen bereit war, wurde sie vor die Wahl gestellt, entweder aus dem Kriegsgebiet zu verschwinden oder aber sich zumindest aus Angst nicht mehr auf der 'falschen' Seite zu positionieren.

In diesem Zusammenhang kam es zum Aufbau von Spezialstrukturen der US-Armee, die offiziell nicht existierten, in diesem Sinne also quais *klandestin* waren und irregulär agierten. Greiner schreibt über diese Spezialeinheiten: „Die 'Tiger Forces' waren die 'Special Forces' der 101. Airborne Division. Ende November 1965 von Major David H. Hackworth gegründet, hatten sie den Auftrag 'to outguerilla the guerillas' – also die Guerillas mit deren eigenen Waffen zu schlagen (...). Unsichtbar und mit dem Terrain verschmolzen, sollten sie feindliche Positionen ausmachen, Zielpunkte für Luftangriffe beziehungsweise Landeoperationen markieren, Sabotageakte durchführen, Nachschublinien unterbrechen oder Kader des Vietcong entführen, im Zweifelsfall auch ermorden. (...) Versorgt mit Rationen für 30 Tage, operativ auf sich allein gestellt und gehalten, den Funkverkehr auf ein Minimum zu reduzieren, hatten sie eine Lizenz zur Improvisation – und mithin die Erlaubnis, sich in einer Grauzone zwischen Eigenständigkeit und Eigenmächtigkeit zu bewegen. 'Falls sie töten mussten, konnten sie es tun, ohne anderen davon zu berichten.' Ihren Sonderstatus dokumentierten die 'Tiger' auch nach außen. Sie trugen keine reguläre Uniform, sondern im Tigermuster gestreifte Kampfanzüge ohne Truppen- und Rangabzeichen, verzichteten auf den Stahlhelm zu Gunsten eines breitkrempigen Allwetterhutes, durften sich als Einzige Bärte wachsen lassen und als besonderes Statussymbol eine Handfeuerwaffe offen mit sich führen. In ihrer Selbstwahrnehmung waren sie die 'Elite der Elite', in den Augen ihrer Kameraden teils bewunderte, teils gefürchtete 'Männer fürs Grobe', die für die Disziplin einer regulären Kompanie nichts übrig hatten und nur ihren selbst verordneten Regeln verpflichtet waren." (Greiner 2007: 231f)

Die Tiger Force wurde ab 1967 in den besonders konfliktiven südvietnamesischen Nordprovinzen eingesetzt, wo sie sowohl als Vorhut als auch als Nachhut regulärer Einheiten agierte und Massaker durchführte. „Für die Männer der 'Tiger' war es ein attraktiver Auftrag – und sie erledigten ihn in der Manier von Todesschwadronen." (ebda: 233)

Diese praktischen Erfahrungen der Aufstandsbekämpfung wurden im Rahmen der US-Militärhilfe exportiert. Die umstrittene *School of the Americas* (Kennedy 1997, vgl. die Website von *School of the Americas Watch* (http://www.soaw.org)), in der Militärs aus fast allen lateinamerikanischen Staaten trainiert wurden, kann als Ort gelten, an dem derartiges 'Praxiswissen' weitergegeben und vertieft wurde.

c) Parallelstrukturen/Geheimarmeen

Als *dritter* Strang bei der Irregularisierung der Kriegführung muss schließlich der Aufbau von Parallelstrukturen *außerhalb* der Armee gelten. Wie dargelegt, zeichnete sich bereits die Kriegführung der Franzosen in Indochina durch eine Auslagerung der Militärgewalt aus. Laotische Hmong-Bergstämme übernahmen Aufgaben, die ansonsten französische Militärs hätten ausführen müssen. Die verbündeten Hmong wurden dabei als paramilitärische Einheit betrachtet. Die US-Truppen legten diese Strategie ein Jahrzehnt später neu auf. Auch sie überließen die Bekämpfung der kommunistischen Pathet-Lao in Laos und die Angriffe auf die Vietcong-Nachschublinien der verbündeten, ethnisch mobilisierten Hmong-Armee, die man verdeckt unterstützte und ausbildete (Warner 1996).

Bemerkenswerterweise wurde von den NATO-Staaten auch außerhalb akuter Kriegskonflikte auf derartige Vorgehensweisen zurückgegriffen. Paramilitärische Strukturen waren offensichtlich ab 1945 Teil der NATO-Sicherheitsarchitektur. Der Schweizer Historiker Daniele Ganser (2005) hat Strukturen und Funktionsweisen dieser paramilitärischen Netzwerke vor einigen Jahren in einer Grundlagenstudie offen gelegt. Ganser und vor ihm Francovich (1992) weisen nach, dass in Westeuropa mindestens bis 1990 irreguläre NATO-Strukturen existierten, die außerhalb der Streitkräfte angesiedelt, im Wesentlichen vom US-Geheimdienst geleitet und der demokratischen Kontrolle in den europäischen Staaten völlig entzogen waren. 1990 musste der italienische Ministerpräsident und starke Mann der *Democrazia Cristiana* Giulio Andreotti die Existenz solcher Einheiten in Italien öffentlich eingestehen. Ein in den Folgejahren eingesetzter Untersuchungsausschuss des Parlaments in Rom arbeitete heraus, dass während der gesamten Nachkriegszeit eine paramilitärische Organisation mit dem Decknamen 'Gladio' (Schwert) in Italien operiert und nachhaltig in die Innenpolitik eingegriffen hatte.[39]

Weitere, zum Teil ebenfalls parlamentarische Untersuchungen in anderen Ländern ergaben, dass diese Parallelstrukturen unter unterschiedlichen Namen in ganz Westeuropa – bemerkenswerterweise auch der Schweiz, die nicht zur NATO gehörte – existierten und von einem *Clandestine Planning Committee* der Westalliierten koordiniert wurden. Dieses Netzwerk, das an die NATO angebunden war, aber über diese hinausreichte, war nach 1945 von der CIA und ihrem britischen Pendant SIS (auch MI6) aufgebaut worden, um der kommunistischen Bewegung Einhalt zu gebieten. Ursprünglich als klandestine *Stay-Behind*-Einheiten konzipiert, die im Fall einer sowjetischen Invasion Partisanenaktionen durchführen sollten, spielten diese Parallelstrukturen bei der internen Oppositionsbekämpfung eine zentrale Rolle.

---

39 Die Debatten der Kommission sind nachzulesen auf der Website des italienischen Senats (http://www.senato.it/parlam/bicam/terror/home.htm, eingesehen am 4.2.2008).

Sie wurden als Terrorgruppen zur Bekämpfung der Linken eingesetzt und sorgten mit Anschlägen, Erpressungen und sogar Putschversuchen für eine nachhaltige und systematische Manipulation der öffentlichen Meinung.

In Italien, wo diese Parallelstruktur besonders aktiv war, diente Gladio dazu, den gesellschaftlichen Linksruck zu stoppen. In Anbetracht der politischen Stärke der Partisanenbewegung hatten die Geheimdienste der USA und Großbritanniens unmittelbar nach 1945 Strukturen zur Bekämpfung der Linken aufgebaut. Dabei griff man gezielt auf faschistische Gruppen und die Mafia zurück, deren antikommunistische Gesinnung als gesichert galt.[40]

Die klandestinen, der Öffentlichkeit unbekannten Parallelstrukturen beschränkten sich nicht auf die Ausbildung antikommunistischer „Gegenpartisanen" und die Einrichtung konspirativer Waffenlager für den Fall einer sowjetischen Invasion. Gladio trug in Italien in den Folgejahren entscheidend dazu bei, die politische und soziale Linke zu schwächen.[41] 1964 waren Gladio-Einheiten am staatsstreichartigen Manöver des Generals Giovanni di Lorenzo beteiligt, der den damaligen Ministerpräsidenten Aldo Moro mit einer Mobilmachung der Truppen und der Besetzung Roms zur Entlassung sozialistischer Kabinettsmitglieder nötigte (Ganser 2005: 71f). Ermittlungen der italienischen Justiz ergaben, dass Gladio für die so genannten „Staatsmassaker" verantwortlich war, einer Reihe von Bombenattentaten, die eine Verunsicherung der italienischen Öffentlichkeit auslösten. Bei den Anschlägen u.a. auf die Landwirtschaftsbank auf der Piazza Fontana 1969 in Mailand, den *Italicus*-Express Rom-München 1974 und den Bahnhof von Bologna 1980 wurden insgesamt mehr als 200 Personen getötet. Die Attentate, für die die Ermittlungsbehörden zunächst die revolutionäre Linke verantwortlich machten[42], wurden von Rechtsradikalen durchgeführt, die in Gladio eingebunden und geheimdienstlich instruiert bzw.

---

40 Ray Cline, in den 1960er Jahren Chef-Analyst der CIA, bestätigte dies nach Bekanntwerden der Gladio-Affäre in einem BBC-Interview (Francovich 1992, Teil I): „Es ist nicht unwahrscheinlich, dass einige rechtsradikale Gruppen rekrutiert und in Stay-Behind-Gruppen verwandelt wurden (...) Es ist okay, wenn du Rechtsradikale nicht zu politischen, sondern zu Geheimdienstzwecken benützt."

41 Das ist der einzige Punkt, der sich an Gansers Studie (2005), die als erste gebündelt Informationen über die NATO-Geheimarmeen zugänglich macht, kritisieren lässt. Ganser erklärt die Aktivitäten des europäischen Gladio-Netzwerks ausschließlich mit der Furcht vor Wahlsiegen kommunistischer Parteien. Gerade in Südeuropa war die Situation jedoch weitaus komplexer. Die Dynamik sozialer Bewegungen ließ die kommunistischen Parteien häufig weit hinter sich. In diesem Zusammenhang wurden die KPs in Frankreich, Italien und Spanien zeitweise zu wichtigen Instrumenten der innenpolitischen Stabilisierung. Die Gladio-Operationen sind deshalb in einem größeren, über parteipolitische Aspekte hinausreichenden Zusammenhang zu sehen.

42 Die Parallele zum Vorgehen kolumbianischer Staatsorgane bei paramilitärischen Massakern ist auffällig.

logistisch unterstützt wurden. Die ehemalige Nummer 2 des italienischen Geheimdienstes Gianadelio Maletti, der sich in Anbetracht einer drohenden Verurteilung in den 1970er Jahren nach Südafrika absetzte, erklärte die Anschläge Jahre später damit, dass die Attentate die Linke diskreditieren sollten. Es ging offensichtlich darum, die Bevölkerung für eine autoritäre Lösung des innenpolitischen Konflikts zu gewinnen. Rechtsradikale Gruppen wurden dabei von Staatsorganen und Geheimdiensten als Parallelstruktur instrumentalisiert. Ganz ähnlich wie die paramilitärischen Kriegsunternehmer in Kolumbien ließen sie sich – in diesem Fall allerdings eher politisch als ökonomisch motiviert – bei Gewalthandlungen einsetzen.

Hintergrund dieser Aktivitäten war die angespannte politische Lage der 1960er und 1970er Jahre. Damals existierten in Italien nicht nur eine kommunistische Partei, die bei Wahlen bis zu 34 Prozent der Stimmen gewann, und die schlagkräftige kommunistische Gewerkschaft CGIL. Darüber hinaus gab es vielfältige soziale Bewegungen, die die herrschende Ordnung in alltäglichen Kämpfen um Wohnraum, Freizeit, Medienpartizipation, soziale Orte etc. radikal in Frage stellten. Ganze Viertel galten als „befreite Gebiete". Insofern war ein revolutionärer Bruch in Italien – eine weitere Parallele zur kolumbianischen Situation vor Entstehen der Paramilitärs um 1980 – zu befürchten.

Teile des Staatsapparates verfolgten vor diesem Hintergrund eine so genannte „Strategie der Spannung": Mit den – erst Jahre später aufgeklärten – Anschlägen trug Gladio dazu bei, die Öffentlichkeit zu verunsichern, den sozialen Konflikt zu militarisieren und ein Klima der Angst zu schüren, in dem Politisierungsprozesse blockiert werden konnten.

Vincenzo Vinciguerra, damals Aktivist der faschistischen *Ordine Nuovo* und federführend an Gladio-Aktionen beteiligt, erklärte diese Logik in Francovichs BBC-Reportage folgendermaßen (1992, Teil 2): „Die Polizei- und Spezialkräfte und die politischen Gruppen, die sich der Geheimdienste bedienen, haben den italienischen Faschismus instrumentalisiert. Sie haben das über einen langen Zeitraum gemacht, ab 1945 oder 1946 (...) Wir sollten Zivilisten töten, Frauen, Kinder – Unschuldige, die nichts mit Politik zu tun hatten. Und zwar aus einem einfachen Grund: Die italienische Öffentlichkeit sollte sich dem Staat, dem Regime zuwenden und nach Sicherheit verlangen. Das war die Aufgabe der Rechten in Italien. Sie hat sich dem Staatsapparat zur Verfügung gestellt, der eine Strategie betrieb, die man als 'Strategie der Spannung' kennt. Sie sollte die Leute dazu bewegen, jederzeit – in einem Zeitraum von 30 Jahren, etwa zwischen 1960 und 1985/86 – die Verhängung des Ausnahmezustands zu akzeptieren. Sie sollten bereit sein, ihre Freiheit gegen Sicherheit zu tauschen – gegen die Sicherheit, auf der Straße spazieren gehen, Zug fahren, eine Bank betreten zu können. Das war die Logik hinter den Anschlägen. Die Verantwortlichen dieser Verbrechen wurden nicht verurteilt, weil sich der Staat nicht selbst verurteilen kann."

Die vom italienischen Faschisten Vinciguerra beschriebene Entwicklung weist weitere Parallelen zu Kolumbien auf: 1) Auch dort richten sich Angriffe häufig gegen unbeteiligte Zivilisten. 2) Der Paramilitarismus bereitete der autoritären Rechten, wie sie sich um Präsident Uribe formierte, den Weg und trug durch die Eskalation der Gewalt dazu bei, dass sich a) die Linke weiter militarisierte und b) die Bevölkerung „dem Regime zuwandte". 3) Und auch in Kolumbien führte die scheinbare Auflösung des staatlichen Gewaltmonopols zu einer Stärkung desselben: Die Ausnahmegewalt legitimierte den formalen oder faktischen Ausnahmezustand im Rahmen einer autoritären Sicherheitspolitik.[43]

Auch in Europa wurden also im Rahmen einer allgemeinen „Aufstandsbekämpfung" Mittel eingesetzt, die man in Lateinamerika als „schmutzigen Krieg" bezeichnet. Einher ging diese Entwicklung mit der Stärkung informeller Machtstrukturen innerhalb des Establishments. Eine Schlüsselrolle spielte in Italien dabei die Freimaurerloge P-2, die während des Kalten Krieges zu einem konspirativen Machtknotenpunkt ausgebaut wurde. Die 1981 beim Chef der Loge Licio Gelli[44] beschlagnahmten Mitgliederlisten belegen, dass zahllose Führungspersonen aus Politik, Wirtschaft und bewaffneten Staatsorganen Mitglied der Geheimorganisation waren. Der damals eingerichtete Untersuchungsbericht des italienischen Parlaments konnte zwar keine strafbaren Handlungen entdecken, stellte jedoch fest, dass die P-2-Loge, die sich die Verhinderung einer kommunistischen Machtübernahme auf die Fahnen geschrieben hatte, die italienische Politik systematisch beeinflusst hatte. Eine direkte Machtübernahme wurde dabei nicht angestrebt. Verfolgt wurde vielmehr eine schleichende Autoritarisierung, die einen Staatsstreich überflüssig machte – auch das erinnert an das Vorgehen kolumbianischer Paramilitärs.

---

43 Interessant sind auch die Widersprüche, die innerhalb der Gladio-Struktur zutage traten. 1972 war Vinciguerra an einem Bombenanschlag auf drei Carabinieri beteiligt. Das Attentat war, so Vinciguerra, als Botschaft an den Staatsapparat gedacht (Francovich 1992, Teil II): Die Faschisten seien nicht länger bereit, sich instrumentalisieren zu lassen. Sie wollten selbst politisch gestalten. Trotz dieser Kampfansage unternahm die italienische Polizei zunächst alles, um die Hintergründe des Anschlags zu vertuschen und schrieb ihn den Roten Brigaden zu. Als Ermittlungen ergaben, dass der verwendete Sprengstoff aus NATO-Beständen stammte, verhalf man Vinciguerra zur Flucht. Zu einer Verhaftung kam es erst, nachdem Vinciguerra über den Bombenanschlag zu sprechen anfing. Ganz ähnlich wie in Kolumbien kam es im Bündnis zwischen Staatsapparat und den instrumentalisierten Gruppen also zu Brüchen, obwohl die Verflechtungen wechselseitig waren: Die faschistische Bewegung Italiens war mit Geheimdienstpersonal durchsetzt, gleichzeitig arbeiteten viele aktive Faschisten in Polizei- und Militärkörpern.

44 Gelli, der im spanischen Bürgerkrieg Franco und in Italien später der deutschen SS gedient hatte, war – Francovich (1992) zufolge – nach 1945 vom US-Geheimdienst als Mitarbeiter übernommen wurden.

Bei dieser Ermächtigung schuf sich die informelle italienische Rechte vielfältige Instrumentarien, um auch Politiker des eigenen Lagers kontrollieren zu können. Der ehemalige Geheimdienstchef Giovanni de Lorenzo beispielsweise ließ als Carabinieri-Chef über 157.000 Italiener, darunter die gesamte politische Elite des Landes, Dossiers anlegen (Ganser 2005:73). Mit den darin versammelten Daten zu sexuellen Präferenzen und unehelichen Beziehungen war es möglich, die politische Klasse – darunter auch die regierende Christdemokratie – dauerhaft zu erpressen.[45]

All diese Aktivitäten wurden offensichtlich von der westlichen Führungsmacht USA geleitet. Der Untersuchungsbericht des italienischen Parlaments kam 2000 zu dem Ergebnis, dass Mitarbeiter der US-Geheimdienste an den von Gladio verübten Bombenattentaten beteiligt gewesen waren (ebda: 14, vgl. Francovich 1992: Teil 2).[46] Führende italienische Militärs, die wegen ihrer Verbindungen zum Rechtsterrorismus verfolgt wurden, erklärten, sie hätten beim Aufbau von Gladio im Auftrag der NATO und im Besonderen der USA gehandelt. Und der ehemalige US-Kontaktoffizier Oswald de Winter behauptet in der BBC-Reportage von Francovich (1992: Teil 2) gar, dass fast alle im Zusammenhang mit dem Attentat 1969 in Mailand angeklagten italienischen Geheimdienstmitarbeiter auf der Gehaltsliste des US-Dienstes gestanden hätten.

Der Aufbau konspirativer Parallelstrukturen, die Durchführung von Terroranschlägen und die gewalttätige Eskalation eines sozialen und politischen Konflikts wurden von der Führungsmacht USA auch in anderen europäischen Ländern befürwortet. So gab es in Frankreich, das in den 1950er Jahren zwar selbstbewusst gegenüber den USA auftrat, aber ebenfalls in die NATO-Geheimdienststrukturen eingebunden war, fließende Grenzen zwischen regulären Streitkräften und den geheimdienstlich gesteuerten, antikommunistischen Parallelstrukturen der französischen Gladio-Sektion. In diesem Kontext entstand 1961 die *Organisation de l'Armée Secrète* (OAS). eine rechtsradikale Geheimarmee, die die Loslösung Algeriens von Frankreich verhindern sollte. Die OAS verübte eine Serie von Attentaten, bei denen mehrere Hundert algerische

---

45 2006 wurde in Italien erneut ein derartiger Spionagering enttarnt. Es handelte sich dabei um einen „privaten Supergeheimdienst", der Politiker, Industrielle und Journalisten bespitzelt hatte.

46 US-Berater hielten die militärische Eskalation des Konflikts für eine erfolgversprechende Sicherheitsstrategie. In Emmanuel Amaras Dokumentarfilm „Die letzten Tage Aldo Moros" (2005) erklärt ein US-Geheimdienstarbeiter in diesem Sinne freimütig, dass er als Mitarbeiter des italienischen Krisenstabs während der Entführung von Ministerpräsident Aldo Moro dem Innenminister Cossiga stets geraten habe, die Roten Brigaden zur Ermordung Moros zu provozieren. Die Verschärfung der innenpolitischen Lage werde eine Isolation der Roten Brigaden und eine Schwächung der Linken ermöglichen.

Zivilisten ermordet wurden. Außerdem organisierte sie einen Putschversuch gegen De Gaulle und war an der pogromartigen Ermordung von 200 Algeriern nach einer Demonstration im Oktober 1961 in Paris beteiligt. Blum (2005: 181-186) zufolge wurden die OAS-Aktivitäten und im Besonderen der Putsch gegen De Gaulle vom US-Geheimdienst unterstützt, weil man ein sozialistisches Algerien verhindern und De Gaulle durch einen weniger kritischen Präsidenten ersetzt sehen wollte.

Auch in Belgien existierte eine paramilitärische, in terroristische Anschläge verwickelte Parallelstruktur. Die unter dem Namen SDRA8 firmierenden Einheiten wurden 1991 von einer Kommission des belgischen Parlaments untersucht. Auch hier stellte man fest, dass unter Führung von NATO-Geheimdiensten verdeckte bewaffnete Gruppen aufgebaut worden waren, die sich zu wesentlichen Teilen aus dem rechtsradikalen Milieu rekrutierten (Francovich 1992, Teil 3, Ganser 2005: 125-147). Diese Gruppen führten gemeinsam mit US-Spezialeinheiten Geheimmanöver in Belgien durch, bei denen unter anderem Waffendepots überfallen wurde. Vorgeworfen werden der Parallelstruktur unter anderem die so genannten Brabant-Massaker. Bei den bis heute nicht aufgeklärten Raubüberfällen auf Supermärkte und andere öffentliche Einrichtungen wurden Anfang der 1980er Jahre 30 Personen in der belgischen Provinz Brabant erschossen. Die Morde sorgten im traditionell ruhigen Belgien für eine Verschärfung des innenpolitischen Klimas.

Ebenfalls eindeutig belegt ist die Existenz von Parallelstrukturen in der Türkei, der wegen ihrer Lage an der NATO-Südostflanke besondere Bedeutung beigemessen wurde. Die türkische Öffentlichkeit gehörte zu den ersten, die über klandestine parastaatliche Strukturen debattierte. So beklagte der (damals noch sozialdemokratische[47]) Ministerpräsident Bülent Ecevit 1974 die Existenz einer von seiner Regierung nicht kontrollierbaren „Kontraguerilla", die eine eigenständige Oppositionsbekämpfung durchführe. Dieses Netzwerk, das in der Türkei auch als „tiefer Staat" bezeichnet wird, stützte sich im Wesentlichen auf eine Kooperation zwischen dem Militärapparat und den rechtsradikalen „Grauen Wölfen". Dabei trugen die Ultrarechten, die eine zentrale Rolle im Heroinhandel spielten, ganz ähnlich wie in Italien dazu bei, eine autoritäre Lösung der innenpolitische Krise vorzubereiten. Die Eskalation der politischen Gewalt diente den Militärs 1980 als Begründung für ihren – von der NATO ausdrücklich begrüßten – Putsch, mit dem jene autoritär-nationalistische und religiöse Wende eingeleitet wurde, die die Türkei bis heute belastet.[48]

---

47 Gegen Ende seines Lebens war Ecevit eher der nationalistischen Rechten zuzurechnen.

48 Interessanterweise stärkte der Putsch 1980 zwei heute verfeindete politische Lager: auf der einen Seite die ultranationalistische, laizistische Rechte, die von kemalistischen Militärs angeführt wird, auf der anderen die konservativ-islamische Bewegung, der die Putschisten insofern den Weg bereiteten, als diese eine Besinnung auf religiöse Werte forderten. Bemerkenswert ist, dass die nationalistische Rechte heute antiamerikanischer auftritt als die islamische Regierungspartei AKP.

Das ganze Ausmaße dieses „tiefen Staates" wurde 1996 manifest, als in der Ortschaft Susurluk der stellvertretende Polizeichef von Istanbul, ein führender Rechtsradikaler und ein Anführer paramilitärischer, antikurdischer Dorfschützer-Verbände aus dem anatolischen Urfa, gemeinsam in einem Auto verunglückten. Bei dem Rechtsradikalen Abdullah Catli, der wegen Heroinhandels mit internationalem Haftbefehl gesuchte wurde, fanden die Ermittler einen Diplomatenpass und einen vom damaligen Innenminister ausgestellten Polizeiausweis. Die daraufhin konstituierte parlamentarische Untersuchungskommission stellte fest, dass die politische Eskalation der 1970er Jahre von Teilen des Staatsapparates gezielt herbeigeführt worden war, um den NATO-gestützten Militärputsch 1980 zu legitimieren (vgl. Çelik 1998, Rauchfuss 2003).

Selbst in Deutschland existierten nach 1945 paramilitärische Parallelstrukturen. Unmittelbar nach dem Kriegsende begannen die USA Nazi-Geheimdienstexperten anzuwerben, darunter Klaus Barbie, der in Frankreich als der „Schlächter von Lyon" gefürchtet gewesen war, und Richard Gehlen, der in den 1940er Jahren den deutschen Militärnachrichtendienst in der Sowjetunion befehligt hatte (Ganser 2005: 189-202, Francovich 1992, Teil I). Während Gehlen unter Führung der USA den deutschen Auslandsgeheimdienst BND aufbauen durfte, wurde Barbie als Ausbilder antikommunistischer *Stay-Behind*-Einheiten eingesetzt. Die zunächst mehrere Tausend Mann starken paramilitärischen Geheimbünde operierten unter dem Namen ʽBund deutscher Jugendʼ und ʽTechnischer Dienstʼ, stützten sich wesentlich auf NS-Seilschaften und wurden in speziellen Trainingslagern (unter anderem im bayrischen Bad Tölz) in Guerilla-Kriegführung ausgebildet. Auch Verhör- und Foltertechniken sollen auf dem Lehrplan gestanden haben (Ganser 2005: ebda).

Diese Geheimaktivitäten lösten bereits 1952 einen politischen Skandal aus, als bekannt wurde, dass die NATO-Parallelstruktur schwarze Listen mit im Ernstfall zu ermordenden Personen erstellt hatte. Darauf vermerkt waren nicht nur Kommunisten und Gewerkschafter, sondern auch 40 führende Sozialdemokraten, unter ihnen der damalige SPD-Chef Erich Ollenhauer. Die Vorkommnisse führte zur Einrichtung eines Untersuchungsausschusses im sozialdemokratisch regierten Hessen, der die Auflösung der Parallelstruktur forderte. Ganser behauptet (eigenes Interview in: Wochenzeitung Freitag 2.5.2008), die Verfahren seien – auf politischen Druck der Bundesregierung und ihrer US-Verbündeten – vor Gericht allesamt eingestellt worden.

Erneut thematisiert wurde die Existenz von NATO-geführten Geheimstrukturen in Deutschland nach dem Oktoberfestanschlag 1980 in München, bei dem 13 Personen getötet wurden. Aus dem Umfeld des Attentäters, der in der Wehrsportgruppe Hoffmann aktiv gewesen war, wurde das NPD-Mitglied Heinz Lembke als Sprengstofflieferant genannt. Zu Ermittlungen gegen den Beschuldigten kam es jedoch nicht. Erst als einige Monate später zufällig ein von Lembke in der Lüneburger Heide angelegtes Waffenlager mit 156 kg Sprengstoff, Panzerabwehrraketen, 13.000 Schuss Munition und Bundeswehrunterlagen entdeckte wurde (vgl. die österreichische Zeitschrift Zoom 4+5/1996), kam der Rechtsradikale in Haft. Der Beschuldigte kündigte an, Hintergründe des Waffenlagers zu nennen, das offensichtlich zu groß war, um von einem Einzeltäter angelegt worden zu sein. Bevor Lembke seine Aussagen machen konnte, war er jedoch tot. Er wurde unmittelbar nach seiner Verhaftung im November 1981 erhängt in seiner Zelle aufgefunden (Ganser 2005: 205-211).[49]

Die Größe des Waffenlagers und der Verlauf der Ermittlungen deuten – so Ganser (zit. nach: Freitag 2.5.2008) – darauf hin, dass es sich um ein Depot der deutschen Gladio-Struktur handelte. Ob das Münchner Oktoberfestattentat ähnlich wie die rechten Terroranschläge in Italien von Geheimdiensten angeleitet wurde, sei dahingestellt. Als gesichert kann jedoch gelten, dass auch in Deutschland paramilitärische Geheimstrukturen, so genannte *Stay-Behind*-Einheiten, aufgebaut und dafür Rechtsradikale angeworben wurden.[50]

Zusammenfassung:

Dieser Exkurs über die Entregelung staatlicher Gewalt macht deutlich, dass der kolumbianische Paramilitarismus nicht allein aus der Konfliktgeschichte des südamerikanischen Landes abgeleitet oder als Phänomen bürgerkriegsgeplagter Dritt-Welt-Staaten abgetan werden kann. Der Aufbau verdeckt operierender Verbände scheint vielmehr Bestandteil der westlichen Sicherheitsarchitektur nach 1945 gewesen zu sein. Die irregulär operierenden Gruppen in Europa teilten dabei wichtige Eigenschaften

---

49 Über die weiteren Ermittlungen schreibt die österreichische Zeitschrift Zoom (4+5/1996): „Direkt nach Lembkes Tod werden, wie die Medien melden, der Militärische Abschirmdienst (MAD) als auch 'zivile Nachrichtendienste' in die Ermittlungen eingeschaltet. Einen Tag darauf, am 3. November, zieht der Bundesstaatsanwalt die Ermittlungen an sich, was der niedersächsische Innenminister Möcklinghoff als 'kriminaltaktischen Schildbürgerstreich' bezeichnet. Es wird eine Nachrichtensperre verhängt und drei gerade erst verhaftete Mitglieder aus Lembkes Gruppe wieder freigelassen (das örtliche Landeskriminalamt hatte noch von einer sechsköpfigen Gruppe gesprochen)."

50 Außer Frage steht weiterhin, dass die Anschläge, die aus dem Umfeld der rechtsradikalen Wehrsportgruppe Hoffmann verübt wurden, bis heute nicht gründlich untersucht wurden. Allein bei den drei Attentaten 1980 – auf das Oktoberfest in München, ein jüdisches Verlegerpaar in Erlangen und ein Asylbewerberheim in Hamburg – starben 18 Menschen, weitere 200 wurden verletzt. Obwohl hier mehr Opfer zu beklagen waren, als bei den Anschlägen der RAF 1975-80, löste das keine nennenswerte Mobilisierung des Staatsapparats aus. Hinterbliebene des Oktoberfestattentats haben in diesem Zusammenhang zudem immer wieder beklagt, sie seien von Behörden unter Druck gesetzt worden, wenn sie eine rückhaltlose Aufklärung der Anschlagshintergründe forderten (Süddeutsche Zeitung, 27.9.1996 und 24.9.2005).

mit den kolumbianischen Paramilitärs: Auch bei den Gladio-Einheiten handelte es sich um Parallelstrukturen, die an der Seite des Staates agierten und, zumindest teilweise, als informeller Gewaltapparat eingesetzt werden konnten. Auch in Europa rekrutierten sich diese Gruppen aus mafiösen Gewaltmilieus (oder rechtsradikalen Parteien) und kamen in innenpolitischen Konflikten zum Einsatz. Sie sorgten – vor allem in den instabilen NATO-Ländern – für autoritäre Kräfteverschiebungen im Staatsapparat und für den Aufbau informeller Parallelmacht, die sich der Regierungskontrolle entzog. Dabei kam es zu spezifischen, fast immer instabilen Verbindungen zwischen Staat und den instrumentalisierten Gewaltmilieus.

Allerdings sind auch die Unterschiede gravierend: Militärische Parallelstrukturen spielten in den europäischen Staaten eine sehr viel geringere Rolle als in Lateinamerika. Zudem agierten sie hochkonspirativ und kamen nur selten als Todesschwadronen zur Oppositionsbekämpfung zum Einsatz. Auch ihre Gewaltmittel unterschieden sich deutlich: Zwar werden auch die von den Geheimdiensten zu verantwortenden Bombenanschläge in Italien als Massaker *(strage)* bezeichnet, doch mit den Verbrechen kolumbianischer Paramilitärs sind sie kaum zu vergleichen.

9.4. Die US-Politik gegenüber den Paramilitärs in Kolumbien

Die entscheidenden Fragen lauten nun: 1) ob US-Behörden in Kolumbien ähnlich wie in den verdeckten Kriegen in Südostasien und Zentralamerika den Drogenhandel einer verbündeten irregulären Armee tolerierten bzw. logistisch unterstützten, 2) ob terroristische Methoden zur Beeinflussung der öffentlichen Meinung als legitim erachtet wurden und 3) ob man Beziehungen zum paramilitärischen Kriegsunternehmertum unterhielt, die eine verdeckte Einflussnahme auf ihre Vorgehensweise erlaubten.

Es liegt zunächst auf der Hand, dass das Verhältnis der USA gegenüber dem Paramilitarismus widersprüchlich ist. Zwar haben die USA den Aufbau legaler paramilitärischer Strukturen in Lateinamerika propagiert und die besonders tief in Menschenrechtsverletzungen verwickelten Geheimdienst- und Spezialeinheiten ausgebildet und mit moderner Technologie ausgerüstet. Andererseits hat Washington die Verbrechen kolumbianischer Paramilitärs immer wieder scharf verurteilt. Die AUC wurden am 10. September 2001 auf die Terrorliste gesetzt, 15 AUC-Kommandanten stehen heute in den USA vor Gericht. Und in den wenigen Fällen, in denen kolumbianische Generäle wegen ihrer Verbindungen zu Paramilitärs in den Ruhestand versetzt wurden, geschah dies aufgrund des Drucks aus Washington.

Man muss also bekräftigen, dass nicht von *einer* US-Politik gesprochen werden kann. Zwischen unterschiedlichen US-Behörden, aber auch innerhalb der Exekutive bestanden in den vergangenen Jahrzehnten immer grundlegende Differenzen über die Gewichtung von so genannten Sicherheits- und Menschenrechtsbelangen. Das ist alles andere als verwunderlich: Begreift man den Staat als ein Terrain, auf dem

Machtgruppen um Positionen ringen, dann gilt das selbstverständlich auch für die Außen- und Militärpolitik der USA.

Diese Politik setzt sich allerdings nicht nur aus offiziellen, sichtbaren Bestandteilen zusammen. Im Folgenden werden deshalb Fälle angeführt, die darauf hinweisen, dass es auch gegenüber den kolumbianischen Paramilitärs eine inoffizielle Politik der USA gab und gibt:

1989 wurde bekannt, dass paramilitärische Gruppen – von hochrangigen Militärs gedeckt – durch israelische, britische und australische Ausbilder trainiert worden waren. Die britisch-australische Söldnergruppe unter Führung von Brian Tomkins und Peter McAleese[51] (die zuvor u.a. in Rhodesien, Südafrika, Angola und Afghanistan zum Einsatz gekommen war), reiste mit Unterstützung kolumbianischer Autoritäten 1988 ein, um eine Aktion gegen das Oberkommando der FARC vorzubereiten. Für diese Aktion hatte sich der Armeegeheimdienst mit dem Drogenhändler Gonzalo Rodríguez Gacha zusammengeschlossen, der die FARC als Konkurrent im Kokaingeschäft betrachtete. Die Militärs deckten die Einreise der Söldner, Rodríguez Gacha zahlte für die Durchführung der Aktion. Nach langer Verzögerung wurde das Vorhaben schließlich abgeblasen (Printausgabe der El Tiempo 19.8.1989, Sauloy/Le Bonniec 1994: 221-226).[52] Obwohl die Affäre bekannt wurde, konnte die Söldnergruppe um Tomkins und den ehemaligen britischen Elitesoldaten McAleese Mitte 1989 erneut nach Kolumbien einreisen. Der Auftrag diesmal: die Ermordung Pablo Escobars im Auftrag des Cali-Kartells. Als der überladene Helikopter mit den Söldnern während der Aktion notlanden musste, scheiterte auch dieses Projekt. Doch im Februar 1990 waren die Briten trotz eines internationalen Haftbefehls erneut im Land, um Paramilitärs zu trainieren (Sauloy/Le Bonniec 1994: 226-230).

Lässt sich diese Episode noch als ein pittoreskes Kapitel des internationalen Söldnertums interpretieren, so waren die israelischen Ausbilder, die sich ebenfalls Ende der 1980er Jahre in Kolumbien aufhielten, politisch eindeutiger angebunden. Namentlich identifiziert sind die Israelis Yair Klein, Tzedaka Abraham und Melnik Ferri, die für die private Militärfirma *Spearhead* (Hod He'hanit) arbeiteten. Im Auftrag von ACDEGAM – dem paramilitärischen Viehzüchterverband, der den zentralkolumbianischen Magdalena Medio in eine antikommunistische Bastion verwandelt hatte – führte Spearhead Trainingskurse für Paramilitärs durch und

---

51 McAleese hat seine Söldnergeschichte auch publizistisch vermarktet (vgl. ders.: „*No Mean Soldier*", Cassell-Verlag 2004).

52 Dass Rodríguez Gacha, ein wichtiger Verbündeter der Geheimdienste im Krieg gegen die Linke, Ende 1989 von kolumbianischen Behörden überraschend gestellt und erschossen wurde, erlaubte, dass die Verbindungen Gachas zu ausländischen Ausbildern und Waffenlieferanten nie völlig aufgedeckt wurden.

schulte dabei auch eindeutig offensive Taktiken – darunter die Ermordung von Personen aus fahrenden Fahrzeugen und den Umgang mit Sprengstoffen (Medina Gallego 1990: 366-383).

Yair Klein, ein ehemaliger Elitesoldat der israelischen Armee und Anführer der Gruppe, bestätigte in einem Zeitungsinterview (El Espectador 1.10.1989), dass er als militärischer Ausbilder im Land gewesen sei, versuchte die Dimension der Trainingskurse allerdings zu relativeren. ACDEGAM, die Klein als „Bauernorganisation in Puerto Boyacá" bezeichnete (ebda), habe seine Firma angeheuert. Ein von Klein namentlich nicht genannter Vizeminister und die antikommunistische Organisation *Tradición, Familia y Propiedad (TFP)*[53] hätten den Aufenthalt unterstützt. Ein Ausbildungskurs für Leibwächter des DAS, also für eine staatliche Institution, sei ebenfalls im Gespräch gewesen, von der israelischen Regierung jedoch nicht autorisiert worden, da diese eine offene Einmischung in lateinamerikanische Konflikte vermeiden wollte. Die Durchführung von Morden und Sprengstoffanschlägen sei nicht Teil des Trainings gewesen. Viele Jahre später bekräftigte Klein diese Aussagen in Interviews mit der Wochenzeitung *Semana* (28. 4. 2002) und dem kolumbianischen Fernsehsender *Caracol* (5.3.2007)[54].

Ermittlungen der kolumbianischen Justiz sowie Filmaufnahmen des Trainingskurses belegten, dass die israelischen Ausbilder eine sehr viele bedeutendere Rolle gespielt hatten. Der Paramilitärführer Alonso de Jesús Baquero Agudelo, der wegen mehrerer zwischen 1987 und 1989 begangener Massaker zu einer langjährigen Haftstrafe verurteilt wurde, erklärte Mitte der 1990er Jahre, bei Kleins Trainingskursen besonders effiziente Methoden der Feindbekämpfung gelernt zu haben (vgl. El Tiempo 7.3.2007). Auch der AUC-Kommandant Carlos Castaño behauptete, von Klein ausgebildet worden zu sein. In seiner Biografie stellt er über den israelischen Ex-Militär fest: „Seine Konzepte haben mich sehr beeindruckt und ich werde nie vergessen, wie er sagte: 'Hab keine Angst davor, dass sie dich Söldner nennen, solange du der Söldner eines Staates bist. Die Staaten müssen innerhalb und außerhalb der Verfassung verteidigt werden.'" (Aranguren 2001: 100)

Dass der Israeli Klein in Kolumbien zu zehn Jahren Haft verurteilt wurde, hatte indes weniger mit seinen Verbindungen zu Paramilitärs als vielmehr mit seiner –

---

53 TFP wurde 1960 vom Brasilianer Plinio Corrêa de Oliveira gegründet, der den gemäßigten Kurs des II. Vatikanischen Konzils ablehnte. Die TFP verfolgte einen esoterischfundamentalistischen Antikommunismus und hatte sich – wie der Name besagt – die Verteidigung von Privateigentum, Familie und Tradition auf die Fahnen geschrieben. Sie war in zahlreichen Ländern Lateinamerikas aktiv und stand den Militärdiktaturen in Argentinien, Chile und Brasilien politisch nahe.

54 Einsehbar bei Canal Caracol (http://www.canalcaracol.com/sala_videos.asp?hid_id=/ videos/Programacion/Informativos/HablandoClaro/HClaroMar5.wmv&id=10076 &subseccion=51&seccion=28&zona=2, 18.2.2008).

unbeabsichtigten – Hilfestellung für das Medellín-Kartell zu tun. Da Drogenhandel und Paramilitarismus verquickt waren, nahmen auch Auftragsmörder der Drogenbarone Pablo Escobar, Gonzalo Rodríguez Gacha und Victor Carranza am Training der israelischen Ausbilder teil. AUC-Kommandant Castaño erklärte dies damit, dass Yair Klein von den Drogenhändlern betrogen worden sei. Der Israeli habe geglaubt, zur Unterstützung des Staates in Kolumbien zu sein, am Ende jedoch Killer des Drogenkartells ausgebildet (ebda).

Tatsächlich ist wohl beides wahr: Klein war auf Einladung der kolumbianischen Armee im Land, trainierte bei seinen Kursen jedoch auch Auftragskiller des Medelliner Drogenhandels, der im Kampf gegen die linke Opposition 1988 noch mit der Armee kooperierte.

Klein zum Verhängnis wurde schließlich, dass er ein Waffengeschäft einfädelte, das deutliche Spuren zum Drogenterrorismus hinterließ (Kerry/Brown 1992: Chapter 4 und 11). Im April 1989 kam es unter Mitwirkung Kleins zum Verkauf von 500 Handfeuerwaffen der staatlich-israelischen Rüstungsfirma IMI an die Streitkräfte von Antigua und Barbuda. Die Tatsache, dass das Militär des kleinen Karibikstaats nur aus 80 Soldaten bestand, scheint niemanden irritiert zu haben. Die legal von Israel exportierten Waffen wurden von Klein und seinen Geschäftspartnern an kolumbianische Paramilitärs umgeleitet. 178 der 500 Waffen landeten schließlich auf einer Finca des Drogen-Capos Gonzalo Rodríguez Gacha, einem der Anführer des Medellín-Kartells. Eine dieser Waffen kam 1989 bei der Ermordung des liberalen Präsidentschaftskandidaten Luis Carlos Galán zum Einsatz (ebda: Chapter 4).

Im Untersuchungsbericht der US-Senatoren John Kerry und Hank Brown über die BCCI-Bank taucht dieser Waffenhandel deshalb auf, weil Kleins Aktivitäten im Karibikraum offensichtlich Unterstützung der US-Regierung genossen. Kerry/ Brown (ebda) zufolge organisierte Klein das Waffengeschäft zusammen mit „Pinchas Shahar, einem israelischen Geheimdienstagenten, und Maurice Sarfati, einem von Miami und Paris operierenden israelischen ‚Geschäftsmann'". Sarfati hatte 1983 auf Antigua eine Melonenfarm aufgebaut, für die die staatliche US-Kreditanstalt *Overseas Private Investment Corporation* (OPIC) einen Kredit in Höhe von 2 Millionen Dollar bewilligte.[55] Als Garantien hatte Sarfati der US-Kreditanstalt Unterlagen der *Bank of Credit and Commerce International* (BCCI) vorgelegt, bei der Sarfati ein wichtiger Kunde war. Wie bereits erwähnt, wickelte die US-Regierung ihre Under-Cover-Operationen in Afghanistan und Nicaragua sowie die illegalen Waffendeals mit dem Iran teilweise über die skandalträchtige Bank ab. Der Kredit für die karibische Melonenfarm, die offensichtlich nie mehr als eine Scheinfirma war,

---

55 OPIC war, wie bereits erwähnt, auch im Fall des Geheimdienstmitarbeiters John Hulls genutzt worden, um das illegale Contra-Unterstützernetzwerk in Costa Rica mit Geld zu versorgen.

platzte schließlich. Die US-Kreditanstalt OPIC verkaufte ihren Gläubigeranteil mit 50 Prozent Verlust an den israelischen Geschäftsmann Bruce Rappaport, der von den Abgeordneten Kerry und Brown als Vertrauensmann von CIA-Direktor William Casey und von Führungspersonen der BCCI-Bank bezeichnet wird (ebda).

Vor diesem Hintergrund wurde Yair Klein, der in den 1980er Jahren auch guatemaltekische Offiziere und nicaraguanische Contras ausgebildet haben soll (Tarazona 2008), mehrfach vorgeworfen, eine Art outgesourcete Militärhilfe im Dienst der US-Regierung geleistet zu haben (Chomsky 1992, Chapter 4, Sauloy/Le Bonniec 1994: 240-248). Kleins antiamerikanische Tiraden in einigen Interviews scheinen in eine gegenteilige Richtung zu deuten. Tatsächlich haben jedoch israelische Ausbilder und Militärberater mit massiver Unterstützung der Regierung in Tel Aviv in Lateinamerika mehrfach (so etwa in Argentinien und Guatemala) Funktionen übernommen, die staatlichem US-Personal wegen der Menschenrechtsverletzungen in den betreffenden Ländern untersagt worden waren – eine Unterstützung, die im Rahmen der Sicherheitspartnerschaft zwischen den USA und Israel zu sehen ist.[56] Klein soll dies gegenüber der israelischen Tageszeitung *Maariv* im Jahr 2000 auch selbst bekräftigt haben. „Ich war auf Einladung der Amerikaner in Kolumbien und Punkt. Alles, was die USA nicht machen können, weil sie sich in die Belange ausländischer Regierungen nicht einmischen dürfen, lassen sie von anderen erledigen." (zit. nach: Tarazona 2007: 95)

Dafür dass Yair Klein nicht auf eigene Faust in Kolumbien war, gibt es noch weitere Indizien. Der New York Times (27. 1. 1990) zufolge gehörte auch der Geschäftsmann Arik Afek zu Kleins Gruppe. Afek, der offiziell Blumen aus Kolumbien nach Miami importierte, nach eigenen Aussagen aber für den israelischen Geheimdienst gearbeitet haben will (ebda), wurde Anfang 1990 – wenige Wochen nach Bekanntwerden der Affäre – in Florida erschossen. Afek hatte gegenüber US-Ermittlern bestätigt, gemeinsam mit Klein Paramilitärs in Kolumbien trainiert zu haben, wollte von den Drogenaktivitäten seiner Schüler allerdings nichts gewusst haben. Vor diesem

---

56 Israelische Militärberatung spielt bis heute eine wichtige Rolle bei der irregulären Kriegführung der kolumbianischen Armee. Auf Vermittlung des israelischen Ex-Außenministers Shlomo Ben Ami nahm das Verteidigungsministerium in Bogotá 2006 eine israelische Militärfirma unter Vertrag, um die kolumbianische Geheimdienstarbeit zu modernisieren. Als einer der Hauptaufgabenbereiche der israelischen Berater gelten „Verhörtechniken", mit deren Hilfe versucht werden soll, das Oberkommando der FARC-Guerilla zu lokalisieren und auszuschalten (Semana 8.4. 2007). Die spektakuläre Ortung und Erschießung der FARC-Kommandanten Raúl Reyes und Iván Ríos im März 2008 soll Ergebnis dieser Militärhilfe gewesen sein. Die Tötung von FARC-Kommandant Reyes auf ecuadorianischem Gebiet löste – nicht zuletzt wegen der Beteiligung ausländischer Militärberater auf kolumbianischer Seite – eine schwere Krise zwischen Kolumbien, Ecuador und Venezuela aus.

Hintergrund hatte Afek in den Monaten vor seinem Tod unter Beobachtung der US-Behörden gestanden (New York Times 26. 1. 1990).

Ob es zwischen Kleins Kolumbien-Mission und der US-Regierung mehr Verbindungen gab als den geplatzten Kredit für ein als Melonenfarm getarntes Ausbildungslager auf Antigua (die Antigua-Affäre wurde von einer britischen Kommission unter Leitung des Richters Louis Blom-Cooper ausführlich untersucht und im Bericht der Abgeordneten Kerry/Brown 1992 aufgegriffen, vgl. Sauloy/Le Bonniec 1994: 255-260) und ob die Ausbildung kolumbianischer Paramilitärs tatsächlich mit Unterstützung der US-Behörden erfolgte, wurde in den Folgejahren nicht weiter untersucht. Gegenüber kolumbianischen Medien zog sich Klein, der unbehelligt nach Israel zurückkehrte, immer auf die Version zurück, dass sein Aufenthalt in dem südamerikanischen Land geschäftlicher Natur gewesen sei. In diesem Zusammenhang warf Klein Washington in einem Interview mit dem kolumbianischen Fernsehsender *Caracol* im März 2007 sogar vor, einer effektiven Aufstandsbekämpfung in Lateinamerika im Weg zu stehen. Ob Klein, der im Sommer 2007 aufgrund eines internationalen Haftbefehls in Moskau verhaftet wurde, doch noch einmal Aussagen über die Hintergründe seines Aufenthalts 1988/89 in Kolumbien machen wird, ist bislang unklar.

Zu einer belegbaren *direkten* Kooperation zwischen US-Behörden und kolumbianischen Paramilitärs kam es hingegen 3 Jahre später, als der Konflikt zwischen der Regierung in Bogotá und dem Medellín-Kartell eskalierte. Carlos Castaño, der den Drogen-Capo Pablo Escobar nach eigenen Angaben seit 1984 kannte und dessen Bruder Fidel Castaño bekanntermaßen zur Medelliner Mafia gehörte, brüstete sich mehrfach damit, ab 1989 gegen den Drogenbaron Esobar konspiriert zu haben. Carlos Castaño arbeitete in diesem Zusammenhang als Informant der kolumbianischen Anti-Drogen-Polizei (Aranguren 2001: 128-132). Im November 1992, wenige Wochen nach der Flucht Pablo Escobars aus dem Gefängnis La Catedral, gründeten die Castaño-Brüder, der spätere AUC-Generalinspekteur Diego Murillo und der Ex-Offizier Carlos Mauricio García die Todesschwadron *Perseguidos por Pablo Escobar* (PEPEs) (vgl. Kapitel 5.5.). Als irreguläre Einheit tötete die Schwadron allein in Medellín mindestens 300 Personen aus dem Umfeld Pablo Escobars.

Getragen wurden die PEPEs, wie bereits skizziert, von einem illustren Bündnis aus Drogenhandel, Politik und Staatsapparat.[57] Die Polizei-Eliteeinheit *Bloque de*

---

57 AUC-Kommandant Carlos Castaño berichtet (Aranguren 2001: 148): Zum zweiten PEPEs-Treffen, „lud ich im Namen meines Bruders Fidel 50 Personen aus Medellín und ein paar aus dem übrigen Land ein. Es nahmen Politiker, Mitglieder damaliger oder früherer Regierungen, Industrielle und Unternehmer teil. Neben den Hinterbliebenen der Familien Moncada und Galeano waren auch die Vertreter einer Gruppe Drogenhändler anwesend."

Búsqueda, die von US-Beratern mit aufgebaut und durch Verbindungsoffiziere vor Ort geleitet wurde, stellte logistische Unterstützung.

Aus dem Umfeld des Medelliner Kartells wurde deshalb schon 1993 der Vorwurf erhoben, die PEPEs agierten in Koordination mit US-Geheimdiensten. Der PEPEs- und AUC-Mitgründer Diego Murillo bestätigte später diesen Verdacht: „Ich war oft im Sitz des Bloque de Búsqueda, der in der Nähe eines Parkhauses, beim Stadion Atanasio Girardot, lag. Da saßen die CIA, die DEA und Mitglieder von Spezialeinheiten der US-Marine. Ich habe mich am meisten mit den Leuten von der DEA unterhalten." (Aranguren 2001: 151) Ende der 1990er Jahre wurde in der kolumbianischen Presse berichtet, Diego Murillo habe als Belohnung für seine Verdienste im Kampf gegen Pablo Escobar zur Fußball-WM 1994 in die USA einreisen dürfen.

Vor diesem Hintergrund forderten US-Menschenrechtsorganisationen 2000 die Offenlegung der betreffenden US-Akten. Die im Rahmen des *Freedoom of Information Act* (FOIA) freigegebenen – und teilweise geschwärzten – Dokumente belegen, dass es tatsächlich Verbindungen zwischen den PEPEs und den US-Truppen gab. Da die besonders brisanten CIA-Unterlagen nach wie vor unter Verschluss sind, klagte das US-amerikanische *Institute for Policy Studies* 2006 auf Herausgabe auch dieser Dokumente (El Espectador 4. 6. 2006). Den Recherchen des Instituts zufolge gab es Anfang der 1990er innerhalb der US-Behörden unterschiedliche Einschätzungen hinsichtlich der PEPEs. Einige DEA-Mitarbeiter hätten T-Shirts getragen, die die PEPEs feierten; andere seien über die Nähe der Todesschwadron zum Cali-Kartell besorgt gewesen (ebda). Die Freigabe von weiteren Unterlagen im Februar 2008 (Semana 17.2.2008) belegte schließlich, dass die PEPEs ihre Mordanschläge auf der Grundlage von Informationen durchführten, die ihnen von CIA, DEA und der militärischen Spezialeinheit *Delta Force* zugespielt wurden.

Interessanterweise war die Entsendung von US-Spezialeinheiten auf höchster Ebene abgesegnet worden. Der damalige US-Botschafter in Bogotá Morris Busby berichtete, dass er über die Entscheidung von Präsident George Bush Senior 1992, die *Delta Force* mit der Jagd auf Pablo Escobar zu beauftragen, sehr überrascht gewesen sei.[58] Bei der Anti-Escobar-Operation handelte es sich um die damals wichtigste US-Militäraktivität in Lateinamerika (vgl. Bowden 2001). Nach Angaben des Philadelphia Inquirer (11.11.2000) investierte Washington mehrere Hundert Millionen Dollar in die Zerschlagung des Medellín-Kartells. Als wenige Monate später die Verbindungen

---

58 Die Haltung von George Bush Senior, der ja für die illegale Versorgung der nicaraguanischen Contra verantwortlich gewesen war, ist interessant. Als Präsident ordnete George Bush Senior die militärische Invasion Panamas und die Inhaftierung von Präsident Manuel Noriega an, der bis in die späten 1980er Jahre CIA-Mitarbeiter gewesen war, die nicaraguanische Contra unterstützt und eine zentrale Rolle im Drogenhandel gespielt hatte. Gleichzeitig amnestierte Bush Senior die verurteilten Verantwortlichen der Iran-Contra-Affäre.

zwischen PEPEs und der US-finanzierten Polizei-Sondereinheit *Bloque de Búsqueda* offensichtlich wurden, stellte das US-Oberkommando die Operation zur Disposition. Der zuständige General empfahl den Abzug der US-Berater, nachdem ein CIA-Bericht festgestellt hatte, dass die PEPEs-Todesschwadronen ähnliche Taktiken anwandten wie die US-Spezialeinheit *Delta Force*, US-Truppen den PEPEs offensichtlich Informationen zukommen ließen und US-Agenten an Einsätzen der kolumbianischen Sonderpolizei *Bloque de Búsqueda* teilnahmen. US-Botschafter Morris Busby, selbst ein ehemaliger Angehöriger von US Special Forces, verhinderte damals den Abzug der Eliteeinheiten und stellte die Seriosität des Berichts in Frage. Schließlich wurden die Sondereinheiten *Centra Spike* und *Delta Force* durch – nicht genauer benannte – Spezialkräfte ersetzt (Philadelphia Inquirer 11.11.2000, Bowden 2001)[59].

Die Unterstützung der PEPEs-Todesschwadronen, denen von ehemaligen DEA-Mitarbeitern (Philadelphia Inquirer 11.11. 2000) große „Effizienz" bescheinigt wurde und die AUC-Chef Carlos Castaño „als erste parastaatliche Gruppe Kolumbiens im strikten Sinne des Wortes" bezeichnete (Aranguren 2001: 142), sollte für die weitere Entwicklung des Paramilitarismus in Kolumbien von großer Bedeutung sein. Mit den PEPEs gelang es den Paramilitärs, sich in eine bestens trainierte, zentral gesteuerte und landesweit operierende Struktur zu verwandeln. Diese Struktur verfügte über strategische, während der Anti-Escobar-Operation geknüpfte Kontakte zu Polizei, Geheimdiensten, Drogenhandel, Unternehmern und Politikern. Der qualitative Sprung der Paramilitärs ist vor diesem Hintergrund zu sehen: Unmittelbar nach der Zerschlagung des alten Medellín-Kartells 1994 entstanden unter Leitung der PEPEs-Anführer – Fidel und Carlos Castaño, Diego Murillo und Carlos Mauricio García – zunächst die *Autodefensas Campesinas de Córdoba y Urabá* (ACCU) und schließlich der Dachverband AUC.[60]

---

59 Anderen Quellen zufolge war *Centra Spike,* der Codename für die geheime Nachrichtendiensteinheit *US Army Intelligence Support Activity* (USAISA), die u.a. im Bürgerkrieg in El Salvador zum Einsatz kam, trotz dieser Entscheidung maßgeblich an der Lokalisierung Pablo Escobars im Dezember 1993 beteiligt. Escobar wurde aufgrund eines Telefonats aufgespürt und erschossen.

60 Die Anti-Escobar-Operation fand 2005 im Zusammenhang mit dem Irak-Krieg noch einmal Erwähnung. Die Newsweek (9.1.2005) berichtete damals von Debatten innerhalb der US-Regierung über eine so genannte „salvadorenische Option". Damit gemeint war der Aufbau von verbündeten, formal jedoch eigenständig operierenden Milizen und die Konzentration der US-Truppen auf Beratungs- und Ausbildungstätigkeiten. Als „salvadorenisch" wurde dieses Konzept bezeichnet, weil US-Militärs im Bürgerkrieg in Zentralamerika in erster Linie als Berater aufgetreten waren, während die salvadorenischen Todesschwadronen auf 'unkonventionelle' Weise für Ordnung sorgten. Federführend für die Umstrukturierung der Irak-Intervention verantwortlich waren James Steele, der in den 1980er Jahren die *US Special Forces* in El Salvador geleitet hatte, und Steven Casteel, der ehemalige *Chief of Intelligence* der DEA, der in

1997 beim bereits ausführlich dargestellten Massaker von Mapiripán (Departement Meta) hatten US-Spezialeinheiten erneut – mindestens indirekten – Kontakt zu den Paramilitärs. Der Kommandant der kolumbianischen Eliteeinheit Brigada Móvil No.2 Lino Sánchez wurde 2003 als Mitverantwortlicher des Massakers verurteilt. Sánchez, der später in kolumbianischer Haft verstorben sein soll, wurde vorgeworfen, die Anfahrt der AUC-Paramilitärs organisiert und das Massaker mit vorbereitet zu haben, um „der Guerilla in der Region eine Lektion zu erteilen" (Sentencia Mapiripán 2003: Punkt 18). Wegen Mord, Entführungen und Terrorismus wurde Sánchez schließlich zu 40 Jahren Haft verurteilt (ebda: Punkt 102). Unmittelbar während des Überfalls hatte sich Sánchez auf dem Militärstützpunkt Barrancón aufgehalten, den die Paramilitärs bei der Anreise am 12. Juli 1997 passierten (Uscátegui 2006). Sánchez nahm dort mit seiner Brigade an einem Ausbildungskurs durch US Special Forces teil.

Den Unterlagen zufolge, die der demokratische US-Senator Patrick Leahy in Washington anforderte, war Sánchez' Brigade unmittelbar *vor* und *nach* dem Massaker – nämlich bis zum 23. Juni 1997 und danach wieder ab dem 24. Juli 1997 – in (der nur wenige Kilometer von Mapiripán entfernten Ortschaft) Barrancón von der *7th US Special Forces Group* (so genannte 'Green Berets') trainiert worden (El Espectador 27.2.2000). Obwohl Sánchez' Mobile Brigade sofort einer Beteiligung am Massaker verdächtigt wurde, kamen im Juli 1997 noch weitere US-Eliteeinheiten zur Ausbildung von Sánchez' Einheit hinzu. Kurz nach dem Massaker trafen die 4. Gruppe der Spezialeinheit *Navy Seal* und die 8. Navy-Einheit für Spezialkriegführung in Barrancón ein. Gemeinsame Recherchen von kolumbianischen und US-Journalisten ergaben, dass die *7th Special Forces Group* aus US-Soldaten bestand, die akzentfrei Spanisch sprachen (sich in der Region also einwandfrei orientieren konnten) und allein zwischen Juni und August 1997 neun Ausbildungskurse gaben, die offiziell im Rahmen der Drogenbekämpfung abgewickelt, bei denen aber faktisch Anti-Guerilla-Taktiken geschult wurden. Insgesamt unterhielten die *Special Forces* ihren Stützpunkt in Barrancón von Mai 1997 bis Januar 1998 (ebda).

Kolumbianischen Staatsanwälten zufolge befanden sich die US-Militärs während des Massakers in Mapiripán in unmittelbarer Nähe der Ortschaft. Als die Staatsanwälte zu ersten Ermittlungen eintrafen, trafen sie US-Soldaten in der Nähe Mapiripáns an. Weiterhin soll sich hochrangiges Militärpersonal der US-Botschaft vom 20. bis 22. Juli 1997 auf dem Stützpunkt Barrancón aufgehalten haben, um den Abschluss eines Trainingskurses zu feiern (ebda). Pedro Moreno, der Präsident Álvaro Uribe in dessen Funktion als Gouverneur von Antioquia als Staatssekretär gedient hatte, sagte weiterhin 2001 vor Ermittlungsbehörden aus, dass er von Beweisen wisse, die die direkte Verantwortung von kolumbianischen und US-Militärs

---

Kolumbien an der Jagd auf Pablo Escobar beteiligt gewesen war (Maass 2005) und nun 2005 den Aufbau der irakischen Polizei leitete.

für das Massaker in Mapiripán belegten (Semana 6.5.2005). Dem Hinweis wurde im Mapiripán-Verfahren nicht weiter nachgegangen. Moreno starb 2006 unter ungeklärten Umständen bei einem Helikopterabsturz.

Die Faktenlage ist bemerkenswert: Eine von US-*Special Forces* trainierte Eliteeinheit der kolumbianischen Armee organisierte gemeinsam mit den Paramilitärs von Carlos Castaño ein Massaker in einer abgelegenen, aber strategisch wichtigen Ortschaft. Die ACCU-Paramilitärs, die in der Region nicht präsent waren, wurden hierfür aus dem nordkolumbianischen Urabá eingeflogen und landeten auf dem wichtigsten Militärflughafen der Region. Bei ihrem Abzug wurden sie von der Luftwaffe vor einem Angriff der Guerilla geschützt (Uscátegui 2006).

Dass dem Massaker in Mapiripán strategische Überlegungen zugrunde lagen, ergibt Sinn. Wegen seiner Verkehrsanbindung hatte sich Mapiripán in ein regionales Zentrum des Koka-Handels verwandelt. Die FARC traten dort als Ordnungsmacht auf und nahmen über die Besteuerung des Kokahandels gewaltige Geldbeträge ein. Gleichzeitig wollten die kolumbianischen Militärs und ihre Berater die Gegend um San José del Guaviare als Stützpunkt der Guerillabekämpfung etablieren. Dass Massaker an der Zivilbevölkerung in einem solchen Kontext dienlich sein können, war in den US-unterstützten Kriegen in Mittelamerika mehrfach bewiesen worden.[61]

Mapiripán sollte nicht der letzte Berührungspunkt von Soldaten der *7th Special Forces Group* zu kolumbianischen Paramilitärs sein. Im Jahr 2005 wurde zwei Angehörige der Eliteeinheit in der Nähe des zentralkolumbianischen Militärstützpunktes Toledaima verhaftet, weil sie den AUC-Todesschwadronen knapp 40.000 Schuss Munition zu verkaufen versucht hatten. Obwohl die belastenden Beweise eindeutig waren, wurden die Immunität genießenden Elitesoldaten von der US-Regierung aus Kolumbien ausgeflogen (The Guardian 6.5.2005, Colectivo de Abogados 2007a: 27-29).

Auch ein 1999 abgewickeltes Waffengeschäft deutet auf zumindest punktuelle Unterstützung der AUC durch westliche Geheimdienste hin.

Die Paramilitärs schmuggelten in diesem Jahr mehr als 3000 AK-47-Gewehre nach Kolumbien. Der Waffenhandel, der einige Zeit später von einer Kommission der Organisation Amerikanischer Staaten (OEA 2003, vgl. El Tiempo 30.6.2002 und 20.1.2003, Rütsche 2007) untersucht wurde, ging auf eine Initiative des guate-

---

61 Als beispielhaft für diese Strategie kann das Massaker am Río Lempa 1981 in El Salvador gelten. Damals wurden 600-800 Bauern in einer als strategisch geltenden Zone von Soldaten niedergemetzelt. Die beim Massaker eingesetzten Helikopter stammten aus US-amerikanischen Lieferungen, die salvadorenische Armee wurde von US-Militärberatern massiv unterstützt. Die Reagan-Regierung leugnete die Verantwortung der salvadorenischen Verbündeten, die Militärhilfe wurde nicht eingestellt. Der Einsatz von Todesschwadronen und die Durchführung von Massakern erwiesen sich schließlich sowohl in El Salvador als auch in Guatemala als kriegsentscheidend.

maltekischen Unternehmens GIR S.A. (Grupo de Representaciones Internacionales) zurück, des mittelamerikanischen Repräsentanten von Israel Military Industries (IMI). GIR S.A. vereinbarte mit der nicaraguanischen Polizei, 5000 AK-47-Gewehre aus nicaraguanischen Beständen gegen neue Handfeuerwaffen des israelischen Staatskonzerns IMI zu tauschen. GIR S.A. lieferte 465 Pistolen der Bauart Jericho sowie 100 Uzi-Maschinenpistolen und erhielt dafür 5000 Kalaschnikows (OEA 2003: 17f), die sie sofort an den Rüstungshändler Shimon Yelinek weiterverkaufte. Yelinek trat dabei als vermeintlicher Repräsentant der Polizei von Panama auf.

Nachdem Yelinek die nicaraguanischen Polizeigewehre bei einer Inspektion für untauglich befunden hatte, wurden schließlich allerdings nicht 5000 Gewehre der nicaraguanischen Polizei, sondern 3147 AK-47-Gewehre aus Armeebeständen übergeben (ebda: 3f).

Yelinek beauftragte die Spedition Trafalgar Maritime Inc., die Waffen von Nicaragua nach Panama zu transportieren. Die Spedition übernahm die Ladung vereinbarungsgemäß im nicaraguanischen El Rama, transportierte die Container dann jedoch nicht nach Panama, sondern direkt in den kolumbianischen Atlantikhafen Turbo in Urabá. Dort wurden die Waffen gelöscht und mit LKW zu den AUC transportiert. Der Kapitän des Frachters verschwand kurze Zeit später von der Bildfläche, das Schiff wurde verkauft. Aufgedeckt wurde der Waffenhandel erst, als die Beteiligten einige Monate später versuchten, das Geschäft mit den gleichen Genehmigungspapieren zu wiederholen.

Der Untersuchungsbericht der Organisation Amerikanischer Staaten (OEA 2003) vertritt die Ansicht, dass sich dem Unternehmen GIR S.A. keine Straftat nachweisen lasse. Das Verhalten der Firma ist dennoch ausgesprochen auffällig: Zu keinem Zeitpunkt versuchte GIR S.A. zu prüfen, warum die panamenische Polizei alte AK-47 übernehmen wollte. Gleichzeitig muss man davon ausgehen, dass ein staatsnahes Unternehmen wie GIR S.A. keine Geschäfte abwickeln darf, die die Sicherheitsinteressen Israels und oder seiner engsten Verbündeten (d.i. den USA) verletzen könnten. Ori Zoller, der Besitzer von GIR S.A., war zu diesem Zeitpunkt Vertreter des staatlichen israelischen Rüstungskonzerns IMI und zuvor Mitarbeiter des israelischen Geheimdienstes. Und noch weitere Schlüsselpersonen des Geschäfts waren staatlich angebunden: GIR S.A. erhielt den Tipp, dass der Waffenhändler Shimon Yelinek (und dessen Geschäftspartner) AK-47-Gewehre kaufen wollten, vom ehemaligen IMI-Vertreter in Kolumbien Haim Geri, der mittlerweile als Repräsentant der US-Rüstungsfirma Century International Arms Inc. arbeitete (ebda: 18). Wenn man weiß, wie eng private Militär- und Rüstungsfirmen heute in die Sicherheitsarchitektur westlicher Regierungen eingebunden sind (vgl. Milton 1998, Uesseler 2006, Scahill 2008), dann ist schwer vorstellbar, dass die Beteiligten ihr Geschäft nicht absicherten. Die IMI-Repräsentanten müssen sich sicher gewesen sein, dass die Waffen nicht in die Hände von Guerillaorganisationen, islamistischen

Gruppen oder antiamerikanischen Drogenkartellen gelangen, also nicht einfach auf dem Schwarzmarkt verkauft werden. Wie viel wussten die IMI-Repräsentanten aber, wenn sie sich in dieser Hinsicht sicher sein konnten?

Es ist bemerkenswert, dass der OEA-Bericht diese und andere zentrale Fragen völlig ausblendet: Wieso war eine US-Rüstungsfirma über Kaufinteressen kolumbianischer Paramilitärs informiert? Wie können Vertreter eines israelischen Staatskonzerns in illegale Waffengeschäfte derartigen Ausmaßes verwickelt sein? Welche Hintergründe haben die IMI-Repräsentanten Haim Geri und Ori Zoller? Wie ist es möglich, dass im Karibikraum, der wegen des Drogenhandels unter intensiver US-Beobachtung steht, ein derart großer Waffenschmuggel unbeobachtet blieb? Selbstverständlich ist auch die Korruptionshypothese – also die Möglichkeit, dass die AUC Bestechungsgelder an die Beteiligten zahlten – in Betracht zu ziehen. Doch diese elementaren Fragen tauchen im Untersuchungsbericht gar nicht erst auf.

Auffällig ist schließlich auch ein weiterer Aspekt der OEA-Untersuchungsberichts. Er blendet die Tatsache aus, dass die Waffencontainer in den kolumbianischen Hafenanlagen des US-Fruchtmultis Chiquita gelöscht wurden. Im Bericht heißt es dazu lapidar: „Die Fracht wurde (...) durch ein kolumbianisches Speditionsunternehmen namens Banadex S.A. gelöscht." (ebda: 22). Banadex war jedoch bis 2004, als die Zahlungen des Unternehmens an die AUC bereits Anlass von Ermittlungen geworden waren, eine hundertprozentige Chiquita-Tochter. Der Journalist Ignacio Gómez (2006) merkt denn auch an: „Die Fracht der Otterloo im Privathafen von Chiquita Brands Internacional in Turbo (Kolumbien) zu löschen, war nicht weiter schwierig. Das hätte es jedoch eigentlich sein sollen, weil Turbo über keinen richtigen Hafen, dafür jedoch über alle erdenklichen zivilen und militärischen Kontrolleinrichtungen verfügt. Die Region Urabá ist ein Symbol des Krieges gegen die Guerilla und die Fracht bestand aus 14 Containern mit 3400 AK-47-Gewehren und 4 Millionen Schuss 7,65-Millimeter-Munition."

Tatsächlich hatte Chiquita bereits 1997 eine Sondergenehmigung des kolumbianischen Zolls erwirkt, um die einzige private Freihandelszone im Land zu unterhalten. An seinem Privathafen durfte der Frucht-Multi nach eigenem Gutdünken walten. Offensichtlich war man bei Chiquita-Kolumbien über die geheime Fracht informiert. Zum Löschen der Container waren besondere Vorbereitungen getroffen worden waren (Gómez 2006, Semana 17.3.2007). Offiziell transportierte das anliegende Schiff Gummi. Normal beladene Container jedoch hätte man mit den üblichen Anlagen löschen können. Für die schwereren Waffen-Container wurden dagegen Spezialkräne benötigt. Genau diese Kräne waren von Chiquita zur Entladung der Otterloo bereit gestellt worden.

Vor diesem Hintergrund erließ die kolumbianische Staatsanwaltschaft zunächst einen Haftbefehl gegen den Geschäftsführer von Banadex Giovanni Hurtado Torres, der allerdings später wieder aufgehoben wurde (Caracol 16.3.2007). Dass der Chiquita-Konzern Banadex wenige Monate nach Veröffentlichung des OEA-Untersuchungsberichts verkaufte, deutet ebenfalls darauf hin, dass der Konzern sich vor weiteren Enthüllungen schützen wollte (vgl.: Colectivo de Abogados 2008).[62] Im Jahr 2000 schließlich wurde bekannt, dass die US-Drogenbehörde DEA und das US-Justizministerium Kontakt zur Führungsspitze der AUC unterhielten. Die Verbindungen standen im Zusammenhang mit geheimen Vereinbarungen zwischen der US-Justiz und kolumbianischen Drogenhändlern (vgl. El Tiempo 25.11.2002, El Nuevo Herald 6.1. 2003, El Espectador 14.2.2003, St.Petersburg Times 4.5.2003, Téllez/Lesmes 2006). Über mehrere Jahre hinweg hatten die US-Justizbehörden mit führenden Drogenhändlern Abkommen ausgehandelt, die den Capos Straffreiheit und Aufenthaltsgenehmigungen in den USA garantierten. Im Gegenzug legten die Capos ihre Handelsrouten offen und überließen den US-Behörden Vermögen zwischen 3 und 40 Millionen US-Dollar.

Die seltsamen Justizgeschäfte waren von dem kolumbianischen Fotografen Baruch Vega eingefädelt worden. Baruch Vega, der in den vergangenen Jahren bereitwillig und ausführlich Auskunft über seine Aktivitäten erteilte (vgl. Reyes 2007), arbeitete nach eigenen Angaben seit den frühen 1970er Jahren für US-Geheimdienste (Téllez/Lesmes 2006: 31, Conroy 2007b, Reyes 2007). In Chile will er – mit der Legende eines ITT-Angestellten ausgestattet – gegen den sozialistischen Präsidenten Salvador Allende konspiriert haben[63]. In den 1980er Jahren diente Vega als Kontakt der US-Behörden zum Drogen-Capo und Paramilitär Gonzalo Rodríguez Gacha.

Vegas Aufgabe bestand darin, im Auftrag der DEA Kontakte zu Drogenhändlern anzubahnen, letztere über Konditionen eines Deals zu informieren und konkrete Abkommen vorzubereiten. Diese Praxis, die von einigen Drogen-Capos ironisch als „Resozialisierungsprogramm für Drogenhändler" bezeichnet wurde und den mittleren Drogenhandel in Kolumbien austrocknen sollte, war in den USA von höchster Stelle abgesegnet. Die Bundesanwältin von Südflorida Theresa Van Vliet überwachte das Projekt und hielt direkten Kontakt zu Justizministerin Janet Reno in Washington (Téllez/Lesmes 2006: 41). Zudem existierte ein so genanntes „Blitz Committee", in dem verschiedene US-Behörden vertreten waren und das die Justizdeals koordinierte. Auf diese Weise sollte verhindert werden, dass sich Aktionen von Staatsanwälten und der Anti-Drogen-Behörde DEA überkreuzten (St.Petersburg

---

62 Der kolumbianische Generalstaatsanwalt Mario Iguarán bezeichnete einen Auslieferungsantrag gegen Manager des US-Konzerns Anfang 2008 als aussichtslos, weil man die Verantwortlichen nicht einzeln identifizieren könne. Der kolumbianische Anwaltsverein *Colectivo de Abogados José Alvear Restrepo* (2008) legte daraufhin eine detaillierte Namensliste vor.

63 Tatsächlich war die US-Telefongesellschaft ITT maßgeblich am Putsch gegen die Allende-Regierung beteiligt.

Times 4.5.2003). Mindestens 114 kolumbianische Drogenhändler sollen auf diese Weise legalisiert worden sein.

Die Aktivitäten flogen auf, weil der ehemalige Capo des Medellín-Kartells Fabio Ochoa (dessen Familie bei der Gründung der paramilitärischen MAS Anfang der 1980er Jahre eine Schlüsselrolle gespielt hatte) im Rahmen einer internationalen Anti-Drogen-Operation im Oktober 1999 verhaftet wurde (El Nuevo Herald, 6.1.2003). Ochoa, der bereits eine mehrjährige Haftstrafe abgesessen hatte, ging mit Tonbandaufnahmen an die Presse. Er behauptete, längst nicht mehr ins Drogengeschäft verwickelt zu sein, und bezeichnete sich als Opfer einer Erpressung. Korrupte US-Behörden hätten ihn aufgefordert, sich an einem dubiosen Legalisierungsprogramm zu beteiligen. Im Rahmen dieses Programms habe Ochoa einen Millionenbetrag zahlen sollen. Als er sich weigerte, sei er verhaftet worden.

US-Ermittlungsbehörden gingen nach diesem Hinweis zunächst von einem Bestechungsskandal aus. Es sah aus, als hätten US-Beamte kolumbianischen Drogenhändlern Straffreiheit verkauft. Vor diesem Hintergrund wurden der Mittelsmann Baruch Vega verhaftet und seine Führungsagenten bei der DEA vom Dienst suspendiert. Schon bald jedoch sprach Vega davon, dass ein öffentlicher Prozess vermieden werden sollte, da seine Aussagen die nationale Sicherheit der USA gefährden könnten. Ein Gericht stellte schließlich die Unschuld Vegas und der DEA-Mitarbeiter fest. Vega durfte seine Tätigkeit fortsetzen, seine Führungsagenten David Tinsley und Larry Castillo nahmen 2003 ihren normalen Dienst bei der DEA wieder auf (Téllez/Lesmes 2006: 29).

Bizarr sind diese „Resozialisierungskontakte", die mindestens bis 2004 fortgeführt wurden, nicht nur deshalb, weil sie letztlich auf eine Besteuerung des Drogenhandels hinauslaufen, also auf eine Praxis, wie sie auch die als drogenterroristisch bezeichneten FARC für sich in Anspruch nehmen. Noch beunruhigender ist, dass im Rahmen des Programms enge Kontakte zu den AUC geknüpft wurden, die als Schutzmacht des Drogenhandels galten und die Capos von einem Abkommen mit der US-Justiz zu überzeugen versuchten. Über Nicolás Bergonzoli, einem für die AUC tätigen Drogenhändler und Vertrauensmann Carlos Castaños, verfügten die US-Behörden über einen direkten Draht zum AUC-Kommandanten (St. Petersburg Times 4.5.2003). Bergonzoli war dabei eindeutig zu identifizieren: Wie der AUC-Kommandeur Diego Murillo hatte auch Bergonzoli bis Anfang der 1990er Jahre für die Medelliner Mafia-Familie Galeano gearbeitet und sich dann den PEPEs-Todesschwadronen angeschlossen (Téllez/Lesmes 2006: 161)

Über Bergonzoli und andere Mittelsmänner diente sich Carlos Castaño – der ja bereits bei der Zerschlagung des alten Medellín-Kartells als Verbündeter der USA aufgetreten war – der US-Justiz als Partner an. Castaño drängte einerseits die Drogenmafia zu einem Abkommen und präsentierte die AUC gleichzeitig als jene Ordnungsmacht, die eine Einstellung der Drogenproduktion in Kolumbien durchsetzen könne. Von den US-Behörden wollte Castaño im Gegenzug formalen Schutz vor internationaler Strafverfolgung und alternative Finanzierungsmöglichkeiten der Paramilitärs (Téllez/Lesmes 2006: 71-76, Reyes 2007). Die US-Behörden schlugen dieses Ansinnen keineswegs sofort aus. Sie trafen sich in Panama mehrmals mit Castaños Mittelsmann Bergonzoli. Darüber hinaus autorisierte das Blitz Committee Anfang 2000 eine direkte Zusammenkunft mit Castaño in Kolumbien. Das Treffen wurde anscheinend abgesagt, als ein (über das Programm nicht eingeweihtes) Gericht in Florida den erwähnten Haftbefehl gegen Baruch Vega erließ. Doch auch danach bestanden die Kontakte fort.

Was für ein Interesse hatte der AUC-Kommandant Carlos Castaño an einer formalen Vereinbarung mit der US-Justiz? Castaño scheint klar gewesen zu sein, dass er sich auf dünnem Eis bewegte. Obwohl die kolumbianischen Armee eng mit ihm kooperierte und US-Militärs ihn mindestens gewähren ließen[64], gab es für ihn keine Sicherheit. Die US-Politik gegenüber dem Paramilitarismus war uneinheitlich; umgekehrt war auch die Haltung der AUC gegenüber den USA von Misstrauen beherrscht. In dieser unüberschaubaren Konstellation wollte sich Castaño als Alliierter der USA profilieren und in den Genuss einer formalen Vereinbarung kommen. Das war nicht völlig utopisch: Als Gewaltorganisation „wachten" die AUC über das Drogengeschäft und saßen an Informationsschnittstellen. In diesem Sinne waren sie für die US-Justiz und die Anti-Drogen-Behörde DEA ein attraktiver Partner.

Castaño versuchte daher als informelle Ordnungsmacht aufzutreten. Er brachte die Drogenkartelle von Cali und Norte del Valle (zu denen man seit den PEPEs enge Beziehungen pflegte) zusammen. Über Danilo González, einen ehemaligen Elitepolizisten, der Anfang der 1990er Jahre den Kontakt zwischen den PEPEs-Todesschwadronen und der Polizeisondereinheit *Bloque de Búsqueda* gehalten hatte und später offensichtlich als Verbindungsglied zwischen dem Cartel Norte del Valle, Paramilitärs und Staatsmacht fungierte (vgl. St. Peterburg Times 3.1.2005, El Nuevo Siglo 13. 8. 2007, El Tiempo 25.3.2004, Téllez/Lesmes 2006: 199-201), bewegte Castaño die wichtigsten Drogenhändler Kolumbiens zu einem Treffen. Es klingt unvorstellbar, ist aber von mehreren Quellen, darunter auch Beteiligten, bestätigt worden: Am 31. Dezember 2001 kam es auf der Finca El Vergel in der Gemeinde

---

64 Die USA monitorieren seit 1999 die Bewegungen „kolumbianischer Terroristen" mit AWACS-Flugzeugen und moderner Kommunikationstechnologie. Größere Operationen der kolumbianischen Armee werden stets auf Grundlage der US-Daten durchgeführt. Bemerkenswerterweise hat diese Kontrolle jedoch nie zu Angriffen auf die AUC geführt, obwohl sich deren Aufenthaltsorte mit moderner Überwachungstechnologie leicht ausmachen ließen: Im Unterschied zu Guerillakommandanten haben AUC-Führer, wie aus verschiedenen Berichten hervorgeht (vgl. u.a. Aranguren 2001, die Darstellung Jairo Bedoyas in: Zelik 2000c) regelmäßig mit Handys telefoniert und sich über ihre Telefone ins Internet eingewählt.

Cartago (Dep. Cauca) zur Versammlung von 26 AUC-Kommandanten und 50 führenden Drogenhändlern (ebda: 86, El Tiempo 10.7. 2004, La Tarde de Pereira 20.7.2007).

Das Vertrauen der Drogenhändler in Castaño wurde jedoch schon bald schwer erschüttert. Drei Monate nach dem Treffen, das ja zu einem Abkommen mit den USA führen sollte, wurde Victor Patiño Fomeque, einer der Anführer des Kartells Norte del Valle, verhaftet. Daraufhin wandten sich enge Komplizen von Castaño ab – immerhin hatte der AUC-Kommandant schon des Öfteren Drogen-Capos an Behörden ausgeliefert.[65] In den AUC kam es zum Bruch, weil sich mehrere Anführer von Castaño hintergangen fühlten. Die öffentliche Distanzierung Castaños von AUC-Kommandeur Ivan Duque (alias Ernesto Báez), den Castaño als „Drogenhändler" bezeichnete, machte den Bruch manifest.[66] Am Ende taten sich mehrere AUC-Führer, darunter angeblich auch Carlos' älterer Bruder Vicente, zusammen, um Carlos Castaño aus dem Weg zu räumen. Castaño hatte zu diesem Zeitpunkt – Anfang 2004 – angeblich bereits eine Vereinbarung mit den US-Behörden getroffen. Gegenüber Vertrauten bekräftigte er, die DEA sei bereit, ihn und seine Familie außer Landes zu schaffen (El Mundo/Medellín 3.9.2006).

Auch wenn eine große Vereinbarung nicht zustande kam, verhalfen die US-Behörden in der Folgezeit mehreren weniger prominenten Führungspersonen des Paramilitarismus zu einem legalen Leben in den USA. Carlos Ramón Zapata, der von Téllez/Lesmes (2006: 185) als Mitgründer der paramilitärischen Killerbande La Terraza bezeichnet wird, handelte mit den US-Behörden einen weitreichenden Straferlass aus und ist auf freiem Fuß (Miami Herald 21.5.2000). Der AUC-Sprecher Humberto Ágredo, der die Paramilitärs gegenüber der Pastrana-Regierung repräsentierte, lebt heute als Informant der US-Behörden in Nordamerika. Humberto Ágredo war, bevor er persönlicher Emissär Carlos Castaños wurde, in der Mafia im Departement Valle del Cauca aktiv und organisierte für die AUC die Lieferung von 7000 bulgarischen Schwarzmarktgewehren (El Tiempo, 26.9.2005). Nicolás Bergonzoli, der Gesandte Castaños bei den Verhandlungen mit der DEA, wurde in einem völlig untypischen, aus Verfahrensgründen von US-Gruppen kritisierten Geheimprozess (Miami Business Review 22.11.2004) zu einer niedrigen Haftstrafe verurteilt und lebt heute in den USA. Und bemerkenswert ist schließlich auch, dass

---

65 So etwa den Chef des Medellín-Kartells Pablo Escobar, einen der Orejuela-Brüder und die Nummer 3 des Cali-Kartells „Chepe" Santacruz Londoño.

66 Die Aussage von AUC-Führer Vicente Castaño, dem älteren Bruder Carlos', ist in dieser Hinsicht sehr erhellend: „Die Verhandlungen Carlos mit den USA kamen uns sehr gelegen. Er hätte den Weg bereiten können, den wir alle beschreiten wollten. Womit wir nicht einverstanden waren, waren seine Methoden. Wir mussten sie allerdings akzeptieren, weil Carlos der war, der er war. Frage: Seit wann verhandelte ihr Bruder Carlos mit den USA? Vicente Castaño: Seit den Anfängen der PEPEs." (Semana 10.7. 2006)

Kenya Gómez, der zweiten Ehefrau von Carlos Castaño, unmittelbar nach dem mutmaßlichen Tod ihres Mannes Asyl in den USA gewährt wurde (Universidad del Rosario 2004: 8, Semana 6.6.2005). Dass der AUC-Chef Carlos Castaño mit US-Behörden in Kontakt stand, ist also nachweisbar. Die Frage ist, welcher Natur diese Verbindungen waren. Carlos älterer Bruder Vicente erklärte 2006 in zwei Interviews: „Carlos wurde jahrelang von einem seriös erscheinenden Herren begleitet, den er uns als hohen Funktionär der CIA vorstellte." (Semana 10.7.2006) Es sei diese Nähe seines Bruders zu den USA gewesen, die schließlich den offenen Bruch mit den AUC provozierte. „Ich wusste nur, dass Carlos mit den amerikanischen Autoritäten verhandelte, das wussten fast alle Kommandanten (der AUC, Anm.d.V.), weil es Carlos immer wieder betonte und von Aktionen berichtete, die Staatsorgane mit amerikanischen Behörden durchgeführt hatten und die aufgrund seiner Hilfe erfolgreich verlaufen waren: die Verhaftung von Victor Patiño und einen der Gebrüder Rodríguez Orejuela (gesuchte Drogen-Capos, Anm. d.V.). Außerdem schlug er einigen Kommandanten, darunter Mancuso, die Eidechsen-Lösung vor: 'den Schwanz opfern, um den Körper zu retten'. Der erste Vorschlag war die Preisgabe Hernán Giraldos[67]. Unsere Antwort war eindeutig: Entweder gehen wir alle unter oder wir retten uns alle." (El Tiempo 11.9.2006)[68]

Carlos Castaño gerierte sich also als Vertreter von US-Interessen und diente sich der Führungsmacht im Norden an. Klar ist außerdem, dass es sich bei seinen US-Kontakten nicht nur um sondierende Gespräche handelte, wie sie Washington auch schon einmal mit der Guerilla führte. Doch selbst wenn Castaño, ähnlich wie die zentralamerikanischen Todesschwadronen der 1980er Jahre, von Geheimdienste lose geführt worden sein sollte, konnte er sich der Haltung der US-Behörden doch nie sicher sein. Die Position der USA blieb unbestimmt. Für die AUC-Kommandanten wurden stets drei Optionen gleichzeitig parat gehalten: 1) die Verurteilung vor einem US-Gericht, 2) das Gewährenlassen und 3) die verdeckte Unterstützung als Partner bei der Guerillabekämpfung.

Diese Unbestimmtheit war aus Sicht der USA sehr funktional: Der Paramilitarismus ließ sich lenken, ohne dass es zu einer formalen Zusammenarbeit kommen musste. Es kann als sicher gelten, dass Washington die kolumbianischen Paramilitärs (anders als die nicaraguanischen Contras) nie direkt unterstützte. Es gab informelle Kontakte und

---

67 Hernán Giraldo, Chef der AUC-Paramilitärs in der nordkolumbianischen Sierra Nevada, wurde nach der Ermordung von DEA-Informanten von der AUC-Spitze fallen gelassen. Giraldo wehrte sich und löste schließlich die Ermittlungen gegen den AUC-Kommandanten Rodrigo Tóvar (alias Jorge 40) mit aus, die zum Parapolitik-Skandal führten (siehe Kapitel 5.6.).

68 Einsehbar auf der Website der kolumbianischen Streitkräfte unter: (http://www.fac. mil.co/index.php?idcategoria=14220&facmil_2007=fe2958d2bfc1a59, 18.2.2008).

punktuelle Kooperationen wie im Fall der PEPEs. Und doch entsprach das Vorgehen der AUC – genau wie das der Contra – den strategischen Interessen der USA.

Hier zeigt sich jene Fähigkeit zur indirekten informellen Kriegführung, von der in dieser Arbeit schon mehrfach die Rede war. Die Kunst einer solchen Kriegführung besteht darin, nicht selbst zu handeln, sondern handeln zu lassen: Konstellationen herzustellen und ein bestimmtes Verhalten von Akteuren zu evozieren.

In diesem Zusammenhang stellt sich schließlich auch eine konkrete, aber erstaunlich selten gestellte Frage: Welche ökonomische Funktion besaßen die Kontakte zwischen US-Behörden, kolumbianischen Drogenhändlern und den AUC? Zwar wurde die Affäre um das so genannte „Resozialisierungsprogramm" in kolumbianischen und US-Medien ausführlich behandelt, doch fast nirgends wurde die Frage gestellt, was eigentlich mit dem eingenommenen Geld geschah. Der verhaftete Drogenhändler Fabio Ochoa behauptete schon 2000, die US-Regierung habe mit den Zahlungen der Capos einen Fonds für Geheimoperationen finanziert. Das wäre plausibel, denn es ging um beträchtliche Summen. Verschiedenen Quellen zufolge zahlten die kolumbianischen Drogenhändler für ein Abkommen mit der US-Justiz zwischen 3 und 40 Millionen Dollar. Bei 114 Drogenhändlern müssten auf diese Weise mehrere Hundert Millionen Dollar zusammen gekommen sein. Der Mittelsmann Baruch Vega beziffert die Summe in einer Zivilklage gegen die USA – in der Vega eine finanzielle Beteiligung an den Einnahmen fordert – auf 250 bis 500 Millionen US-Dollar (United States Court of Federal Claims 2007: 4).

2002 bekräftigte denn auch der US-Mittelsmann Baruch Vega in einem Interview mit dem renommierten Drogenexperten Fabio Castillo die Geheimfonds-These, der danach allerdings von den Medien nicht weiter nachgegangen wurde:

„Vega: Ich möchte das ganz klar stellen: Ein Teil des Geldes, den die Drogenhändler zahlten, nämlich der Vorschuss, ging an mich. Der andere Teile sollte die Under-Cover-Operationen der amerikanischen Regierung finanzieren.

Frage: Und wie haben Sie das gemerkt? Hat ihnen gegenüber das jemand erwähnt?

Vega: Es war eine völlig konspirative Operation und die Idee ist, dass – so wie in der Iran-Contra-Affäre – ein Teil des Geldes zur Finanzierung der Paramilitärs, der Leute von Carlos Castaño verwendet wird.

Frage: Aber wie und wann haben Sie das gemerkt?

Vega: Das wurde bei einem Gipfeltreffen in Panama zwischen November 1999 und Februar 2000 so dargelegt. Sie wissen schon, bei diesen langen Treffen hat man Zeit, um sich zu unterhalten (...).

Frage: Es wird schwierig sein, auch nur zu beweisen, dass es dieses Treffen gab...

Vega: Nicht wirklich. Wenn US-Agenten sich in einem Land bewegen, dann muss die Regierung über ihre Botschaft mitteilen, dass die Agenten aus irgendwelchen Gründen im Land sind. Sobald das mitgeteilt wird, stellt das betreffende Land genauso wie die amerikanische Botschaft vor Ort Sicherheitspersonal zur Verfügung, in diesem Fall waren das Leute der DEA. In Panama wurden diese Treffen immer angemeldet, sie haben meinen Namen gehabt, und deshalb wussten die Regierung von Panama, die US-Botschaft und Bogotá Bescheid. Alle waren über das Treffen und sein Ziel informiert, in diesem Fall über die Verhandlungen mit den Drogenhändlern (...).

Frage: Und von denen haben Sie gehört, dass das Geld wo hingeht?

Vega: Es funktionierte auf die gleiche Weise wie im Fall Iran-Contras, wo Under-Cover-Operationen mit bestimmten Drogeneinnahmen finanziert wurden. Dort sollte etwas beseitigt werden, hier will man Paramilitärs unterstützen. Das langfristige Ziel bestand darin, den Krieg auf irgendeine Weise zu beenden." (El Espectador 1.12.2002)[69]

---

69 Völlig unzureichend untersucht sind auch Hinweise, dass US-Personal direkt in die Drogengeschäfte verwickelt sein könnte. US-Ermittler äußerten im Jahr 2000 die Vermutung, dass kolumbianische Polizisten, Paramilitärs und US-amerikanische DEA-Mitarbeiter nach dem Tod Pablo Escobars die Anti-Escobar-Allianz der PEPEs weitergeführt und das Medellín-Kartell „beerbt" haben könnten. Die These führte zu Ermittlungen gegen den früheren Elitepolizisten Danilo González, der *nach* seinem Tod 2004 als Schlüsselfigur des Drogenhandels gehandelt wurde. Auf Nachforschungen musste der Leiter der DEA-Zentrale in Bogotá Javier Peña zugeben, dass er mit Danilo González Beziehungen unterhalten hatte. Weiterhin wurde bekannt, dass die Drogen-Capos der 1990er Jahre über ein Leck in der DEA mit Informationen versorgt worden waren. Ein 2004 vorgelegtes Memorandum des US-Staatsanwaltes Thomas Kent (2004) legte nahe, dass es sich dabei nicht um vereinzelte Korruptionsfälle handelte. Der Staatsanwalt beschwerte sich in dem Memorandum, dass das DEA-Büro in Bogotá Untersuchungen regelrecht sabotiert habe. Informanten, die die DEA der Geldwäsche beschuldigten, seien ermordet worden, nachdem das Büro in Bogotá die Identität der Informanten bei der DEA in Florida erfragt hatte. Weitere Zeugen, die der DEA in Florida eine unbekannte Exportform von Kokain schildern wollten, seien auf Veranlassung des Büros in Bogotá vor der Abreise aus Kolumbien verhaftet worden und hätten neun Monate im Gefängnis gesessen. Auch hier wurde einer der Informanten ermordet (ebda: 2). Die Vorfälle standen auch in Zusammenhang mit den AUC. So wurde den DEA-Mitarbeitern in Bogotá von den Informanten Geldwäscheoperationen zugunsten der AUC vorgeworfen (Semana 15.1.2006, NarcoNews 9.1.2006). Die Reaktion der DEA trug nicht gerade zur Klärung der Vorwürfe bei: Die Vorgesetzten, die Kents Memorandum archivierten, ohne weitere Ermittlungen einzuleiten, wurden befördert, Kent hingegen auf einen unbedeutenden Posten nach Nashville/Tennessee versetzt (ebda). Es wäre also ernsthaft zu untersuchen, ob Teile der US-Behörden einen politisch instrumentalisierbaren Drogenhandelsring protegierten.

9.5. Ausgelagerte Intervention: Private Militärfirmen in Kolumbien

Ein weiterer irregulärer Eingriff der USA in den kolumbianischen Konflikt erfolgt schließlich über Gruppen, die gemeinhin nicht als *Paramilitärs* wahrgenommen werden, der Definition von Paramilitärs jedoch in verschiedener Hinsicht entsprechen: die privaten Militärfirmen (PMF). Auch bei diesen Firmen, deren wachsende Bedeutung in den vergangenen Jahren und besonders seit dem Irak-Krieg breit diskutiert wird (Shearer 1998, Milton 1998, Uesseler 2006, Jäger/Kümmel 2007, Scahill 2008), handelt es sich – um eine verbreitete Definition von Paramilitarismus heranzuziehen – um nichtstaatliche, militärisch auftretende Gruppen, die sich staatliche Kompetenzen anmaßen und mit Wissen bzw. im Auftrag des Staates agieren.

Die PMFs stellen ein eigenständiges Phänomen dar, das den Rahmen dieser Arbeit sprengt. Weil sie im kolumbianischen Konflikt jedoch eine wesentliche Rolle spielen – ein Großteil der Polizei- und Militärhilfe im Rahmen des *Plan Colombia* wird über sie abgewickelt –, soll ihr irregulärer Charakter hier zumindest skizziert werden.

Private Militärfirmen haben ein eigenartiges Verhältnis zum Recht: Sie treten einerseits offen auf der Seite des Staates auf, bewegen sich jedoch insofern außerhalb des Rechts, als ihr Vorgehen gesetzlich nicht reguliert ist und sie von den beteiligten Regierungen in der Regel Immunität zugesichert bekommen.

In Kolumbien sind Militärfirmen mindestens seit den 1980er Jahren präsent. Wie dargelegt, trugen israelische und britische Militär- und Waffenhandelsfirmen damals dazu bei, paramilitärische Gruppen auszubilden und auszurüsten. Mit dem Plan Colombia verwandelten sich PMF dann Ende der 1990er Jahre in eine tragende Säule der US-Kolumbienpolitik. Das in Alexandria (Bundesstaat Virginia) ansässige Unternehmen MPRI (*Military Professional Resources Inc.*) erstellte im Auftrag Washingtons zunächst eine Studie zur Modernisierung der kolumbianischen Armee und begleitete dieses Vorhaben offensichtlich in den Folgejahren weiter: 1999/2000 übte die Firma geheime, zunächst mit 6 Millionen US-Dollar dotierte Beratungstätigkeiten an der Seite der kolumbianischen Armee aus. Dabei übernahm das MPRI-Personal Aufgaben, die in früheren Konflikten von US-Militärangehörigen ausgeübt worden waren, und handelte in direkter Mission des Pentagon (St. Petersburg Times 3.12.2000).

Wie alle großen Militärfirmen heute lässt sich auch MPRI als Einrichtung eines „erweiterten" oder „integralen Staates" interpretieren. Der Vorstand der Firma setzt sich fast ausschließlich aus pensionierten US-Generälen mit guten Kontakten zum Pentagon zusammen, fast alle Aufträge stammen von der US-Regierung. So war MPRI in den vergangenen Jahren an fast allen wichtigen US-Militäroperationen weltweit beteiligt und fungierte wie eine outgesourcte Abteilung des Verteidigungsministeriums. 1994 stellte sich das Unternehmen im Auftrag Washingtons der kroatischen Militärführung zur Verfügung und beteiligte sich an der Planung der Operation *Oluja*, die schließlich zur Vertreibung von mehr als 150.000 Serben aus der Region Krajina führte (Kanzleitner 2003). Heute ist MPRI unter Leitung von General William F. Kernan, einem langjährigen Experten für Spezial- und Counterinsurgency-Kriegführung, federführend im Irak und Kuwait tätig. Der Einsatz von MPRI in Kolumbien wurde offiziell mit dem Argument begründet, dass das regulär zuständige US-Militärkommando-Süd keine Kapazitäten freistellen könne. Doch entscheidender dürfte das Argument gewesen sein, dass sich auf diese Weise politische Verantwortung reduzieren lässt.

Die Beauftragung von Militärfirmen stellt nämlich – auch hier ist eine Parallele zum Paramilitarismus zu erkennen – eine Ermächtigung der Exekutive gegenüber Kontrolleinrichtungen und der politischen Öffentlichkeit dar. Diese Ermächtigung erfolgt, indem die politische Verantwortung in beide Richtungen reduziert wird. Der Tod von Militärdienstleistern mobilisiert – im Gegensatz zum Tod von eigenen Soldaten – keine politische Gegenöffentlichkeit und stellt den Krieg innenpolitisch somit nicht in Frage. Zum anderen ist man aber auch für die Handlungen der privaten Dienstleister im Krieg nicht verantwortlich. Oder wie es US-Senator Patrick Leahy formulierte: „Wir wissen nicht, ob die Vertragspartner die kolumbianischen Soldaten auf eine Weise ausbilden, die mit der US-Politik, US-Gesetzen und US-Vorgehensweisen vereinbar sind." (St. Petersburg Times 3.12.2000). Ein weiterer Washingtoner Lateinamerikaexperte bringt es auf den Punkt (New Tork Times 17.8.2001): „Die Regierung will selbstverständlich die größtmögliche Flexibilität, um ihre Politik umsetzen zu können."

Private Militärfirmen stellen in dieser Hinsicht ein ideales Instrument der verdeckten Kriegführung dar. Privatakteure können Gewalt- und Repressionspraktiken einsetzen, die regulären Streitkräften untersagt sind, und sie helfen – was nicht minder wichtig ist –, das Ausmaß von Interventionen zu verschleiern. Laut Kongressbeschluss durfte Washington im Rahmen des Plan Colombia bis 2005 offiziell nur 500 reguläre Militärberater sowie 300 Vertragspartner nach Kolumbien entsenden[70]. Da die PMF aber vom Parlament nicht real überwacht werden und einheimisches Personal anheuern können, lassen sich diese Beschränkungen leicht aushebeln. PMF sind also – wie Paramilitärs – ein Vehikel zur Irregularisierung und Informalisierung staatlicher Kriegführung.

Die wohl wichtigste US-Militärfirma in Kolumbien ist DynCorp (Colectivo de Abogados 2007a, Drüssel 2003, Uesseler 2006), die seit 1994 im Auftrag Washingtons in Kolumbien tätig ist (Semana 13.8.2001). Im Rahmen des Plan Colombia

---

70   Die Zahl wurde 2005 auf 800 Militärberater und 600 private Militärdienstleiter aufgestockt (zit. nach: Universidad del Rosario 2004: 15).

schloss DynCorp frühzeitig einen auf 5 Jahre angelegten, mit 170 Millionen Dollar dotierten Vertrag mit dem Pentagon ab (New York Times 17.8.2001). Das Unternehmen fliegt im Auftrag Washingtons Herbizideinsätze gegen (tatsächliche und vermeintliche) Kokapflanzungen. Bei diesen Einsätzen, die von der US-Regierung zur Bedingung ihrer Kolumbienunterstützung gemacht wurden, versprüht man das von Monsanto hergestellte und unter dem Markennamen Roundup Ultra vertriebene Pflanzengift Glyfosat. Obwohl Monsanto und die US-Regierung das Herbizid als harmlos bezeichnen, sind die in Kolumbien zu beobachtenden Folgen beträchtlich: In vielen Regionen wurden Boden und Trinkwasser schwer belastet und anliegende Nahrungsmittelpflanzungen zerstört. Es kam in zahlreichen Einsatzgebieten zu lokalen Hungersnöten, Missbildungen bei Neugeborenen, dem Tod von Vieh sowie einzelnen Todesfällen bei Kindern (vgl. Ó Loingsigh 2002: 35 ff). Interessanterweise scheint der Herbizideinsatz die Kokainproduktion nicht verringern zu haben. Der Anbau hat sich in Waldgebiete verlagert (und somit die Abholzung von Regenwald beschleunigt) oder wurde einfach kurzzeitig ausgesetzt. Kleinbauern berichten, dass Koka die Pflanze ist, die auf mit Glyfosat besprühten Böden als erste wieder gedeiht.

Kolumbianische Menschenrechtsorganisationen, darunter die Anwaltsgruppe José Alvear Restrepo (Colectivo de Abogados 2007a), organisierten vor diesem Hintergrund eine Sitzung des Tribunal Permanente de los Pueblos gegen DynCorp, auf der der Militärfirma die Zerstörung von Eigentum und Lebensmittelpflanzungen, Umweltverschmutzung, Gesundheitsschädigungen und Söldnertum (definiert als private Bereicherung durch Krieg) vorgeworfen werden. Besonderes Augenmerk galt dabei der Tatsache, dass DynCorp außerhalb des kolumbianischen Rechts steht und somit zur Entregelung des Krieges beiträgt.

Es gibt bislang keine klaren Hinweise darauf, dass DynCorp, das 2001 allein 355 – also mehr als die zu diesem Zeitpunkt insgesamt für Kolumbien autorisierten 300 – Angestellte in dem südamerikanischen Land im Einsatz hatte (New York Times 17.8.2001), oder andere im Rahmen des Plan Colombia operierende Militärfirmen systematisch mit kolumbianischen Paramilitärs zusammenarbeiten. DynCorp werden jedoch verdächtige Aktivitäten im Zusammenhang der Drogenkriminalität vorgeworfen. So wurden im Mai 2000 in einer von DynCorp von Kolumbien nach Florida versandten Firmenpost Flaschen mit einer heroinhaltigen Flüssigkeit gefunden. Die Ermittlungen in Kolumbien dazu wurden – offensichtlich auf Druck der Sicherheitsabteilung der US-Botschaft – sofort gestoppt: Dem ermittelnden kolumbianischen Polizeioffizier wurde der Fall entzogen (Semana 13. 8. 2001). Bemerkenswerterweise blockiert Washington Ermittlungen in diesem Zusammenhang gezielt: Der mit DynCorp geschlossene Vertrag sieht vor, dass die kolumbianische Luftfahrtbehörde Flüge und Fracht des Unternehmens nicht kontrollieren darf, sondern ausschließlich die Sicherheitsabteilung der US-Botschaft in Bogotá.

Dementsprechend durfte die kolumbianische Justiz auch bei auffälligen Todesfällen unter DynCorp-Mitarbeitern nicht ermitteln. 2000 starb ein auf dem zentralen US-Militärstützpunkt Südkolumbiens Tres Esquinas eingesetzter DynCorp-Mitarbeiter an einem Herzinfarkt. Kolumbianische Mediziner diagnostizierten eine Drogenüberdosis. Eine gerichtliche Untersuchung wurde jedoch verhindert (ebda). Ebenso im Fall des jungen US-Computerspezialisten Alexander Ross, der im Auftrag DynCorps in Südkolumbien Luftbilder auswertete und 2002 unter ungeklärten Umständen von einem Flugzeugpropeller getötet wurde. Auch hier wurde eine Autopsie verhindert. Da sämtliche Papiere, darunter auch der Totenschein, gefälscht wurden, vermuten Angehörige, dass es sich um einen Mord handelte, mit dem illegale Aktivitäten bei DynCorp vertuscht werden sollten (Mysorekar 2005, El Tiempo 14.10.2003). Dieses Misstrauen rührt nicht zuletzt auch daher, dass DynCorp einen Teil seiner Missionen durch den Vertragspartner *Eagle Aviation Services and Technology* (EAST) fliegen lässt. Diese Firma, die nicht direkt für das US State Departement arbeitet, sondern nur über DynCorp in den Plan Colombia eingebunden ist, wurde in den 1980er Jahren im Rahmen der Iran-Contra-Affäre für den illegalen logistischen Nachschub der Contra eingesetzt (Center for International Policy 2001). Der Verdacht liegt daher nahe, das auch in Kolumbien illegale Geheimkriegsoperationen über private Militärfirmen abgewickelt worden sein könnten.

Schwere Vorwürfe wurden schließlich auch gegen die US-Militärfirma Airscan erhoben: Im Dezember 1998 bombardierte die kolumbianische Luftwaffe die Ortschaft Santo Domingo (Dep. Arauca) und tötete dabei 17 Personen, darunter zahlreiche Kinder (Amnesty 2004, eigene Interviews im März 2005). Die kolumbianischen Behörden machten zunächst einen Anschlag der Guerilla für die Todesfälle verantwortlich. Anhand der Bombensplitter konnte jedoch rekonstruiert werden, dass es sich um Cluster-Bomben US-amerikanischer Produktion gehandelt hatte. Gesprächsmitschnitte unter den Piloten belegten schließlich, dass die Informationen für die Bombardierung von der US-Militärfirma Airscan bereit gestellt worden waren (Mysorekar 2005). Airscan ist für den Erdölkonzern Oxy in der Luftüberwachung der Region um die Förderanlagen von Caño Limón tätig. Die Firma soll vor möglichen Guerillaangriffen warnen. Im Fall Santo Domingos hat man hier offensichtlich präventiv „geschützt". Die Militärfirma scannte die – als rebellisch geltende – Ortschaft unmittelbar vor der Bombardierung und übergab die Zieldaten dann den kolumbianischen Kollegen.

Auch wenn private Militärfirmen nicht mit dem kolumbianischen Paramilitarismus in eins zu setzen sind, wirken sie doch in eine ähnliche Richtung: Auch sie forcieren als informeller, erweiterter Staat eine Entregelung der Gewalt. Sie entziehen die exekutive Macht der politischen Kontrolle und treiben eine Informalisierung von Herrschaft voran.

10. Schlussfolgerungen

Der sicherheitspolitische Diskurs in den USA und der EU ist heute von zwei – miteinander verknüpften – Paradigmen bestimmt: dem *internationalen Terrorismus* und den so genanten *zerfallen(d)en Staaten*. Wie in Kapitel 4 dargelegt gibt es in der Frage eine auffallende Übereinstimmung von wissenschaftlichem Diskurs und regierungspolitischer Praxis. Der israelische Militärhistoriker Martin van Creveld, der die angelsächsische Debatte um die Transformation des Krieges maßgeblich beeinflusst hat (ders. 1997, 1998 und 2003), spricht davon, dass bewaffnete Konflikte heute zunehmend von Guerillas, Banden und Terroristen ausgetragen werden. Staatliche Sicherheitspolitik müsse daher grundlegend neu strukturiert werden. Der Krieg der Zukunft müsse als politisches, polizeiliches und mediales Unterfangen begriffen werden. Van Creveld (2003) befürwortet in diesem Sinne die neue US-Politik, durch die räumliche und konzeptionelle Grenzen bei bzw. zwischen Polizeioperationen, Geheimdiensttätigkeit und Krieg aufgehoben werden.

Im deutschsprachigen Raum vertritt Herfried Münkler (2002a und 2005) ähnliche Positionen: Der Zerfall staatlicher Gewaltmonopole in Ländern der Peripherie führe zu einer Enthegung der Kriegsgewalt, weil irreguläre Akteure nicht an zwischenstaatliche Konventionen gebunden seien. Für sie sei der bewaffnete Konflikt – ähnlich wie für die Landsknechte des 30jährigen Kriegs in Europa – eine Einkommensquelle. Der Krieg werde auf diese Weise von jener politischen Kontrolle entbunden, die Clausewitz als Merkmal der Trinität ausmachte[1]. In zunehmend staatsfreien Räumen breite sich Anomie aus, die den Nährboden für illegale Geschäfte (Drogenhandel, Schutzgelderpressungen, Entführungen, Zwangsprostitution etc.) und Terror bilden. Für den gefährlichsten Ausdruck dieser Entregelung von Gewalt hält Münkler den „internationalen Terrorismus": Dieser kenne keine Grenzen und mache Zivilisten zum militärischen Angriffsziel.

Diese Argumentation ist schließlich auch Grundlage der US-Militär- und Sicherheitsdebatten (vgl. Hammes 1994 und 2005, Arquilla/Ronfeldt 2000, Fourth Generation Seminar 2007). Moderne Kriege würden nicht länger auf den geordneten

---

1 Clausewitz (1978) geht von einer Trinität Regierung, Militär und Volk aus. Bei dieser 'Dreieinigkeit' kommt der Regierung die Aufgabe zu, die explosive Energie des Krieges und der von ihm ausgelösten Emotionen einer politischen Rationalität zu unterwerfen und zwischen Mitteln und Zweck abzuwägen (vgl. Kap. 4.1.).

Schlachtfeldern der Vergangenheit geführt. Aufständische bildeten netzwerkartige Strukturen und operierten mit irregulären Mitteln. Die US-Truppen seien auf diese neuen Kampfformen nicht eingestellt und müssten Strategien entwickeln, in denen Politik, Kommunikation, wirtschaftliche Entwicklung, Polizeimaßnahmen und militärische Gewalt zu einem Gesamtkonzept verschmelzen. Dabei wird für eine Art *Governance* plädiert, für ein flexibles, möglichst wenig hierarchisiertes Zusammenwirken von staatlichen und nicht-staatlichen Akteuren, von weichen (politisch-zivilgesellschaftlichen) und harten (autoritativen oder militärischen) Handlungen. Kriegführung sei nicht länger nur eine Angelegenheit von Militärs und Regierungsbehörden, sondern auch von Privatunternehmen, die in einem Konfliktland wirtschaftlich tätig sind, von Militärfirmen, die im Auftrag der US-Regierung arbeiten, und nicht zuletzt auch von Nichtregierungsorganisationen, die neue gesellschaftliche Strukturen schaffen und an einem *State* oder *Nation Building* mitwirken.

Auch die Kriegsgewalt wird in diesem Zusammenhang informalisiert. Als zentrales Ziel sehen es US-Militärstrategen spätestens seit den Erfahrungen des Vietnam-Krieges (vgl. Sarkesian/Scully 1981, Sarkesian 1986), die Beteiligung von US-Truppen an Konflikten niedrig zu halten (*low footprint*). Effizienter als eigene Interventionsmaßnahmen sei es, andere Konfliktakteure so zu beeinflussen, dass sie sich im gewünschten Sinne verhalten. Das heißt, Streitigkeiten zwischen Aufständischen sollten vertieft werden, ein hartes Auftreten der US-Truppen sei zu vermeiden. Wenn nötig, sollten Gewalthandlungen gegen den Feind und Teile der Bevölkerung von verbündeten Milizen oder verborgen agierenden Einheiten übernommen worden (Fourth Generation Seminar 2007, vgl. Kap. 4.11.).

Es ist in dieser Arbeit gezeigt worden, dass diese Sicherheitsdiskurse an entscheidenden Punkten falsche Prämissen formulieren. 1) Es lässt sich keineswegs pauschal behaupten (wie vor allem Münkler (2002a) es tut), dass die 'Entstaatlichung' des Krieges (durch Partisanen oder Terroristen) eine qualitativ neue Enthegung von Gewalt und somit eine Verschärfung der Unsicherheit in Gang gesetzt hat. In den zwischenstaatlich geführten Weltkriegen kam ein industrielles Zerstörungspotenzial zum Einsatz, dass den Schrecken der Partisanenkriege weit in den Schatten stellte und der Zivilbevölkerung die größtvorstellbare Unsicherheit bescherte. 2) Zwar ist es richtig, dass der zwischenstaatliche Krieg gegenüber „asymmetrischen" Konfliktformen (bewaffneten Aufständen, Bürgerkriegen, Terrorismus etc.) an Bedeutung verloren hat, doch diese Tendenz ist historisch alles andere als neu. Von asymmetrischen Konflikten zwischen Staatsmacht und Aufständischen kann man mindestens seit jener Zeit sprechen, als sich die europäischen und nordamerikanischen Kolonialmächte als imperiale Staaten konstituierten. Spätestens seit 1945 sind solche Konflikte weltweit dominant. 3) Insofern ist die Behauptung, die westlichen Armeen stünden den Herausforderungen heute unvorbereitet gegenüber, militärhistorisch schlichtweg falsch. Seit dem späten

19. Jahrhundert haben die Kolonialmächte kontinuierlich Erfahrungen mit irregulären Kriegen und Aufstandsbekämpfung gesammelt. Spätestens seit den 1960er Jahren werden diese Erfahrungen theoretisch systematisiert (Trinquier 1963, Sarkesian/ Scully 1981, Sarkesian 1986; kritisch darstellend: Klare 1988 sowie Kap. 4.4., 4.6. und 5.1.). Zudem führte der Export der Nationalen Sicherheitsdoktrin durch die USA und andere NATO-Staaten seit den 1950er Jahren zu einer Transformation von Militärs und Staatsmacht in der ganzen Welt. 4) Kern dieser Transformation war eine Irregularisierung und Ausweitung der staatlichen Konfliktführung, wie sie sich in Korea und Vietnam, bei den französischen Kolonialkonflikten in Algerien und Indochina oder bei der US-geleiteten Aufstandsbekämpfung in Lateinamerika, auf den Philippinen und teilweise auch in Südeuropa niederschlug. Im Rahmen dieser Irregularisierung wurden u.a. der Einsatz von Folter, der Aufbau von guerillaähnlich operierenden Spezialeinheiten, die gezielte Beeinflussung bzw. Manipulation der Bevölkerung (sowohl in den Konfliktstaaten als auch der öffentlichen Meinung zu Hause) und die Formierung von Todesschwadronen gerechtfertigt oder propagiert. 5) Insofern kann der gezielte Angriff auf Zivilisten zwar als Merkmal des Terrorismus gelten. Doch dieser Terrorismus ist kein Monopol jenes 'Terroristen', wie er durch den medialen Alltag geistert. Der gezielte Angriff auf den Zivilisten ist auch als konstituierender Bestandteil staatlicher *Low-Intensity*-Kriegführung zu sehen. 6) Dass sich seit dem Ende des Kalten Kriegs in Konfliktregionen immer häufiger Wirtschaftskreisläufe herausbilden, die die Fortführung der Kampfhandlungen aus Sicht der Konfliktakteure ökonomisch rational werden lassen, wirkt sich nicht nur auf Warlords und Banditen aus. Die boomende Rüstungs-, Militär- und Sicherheitsdienstbranche, die eng in die Machtarchitektur v.a. der USA, Israels und Großbritanniens eingebunden ist, wird vom gleichen Mechanismus beherrscht. Diese Unternehmen sind jedoch anders als die stereotypisierten Warlords des Südens nicht geächtet und werden selten als globales Sicherheitsrisiko wahrgenommen. Stattdessen beziehen sie aus westlichen Staatshaushalten jährlich Milliardenbeträge.

Der Fall Kolumbien verweist schließlich auf einen weiteren und möglicherweise noch zentraleren Irrtum der Sicherheits- und *State-Failure*-Debatten. Die Entwicklung des kolumbianischen Krieges (aber auch der Irak-Invasion) beweist, dass die Aufweichung des staatlichen Gewaltmonopols heute von staatlichen Akteuren, darunter federführend der Führungsmacht USA, selbst forciert wird. Mit der These, dass die globale Sicherheit durch zerfallen(d)e Staaten gefährdet ist, wird ein entscheidender Aspekt unsichtbar gemacht: Die Beschränkung der Staatsgewalt (zugunsten anderer herrschaftlicher Gewaltpraktiken) kann eine effiziente Strategie der sozialen Kontrolle und zur Stärkung der Exekutive darstellen.

Am kolumbianischen Paramilitarismus ist dies in dieser Arbeit exemplarisch nachgewiesen worden. Der Paramilitarismus war gleichermaßen Instrument und eigendynamischer Motor eines umfassenden Transformationsprojekts:

Er ermöglichte zunächst eine *völlig rücksichtslose Form der Aufstandsbekämpfung* und somit eine *Wiederherstellung staatlicher Souveränität* (wie sie nicht zuletzt dank der US-Militärhilfe unter Präsident Uribe seit 2002 zu beobachten ist). Durch die *Entregelung herrschaftlicher Gewalt* gelang es den Paramilitärs, soziale Netzwerke und Oppositionsbewegungen zu zerstören. Wie in der Theorie der Partisanenbekämpfung von Trinquier (1963, vgl. Kap. 4.4.) postuliert, trug die entgrenzte Gewalt – in diesem Fall *staatsnaher* Gruppen – dazu bei, die klandestinen Strukturen der Guerillaorganisationen sichtbar und angreifbar zu machen.

Die Auslagerung dieser Extremgewalt aus dem Staatsapparat hatte die Funktion, die politischen (und ökonomischen!) Kosten der Aufstandsbekämpfung niedrig zu halten. Anders als die Militärdiktaturen Chiles oder Argentiniens standen die Regierungen Kolumbiens international nie wirklich am Pranger. Ihnen wurde meist nur eine Unfähigkeit bei der Bekämpfung des Paramilitarismus vorgehalten. Diese „Unfähigkeit" diente schließlich als Argument *für* die Aufrüstung des staatlichen Gewaltapparates im Rahmen internationaler Militär- und Polizeihilfe.

Der Paramilitarismus wirkte in diesem Sinne also ähnlich wie ein Ausnahmezustand, wie eine dezisionistische Machtsetzung im Sinne Carl Schmitts (1979) – allerdings ohne dass dabei die Rechtssuspension die Staatlichkeit unterminiert hätte. Darüber hinaus mussten weder der Staat noch die führenden Machtgruppen finanziell für die Machtsetzung aufkommen. Die Verteidigung des sozialen und politischen Status Quo wurde in Kolumbien von den paramilitärischen Kriegsunternehmern selbst finanziert.

Ergebnis dieser Kriegführung war eine *umfassende Kontrolle der Bevölkerung*. Die extreme Grausamkeit der paramilitärischen Gewalthandlungen verweist dabei darauf, dass es nicht nur darum ging, konkrete Organisationen zu zerschlagen und Oppositionsführer auszuschalten. Noch wichtiger war es, *gesellschaftliche Kommunikationsstrukturen zu transformieren* und *eine umfassende Unterwerfung der Bevölkerung unter ein Ordnungssystem durchzusetzen* (vgl. Kapitel 7). In Massakern und jahrelang andauernden Gewaltwellen wurden sytematisch *Ohnmachtserfahrungen vermittelt, die Alternativen zur dominanten Ordnung unvorstellbar machen*. Die Nichtverfolgung dieser Straftaten heute (die so genannte *Impunidad*) perpetuiert diese Ohnmachtserfahrung. Darüber hinaus sorgen die vom Paramilitarismus erzwungene Komplizenschaft der Bevölkerung und die extreme Traumatisierung der Opfer dafür, dass sich die Gewalt in den sozialen Beziehungen und Psychen der Betroffenen auch nach dem Ende des Paramilitarismus weiter entfaltet. Die Angst vor Repression und unverarbeitbare Gewalterfahrungen werden das politische Klima noch auf Jahrzehnte beeinflussen – und das Entstehen sozialer Gegenbewegungen dadurch erschweren.

Mit diesem Herrschaftsprojekt wurden nicht zuletzt ökonomische Veränderungen durchgesetzt: Die *Schwächung der Gewerkschaftsbewegung*, die durch Vertreibungen in Gang gesetzte *Freisetzung von Millionen billiger, unorganisierter Arbeitskräfte* und die *Zwangskapitalisierung bis dato subsistenzorientierter Lokalökonomien* hat nach der Demobilisierung der AUC weiterhin Bestand. Es wurden also sozioökonomische Strukturen geschaffen, die den Herrschaftsspielraum besitzender Gruppen erweitern und dem (transnationalen) Kapital neue Investitions- und Akkumulationsmöglichkeiten eröffnen.

Vor diesem Hintergrund muss der Paramilitarismus als ein von führenden Machtgruppen und Teilen des Staatsapparates getragenes Herrschaftsprojekt verstanden werden. Allerdings birgt dieses Projekt ein grundlegendes Problem: Die Auslagerung repressiver Gewalt aus dem Staat erfüllt nur ihren Zweck, wenn der staatsnahe Gewaltakteur eine gewisse Unabhängigkeit entfaltet. Für die AUC stimmt das im doppelten Sinne: Politisch bemühten sie sich um das Profil einer dritten Kriegspartei. Finanziell versorgten sie sich durch Drogenhandel und die Kontrolle anderer Bereiche der Schattenökonomie selbst. Für die traditionellen Machtgruppen war das in einer Hinsicht attraktiv: Sie mussten die Sicherheitsleistungen des Paramilitiarismus nicht finanzieren. Andererseits zog das aber auch ein Problem nach sich: Die paramilitärischen Kriegsunternehmer häuften selbst große Reichtümer auf und gewannen gegenüber ihren Auftraggebern an Macht.

Dies wiederum hat massive Rückwirkungen auf gesellschaftliche Machtverhältnisse und die Struktur des Staates. Durch die Verschiebung der Abhängigkeitsbeziehungen kam es zu einer *Mafiotisierung des Staates. Informelle, partikular motivierte Gewalt wurde zum vorherrschenden Muster staatlicher Handlungen.* Bei der Unterscheidung zwischen 'nomischem' und 'anomischem' Staat wird meist vergessen, dass auch der nomische – also der Staat, in dem Rechtsordnung und Gewaltenteilung Bestand haben – einen Herrschaftscharakter besitzt. Auch bei einer funktionierenden Gewaltenteilung können führende Machtgruppen ihre Interessen in Exekutive, Legislative und Judikative in der Regel (gegenüber anderen gesellschaftlichen Gruppen) erfolgreich durchsetzen. Oder konkreter: Auch vor dem Erstarken der Paramilitärs Ende der 1980er Jahre stand der kolumbianische Staat in erster Linie einer kleinen Oberschicht zur Verfügung.

Die 'narcoparamilitärische' Durchdringung des Staatapparates schuf jedoch klandestine informelle Machstrukturen, die den Bestand der Institutionen insgesamt gefährden. Die von Politikern, Unternehmern und Paramilitärs geheim gebildeten 'Parapolitik'-Strukturen bleiben letztlich instabil, weil sich alle Beteiligten wegen einer potenziell drohenden Strafverfolgung gegenseitig misstrauen. Man könnte also formulieren: Illegale Gruppen (wie die Paramilitärs) können zwar ein Instrument sein, um in einer Krisensituation informell und 'ohne Staat zu regieren'. Doch diese Informalisierung herrschaftlicher Politik birgt das Risiko einer Zersetzung von Institutionen in sich.

Das erklärt, warum die Uribe-Regierung der rechtlichen Lösung des Phänomens Paramilitarismus in den vergangenen Jahren so große Bedeutung beimaß. Sie versuchte zunächst, die (politisch und ökonomisch mit dem Uribe-Lager alliierten) AUC zu legalisieren. Als dies wegen der kriminellen Eigendynamik von Drogenhandel und Gewaltunternehmertum scheiterte, wurden die AUC-Kommandanten festgesetzt und in die USA ausgeliefert.

Diese Strafverfolgung sagt nichts darüber aus, ob Teile des paramilitärischen Kriegsunternehmertums in der Zukunft zu einem normalen Bestandteil der Oberschicht werden oder nicht. Soto (2007) hat darauf verwiesen, dass die AUC-Führer über Stroh- und Mittelsmänner ein gewaltiges Wirtschaftsimperium kontrollieren. Der Paramilitär Hugues Rodríguez, einer der führenden Köpfe des *Bloque Norte* und Teileigentümer der Kohlemine „El Descanso", hat, wie bereits erwähnt, einen Deal mit der US-Justiz aushandeln können, der ihm weitgehende Straffreiheit garantiert (El Tiempo 1.9.2009).

Im Sinne von Regierbarkeit scheint es also kein grundsätzliches Problem darzustellen, dass Paramilitärs mit illegalen Mitteln Ordnung hergestellt und als Gewaltunternehmer ein gewaltiges Kapital akkumuliert haben. Das Problem ist vielmehr, dass fortdauernde illegale Praktiken den Bestand von Institutionen gefährden. Es geht daher darum, die illegalen Akteure in formale Verhältnisse zurückzuführen – entweder indem sie politisch integriert oder aber strafrechtlich verfolgt werden. Gegenüber den AUC in Kolumbien scheinen zur Zeit beide Vorgehensweisen zum Einsatz zu kommen.

Das Phänomen des Paramilitarismus zeigt somit deutlich, dass die an van Creveld und Münkler angelehnten *State-Failure*-Diskurse den Zusammenhang von Gewalt, Entstaatlichung und Herrschaft einseitig und teilweise falsch darstellen. In Kolumbien ist es nicht einfach die ausufernde Gewalt in „Räumen beschränkter Staatlichkeit" (Risse/Lehmkuhl 2006) gewesen, die die Frage nach informellen, nicht-staatlichen Regierungstechniken aufwarf – auch wenn der Verweis auf die Guerilla stets als Rechtfertigung für den Paramilitarismus herangezogen wurde. Der entscheidende Zusammenhang bestand umgekehrt: Ausufernde, *enthegte* Gewalt war eine informelle Regierungstechnik, mit der Herrschaft parallel und in Ergänzung zum Staat durchgesetzt wurde. Teile des Staates bedienten sich illegaler Gruppen, um den politischen Status Quo zu bewahren, und wurden dabei von ökonomischen Machtgruppen aktiv unterstützt.

Diese Entwicklung ist kein autochthon kolumbianisches Phänomen. Zum einen haben die USA und andere westliche Regierungen die Gewaltstrategien des kolumbianischen Staates in den vergangenen Jahrzehnten über Sicherheitsdiskurse, Polizei- und Militärberatung sowie Technologietransfers nachhaltig beeinflusst. Neben dem offiziellen, der Einhaltung von Menschenrechten verpflichteten Diskurs gab es, wie in Kapitel 9 gezeigt, auch immer informelle Praktiken vor allem der USA, um imperiale Stabilität sicher zu stellen.

Zum anderen lassen sich wichtige Merkmale des Paramilitarismus auch in der offiziellen US-Kriegführung nachweisen. Der Zusammenhang ist dabei aber weniger als ein simpler Export von Militärdoktrinen zu verstehen, wie dies Kritiker häufig unterstellt haben. Strategien der Kriegführung werden nicht einfach angewandt, sie entwickeln sich in Diskursen und Praxen auch selbst. Der Paramilitarimus der AUC ist insofern keine 'Erfindung' der USA, auch wenn die US-Militärberatung bei seiner Entwicklung zweifellos eine wichtige Rolle spielte. Es handelt sich vielmehr um eine sich *selbst transformierende Strategie*, die als *Ausdruck einer international zu beobachtenden Transformation von Kriegführung und staatlicher Gewalt* zu verstehen ist. Einfacher ausgedrückt: Der kolumbianische Paramilitarismus macht Tendenzen der Kriegführung sichtbar, wie sie auch in den US-Kriegen im Irak oder Afghanistan zu beobachten sind.

1) Ein erstes wichtiges Merkmal ist das Erstarken von Gewaltakteuren, die im staatlichen Auftrag handeln oder zumindest lose geleitet werden, dabei jedoch außerstaatlich agieren. In einer Arbeitsthese könnte man dieses Phänomen als *erweiterten exekutiven Staatsapparat* bezeichnen. Mit dem Begriff des *erweiterten Staates* wurde in Nachfolge Gramscis (1967) über die Rolle von Zivilgesellschaft und Hegemoniebildung reflektiert. Damit beschrieben wurde, dass zwischen politischer Gesellschaft und Staatsapparat fließende Übergänge bestehen und sich stabile Herrschaft durch komplexe zivilgesellschaftliche Strukturen auszeichnet. Staatlichkeit konstituiert sich in diesem Sinne nicht in Form eines Apparates im engeren Sinne, sondern in Form von Bildungseinrichtungen, Medien, politischer Öffentlichkeit, Nichtregierungsorganisationen, Privatunternehmen, kulturellen Praxen etc. Dabei werden zentrale staatliche Aufgaben – in Absprache und Koordination mit dem Staatsapparat im engeren Sinne – von zivilgesellschaftlichen Einrichtungen übernommen.

Ein ähnlicher Prozess lässt sich auch hinsichtlich der Staatsgewalt beobachten. In den vergangenen Jahrzehnten haben besonders US-Regierungen die Entstaatlichung exekutiver Gewalt vorangetrieben. Militärisch-logistische Aufgaben wurden bereits in den 1960er und 1970er Jahren an Privatfirmen abgegeben. Seit den frühen 1990er Jahren haben Private Militärfirmen (PMF) zentrale Aufgaben bei Militärmissionen im Ausland inne. Die Kontingente der PMF im Irak sind heute zahlenmäßig deutlich stärker als die US-Truppen (vgl. Scahill 2008, Uesseler 2006).

Das Ergebnis hiervon ist allerdings keineswegs ein Zerfall des Staates. Die Militärfirmen bleiben eng in die Sicherheitsarchitektur eingebunden (vgl. Milton 1998, Scahill 2008). Der Begriff des „Söldners", der individualistisches Draufgängertum und politische Eigenwilligkeit impliziert, ist daher etwas irreführend. Die großen in den USA, Israel und Großbritannien angesiedelten Militärfirmen werden von hochrangigen Ex-Generälen geleitet, beziehen ihre Aufträge fast ausschließlich von staatlichen Einrichtungen und können als ausgelagerte Abteilungen der staatlichen Geheimdienst- und Gewaltapparate bezeichnet werden.

2) Mit der Auslagerung staatlicher Gewalt geht – und das ist ein zweites Merkmal, das der Paramilitarismus mit der offiziellen US-Kriegführung teilt – eine Entregelung einher. Die Praxis, in den Foltergefängnissen im Irak oder Afghanistan private „Verhörspezialisten" einzusetzen und Terrorverdächtige an Repressionsorgane von Drittstaaten (wie Ägypten oder Syrien) zu überstellen, zeigt, dass das Outsourcing mit einer *gezielten Verschärfung der exekutiven Gewalt* verbunden ist.

Es geht dabei offensichtlich darum, Verantwortung abzuwälzen, politische Kontrolle zu verringern und Repression ungestraft zu radikalisieren – eine Entregelung, die Züge eines unsichtbaren Staatsstreichs trägt. Auf diese Weise wird die exekutive herrschaftliche Gewalt nämlich der Kontrolle durch Öffentlichkeit, Justiz und Opposition systematisch entzogen. Auch das Motiv für die Entregelung der Gewalt ist ähnlich wie beim Paramilitarismus: Mit Hilfe von Folter und anderen Formen extremer Gewalt sollen feindliche, 'terroristische' Strukturen durchleuchtet und eine möglicherweise sympathisierende Bevölkerung eingeschüchtert werden.

3) Ein drittes Merkmal, das der Paramilitarismus mit neuen westlichen Militär- und Sicherheitskonzepten verbindet, ist sein zentrales Paradigma. Traditionellerweise kreisen Militärstrategien um die Probleme Armee, Terrain und Ressourcen. Im Rahmen der asymmetrischen Kriegführung ist die *Kontrolle der Bevölkerung zum zentralen Motiv des militärischen Handelns geworden.* Die Militärkonzepte der westlichen Staaten verwischen auf diese Weise die Grenzen von Politik, zivilgesellschaftlicher Hegemonie, Polizeieinsatz und Krieg. Moderne *Warfare,* wie sie van Creveld oder Militärexperten wie Thomas Hammes skizzieren, ist ein integrales kommunikations-, ordnungs- und teilweise auch entwicklungspolitisches Projekt. Das Leben der Bevölkerung selbst wird zum militärischen Sujet – *eine Entwicklung, die man als Biopolisierung der Kriegführung bezeichnen kann.* Auch hier liegen die Parallelen zum Paramilitarismus auf der Hand: Die Gewaltausübung der AUC war in vielen Regionen nur ein erster Schritt, um neue Formen sozialer, politischer, wirtschaftlicher und lebensweltlicher Ordnung zu etablieren und um eine Kontrolle der Bevölkerung sicher zu stellen.

Der kolumbianische Paramilitarismus spiegelt somit die grundlegenden Transformationen westlicher Kriegführung: Auslagerung und Entgrenzung staatlicher Gewalt, gezielte Verringerung politischer Kontrolle, biopolitische, auf die Bevölkerung abzielende Umorientierung, Radikalisierung des Konzepts 'Innere Sicherheit', informelle, *'gouvernementale'* Maßnahmen zur Einwirkung auf Konfliktkonstellationen. Allein dieser auffällige Zusammenhang sollte einen misstrauisch gegenüber jenen Sicherheitsdebatten werden lassen, in denen die Entwicklung asymmetrischer, irregulärer Militärstrategien durch den Westen gefordert wird.

Zwar bedeutet die Tatsache, dass sich in Kolumbien massiver Terror als informeller Bestandteil eines Sicherheitskonzepts nach innen erwiesen hat, im Umkehrschluss nicht, dass Konzepte der 'Inneren Sicherheit' zwangsläufig auf eine derartige Entgrenzung staatlicher bzw. herrschaftlicher Gewalt hinauslaufen. Doch der kolumbianische Fall verweist immerhin darauf, dass die Ermächtigung der staatlichen Exekutive und eine Aufweichung (oder 'Verflüssigung') des Gewaltmonopols keineswegs im Widerspruch zueinander stehen müssen. Staatliche Sicherheitskonzepte und Terrorismus können nicht nur theoretisch komplementär sein, sie sind es in der Vergangenheit auch häufig gewesen. Der kalkulierte Einsatz teilentstaatlichter, verdeckt ausgeführter Gewalt ist ein effizientes Mittel der gesellschaftlichen Kontrolle.

Eine Politik, die den Begriff der 'Sicherheit', verstanden als Schutz von Leben und Freiheit, ernst nimmt, ist daher mit den bekannten Konzepten der 'Inneren Sicherheit' kaum vereinbar. Der kolumbianische Paramilitarismus ist ein erschreckendes (und sicherlich extremes) Beispiel dafür, dass der Ausnahmezustand tatsächlich, wie Agamben (2004) behauptet, zu einem zentralen Paradigma des Regierens zu werden droht. Dass diese Transformation im Verborgenen und außerhalb von Rechtsordnung und Staat vonstatten geht, macht sie politisch besonders schwer angreifbar. Die vorliegende Falluntersuchung trägt hoffentlich dazu bei, den Blick dafür zu schärfen, welche Strategien und Kalküle bei der Irregularisierung herrschaftlicher Gewalt verfolgt werden können.

Im Zusammenhang von 'neuen Kriegen', 'zerfallen(d)en Staaten' und dem 'Regieren in Räumen beschränkter Staatlichkeit' wäre es schließlich wichtig zu untersuchen, wie Organisierte Kriminalität, Warlords und andere private Gewaltakteure schon seit Jahrzehnten im Rahmen imperialer Politik instrumentalisiert und eingesetzt werden (wobei der Nutzen in der Regel wechselseitig ist). Die Gegenüberstellung 'robuste Staatlichkeit' (des Nordens) versus 'Banditentum' (in der Peripherie), die der ganzen *State-Failure*-Debatte zugrunde liegt, ist offensichtlich falsch. Die Führungsmacht USA hat Warlords und Mafias in den vergangenen Jahrzehnten keineswegs ausschließlich als Sicherheitsrisiko betrachtet. Vielmehr hat sie nichtstaatliche, ökonomisch, manchmal auch ethnisch motivierte Gewaltakteure immer wieder unterstützt oder sogar aufgebaut, um eigene strategische Ziele zu verfolgen (vgl. Kap. 9.2.). So war, wie wir gesehen haben, die südeuropäische Mafia nach dem 2. Weltkrieg ein Verbündeter zur Kontrolle der Bevölkerung und zur Bekämpfung kommunistischer Bewegungen. In den Indochina-Kriegen funktionalisierten sowohl Frankreich als auch die USA ethnische Spannungen und die Drogenkriminalität, um irreguläre Kriege zu führen. In Zentralamerika wurden mit der nicaraguanischen Contra Söldnerstrukturen aufgebaut und aus dem Drogenhandel ko-finanziert. In Afghanistan protegierten die USA zeitgleich das Entstehen von Warlord-Armeen und bewaffneten fundamentalistischen Gruppen, wodurch das afghanisch-pakistanische Grenzgebiet praktisch 'über Nacht' zum wichtigsten Heroinproduzenten der Welt und zur Heimstätte des bewaffneten Islamismus aufstieg.

Und schließlich haben die USA auch in Kolumbien den aufstandsbekämpfenden *Narcoparamilitarismus* protegiert und genutzt (vgl. Kap. 9.4.). Die Haltung gegenüber diesen Akteuren entsprach dabei immer wieder der Maxime, wie sie von führenden CIA-Mitarbeitern in Bezug auf den (an der Versorgung der Contra beteiligten) hondurenischen Drogenhändler Alan Hyde in den 1980er Jahren formuliert und im Untersuchungsbericht des CIA-Generalinspekteurs Hitz zitiert wurde: „Wir müssen ihn einsetzen, aber wir müssen auch herausfinden, wie wir ihn wieder loswerden können." (Hitz-Report 1998b: Punkt 942)

Anders als in den *Failing-States*-Debatten postuliert ist die Figur des Warlords nicht als Gegenpol zur Staatenstabilität des Westens zu sehen. Private, auch kriminelle Gewaltakteure sind vielmehr auf widersprüchliche Weise in eine imperiale Sicherheitsarchitektur eingebettet. Von einer profunden wissenschaftlichen Diskussion wäre zu erwarten, dass sie auch erörtert, welche gouvernementalen Mittel die USA und ihre Verbündeten jenseits der menschen- und völkerrechtlichen Rhetorik zum Einsatz bringen, um im eigenen Sinne Sicherheit und Stabilität herzustellen. Dass diese informelle Politik für die Betroffenen in den Konfliktländern zum Teil eine Verschärfung der Unsicherheit nach sich zieht und den ursprünglichen Absichten entgegenwirkende Destabilisierungsprozesse auslöst (so etwa in Afghanistan, wo die US-Intervention in den 1980er Jahren zum Entstehen Al Qaedas beitrug), zeigt wie widersprüchlich sich globale „Sicherheitspolitik" in der Praxis gestaltet.

Ein zweiter wichtiger Einwand gegen die *Failing-State*-Debatte scheint hinsichtlich des Staatsbegriffs angebracht. Der Fall Kolumbien beweist, dass das Konzept des zerfallen(d)en Staates den Sachverhalt nicht befriedigend beschreibt. Der kolumbianische Staat hat sich in den vergangenen Jahrzehnten als durchaus funktional erwiesen: Er hat einen politisch-ökonomischen Status Quo aufrecht erhalten, auf den verbündeten, nicht-staatlichen Gewaltakteur 'Paramilitarimus' lenkend eingewirkt, die eigenen Gewaltapparate erfolgreich modernisiert und Souveränität (im Sinne von Gebietskontrolle) gestärkt.

Dabei hat der Staat allerdings kaum soziale Integrationsfunktionen ausgebildet. Ladwig et al. (2007) formulieren, dass von Regieren nur die Rede sein kann, wenn alle Regierten von dieser Praxis – in unterschiedlichem Maße – profitieren. Man könnte im kolumbianischen Fall also provokant fragen, ob der Staat hier nur geherrscht und nie regiert hat. Fakt ist auf jeden Fall, dass er unter einem chronischen Legitimationsdefizit leidet. Die zivilen und bewaffneten Rebellionen, die die kolumbianische Geschichte seit der Unabhängigkeit prägen, und die notorisch niedrige Wahlbeteiligung sind Ausdruck dieses Mangels. Dieses Problem kann jedoch nicht einfach durch eine *Good Governance,* also durch eine bessere Regierungspraxis, überwunden werden, wie politikberatend häufig unterstellt wird.

In Kap. 6.1. und 6.2. ist dargelegt worden, dass Staatlichkeit als „Verdichtung von Kräfteverhältnissen" verstanden werden kann. Der Staat ist nicht einfach eine neutrale, effizienz- und allgemeinwohlorientierte Steuerungseinrichtung. In seiner historischen Entwicklung ist er ein Herrschaftsmittel und -feld, dem durch Gegenbewegungen jedoch herrschaftsbeschränkende Funktionen eingeschrieben werden können. Eine echte Hegemonie (was Legitimation impliziert) kann ein Staat nur ausbilden, wenn er ausgleichende soziale und vermittelnde Aufgaben übernimmt – wie es für den europäischen Wohlfahrtsstaat der Nachkriegszeit kennzeichnend war. Diese besondere Form des Staates war jedoch Ausdruck einer Kräftekonstellation: Die Forderungen von sozialen Bewegungen, vor allem von Gewerkschaften, die politische Konkurrenz mit dem Ostblock, die spezifische Situation nach 1945 – all das wirkte sich auf den Charakter des westeuropäischen Staates aus.

Einem peripheren Staat wie Kolumbien sind sehr viel engere Grenzen gesetzt, um integrative, soziale oder rechtsstaatliche Funktionen auszubilden. Dem entgegen wirken u.a. die Stärke, Gewaltbereitschaft und Korrumpiertheit postkolonialer Machtgruppen, die Profitinteressen transnationaler Unternehmen (die von billigen Löhnen, deregulierten Arbeitsmärkten und einer offen gewerkschaftsfeindlichen Rechtspraxis profitieren), imperiale Eingriffe vor allem der Führungsmacht USA, die geringen fiskalpolitischen Spielräume in einer wenig industrialisierten, tendenziell abhängigen Ökonomie etc. Diese Einwände sind nicht so zu interpretieren, dass in Kolumbien kein anderer Staat möglich wäre. Tatsächlich könnte eine traditionelle Oberschicht durch eine Landreform geschwächt werden, was auch Demokratisierungsprozesse erleichtern würde. Durch Reformen der Arbeitsgesetzgebung könnten Tagelöhner und Scheinselbständige eine gewisse Verhandlungsmacht erhalten, um eine equitativere Einkommensverteilung durchzusetzen. Durch eine unabhängigere Politik gegenüber den USA und einer stärkeren Besteuerung beispielsweise der Erdöl- und Bergbaukonzerne könnte Kolumbien eigene Entwicklungspläne – jenseits der Freihandelsdoktrin – formulieren und Programme zur Armutsbekämpfung auflegen.

Ein solcher Politikwechsel würde jedoch den erbitterten Widerstand derjenigen Akteure provozieren, die von den heutigen Verhältnissen profitieren. Die Umstellung der ökonomischen Regulation würde vorübergehend zu größerer Instabilität führen. Aus der *Failing-State*-Perspektive stellt sich die Situation somit paradox dar: Die Herausbildung einer legitimeren Staatlichkeit würde einen gesellschaftlichen und politischen Bruch implizieren, wie er in den lateinamerikanischen Nachbarstaaten Ecuador, Bolivien und Venezuela in den vergangenen Jahren mit widersprüchlichen – teilweise interessanten, teilweise auch sehr ernüchternden – Ergebnissen versucht worden ist. Eine Staatlichkeit, die normativen Ansprüchen gerechter wird, scheint in Kolumbien ein geradezu revolutionäres Projekt zu sein. Sie durchzusetzen, bedeutet den existierenden Staat grundlegend in Frage zu stellen und somit instabilisierend zu wirken.

Der Debatte um „Governance in Räumen beschränkter Staatlichkeit" (vgl. Risse/ Lehmkuhl 2006, Ladwig et al. 2007, Schuppert 2008) kann man nun nicht vorwerfen, einfach die Stärkung des herrschenden Gewaltmonopols zu befürworten. Regieren wird in Westeuropa (anders als zuletzt von der Bush-Administration in Washington) vor allem als weichter Prozess verstanden, der den Betroffenen auch sozialen Nutzen und politische Beteiligung bringen soll. Doch auch eine weniger aggressive Interpretation des imperialen Einwirkens auf periphere Staaten und Gesellschaften beinhaltet jenen prinzipiellen Widerspruch: In Konflikten wie in Kolumbien geht es nicht in erster Linie um Staatsstabilität, sondern um sich widersprechende politische und soziale Projekte. Die extrem aggressive Durchsetzung des Gewaltmonopols und die Errichtung einer medial gestützten herrschaftlichen Hegemonie – eine Politik, wie sie die Regierung Uribe verfolgt – läuft auf eine Art Friedhofsruhe hinaus. Die eigentliche Herausforderung lautet, wie Staat und Ökonomie so verändert werden können, dass vor allem die bislang marginalisierten 50 Prozent Armen gesellschaftlich teilhaben können.

An dieser Stelle zeigt sich, dass der Demokratie- und Rechtsstaatsdiskurs der *Failing-States*-Debatten häufig auf Rhetorik hinausläuft. Partizipation, Demokratie und Rechtsstaatlichkeit in einem umfassenden Sinne mussten historisch stets *auch* erkämpft worden – das gilt für Westeuropa genauso wie für Staaten der Peripherie. In Lateinamerika zeigt sich das Problem heute mit besonderem Nachdruck. Die Inklusion sozial oder ethnisch marginalisierter Gruppen (die zusammengezählt meist die Mehrheit der Bevölkerung ergeben) ist ohne politischen Bruch im und mit dem Staat kaum möglich. In Bolivien manifestiert sich dieser Clash von Transformation und Status Quo im Widerstand der wohlhabenden, überwiegend weißen Ostprovinzen des Landes, in Venezuela in den Umsturzversuchen des Erdölmanagements bei PDVSA 2002[2]. Die robusten Staaten Nordamerikas und Westeuropas, die Münkler (2002a) als Garanten globaler Sicherheit ausmacht, haben in den vergangenen Jahren derartige Transformationsvorhaben – aus ökonomischen Gründen – zum Teil offen bekämpft.

---

2 Mit diesem Hinweis soll keine Bewertung darüber abgegeben werden, ob die Transformationsprojekte in Venezuela und Bolivien tatsächlich zu einer größer Partizipation, einer gerechteren Verteilung von Einkommen und einer effizienteren staatlichen Verwaltung führen werden. In Venezuela klafft zwischen Anspruch und Wirklichkeit eine gewaltige Lücke. Die Korruption ist ausgeprägt wie eh und je, gesetzlich verankerte Partizipationsmöglichkeiten werden in der Praxis häufig von Staatsfunktionären blokkiert. Der brasilianische Weg des PT-Präsidenten Lula, der politische Brüche vermieden hat und häufig als positives Gegenbeispiel zum skandalträchtigen Hugo Chávez herangezogen wird, hat die Probleme Reichtumskonzentration und Demokratiedefizit allerdings noch weniger lösen können als sein venezolanischer Amtskollege. Die Regierung Lula hat sich darauf beschränkt, den politischen und ökonomischen Status Quo zu verwalten. Wer die sozialen Kontraste in Brasilien kennt, wird bestätigen, dass es sich bei diesem Zustand (der extremsten Reichtumskonzentration Lateinamerikas) um einen Skandal handelt.

Zum Abschluss dieser Arbeit sollte betont werden, dass Kolumbiens jüngere Geschichte trotz des dargestellten Schreckens nicht nur als Drama verstanden werden darf. Das Land beweist auch, dass sich selbst gegen eine entfesselte Repression Widerstandsformen praktizieren lassen. Anders als in den meisten Bürgerkriegsländern Lateinamerikas sind die sozialen Bewegungen in Kolumbien auch nach 30 Jahren „schmutzigem Krieg" nicht völlig zerstört. Besonders in den Konfliktregionen existieren nach wie Kleinbauernorganisationen, Genossenschaftsnetzwerke und Menschenrechtsgruppen. Afrokolumbianische Gemeinden haben die landesweite Koordination *Proceso de Comunidades Negras* aufgebaut und widersetzen sich der Vertreibung zugunsten einer exportorientierten Landwirtschaft. Im ostkolumbianischen Arauca unterhalten die Bewohner der 40.000-Einwohnerstadt Saravena ein von der Bevölkerung selbst aufgebautes und basisdemokratisch verwaltetes Wasserunternehmen. Mit Unterstützung der ELN-Guerilla haben Bauernorganisationen in der Region bereits in den 1980er Jahren erfolgreich eine Landreform durchgesetzt, unterhalten Genossenschaften und praktizieren in Dörfern Formen des Bürgerhaushaltes. In der Erdölstadt Barrancabermeja trotzt die Gewerkschaft USO Attentaten und Morddrohungen; in den Armenvierteln der Stadt hat die Frauenorganisation *Organización Femenina Popular* ein Netz von Armenküchen eingerichtet, das als organisatorischer Anlaufpunkt dient. Im südwestkolumbianischen Cauca experimentieren Kleinbauern und Indigene mit ökologischer Landwirtschaft und kommunaler Selbstverwaltung. In Nordwestkolumbien kehren Vertriebene, unterstützt von der linkschristlichen Organisation *Justicia y Paz*[3], in Dörfer zurück und verteidigen ihre Landtitel. An den Protesten der „Bewegung der Opfer staatlicher Gewalt" (MOVICE) haben sich im März 2008 trotz massiver Drohungen Hunderttausende beteiligt.

Trotz aller Massaker, Vertreibungen, Folterungen und Morde ist es also offensichtlich nicht gelungen, die Vorstellung einer alternativen Gesellschaft vollständig auszulöschen. Als herrschaftliches Stabilisierungsprojekt ist der paramilitärische Krieg in Kolumbien weitgehend geglückt: Die latente Krise der 1980er Jahre wurde überwunden. Als politisches Transformationsprojekt hingegen ist der Paramilitarismus unvollendet geblieben. Anders als etwa in Guatemala, wo staatlicher Terror ein Klima völliger Einschüchterung etablierte, widersetzen sich in Kolumbien soziale Bewegungen und indigene Gemeinschaften bis heute dem aufgezwungenen Modell.

---

3. Nicht zu verwechseln mit dem gleichnamigen Gesetz der Uribe-Regierung.

Quellen

Amnesty International (1994): *Politische Gewalt in Kolumbien*, Bonn

Amnesty International (2001): *Stroking the Fire of conflict*, (http://web.amnesty.org/web/ttt.nsf/june2001/colombia), 11.1.2005

Amnesty International (2002): *Colombia – Human Rights and USA military Aid to Colombia*, (http://www.amnesty.org/en/alfresco_asset/ca5f38e1-a3ad-11dc-9d08-f145a8145d2b/amr231222002en.pdf), 17.12. 2007

Amnesty International (2003): *Kolumbien-Jahresbericht 2003*, (http://www2.amnesty.de/internet/deall.nsf/0/e10aa9e7be902febc1256d3200445037?OpenDocument), 17.12.2007

Amnesty International (2004): *Colombia: Un laboratorio de guerra: Represión y violencia en Arauca*, (http://web.amnesty.org/library/Index/ESLAMR230042004), 7.1.2005

ATTAC-Schweiz/Arbeitsgruppe Schweiz-Kolumbien/IG Bau und Industrie (2004): *Stellungnahme zum Brief der Nestlé AG vom 8.1.2004*, (http://www.evb.ch/cm_data/public/Nestl%C3%A9%20Award%20Nominierung_Kolumbien_Beilage_b.pdf), 23.3.2007

Azzellini, Dario (2002): *Interview mit einem Gewerkschafter von SINALTRAINAL*, (http://www.labournet.de/internationales/co/cc-dario.html), 20.8.2008

Baez de la Serna, Ernesto (eigentlich Ivan Duque) (2002): *„Las verdaderas intenciones de los paramilitares"*, (http://www.colombialibre.org/detalle_col.php?banner=1&id=269), 15.3.2007

Bloque Metro – Frente Urbano Rafael Uribe Uribe (vermutlich 2003): *La corrupción en Medellín*, Medellín (auch unter: http://doblecero.blogspirit.com/archive/2007/03/30/el-general-montoya-no-fue-acusado-por-el-b-m.html, 14.1. 2008)

Caycedo Turriago, Jaime (2008): *Paramilitarismo en Bogotá, ¿Realidad o ficción? – Concejo de Bogotá Sesión 11 de julio 2008*, Bogotá

Center for International Policy (2001): *U.S. Contractors in Colombia*, (http://www.ciponline.org/colombia/contractors.htm), 18.2.2008

Chiquita Brands (2007): *Chiquita Statement on Agreement with Departement of Justice*, (http://www.chiquita.com/announcements/Releases/PR070314a.asp), 23.7.2007

CIA (1963): *KUBARK Counterintelligence Interrogation*, (http://www.gwu.edu/%7Ensarchiv/NSAEBB/NSAEBB122/index.htm#hre), 31.1.2008

CIA (1983): *Human Resources Exploitation Manual*, (http://www.gwu.edu/%7Ensarchiv/NSAEBB/NSAEBB122/index.htm#hre), 31.1.2008

Colectivo de Abogados José Alvear Restrepo/CREDHOS (1999): *Hoy, como ayer, Persistiendo por la Vida. Redes de intelegencia y exterminio en Barrancabermeja*, Bogotá

Colectivo de Abogados José Alvear Restrepo (2007a): *Acusación contra la Transnacional DynCorp. Tribunal Permanente de los Pueblos. Audiencia sobre Biodiversidad*, Bogotá

Colectivo de Abogados Jose Alvear Restrepo (2007b): *Condenados Paramilitares implicados en el atentado contra Wilson Borja*, (http://www.colectivodeabogados.org/article.php3?id_article=1041), 17.12. 2007

Colectivo de Abogados Jose Alvear Restrepo (2008): *Los directivos de Chiquita Brands International – Totalmente identificados,* Bogotá

Colombia Nunca Mas (2001): *Crimenes de lesa humanidad, Zona 14, 1966 ... Tomo I,* (http://www.derechos.org/nizkor/colombia/libros/nm/z14I), 14.11. 2007

Comisión Colombiana de Juristas (2004): *La masacre de los 19 comerciantes. Sentencia de la Corte Interamericana. La responsabilidad del Estado colombiano frente al paramilitarismo,* Bogotá

Comisiòn Colombiana de Juristas (2008a): *Boletín No 27. Serie sobre los derechos de las víctimas y la aplicación de la Ley 975 – „Todas las Convivir eran nuestras",* Bogotá

Comisión Colombiana de Juristas (2008b): *„Urra 2", una amenaza mortal para el pueblo indígena Embera-Katío del alto Sinú,* Bogotá

Comisión de Verificación sobre la situación de niñas y niños en Arauca (2004): *Informe,* Bogotá

Comisión Interamericana de Derechos Humanos (1997): *Informe No 5/97 – Caso 11.227 (Sobre Admisibilidad). Colombia,* (http://www.reiniciar.org/drupal/?q=node/98), 10.7.2008

Comisión Interamericana de Derechos Humanos (1999): *Tercer Informe sobre la Situación de los Derechos Humanos en Colombia,* (http://www.hchr.org.co/documentoseinformes/documentos/html/informes/osi/cidh/CIDH%203er%20Informe%20Colombia%20capitulo-4e.html), 21.7.2008

Comisión Interamericana de Derechos Humanos (2001): *Caso 11.654. Masacre de Riofrío,* (http://www.acnur.org/pais/docs/146.pdf), 14.12. 2007

Comisión Intereclesial de Justicia y Paz (2006): *La Danza de la Muerte paramilitar en El Salado,* (http://www.colectivodeabogados.org/article.php3?id_article=456), 12.2.2008

Comité de Santa Fé (1989): *Documento Santa Fe II – Una estrategia para América Latina en la década de 1990,* Bogotá

Congreso de Colombia (2006): *Proyecto de Ley Plan Nacional de Desarrollo e Inversiones «Estado Comunitario Desarrollo para Todos" 2006-2010,* (www.elespectador.com/elespectador/Recursos/Imagenes/Ejemplos/Plan.pdf), 19.3.2007

Contraloría General de la República (2002): *Realidad de la deuda externa en el Sector Defensa y Seguridad,* Bogotá

Corporación Observatorio para la Paz (2002): *Las verdaderas intenciones de los paramilitares,* Bogotá

Corte Interamericana de Derechos Humanos (2005): *Caso de la „Masacre de Mapiripán" vs. Colombia. Sentencia de 15 de Septiembre 2005,* (http://www.corteidh.or.cr/seriecpdf/seriec_134_esp.pdf), 29.5. 2006

Corte Interamericana de Derechos Humanos (2007): *Caso de la Masacre de La Rochela Vs. Colombia,* (http://www.corteidh.or.cr/docs/casos/articulos/seriec_163_esp.pdf), 14.12.2007

CUT/CTC/CPC (2007): *Las Libertades Sindicales en Colombia,* (http://www.bwint.org/pdfs/LibertadesColombia.pdf), 20.3.2007

Departement of the Army Headquarters – United States Army Medical Command (2006): *Memorandum for Commanders 06-029,* (http://content.nejm.org/cgi/data/359/11/1090/DC1/1), 15.9.2008

DeRienzo, Paul (1991): *Interview with Alfred McCoy*, (http://pdr.autono.net/mccoy.htm), 12.8.2008

DIA – Defense Intelligence Agency (1991): *Intelligence Report – Colombia*, (http://www.gwu.edu/~nsarchiv/NSAEBB/NSAEBB131/index.htm), 10.7.2008

Exodo Nr.5 (1999), *Displaced communities of Chocó: as far as the last corpse, as far as the last exile* (http://colnodo.apc.org/home/gad/gad03-memory.html), 1. 6. 1999.

FARC (1992): *Dialogos, Dialogos, Dialogos, Tomo I*, Kolumbien

Federación Internacional de Derechos Humanos (2002): *¿Hacia dónde va el Estado Colombiano*, Bogotá

Fiscalía de la República (2002): *Dos acusados por atentado a Wilson Borja*, (http://www.fiscalia.gov.co/pag/divulga/Bol2002/mayo/bol154.htm), 7.1. 2003

Fourth Generation Seminar (2007): *FMFM 1-A. Fourth Generation War (Draft)*, (http://www.d-n-i.net/fcs/pdf/fmfm_1-a.pdf), 17.11. 2007

Fundación CEPS (2006): *Colombia. Un país formal y otro real*, Valencia

Fundación Comité de Solidaridad con los Presos Políticos (2004): *Tortura en tiempos de «seguridad democrática"*, Bogotá

Gaitán, Gloria (2004): *Un mismo paramilitarismo encubierto: Los „pájaros" de Chulavita y los „soldados campesinos" de Colanta*, (http://www.aporrea.org/actualidad/a7737.html), 8.8.2008

Grimmett, Richard/Sullivan, Mark (2000): *U.S. Army School of the Americas. Background and Congressional Concerns*, Washington

Kommission der Europäischen Gemeinschaften (2004): *Regelmäßiger Bericht über die Fortschritte der Türkei auf dem Weg zum Beitritt*, (http://europa.eu.int/comm/enlargement/report_2004/pdf/rr_tr_2004_de.pdf), 11.1. 2005

Hitz-Report (1998a): *Central Intelligence Agency. Office of Inspector General Investigations Staff. Report of Investigation: Allegations of Connections Between CIA and The Contras in Cocaine Trafficking to the United States: Volume I: The California Story*, (https://www.cia.gov/library/reports/general-reports-1/cocaine/report/index.html), 20.1.2008

Hitz-Report (1998b): *Central Intelligence Agency General Inspector. Report of Investigation. Allegations of connections between CIA and the Contras in cocaine trafficking to the United States* (https://www.cia.gov/library/reports/general-reports-1/cocaine/contra-story/contents.html), 18.1.2008

Human Rights Watch (1996): *Las Redes de Asesinos de Colombia. La asociación militar-paramilitares y Estados Unidos*, (http://www.hrw.org/spanish/informes/1996/colombia2.html#N_9_), 19.4.2006

Human Rights Watch (1998): *War without Quarter. Colombia and International Humanitarian Law*, New York/Washington/London/Brussels

Human Rights Watch (1999): *Informe anual sobre la situación de los derechos humanos en el mundo – Colombia*, (http://www.hrw.org/spanish/inf_anual/1999/americas/colombia2.html), 1.8.2008

Human Rights Watch (2000): *Los Lazos que unen. Colombia y las Relaciones Militares-Paramilitares*, (http://www.hrw.org/spanish/informes/2000/colombia_lazos2.html), 10.6.2006

Human Rights Watch (2001): *The Sixth Division. Military-paramilitary ties and U.S. policy in Colombia,* New York/Washington/London/Brüssel

Human Rights Watch (2002): *HRW Disputes State Departement Certification,* (http://www.hrw.org/press/2002/05/colombia0516.htm), 1.4.2008

ICFTU – International Confederation of Free Trade Unions (2002): *Anti-union repression is still on rise worldwide,* (http://www.icftu.org/displaydocument.asp?Index=991216167&Language=EN), 4. 1. 2003

ILO (1998): *Informe de la Comisión de Aplicación de Normas* (http://www.ilo.org/public/spanish/standards/relm/ilc/ilc86/com-apd3.htm), 4.1.2003

ILO (2002): *derechos.humanos@trabajo,* (http://www.ilo.org/public/spanish/region/ampro/cinterfor/temas/worker/doc/period/actr402.htm), 4.1. 2003

ILO – Committee on Freedom of Association Report (1999): *Case Colombia. Report No. 314,* (http://webfusion.ilo.org/public/db/standards/normes/libsynd/LSGetParasBy-Case.cfm?PARA=925&FILE=1787&hdroff=1&DISPLAY=ANNEX), 1.9.2008

Impunidad Nunca Más (2001): *El caso Jaime Garzón. Periodista y humorista,* (http://www.impunidad.com/index.php?showreporte=44&pub=109&idioma=sp), 18.8.2008

Instituto Popular de Capacitación (2007a): *En Operación Orión sí hubo coordinación entre autoridades y „paras": desmovilizados,* (http://www.ipc.org.co/page/index.php?option=com_content&task=view&id=901&Itemid=368), 12.1.2008

Instituto Popular de Capacitación (2007b): *Finca „La Mundial", un predio presidencial que también deja dudas,* (http://www.ipc.org.co/page/index.php?option=com_content&task=view&id=945&Itemid=368), 20.12.2007

Kennedy, Joseph (Rep.) (1997): *Report on the School of the Americas. Congressional Reports,* (http://www.fas.org/irp/congress/1997_rpt/soarpt.htm), 31.1.2008

Kent, Thomas (2004): *Memorandum. Operation Snowplow – Dissemination of Information on corruption within the DEA and the mishandling of related investigations by OPR to the Public Integrity Section,* (http://www.narconews.com/docs/ThomasKentMemo.pdf), 10.9.2008

Kerry, John (Sen.)/Brown, Hank (Sen.) (1992): *The BCCI Affair – A Report to the Committee on Foreign Relations, United States Senate, December 1992, 102d Congress, 2d Session, Senate Print 102-140,* (http://www.fas.org/irp/congress/1992_rpt/bcci), 4.1.2003

Kreger, Regina (2005): *Urrá and the Embera Katío. ICE case studies August 2005,* (http://www.american.edu/ted/ice/urra.htm), 1.9.2008

La Terraza (2000): *Carta al Presidente Andrés Pastrana* (Kopie), Medellín, (einsehbar unter: http://www.tlahui.com/politic/politi01/politi11/co11-5.htm), 10.9.2008

Marks, Jonathan/Bloche, Gregg (2005): Doctors and Interrogators at Guantanamo Bay, in: *The New England Journal of Medecine, Volume 353,* (http://content.nejm.org/cgi/content/full/353/1/6), 15.9.2008

Marks, Jonathan/Bloche, Gregg (2008): The Ethics of Interrogation — The U.S. Military's Ongoing Use of Psychiatrists, in: *The New England Journal of Medicine, Volume 359,* (http://content.nejm.org/cgi/content/full/359/11/1090), 15.9.2008

MPRI (2000): *Pentagon pays retired brass to evaluate Colombian military,* (http://www.mpri.com), 3.3.2001

Negrete Barrera, Víctor (2007): *¿Hidroeléctrica de Urrá II? El ejemplo de Urrá I y la situación actual no lo aconsejan*, (http://www.senadorrobledo.org/files/sobre_urra_david_navarrete.pdf), 1.9.2008

Noche y Niebla (2003): *Comuna 13, la otra versión*, Bogotá

Noche y Niebla (2004): *Deuda con la Humanidad. Paramilitarismo de Estado en Colombia 1988-2003. Banco de Datos de Violencia Política*, Bogotá (einsehbar unter: http://www.nocheyniebla.org/casotipo/deuda/1988.pdf ... bis 2003.pdf), 11.1.2005

Noche y Niebla/CREDHOS (2004): *Barrancabermeja, la otra versión. Paramilitarismo, control social y desaparición forzosa 2000-2003*, Bogotá

Observatoire Géopolitique de Drogues (1996): *The World Geopolitics of Drugs 1994/95*, (http://www.ogd.org/rapport/gb/RP12_1_COLOMBIE.html), 9.3.2004

Observatoire Géopolitique de Drogues (1998): *The World Geopolitics of Drugs 1996/97*, (http://www.ogd.org/98rapport/gb/p7.zip), 9.3.2004

Observatoire Géopolitique de Drogues (2000): *The World Geopolitics of Drugs 1998/99*, (http://www.ogd.org/2000/en/ogd99_5en.pdf), 9.3.2004

Observatorio de Multinacionales en América Latina/CEDINS (2006): *Colombia en el Pozo. Los Impactos de Repsol en Arauca*, Madrid

Observatorio Social de Empresas Transnacionales, Megaproyectos y Derechos Humanos (2008): *Las huellas del capital transnacional en Colombia. Estudios de tres casos : Nestlé, Cerrejón LLC y British Petroleum*, Bogotá

OEA – Organización de Estados Americanos (2003): *Informe de la Secretaría General de la Organización de Estados Americanos sobre el desvío de armas nicaragüenses a las Autodefensas Unidas de Colombia*, (http://www.oas.org/OASpage/NI-COarmas/NI-COE-sp3687.htm), 23.3.2007

OMCT – Organización Mundial contra la Tortura (2004): *Violencia estatal en Colombia. Un informe alternativo presentado al comité contra tortura de las Naciones Unidas*, Genf

Organización Femenina Popular (2004): *Afectos y efectos de la guerra en la mujer desplazada*, Barrancabermeja/Colombia

Organización Política A Luchar (1989): *20 Nuevas preguntas sobre el Petróleo*, Bogotá

Pérez, Luis Guillermo/Reis, Bettina (1998): *Gegen das Vergessen – Zeugnisse von Menschenrechtsverletzungen in Kolumbien*, Aachen

Pérez, Luis Guillermo/Colectivo de Abogados José Alvear Restrepo (1997): *Colombia. La impunidad al orden del día*, (http://www.derechos.org/koaga/iii/2/perez.html), 23.4.2006

Pérez, Luis Guillermo/Colectivo de Abogados José Alvear Restrepo (2002): *Guerra Sucia y Paramilitarismo en Colombia*, (http://www.colectivodeabogadosjar.org/DESC/GUERRASUCIAYPARAMILITARISMOENCOL.htm), 4. 1. 2003

Petro, Gustavo (2003): *Indulto a paramilitares*, (http://www.colectivodeabogados.org/article.php3?id_article=118), 8.8.2008

Petro, Gustavo (2005): *El Paramilitarismo en Sucre. Discurso pronunciado por el Representante a la Cámara Gustavo Petro* (Draft), Bogotá

PNUD – Programa de las Naciones Unidas para el Desarrollo (2003): *El Conflicto, callejón con salida. Informe nacional de desarrollo humano*, Bogotá

Presidencia de la República de Colombia (1999): *Plan Kolumbien. Plan für Frieden, Wohlstand und Stärkung des Staates,* Berlin

Rütsche, Bruno (2007): Israelisch-kolumbianischer Waffendeal mit Beteiligung Chiquitas, in: *Arbeitsgruppe Schweiz-Kolumbien. Monatsberichte,* (http://www.askonline.ch/monatsberichte/mb.11.10.07.pdf), 8.2.2008

Sentencia Mapiripán (2003): *Sentencia Condenatoria por la Masacre de Mapiripán. Juzgado Segundo Penal del Circuito Especializado de Bogotá D.C., (http://www.derechos.org/nizkor/colombia/doc/mapiripan.html), 14.2.2008*

State Failure Task Force (2000): *Report Phase III,* (http://www.cidcm.umd.edu/inscr/stfail/SFTF%20Phase%20III%20Report%20Final.pdf), 10. 1. 2005

Subcomittee on Terrorism, Narcotics and International Operations of the Committee on Foreign Relations United States Senate (1988): *Drugs, Law Enforcement and Foreign Policy,* Washington

TPP – Tribunal Permanente de los Pueblos (2006): *Sesión sobre Empresas Transnacionales y Derechos de los Pueblos en Colombia. Primera audiencia. Empresas Agroalimentarias, Dictamen del Jurado,* Bogotá

Tribunal Internacional de Opinión (1999): *Fallo del Tribunal – Barrancabermeja,* (http://www.derechos.org/nizkor/colombia/doc/opinion.html), 29.5. 2006

UNHCR – ACNUR (2003): *La impunidad de chequera de Colombia,* (http://www.acnur.org/index.php?id_pag=1800), 17.7.2008

Unión Camilista Ejército de Liberación Nacional (1989): *Poder Popular y Nuevo Gobierno,* Kolumbien

United States Court of Federal Claims (2007): *Case Baruch Vega vs. United States,* (http://narcosphere.narconews.com/userfiles/70/Vega.Complaint.pdf), 10.9.2008

United States of America Merit Systems Protection Board. Atlanta Regional Office (2004): *Case David Tinsley vs. Departement of Justica,* (http://narcosphere.narconews.com/userfiles/70/Judge_s.ruling.pdf), 10.9.2008

United Steel Workers of America/International Labor Rights Fund (2001): *Complaint against Coca Cola (Case Gil),* (http://www.laborrights.org/projects/corporate/coke/COKEFINComplaint.pdf), 4.1.2003

United Steel Workers of America/International Labor Rights Fund (2002): *Complaint against Drummond,* (http://www.laborrights.org/projects/corporate/drummond/DrumComplaintFINAL1.pdf), 22.3.2007

United Steel Workers of America/International Labor Rights Fund (2006): *Complaint against Coca Cola (Case Munera),* (http://www.tmcrew.org/killamulti/cocacola/dossier/MuneraCom.pdf), 23.2.2008

Universidad del Rosario – Cooperación Internacional para el Desarrollo Andino (2004): *Monitoreo Mensual Colombia. Octubre 2004,* (http://www.cooperacioninternacional.com/descargas/monitoreooctubre04.pdf), 21.8.2008

Uribe Vélez, Álvaro (2001): *Manifiesto Democrático – 100 Puntos Álvaro Uribe Vélez,* (http://www.mineducacion.gov.co/1621/articles-85269_archivo_pdf.pdf), 19.12.2007

US Departement of Justice (1997): *OIG Special Report. The CIA-Contra-Crack Cocaine Controversy. A Review of the Justice Departements Investigations and Prosecutions,* (http://www.usdoj.gov/oig/special/9712/), 24.1.2008

US State Departement (2002): *Panorama de Violencia* (http://usinfo.state.gov/products/pubs/humantoll/espanol/violence.htm), 4.1.2003

USO – Unión Sindical Obrera (1999): *British Petroleum en guerra contra los sindicatos,* Bogotá

Literatur

Agamben, Giorgio (2001): *Mittel ohne Zweck. Noten zur Politik,* Berlin

Agamben, Giorgio (2002): *Homo sacer – Die souveräne Macht und das nackte Leben,* Frankfurt/Main

Agamben, Giorgio (2003): *Was von Auschwitz bleibt – Das Archiv und der Zeuge,* Frankfurt/Main

Agamben, Giorgio (2004): *Ausnahmezustand,* Frankfurt/Main

Agudelo Villa, Hernando (1998): *La Vuelta del Péndulo. El colapso del modelo neoliberal en Colombia,* Bogotá

Ahumada, Consuelo (1996): *El modelo neoliberal y su impacto en la sociedad colombiana,* Bogotá

Ahumada, Consuelo (2000): Una década en reversa, in: Ahumada, C./Caballero, A./Castillo Cardona, C./Guhl, E./Molano, A./Posada Carbó, E.: *Qué está pasando en Colombia? Anatomía de un país en crisis,* Bogotá

Alape, Arturo (1980): *Un día de septiembre – testimonios del paro cívico,* Bogotá

Alape, Arturo (1983): *El Bogotazo: Memorias del Olvido,* La Habana

Alape, Arturo (1998): *Las muertes de Tirofijo,* Bogotá

Alape, Arturo (2000): *Sangre Ajena,* Bogotá

Alonso, Manuel Alberto (1997): *Conflicto armado y configuración regional – el caso del Magdalena Medio,* Medellín

Altmann, Werner/Fischer, Thomas/Zimmermann, Klaus (Hg.) (1997): *Kolumbien heute,* Frankfurt

Altvater, Elmar (1992a): *Die Zukunft des Marktes,* Münster

Altvater, Elmar (1992b): *Der Preis des Wohlstands oder Umweltplünderung und neue Welt(un)ordnung,* Münster

Altvater, Elmar (2005): *Das Ende des Kapitalismus wie wir ihn kennen. Eine radikale Kapitalismuskritik,* Münster

Altvater, Elmar/Mahnkopf, Birgit (1997): *Grenzen der Globalisierung. Ökonomie, Ökologie und Politik in der Weltgesellschaft,* Münster

Altvater, Elmar/Mahnkopf, Birgit (2002): *Globalisierung der Unsicherheit. Arbeit im Schatten, schmutziges Geld und informelle Politik,* Münster

Altvater, Elmar/Mahnkopf, Birgit (2007): *Konkurrenz fürs Empire,* Münster

Ambos, Kai (1993): *Die Drogenkontrolle und ihre Probleme in Kolumbien, Peru und Bolivien*, Freiburg i. Br.

Ambos, Kai (1994): *Drogenkrieg in den Anden – Rahmenbedingungen und Wirksamkeit der Drogenpolitik in den Anbauländern mit Alternativen*, München

Ambos, Kai (1997): Der Drogenhandel in Kolumbien; in: Altmann, Werner et al.: *Kolumbien heute*, Frankfurt/Main

Amendt, Günter (1996): Zur Ausbreitung von Crack in den USA, in: konkret 11/96, Hamburg

Anderson, Perry (1979): *Die Entstehung des absolutistischen Staates*, Frankfurt/Main

Aponte, Alejandro (2004): *Krieg und Feindstrafrecht. Überlegungen zum „effizienten" Feindstrafrecht anhand der Situation in Kolumbien*, Baden-Baden

Aranguren Molina, Mauricio (2001): *Mi confesión. Carlos Castaño revela sus secretos*, Bogotá

Archila Neira, Mauricio (vermutlich 2007): *Masacre de las bananeras*, (http://www.colombialink.com/01_INDEX/index_historia/07_otros_hechos_historicos/0180_masacre_bananeras.html), 7.7.2008

Arendt, Hannah (1968): *Über die Revolution*, Frankfurt/Main

Aretxaga, Begoña (2000): A Fictional Reality. Paramilitary Death Squads and the Construction of State Terror in Spain, in: Sluka, J. (Hg.): *Death Squad. The Anthropology of State Terror*, Philadelphia

Arquilla, John/Ronfeldt, David (2000): *Swarming & The Future of Conflict*, (http://www.rand.org/pubs/documented_briefings/2005/RAND_DB311.pdf), 18.11. 2007

Arrighi, Giovanni (2003): Entwicklungslinien des Empire: Transformationen des Weltsystems, in: Atzert, Thomas et. al. (Hg.): *Kritik der neuen Weltordnung*, Berlin

Asamblea Permanente de la Sociedad Civil por la Paz (2004): *Terminar la Guerra, pactar la Paz*, Bogotá

Atanassow, Peter (2003): *La Zona*, (Dokumentarfilm)

Atzert, Thomas/Müller, Jost (Hg.) (2003): *Kritik der neuen Weltordnung. Globalisierung, Imperialismus, Empire*, Berlin

Azzellini, Dario/Kanzleitner, Boris (Hg.) (2003): *Das Unternehmen Krieg – Paramilitärs, Warlords und Privatarmeen als Akteure der Neuen Kriegsordnung*, Berlin/Hamburg/Göttingen

Balibar, Étienne/Kittler, Friedrich A./Van Creveld, Martin (2003): *Vom Krieg zum Terrorismus? Mosse-Lectures Winter 2002/2003*, Berlin

Balke, Friedrich (1997): *Gilles Deleuze. Eine Einführung*, Frankfurt/Main

Balke, Friedrich (2003): Regierbarkeit der Herzen. Über den Zusammenhang von Politik und Affektivität bei Carl Schmitt und Spinoza, in: Brokoff, J./Fohrmann, J. (Hg.): *Politische Theologie. Formen und Funktionen im 20. Jahrhundert*, Paderborn/München/Wien/Zürich

Balke, Friedrich/Vogl, Joseph (1996): *Gilles Deleuze. Fluchtlinien der Philosophie*, München

Barzel, Yoram (2002): *A Theory of the State. Economic Rights, Legal Rights and the Scope of the State*, Cambridge (UK)/New York (USA)

Becker, David (1992): *Ohne Hass keine Versöhnung. Das Trauma der Verfolgten*, Freiburg

Becker, David (2006): *die erfindung des traumas – verflochtene geschichten*, Berlin

Becker, Jochen/Lanz, Stephan (2003): *Space//Troubles. Jenseits des guten Regierens: Schattenglobalisierung, Gewaltkonflikte und städtisches Leben*, Frankfurt/Main

Beisheim, Marianne/Fuhr, Harald (Hg.) (2008): *Governance durch Interaktion nicht-staatlicher und staatlicher Akteure. Entstehungsbedingungen, Effektivität und Legitimität sowie Nachhaltigkeit (SFB-Governance Working Paper Series Nr. 16)*, Berlin

Benjamin, Walter (1965): *Zur Kritik der Gewalt und andere Aufsätze*, Frankfurt/Main

Beristain, Carlos Martín/Riera, Francesc (1993): *Afirmación y Resistencia – la comunidad como apoyo*, Barcelona

Blum, William (2005): *Asesinando la esperanza*, Santiago de Cuba

Bourdieu, Pierre (1998): *Über das Fernsehen*, Frankfurt

Bowden, Mark (2001): *Killing Pablo*, Berlin

Braun, Olaf M. (2005): Carl Schmitt – eine deutsche Frage als Gestalt. Wege und Umwege einer Theorie und Rezeptionsgeschichte, in: *freischüßler 1/2005*, Berlin

Brecht, Bertolt (2001): *Mutter Courage und ihre Kinder*, Frankfurt/Main

Brokoff, Jürgen/Fohrmann, Jürgen (Hg.) (2003): *Politische Theologie. Formen und Funktionen im 20. Jahrhundert*, Paderborn/München/Wien/Zürich

Buckley-Zistel, Susanne (2008): *Transitional Justice als Weg zu Frieden und Sicherheit. Möglichkeiten und Grenzen (SFB-Governance Working Paper Series Nr. 15)*, Berlin

Butler, Judith (2001): *Psyche der Macht. Das Subjekt der Unterwerfung*, Frankfurt/Main

Butler, Judith (2005): *Gefährdetes Leben*, Frankfurt/Main

Butler, Judith/Laclau, Ernesto/Zizek, Slavoj (2000): *Contingency, hegemony, universality. Contemporary dialogues on the left*, London,

Caballero, Antonio (2000): Drogas: la guerra de la Dependencia, in: Ahumada, C./Caballero, A./Castillo Cardona, C./Guhl, E./Molano, A./Posada Carbó, E.: *Qué está pasando en Colombia? Anatomía de un país en crisis*, Bogotá

Camelo Bogotá, Alfredo (1998): Sucesos y Tendencias, in: *Deslinde No 23*, Bogotá

Cárdenas, Miguel Eduardo (1990): El sindicalismo colombiano. Papel institucional y propuesta para un replanteamiento, in: Herrera, Beethoven et al: *Sincicalismo en Colombia. Propuestas para un replanteamiento*, Bogotá

Cárdenas, Miguel Eduardo (1999): Colombia: un sindicalismo errante tantea su futuro, in : Arango, Luz Gabriela/López, Carmen Marina: *Globalización, apertura económica y relaciones industriales en América Latina*, Bogota

Carrigan, Ana (2001): El objetivo político paramilitar en Colombia, in: *Revista Worldwatch-Edición en español*, (*http://www.lainsignia.org/2001/septiembre/ibe_034.htm*), 12.2.2008

Castillo, Fabio (1987): *Los jinetes de la cocaína*, Bogotá

Çelik, Selahattin (1998): *Verbrecher Staat. Der 'Susurluk-Zwischenfall' und die Verflechtung von Staat, Unterwelt und Konterguerilla in der Türkei*, Köln

Chabal, Patrick/Daloz, Jean-Pascal (1999): *Africa Works. Disorder as political instrument*, Oxford

Chomsky, Noam (1992): *Deterring Democracy,* (http://www.zmag.org/Chomsky/dd/dd-contents.html), 6.2.2008

Clastres, Pierre (1976): *Staatsfeinde – Studien zur politischen Anthropologie,* Frankfurt/Main

Clausewitz, Carl von (1978): *Vom Kriege,* (editiert und kommentiert von Pickert, Wolf-gang/Ritter von Schramm, Wilhelm), Hamburg,

Colectivo Situaciones (2007): Gibt es eine neue „Regierungsform"?, in: Reithofer R./Krese, M./Kühberger, L. (Hg): *GegenWelten,* Graz

Conroy, Bill (2007a): *Colombian narco-trafficker's pending extradition puts „Kent Memo"* back in focus – Narconews, (http://narcosphere.narconews.com/node/1879), 14.9.2008

Conroy, Bill (2007b): *Bogotá DEA corruption allegations intersect with covert FBI, CIA activity in Colombia – Narconews,* (http://onlinejournal.com/artman/publish/article_620.shtml), 13.8.2008

Contreras, Joseph/Garavito, Fernando (2002): *Biografía no autorizada de Álvaro Uribe Vélez (El señor de las sombras),* Bogotá

Córdoba, Piedad/Morales Hoyos, Viviane/Acosta Medina, Amylkar (2000): *El Plan Colombia: escalamiento del conflicto social y armado,* Bogotá

Cruz Rodríguez, Edwin (2007): Los estudios sobre el paramilitarismo en Colombia, in: *análisis político no 60,* Bogotá

Cubides, Fernando (2001): From Private to Public Violence. The Paramilitaries, in: Bergquist, Charles/Peñaranda, Ricardo/Sánchez, Gonzalo (Hg.): *Violence in Colombia 1990-2000. Waging War and Negotiating Peace,* Lanham/USA

Cubides, Fernando (2005a): Narcotráfico y paramilitarismo: ¿Matrimonio indisoluble?, in: Rangel, A. (Hg.): *El poder paramilitar,* Bogotá

Cubides, Fernando (2005b): Santa Fe de Ralito: avatares e incongruencias de un conato de negociación, in: *análisis político no 53,* Bogotá

Dalton, Scott/Martínez, Margarita (2004): *La Sierra – Zum Killer geboren,* (Dokumentarfilm)

Daun, Anna (2003): Staatszerfall in Kolumbien, in: *Kölner Arbeitspapiere zur internationalen Politik Nr. 3/2003,* Köln

Davis, Diane/Pereira, Anthony (Hg.) (2003): *Irregular Armed Forces and their role in Politics and State Formation,* Cambridge

Davis, Mike (2004): *Die Geburt der Dritten Welt. Hungerkatastrophen und Massenvernichtung im imperialistischen Zeitalter,* Hamburg/Berlin

Davis, Mike (2007): *Die Geschichte der Autobombe,* Hamburg/Berlin

Daza, Enrique (2000): El plan Colombia: made in USA, in: *Deslinde No 26,* Bogotá

De Nooy, Gert (Hg.) (1997): *The Clausewitzian Dictum and The Future of Western Military Strategy,* Den Haag/NL

Deleuze, Gilles (1997): *Foucault,* Frankfurt/Main

Deleuze, Gilles/Foucault, Michel (1977): *Der Faden ist gerissen,* Berlin

Deleuze, Gilles/Guattari, Felix (1976): *Rhizom,* Berlin

Deleuze, Gilles/Guattari, Felix (1977): *Anti-Ödipus. Kapitalismus und Schizophrenie,* Frankfurt/Main

Deleuze, Gilles/Guattari, Felix (1992): *Tausend Plateaus. Kapitalismus und Schizophrenie II*, Berlin

Deleuze, Gilles/Parnet, Claire (1980): *Dialoge*, Frankfurt/Main

Delgado, Álvaro (2001): Las nuevas relaciones de trabajo en Colombia, in: Archila, Mauricio/Pardo, Mauricio: *Movimientos Sociales, Estado y democracia en Colombia*, Bogotá

Demirović, Alex (Hg.) (2001): *Komplexität und Emanzipation. Kritische Gesellschaftstheorie und die Herausforderung der Systemtheorie Niklas Luhmanns*, Münster

Demirović, Alex/Krebs, Hans-Peter/Sablowski, Thomas (Hg.) (1992): *Hegemonie und Staat. Kapitalistische Regulation als Projekt und Prozess*, Münster

Derrida, Jacques (1991): *Gesetzeskraft. Der mystische Grund der Autorität*, Frankfurt/Main

Diefenbach, Katja (2003): Just War. Neue Formen des Krieges. Polizeirecht, Lager, Ausnahmezustand, in: Becker, J./Lanz, S. (2003): *Space//Troubles. Jenseits des guten Regierens: Schattenglobalisierung, Gewaltkonflikte und städtisches Leben*, Frankfurt/Main

Diefenbach, Katja (2006): Die Ankunft der Polizei. Anmerkungen über Ausnahmezustand und Prekarität, in: *Fantomas – magazin für linke debatte und praxis Nr. 9*, Hamburg

Dilger, Gerhard (1996): *Kolumbien*, München

Dombois, Rainer (1997): Die Industrialisierung Kolumbiens; in: Altmann, Werner et al.: *Kolumbien heute, Frankfurt/Main*

Dombois, Rainer (1999): Tendencias en las transformaciones de las relaciones laborales en América Latina. Los casos de Brasil, Colombia y México, in: Arango, L./López, C. (Hg.): *Globalización, apertura económica y relaciones industriales en América Latina*, Bogota

Drüssel, Dieter (2003): Hightech mit Bodentruppen. DynCorp – ein globaler privater Gewaltkonzern, in: Azzellini, D./Kanzleitner, B. (Hg.): *Das Unternehmen Krieg. Paramilitärs, Warlords und Privatarmeen als Akteure der Neuen Kriegsordnung*, Berlin/Hamburg/Göttingen

Duncán, Gustavo (2005): Narcotraficantes, mafiosos y guerreros. Historia de una subordinación, in: Rangel, A. (Hg): *Narcotráfico en Colombia. Economía y Violencia*, Bogotá

Duncán, Gustavo (2006): *Los Señores de la Guerra. De Paramilitares, Mafiosos y Autodefensas en Colombia*, Bogotá

Durán, Jesús/Rodríguez, Dianne (2006): *Los Pacificadores del Pacífico*, (Dokumentarfilm), Bogotá

Dussel, Enrique (2003): Guerra permanente y razón cínica, in: *Revista Herramienta No. 21*, (http://www.herramienta.com.ar), 10.1. 2005

Echevarria II, Antulio J. (2005): *Fourth-Generation War and other Myths*, (http://www.d-n-i.net/fcs/pdf/echevarria_4gw_myths.pdf), 13.11. 2007

Echeverry, Juan Carlos/Salazar, Natalia/Navas, Verónica (2001): El conflicto colombiano en el marco internacional, in: Martínez, A. (Hg.): *Economía, crimen y conflicto*, Bogotá

Echeverry, Juan Carlos (2002): *Las claves del futuro. Economía y conflicto en Colombia*, Bogotá

Edwards, Sebastian (2001): *The Economics and Politics of Transition to an Open Market Economy: Colombia* (OECD-Studie), Paris

Estrada Gallego, Fernando (2001): La retórica del paramilitarismo. Análisis del discurso en el conflicto armado, in: *análisis político no 44*, Bogotá

Fernández, Raúl (1999): Colombia y la Política Norteamericana hacia el Narcotráfico, in: *Deslinde No 24,* Bogotá

Fischer, Thomas (2000): War and Peace in Colombia, in: Krumwiede, Heinrich-W./Waldmann, Peter (Hg.): *Civil Wars: Consequences and Possibilities for Regulation,* Baden-Baden

Fonseca, Daniel/Gutiérrez, Omar/Rudqvist, Anders (2005): *Cultivos ilícitos en el Sur de Bolívar. Aproximación desde la economía política,* Bogotá

Foucault, Michel (1977): *Überwachen und Strafen. Die Geburt des Gefängnisses,* Frankfurt/Main

Foucault, Michel (1981): *Archäologie des Wissens,* Frankfurt/Main

Foucault, Michel (1986a): *Die Sorge um sich,* Frankfurt/Main

Foucault, Michel (1986b): *Vom Licht des Krieges zur Geburt der Geschichte,* Berlin

Foucault, Michel (1986c): *Der Wille zum Wissen,* Frankfurt/Main

Foucault, Michel (2001): *Das Leben der infamen Menschen,* Berlin

Foucault, Michel (2004a): *Geschichte der Gouvernmentalität I. Sicherheit, Territorium, Bevölkerung,* Frankfurt/Main

Foucault, Michel (2004b): *Geschichte der Gouvernmentalität II. Die Geburt der Biopolitik,* Frankfurt/Main

Fraenkel, Ernst (1974, zuerst: 1940): *Der Doppelstaat,* Frankfurt/Main

Franco, Vilma Liliana (2002): El Mercenarismo corporativo y la sociedad contrainsurgente, in: *Estudios Políticos No. 21,* Medellín

Francovich, Allen (1992): *Gladio (Dreiteiliger Dokumentarfilm, ausgestrahlt auf BBC am 17.6.1992),* (http://video.google.co.uk/videoplay?docid=-4900756773650110959), 6.2.2008

Frese, Jürgen (2002): Sunzi und die Transformationen des Kriegsbegriffs, in: *Clausewitz-Information: Clausewitz und die Zukunft von Krieg und Militär,* Hamburg

Fundación Agenda Colombia (Hg.) (2003): *Hacia una economía sostenible. Conflicto y Posconflicto en Colombia,* Kolumbien

Ganser, Daniele (2005): *NATO's secret Armies. Operation Gladio and Terrorism in Western Europe,* New York

Gantzel, Klaus Jürgen (1987): Tolstoj statt Clausewitz. Überlegungen zum Verhältnis von Staat und Krieg seit 1816 mittels statistischer Beobachtungen, in: Steinweg, Reiner (Hg.): *Kriegsursachen,* Frankfurt

García-Peña Jaramillo, Daniel (2005): La relación del Estado colombiano con el fenómeno paramilitar: por el esclarecimiento histórico, in: *análisis político no 53,* Bogotá

Gaviria, Alejandro (2001): Rendimientos crecientes y la evolución del crimen violento: el caso colombiano, in: Martínez, A. (Hg.): *Economía, crimen y conflicto,* Bogotá

Gaviria Vélez, José Obdulio (2005): *Sofismos del Terrorismo en Colombia,* Bogotá

Gerstenberger, Heide (2006): *Die subjektlose Gewalt. Theorie der Entstehung bürgerlicher Staatsgewalt,* Münster

Gibney, Alex (2007): *Taxi to the Darkside,* (Dokumentarfilm)

Gill, Stephen (2001): Das globale Panopticon: Finanzwesen und Überwachung nach dem Kalten Krieg, in: *Prokla 124 – Schmutzige Geschäfte. Kapitalismus und Kriminalität,* Münster

Giraldo, Javier (1996): *Colombia – The Genocidal Democracy,* Monroe/USA

Giraldo, Javier (2004a): *Cronología de Hechos reveladores del Paramilitarismo como Política del Estado,* (http://www.javiergiraldo.org/article.php3?id_article=75), 14.11.2005

Giraldo, Javier (2004b): *El Paramilitarismo: una criminal política del Estado que devora el país,* (http://www.javiergiraldo.org/spip.php?article76), 30.11.2007

Giraldo, Javier (2005): San José de Apartadó en el nudo de la «seguridad democrática», in: *Noche y Niebla No.30,* (http://www.nocheyniebla.org), 3. 5. 2005

Gómez, Carlos Mario (2001): Economía y violencia en Colomba, in: Martínez, A. (Hg.) (2001): *Economía, crimen y conflicto,* Bogotá

Gómez, Ignacio (2006): *Los mismos gringos de la masacre de las bananeras. Chiquita Brands investigada por tráfico de armas, soborno y financiación del terrorismo,* (http://www.nodo50.org/casc/article.php3?id_article=97), 18.2.2008

Gómez, Ignacio (2007): Sangre y palma en la selva perdida, in: Soto, Martha et al: *El poder para ¿qué?,* Bogotá

Gómez, Ignacio/Schumacher, Peter (1997): *Der Agent und sein Minister. Mauss und Schmidbauer in geheimer Mission,* Berlin

González, Estefania/Jiménez, Orián (2007): Cuando el flaco orine, me avisa. El cartel de la gasolina en el Magdalena Medio, in: Soto, Martha et al: *El poder para ¿qué?,* Bogotá

González, Fernán/Bolívar, Ingrid/Vázquez, Teófilo (2004): *Violencia Política en Colombia. De la nación fragmentada a la construcción del Estado,* Bogotá

Goueset, Vincent (1997): Die Entwicklung der kolumbianischen Städte, in: Altmann, Werner et al. (Hg.): *Kolumbien heute,* Frankfurt/Main

Gramsci, Antonio (1967): *Philosophie der Praxis,* Frankfurt/Main

Green, W. John (1997): Kolumbiens Volksbewegung und Massenmobilisierung, in: Altmann, Werner et al. (Hg.): *Kolumbien heute,* Frankfurt/Main

Greiner, Bernd (2007): *Krieg ohne Fronten. Die USA in Vietnam,* Hamburg

Guáqueta, Alejandra/Thoumi, Francisco (1997): El contexto del problema de las drogas ilícitas en Estados Unidos, in: dieselben (Hg.): *El rompecabezas de las drogas ilegales en Estados Unidos,* Bogotá

Guevara, Ernesto (2005): *Guerillakampf und Befreiungsbewegung. Ausgewählte Schriften in Einzelausgaben Bd. 1,* Köln

Habermas, Jürgen (2004): *Der gespaltene Westen,* Frankfurt/Main

Haffner, Sebastian (1966): Der neue Krieg, in: Mao Tse-Tung: *Theorie des Guerillakriegs,* Hamburg

Hammes, Thomas (1994): The Evolution of War: The Fourth Generation, in: *Marine Corps Gazette,* (http://www.d-n-i.net/fcs/hammes.htm), 16.11.2007

Hammes, Thomas (2005): Insurgency: Modern Warfare Evolves into a Fourth Generation, in: *Strategic Forum,* (http://www.ndu.edu/inss/Strforum/SF214/SF214.pdf), 16.11.2007

Hardt, Michael (2003): Im Zwielicht der bäuerlichen Welt, in: Atzert, Thomas et. al.: *Kritik der neuen Weltordnung,* Berlin

Hardt, Michael/Negri, Antonio (2002): *Empire – Die neue Weltordnung,* Frankfurt/New York

Hardt, Michael/Negri, Antonio (2004): *Multitude und Demokratie im Empire,* Frankfurt/New York

Haugaard, Lisa (2008): *La cara oculta de la verdad. En busca de verdad, justicia y reparación para las víctimas colombianas de la violencia paramilitar (Latin America Working Group),* Washington

Haverkamp, Anselm (Hg.) (1994): *Gewalt und Gerechtigkeit. Derrida-Benjamin,* Frankfurt/Main

Heinz, Wolfgang (1997a): Die kolumbianische Verfassung, in: Altmann, Werner et al.: *Kolumbien heute,* Frankfurt/Main

Herberg-Rothe, Andreas (2002): Chamäleon Krieg und der Primat der Politik, in: Clausewitz-Information: *Clausewitz und die Zukunft von Krieg und Militär,* Hamburg

Hermanns, Harry (2000): Interviewen als Tätigkeit, in: Flick, U./von Kardorff, E./Steinke, I. (Hg.): *Qualitative Forschung,* Hamburg

Hernández, Milton (1998): *Rojo y Negro. Aproximación a la historia del ELN,* Kolumbien

Herrera, Beethoven (1990): Sindicalismo sociopolítico. Nuevos rumbos del sindicalismo frente a los retos de presente en América Latina, in: ders. et al: *Sindicalismo en Colombia. Propuestas para un replanteamiento,* Bogotá

Hevia Cosculluela, Manuel (1978): *Pasaporte 11333: Ocho Años con la CIA,* Havana

Hirsch, Joachim (1998): *Vom Sicherheitsstaat zum nationalen Wettbewerbsstaat,* Berlin

Hirsch, Joachim (2003): Die neue Weltordnung, in: Atzert, Thomas et. al. (Hg.): *Kritik der neuen Weltordnung,* Berlin

Hirsch, Joachim (2005): *Materialistische Staatstheorie. Transformationsprozesse des kapitalistischen Staatensystems,* Hamburg

Hirsch, Joachim/Jessop, Bob/Poulantzas, Nicos (2001): *Die Zukunft des Staates,* Hamburg

Hobbes, Thomas (1996): *Leviathan,* Hamburg

Holert, Tom/Terkessidis, Mark (2002): *Entsichert – Krieg als Massenkultur im 21. Jahrhundert,* Köln

Holloway, John (2002): *Die Welt verändern, ohne die Macht zu übernehmen,* Münster

Hopf, Christel (2000): Qualitative Interviews – ein Überblick, in: Flick, U./von Kardorff, E./Steinke, I. (Hg.): *Qualitative Forschung,* Hamburg

Horkheimer, Max/Adorno, Theodor W. (1981): *Dialektik der Aufklärung,* Frankfurt/Main

Isaza Delgado, José Fernando/Campos Romero, Diógenes (2007): *Algunas Consideraciones cuantitativas sobre la evolución reciente del conflicto en Colombia,* Bogotá

Jäger, Thomas/Kümmel, Gerhard (2007): *Private Military and Security Companies. Chances, Problems, Pitfalls and Prospects,* Köln

Jäger, Thomas/Daun, Anna/Lambach, Daniel/Lopera, Carmen/Maass, Bea/Margraf, Britta (2007): *Die Tragödie Kolumbiens. Staatszerfall, Gewaltmärkte und Drogenökonomie,* Köln

Jansen, Dieter (2002): Clausewitz und die Zukunft von Krieg und Militär, in: Clausewitz-Information: *Clausewitz und die Zukunft von Krieg und Militär*, Hamburg

Jessop, Bob (1990): *State Theory. Putting the Capitalist State in its Place*, Cambridge

Jessop, Bob (2001): Globalisierung und Nationalstaat, in: Hirsch, J./Jessop, B./Poulantzas, N.: *Die Zukunft des Staates*, Hamburg

Jessop, Bob (2005): *Macht und Strategie bei Poulantzas und Foucault*, Hamburg

Jung, Anne (2002): Die glänzenden Seiten des Krieges, in: medico international (Hg.): *Ungeheuer ist nur das Normale. Zur Ökonomie der 'neuen Kriege'*, Frankfurt/Main

Kaldor, Mary/Vashee, Basker (1997): *New Wars. Restructuring the Global Military Sector*, London/Washington

Kaldor, Mary (2000): *Neue und alte Kriege*, Frankfurt/Main

Kalmanovitz, Salomón/López, Enrique (2005): *Tierra, conflicto y debilidad del Estado (Referat)*, (http://www.eumed.net/cursecon/ecolat/co/sk-paz.htm), 15.3. 2007

Kalmanovitz, Salomón/López Enrique (2007): *Distribución, narcotráfico y conflicto*, *(Referat Catedra Jorge Eliecer Gaitán, Universidad Nacional de Bogotá),(http://www.derecho. unal.edu.co/paginas/catedra%20JEG.html). 16.3.2007*

Kanzleitner, Boris (2003): Krieg & Frieden GmbH. Privatarmeen und private Militärunternehmen als Akteure der Neuen Kriege, in: Azzellini, D./Kanzleitner, B. (Hg.): *Das Unternehmen Krieg. Paramilitärs, Warlords und Privatarmeen als Akteure der Neuen Kriegsordnung*, Berlin/Hamburg/Göttingen

Kapuscinski, Ryszard (2000): *Die Erde ist ein gewalttätiges Paradies*, Frankfurt/Main

Klare, Michael (1988): *Low Intensity Warfare*, Toronto/New York

Klare, Michael (2001): *Resource Wars*, New York

Klare, Michael (2002): Die Armee für das nächste Jahrhundert. Das Zeitalter der US-Hegemonie, in: *Le Monde Diplomatique 11/2002*, Zürich

Klein, Naomi (2007): *Die Schockstrategie. Der Aufstieg des Katastrophen-Kapitalismus*, Frankfurt/Main

Knabe, Ricarda (1991): *Drogen, Guerilla und Gewalt*, Münster/Hamburg

Koch, Egmont (2007): *Folterexperten. Die geheimen Methoden der CIA*, (Dokumentarfilm, SWR-Produktion)

Krasmann, Susanne (2007): Folter und Sicherheit. Eine Foucault'sche Perspektive, *in: Widerspruch – Beiträge zu sozialistischer Politik Nr. 53*, Zürich

Krasmann, Susanne/Martschukat, Jürgen (Hg.) (2007): *Rationalitäten der Gewalt*, Bielefeld

Krauthausen, Ciro (1997a): *Moderne Gewalten – Organisierte Kriminalität in Kolumbien und Italien*, New York/Frankfurt

Krauthausen, Ciro (1997b): Ökonomische Illegalität in Kolumbien, in: Altmann, Werner et al.: *Kolumbien heute*, Frankfurt/Main

Krippendorff, Ekkehart (1985): *Staat und Krieg. Die historische Logik politischer Unvernunft*, Frankfurt/Main

Krippendorff, Ekkehart (1987): Bemerkungen zu Herfried Münklers kritischer Auseinandersetzung, in: Steinweg, Reiner (Hg.): *Kriegsursachen*, Frankfurt/Main

König, Hans Joachim (1997): Staat und staatliche Entwicklung in Kolumbien, in: Altmann, Werner et al.: *Kolumbien heute,* Frankfurt/Main

Kruijt, Dirk et al. (1996): *El Sindicalismo en América Latina. Evaluación sobre las Relaciones Laborales y el Sindicalismo en Colombia y el Perú,* Amsterdam

Krumwiede, Heinrich-W./Waldmann, Peter (Hg.) (2000): *Civil Wars: Consequences and Possibilities for Regulation,* Baden-Baden

Kundrus, Birthe (2004): Grenzen der Gleichsetzung. Kolonialverbrechen und Vernichtungspolitik, in: *iz3w Nr. 275,* Freiburg

Kurtenbach, Sabine (1991): *Staatliche Organisation und Kriege in Lateinamerika,* Münster/Hamburg

Kurtenbach, Sabine (2004): *Kolumbien (Studien zur länderbezogenen Konfliktanalyse),* (http://library.fes.de/pdf-files/iez/02954.pdf), 10.6. 2006

Kurtenbach, Sabine (2005a): Ein Staat ohne Gewaltmonopol. Kolumbien: Seit 200 Jahren im Krieg mit sich selbst, in: *Das Parlament Nr. 41/2005,* Berlin

Kurtenbach, Sabine (2005b): Gespräche mit den paramilitärischen Gruppen in Kolumbien. Legitimation des Status Quo oder Chance auf Reduzierung der Gewalt?, in: *Kurzberichte aus der Entwicklungszusammenarbeit,* (http://library.fes.de/pdf-files/iez/02679.pdf), 10.6. 2006

Kwitny, Jonathan (1987): *The Crimes of Patriots,* New York

Ladwig, Bernd/Jugov, Tamara/Schmelzle, Cord (2007): *Governance, Normativität und begrenzte Staatlichkeit. (SFB-Governance Working Paper Series Nr. 4),* Berlin

Lessmann, Robert (1996): *Drogenökonomie und internationale Politik,* Frankfurt

Levi, Primo (1992): *Ist das ein Mensch?,* München

Lipietz, Alain (1992): Vom Althusserismus zur „Theorie der Regulation", in: Demirovic, A./ Krebs, H.-P./Sablowski, T. (Hg.): *Hegemonie und Staat. Kapitalistische Regulation als Projekt und Prozess,* Münster

Ljodal, Tron (2002): El concepto de lo paramilitar, in: Corporación Observatorio para la Paz (Hg.): *Las verdaderas intenciones de los paramilitares,* Bogotá

Llanque, Marcus (1990): Ein Träger des Politischen nach dem Ende der Staatlichkeit: Der Partisan in Carl Schmitts politischer Theorie, in: Münkler, Herfried (Hg.): *Der Partisan. Theorie, Strategie, Gestalt,* Opladen

Lock, Peter (2002): Angola – Frieden ohne Perspektive, in: medico international (Hg.): *Ungeheuer ist nur das Normale. Zur Ökonomie der 'neuen Kriege',* Frankfurt/Main

López, Carmen Marina (1999): Formas de relaciones laborales en Colombia: diversidad y cambio, in: Arango, Luz Gabriela/López, Carmen Marina: *Globalización, apertura económica y relaciones industriales en América Latina,* Bogota

López, Claudia (2007): *La ruta de la expansión paramilitar y la transformación política en Antioquia,* (http://www.ens.org.co/aa/img_upload/45bdec76fa6b8848acf029430d10 bb5a/claudialopez.pdf), 29.2.2008

López López, Andrés (2008): *El Cartel de los Sapos. La historia secreta de una de las mafias del narcotráfico más poderosas en el mundo: el cartel del Norte del Valle,* Bogotá

López Vigil, María (1989): *Camilo camina por Colombia,* México

Lüders, Christian (2000): Beobachten im Feld und Ethnographie, in: Flick, U./von Kardorff, E./Steinke, I. (Hg.): *Qualitative Forschung*, Hamburg

Maass, Peter (2005): *The Salvadorization of Iraq?*, (New York Time Magazine 1.5.2005 oder: http://www.petermaass.com/core.cfm?p=1&mag=123&magtype=1), 8.2.2008

Machado, Absalón/Suárez, Ruth (Hg.) (1999): *El Mercado de Tierras en Colombia. ¿Una alternativa viable?*, Bogotá

Madariaga, Patricia (2006): *Matan y matan y uno sigue ahí. Control paramilitar y vida cotidiana en un pueblo de Urabá*, Bogotá

Manrique Medina, Rodrigo (2000): *La Economía de Guerra en Colombia*, Bogotá

Mao, Tse-tung (1966): *Theorie des Guerillakrieges* (editiert von Sebastian Haffner), Hamburg

Martínez, Glenda (2004): *Salvatore Mancuso – Su vida*, Bogotá

Martínez Ortiz, Astrid (Hg.) (2001): *Economía, crimen y conflicto*, Bogotá

Matta Aldana, Luis Alberto (2002): *Poder capitalista y violencia política en Colombia. Terrorismo de Estado y genocidio contra la Unión Patriótica*, Bogotá

Mauceri, Philip (2001): Estado, élites y contrainsurgencia : una comparación entre Colombia y Perú, in: *Colombia Internacional No 52*, Bogotá

McCoy, Alfred (2003): *Die CIA und das Heroin. Weltpolitik durch Drogenhandel*, Frankfurt/Main

McCoy, Alfred (2005): *Foltern und Foltern lassen. 50 Jahre Folterforschung und –praxis von CIA und US-Militär*, Frankfurt/Main

Medina Gallego, Carlos (1990): *Autodefensas, Paramilitares y Narcotráfico en Colombia. Origen, desarrollo y consolidación. El caso „Puerto Boyacá"*, Bogotá

Medina Gallego, Carlos (1992): La violencia para-institucional en Colombia, in: Guerrero Rincón, Carlos (Hg.): *Cultura política, movimientos sociales y violencia en la historia de Colombia*, Bucaramanga

Medina Gallego, Carlos (1996): *ELN – Una historia contada a dos voces*, Bogotá

Medina Gallego, Carlos (2005): La economía de guerra paramilitar: una aproximación a sus fuentes de financiación, in: *análisis político no 53*, Bogotá

Medina Gallego, Carlos/Téllez Ardila, Mireya (1994): *La violencia parainstitucional, paramilitar y parapolicial en Colombia*, Bogotá

Meigs, Montgomery C. (2003): *Unorthodox Thoughts about Asymmetric Warfare*, (http://carlisle-www.army.mil/usawc/Parameters/03summer/meigs.pdf), 17.11. 2007

Mejía Londoño, Daniel (2001): El secuestro en Colombia: Una aproximación económica en un marco de teoría de juegos, in: Martínez, A. (Hg.): *Economía, crimen y conflicto*, Bogotá

Mendoza Morales, Alberto (1996): *El Canal Atrato-Truandó*, Bogotá

Menzel, Sewall H. (1997): *Cocaine Quagmire – Implementing the U.S. Anti-Drug policy in the North Andes-Colombia*, Lanham/New York/Oxford

Miller, Max/Soeffner, Hans-Georg (Hg.) (1996): *Modernität und Barbarei. Soziologische Zeitdiagnose am Ende des 20. Jahrhunderts*, Frankfurt/Main

Milton, Thomas (1998): *Los nuevos mercenarios – ejércitos para alquilar,* (http://160.149.101.23/milrev/Spanish/MarApr98/milt.html), 10. 6. 2001

Mingorance, Fidel/Minelli, Flaminia/Le Du, Hélène (2004): *El cultivo de la palma africana en el Chocó,* Bogotá

Molano, Alfredo (1994): *Trochas y fusiles,* Bogotá

Molano, Alfredo (2000): La paz en su laberinto, in: Ahumada, Consuelo et al.: *Qué está pasando en Colombia? Anatomía de un país en crisis,* Bogotá

Molano, Alfredo (2007): *Vigencia de la cuestión agraria en el conflicto actual,* (Referat Catedra Jorge Eliecer Gaitán, Universidad Nacional de Bogotá), (http://www.derecho.unal.edu.co/paginas/catedra%20JEG.html), 16.3.2007

Moncayo, Víctor Manuel (2004): *El Leviatán derrotado. Reflexiones sobre teoría del Estado y el caso colombiano,* Bogotá

Mondragón, Hector (1999): Ante el fracaso del mercado subsidiado de tierras, in: Machado, A./Suárez, R. (Hg.): *El Mercado de Tierras en Colombia. ¿Una alternativa viable?,* Bogotá

Moreno, Luis Alberto/Kalmanovitz, Salomón/Sarmiento, Eduardo (2005): *Bogotá frente al TLC,* Bogotá

Muñoz Guillén, Mercedes (1999): Narcotráfico, Democracia y Soberanía Nacional en Costa Rica, in: Instituto de Investigaciones Sociales de la Universidad de Costa Rica (Hg.): *Anuario de Estudios Centroamericanos 1999 Vol. 2,* San José/Costa Rica

Münkler, Herfried (1987): Staat, Krieg und Frieden: Die verwechselte Wechselbeziehung, in: Steinweg, Reiner (Hg.): *Kriegsursachen,* Frankfurt/Main

Münkler, Herfried (Hg.) (1990): *Der Partisan. Theorie, Strategie, Gestalt,* Opladen

Münkler, Herfried (2002a): *Die neuen Kriege,* Hamburg

Münkler, Herfried (2002b): *Über den Krieg. Situationen der Kriegsgeschichte im Spiegel ihrer theoretischen Reflexion,* Weilerswist

Münkler, Herfried (2005): *Imperien. Die Logik der Weltherrschaft – vom alten Rom bis zu den Vereinigten Staaten,* Hamburg

Mysorekar, Sheila (2005): *Unter Ausschluss der Öffentlichkeit. Die Privatisierung des Krieges,* (SWR-Hörfunkfeature, http://www.swr.de/swr2/programm/sendungen/wissen/-/id=1637130/property=download/nid=660374/1vikox7/wi20050131_2953.rtf), 18.2.2008

Navarro Jiménez, Guillermo (2001): *Plan Colombia – ABC de una tragedia,* Quito

Negri, Antonio (2003): Eine ontologische Definition der Multitude, in: Atzert, Thomas et. al. (Hg.): *Kritik der neuen Weltordnung,* Berlin

Nieto Bernal, Julio (1997): *Compañía ilimitada. Reportaje a los grandes grupos económicos,* Bogotá

Ó Loingsigh, Gearóid (2002): *La estrategia integral del paramilitarismo en el Magdalena Medio de Colombia,* Bogotá

Ocampo, José Antonio (1997): *Historia Económica de Colombia,* Bogotá

Ocampo, José Antonio (2003): Colombia en el contextio regional (Einführungsreferat), in: Fundación Agenda Colombia (Hg.): *Hacia una economía sostenible. Conflicto y Posconflicto en Colombia,* Kolumbien

Ocampo, José Antonio (2004): *Entre las Reformas y el Conflicto. Economía y Política en Colombia,* Bogotá

Olaya, Carlos (2006): *Hambre, ruina, muerte, precarización y monopolio de Nestlé en Colombia (Draft),* Bogotá

Osorno, Alexander Prieto (1993): *Die Mörder von Medellin. Todeskult und Drogenhandel,* Frankfurt

Oyaga, Fabian (2007): *El desplazado forzado. Víctima histórica del conflicto y del despojo de tierras en Colombia, (http://www.derecho.unal.edu.co/paginas/catedra%20JEG.html).* 16.3.2007

Parker, Ian (2000): Die diskursanalytische Methode, in: Flick, U./von Kardorff, E./Steinke, I. (Hg.): *Qualitative Forschung,* Hamburg

Parry, Robert (1999): *Lost History. Contras, Cocaine, the Press & Project Truth,* Arlington/USA

Parry, Robert (2004): *How John Kerry exposed the Contra-cocaine scandal,* (http://dir.salon.com/story/news/feature/2004/10/25/contra/index.html?pn=3), 15.5.2006

Pécaut, Daniel (1987): *Orden y Violencia: Colombia 1930-1954,* México

Pécaut, Daniel (2008): Las FARC: fuentes de su longevidad y de la conservación de su cohesión, in: *análisis político no 63,* Bogotá

Piccoli, Guido (2004): *El sistema del pájaro. Colombia, laboratorio de barbarie,* Tafalla

Pizarro Leongómez, Eduardo (1991): *Las FARC 1949-1966 – de la Autodefensa a la combinación de todas formas de lucha,* Bogotá

Poulantzas, Nico (1978): *Staatstheorie. Politischer Überbau, Ideologie, Sozialistische Demokratie,* Hamburg

Poulantzas, Nico/Miliband, Ralph (1976): *Kontroverse über den kapitalistischen Staat,* Berlin

Producciones El Chircal (2003): *Trujillo. Desafío de resistencia por la vida y contra la impunidad,* (Dokumentarfilm), Bogotá

Querrien, Anne (2003): Fluchtlinien der Multitudes, in: Atzert, Thomas et. al. (Hg.): *Kritik der neuen Weltordnung,* Berlin

Rabasa, Angel/Chalk, Peter (2001): *Columbian Labyrinth. The Synergy of Drugs and Insurgency and Its Implications for Regional Stability,* Santa Monica/Arlington/Pittsburgh

Ramírez Ibáñez, Elkin Leandro (2007): *El Cañón de Garrapatas – guerra por el control de la coca. Grupo de Investigación en Seguridad y Defensa – Universidad Nacional de Colombia,* (http://gisde.org/un1/index.php?option=com_content&task=view&id=435&Itemid=78), 3.3.2008

Ramonet, Ignacio (2002): *Kriege des 21. Jahrhunderts – Die Welt vor neuen Bedrohungen,* Zürich

Rangel, Alfredo (Hg.) (2005a): *Narcotráfico en Colombia. Economía y Violencia,* Bogotá

Rangel, Alfredo (Hg) (2005b): *El poder paramilitar,* Bogotá

Rauchfuss, Knut (2003): Der Susurluk-Komplex. Zusammenarbeit von Staat, Paramilitärs und organisiertem Verbrechen in der Türkei, in: Azzellini, D./Kanzleitner, B. (Hg.): *Das Unternehmen Krieg,* Berlin/Hamburg/Göttingen

Reid, Michael (2001): Drugs, War and Democracy, in: *The Economist,* 21. 4. 2001

Rempe, Dennis (1995): *Guerrillas, Bandits, and Independent Republics: US Counter-in-surgency Efforts in Colombia 1959-1965,* (http://www.icdc.com/~paulwolf/colombia/smallwars.htm), 7.7.2008

Revel, Judith (2003): Die Gesellschaft gegen den Staat. Anmerkungen zu Clastres, Deleuze, Guattari und Foucault, in: Atzert, Thomas et. al. (Hg.): *Kritik der neuen Weltordnung,* Berlin

Reyes, Gerardo (2007): *Nuestro hombre en la DEA,* Bogotá

Risse, Thomas/Lemkuhl, Ursula (2006): *Governance in Räumen begrenzter Staatlichkeit: Neue Formen des Regierens? (SFB-Governance Working Paper Series Nr. 1),* Berlin

Ritter von Schramm, Wilhelm (1978): Zum Verständnis des Werkes, in: Pickert, Wolfgang/ders. (Hg.): *Carl von Clausewitz: Zum Kriege,* Hamburg

Robinson, William I. (2004): *A Theory of Global Capitalism. Production, Class, and State in a Transnational World,* Baltimore/London

Rocha García, Ricardo (2001): La economía colombiana tras 25 años de narcotráfico, in: Martínez, A. (Hg.): *Economía, crimen y conflicto,* Bogotá

Rocha García, Ricardo (2005): Sobre las magnitudes del narcotráfico, in: Rangel, A. (Hg.): *Narcotráfico en Colombia. Economía y Violencia,* Bogotá

Romero, Mauricio (2005): *Paramilitares y autodefensas 1982-2003,* Bogotá

Rosa Mendes, Pedro (2001): *Tigerbucht. Angola sehen und überleben,* Zürich

Sader, Tilman (1990): Die Transformation des Volkes im Partisanenkrieg: Frantz Fanons Theorie der Dekolonisation, in: Münkler, Herfried (Hg.): *Der Partisan. Theorie, Strate-gie, Gestalt,* Opladen

Sáenz Rovner, Eduardo (Hg.) (1994): *Modernización Económica vs. Modernización Social. Balance crítico del gobierno de César Gaviria en Colombia,* Bogotá

Salazar, Alonso (1993): *No nacimos pa' semilla,* Bogotá

Salazar, Alonso (2001): *La Parábola de Pablo. Auge y caída de un gran capo del narcotráfico,* Bogotá

Salazar, Boris/Castillo, María del Pilar (2001): *La hora de los dinosaurios. Conflicto y depra-dación en Colombia,* Bogotá

Sarkesian, Sam C. (1986): *The New Battlefield. The United States and Unconventional Con-flicts,* New York/London

Sarkesian, Sam C./Connor, Robert E. (1999): *The US Military Profession into the Twenty First Century,* London

Sarkesian, Sam C./Scully William L. (Hg.) (1981): *U.S. Policy and Low-Intensity Conflict,* New Brunswick (USA)/London

Sarmiento Anzola, Libardo (1996): *Un modelo piloto de modernización autoritaria en Co-lombia – CREDHOS, Informe vol. 1, n°2,* Barrancabermeja

Sarmiento Palacio, Eduardo (1996): *Apertura y crecimiento económico,* Bogotá

Sauloy, Mylène/Le Bonniec, Yves (1994): *¿A quién beneficia la cocaína?,* Bogotá

Scahill, Jeremy (2008): *Blackwater. Der Aufstieg der mächtigsten Privatarmee der Welt,* München

Schmitt, Carl (1933, zuerst 1927): *Der Begriff des Politischen,* Hamburg

Schmitt, Carl (1963): *Theorie des Partisanen,* Berlin

Schmitt, Carl (1979, zuerst 1922): *Politische Theologie,* Berlin

Schmitt, Carl (1982, zuerst 1938): *Der Leviathan in der Staatslehre des Thomas Hobbes,* Köln

Schmitt, Carl (1989, zuerst 1921): *Die Diktatur,* Berlin

Schmitz, Mathias (1965): *Die Freund-Feind-Theorie Carl Schmitts,* Köln/Opladen

Schrupp, Antje (1990): Die Partisanentheorie Mao Tse-tungs, in: Münkler, H. (Hg.): *Der Partisan. Theorie, Strategie, Gestalt,* Opladen

Schumacher, Frank (2007): »Nobody Was Seriously Damaged". Die US-Armee und der Einsatz von Folter im philippinisch-amerikanischen Krieg, 1899-1902, in: Krasmann, S./Martschukat, J. (Hg.) (2007): *Rationalitäten der Gewalt,* Bielefeld

Schuppert, Gunnar Folke (2008): *Von Ko-Produktion von Staatlichkeit zur Co-Performance of Governance. Eine Skizze zu kooperativen Governance-Strukturen von den Condottieri der Renaissance bis zu Public Private Partnerships (SFB-Governance Working Paper Series Nr. 12),* Berlin

Scott, Peter Dale (2003): *Drugs, oil, and war: The United States in Afghanistan, Colombia, and Indochina,* (http://books.google.com), 6.2.2008

Shearer, David (1998): *Private Armies and Military Intervention,* New York

Sierra, Claudia Patricia (2003): *Floricultura de exportación en América Latina,* Bogotá

Silva Romero, Marco (1998): *Flujos y reflujos ⊠ reseña histórica de la autonomía del sindicalismo colombiano,* Bogotá

SINTRAMINERCOL (1999): *La Maldición del Dorado* (Dokumentarfilm), Bogotá

Sluka, Jeffrey A. (Hg.) (2000): *Death Squad. The Anthropology of State Terror,* Philadelphia

Soto, Martha/Hernández, Salud/Gómez, Ignacio/González, Estefania/Jiménez, Orián (2007): *El poder para ¿qué?,* Bogotá

Stallberg, Friedrich W. (1975): *Herrschaft und Legitimität. Untersuchungen zu Anwendung und Anwendbarkeit zentraler Kategorien Max Webers,* Meisenheim/Glan

Stiglitz, Joseph (2003): Colombia: Políticas para un crecimiento sostenible y equitativo, in: Fundación Agenda Colombia (Hg.): *Hacia una economía sostenible. Conflicto y Posconflicto en Colombia,* Kolumbien

Suárez Orejuela, Rafael Ernesto (1994): *Organización y funcionamiento de los sindicatos en Colombia,* Bogotá

Sun Tsu (1990): *Wahrhaft siegt, wer nicht kämpft. Die Kunst der richtigen Strategie* (Bearbeitet von Thomas Cleary), Freiburg

Tarazona, Jairo (2008): *El profeta de la muerte,* Bogotá

Taussig, Michael (2003): *Law in a Lawless Land. Diary of a Limpieza in Colombia,* Chicago

Téllez, Édgar/Lesmes, Jorge (2006): *Pacto en la Sombra. Los tratos secretos de Estados Unidos con el narcotráfico,* Bogotá

Téllez Ardila, Mireya (1995): *Las Milicias Populares – otra expresión de la violencia social en Colombia,* Bogotá

Thoumi, Francisco (1994).: *Economía política y narcotrafico*, Bogotá

Thoumi, Francisco (1995): *Political economy and illegal drugs in Colombia*. Vol. II, Boulder/ London

Thoumi, Francisco (1997): Las políticas contra las drogas en Estados Unidos y la certificación de Colombia, in: ders./Guáqueta, A.: *El rompecabezas de las drogas ilegales en Estados Unidos*, Bogotá

Thoumi, Francisco et al. (1997b): *Drogas ilícitas en Colombia*, Bogotá

Thoumi, Francisco (1999): Las drogas ilegales y relaciones exteriores de Colombia: una visión desde el exterior, in: Camacho Guizado, A./López Restrepo, A./Thoumi, F.: *Las drogas: una guerra fallida*, Bogotá

Thürer, Daniel/Herdegen, Matthias/Hohloch, Gerhard (1996): *Der Wegfall effektiver Staatsgewalt: „The Failed State"*, Heidelberg

Tilly, Charles (1975): *The Formation of National States in Western Europe*, Princeton

Tilly, Charles (1990): *Coercion, Capital and European States. AD 990-1990*, Cambridge/ Mass./Oxford

Tobón Sanín, Gilberto (2001): *Estado, Política y Economía en Colombia*, Bogotá

Torres, María Clara (2007): El drástico giro en las declaraciones de Mancuso, in: *Cien días – vistos por CINEP, No. 61*, Bogotá

Tovar Pinzón, Hermes (1999): *Colombia: droga, economía, guerra y paz*, Bogotá

Trinquier, Roger (1963, zuerst 1961): *Modern Warfare. A French View of Counterinsurgency*, (http://www-cgsc.army.mil/carl/resources/csi/trinquier/trinquier.asp), 31.1.2008

Uesseler, Rolf (2006): *Krieg als Dienstleistung. Private Militärfirmen zerstören die Demokratie*, Berlin

Umaña Luna, Eduardo (1996): *Camilo Vive*, Barranquilla

UNIJUS – Unidad de Investigaciones Jurídico-Sociales de la Universidad Nacional (1996): *Justicia sin Rostro. Estudio sobre la Justicia Regional*, Bogotá

Uribe, María Tila (1993): *Los Años Escondidos*, Bogotá

Uscátegui, José Jaime (2006) *¿Por qué lloró el general?*, (Dokumentarfilm) (http://www. youtube.com/watch?v=q78L1nxVWqY&feature=related), 12.2.2008

Van Creveld, Martin (1993): *Nuclear Proliferation and the Future of Conflict*, New York/ Toronto

Van Creveld, Martin (1997): What is Wrong with Clausewitz, in: De Nooy, Gert (Hg.): *The Clausewitzian Dictum and The Future of Western Military Strategy*, Den Haag/NL

Van Creveld, Martin (1998): *Die Zukunft des Krieges*, München

Van Creveld, Martin (1999): *The Rise and Decline of The State*, Cambridge

Van Creveld, Martin (2003): War: Past, Present, and Future, in: Balibar, E./Kittler F./Van Creveld, M.: *Vom Krieg zum Terrorismus? Mosse-Lectures Winter 2002/2003*, Berlin

Vargas, Ricardo (1993): La señal de los silencios, in: *CINEP – Cien Días Nr. 22*, Bogotá

Vargas, Ricardo (1999): *Plan Colombia: construcción de paz o sobredosis de guerra?*, Bogotá

Vargas, Ricardo (2005): Cultivos ilícitos en Colombia: elementos para un balance, in: Rangel, A. (Hg): *Narcotráfico en Colombia. Economía y Violencia*, Bogotá

Varios (1999): *El paramilitarismo en Colombia,* Kolumbien

Von Bredow, Wilfried (2002): Militär, Krieg und Nation – Zukunftsorientierte Überlegungen im Anschluß an Clausewitz, in: Clausewitz-Information: *Clausewitz und die Zukunft von Krieg und Militär,* Hamburg

Voss, Tobias (1990): „Ich habe keine Stimme mehr, mein ganzes Leben flieht.". Psychische Dimensionen des Guerilla-Krieges, in: Münkler, H. (Hg.): *Der Partisan. Theorie, Strategie, Gestalt,* Opladen

Wade, Peter (1997): Die Schwarzen, die Schwarzenbewegung und der kolumbianische Staat, in: Altmann, Werner et al. (Hg.): *Kolumbien heute,* Frankfurt/Main

Waldmann, Peter (1991): *Gibt es in Kolumbien eine Gewaltkultur?,* (http://www.interpeacenet.org/peacestudies/gewaltkultur.pdf), 10. 6. 2006

Waldmann, Peter (2002): *Der anomische Staat. Über Recht, öffentliche Sicherheit und Alltag in Lateinamerika,* Opladen

Warner, Roger (1996): *Shooting at the moon. The Story of America's Clandestine War in Laos,* South Royalton/Vermont

Weber, Max (1966): *Staatssoziologie,* Berlin

Weber, Max (1976): *Soziologische Grundbegriffe,* Tübingen

Weber, Max (2005): *Wirtschaft und Gesellschaft,* Frankfurt/Main

Yepes Ocampo, Juan Carlos (1996): *Contexto socioeconómico de Colombia,* Manizales

Zelik, Raul/Azzellini, Dario (2000a): *Kolumbien – Große Geschäfte, staatlicher Terror und Aufstandsbewegung,* Köln

Zelik, Raul (2000b): Ökonomie der Vertreibung, Interview mit Belen Torres vom Bauernverband ANUC, in: *Lateinamerika-Nachrichten 1/2000*

Zelik, Raul (2000c): „Kolumbien ist für die USA strategisch zentral". Interview mit Jairo Bedoya vom Medelliner Sozialforschungszentrum IPC, in: *Jungle World Nr. 37,* Berlin

Zelik, Raul (2001): Der Plan Colombia – Anti-Drogendiskurse und US-Hegemonialpolitik in der Andenregion, in: *Prokla 124 – Schmutzige Geschäfte,* Berlin

Zelik, Raul (2002a): Drogen, Söldner und Konzerne, in: *konkret 8/2002,* Hamburg

Zelik, Raul (2002b): *Interview mit Edgar Paez, Nahrungsmittelgewerkschaft SINALTRAINAL* (http://www.labournet.de/internationales/co/cocacola/paez.html) 4.1.2003

Zelik, Raul (2002c): In der befriedeten Stadt lauert der Tod, in: *WoZ – Die Wochenzeitung,* 4.4.2002, Zürich

Zelik, Raul (2003): Gewerkschaftssterben in Kolumbien. Über den Zusammenhang von neoliberaler Deregulierung, staatlicher Politik und Paramilitarismus, in: *Prokla 130 – Gewerkschaften,* Berlin

Zelik, Raul (2004): Der Spitzel und das Massaker. Die kolumbianische Variante der panoptischen Gesellschaft, in: Mohr, M./Viehmann, K. (Hg.): *Spitzel – eine kleine Sozialgeschichte,* Berlin/Hamburg

Zelik, Raul (2005a): Staat und Gewaltzustand. Der kolumbianische Paramilitarismus vor dem Hintergrund der Debatte um Neue Kriege und Staatszerfall, in: *Blätter für deutsche und internationale Politik 4/2005,* Berlin

Zelik, Raul (2005b): *Freundkontakt. Reise in Kolumbiens Krieg* (WDR-Hörfunkfeature)

Zelik, Raul (2006a): Venezuelas „bolivarianischer Prozess". Mit Gilles Deleuze in Caracas, in: *Prokla 142 – Soziale Kämpfe in Lateinamerika,* Münster

Zelik, Raul (2006b): Das mafiotische Kontrollregime. Staat und Paramilitarismus in Kolumbien, in: *Lateinamerika-Jahrbuch 2006,* Münster

Zelik, Raul (2007): „State Failure" und „asymmetrische Kriege" als Paradigmen von Weltordnungspolitik. Die Beiträge Herfried Münklers zu einer Neubestimmung imperialer Politik, in: *Prokla 147. Die Internationalisierung des Staates,* Münster

Zerda Sarmiento, Álvaro (1997): Die neoliberale Wende in Kolumbien, in: Altmann, Werner et al. (Hg.): *Kolumbien heute,* Frankfurt/Main

Zerda Sarmiento, Álvaro/Rincón Gille, Nicolás (1998): *La pequeña y mediana Industria en la encrucijada,* Bogotá

Zimmerer, Jürgen/Zeller, Joachim (Hg.) (2003): *Völkermord in Deutsch-Südwestafrika. Der Kolonialkrieg (1904 – 1908) in Namibia und seine Folgen,* Berlin

Zinecker, Heidrun (2002): *Kolumbien – Wie viel Demokratisierung braucht der Frieden?,* Frankfurt/Main

Zinecker, Heidrun (2004): *Drogenökonomie und Gewalt,* (http://www.hsfk.de/downloads/report0504.pdf), 10.1.2008

Journalistische Publikationen (Online-Ausgaben)

Kolumbianische Medien

Cambio (http://www.cambio.com.co): Wochenzeitung, Bogotá

El Espectador (http://www.elespectador.com): Tageszeitung, Bogotá

El Tiempo (http://www.eltiempo.com): Tageszeitung, Bogotá

La Semana (http://www.semana.com): Wochenzeitung, Bogotá

Internationale Medien

El Nuevo Herald (http://www.elnuevoherald.com): spanischsprachige Tageszeitung (Schwesterblatt des *Miami Herald),* Miami

The Guardian (http://www.guardian.co.uk): englischsprachige Tageszeitung, London

Los Angeles Times (http://www.latimes.com): englischsprachige Tageszeitung, Los Angeles

New York Times (http://www.nyt.com): englischsprachige Tageszeitung, New York

Página 12 (http://www.pagina12.com.ar): spanischsprachige Tageszeitung, Buenos Aires

San Jose Mercury News (http://www.mercurynews.com): englischsprachige Tageszeitung, Silicon Valley/Kalifornien

St. Petersburg Times (http://www.tampabay.com): englischsprachige Tageszeitung, TambaBay/Florida

PROKLA 154
Zeitschrift für kritische Sozialwissenschaft

Mit Steuern steuern

PROKLA-Redaktion
Editorial

Klemens Himpele, Alexander Recht
Möglichkeiten und Grenzen von Steuerpolitik

Achim Truger
Ökonomische und soziale Kosten von Steuersenkungen

Astrid Krauss
Unternehmensbesteuerung – gibt es
nationalstaatliche Handlungsspielräume?

Nicola Liebert
Dem Steuerwettbewerb ein Ende setzen
Die Unitary Taxation als Alternative zur immer
stärkeren steuerlichen Entlastung von Unternehmen

Jana Schultheiss
Steuern und Familienmodelle

Andreas Missbach
Die Schweiz als Steueroase
Anatomie eines Sonderfalls

Michael Krätke
Kritik der öffentlichen Finanzen
Die Finanzkrise des Staates erneut betrachtet

Beat Weber
Krise der Finanzmärkte –
Krise der Risikoindividualisierung

Lutz Brangsch
Verstaatlichung in Krisenzeiten –
Politik und Ökonomie

PROKLA
Zeitschrift für kritische
Sozialwissenschaft

Einzelheft € 12,00
ISSN 0342-8176

Eine der wichtigsten theoretischen
Zeitschriften der parteiunabhängigen
Linken, deren Beiträge noch nach Jahren lesenswert sind. Keine Tageskom-
mentare, kein Organ einer Partei, kein
journalistisches Feuilleton: eher eine
Anregung zum gründlichen Nachden-
ken über den eigenen Tellerrand
hinaus.
Die PROKLA erscheint viermal
im Jahr und kostet im Abo jährlich
€ 33,00 (plus Porto) statt € 48,00.
AbonnentInnen können bereits
erschienene Hefte zum Abo-Preis
nachbestellen (ab Heft 110: € 8,25).
Das Abo kann jeweils bis acht Wochen
vor Jahresende schriftlich beim Verlag
gekündigt werden.

PROKLA 154
Mit Steuern steuern

PROKLA 153
Die USA nach Bush

PROKLA 152
Politik mit der inneren (Un)Sicherheit

PROKLA 151
Gesellschaftstheorie nach
Marx und Foucault

PROKLA 150
Umkämpfte Arbeit

PROKLA 149
Globalisierung und Spaltungen
in den Städten

PROKLA 148
Verbetriebswirtschaftlichung

PROKLA 147
Internationalisierung des Staates

PROKLA 146
„Bevölkerung" – Kritik der Demographie

PROKLA 145
Ökonomie der Technik

PROKLA 144
Europa

PROKLA 143
Die „Killing Fields" des Kapitalismus

PROKLA 142
Soziale Kämpfe in Lateinamerika

PROKLA 141
Die Zukunft ist links!

PROKLA 140
Migration

WESTFÄLISCHES
DAMPFBOOT
e-mail: info@dampfboot-verlag.de
http://www.dampfboot-verlag.de

PERIPHERIE

Zeitschrift für Politik und Ökonomie in der Dritten Welt

PERIPHERIE 113
Der Süden im Bilde
2009 – 140 Seiten – € 10,50
ISBN 978-3-89691- 821-5

PERIPHERIE 112
Klimapolitik
2008 – 140 Seiten – € 9,10
ISBN 978-3-89691- 820-8

PERIPHERIE 111
Machtverschiebungen
in der Weltwirtschaft
2008 – 140 Seiten – € 9,10
ISBN 978-3-89691- 819-2

PERIPHERIE 109/110
Vom Erinnern und Vergessen
2008 – 252 Seiten – € 18,20
ISBN 978-89691-818-5

PERIPHERIE 108
Raum, Ethnizität, Politik
2007 – 156 Seiten – € 9,10
ISBN 978-3-89691- 817-8

PERIPHERIE 107
Millenniumsziele
Entwicklung von Armut
2007 – 156 Seiten – € 9,10
ISBN 978-3-89691-816-1

PERIPHERIE 105/106
Netzwerke in Bewegung
2007 – 208 Seiten – € 18,20
ISBN 978-3-89691-815-4

ISSN 0173-184X

Die **PERIPHERIE** erscheint mit 4 Heften im Jahr – jeweils zwei Einzelhefte von
ca. 140 Seiten Umfang und ein Doppelheft von ca. 260 Seiten. Sie kostet im Privatabo
jährlich € 30,10 und im Institutionenabo € 55,20 jeweils plus Porto.
Das Abo kann jeweils bis 8 Wochen vor Jahresende schriftlich beim Verlag gekündigt
werden. Das Einzelheft kostet € 10,50, das Doppelheft € 21,00.

WESTFÄLISCHES DAMPFBOOT
Hafenweg 26a · 48155 Münster · Tel. 0251-3900480 · Fax 0251-39004850
e-mail: info@dampfboot-verlag.de · http://www.dampfboot-verlag.de

Jürgen Mittag/ Georg Ismar (Hrsg.)
¿"El pueblo unido"?
Soziale Bewegungen und
politischer Protest in der
Geschichte Lateinamerikas
2009 – 561 Seiten – € 39,90
ISBN 978-3-89691-762-1

Jahrbuch Lateinamerika 32
erinnerung macht gegenwart
Analysen und Berichte
2008 – 217 Seiten – € 24,90
ISBN 978-3-89691-750-8

Hanns Wienold
Leben und Sterben
auf dem Lande
Kleinbauern in Indien und Brasilien
2007 – 218 Seiten – € 24,90
ISBN 978-3-89691-675-4

Javier Ponce
Sackgassen des Helfens und
Möglichkeiten von Entwicklung
Eine Bilanz aus Lateinamerika
aus dem Spanischen von Birte Pedersen
2008 – 200 Seiten – € 19,90
ISBN 978-3-89691-742-3